333教育综合真题真练

（西南+西北分册）

333教育综合蓝皮书编写组　主编

北京理工大学出版社
BEIJING INSTITUTE OF TECHNOLOGY PRESS

版权专有　侵权必究

图书在版编目（CIP）数据

333教育综合真题真练. 西南＋西北分册 / 333教育综合蓝皮书编写组主编. -- 北京：北京理工大学出版社，2022.7

ISBN 978-7-5763-1465-6

Ⅰ.①3… Ⅱ.①3… Ⅲ.①教育学—研究生—入学考试—习题集 Ⅳ.①G40-44

中国版本图书馆CIP数据核字(2022)第117125号

出版发行 / 北京理工大学出版社有限责任公司
社　　址 / 北京市海淀区中关村南大街5号
邮　　编 / 100081
电　　话 / (010)68914775（总编室）
　　　　　 (010)82562903（教材售后服务热线）
　　　　　 (010)68944723（其他图书服务热线）
网　　址 / http://www.bitpress.com.cn
经　　销 / 全国各地新华书店
印　　刷 / 三河市恒彩印务有限公司
开　　本 / 880毫米 × 1230毫米　1/16
印　　张 / 31.25　　　　　　　　　　　　　责任编辑 / 李慧智
字　　数 / 882千字　　　　　　　　　　　　文案编辑 / 李慧智
版　　次 / 2022年7月第1版　2022年7月第1次印刷　责任校对 / 周瑞红
定　　价 / 329.80元（共5册）　　　　　　　　责任印制 / 李志强

图书出现印装质量问题，请拨打售后服务热线，本社负责调换

历年真题是考研命题和重难点的风向标,是考生备考的"指南针",通过掌握历年真题可以帮助我们了解考研的命题方向、命题重难点和高频考点,更好地帮助我们还原考研的真实答题场景,让我们的备考更有针对性。因此,《333教育综合真题真练》(以下简称《真题真练》)应运而生。为此我们在以下几个方面进行了努力:

1. 精选了33个院校(以"985工程"高校、"211工程"高校、"双一流"大学和重点师范院校为主)400多套5 500多道333教育综合考研真题,涵盖了333教育综合考试大纲规定的题型和重要知识点,因此,无论《真题真练》是否收录了你报考院校的真题,本书都具有很大的参考性和实用性。

2.《真题真练》的每一个题目我们都配有答案要点,并且题目与答案是连接在一起的。在复习时考生可以快速且高效地翻阅到相关题目的答案。

3. 对于超纲题、教育热点题和实际应用题都给出了相应的答题思路和参考角度,可结合给出的答案要点对相关知识点进行拓展和思维延伸。

4. 为了提高考生使用的便利性,《真题真练》首次将333教育综合考试真题按地域的形式呈现。

《真题真练》使用建议:

1. 利用真题,夯实基础。务必要在系统学习完一遍基础知识之后再做真题,没有知识基础的做题是盲目的,在系统复习的基础上再结合《真题真练》可以更好地巩固之前的复习并且对知识的重难点有更好的把握。

2. 研究真题,把握规律。在强化阶段不仅要不断强化知识点的理解与记忆,同时也要对《真题真练》进行仔细的研读。真题不仅是用来做的,更是用来研究的,历年真题提供了考研命题的规律和方向。同学们需要对《真题真练》中所包含的所有院校真题进行研究,寻找共性,总结规律。

3. 真题知识,两手把握。《真题真练》的使用可以贯穿考研的全过程,真题固然重要,但它始终不能代替系统知识的学习。系统知识是所有真题的根源,因此无论是复习的哪个阶段都不能放弃系统知识的学习，真题和系统知识两手都要抓。建议配套使用《333 教育综合逻辑图》和《333 教育综合大纲解析》。

自命题院校考研真题无标准答案，因此《真题真练》提供的答案仅供参考。希望同学们在实际的考试过程中，答题一定不要生搬硬套，建议融合自己的思考，并运用自己的语言将所学的知识点灵活且恰当地表达出来。

大家在使用时如果遇到一些疑惑和问题，可以在 QQ 群（325244018）进行交流，也可以在我们的教育学蓝皮书系列反馈问卷中进行反馈。另外，在线文档也会为大家及时更新反馈情况。

最后，祝各位考生顺利复习，成功上岸！

反馈问卷

在线文档

333 教育综合蓝皮书编写组

2022 年 5 月

陕西师范大学

2022 年陕西师范大学 333 教育综合·真题真练	1
2021 年陕西师范大学 333 教育综合·真题真练	1
2020 年陕西师范大学 333 教育综合·真题真练	3
2019 年陕西师范大学 333 教育综合·真题真练	3
2018 年陕西师范大学 333 教育综合·真题真练	5
2017 年陕西师范大学 333 教育综合·真题真练	5
2016 年陕西师范大学 333 教育综合·真题真练	6
2015 年陕西师范大学 333 教育综合·真题真练	7
2014 年陕西师范大学 333 教育综合·真题真练	8
2013 年陕西师范大学 333 教育综合·真题真练	8
2012 年陕西师范大学 333 教育综合·真题真练	10
2011 年陕西师范大学 333 教育综合·真题真练	11
2010 年陕西师范大学 333 教育综合·真题真练	11
2022 年陕西师范大学 333 教育综合·真题解析	13
2021 年陕西师范大学 333 教育综合·真题解析	18
2020 年陕西师范大学 333 教育综合·真题解析	24
2019 年陕西师范大学 333 教育综合·真题解析	28
2018 年陕西师范大学 333 教育综合·真题解析	32
2017 年陕西师范大学 333 教育综合·真题解析	38
2016 年陕西师范大学 333 教育综合·真题解析	44
2015 年陕西师范大学 333 教育综合·真题解析	49

2014年陕西师范大学333教育综合·真题解析 ... 54

2013年陕西师范大学333教育综合·真题解析 ... 58

2012年陕西师范大学333教育综合·真题解析 ... 64

2011年陕西师范大学333教育综合·真题解析 ... 67

2010年陕西师范大学333教育综合·真题解析 ... 71

宁夏大学

2022年宁夏大学333教育综合·真题真练 ... 79

2021年宁夏大学333教育综合·真题真练 ... 79

2020年宁夏大学333教育综合·真题真练 ... 80

2019年宁夏大学333教育综合·真题真练 ... 80

2018年宁夏大学333教育综合·真题真练 ... 81

2017年宁夏大学333教育综合·真题真练 ... 82

2016年宁夏大学333教育综合·真题真练 ... 83

2015年宁夏大学333教育综合·真题真练 ... 83

2014年宁夏大学333教育综合·真题真练 ... 84

2013年宁夏大学333教育综合·真题真练 ... 86

2012年宁夏大学333教育综合·真题真练 ... 86

2011年宁夏大学333教育综合·真题真练 ... 88

2010年宁夏大学333教育综合·真题真练 ... 88

2022年宁夏大学333教育综合·真题解析 ... 89

2021年宁夏大学333教育综合·真题解析 ... 94

2020年宁夏大学333教育综合·真题解析 ... 99

2019年宁夏大学333教育综合·真题解析 ... 106

2018年宁夏大学333教育综合·真题解析 ... 109

2017年宁夏大学333教育综合·真题解析 ... 114

2016年宁夏大学333教育综合·真题解析 ... 118

2015年宁夏大学333教育综合·真题解析 ... 122

2014年宁夏大学333教育综合·真题解析 ... 126

2013年宁夏大学333教育综合·真题解析 132

2012年宁夏大学333教育综合·真题解析 137

2011年宁夏大学333教育综合·真题解析 142

2010年宁夏大学333教育综合·真题解析 147

西北师范大学

2022年西北师范大学333教育综合·真题真练 153

2021年西北师范大学333教育综合·真题真练 153

2020年西北师范大学333教育综合·真题真练 154

2019年西北师范大学333教育综合·真题真练 154

2018年西北师范大学333教育综合·真题真练 155

2017年西北师范大学333教育综合·真题真练 155

2016年西北师范大学333教育综合·真题真练 156

2015年西北师范大学333教育综合·真题真练 157

2014年西北师范大学333教育综合·真题真练 157

2013年西北师范大学333教育综合·真题真练 158

2012年西北师范大学333教育综合·真题真练 158

2011年西北师范大学333教育综合·真题真练 159

2010年西北师范大学333教育综合·真题真练 159

2022年西北师范大学333教育综合·真题解析 161

2021年西北师范大学333教育综合·真题解析 165

2020年西北师范大学333教育综合·真题解析 171

2019年西北师范大学333教育综合·真题解析 177

2018年西北师范大学333教育综合·真题解析 182

2017年西北师范大学333教育综合·真题解析 185

2016年西北师范大学333教育综合·真题解析 190

2015年西北师范大学333教育综合·真题解析 195

2014年西北师范大学333教育综合·真题解析 201

2013年西北师范大学333教育综合·真题解析 206

2012 年西北师范大学 333 教育综合·真题解析 211

2011 年西北师范大学 333 教育综合·真题解析 216

2010 年西北师范大学 333 教育综合·真题解析 221

重庆师范大学

2022 年重庆师范大学 333 教育综合·真题真练 226

2021 年重庆师范大学 333 教育综合·真题真练 226

2020 年重庆师范大学 333 教育综合·真题真练 227

2019 年重庆师范大学 333 教育综合·真题真练 228

2018 年重庆师范大学 333 教育综合·真题真练 228

2017 年重庆师范大学 333 教育综合·真题真练 229

2016 年重庆师范大学 333 教育综合·真题真练 230

2015 年重庆师范大学 333 教育综合·真题真练 231

2014 年重庆师范大学 333 教育综合·真题真练 231

2013 年重庆师范大学 333 教育综合·真题真练 233

2012 年重庆师范大学 333 教育综合·真题真练 234

2011 年重庆师范大学 333 教育综合·真题真练 236

2010 年重庆师范大学 333 教育综合·真题真练 236

2022 年重庆师范大学 333 教育综合·真题解析 238

2021 年重庆师范大学 333 教育综合·真题解析 242

2020 年重庆师范大学 333 教育综合·真题解析 246

2019 年重庆师范大学 333 教育综合·真题解析 252

2018 年重庆师范大学 333 教育综合·真题解析 256

2017 年重庆师范大学 333 教育综合·真题解析 260

2016 年重庆师范大学 333 教育综合·真题解析 265

2015 年重庆师范大学 333 教育综合·真题解析 269

2014 年重庆师范大学 333 教育综合·真题解析 274

2013 年重庆师范大学 333 教育综合·真题解析 278

2012 年重庆师范大学 333 教育综合·真题解析 284

2011年重庆师范大学333教育综合·真题解析...289

2010年重庆师范大学333教育综合·真题解析...294

四川师范大学

2022年四川师范大学333教育综合·真题真练...299

2021年四川师范大学333教育综合·真题真练...299

2020年四川师范大学333教育综合·真题真练...300

2019年四川师范大学333教育综合·真题真练...300

2018年四川师范大学333教育综合·真题真练...301

2017年四川师范大学333教育综合·真题真练...301

2016年四川师范大学333教育综合·真题真练...302

2015年四川师范大学333教育综合·真题真练...302

2014年四川师范大学333教育综合·真题真练...303

2013年四川师范大学333教育综合·真题真练...303

2012年四川师范大学333教育综合·真题真练...304

2011年四川师范大学333教育综合·真题真练...304

2010年四川师范大学333教育综合·真题真练...305

2022年四川师范大学333教育综合·真题解析...306

2021年四川师范大学333教育综合·真题解析...311

2020年四川师范大学333教育综合·真题解析...316

2019年四川师范大学333教育综合·真题解析...320

2018年四川师范大学333教育综合·真题解析...325

2017年四川师范大学333教育综合·真题解析...331

2016年四川师范大学333教育综合·真题解析...336

2015年四川师范大学333教育综合·真题解析...342

2014年四川师范大学333教育综合·真题解析...347

2013年四川师范大学333教育综合·真题解析...351

2012年四川师范大学333教育综合·真题解析...356

2011年四川师范大学333教育综合·真题解析...362

2010年四川师范大学333教育综合·真题解析...367

云南师范大学

2022年云南师范大学333教育综合·真题真练...374
2021年云南师范大学333教育综合·真题真练...374
2020年云南师范大学333教育综合·真题真练...375
2019年云南师范大学333教育综合·真题真练...375
2018年云南师范大学333教育综合·真题真练...376
2017年云南师范大学333教育综合·真题真练...376
2016年云南师范大学333教育综合·真题真练...377
2015年云南师范大学333教育综合·真题真练...377
2014年云南师范大学333教育综合·真题真练...378
2013年云南师范大学333教育综合·真题真练...378
2012年云南师范大学333教育综合·真题真练...379
2011年云南师范大学333教育综合·真题真练...379
2010年云南师范大学333教育综合·真题真练...380
2022年云南师范大学333教育综合·真题解析...381
2021年云南师范大学333教育综合·真题解析...384
2020年云南师范大学333教育综合·真题解析...388
2019年云南师范大学333教育综合·真题解析...395
2018年云南师范大学333教育综合·真题解析...398
2017年云南师范大学333教育综合·真题解析...402
2016年云南师范大学333教育综合·真题解析...406
2015年云南师范大学333教育综合·真题解析...411
2014年云南师范大学333教育综合·真题解析...416
2013年云南师范大学333教育综合·真题解析...420
2012年云南师范大学333教育综合·真题解析...424
2011年云南师范大学333教育综合·真题解析...428
2010年云南师范大学333教育综合·真题解析...433

贵州师范大学

2022 年贵州师范大学 333 教育综合·真题真练	439
2021 年贵州师范大学 333 教育综合·真题真练	439
2020 年贵州师范大学 333 教育综合·真题真练	440
2019 年贵州师范大学 333 教育综合·真题真练	440
2018 年贵州师范大学 333 教育综合·真题真练	441
2017 年贵州师范大学 333 教育综合·真题真练	441
2016 年贵州师范大学 333 教育综合·真题真练	442
2015 年贵州师范大学 333 教育综合·真题真练	443
2014 年贵州师范大学 333 教育综合·真题真练	444
2013 年贵州师范大学 333 教育综合·真题真练	444
2022 年贵州师范大学 333 教育综合·真题解析	446
2021 年贵州师范大学 333 教育综合·真题解析	448
2020 年贵州师范大学 333 教育综合·真题解析	451
2019 年贵州师范大学 333 教育综合·真题解析	454
2018 年贵州师范大学 333 教育综合·真题解析	459
2017 年贵州师范大学 333 教育综合·真题解析	464
2016 年贵州师范大学 333 教育综合·真题解析	470
2015 年贵州师范大学 333 教育综合·真题解析	475
2014 年贵州师范大学 333 教育综合·真题解析	479
2013 年贵州师范大学 333 教育综合·真题解析	484

2022年 陕西师范大学 333 教育综合·真题真练

一、名词解释
社会本位论　培养目标　四书五经　八年研究　学习策略

二、辨析题
1. 社会生产力发展水平决定教育目的的性质。
2. 综合实践活动是义务教育和普通高中的必修课程。
3. 蔡元培的"五育"并举是倡导德智体美劳全面发展的教育。
4. 教学工作的基本环节包括课外辅导。
5. 道德发展阶段理论是指在不同人生阶段人格面临不同发展任务。

三、简答题
1. 德育的一般途径。
2. 王守仁儿童教育思想要点。
3. 终身教育思潮的基本观点。
4. 抗日战争时期中国共产党的教育方针和政策。

四、分析论述题
1. 联系实际，论述问题解决能力的培养策略。
2. 联系实际，论述影响课程改革的主要因素。
3. 论述双重编码理论，并举例说明。
4. 简要说明变式练习是什么，在技能形成过程中有什么作用。

五、材料题
1. 当代世界发展过程中教育变革产生了哪些新的需求和挑战？
2. 如何有效培养学生的关键能力，建立促进学生身心健康全面发展的长效机制？

2021年 陕西师范大学 333 教育综合·真题真练

一、名词解释
书院官学化　中世纪大学　师生关系　有意义学习　道德两难法

二、填空题
1. _____是第一个被提出的教育起源论，标志着教育起源说由神话传说走向科学化。

2. 学习评价根据作用和时间，分为_____和终结性评价。
3. _____关注自然背后社会的利益，启发人们的意识。
4. 《中国教育现代化2035》提出中国步入_____行列的目标。
5. 产婆术：讥讽、助产术、_____、定义。
6. _____提出什么知识最有价值。_____最有价值。
7. 桑代克提出的学习三原则：_____。
8. 朱子读书法包括循序渐进、熟读精思、_____、切己体察、着紧用力、居敬持志。

三、辨析题

1. 教学永远具有教育性。
2. 公学是英国的一种贵族学校。
3. 隐性课程也具有德育功能。
4. 核心课程是最重要的课程。
5. 孔子编订了《诗》《书》《礼》《易》《乐》《春秋》，这就是"六艺"教育。

四、简答题

1. 简述京师同文馆的办学特点。
2. 简述学校教育起主导作用的条件。
3. 简述榜样法的定义及实施要求。
4. 简述布卢姆的情感领域的目标体系。
5. 简述程序性知识学习的一般过程。

五、分析论述题

1. 材料：《关于深化教育教学改革全面提高义务教育质量的意见》提出"民办义务教育学校招生纳入审批地统一管理，与公办学校同步招生；对报名人数超出招生计划的，实行电脑随机录取"。
（1）"摇号入学"可能解决了哪些问题？
（2）"摇号入学"可能带来哪些新问题？
（3）针对这些新问题中的一个问题提出你的解决思路。

2. 材料：

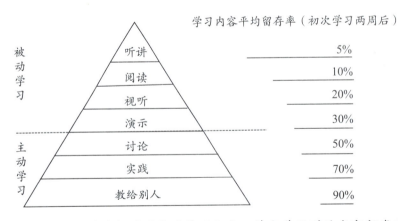

（注：数据可能不准确，主要是想说明被动学习方式，学生学习到的内容留存度少，主动学习的方式使得学生学习到的内容留存度高）

（1）我国中小学教学方法存在哪些问题？

（2）以一节中小学课堂为例，提出你对教学方法的选择与使用策略

3.材料一：杜威关于学校和社会关系的一句话，生活教育理论把它"翻了半个跟头"。（材料大意）

材料二：杜威过度强调儿童的直接经验。布鲁纳说，这样过度的话，"好事就成了坏事"。（材料大意）

（1）①材料一体现了杜威的什么教育理论？

②试论生活教育理论把它"翻了半个跟斗"的原因。

③谈一下生活教育理论中体现学校与社会关系的观点。

（2）①材料二中"好事成就了坏事"指的是什么？

②布鲁纳提出的结构主义理论是如何解决这一问题的？

③杜威和布鲁纳的教育改革对我国教育改革有何启示？请说明理由。

2020年 陕西师范大学 333 教育综合·真题真练

一、名词解释

学制　进步教育运动　学习动机　《学记》　教育目的

二、简答题

1. 简述教学原则。
2. 简述德育方法。
3. 赞科夫的发展理论的五个原则。
4. 赫尔巴特的教学阶段论。
5. 教育的个体功能表现为哪两个方面？

三、分析论述题

1. 教师的专业素养有哪些？如何培养教师的专业素养？
2. 陶行知的生活教育理论及历史影响。
3. 创造性发展的影响因素是什么？

2019年 陕西师范大学 333 教育综合·真题真练

一、名词解释

道尔顿制　探究性学习　教育制度　成就动机　综合课程

二、填空题

1. 西周国学和乡学的"六艺"是_____、_____、_____、_____、_____和_____。
2. 马斯洛需要层次理论包括：_____、_____、_____、_____、_____、_____和_____。
3. 我国把_____列入学制系统，是教育向终身教育制度发展的重要标志。
4. 《教育法》是最近_____年修订的。
5. 依据人在知觉时是否受环境信息的影响所做出的分类是_____。
6. 在北京师范大学确立公布的三个核心素养是_____、_____和_____。
7. 1902年，中国颁布的第一个全国性学制是_____。
8. 三级课程管理是_____、_____和_____。
9. 终身教育的含义是_____。

三、判断题

(   ) 1. 稷下学宫是一所由官家主持，私家操办的特殊形式的学校。
(   ) 2. 旧知识对新知识的影响叫倒摄反应。
(   ) 3. 有效教育活动是科学性和艺术性的结合。
(   ) 4. 学习迁移只发生在知识和技能领域。
(   ) 5. 八股文产生于清初。
(   ) 6. 批判理学，提出真学、实学的人是颜元。
(   ) 7. 德国梅伊曼是实验教育学的代表。
(   ) 8. 教育即生活，教育即生长，教育即经验的改造是赫尔巴特提出的。
(   ) 9. 终结性评价是对教学过程中学生表现的评价。

四、简答题

1. 创造性思维及其特点。
2. 裴斯泰洛齐要素教育理论的主要内容。
3. 如何建立新型的师生关系。
4. 简述科尔伯格的三水平六阶段理论。
5. 简述泰勒原理的主要内容。

五、分析论述题

1. 论述朱子读书法的主要内容和思想，和现代"快餐文化"比过时了吗？如何看待？
2. 新型教学方式（电子设备、移动学习平台的利弊）。

六、综合题

按照教育目的的层级结构进行分类，并简述各自的含义、区别、联系。

2018年 陕西师范大学 333 教育综合·真题真练

一、判断题
(   ) 1. 我国最早的蒙学教材是《三字经》。
(   ) 2. 生活准备说是赫尔巴特的思想。
(   ) 3. 教科书是课程的唯一体现。
(   ) 4. 一两遗传胜过一吨黄金。
(   ) 5. 授人以鱼不如授人以渔。
(   ) 6. 动机越强，学习效率越高。
(   ) 7. 教师只要积极作用，没有负面影响。

二、名词解释
学校教育　最近发展区　产婆术　苏湖教法　启发式教学

三、简答题
1. 教育的基本要素及相互关系。
2. 教师主导作用与学生主体相统一规律。
3. 《中庸》中关于学习过程的论述。
4. 赫尔巴特教育心理学化思想。
5. 活动课程的特点。

四、分析论述题
1. 《学记》中的教育理论与历史地位。
2. 杜威和赫尔巴特的教育理论及对我国各时期教育实践的影响。

五、材料分析题
狼孩儿从小与狼为伍，所以其保持着狼的生活习性，狼孩儿被牧羊人收养后，学会了基本的觅食技能。但牧羊人去世之后狼孩儿重新回到狼群中与狼群过着和狼相同的生活。当他后来又一次被人发现，带入人类社会生活时，人们却发现狼孩儿无法很好地适应人类生活。

结合材料分析影响人的身心发展的因素及关键期。

2017年 陕西师范大学 333 教育综合·真题真练

一、名词解释
教育　讲授法　课程标准　朱子读书法　要素教育　接受学习　最近发展区　学习兴趣

二、简答题

1. 教学过程的性质。
2. 培养班集体的方法。
3. 建构主义学习观。
4. 革命根据地时期的教育经验。
5. 人文主义教育的特征。
6. 影响问题的解决因素。

三、分析论述题

1. 学生发展核心素养以及六大要素，结合实际谈谈对于未来教育改革的影响。
2. 陶行知的生活教育理论，结合实际谈谈学校教育与生活之间的理想关系。
3. 赫尔巴特的课程理论和教学理论，结合实际谈谈对于现在的教育改革是否还有借鉴意义。

四、材料题

材料：无师课堂怎样实现？学生胡少舟2012年进入圣陶学校七年级实验班，初到这个班的时候，他发现这个班 除了班主任陈俊丽和一名英语教师外，再无其他任课教师。陈俊丽要负责英语之外的6门学科教学，但他听说陈俊丽是语文教师，对数理化基本是一窍不通。这怎么行？胡少舟找到校长反映情况，王天民说："学习要靠自己，教师只能教会你知识，教不会你自主学习的能力。只有你自己融入学习之中，才能真正领会学习的快乐。"没有教师，学生该怎样学习？胡少舟和同学以小组为单位，四处查找资料，有时候也向教师请教。就是用这样的方式，他们弄懂了数理化，还自主学习其他各门功课。

用教师的主导作用和学生的主观能动性结合材料进行案例分析。

2016年 陕西师范大学 333 教育综合·真题真练

一、名词解释

学校教育制度　教育　最近发展区　三舍法　学习动机

二、简答题

1. 班级授课制的局限性。
2. 德育的途径。
3. 如何促进知识的迁移。
4. 简述美国的《国防教育法》。

三、分析论述题

1. 张之洞中体西用的历史意义和局限性。
2. 创造性培养。
3. 杜威和赫尔巴特的教学过程理论的比较，并阐述自己的观点。

4. 新基础课程改革的六大目标如何实现？
5. 什么是启发性教学原则？结合自己经验，讲述如何在课堂中贯彻这一原则。

2015年 陕西师范大学333教育综合·真题真练

一、名词解释

卢梭的自然主义教育　成就动机　稷下学宫　教学　学习

二、选择题

1. 提出"灵魂转向""学习即回忆"的哲学家是（　　）。
   A. 苏格拉底　　　　B. 柏拉图　　　　C. 亚里士多德　　　　D. 奥苏伯尔
2. 和机械学习相对应的学习是（　　）。
   A. 智慧学习　　　　B. 有意义学习　　C. 上位学习　　　　　D. 下位学习
3. 奥苏伯尔所提出的学习有上位学习、下位学习和（　　）。
   A. 意义学习　　　　B. 智慧学习　　　C. 机械学习　　　　　D. 并列结合学习
4. 我国第一部论述教育的著作是（　　）。
   A.《论语》　　　　B.《学记》　　　　C.《大学》　　　　　D.《中庸》
5. 提出教育心理学化思想，将教育与生产劳动相结合的观念付诸实践，并据此提出要素教育，推动了初等学校教学法的程序化改革的教育家是（　　）。
   A. 赫尔巴特　　　　B. 杜威　　　　　C. 福禄培尔　　　　　D. 裴斯泰洛齐
6. 国子学产生于下列哪个朝代？（　　）
   A. 西晋　　　　　　B. 东晋　　　　　C. 南朝　　　　　　　D. 北朝
7. 我国首次提出义务教育的学制是（　　）。
   A. 壬寅学制　　　　B. 癸卯学制　　　C. 壬子癸丑学制　　　D. 壬戌学制
8. 提出最近发展区的教育家是（　　）。
   A. 杜威　　　　　　B. 维果茨基　　　C. 卢梭　　　　　　　D. 赫尔巴特

三、简答题

1. 简述孔子的教育思想对我国教育的影响。
2. 简述董仲舒的三大文教政策。
3. 简述形式教育论和实质教育论的异同。
4. 简述学制确立的依据。
5. 简述赫尔巴特的教育心理学化思想。
6. 简述陈述性知识学习和程序性知识学习的区别。

四、分析论述题

1. 试论述活动课程和学科课程的分歧。
2. 根据1922年学制的观点和标准谈谈我国现行学制的改革。

2014年 陕西师范大学 333 教育综合·真题真练

一、名词解释
教育劳动起源说　校本课程　学制　班级授课制　发现学习

二、填空题
1. 1806年出版的《普通教育学》的作者是_____。
2. 皮亚杰的认知发展阶段分为：感知运动阶段、_____、具体运算阶段、形式运算阶段。
3. "博学之、审问之、慎思之、明辨之、笃行之"出自_____。
4. 1903年，我国颁布并实施的第一个近代学制是_____。
5. 影响人发展的因素有：遗传、教育、环境、_____。
6. 学生的品德由认知、情感、意志和_____组成。
7. 研究性学习的程序的第一步是_____。
8. 在西方教育史上，最早提出要按年龄划分教育阶段的思想教育家是_____。
9. 学习管理策略包括：_____、制订学习计划、进行自我评价、监控学习过程。
10. 夸美纽斯的教学原则之一是_____。

三、简答题
1. 简述教师的劳动特点。
2. 如何更好的实施讲授法？
3. 我国常用的教学模式有哪些？
4. 如何激发学生的学习动机。
5. 简述清末百日维新时期的教育改革。

四、论述题
1. 评述课程改革的目标。
2. 论述教育是如何发挥社会发展功能的。

2013年 陕西师范大学 333 教育综合·真题真练

一、选择题
1. 建构主义学习观认为：学习具有主动建构性、社会互动习性和（　　）。
   A. 能动性　　　　B. 主体性　　　　C. 可迁移性　　　　D. 情境性
2. 奥苏伯尔将学习分为机械学习和（　　）。
   A. 有意义学习　　B. 策略学习　　　C. 概念学习　　　　D. 技能学习

3. 在西方古代教育史上，提出教育目的在于实现个人的"灵魂转向"，主张"寓学习于游戏""学习即回忆"的教育家是（　　）。
   A. 苏格拉底　　　　　B. 柏拉图　　　　　C. 亚里士多德　　　　D. 奥古斯丁

4. 我国最早规定义务教育阶段的学制是（　　）。
   A. 壬寅学制　　　　　B. 癸卯学制　　　　C. 壬子癸丑学制　　　D. 壬戌学制

5. 颜元主持的漳南书院性质上属于（　　）。
   A. 理学书院　　　　　B. 实学书院　　　　C. 制艺学院　　　　　D. 考据学院

6. 在西方近代教育中，依据教育心理学化的理念提出初等教育应该从最简单的要素开始，循序渐进地促进人的和谐发展的教育家是（　　）。
   A. 洛克　　　　　　　B. 卢梭　　　　　　C. 夸美纽斯　　　　　D. 裴斯泰洛齐

7. "不愤不启，不悱不发"主要阐述的教育原则是（　　）。
   A. 启发性原则　　　　　　　　　　　　　　B. 科学性原则
   C. 理论联系实际原则　　　　　　　　　　　D. 巩固性原则

8. 综合实践活动的基本特征是：综合性、实践性、开放性、自主性和（　　）。
   A. 服务性　　　　　　B. 目的性　　　　　C. 生成性　　　　　　D. 社会性

9. 我国最早的教学理论著作是（　　）。
   A.《大学》　　　　　　　　　　　　　　　B.《论演说家的培养》
   C.《论语》　　　　　　　　　　　　　　　D.《学记》

10. 我国中小学最常用的基本教学方法是（　　）。
    A. 讲授法　　　　　　B. 演示法　　　　　C. 参观法　　　　　　D. 练习法

二、名词解释

学习　苏湖教学法　自然主义教育　教学　教育目的

三、判断题

（　）1. 前科学概念就是错误概念。
（　）2. 人的创造力与知识水平成正比。
（　）3. 蔡元培改革北京大学的主导思想是"尚自然，展个性"。
（　）4. 我国最早的蒙学教材是《三字经》。
（　）5. 多媒体教学是直观教学的一种形式。
（　）6. "教学准备生活说""科学知识最有价值"等著名论断是赫尔巴特提出来的。
（　）7. 教学是学校的首要工作。
（　）8.《我的教育信条》最集中、最系统地表达了杜威的教育理论。
（　）9. 教育主要通过培养出来的人间接影响社会的发展。
（　）10. 德育的功能就是育德。

四、简答题

1. 知识整合与升华的方法与策略有哪些？
2. 简述陈鹤琴的"活教育"思想。
3. 简述赫尔巴特的教育心理学化思想。
4. 如何理解教学过程？
5. 简述品德发展的一般规律。

五、分析论述题

1. 结合杜威对教育本质的"三大主张"谈谈教育与生活的联系。
2. 什么是启发性教学原则？结合自己任教学科谈谈如何在课堂教学中贯彻启发性原则。
3. 结合班级管理实际谈谈班集体的发展阶段及其培养方法。

六、材料题

材料一：人才效能进一步提高。人力资本投资占国内生产总值比例达到12.0%，比2008年增长1.3个百分点，人才对经济增长的贡献率达到26.6%（据2008年不完全统计，1978—2008年的平均值为18.9%），人才对我国经济增长的促进作用进一步提升。

——《人民日报》（2012年5月15日第4版）

材料二："百年大计，教育为本。"教育是民族振兴、社会进步的基石，是提高国民素质、促进人的全面发展的根本途径，寄托着亿万家庭对美好生活的期盼。强国必先强教。优先发展教育、提高教育现代化水平，对实现全面建设小康社会奋斗目标，建设富强、民主、文明、和谐的社会主义现代化国家具有决定性意义。

——《国家中长期教育改革和发展规划纲要（2010—2020年）》序言

结合上述材料谈谈现代化教育具有哪些经济功能，并据此分析我国当前教育如何更好地发展这些经济功能。

2012年 陕西师范大学333教育综合·真题真练

一、名词解释

最近发展区　自我提高内驱力　学制　研究性学习　教育适应生活说　建构主义教学理论

二、填空题

1. 皮亚杰针对儿童认知发展提出的四个概念是：_____、同化、_____、平衡。
2. 我国学校教育制度的结构包括：学前教育、_____、_____和_____。
3. 赫尔巴特明确提出了三种教学方法：_____、_____和综合教学。
4. 我国近代最成熟的学制是_____。
5. 课程标准的三维目标是：_____、_____、_____。

三、简答题

1. 班主任的素质要求。
2. 课程设计的依据。
3. 我国新时期的教育方针。

四、论述题

1. 论述启发性原则及其在教学中的运用。
2. 你认为教师最重要的素质是什么？

2011年 陕西师范大学 333 教育综合·真题真练

一、名词解释
教育学　课程　贝尔-兰开斯特制　苏湖教法　有意义学习　学习策略

二、填空题
1. 教学的基本环节包括：备课、上课、_____、_____和_____。
2. 孔子的教学内容，包括《诗》《书》《礼》_____《易》《春秋》。
3. 宋朝胡瑗在主持湖州州学时创立的一种新的教学制度是_____。
4. 欧洲封建社会中的骑士教育的主要内容是：吟诗、_____、下棋、骑马、游泳、枪剑、角力。
5. _____被评为"美国公立学校之父"。
6. 赫尔巴特明确提出三种教学方法：_____、_____和_____。
7. 皮亚杰把人的认知发展划分为四个阶段：_____、_____、_____、_____。
8. 陈述性知识的表征形式是_____。
9. _____编成了《海国图志》一书，并在此书中提出了"师夷长技以制夷"的观点。

三、简答题
1. 学生的智力活动形成包括哪几个阶段？
2. 教师应该如何进行概念学习？
3. 朱熹的道德教育方法有哪些？
4. 1958年美国颁布实施的《国防教育法》的主要措施有哪些？
5. 遗传在人的发展中具有什么作用？
6. 教学评价的原则有哪些？

四、分析论述题
1. 谈谈你对教育的相对独立性的认知。
2. 联系教学实践，谈谈如何激发学生的学习动机。

2010年 陕西师范大学 333 教育综合·真题真练

一、名词解释
教学评价　创新教育　校本课程　成就动机　稷下学宫　定势　实科中学　泛智论

二、填空题
1. 提出教育性教学原则的教育家是_____，他是_____教育学派的代表。

2. 我国的教育方针是"教育必须为_____服务，必须与_____相结合，培养德、智、体等方面全面发展的社会主义事业的建设者和接班人"。

3. 学田制度首创于我国_____代。

4. 宋朝历史上曾前后出现了三次著名的兴学运动，第一次兴学运动是由_____主持发起的，史称_____。

5. _____是18世纪末时，英国教育家贝尔和兰卡斯特提出的一种旨在解决师资问题的教学制度。

6. 学习动机是由_____和_____两个基本因素构成的。

三、简答题

1. 建立学制的依据有哪些？
2. 简述马卡连柯集体教育理论的主要内容。
3. 简述中世纪大学兴起的原因及对当时文化教育和社会发展的作用。
4. 简述德育过程的基本特点。
5. 比较陈述性知识和程序性知识学习的异同。
6. 简述董仲舒的三大文教政策。

四、分析论述题

1. 评述教育与生产力的关系。
2. 评述陶行知"生活教育"理论的基本内容及其现实启示。
3. 试从教育发展的历史角度论述美国近现代教育发展的原因。
4. 论述加德纳多元智能理论并分析对教学实践的启发。
5. 试分析论证教学、教育及德育的关系。

2022年 陕西师范大学 333 教育综合·真题解析

一、名词解释

社会本位论

社会本位论认为个人的一切发展都有赖于社会，都受社会的制约，人的一切发展也是为了满足社会的需要；教育除了满足社会需要以外并无其他目的；教育结果的好坏是以其社会功能发挥的程度来衡量的，离开了社会，就无法对教育的结果做出衡量。代表人物有那托尔普、涂尔干和凯兴斯泰纳等。

培养目标

培养目标是各级各类学校依据国家教育目的和不同类型教育的性质与任务，对受教育者身心发展所提出的具体标准和要求。

四书五经

四书五经，是指"四书"与"五经"的合称，是历代儒家学子研学的核心书经，在中国的传统文化当中，四书五经占据着相当重要的位置。四书五经详细地记载了我国早期思想文化发展史上政治、军事、外交、文化等各个方面的史实资料以及孔孟等思想家的重要思想。"四书"包括《大学》《中庸》《论语》《孟子》，"五经"包括《诗经》《尚书》《礼记》《周易》《春秋》。

八年研究

"八年研究"是指1933—1940年美国进步主义教育联盟会长艾钦领导的旨在革新教育的新课程改革实验。实验中专门成立了以泰勒为首的评价委员会，边实验边评价，引发了人们对教育评价的重视和研究，也确立现代教育评价的理论和方法。

学习策略

学习策略是指学习者为了提高学习的效果和效率，有目的、有意识地制定的有关学习过程的复杂的方案。具有以下四个特征：主动性、有效性、过程性、程序性。

二、辨析题

1. 社会生产力发展水平决定教育目的的性质。

【答案要点】

该观点错误。

社会经济政治制度制约教育的性质、制约教育的宗旨和目的、制约教育的领导权、制约受教育权。生产力的发展制约教育事业发展的规模和速度、制约人才的培养规格和教育结构、制约教学内容、教学方法和教学组织形式的发展和改革。所以，真正制约教育目的的是社会政治经济制度而不是社会生产力。

2. 综合实践活动是义务教育和普通高中的必修课程。

【答案要点】

该观点正确。

我国新一轮基础教育课程改革整体设置九年义务教育课程。小学教育、初中教育、高中教育均设有综合实践活动，所以，综合实践活动是义务教育和普通高中的必修课程。

3. 蔡元培的"五育"并举是倡导德智体美劳全面发展的教育。

【答案要点】

该观点错误。

蔡元培从"养成共和国民健全之人格"的观点出发，提出军国民教育、实利主义教育、公民道德教育、世界观教育和美感教育的"五育"并举教育思想。"五育"是军国民教育、实利主义教育、公民道德教育、世界观教育和美感教育，不等同于德、智、体、美、劳全面发展的教育。

4. 教学工作的基本环节包括课外辅导。

【答案要点】

该观点正确。

教学工作的基本环节包括备课、上课、布置与批改作业、课外辅导、学业成绩评定。

5. 道德发展阶段理论是指在不同人生阶段人格面临不同发展任务。

【答案要点】

该观点错误。

道德发展阶段理论是从人身心发展的接受程度来看，是从道德两难故事的解释程度来看。埃里克森人格发展理论才是指不同人生阶段人格面临不同发展任务。

三、简答题

1. 德育的一般途径。

【答案要点】

（1）思想政治课与其他学科教学。需要注意的是，知识转化为品德还需要将知识与学生生活相联系，与学生思想"对话"，以激发学生的道德需要，并用这些道德认识来探寻做人的道理，调节对人、对事应持有的态度，并付诸行动。

（2）劳动和其他社会实践。有意义的劳动和社会实践，能够提高学生的责任意识、服务意识，形成学生勤俭、朴实、艰苦、顽强等许多好的品德，在德育上有着不可或缺、不可替代的意义。

（3）课外活动和校外活动。通过课外活动和校外活动进行德育，能调动学生的积极性，培养他们的自律能力，形成互助友爱、团结合作、尊重规则等品德。

（4）学校共青团、少先队活动。开展团队活动，能激发学生强烈的上进心、荣誉感，使他们能够严于律己，自觉提高思想品德，是德育的重要途径。

（5）心理咨询。通过个别谈心、咨询、讲座等多种方式对学生进行心理健康教育，可以帮助学生处理好学习、交往、择业等方面问题，使他们成为积极向上、心理健康的人。

（6）班主任工作。通过班主任工作，学校不仅能有效地管教学生基层组织和个人，而且能对教育学生的其他途径的活动起协调作用，是学校德育的一个特别重要的途径。

（7）校园生活。校园生活包括上述活动在内的全部学校生活。要建立良好的校园生活，一是要研究如何使德育在各个途径中真正到位，使之互相补充，构成整体效应；二是要根据学校实际，研究如何增加跨越班级的活动与交往，逐步形成学校特色；三是要研究如何使校园生活能够体现时代精神，蕴含深厚文化，让学生在生活中养成现代文明习气和人文情怀。

2. 王守仁儿童教育思想要点。

【答案要点】

王守仁十分重视儿童教育，在《训蒙大意示教读刘伯颂等》一文中比较集中地阐发了他的儿童教育思想。

（1）基本观点。

①揭露和批判传统儿童教育不顾儿童的身心特点。王守仁指出当时从事儿童教育的老师每天只是督促儿童读书识字，责备他们修身，对待儿童就像对付囚犯，这种不顾儿童的身心特点，把他们当作小大人是传统儿童教育的致命弱点。

②儿童教育必须顺应儿童的性情。王守仁认为，一般来说儿童的性情总是爱好嬉游而厌恶拘束，因此他主张儿童教育必须顺应儿童的身心特点，这样儿童就能不断地长进。

③儿童教育的内容是"诗歌""习礼"和"读书"。王守仁认为对儿童进行诗歌、习礼和读书教育，是为了培养儿童的意志，调理他们的性情，在德育、智育、体育和美育诸方面都得到发展。

④要"随人分限所及"，量力施教。教育必须根据儿童的接受能力水平来进行。

（2）评价。

王守仁的儿童教育思想的目的是为了向儿童灌输封建伦理道德，但他反对"小大人式"的传统儿童教育方法和粗暴的体罚等教育手段，要求顺应儿童性情、根据儿童的接受能力施教，使他们在德育、智育、体育和美育诸方面得到发展等主张，反映了其教育思想的自然主义倾向。

3. 终身教育思潮的基本观点。

【答案要点】

终身教育思潮产生于20世纪50年代的法国，是现代欧美国家一种强调把教育贯穿人的一生的教育思潮，现已成为一种被视为未来教育战略的国际性教育思潮，代表人物是保罗·朗格朗。

（1）终身教育的缘由：终身教育是应对人类在现代社会中所面临各种新挑战的需要，是一种能够使人在各方面做好准备并应付新的挑战的教育模式和教育观念。

（2）终身教育的含义：终身教育包括了教育的各个方面、各项内容，从一个人出生的那一刻起一直到生命终结时为止的不间断的发展，也包括了在教育发展过程中的各个阶段之间的内在联系。它并不是传统教育的简单延伸，而是包括一切正规教育、非正规教育以及非正式教育。其基本特点是具有连续性和整体性。此外终身教育没有固定的教育内容和方法，强调人的个性发展。

（3）终身教育的目标：实现更美好的生活，使人过一种更和谐、更充实和符合生命真谛的生活。具体目标包含两方面：培养新人；实现教育民主化。

终身教育理论自20世纪60年代中期兴起以后，在教育领域中引起了一场广泛而深刻的革命。终身教育已成为建立一个学习化社会的象征。许多国家把终身教育作为教育改革和发展的战略重点，但终身教育的具体实施规划仍需进一步探讨。

4. 抗日战争时期中国共产党的教育方针和政策。

【答案要点】

1937年，毛泽东在中共洛川会议上通过的《抗日救国十大纲领》中的第八条提出"抗日的教育政策"为："改变教育的旧制度、旧课程，实行以抗日救国为目标的新制度、新课程。"1938年，毛泽东在中国共产党六届六中全会上所作《论新阶段》的报告中，将抗战时期的教育政策论述得更为具体。他指出："在一切为着战争的原则下，一切文化教育事业均应使之适合战争的需要。"据此提出了培养大批干部的思想，又发展成"干部教育第一，国民教育第二"政策。

毛泽东关于抗战教育基本政策的论述，延续了苏区教育总方针的基本精神，而更为强调教育与民族解放战争的结合。该论述成为抗战时期抗日民主根据地教育的指导思想，也成为中国共产党制定抗战时期教育方针政策的依据之一。

四、分析论述题

1. 联系实际，论述问题解决能力的培养策略。

【答案要点】

在实际教学中，学生问题解决的能力可以结合各门学科的内容来进行训练和提高。教师要把重点放在课题的知识上，放在特定学科的问题解决的逻辑推理和策略上，放在有效解决问题的一般原理和原则上。

（1）鼓励质疑。教师要尽量从自己提出问题过渡到学生质疑，从而培养学生主动质疑的内在动机，鼓励学生主动提问，形成一种自由探究的气氛。

（2）设置难度适当的问题。教师给学生的问题要可解，但要有一定的难度。

（3）帮助学生正确表征问题。学生运用所学知识解释问题，或者画草图、列表、写方程式等，这对回忆相关信息都有很好的作用。

（4）帮助学生养成分析问题的习惯。教师要帮助学生发展系统考虑问题的方式和系统分析的习惯，教师既不能让学生盲目尝试错误练习，也不能过分热心，先把答案告诉学生。

（5）辅导学生从记忆中提取信息。教师需要帮助学生从记忆中迅速提取与解决问题有关的信息，并能很快找出可利用的信息，明确问题解决情境与欲达到的目的，迅速做出判断。

（6）训练学生陈述自己的假设及其步骤。教师要培养学生由跟从别人的言语指导转变到自行指导思考，然后再要求他们自己用言语把指导步骤表达出来。

（7）提供结构不良问题，培养实际解决问题的能力。通过对这些问题的解决，能让学生将解决问题的能力迁移到实际领域中去。

2. 联系实际，论述影响课程改革的主要因素。

【答案要点】

（1）政治因素。

政治因素对课程变革的影响是多层面的、深刻的，而且课程变革也不可能脱离社会政治因素的影响。主要表现在课程改革的目标厘定、课程改革的内容选择和课程的编制过程三个方面。

（2）经济因素。

经济因素对学校课程有直接的推动作用，现代以来由于科技的发展和生产过程日益复杂，社会大生产需要提高劳动者的科技文化素质，所以学校课程门类日益增多，课程中科技知识的含量加重，学校课程更加贴近经济发展的需求。主要表现在经济领域劳动力素质提高的要求制约课程目标、经济发展的地区差异性制约课程变革和市场经济影响课程变革三个方面。

（3）文化因素。

文化通过教育的传递、传播和创造而得以保存和发展，课程是社会文化的缩影。但课程内容来自社会文化，并不是社会文化的简单复制，社会文化需要通过教育机制的筛选才能进入学校课程。具体表现在文化模式与课程变革、文化变迁与课程变革、文化多元与课程变革三个方面。

（4）科技革新。

当代新技术革命对学校课程变革起着直接的推动作用，主要表现为科技革新制约课程变革的目标、科技革新推动课程结构的变革、科技革新影响着课程变革的速度。

（5）学生发展。

学校课程要充分考虑到学生的发展状态与心理特征，根据学生的智力、能力的水平、倾向及其潜力来选择和组织相应的课程内容。

3. 论述双重编码理论，并举例说明。

【答案要点】

双重编码理论由心理学家佩维奥提出，他认为在人脑中同时存在着两种信息编码和存储系统：一是表象系统，它对具体的事物或事件信息进行编码、存储、转化和提取，其表征类似于知觉；二是言语符号系统，主要用言语听觉、抽象概念或命题形式对信息进行加工。

佩维奥认为，表象和言语是相互平行和相互联系的两个认知系统。言语编码加工抽象的语言信息，表象编码加工具体的形象信息。表象编码似乎是空间加工，而言语编码是有序加工。在信息加工过程中，两个系统可能是重叠的，也可能是其中一种占优势。在一定条件下，表象码和言语码可以互译，言语码可以通过译码以感性形象再现，表象码也可以用言语形式储存信息。

4. 简要说明变式练习是什么，在技能形成过程中有什么作用。

【答案要点】

变式练习是学习以产生式表征的程序性知识的必要条件，它是指在其他教学条件不变的情况下，变化概念和规则的例证。

在教学中，教师精心设计的变式练习，对于避免大量的重复练习，消除题海战术，减轻学生的学业负担，提高学生对实际问题的解决能力有重要的意义。

五、材料题

1. 当代世界发展过程中教育变革产生了哪些新的需求和挑战。

【答案要点】

教育变革带来的机遇：

（1）优化教育资源配置，促进教育更加公平。资源配置是指各种教育资源，包括人力、财力、物力、时空、信息、文化、权力、制度等，在各种不同的使用方向之间的分配，以期投入的教育资源能够得到充分有效的使用。

（2）尊重学生个体差异，满足学生个性化需求。个性化教育将是在线教育未来的趋势。

（3）突破学习时空限制，加快学习方式变革。教育变革推倒了传统意义上的"围墙"，将已有的教育内容、方法、模式等进行了重新设计与组合，使教育资源充分流动，只要有一个移动终端与网络相连，任何人在任何时间、任何地点都可以进入课堂学习。

（4）变革原有教学方式，丰富学科课程内容。在信息时代全新的环境中，互联网教学资源、平台、系统、软件或视频等将改变原有教学理念和教学手段，促使传统教学发生革命性的变化。

教育变革面临的挑战：

（1）偏远农村和欠发达地区教育基础设置有待完善。

（2）教师教育理念有待深化，信息利用能力有待提高。

（3）学生知识的辨别与接受能力面临挑战。

（4）传统教育中的德育和美育面临淡化危险。

2. 如何有效培养学生的关键能力，建立促进学生身心健康全面发展的长效机制？

【答案要点】

（1）有效培养学生的关键能力，建立促进学生身心健康全面发展的长效机制，就要随着学生不同年龄阶段，根据其身心发展的特点，循序渐进地去落实核心素养。

（2）"核心素养"指学生应具备的适应终身发展和社会发展所需要的必备品格和关键能力，突出强调个人修养、社会关爱、家国情怀，更加注重自主发展、合作参与、创新实践。核心素养的构成包括三大方面、六大要素、十八个基本点，具体如下：

①文化基础。

人文底蕴：人文积淀、人文情怀、审美情趣；

科学精神：理性思维、批判质疑、勇于探索。

②自主发展。

学会学习：乐学善学、勤于反思、信息意识；

健康生活：珍爱生活、健全人格、自我管理。

③社会参与。

责任担当：社会责任、国家认同、国际理解；

实践创新：劳动意识、问题解决、技术运用。

（3）"核心素养"是人民适应现在生活及面对未来挑战所应具备的知识、能力与态度，也是现代人获得成功生活与功能健全社会所需的素养。它的形成是人类进步和社会发展的必然要求，反映的是人民对优质教育的期待。构建核心素养体系是顺应新时代发展趋势，大力提升我国新时代人才竞争力的关键，也是党、国家和社会的迫切需要。

2021年 陕西师范大学 333 教育综合·真题解析

一、名词解释

书院官学化

书院官学化就是指书院受制于政府，被纳入官学体系。这种倾向带来了两种效应，一是因受到朝廷的重视而刺激了书院的发展，二是政府加强了对书院的控制，书院逐渐被纳入官学体系，有的直接变成地方官学，成为准备科举的场所。

中世纪大学

中世纪大学是 12 世纪左右兴起的一种自治的教授和学习中心。一般由一名或数名在某一领域有声望的学者和他的追随者自行组织起来，形成类似于行会的师生团体进行教学和知识交易。最早的中世纪大学包括萨莱诺大学、波隆那大学、巴黎大学等。

师生关系

师生关系是指教师和学生在教育教学过程中结成的相互关系，包括彼此所处的地位、作用和相互对待的态度等。良好的师生关系不仅是顺利完成教学任务的必要手段，而且是师生在教育教学活动中的价值、生命意义的具体体现。

有意义学习

有意义学习就是符号所代表的新知识与学习者认知结构中已有的适当观念建立非任意的和实质性的联系。有意义学习的类型包括表征学习、概念学习和命题学习。

道德两难法

道德两难故事法是科尔伯格研究道德发展问题的重要研究方法，是皮亚杰对偶故事的发展，同样也是用情境故事设置道德冲突并提出道德问题，让被试在自己的反应中"投射"内心的观念，反映出个体的道德发展水平。

二、填空题

1. 生物起源说　2. 诊断性评价、形成性评价　3. 批判教育学　4. 教育强国
5. 归纳　6. 斯宾塞；科学知识　7. 准备律、练习律、效果律　8. 虚心涵泳

三、辨析题

1. 教学永远具有教育性。

【答案要点】

该观点正确。

赫尔巴特提出教育性教学原则，即以教学来进行教育的原则。他指出，不存在"无教学的教育"，也不存在"无教育的教学"。即教育是通过教学，而且只有通过教学才能真正产生实际作用，教学是道德教育的基本途径。

2. 公学是英国的一种贵族学校。

【答案要点】

该观点正确。

公学是一种私立教学机构，相对于私人延聘家庭教师的教学而言，这种学校是由公众团体集资兴办，其教学目的是培养一般公职人员，其学生是在公开场所接受教育。它较之一般的文法学校师资及设施条件好、收费更高，是典型的贵族学校。

3. 隐性课程也具有德育功能。

【答案要点】

该观点正确。

隐性课程，也称潜在课程、隐蔽课程，是以内隐的、间接的方式呈现的课程，是学生在显性课程以外所获得的所有学校教育的经验，不作为获得特定教育学历或资格证书的必备条件。隐性课程以潜移默化的方式把有关道德的、审美的、政治的、知识的等方面的经验渗透到具体的活动过程中，影响学生发展。因此，隐性课程也具有德育功能。

4. 核心课程是最重要的课程。

【答案要点】

该观点错误。

核心课程，既指所有学生都要学习的一部分学科或学科内容，也指对学生有直接意义的学习内容，主张以人类社会的基本活动为中心。但核心课程不是最重要的课程，通常学校所设课程中最重要、最基础的部分，实际上是学科课程。

5. 孔子编订了《诗》《书》《礼》《易》《乐》《春秋》，这就是"六艺"教育。

【答案要点】

该观点错误。

《诗》《书》《礼》《乐》《易》《春秋》，是孔子编撰的"六经"，不是"六艺"教育。"六艺"教育是西周教育内容的总称，它是西周教育的特征和标志。"六艺"即礼、乐、射、御、书、数。礼包括政治、伦理、道德、礼仪各个领域；乐包括诗歌、音乐和舞蹈；射指射箭的技术训练；御指驾驭马拉战车的技术训练；书指文字书写；数指算法。

四、简答题

1. 简述京师同文馆的办学特点。

【答案要点】

京师同文馆最初是作为外语学校设立的,是近代中国被动开放的产物。1862年,学馆开始正式上课,定名为同文馆。1898年,京师大学堂成立,同文馆的部分科技教育归于京师大学堂。1902年,京师同文馆并入京师大学堂。

(1) 教师与学生。

同文馆的教师有外国人也有中国人,按职责可分为总教习、教习和副教习。外国人大多从传教士中聘请,担任外语、天文、格致、医学、万国公法等方面的教学任务;中国教习担任汉文、算学等方面的教习;副教习协助教习的教学工作,一般从优秀的高年级学生中挑选,他们仍不脱离学生的身份,需在馆学习、考试,每门课程设1~4人不等。

同文馆的学生主要分为两种类型:一类为额内学生,享有津贴;另一类是额外学生,不享受津贴。学生有三种入学途径:咨传、招考和咨送。

(2) 课程与考试。

同文馆的课程经历了不断丰富和逐渐规范化的发展过程。成立初,仅设外文和汉文,后陆续开设天文、算学、医学、生物学和化学等课程。根据入学者的文化基础,分为五年制课程和八年制课程。同文馆主要以考试来督促和检查学生的作业。日常考试分月课、季考、岁试三项,每届三年举行一次大考,由总理各国事务衙门主持,其成绩作为授官或降革的依据。

2. 简述学校教育起主导作用的条件。

【答案要点】

(1) 科学的学校教育。教育目的影响着教育的效果;教育物质条件影响着教育的速度和规模;教育活动影响着教育影响的深度;教师素质影响着教育的水平;教育管理水平影响着教育的功能。

(2) 优化的家庭教育。学校教育在人的身心发展中的主导作用的发挥,还受学生家庭的经济状况、家长的文化水平、家庭的人际关系等家庭条件的影响。

(3) 良好的社会状况。教育活动是在一定社会的条件和背景下进行的,并受到社会条件的制约。这些社会条件包括:社会生产力发展水平、社会政治经济制度、文化传统等。

(4) 受教育者自身的主观能动性。人的主观能动性是人的一种内在需要和动力。当受教育者具备了积极的求教动机时,环境和教育的外因才能发挥相应的作用。学习者的积极性越高,教育的作用就越大。

3. 简述榜样法的定义及实施要求。

【答案要点】

榜样法指以他人的高尚品德、模范行为和卓越成就来影响学生品德的方法。教师应向学生提供好榜样,主要有四类:历史伟人,现实的英雄模范,优秀教师、家长的风范,优秀学生。

运用榜样法要注意的要求有:

(1) 榜样必须是真实可信的。选好榜样是学习的前提。从古到今,人们都习惯拔高榜样,甚至编造一些美德故事来美化榜样,这是不可取的。尤其当学生有了自己的判断能力之后,这样做只会令人反感、适得其反。

(2) 激起学生对榜样的积极情感。学生是通过模仿榜样的言行举止来习得其中的道德价值和行为方式的,这种模仿的情绪有赖于学生对榜样的积极情感,没有这种积极情感,模仿的行为是不会产生的。

（3）给不同年龄段的学生树立不同的榜样。中小学时期长达12年，跨度大，学生的道德发展也经过了多个不同阶段，就要为学生树立不同的榜样。比如，小学低年级的学生，处于道德发展的他律阶段，模仿性较强，应该多树立师长一类的榜样；到了少年期，他们崇拜英雄人物、文艺体育明星，应该多树立正面、积极的偶像性榜样；高中学生志向高远，可为他们树立历史伟人与当代名人的榜样。

（4）要注重教师自身的示范作用。德育的教育效果，在很大程度上取决于教师本人的以身作则。尤其是低年级学生，视教师为说一不二的权威，这就更需要教师加强自身的修养，要求学生做到的，自己一定要先做到。

4. 简述布卢姆的情感领域的目标体系。

【答案要点】

1956年，美国心理学家布卢姆制定出了教育目标的分类系统。他把教育目标分为认知目标、情感目标、动作技能目标三大类。其中情感领域可以分为下列五个层次。

（1）接受，是指意识或注意到特定现象、行为或对象。

（2）反应，是指根据该现象、行为或对象来调整自己的行为。

（3）价值化，是指表现出某种特定的参与或承诺。

（4）组织，是指把新的价值纳入整合到自己的一套价值系统中，并能恰当地评判其作用和价值。

（5）性格化，是指长期控制自己的行为，将经验转化为自己的性格。

布卢姆的教育目标分类学，可以帮助教师更加细致地确定教学的目的和任务，为人们观察、分析教育活动过程和进行教育评价提供了方法、框架，但对情感目标、动作技能目标的阐述还有待深入。

5. 简述程序性知识学习的一般过程。

【答案要点】

程序性知识的学习实质是掌握做事的规则，也就是传统意义上的技能获得。根据现代认知心理学家的分析，一般掌握这类知识的过程包括以下三个阶段：

（1）陈述性知识阶段。该阶段是掌握程序性知识的前提，是对以陈述性知识形态存在的程序性知识的学习。学习者首先要理解有关的概念、规则、事实和行动步骤等的含义，并以命题网络的形式把它们纳入个体的知识结构中。

（2）转化阶段。该阶段是学生通过各种规则的变式练习，将程序性知识从规则的陈述性形式转化为可以表现到实际操作中的程序性形式。也就是说，该阶段是产生式系统的形成过程。

（3）自动化阶段。该阶段是程序性知识掌握和发展的最高阶段。在此阶段，人的行为在无意识状态下完全由规则支配，技能也相对达到相对自动化。

五、分析论述题

1. 问1："摇号入学"可能解决了哪些问题？

问2："摇号入学"可能带来哪些新问题？

问3：针对这些新问题中的一个问题提出你的解决思路。

【答案要点】

问1："摇号入学"可能解决以下问题：

（1）公办中学违规招生，收取择校费。通过"摇号入学"的方式，确保客观公平，维护正常招生秩序。

（2）优质生源被民办学校抢走，公立学校办学难，招不够学生。一些民办学校因为其办学质量比公办学校高，引得家长的青睐，通过"摇号入学"的方式，能促进公办学校和民办学校协调发展。

（3）有房就能上好学校的"学区房热"，导致房价暴涨等。通过"摇号入学"的方式，能降低学区房的热度。

问2："摇号入学"可能带来以下新的问题：

（1）对家长而言，"摇号入学"会限制家长择校，不利于学生需要的发展。实行"摇号入学"，家长和学生的择校选择比之前更为被动，难以满足孩子的多方面发展需要。

（2）对学校而言，尤其是对民办学校而言，不利于学校自身的质量提高和发展。民办学校的优势在于满足差异化的需求，在课程设置和资源配置方面有更大的自主权和更明显的管理优势。实行"摇号入学"后，学校必然要面对因"生源差异"引起的教学难题。

问3：针对"摇号入学"后，学校必然要面对因"生源差异"引起的教学难题，提出以下解决思路：

（1）民办学校要坚定自己的教育理念和特色，从学生真正的发展需求出发，拿出实际行动，去缓解家长对于"生源差异"的质疑和焦虑。

（2）家长需要摆正心态，许多家长迷信名校，过度追逐名校，唯分数论，不利于孩子的身心发展，家长应关注孩子的综合素质，促进孩子德、智、体、美、劳各方面全面发展。

（3）政府需要给予学校一定的规划和扶持。促进教育的均衡发展，均衡生源只是其中一个环节。要真正实现教育公平，还涉及很多方面的问题。除了招生的举措，还可以通过共享教育资源的方式，让名校老师开通网课，让非本校的学生也能享受优质的师资力量。

（4）通过教师培训，来缓解民办学校和公办学校中教师素质层次不一的情况，从根源上提升学校办学质量。学校不仅应该把优秀的学生教得更优秀，还应该不放弃任何一位基础薄弱的学生，这才是既有办学实力又有办学情怀的好学校。

2.问1：我国中小学教学方法存在哪些问题？

问2：以一节中小学课堂为例，提出你对教学方法的选择与使用策略。

【答案要点】

问1：（1）过去，把教学教学方法只视作教师向学生单向传授知识技能的方法。在一个相当长的时期里，我们的教学重教而不重学；重教法的研究而忽视学法的探讨；重教师的主导作用而忽视学生的主体地位。

（2）教学方法使用单一。教师在教学过程中多使用讲授法，缺少多样性与灵活性。

问2：教学方法的选择与设计取决于面临的教学任务、学科知识的特点与学生的经验基础。现代教学提倡以系统的观点为指导来选用教学方法，优化教学。主要依据如下：

（1）学科的任务、内容和教学法特点，课题与课时的教学目的和任务。

（2）教学过程、教学原则和班级上课的特点。

（3）学生的情趣、水平、智能的发展与个别差异、思考能力、学习态度、学风与习惯。

（4）教师的思想与业务水平、实际经验与能力、教学的习惯与特长。

（5）学生参与教学过程中的答问、讨论、作业、评析的积极性与水平。

（6）师与生双边活动的配合、互动的状况与质量。

（7）班、组与个人活动结合的，课堂教学、课外作业或课外活动结合的状况与质量。

（8）学校与地方可能提供的物质与仪器设备、社会条件、自然环境等。

（9）教学的时限，包括所规定的课时以及其他可利用的时间，如早、晚自习等。

（10）对可能取得的成效的缜密预计与意外状况出现时的应变措施。

举例说明：以中学物理课堂《平面镜成像》为例，首先，可以让学生通过讨论法，分组讨论日常使用平面镜过程中发现的特点；其次，教师通过演示法，将平面镜成像的实验在学生面前呈现；

最后，通过和学生共同总结出平面镜成像的特点。在此过程中，讲授法、演示法、讨论法都贯穿在其中，能增加师生双边活动的配合、互动，有助于提高教学质量。

3. 问1：①材料一体现了杜威的什么教育理论？②试论生活教育理论把它"翻了半个跟斗"的原因；③谈一下生活教育理论中体现学校与社会关系的观点。

问2：①材料二中"好事成就了坏事"指的是什么？②布鲁纳提出的结构主义理论是如何解决这一问题的？③杜威和布鲁纳的教育改革对我国教育改革有何启示，请说明理由。

【答案要点】

问1：①材料一体现了杜威的"教育即生活，学校即社会"的实用主义教育理论。

杜威"学校即社会"意在使学校生活成为一种经过选择的、净化的、理想的社会生活，使学校成为一个合乎儿童发展的雏形的社会。而要将此落于实处，就必须改革学校课程，从分科课程转变为活动课程。"学校即社会"是对"教育即生活"这一命题的进一步引申，代表社会生活的活动性课程的引入是使学校与社会生活相联系的基本保证。杜威坚信教育是社会进步及社会改革的基本方法，通过教育改造社会生活，使之更完善、更美好。

②杜威提出"教育即生活，学校即社会"，陶行知的生活教育理论提出"生活即教育，社会即学校"。因此，可以说陶行知的生活教育理论将杜威的实用主义教育理论"翻了半个跟斗"。"翻了半个跟斗"的原因是两种思想产生于不同的时代、不同的背景。陶行知的生活教育思想是立足于中国当时的国情，以生活为本位，以当代中国社会的实践为依靠，具有客观唯物主义的性质。

③"社会即学校"是生活教育理论另一重要主张，是"生活即教育"思想在学校与社会关系问题上的具体化。"社会即学校"，是指"社会含有学校的意味"，或者说"以社会为学校"。由于到处是生活，到处都是教育，"整个的社会是生活的场所，亦即教育之场所"。"社会即学校"，是指"学校含有社会的意味"。也就是说，学校通过与社会生活相结合，一方面运用社会的力量使学校进步，另一方面动员学校的力量帮助社会进步，使学校真正成为社会生活必不可少的组成部分。

问2：①杜威以其经验论为基础，要求从做中学、从经验中学，要求以活动性、经验性的主动作业来取代传统书本式教材的统治地位。在杜威看来，这种活动性、经验性课程既能满足儿童的心理需要，又能满足社会性的需要，还能使儿童对事物的认识具有统一性和完整性。这本是好事，但是该方法过于注重活动，忽视了系统知识的传授，窄化了认知的途径，泛化了问题意识，在实践中也存在诸多影响教育质量的问题，于是"好事成就了坏事"。

②布鲁纳的结构主义理论提出：教育和教学应重视学生的认知能力发展；注重掌握各门学科的基本结构；主张学科基础的早期学习；倡导发现法和发现学习；认为教师是结构教学中的主要辅导者。

③第一，重视教育和生活的联系，有利于加强课程内容与学生生活以及现代社会和科技发展的联系，关注学生的学习兴趣和经验，精选终身学习必备的基础知识和技能。

第二，发现学习有利于改变课程过于注重知识传授的倾向，强调形成积极主动的学习态度，使获得基础知识与基本技能的过程同时成为学会学习和形成正确价值观的过程。

第三，发现学习有利于改变课程实施过于强调接受学习、死记硬背、机械训练的现状，倡导学生主动参与、乐于探究、勤于动手，培养学生搜集处理信息的能力、获取新知识的能力、分析和解决问题的能力以及交流与合作的能力。

2020年 陕西师范大学333教育综合·真题解析

一、名词解释

学制

学校教育制度简称学制，指的是一个国家各级各类学校的系统及其管理规则，它规定着各级各类学校的性质、任务、入学条件、修业年限以及它们之间的关系。

进步教育运动

进步主义教育运动是指19世纪80年代至20世纪50年代在美国出现的以杜威教育哲学为主要理论基础、以进步主义教育协会为组织中心、以改革美国学校教育为宗旨的教育革新思潮和实践活动。进步教育理论的"实验室"主要是美国的公立学校。进步教育运动经历了四个时期，即形成期、拓展期、转变期和衰落期。

学习动机

学习动机是动机在学习活动中的表现，是引起和维持个体进行学习活动，并使活动朝向一定的学习目标，以满足某种学习需要的一种内部心理状态。它的主要内容包括知识价值观、学习兴趣、学习效能感和成败归因。

《学记》

《学记》是《礼记》的一篇，是中国古代最早的一篇专门论述教育、教学问题的论著，因此有人认为它是"教育学的雏形"。《学记》是先秦时期儒家教育和教学活动的理论总结，它主要论述教育的具体实施，偏重于说明教学过程的各种关系。

教育目的

教育目的是对教育活动所要培养的人的个体素质的总的预期与设想，是对社会历史活动的主体的个体素质的规定。它体现一定社会对受教育者质量规格的界定和要求，也体现人自身发展所应该达到的水准和高度。

二、简答题

1.简述教学原则。

【答案要点】

教学原则是有效进行教学必须遵循的基本要求。它既指导教师的教，也指导学生的学，应贯彻于教学过程的各个方面和始终。我国的教学原则有：

（1）启发性原则。指在教学中教师要激发学生的学习主体性，引导他们经过积极思考与探究自觉地掌握科学知识，学会分析问题和解决问题，树立求真意识和人文情怀。也称探究性原则或启发与探究相结合原则。

（2）理论与实践相结合原则。指教学要以学习基础知识为主导，将理论运用于解释和解决实际问题，学以致用，发展动脑、动手能力，并理解知识的含义，领悟知识的价值。

（3）科学性和思想性统一原则。指教学要以马克思主义为指导，授予学生以科学知识，并结合知识教学对学生进行社会主义品德和核心价值观教育。

（4）直观性原则。指在教学中通过引导学生观察所学事物或图像，聆听教师用语言对所学对象的形象描绘，形成有关事物具体而清晰的表象，以便理解所学知识。

（5）循序渐进原则。指教学要按照学科的逻辑系统和学生认识的顺序逐步进行，使学生系统地掌握基础知识、基本技能，形成严密的逻辑思维能力。也称系统性原则。

（6）巩固性原则。指教学要引导学生在理解的基础上牢固地掌握知识和技能，长久地保持在记忆中，能够根据需要迅速再现，有效地运用。

（7）发展性原则。指教学的内容、方法和进度，既要适合学生已有的发展水平，又要有一定的难度，激励他们经过努力才能掌握，以便有效地促进学生的身心发展。

（8）因材施教原则。指教师要从学生的实际情况与个性特点出发，有的放矢地进行有区别的教学，使每个学生都能扬长避短、长善救失，获得最佳发展。

2. 简述德育方法。

【答案要点】

（1）明理教育法。指引导学生摆事实、讲道理，经过思想情感上的沟通与互动，让他们悟明道德真谛，自觉践行的方法。包括讲理、沟通、报告、讨论、参观等。

（2）榜样示范法。指以他人的高尚品德、模范行为和卓越成就来影响学生品德的方法。教师应向学生提供好榜样，主要有四类：历史伟人，现实的英雄模范，优秀教师、家长的风范，优秀学生。

（3）情境陶冶法。指通过创设良好的教育情境，潜移默化地培养学生品德的方法。它利用暗示原理，让学生通过无意识的心理活动来接受某种影响。包括人格感化、环境陶冶和艺术陶冶等。

（4）实践锻炼法。指有目的、有组织地安排学生进行一定的生活交往与社会践行活动以培养品德的方法。包括练习、委托任务和组织活动等。

（5）自我修养法。指在教师引导下学生经过自觉学习、反思和自我改进，使自身品德不断完善的一种方法。包括立志、学习、反思、箴言、慎独等。

（6）制度育德法。指通过构建合理的学校制度来引导和培养学生品德的方法。

（7）奖惩法。指对学生的思想和行为做出评价，包括表扬、奖励和批评、处分两个方面。

3. 赞科夫的发展理论的五个原则。

【答案要点】

（1）以高难度进行教学的原则。这一原则在实验教学论体系中起决定性作用。难度的含义是要求学生通过努力克服障碍。但高难度并不意味着越难越好，困难的程度要控制在学生的"最近发展区"的范围内。

（2）以高速度进行教学的原则。这一原则要求教学不断地向前运动，以各方面内容丰富的知识来充实学生的头脑，为学生深入地理解所学知识创造有利的条件。要克服多余的重复烦琐的讲解以及机械的练习，以节约时间、加快进度。要善于利用一切手段提高学习质量。

（3）理论知识起主导作用的原则。这一原则不贬低学龄初期儿童掌握技巧的重大意义，而是要求学生在一般发展的基础上，尽可能深入领会有关概念和规律性的知识。

（4）使学生理解学习过程的原则。实验教学不仅要求学生会背，而且要求学生学会分析、比较、综合、归纳，了解所学知识之间的联系，等等。这样做有利于发展学生的思维能力，提高他们学习的主动性与创造性，教会他们学习。

（5）使班上所有的学生都得到一般发展的原则。这条原则的本质在于让优、中、差三类学生都以自己现有的智力水平为起点，按照自己最大的可能性得到理想的一般发展。

4. 赫尔巴特的教学阶段论。

【答案要点】

赫尔巴特认为，兴趣活动可以划分为注意、期待、要求和行动四个阶段。儿童在学习活动中的思维方式有专心与审思两种。在此基础上，他提出了教学形式阶段理论，即"赫尔巴特四段教学法"。

（1）明了：当一个表象由自身的力量突出在感官前，兴趣活动对它产生注意；这时，学生处于静止的专心活动；教师通过运用直观教具和讲解的方法，进行明确的提示，使学生获得清晰的表象，以做好观念联合，即学习新知识的准备。

（2）联合：由于新表象的产生并进入意识，激起原有观念的活动，因而产生新旧观念的联合，但又尚未出现最后的结果；这时，兴趣活动处于获得新观念前的期待阶段；教师的主要任务是与学生进行无拘无束的谈话，运用分析的教学方法。

（3）系统：新旧观念最初形成的联系并不是十分有序的，因而需要对前一阶段由专心活动得到的结果进行审思；兴趣活动处于要求阶段；这时，需要采用综合的教学方法，使新旧观念间的联合系统化，从而获得新的概念。

（4）方法：新旧观念间的联合形成后需要进一步巩固和强化，这就要求学生自己进行活动，通过练习巩固新习得的知识。

5. 教育的个体功能表现为哪两个方面？

【答案要点】

教育的个体功能指教育对个体发展的促进作用，具体表现为教育的个体社会化功能和教育的个体个性化功能之分。

（1）教育个体社会化功能。

①教育促进个体思想意识的社会化。意识是社会的产物，个体意识必须反映并符合社会的规范和要求。个体的思想意识本质上是社会价值规范在个体头脑中的反映。

②教育促进个体行为的社会化。人不是孤立的个体，他生活在社会的网络中，其行为要符合所属群体或社会的要求，即社会规范。教育的重要职责就是促进社会规范的内化。

③教育促进角色和职业的社会化。社会化的本质是角色承担。个体在生活中要承担多种角色，有家庭角色、工作角色、社会角色。教育还必须教会学生合理地进行角色协调，避免角色冲突。

（2）教育的个体个性化功能。

第一，教育促进人的主体意识的形成和主体能力的发展。

第二，教育促进个体差异的充分发展，形成人的独特性。

第三，教育开发人的创造性，促进个体价值的实现。

三、分析论述题

1. 教师的专业素养有哪些？如何培养教师的专业素养？

【答案要点】

（1）教师素养的要求。

①高尚的师德：热爱教育事业，富有献身精神和人文精神；热爱学生，诲人不倦；热爱集体，团结协作；严于律己，为人师表。

②先进、科学的教育理念。教师的所有努力都要有利于学生精神世界的丰富、人格尊严的维护和美好人性的成长。如学生主体观、教学交往观、发展性教学评价观等。

③宽厚的文化素养。教师对自己所教学科知识应科学、深入地把握，能对自己所教专业融会贯通、深入浅出、高瞻远瞩，达到运用自如的境界，在教学过程中不出知识性的错误。同时，教师还

应有比较广博的文化修养。

④专门的教育素养。教师的专门教育素养水平及其合理结构是教育教学任务得以完成的重要保证，它主要包括教育理论素养、教育能力素养和教育研究素养。

⑤健康的心理素质。教师要有轻松愉快的心境，昂扬振奋的精神，乐观幽默的情绪以及坚韧不拔的毅力等。

⑥强健的身体素质。主要体现在健康的体魄、旺盛的精力、蓬勃的活力、有节律的生活方式和锻炼习惯等。

（2）培养和提高教师素养的主要途径。

①加强和改革师范教育。第一，采取有效的政策性措施，鼓励和吸引大批优秀学生报考师范院校。第二，努力提高教师的社会地位和物质待遇，增强师范教育的吸引力。第三，联系现时代对教师作用和职能的新要求，使未来教师能获得与之相应的专业训练，尤其要树立师范生先进的教育理念。第四，吸收除正规教师以外的各种可能参与教育过程的人，并为其从教提供必要的职业帮助。

②实施教师资格考察制度。实施教师资格考察制度，不仅有利于加强教师质量的管理与考核，而且为非师范专业毕业的大学生谋求教师职业开辟了道路，从而切实有效地充实了教师队伍。

③加强教师在职提高。教师在职提高的主要途径包括教学反思、校本培训、校外支援与合作等形式。

2. 陶行知的生活教育理论及历史影响。

【答案要点】

（1）"生活即教育"。

"生活即教育"是陶行知生活教育理论的核心。其内涵包括：生活含有教育的意义；实际生活是教育的中心；生活决定教育，教育改造生活。

"生活即教育"所强调的是教育以生活为中心，所反对的是传统教育脱离生活而以书本为中心。尽管它在生活与教育的区别和系统的知识传授方面有所忽视，但在破除传统教育脱离民众、脱离社会生活的弊端方面，有十分重要的意义。

（2）"社会即学校"。

"社会即学校"是生活教育理论另一重要主张，是"生活即教育"思想在学校与社会关系问题上的具体化。"社会即学校"，是指"社会含有学校的意味"，或者说"以社会为学校"。由于到处是生活，到处都是教育，"整个的社会是生活的场所，亦即教育之场所"。

"社会即学校"，也指"学校含有社会的意味"。也就是说，学校通过与社会生活相结合，一方面运用社会的力量使学校进步，另一方面动员学校的力量帮助社会进步，使学校真正成为社会生活必不可少的组成部分。

"社会即学校"扩大了学校教育的内涵和作用，对于传统的学校观、教育观有所改变。传统学校与社会生活脱节，学生孤陋寡闻，而以社会为学校，使得教育的材料、教育的方法、教育的工具、教育的环境可以大大地增加，有利于拓展学生的知识，增强学生的能力。"社会即学校"，还可以使被传统学校拒之门外的劳苦大众能够受到起码的教育，贯穿了普及民众教育的苦心，同样也值得肯定。

（3）"教学做合一"。

"教学做合一"是生活教育理论的又一重要主张，是"生活即教育"在教学方法问题上的具体化。其含义为：教的方法根据学的方法，学的方法根据做的方法。事怎样做便怎样学，怎样学便怎样教。教与学都以做为中心。包括以下四个要点："教学做合一"要求在"劳力上劳心"；"教学做合一"是因为"行是知之始"；"教学做合一"要求"有教先学"和"有学有教"；"教学做合一"还是对注入式教学法的否定。

（4）历史影响。

陶行知的生活教育理论是一种大众的、为人民大众服务的教育理论，且还是一种不断进取创造，旨在探索具有中国民族特色的教育道路的理论。生活教育理论还在教育观念的改变方面颇有建树，无论是强调学校教育与社会生活、生产劳动相结合，还是要求手脑并用、在劳力上劳心，都是对学校与社会割裂、书本与生活脱节、劳心与劳力分离的传统教育的反动，显示出强烈的时代气息，至今都富于启示。陶行知的生活教育理论是我国民族教育理论宝库中十分可贵的遗产，值得我们珍惜并认真研究借鉴。

3. 创造性发展的影响因素是什么？

【答案要点】

创造性是个体利用一定内外条件，产生新颖、独特、有社会和个人价值产品的心理特性。这种心理品质是综合的、多维的，它包括与创造活动密切联系的认知品质、人格品质和适应性品质。创造性表现于创造活动之中，其结果以"产品"为标志，其水平以产品的"价值"为标准。

影响创造性发展的因素：

（1）生理基础。个体的神经系统，尤其是大脑所固有的结构和功能是创造性产生的物质基础。

（2）知识经验。丰富的知识是创造的必要条件，但只有那些具备了条件化、结构化、自动化和策略化表征的知识，才是高质量的知识，才能促进创造性的发挥。

（3）社会文化和教育观念。社会文化和教育对个体创造力有巨大影响，保守封闭、排斥新观念的社会文化和教育不利于个体创造力发展。

（4）个人心态、人格特征和认知习惯。个人消极的心态、人格特征和认知习惯对个体创造性发展起阻碍作用。

2019年 陕西师范大学 333 教育综合·真题解析

一、名词解释

道尔顿制

道尔顿制是美国进步主义教育家帕克赫斯特针对班级授课制的弊端在道尔顿中学实施的一种个别教学制度，也称"道尔顿计划"。主要内容包括：废除课堂教学、课程表和年级制，代之以"公约"或合同式的学习；将教室改为作业室或实验室；用表格法来管理学生；强调自由与合作。

探究性学习

探究性学习也叫研究性学习，是从学科领域或现实社会生活中选择和确定研究主题，在教学中创设一种类似于学术或科学研究的情境，通过学生自主、独立地发现问题、实验、操作、调查、搜集与处理信息，表达与交流等探索活动，获得知识、技能、情感与态度的发展，特别是探索精神与创新能力的发展的学习方式和学习过程。

教育制度

教育制度是指一个国家各级各类实施教育的机构体系及其组织运行的规则。它包括相互联系的两个方面：一是各级各类教育机构与组织；二是教育机构与组织赖以存在和运行的规则，如各种相关的教育法律、规则、条例等。具有客观性、规范性、历史性和强制性的特点。

成就动机

成就动机是指一种努力克服障碍、施展才能、力求又快又好地解决某一问题的愿望或趋势。它是在人的成就需要的基础上产生的，是激励个体从事自己认为重要或有价值的工作，并力求获得成功的一种内在驱动力。

综合课程

综合课程，又称"广域课程""统合课程"或"合成课程"。它采取合并相关学科的办法，减少教学科目，把几门学科的教学内容组织在一门综合学科之中，根本目的是克服学科课程分科过细的缺点。综合课程比较容易贴近社会现实和实际生活，但其对教材编写和师资力量要求较高。

二、填空题

1. 礼；乐；射；御；书；数
2. 生理需要；安全需要；归属与爱的需要；尊重的需要；求知与理解的需要；审美的需要；自我实现的需要
3. 幼儿教育　4. 2015（注：2021年再次修订）　5. 场依存型和场独立型　6. 文化基础；自主发展；社会参与
7. 壬寅学制　8. 国家课程；地方课程；校本课程　9. 人们在一生中所受到的各种教育的总和

三、判断题

1~5 ×　×　√　×　×　　6~9 √　√　×　×

四、简答题

1. 创造性思维及其特点。

【答案要点】

创造性思维：指用超常规方法，重新组织已有知识经验，产生新方案和新成果的心理过程，是创造性认知品质的核心。主要特征有：

（1）流畅性，是指在给定时间内能产生、联想起更多的观念。它反映了思维的敏捷性。

（2）变通性，指能超越习惯的思考方式，在更广阔的视角下开创各种不同的思路，展示众多的思考分向。它体现了思维的广度。

（3）独特性，指善于对信息加以重新组织，产生不同寻常、与众不同的见解。

（4）综合性，指创造性思维是各种思维的综合，是抽象思维与形象思维、发散思维与聚合思维、逻辑思维与非逻辑思维相互作用而出现的整体思维功能。

（5）突发性，指创造性思维往往在时间上以一种豁然开朗标志着某一突破的获得，通常表现出一种非逻辑性的特征。

2. 裴斯泰洛齐要素教育理论的主要内容。

【答案要点】

裴斯泰洛齐提出要素教育论，其基本思想是：初等学校的各种教育都应该从最简单的要素开始，然后逐渐转到日益复杂的要素，循序渐进地促进人的和谐发展。要素教育既要求初等学校为每个人在德、智、体几方面都能受到基本的教育而得到和谐的发展，又要求在德育、智育、体育的每一个方面都通过"要素方法"获得均衡的发展。

（1）德育。

道德教育最基本的要素是儿童对母亲的爱。随着孩子的成长，便由爱母亲发展到爱双亲，爱兄弟姐妹，爱周围的人。进入学校后，又把爱逐步扩大到爱所有人，爱全人类。具体方法：唤起儿童富有生气的和纯洁的道德情感；教导儿童练习自我控制，关心一切公正和善良的东西；帮助儿童形成应有的道德权利和义务的正确观念。

（2）智育。

智育的基本要素是数目、形状和语言。教育就是在这些要素的基础上来进行教学和设计课程，从而促进儿童的心理发展。所对应的科目分别是算数、几何和语文。具体方法：教学过程心理学化；改进初等学校的教学科目和教学内容；教师在教学中应引导和组织学生进行各种思维练习。

（3）体育。

体育的基本要素是关节活动。儿童的体育训练就是要从各种关节活动的训练开始，并随着年龄的增长逐渐进行较复杂的动作训练，以发展他们身体的力量和各种技能。具体方法：体育训练要从基本动作开始，循序渐进；体育应从儿童早期开始；学校体育活动应多样化，以激发儿童活动兴趣和需求。

3. 如何建立新型的师生关系。

【答案要点】

良好师生关系的构建就是师生关系建立、调整和优化的过程。教师在师生关系建立与发展中占有重要地位，起着主导作用。要建立民主、和谐亲密、充满活力的师生关系，对教师来说，有以下几种策略：

（1）了解和研究学生。包括了解学生个体的思想意识、道德品质、兴趣、需要、知识水平、学习态度和方法、个性特点、身体状况和班集体的特点及其形成原因。

（2）树立正确的学生观。学生观就是教师对学生的基本看法，它影响着教师对学生的认识及其态度与行为，进而影响学生的发展。正确的学生观来自教师对学生的观察和了解，来自教师向学生的学习和对自我的反思。

（3）热爱、尊重学生，公平对待学生。热爱学生包括热爱所有学生，对学生充满爱心，经常走到学生之中，忌讳挖苦、讽刺、粗暴对待学生。尊重学生特别要尊重学生的人格，保护学生的自尊心，维护学生的合法权益，避免师生对立。教师处理问题必须公正无私，使学生心悦诚服。

（4）主动与学生沟通，善于与学生交往。要求教师掌握沟通与交往的主动性，经常与学生保持接触、交心；同时教师还要掌握与学生交往的策略和技巧，如寻找共同的兴趣或话题、一起参加活动等。

（5）努力提高自我修养，健全人格。教师要使师生关系和谐，就必须通过自己崇高的理想，科学的世界观、人生观，渊博的知识，严谨的治学态度，活泼开朗的性格，多方面的爱好与兴趣等来吸引学生。

4. 简述科尔伯格的三水平六阶段理论。

【答案要点】

美国心理学家科尔伯格认为儿童道德的发展是分阶段的，他在研究中发现道德发展不是只有两个水平，而应该有多个水平，提出了著名的"三水平六阶段"的道德发展阶段论。

（1）前习俗水平。大约出现在幼儿园及小学低中年级阶段。该时期的特征是儿童遵守规范，但尚未形成自己的主见，着眼于人物行为的具体结果，关心自身的利害。包括惩罚和服从的定向阶段和工具性的相对主义定向阶段。

（2）习俗水平。在小学中年级以上出现，一直到青年、成年。该时期的特征是个人逐渐认识到团体的行为规范，进而接受并付诸实践。包括人际协调的定向阶段和维护权威或秩序的定向阶段。

（3）后习俗水平。该阶段已经发展到超越现实道德规范的约束，达到完全自律的境界，这个水平是理想的境界，成人也只有少数人才能达到。包括社会契约的定向阶段和普遍道德原则的定向阶段。

5. 简述泰勒原理的主要内容。

【答案要点】

泰勒于1949年出版的《课程与教学的基本原理》，被视为现代课程理论的奠基石。

（1）理论内容。

第一，课程设计与开发的四个基本问题：学校应达到哪些教育目标？提供哪些教育经验才能实现这些目标？怎样才能有效地组织这些教育经验？怎样才能确定这些目标正在得到实现？第二，课程编制的四个步骤：确定目标、选择经验、组织实施、评价结果。

（2）评价：人们把泰勒的这些理论称为"泰勒原理"，其课程开发模式称为"目标模式"，对课程理论的发展有很大影响，至今仍在西方课程领域中占有主要的地位。

五、分析论述题

1. 论述朱子读书法的主要内容和思想，和现代"快餐文化"比过时了吗？如何看待？

【答案要点】

朱熹一生酷爱读书，对于如何读书有深切的体会，并提出了许多精辟的见解。他的弟子将其概括为"朱子读书法"六条。

（1）循序渐进。朱熹主张读书要"循序渐进"，意思是读书要按一定的次序，不要颠倒；应根据自己的实际情况和能力，安排读书计划，并切实遵守它；读书要扎扎实实打好基础，不可囫囵吞枣，急于求成。

（2）熟读精思。朱熹认为，读书既要熟读成诵，又要精于思考。熟读有利于理解，熟读的目的是为了精思。精思就是发现问题和解决问题的过程。

（3）虚心涵泳。所谓"虚心"是指读书时要虚怀若谷，静心思虑，仔细体会书中的意思，不要先入为主，牵强附会；所谓"涵泳"是指读书时要反复咀嚼，细心玩味。

（4）切己体察。强调读书不能仅仅停留在书本上和口头上，而必须要见之于自己的实际行动，要身体力行。

（5）着紧用力。包含两方面意思，其一，必须抓紧时间，发愤忘食，反对悠悠然；其二，必须抖擞精神，勇猛奋发，反对松松垮垮。

（6）居敬持志。既是朱熹道德修养的重要方法，也是他最重要的读书法。"居敬"是读书时精神专一，注意力集中；"持志"是要树立远大的志向和高尚的目标，并要以顽强的毅力坚持下去。

快餐文化是只求速度不求内涵的一种现象。读书若是囫囵吞枣，不但无法提升文学素养，反而可能适得其反。而朱熹的读书法是他自己和前人长期的读书经验的概括和总结，比较集中地反映了我国古代对于读书方法研究的成果，朱子读书法反映了读书学习的基本规律和要求，在今天仍具有一定的参考价值和借鉴作用。

2. 新型教学方式（电子设备、移动学习平台的利弊）。

【答案要点】

（1）利：

①激发学生的学习兴趣和学习的积极性，让学生可以"游戏化学习"。

②丰富课堂交互方式，提高学生对知识的理解和应用能力。

③移动设备有利于取得好的小组协作效果，培养合作学习精神，获得及时反馈和利用设备进行质性评价，使课堂讨论过程和结果效度最大化。

④无限拓展课堂外的学习空间，实现自主性、个性化的学习方式。它满足了不同的学习习惯和学习喜好，必然会对师生产生一定的辐射作用和积极影响。

（2）弊：

①公平问题。不是每个学生都可以买得起移动设备，由此产生的教育均衡问题需要处理。

②需要不断增强网络基础设施，因此可能会产生一些网络安全的问题。

③学校鼓励学生自带移动设备进课堂，需要有丰富的教学资源做基础。教师和学生要找到合适的应用不容易。

④学生缺乏自制力，无法抗拒上网玩游戏、聊天的诱惑，会分散学习精力。

六、综合题

1.按照教育目的的层级结构进行分类，并简述各自的含义、区别、联系。

【答案要点】

（1）国家的教育目的：关于教育培养什么样的人的质量和规格的总的设想和规定，体现了国家对教育培养人的系列要求。它一般以成文的形式表现，通常是从哲学的高度提出，因而很难客观测量它。

（2）各级各类学校的培养目标：培养目标是各级各类学校依据国家教育目的和不同类型教育的性质与任务，对受教育者身心发展所提出的具体标准和要求。教育目的和培养目标是一般与特殊的关系：教育目的是制定培养目标的依据，培养目标是教育目的的具体化，即培养目标不能脱离教育目的，教育目的要体现、落实在培养目标之中。

（3）课程目标：即课程方案设置的各个教学科目所规定的教学应当达到的要求或标准。这个层次的目标是各级各类学校培养目标的具体化，通过课程目标的实现来完成培养目标。

（4）教师的教学目标：教育者在教学过程中，在完成某一阶段，如一节课、一个单元或一个学期工作时，希望受教育者达到的要求或产生的变化结果。

区别与联系：

从国家制定的教育目的到实际课堂中教师的教学目标，经历了一系列的转化。如果以目的和目标的概括性程度为准则，可以依次分为：国家的教育目的、各级各类学校的培养目标、课程目标、教师的教学目标。

2018年
陕西师范大学333教育综合·真题解析

一、判断题

1~5 ××××√ 6~7 ××

二、名词解释

学校教育

学校教育是一种狭义的教育，指一种专门组织的不断趋向规范化、制度化、体系化的教育。它是根据一定的社会现实和未来需要，遵循受教育者身心发展的规律，有目的、有计划、有组织地对受教育者身心施加影响，把他们培养成为一定社会或阶级所需要的人的活动。

最近发展区

维果茨基认为，在进行教学时必须注意到儿童的两种水平，一种是儿童现有的发展水平，另一种是即将达到的发展水平，维果茨基把这两种水平之间的差距称为最近发展区，即独立解决问题的真实发展水平和在成人指导下或与其他儿童合作情况下解决问题的潜在发展水平之间的差距。

产婆术

苏格拉底法也称"问答法""产婆术"，是由讥讽、助产术、归纳和定义四个步骤组成的独特的方法。这是苏格拉底探讨伦理哲学的研究方法，也是他的教学方法。这种教学方法不将现成的结论硬性灌输或强加于对方，但它也不是万能的，只能在一定条件下和适度范围内作为参照。

苏湖教法

"苏湖教法"又称"分斋教学法"，是胡瑗在主持湖州州学时创立的新的教学制度，在"庆历兴学"时被用于太学的教学。其主要内容是在学校内设立经义斋和治事斋，经义斋学习儒家经义，以培养比较高级的统治人才为目标；治事斋分设治兵、治民、水利、算数等学科，学生可主修一科，副修另一科，以造就在某一方面有专长的技术的管理人才为目标。

启发式教学

指在教学中教师要激发学生的学习主体性，引导他们经过积极思考与探究自觉地掌握科学知识，学会分析问题和解决问题，树立求真意识和人文情怀。

三、简答题

1. 教育的基本要素及相互关系。

【答案要点】

（1）教育的基本要素。

①教育者。教育者是指参与教育活动、与受教育者在教学或教导上互动，对受教育者体、智、德、美、行等方面产生影响的人，主要指教师。他们在教育活动中处于领导者、设计者、引导者的地位。

②受教育者。受教育者是指参与教育活动、与教育者在教学与教导上互动，以期自身获得发展的人，主要是学生。受教育者是既是教育的对象，也是学习的主体。

③教育内容。教育内容是指教育者引导受教育者在教育活动中学习的前人积累的经验，包括书本知识和实际经验。

④教育活动方式。教育活动方式是指教育者引导受教育者学习教育内容所选用的交互活动方式，是教育者、受教育者与教育内容三者形成一个有目的地培养人的教育活动的中介和纽带。

（2）相互关系。

教育活动的基本要素之间既相互独立，又相互规定，共同构成一个完整的实践系统。没有教育者，教育活动就不可能开展，受教育者也不可能得到有效的指导；没有受教育者，教育活动就失去了对象，无的放矢；没有教育内容和教育活动方式，教育就成了无米之炊，再好的教育意图、发展目标，也都无法实现。

2. 教师主导作用与学生主体相统一规律。

【答案要点】

（1）发挥教师的主导作用是学生简捷有效地学习知识、发展身心的必要条件。

在教学过程中，教师的教一般是矛盾的主导方面。教师主导作用是针对能否引导学生积极学习与上进而言的。因而学生的主动性、反思性、创造性发挥得怎样，学习的效果怎样，又是衡量教师主导作用发挥得好坏的根本标志。教学中一切不民主的强迫灌输和独断专横的做法，都有悖于教师的主导作用。

（2）尊重学生、调动学生的学习主动性是教师有效地教学的一个主要因素。

学生是有能动性的人，他们不只是教学的对象，而且是学习主体与发展主体。学生的学习主动性、积极性发挥得怎么样，直接影响并最终决定着学生个人的学习质量、成效和身心发展的方向与水平。

（3）防止忽视学生积极性和忽视教师主导作用的偏向。

过于突出教师或者过于强调学生在教学中的主体地位与作用都是片面的。最可靠的措施是普遍提高教师的修养和水平，加强对学生的了解、沟通，提高教师的责任感与创造性，这样才能实现师生之间的民主平等、尊师爱生、教学相长地互动与合作，使师、生两方面主动性都得到弘扬，在教学互动的过程中达到动态的平衡和相得益彰。

3.《中庸》中关于学习过程的论述。

【答案要点】

（1）《中庸》对中国古代教育理论的另一贡献，在于它对学习过程的阐述。《中庸》中的"博学之，审问之，慎思之，明辨之，笃行之"，把学习过程具体概括为学、问、思、辨、行五个先后相继的步骤。这一表述概括了知识获得过程的基本环节和顺序，是对从孔丘到荀况先秦儒家学习过程思想——学、思、行的发挥和完整表述。

（2）《中庸》强调，这五个步骤是一个完整的过程，只有每个步骤的充分实现，才能有个人学习的进步。它说，"有弗学，学之弗能，弗措也"，意谓不学则已，学就一定要学透，不然就不能中止。同理，问就必须知，思就必须得，辨就必须明，行就必须笃。如果这样，"虽愚必明"，人没有什么做不到的。所以《中庸》也同样强调了人的造就必须借助于学习过程。

（3）学、问、思、辨、行被后世学者引为求知的一般方法与途径，朱熹曾称之为"为学之序"，将其列为《白鹿洞书院揭示》的重要规定，因此产生了很大影响。

4. 赫尔巴特教育心理学化思想。

【答案要点】

（1）教学过程应以"统觉"原理为基础。

赫尔巴特把观念的同化与相互融合说成是统觉，统觉是其心理学的基本概念。他认为，统觉的过程就是把一些分散的感觉刺激纳入意识，形成一个统一的整体，组成"观念团"。赫尔巴特要求教师掌握统觉的原理和规律，在教学过程中创设多种机会激发旧观念的再现，使新观念能够被统觉团及时接纳和同化。

（2）兴趣是形成统觉的条件，并赋予统觉以主动性。

注意和兴趣是赫尔巴特心理学中常见的概念。他认为，通过兴趣状态下的"专心"和"审思"这两种心理活动的交替出现，统觉活动才得以正常进行，儿童意识的统一性才得到保证。

（3）设置广泛课程，培养儿童多方面兴趣。

赫尔巴特认为，教学的最终目的虽然存在于德性这个概念之中，但是为了达到这个最终目的，教学必须特别包含较近的目的，这个较近的目的表达为多方面的兴趣，而培养儿童多方面的兴趣，则要设置广泛的课程。

（4）儿童的管理、教学和训育应遵循儿童心理发展的规律。

赫尔巴特依据伦理学和心理学，把儿童的教育过程划分为管理、教学和训育三个方面，而且在每一个方面都体现了教育心理学化的倾向。

5. 活动课程的特点。

【答案要点】

（1）活动课程又称经验课程、儿童中心课程，与学科课程相对立，它打破学科逻辑的界限，是以学生的兴趣、需要、经验和能力为基础，通过引导学生自己组织的有目的的活动系列而编制的课程。

（2）特点：第一，重视儿童的兴趣、需要、能力和阅历，以及儿童在学习中的自我指导作用与内在动力；第二，注重引导儿童从做中学，通过探究、交往、合作等活动使学生的经验得到改组与改造；第三，强调解决问题的动态活动的过程；第四，把课程资源作为解决问题的工具，反对预先确定目标的观念。

四、分析论述题

1.《学记》中的教育理论与历史地位。

【答案要点】

（1）教育的作用与教育目的。

对个人的作用与目的：教育通过对人有目的、有计划地培养，使每个人都形成良好的道德和智慧，懂得去维护国家利益和社会安定。

对社会的作用与目的：《学记》认为实现良好政治的最佳途径是"化民成俗"，即兴办学校，推行教育，作育人才，以教化人民群众遵守社会秩序，养成良风美俗。

（2）教育制度与学校管理。

①学制与学年。关于学制系统，提出了从中央到地方按行政建制建学的设想。关于学年，把大学教育年限定为两段、五级、九年。第一、三、五、七学年毕，共四级，为一段，七年完成，谓之"小成"；第九年毕为第二段，共一级，考试合格，谓之"大成"。这也是古代年级制的萌芽。

②视学与考试。十分重视大学开学和入学教育，把它作为教育管理的重要环节。开学这天，天子率百官亲临学宫，参加开学典礼，祭祀"先圣先师"。还定期视察学宫，体现国家对教育的重视。学习过程中，规定每隔一年考查一次，以表示这一阶段学业的完成。

（3）教育、教学的原则：预防性、及时施教、循序渐进、学习观摩、长善救失、启发诱导、藏息相辅。

（4）教学方法：讲解法、问答法、练习法。

（5）尊师重教与"教学相长"：把为师、为长、为君视为一个逻辑过程，使为师实际上成为为君的一种素质、一项使命。教学过程中教师、学生双方的互相促进、共同提高。

《学记》为中国教育理论的发展树立了典范，其历史意义和理论价值十分显著。它的出现，意味着中国古代教育思维专门化的形成，是中国教育理论发展的良好开端。

2. 杜威和赫尔巴特的教育理论及对我国各时期教育实践的影响。

【答案要点】

杜威的教育理论。

（1）论教育的本质。杜威对于"什么是教育"的问题，给出的回答是：教育即生活、学校即社会、教育即生长、教育即经验的持续不断的改造。

（2）论教育的目的。

教育无目的论。从教育本质论出发，杜威反对外在的、固定的、终极的教育目的，认为教育无目的。杜威所希求的是过程内的目的，这个目的就是"生长"。

教育的社会目的。杜威要求教育为社会进步服务，为民主制度的完善服务。他认为教育是社会进步及社会改革的基本方法，学校是社会进步和改革的最基本和最有效的工具。

（3）论课程与教材。

从做中学。杜威以其经验论为基础，要求从做中学、从经验中学，要求以活动性、经验性的主动作业来取代传统书本式教材的统治地位。在杜威看来，这种活动性、经验性课程既能满足儿童的心理需要，又能满足社会性的需要，还能使儿童对事物的认识具有统一性和完整性。

教材心理学化。杜威主张以"教材心理学化"来解决怎样使儿童最终获得较系统的知识而同时又能在学习过程中顾及儿童的心理水平。"教材心理学化"是指把各门学科的教材或知识各部分恢复到它所被抽象出来之前的原来的经验。

（4）论思维与教学方法。

反省思维。杜威所力倡的反省思维是指对某个经验情境中的问题进行反复的、严肃的、持续不断的思考，其功能在于求得一个新情境，把困难解决、疑虑排除、问题解答。

五步教学法。杜威根据科学的实验主义探究方法和反省思维方式，提出了五步教学法，即创设疑难的情境、确定疑难所在、提出问题的种种假设、推断哪种假设能解决这个困难、验证这种假设。

（5）论道德教育。

杜威认为道德教育的主要任务是协调个人与社会的关系。道德教育应在社会性的情境中进行而不能只停留于口头说教；要求学校生活、教材、教法皆应渗透社会精神，视学校生活、教材、教法为"学校道德三位一体"，这三者都是道德教育的重要途径。

赫尔巴特的教育理论。

（1）道德教育理论。

①教育目的论。赫尔巴特认为，教育的基本目的可以分为"可能的目的"和"必要的目的"。可能的目的：指与儿童未来所从事的职业有关的目的，这种目的是多方面的。必要的目的：指教育所要达到的最高和最为基本的目的。即要养成内心自由、完善、仁慈、正义和公平五种道德观念。

②教育性教学原则。教育性教学原则是指以教学来进行教育的原则。赫尔巴特指出，教育是通过教学，而且只有通过教学才能真正产生实际作用，教学是道德教育的基本途径。

③儿童的管理与训育。赫尔巴特认为，"儿童管理"是一种道德教育，主要目的在于创造秩序，预防某些恶行，为随后进行的教学创造必要的条件。训育是指有目的地进行培养，其目的在于形成性格的道德力量，是为了美德的形成。

（2）课程理论。

赫尔巴特以其心理学说为依据，提出了较为完整的课程理论。主要观点如下：课程必须与儿童的经验和兴趣相适应；课程要与统觉过程相适应；课程必须要与儿童发展阶段相适应。

（3）教学理论。

①教学进程理论。统觉过程的三个环节：感官的刺激、新旧观念的分析和联合、统觉团的形成。与此相应，赫尔巴特提出了三种教学方法：单纯提示的教学、分析教学和综合教学。这三种教学方法的联系，就产生了所谓的"教学进程"。

②教学形式阶段理论。赫尔巴特他认为，兴趣活动可以划分为四个阶段：注意、期待、要求和行动。儿童在学习活动中的思维方式有两种：专心与审思。在此基础上，他提出了教学形式阶段理

论，即"赫尔巴特四段教学法"。

（4）对我国各时期教育实践的影响。

杜威奠定了儿童中心论，解决教育与儿童相脱离的问题，并通过学校与社会的统一、思维与经验的统一，解决教育与实践，学校与社会脱离的问题；提出了做中学这一建立在新哲学和心理学基础上的新方法，拓宽了教学形式和方法，提高了教学专业化水平。

赫尔巴特在历史上首次提出了心理学是一门科学并将其作为教学论的基础，在当时具有非常积极的意义。他最重要的贡献是教育性教学的理论与实践，其思想深刻影响了近代教育科学的形成与各国教育事业的发展。

五、材料分析题

结合材料分析影响人的身心发展的因素及关键期。

【答案要点】

（1）影响人身心发展的因素。

材料中狼孩的故事体现了早期环境以及教育对人的重要作用，其中，影响人的身心发展因素包括：

①遗传在人发展中的作用。遗传素质是人的发展的生理前提，为人的发展提供可能；遗传素质的成熟程度制约着人的发展过程及年龄特征；遗传素质的差异性对人的发展有一定的影响；遗传素质具有可塑性。

②环境在人的发展中的作用。环境是人的发展的外部条件；环境的给定性与主体的选择性。儿童无法抗拒或摆脱环境的影响与限制，只有适应环境，以获得自身的生存与发展。环境对人的发展的制约作用离不开人对环境的能动活动，环境的给定性不会限制人的选择性，反而能激发人的能动性、创造性。

③个体活动在人的发展中的作用。个体活动是人的发展的决定因素；个体活动制约着环境影响的内化与主体的自我建构；个体通过能动的活动选择、构建着自我的发展。

④教育在人的发展的作用。教育在人的发展中起引领作用；学校教育主要通过传承文化科学知识来培养人；学校教育对提高人的现代性有显著的作用。

（2）关键期。

材料中，狼孩儿之所以难以适应人类生活就是因为错过了关键期，也就是个体身心发展的不平衡性。

①关键期：指身体或心理的某一方面技能和能力最适宜于形成的时期。

②不平衡性：人的发展不总是匀速直线前进的，不同的系统的发展速度、起始时间、达到的成熟水平是不同的；同一机能系统在发展的不同时期也有不同的发展速率。从总体发展来看，幼儿期出现第一个加速发展期；青春发育期出现第二个加速发展期。

③教学指导：人的发展的不平衡性要求教育要掌握和利用人的发展的成熟机制，抓住发展的关键期，即要在儿童发展的关键期或最佳期及时地进行教育。

2017年 陕西师范大学 333 教育综合·真题解析

一、名词解释

教育
教育是人的发展与社会发展的中介活动。其概念有广义和狭义之分。广义教育指凡是有目的地增进人的知识技能、影响人的思想品德、增强人的体质的活动都是教育，包括人们在家庭中、学校里、亲友间、社会上所受到的各种有目的的影响。狭义教育主要指学校教育，指一种专门组织的不断趋向规范化、制度化、体系化的教育。

讲授法
讲授法指教师通过语言系统地向学生传授科学文化知识、思想理念，并促进他们的智能与品德发展的方法。可分为讲读、讲述、讲解和讲演四种。

课程标准
课程标准是指在一定课程理论指导下，依据培养目标和课程方案以纲要形式编制的关于课程的性质与价值、目标与内容、教学实施建议以及课程资源开发等方面的指导性文件，一般由说明、课程目标、课程内容标准和课程实施建议等部分组成。

朱子读书法
朱熹一生酷爱读书，对于如何读书有深切的体会，并提出了许多精辟的见解。他的弟子将其概括为"朱子读书法"六条：循序渐进、熟读精思、虚心涵泳、切己体察、着紧用力、居敬持志。

要素教育
裴斯泰洛齐提出要素教育论，其基本思想是：初等学校的各种教育都应该从最简单的要素开始，然后逐渐转到日益复杂的要素，循序渐进地促进人的和谐发展。要素教育既要求初等学校为每个人在德、智、体几方面都能受到基本的教育而得到和谐的发展，又要求在德育、智育、体育的每一个方面都通过"要素方法"获得均衡的发展。

接受学习
接受学习，是指教师主要通过语言传授、演示与示范使学生掌握基础知识、基本技能，并对他们进行思想情趣熏陶的教学。

最近发展区
维果茨基认为，在进行教学时必须注意到儿童的两种水平，一种是儿童现有的发展水平，另一种是即将达到的发展水平，维果茨基把这两种水平之间的差距称为最近发展区，即独立解决问题的真实发展水平和在成人指导下或与其他儿童合作情况下解决问题的潜在发展水平之间的差距。

学习兴趣
学习兴趣是个体的一种带有积极色彩的认识倾向，它是以认识和探索某种事物的需要为基础，推动个体去认识事物、探求真理的一种内部动力，是学生学习中最活跃的动力因素。

二、简答题

1. 教学过程的性质。

【答案要点】

（1）教学过程是一种特殊的认识过程。

教学过程作为特殊的认识过程，其特殊性在于它是学生个体的认识过程，具有不同于人类总体认识的显著特点：第一，间接性，主要以掌握人类长期积累起来的科学文化知识为中介，间接地认识现实世界；第二，引导性，需要在富有知识的教师引导下进行认识，而不能独立完成；第三，简捷性，走的是一条认识的捷径，是一种科学文化知识的再生产。

（2）教学过程是以认识过程为基础的学生全面发展的过程。

教学过程不只是要学生完成认识世界的任务，更重要的是在这个过程中促进学生的全面发展。学生的发展是教学过程的核心，教学过程的本质与社会发展需要相联系，要从生理和心理两个方面来看待学生的发展。

（3）教学过程是以交往为背景和手段的活动过程。

教学活动不是孤立的个体认识活动，它离不开师与生、生与生之间的交往、互动，离不开人们的共同生活。个体最初的学习与认识就是在共同生活与交往中发生与发展的。在教学过程中，教师不仅运用交往引导学生进行认知，而且通过交往对学生达致情感的沟通、同情与共鸣。

（4）教学过程也是一种促进学生身心发展、追寻与实现价值目标的过程。

在教学活动中，教师引导学生学习知识、开展交往、认识与作用世界，进行多方面的演练与实践，其实都是为了促进学生的身心发展，以追寻与实现使他们成人、成才的价值增值目标。从这方面看，教学过程又是一个促进学生身心发展及实现教育目标的过程。

2. 培养班集体的方法。

【答案要点】

（1）确定集体的目标。目标是集体的发展方向和动机。建构集体首先要使集体明确奋斗的目标。集体的目标应当由班主任同全班同学一道讨论确定，以便统一认识，调动大家的积极性。

（2）健全组织、培养干部以形成集体核心。关键是要做好班干部的选拔与培养，班主任应放手让班干部大胆工作，在实践中锻炼、培养、提高；要教育班干部谦虚谨慎、以身作则、严于律己，对他们不可偏爱和护短，以免导致干群对立和班的不团结。

（3）有计划地开展集体活动。班主任应重视全面开展各种活动，让每个学生都能在活动中得到锻炼与提高，以推动班集体的蓬勃发展。

（4）培养正确的舆论和良好的班风。班主任应经常注意组织学生学习政治理论、道德规范，以提高他们的认识；并注重表扬好人好事，批评不良思想行为，为形成正确舆论打下思想基础。特别是班主任要善于抓住重大偶发事件的处理，组织学生讨论，以分清是非，推动正确舆论的形成。

（5）做好个别教育工作。包括：促进每个学生个性的全面发展；做好后进生的思想转变工作；做好偶发事件中的个别教育。

3. 建构主义学习观。

【答案要点】

建构主义认为，学习是学习者主动地赋予信息以意义，建构自己的知识经验的过程，具有三个重要特征。

（1）主动建构性。面对新信息、新概念、新现象或新问题，学习者需要主动激活头脑中的先前知识经验，通过高层次思维活动，对各种信息和观念进行加工转换，对新旧知识进行综合和概括，解释有关现象，形成新的假设和推论。

（2）社会互动性。学习是通过对某种社会文化的参与，内化相关知识和技能，掌握有关工具的过程，这一过程常常需要通过一个学习共同体的合作互动来完成。

（3）情境性。建构主义者提出，知识存在于具体的、情境性的、可感知的活动中，它不是一套独立于情境的知识符号，不可能脱离活动情境而抽象地存在，它只有通过实际情境中的应用活动才能真正被人理解。

4. 革命根据地时期的教育经验。

【答案要点】

（1）教育为政治服务。

①在安排各类教育的发展时，正确处理了特定环境下的轻重缓急，保证了最迫切需要的满足，将干部教育作为优先，国民教育作为次要。

②在教育内容的确定上，始终服从了战争的需要，注重形势教育、对敌斗争教育、阶级斗争教育、纪律教育、群众路线教育。

③在教育教学的组织安排上，也充分考虑到战争条件和政治需要。在学制方面，因时、因地制宜；课程安排少而精，以切合战争需要为主；教学形式和方法更强调教学内容的联系实际斗争和工作，并在战斗中工作和学习。

（2）教育与生产劳动相结合。

根据地学生将教育与生产劳动相结合，有着特定的历史意义，主要体现在：第一，教育内容紧密联系当时当地的生产和生活实际，进行劳动习惯和观点、劳动知识和技能的教育；第二，教育教学的组织形式和时间安排注意适应生产需要；第三，要求学生参加实际的生产劳动，这不仅具有教育意义，也具有经济意义。

（3）依靠群众办教育。

毛泽东总结出群众路线有两条原则，一是要满足群众的需要，二是要出于群众的自愿。依据群众需要，出于群众自愿，并实行民办公助的政策，成为根据地教育的巨大动力。依靠群众办教育加强了学校与群众的联系，争取了群众对学校的支持和监督，有利于学校在边区人民群众中生根，加强了学校的民主管理，大大提高了群众办教育的积极性，促进了根据地教育的发展。

5. 人文主义教育的特征。

【答案要点】

（1）人本主义。人文主义教育在培养目标上注重个性发展，在教育教学方法上反对禁欲主义，尊重儿童天性，坚信通过教育这种后天的力量可以重塑个人、改造社会和自然，这些都表现出人本主义内涵，人的力量、人的价值被充分肯定。

（2）古典主义。人文主义教育思想吸收了许多古人的见解，人文主义教育实践尤其是课程设置亦具有古典性质，但这种古典主义绝非纯粹的"复古"，实则含有古为今用、托古改制的内涵，这在当时是进步的。

（3）世俗性。不论从教育目的还是从课程设置等方面看，人文主义教育洋溢着浓厚的世俗精神，教育更关注今生而非来世，这是人文主义教育与中世纪教育的根本区别。

（4）宗教性。人文主义教育仍具有宗教性，几乎所有的人文主义教育家都信仰上帝，他们虽然抨击天主教会的弊端，但不反对宗教更不打算消灭宗教，他们希冀以世俗和人文精神改造中世纪陈腐专横的宗教性以造就一种更富世俗色彩和人性色彩的宗教性。

（5）贵族性。这是由文艺复兴运动的性质所决定的。人文主义教育的对象主要是上层子弟，教育的形式多为宫廷教育和家庭教育而非大众教育，教育的目的主要是培养上层人物如君主、侍臣、绅士等。

综上可见，人文主义教育具有两重性，进步性与落后性并存，尽管它有不足之处，但它涤荡了中世纪教育的阴霾，展露出新时代教育的灿烂曙光，开了欧洲近代教育之先河。

6. 影响问题的解决因素。

【答案要点】

（1）问题情境。个体面临的刺激模式与其已有的知识结构所形成的差异。

（2）原型启发。通过从待解决的问题具有相似性的其他事物上发现问题解决的途径和方法。

（3）人际关系。良好的人际关系有助于其解决面临的各类问题。

（4）知识经验。任何问题解决都离不开一定的知识、策略和技能，知识经验不足常常是不能有效解决问题的重要原因。

（5）定势与功能固着。定势是指人在解决一些相似的问题之后会出现一种惯用的方式解决问题的倾向。功能固着是指一个人看到某个物品有一种惯常的用途后，就很难看出它的其他新用途。

（6）酝酿效应。在反复探索一个问题的解决而毫无结果时，如果把问题暂时搁置几个小时、几天或几周，然后再回过头来解决，这时常常就可以很快找到解决方法。

（7）情绪状态。相对平和的心态有利于问题解决，同时，积极的情绪也有利于问题解决。

三、分析论述题

1. 学生发展核心素养以及六大要素，结合实际谈谈对于未来教育改革的影响。

【答案要点】

（1）核心素养的内涵及重要性。

"核心素养"指学生应具备的适应终身发展和社会发展所需要的必备品格和关键能力，突出强调个人修养、社会关爱、家国情怀，更加注重自主发展、合作参与、创新实践。核心素养的构成包括三大方面、六大要素、十八个基本点，具体如下：

①文化基础。

人文底蕴：人文积淀、人文情怀、审美情趣；

科学精神：理性思维、批判质疑、勇于探索。

②自主发展。

学会学习：乐学善学、勤于反思、信息意识；

健康生活：珍爱生活、健全人格、自我管理。

③社会参与。

责任担当：社会责任、国家认同、国际理解；

实践创新：劳动意识、问题解决、技术运用。

"核心素养"是人民适应现在生活及面对未来挑战所应具备的知识、能力与态度，也是现代人获得成功生活与功能健全社会所需的素养。它的形成是人类进步和社会发展的必然要求，反映的是人民对优质教育的期待。构建核心素养体系是顺应新时代发展趋势，大力提升我国新时代人才竞争力的关键，也是党、国家和社会的迫切需要。

（2）核心素养对未来教育改革的影响。

一线教师理解核心素养是关键。一线教师是培养学生核心素养的具体实施者，在学生成长成才的过程中具有关键作用。学生发展核心素养要真正发挥教学实践功能，则必须促进一线教师理解核心素养并研究出相适应的教学方法。

课程标准融合核心素养是根本。课程标准是教学活动的根基,是指导各门课程的重要准则。课程标准融合核心素养需注重以下三个方面:教学目标需体现核心素养元素、教学内容联系核心素养做特色、考核标准基于核心素养显人才。

教学改革融合核心素养是方法。教学改革是教育永葆活力的重要方法,而融入核心素养进行教学改革是新时代教育的必然要求。教学改革包含教学观念以及教学模式的改革两方面。

2. 陶行知的生活教育理论,结合实际谈谈学校教育与生活之间的理想关系。

【答案要点】

(1)"生活即教育"。

"生活即教育"是陶行知生活教育理论的核心。其内涵包括:生活含有教育的意义;实际生活是教育的中心;生活决定教育,教育改造生活。

"生活即教育"所强调的是教育以生活为中心,所反对的是传统教育脱离生活而以书本为中心。尽管它在生活与教育的区别和系统的知识传授方面有所忽视,但在破除传统教育脱离民众、脱离社会生活的弊端方面,有十分重要的意义。

(2)"社会即学校"。

"社会即学校"是生活教育理论另一重要主张,是"生活即教育"思想在学校与社会关系问题上的具体化。"社会即学校",是指"社会含有学校的意味",或者说"以社会为学校"。由于到处是生活,到处都是教育,"整个的社会是生活的场所,亦即教育之场所"。

"社会即学校",也指"学校含有社会的意味"。也就是说,学校通过与社会生活相结合,一方面运用社会的力量使学校进步,另一方面动员学校的力量帮助社会进步,使学校真正成为社会生活必不可少的组成部分。

"社会即学校"扩大了学校教育的内涵和作用,对于传统的学校观、教育观有所改变。传统学校与社会生活脱节,学生孤陋寡闻,而以社会为学校,使得教育的材料、教育的方法、教育的工具、教育的环境可以大大地增加,有利于拓展学生的知识,增强学生的能力。"社会即学校",还可以使被传统学校拒之门外的劳苦大众能够受到起码的教育,贯穿了普及民众教育的苦心,同样也值得肯定。

(3)"教学做合一"。

"教学做合一"是生活教育理论的又一重要主张,是"生活即教育"在教学方法问题上的具体化。其含义为:教的方法根据学的方法,学的方法根据做的方法。事怎样做便怎样学,怎样学便怎样教。教与学都以做为中心。包括以下四个要点:"教学做合一"要求在"劳力上劳心";"教学做合一"是因为"行是知之始";"教学做合一"要求"有教先学"和"有学有教";"教学做合一"还是对注入式教学法的否定。

学校教育与生活之间的关系:

教育起源于原始社会的日常劳动生活,又以生产劳动、生活习俗这些维系社会运作和延续的日常生活为主要内容,体现了教育与生活最原始的关系,即教育起源于生活,又以生活为内容,同时为生活服务。

学校教育乃是人的生活的必要组成部分,教育本质上是以人的生活为基础和背景而展开的。当然,教育作为生活的过程乃是一种特殊的生活过程。

3. 赫尔巴特的课程理论和教学理论,结合实际谈谈对于现在的教育改革是否还有借鉴意义。

【答案要点】

赫尔巴特的课程论。

（1）课程必须与儿童的经验和兴趣相适应。

①经验与课程。一方面，儿童在日常生活中可以获得经验和同情。另一方面，儿童的经验并非完美无缺，需要教学加以补充和整理。因此，课程的内容必须与儿童的日常经验保持联系，通过使用直观教材使得儿童的经验变得更加丰富、真实和确切。

②兴趣与课程。只有与儿童经验相联系的内容，才能引起儿童的兴趣；只有能够引起兴趣的教学内容，才能使儿童保持意识的警觉状态，从而更好地接受教材。

（2）课程要与统觉过程相适应。

根据统觉原理，新的知识总是在原有的理智背景中形成的，以原有知识为基础。因此，课程安排应当使儿童能够不断地从熟悉的材料逐渐过渡到密切相关但还不熟悉的材料。为此，赫尔巴特提出"相关"和"集中"两项原则，目的是保持课堂教学的逻辑结构和知识的系统性。

（3）课程必须要与儿童发展阶段相适应。

赫尔巴特认为，儿童在一定发展阶段上最理想的学习内容应当是种族发展在相应阶段上所取得的文化发展。以此为基础，他将儿童发展分为婴儿期、幼儿期、童年期和青春期。每个时期对应不同的心理特征，应开设不同的课程。

赫尔巴特的教学理论。

（1）教学进程理论。统觉过程的完成大体上具有三个环节：感官的刺激、新旧观念的分析和联合、统觉团的形成。与此相应，赫尔巴特提出了三种不同的教学方法：单纯提示的教学、分析教学和综合教学。这三种教学方法的联系，就产生了所谓的"教学进程"。

（2）教学形式阶段理论。赫尔巴特的教学形式阶段，实际上就是课堂教学的完整过程，是一个包括教学方法、教学形式等内在的规范化的教学程序。他认为，兴趣活动可以划分为四个阶段：注意、期待、要求和行动。儿童在学习活动中的思维方式有两种：专心与审思。在此基础上，他提出了教学形式阶段理论，即"赫尔巴特四段教学法"。

评价。

（1）贡献：赫尔巴特在历史上首次提出了心理学是一门科学并将其作为教学论的基础，在当时具有非常积极的意义。他最重要的贡献是教育性教学的理论与实践。其思想深刻影响了近代教育科学的形成与各国教育事业的发展。

（2）局限性：其理论受到其社会政治观点的影响，带有明显的保守色彩。其哲学观点使教育思想带有思辨特征。他主要关注文科中学的教育和教学，把性格形成作为教育目的，带有旧时代贵族教育色彩。其儿童管理思想主要反映了普鲁士集权教育压制儿童的特征。其心理学仍属于科学心理学诞生前的哲学心理学范畴，建立在这种心理学基础上的教育理论的合理性与先进性还有待商榷。

总之，赫尔巴特的教学理论与课程论仍有很大的借鉴意义，但是由于时代局限，其思想具有保守色彩、思辨特征及贵族教育色彩，在今天的教育教学中当取其精华去其糟粕。

四、材料题

用教师的主导作用和学生的主观能动性进行案例分析。

【答案要点】

教师的主导作用和学生的主观能动性理论认为：

（1）发挥教师的主导作用是学生简捷有效地学习知识、发展身心的必要条件。

在教学过程中，教师的教一般是矛盾的主导方面。教师主导作用是针对能否引导学生积极学习与上进而言的。因而学生的主动性、反思性、创造性发挥得怎样，学习的效果怎样，又是衡量教师主导作用发挥得好坏的根本标志。材料中的圣陶学校缺乏相应的学科教师，没有受过专业训练、精通专业知识的数理化教师进行设计、组织和进行学科教学，不利于学生掌握相应的学科知识，不利于教学效率和教学质量的提高。

（2）尊重学生、调动学生的学习主动性是教师有效地教学的一个主要因素。

学生是有能动性的人，他们不只是教学的对象，而且是学习主体与发展主体。学生的学习主动性、积极性发挥得怎么样，直接影响并最终决定着学生个人的学习质量、成效和身心发展的方向与水平。材料中的学生胡少舟在学校没有数理化教师的情况下，通过和同学以小组讨论的方式、积极主动查找资料，向老师请教，体现了学生的主观能动性和学生主体。

（3）防止忽视学生积极性和忽视教师主导作用的偏向。

过于突出教师或者过于强调学生在教学中的主体地位与作用都是片面的。最可靠的措施是普遍提高教师的修养和水平，加强对学生的了解、沟通，提高教师的责任感与创造性，这样才能实现师生之间的民主平等、尊师爱生、教学相长地互动与合作，使师、生两方面主动性都能得到弘扬，在教学互动的过程中达到动态的平衡和相得益彰。材料中的圣陶学校显然忽视了教师的主导作用，这会使学生陷入盲目试误和摸索，而不能便捷地学到系统的科学知识，不利于现代创造性人才的培养。

2016年 陕西师范大学 333 教育综合·真题解析

一、名词解释

学校教育制度

学校教育制度简称学制，指的是一个国家各级各类学校的系统及其管理规则，它规定着各级各类学校的性质、任务、入学条件、修业年限以及它们之间的关系。

教育

教育是人的发展与社会发展的中介活动。其概念有广义和狭义之分。广义教育指凡是有目的地增进人的知识技能、影响人的思想品德、增强人的体质的活动都是教育，包括人们在家庭中、学校里、亲友间、社会上所受到的各种有目的的影响。狭义教育主要指学校教育，指一种专门组织的不断趋向规范化、制度化、体系化的教育。

最近发展区

维果茨基认为，在进行教学时必须注意到儿童的两种水平，一种是儿童现有的发展水平，另一种是即将达到的发展水平，维果茨基把这两种水平之间的差距称为最近发展区，即独立解决问题的真实发展水平和在成人指导下或与其他儿童合作情况下解决问题的潜在发展水平之间的差距。

三舍法

"三舍法"是王安石在"熙宁兴学"期间改革太学最重要的措施。"三舍法"是严格的升舍考试制度，它将学生平时行艺和考试成绩相结合，学行优劣与任职使用相结合，这有利于调动学生学习的积极性，提高太学教育质量。同时又把上舍考试和科举考试结合起来，融养士与取士于太学，提高了太学地位。

学习动机

学习动机是动机在学习活动中的表现，是引起和维持个体进行学习活动，并使活动朝向一定的学习目标，以满足某种学习需要的一种内部心理状态。它的主要内容包括知识价值观、学习兴趣、学习效能感和成败归因。

二、简答题

1. 班级授课制的局限性。

【答案要点】

（1）班级授课制是一种集体教学形式。它把一定数量的学生按年龄与知识程度编成固定的班级，根据周课表和作息时间表，安排教师有计划地给全班学生上课，分别学习所设置的各门课程。

（2）优点：第一，形成了严格的教学制度；第二，以课为单位科学地组织教学；第三，能充分发挥教师的主导作用；第四，能促进学生的社会化与个性化；第五，便于传授系统的科学知识。

（3）缺点：第一，不利于照顾学生的个别差异；第二，不利于培养学生的兴趣、特长和发展个性；第三，不利于理论联系实际；第四，不利于实现教学的灵活性。

2. 德育的途径。

【答案要点】

（1）思想政治课与其他学科教学。需要注意的是，知识转化为品德还需要将知识与学生生活相联系，与学生思想"对话"，以激发学生的道德需要，并用这些道德认识来探寻做人的道理，调节对人、对事应持有的态度，并付诸行动。

（2）劳动和其他社会实践。有意义的劳动和社会实践，能够提高学生的责任意识、服务意识，形成学生勤俭、朴实、艰苦、顽强等许多好的品德，在德育上有着不可缺、不可替代的意义。

（3）课外活动和校外活动。通过课外活动进行德育，能调动学生的积极性，培养他们的自律能力，形成互助友爱、团结合作、尊重规则等品德。

（4）学校共青团、少先队活动。开展团队活动，能激发学生强烈的上进心、荣誉感，使他们能够严于律己，自觉提高思想品德，是德育的重要途径。

（5）心理咨询。通过个别谈心、咨询、讲座等多种方式对学生进行心理健康教育，可以帮助学生处理好学习、交往、择业等方面问题，使他们成为积极向上、心理健康的人。

（6）班主任工作。通过班主任工作，学校不仅能有效地管教学生基层组织和个人，而且能对教育学生的其他途径的活动起协调作用，是学校德育的一个特别重要的途径。

（7）校园生活。校园生活包括上述活动在内的全部学校生活。要建立良好的校园生活，一是要研究如何使德育在各个途径中真正到位，使之互相补充，构成整体效应；二是要根据学校实际，研究如何增加跨越班级的活动与交往，逐步形成学校特色；三是要研究如何使校园生活能够体现时代精神，蕴含深厚文化，让学生在生活中养成现代文明习气和人文情怀。

3. 如何促进知识的迁移。

【答案要点】

（1）整合学科内容。教师要注意把各个独立的教学内容整合起来，鼓励学生把在某一门学科中学到的知识运用到其他学科中去。

（2）加强知识联系。教师要重视简单的知识技能与复杂的知识技能、新旧知识技能之间的联系。教师要促使学生把已学过的内容迁移到新的学习内容中去。

（3）强调概括总结。教师在教学中要注意启发学生对所学内容进行概括总结。一方面在教学中，教师要引导学生自己对原理进行概括，培养和提高其概括总结的能力，充分利用原理的迁移；另一方面，在讲解原理时，教师要在最大范围内列举各种变式，使学生正确把握其内涵和外延。

（4）重视学习策略。教师应有意识地教学生学会如何学习，帮他们掌握概括化的认知策略和元认知策略，从而促进学习的迁移。

（5）培养迁移意识。教师可以通过反馈和归因控制等方式使学生形成关于学习和学校的积极态度。教师要注意对学生的反馈，当学生用其他学科的知识来解决某一学科的问题时应给予鼓励。

4. 简述美国的《国防教育法》。

【答案要点】

1957年，苏联卫星上天后，美国朝野震惊，开始反思自身的教育问题，并将教育提高到保卫国家国防的高度，要求对教育进行改革。在此背景下，1958年美国总统批准颁布了《国防教育法》。

（1）主要内容。

①加强普通学校的自然科学、数学和现代外语，即"新三艺"的教学。

②加强职业技术教育。要求各地区设立职业技术教育领导机构，有计划地开展职业技术训练。

③强调"天才教育"。鼓励有才能的学生完成中等教育，攻读考入高等教育机构所必需的课程并升入该类机构，以便培养拔尖人才。

④增拨大量教育经费。作为对各级学校的财政援助。

（2）评价。

《国防教育法》是作为改革美国教育、加快人才培养的紧急措施推出的，其颁布与实施，为第二次世界大战后美国教育改革提供了坚实的法律保障，促进了美国教育事业的发展，有利于教育质量的提高和科技人才的培养。

三、分析论述题

1. 张之洞中体西用的历史意义和局限性。

【答案要点】

（1）历史作用。

①洋务派提出"中体西用"，在不危及"中体"的前提下侧重强调采纳西学，既体现了洋务派的文化教育观，也是洋务派应对守旧派的策略。

②在"中体西用"形式下，"西学"教育的规模不断扩大。两次鸦片战争中，"中体西用"的内涵被不断调整，"西用"的范围不断延伸，逐渐纳入新的成分。

③洋务运动时期，"中体西用"理论为"西学"教育的合理性进行了有效论证，促进了资本主义文化在中国的传播。在此原则下实施的留学教育和举办的新式学堂给僵化的封建教育体制打开了缺口，改变了单一的传统教育结构。

（2）历史局限。

①"中体西用"思想本质上还是为了维护封建专制统治，阻碍了后来维新思想的广泛传播，不利于近代刚刚开始的思想启蒙运动。

②"中体西用"作为一种文化整合方案和教育宗旨来说是粗糙的。它是在没有克服中西文化固有矛盾情况下的直接嫁接，必然会引起两者之间的排异反应。

2. 创造性培养。

【答案要点】

（1）营造鼓励创造的环境。这是促进学生创造性发展的必要条件。首先，应倡导民主式的教育和管理。其次，应改革考试制度，为学生创造宽松的学习环境。再次，应增加自主选择课程的机会和有针对性的课程设计。最后，应为学生提供创造性人物的榜样。

（2）培养创造性的教师队伍。首先，要转变教师的教育教学观念，使教师形成理解并鼓励学生的创造；其次，要教给教师必要的创造技法和思维策略；再次，为教师提供明晰的、具有实用价值的有关创造性的知识及相应的教学策略和技能；最后，教师应不断学习关于创造性的心理学知识，用心理学的理论指导自己的实践。

（3）培育创造意识，激发创造动机。只有当个人具有自觉的创造意识、强烈的创造动机，才易产生新思想、新方法、新观点。需要做到：树立学生创新的自信心；激发创造热情；磨砺创造意志；培养创造勇气。

（4）发展和培养创造性思维。创造性思维是创造性的核心。创造性思维的培养应注意以下几个方面：加大思维的"前进跨度"，培养思维的跳跃能力；加大思维的"联想跨度"，使学生敢于把习惯上认为毫不相干的、表面上看来微不足道的问题联系起来或进行移植；加大"转换跨度"，引导学生敢于否定原来的设想，善于打破固有的思路；给学生大胆探索与推测的体会。

（5）开设创造课程，教给创造技法。教学是培养学生创造性的重要途径。因此，开设创造性课程已成为国内外开发创造性的有效途径。在创造性课程的教学中，注重教给学生基本的创造技巧与方法是培养创造性的有效措施。促进创造性发展的主要创造技法有：头脑风暴法、系统探求法、联想类比法、组合创新法、对立思考法、转换思考法。

（6）塑造创造性人格。创造性人格是创造性的重要组成部分，培养学生的创造性人格是培养创造性的重要内容。主要方法有：保护好奇心；解除对错误的恐惧心理；鼓励独创性与多样性。此外，自信与乐观、忍耐与有恒心、合作、严谨等也是创造性人格培养的重要方面。

3. 杜威和赫尔巴特的教学过程理论的比较，并阐述自己的观点。

【答案要点】

（1）杜威的教学过程理论。

杜威根据科学的实验主义探究方法和反省思维方式，提出了五步教学法，五个阶段的顺序并不固定，实际思维中，有时两个阶段可以合二为一。

①创设疑难的情境。学生要有一个真实的经验的情境和对活动本身感兴趣的连续的活动。

②确定疑难所在。在这个情境内部产生一个真实的问题，作为思维的刺激物。

③提出问题的种种假设。他要占有知识资料，从事必要的观察，对付这个问题。

④推断哪种假设能解决这个困难。他必须有条不紊地展开他所想出的解决问题的方法。

⑤验证这种假设。他要有机会和需要通过应用检验他的观念，使这个观念意义明确，并且让他自己发现它们是否有效。

（2）赫尔巴特的教学过程理论。

赫尔巴特认为，兴趣活动可以划分为注意、期待、要求和行动四个阶段。儿童在学习活动中的思维方式有专心与审思两种。在此基础上，他提出了教学形式阶段理论，即"赫尔巴特四段教学法"。

①明了：当一个表象由自身的力量突出在感官前，兴趣活动对它产生注意；这时，学生处于静止的专心活动；教师通过运用直观教具和讲解的方法，进行明确的提示，使学生获得清晰的表象，以做好观念联合，即学习新知识的准备。

②联合：由于新表象的产生并进入意识，激起原有观念的活动，因而产生新旧观念的联合，但又尚未出现最后的结果；这时，兴趣活动处于获得新观念前的期待阶段；教师的主要任务是与学生进行无拘无束的谈话，运用分析的教学方法。

③系统：新旧观念最初形成的联系并不是十分有序的，因而需要对前一阶段由专心活动得到的结果进行审思；兴趣活动处于要求阶段；这时，需要采用综合的教学方法，使新旧观念间的联合系统化，从而获得新的概念。

④方法：新旧观念间的联合形成后需要进一步巩固和强化，这就要求学生自己进行活动，通过练习巩固新习得的知识。

（3）比较。

相同点：

①都重视兴趣在学习和教学中的作用。

赫尔巴特认为只有学生对学习产生兴趣，教学才能有效地进行，课程内容的选择与编制必须与儿童的经验兴趣一致。杜威认为兴趣是影响教学的重要因素，秉承"教育即生活，教育即生长，教育即经验的改组改造"的本质论，他认为个体的发展是一个自动自发的过程，而儿童的兴趣是发展的内在动力。课程的设置，教材的编制，教学法的选择是要以儿童的兴趣为基础的。

②在不同师生观的基础上，都重视学生在教学中的地位。

赫尔巴特在统觉和兴趣的基础上，制定了一套完整的教学过程，主张教育教学应以学生为出发点，关注学生的未来生活和发展。杜威认为学校实施的一切教育活动都应该以儿童的需要和兴趣为基础，儿童是教育教学的出发点。两者在不同程度上都肯定了学生在教学中的地位。

不同点：

①时代背景不同。

赫尔巴特教育思想形成于封建社会向资本主义社会过渡时期，赫尔巴特经历了整个过程，其思想也由进步性转变为妥协性。杜威教育思想是在变化的历史背景中形成的，变化是当时美国社会显著的特征，形成了以娴习于自治、崇尚自由、笃信民主制度为特征的社会思想。

②理论基础不同。

赫尔巴特认识论属反映论。他认为人的认识是后天形成的，是人脑对客观现实的反映。反映的基本因素是主体和客体，且主体依赖客体，客体制约主体。学生的学习过程就是对知识的反映过程，就是理解、接受知识，因此，教学任务是认识知识。杜威认识论属经验论，是反映论的否定。他指出了"变化"是任何事物发展共有的特点。主、客体是一体的，并统一于"经验"之中，可见"由于对人的主观作用的不同看法，赫尔巴特与杜威演化出接受与改造两种不同的学习过程观"，从而产生了认识论的根本差异。

4. 新基础课程改革的六大目标如何实现？

【答案要点】

（1）转变课程功能。改变课程过于注重知识传授的倾向，强调形成积极主动的学习态度，使获得基础知识与基本技能的过程同时成为学会学习和形成正确价值观的过程。

（2）优化课程结构。改变课程结构过于强调学科本位、科目过多和缺乏整合的现状，整体设置九年一贯的课程门类和课时比例，体现课程结构的均衡性、综合性和选择性。

（3）更新课程内容。改变课程内容"繁、难、偏、旧"和过于注重书本知识的现状，加强课程内容与学生生活以及现代社会和科技发展的联系，关注学生的学习兴趣和经验，精选终身学习必备的基础知识和技能。

（4）转变学习方式。改变课程实施过于强调接受学习、死记硬背、机械训练的现状，倡导学生主动参与、乐于探究、勤于动手，培养学生搜集处理信息的能力、获取新知识的能力、分析和解决问题的能力以及交流与合作的能力。

（5）改革课程评价。改变课程评价过分强调甄别与选拔的功能，发挥评价促进学生发展、教师提高和改进教学实践的功能。

（6）深化课程管理体系改革。改变课程管理过于集中的状况，实行国家、地方、学校三级课程管理，增强课程对地方、学校及学生的适应性。

5. 什么是启发性教学原则？结合自己经验，讲述如何在课堂中贯彻这一原则。

【答案要点】

启发性教学原则是指在教学中教师要激发学生的学习主体性，引导他们经过积极思考与探究自觉地掌握科学知识，学会分析问题和解决问题，树立求真意识和人文情怀。也称探究性原则或启发与探究相结合原则。

贯彻启发性教学原则的要求有：

（1）调动学生学习的主动性。在激发学生的学习主动性上，教师要发挥个人的创造性，善于运用发人深思的提问、令人心动的讲述，充分显示教学内容的吸引力，展现它的情趣、奥妙、意境、价值，以便激起学生的求知欲和积极性，全神贯注地投入学习。

（2）善于提问激疑，引导教学步步深入。在启发过程中，教师要有耐心，给学生以思考时间；要有重点，问题也不能多，也不能蜻蜓点水、启而不发；要善于与学生探讨，引导学生一步一步去获取新知和领悟人生的价值。

（3）注重通过解决实际问题启发学生获取知识。通过组织和引导学生观察、操作、动手解决实际问题，是启发教学的一个重要的途径。接触实际问题，对学生更具诱惑力、挑战性，会使他们更积极主动地进行学习和完成任务。在学生的操作过程中，教师只要根据学生的情况，加以有针对性的指点、启发，组织一点交流或讨论，学生就不仅能够深刻领悟所学概念与原理，掌握解决问题的方法与步骤，而且能够增进学习的兴趣、能力和养成认真、负责与相互协作的品行。

（4）引导学生反思学习过程。教学要引导学生反思学习过程，了解学习过程的程序和方法，分析学习过程中的顺利与障碍、长处与缺点，寻找形成障碍与缺点的原因，克服学习过程中的弯路与失误，使学习程序和方法简捷、有效，注重积淀适合于自己的良好的学习方式，从学习中学会学习。

（5）发扬教学民主。要创造宽松、和谐、民主、平等、坦率、活跃的课堂教学氛围，这是启发教学的重要条件。只有这样，学生的心情才会感到宽松，他们的聪明才智才能充分发挥出来。教师切不可唯我独尊、搞一言堂，要鼓励学生发表自己的见解，包括与教师不同的见解。

2015年 陕西师范大学 333 教育综合 · 真题解析

一、名词解释

卢梭的自然主义教育

卢梭提出自然主义教育，其核心是"回归自然"，最终目的是培养"自然人"，原则和方法包括：树立正确的儿童观；消极教育；自然后果律；根据儿童天性的个体差异，因材施教。在实施过程中，卢梭根据人自然发展的进程和不同年龄时期身心的特点，把自然教育分为四个时期，每个时期有不同的教育任务。

成就动机

成就动机是指一种努力克服障碍、施展才能、力求又快又好地解决某一问题的愿望或趋势。它是在人的成就需要的基础上产生的，是激励个体从事自己认为重要或有价值的工作，并力求获得成功的一种内在驱动力。

稷下学宫

稷下学宫是战国时代齐国一所著名的高等学府，因其建立于齐国都城临淄的稷门附近而得名。它既是百家争鸣的中心与缩影，也是当时教育上的重要创造，稷下学宫对中国古代学术、文化和教育的发展产生过重大的历史影响。

教学

教学是在一定教育目的规范下，在教师有计划的引导下，学生能动地学习、掌握系统的课程预设的科学文化基础知识，发展自身的智能与体力，养成良好的品行与美感，逐步形成全面发展的个体素质的活动。简言之，教学是在教师引导下学生能动地学习知识以获得素质发展的活动。

学习

学习是个体在特定情境下由于练习或反复经验而产生的行为或行为潜能的比较持久的变化，具有以下几个特点：学习是由反复经验引起的；学习导致行为或行为潜能的变化，且这种变化是相对持久的；行为的变化并不等同于学习的存在；学习所带来的行为变化往往要通过行为表现出来，但学习与表现不能等同；学习是一个广义概念，它不仅是人类普遍具有的，也是动物所具有的。

二、选择题

1~5 BBDBD 6~8 AAB

三、简答题

1. 简述孔子的教育思想对我国教育的影响。

【答案要点】

孔子是全世界公认的伟大的思想家和教育家，他毕生从事教育活动，建树了丰功伟绩。他在实践基础上提出的一些首创的教育学说，为中国古代教育奠定了理论基础。孔子在教育史上的贡献是多方面的，主要表现在：

（1）首先提出教育在社会发展和人的发展中的重要作用，强调重视教育。

（2）创办规模较大的私学，开创私人讲学之风，改变"学在官府"的局面，成为百家争鸣的先驱。

（3）实行"有教无类"的方针，扩大受教育的范围，使文化教育下移到平民。

（4）培养从政君子，提倡"学而优则仕"，为封建官僚体制的政治改革准备了条件。

（5）重视古代文化的继承和整理，编纂"六经"作为教材，保存了中国古代文化。

（6）总结教育实践经验，对教学方法有新的创造，强调学思行结合的教学理论。

（7）首创启发式教学，发展学生的思维能力；实行因材施教，发挥个人专长，造就各类人才。

（8）重视道德教育，以仁为最高的道德准则，鼓励人们提高道德水平，提出道德修养应遵循的重要原则。

（9）要求教师具有良好的职业道德，学而不厌，诲人不倦，以身作则。

2. 简述董仲舒的三大文教政策。

【答案要点】

（1）三大文教政策的内容。

①"推明孔氏，抑黜百家"。这是文教政策的总纲领，董仲舒论证了儒学在封建政治中应居独一无二的统治地位。

②兴太学以养士。为了保证封建国家在统治思想上的高度统一，也为了改变统治人才短缺的局面，董仲舒提出了"兴太学以养士"的建议，即由国家设立学校，培养贤士。实际上，兴办太学，政府直接掌握教育大权，决定人才的培养目标，也是整齐学术、促进儒学独尊的重要手段之一。

③重视选举，任贤使能。针对汉初人才选拔和使用中的弊端，董仲舒提出了加强选举、合理任用人才的主张。董仲舒提出了一套严格的选士方案，同时强调"量材而授官，录德而定位"的用人思想。这里的"材"、"德"是以儒家的经术和道德观念为标准的。这些主张，对促进儒学取得独尊地位有重要的作用。

（2）采取的措施。第一，专立五经博士；第二，开设太学；第三，确立察举制。

3. 简述形式教育论和实质教育论的异同。

【答案要点】

（1）在回答"学校教育应达到什么样的教育目标"的问题上，形式教育论和实质教育论是两种对立的教育理论，它们对学校课程的设置有不同的观点。

（2）形式教育论认为学校教育的任务和作用在于发展学生的智力，官能心理学是它的依据。主张开设一些诸如拉丁文、希腊文、文法和数学等形式学科，认为它们对于训练和提高学生的智力大有帮助。主张强调学科和智力训练之间的必然联系，但过分注重古典学科，忽视了学科在社会生活中的实用性，有可能使学校脱离社会生活。形式教育论的倡导者是裴斯泰洛齐。

（3）实质教育论认为学校教育的任务在于向学生传授实用知识，认为在知识的传授中包含了官能的训练，联想主义心理学是它的依据。主张在学校开设诸如几何、物理、化学、生理学等实科课程，通过它们向学生传授实用知识，为他们将来从事某种职业打好基础。实质教育论的代表人物是斯宾塞。

4. 简述学制确立的依据。

【答案要点】

（1）社会生产力和科技发展水平。教育制度的产生和建立取决于生产力发展水平和科学技术发展状况，教育制度的发展和完善在很大程度上也取决于生产力和科技发展水平。

（2）社会经济制度。教育制度作为社会的基本制度之一，受社会的政治经济制度的制约。不同的政治经济制度决定了不同阶级享有不同的教育，也决定了各级各类学校的教育目的、入学条件、修业年限、教育内容以及它们之间的关系等教育制度方面的问题。

（3）人的身心发展规律。学制中关于入学年龄、修业年限、教育目标、学习内容的确立必须根据人的身心发展规律制定。此外，学制中关于各级各类学校的分段与衔接、升级升学制度、特殊教育制度也是依据人的身心发展规律制定的。

（4）本民族语言、文字、习俗、习惯等文化传统。在学制的改革与发展中，要发扬本民族的优秀文化传统，吸收其他民族的长处。

（5）历史经验的继承与发展。学制总是在不断地发展变化、完善，以适应发展变化的情况。但是，任何国家学制的发展和革新必须立足于本国的历史，不是对过去的全盘否定，而是对过去继承基础上的发展。

5. 简述赫尔巴特的教育心理学化思想。

【答案要点】

（1）教学过程应以"统觉"原理为基础。

赫尔巴特把观念的同化与相互融合说成是统觉，统觉是其心理学的基本概念。他认为，统觉的过程就是把一些分散的感觉刺激纳入意识，形成一个统一的整体，组成"观念团"。赫尔巴特要求教师掌握统觉的原理和规律，在教学过程中创设多种机会激发旧观念的再现，使新观念能够被统觉团及时接纳和同化。

（2）兴趣是形成统觉的条件，并赋予统觉以主动性。

注意和兴趣是赫尔巴特心理学中常见的概念。他认为，通过兴趣状态下的"专心"和"审思"这两种心理活动的交替出现，统觉活动才得以正常进行，儿童意识的统一性才得到保证。

（3）设置广泛课程，培养儿童多方面兴趣。

赫尔巴特认为，教学的最终目的虽然存在于德性这个概念之中，但是为了达到这个最终目的，教学必须特别包含较近的目的，这个较近的目的表达为多方面的兴趣，而培养儿童多方面的兴趣，则要设置广泛的课程。

（4）儿童的管理、教学和训育应遵循儿童心理发展的规律。

赫尔巴特依据伦理学和心理学，把儿童的教育过程划分为管理、教学和训育三个方面，而且在每一个方面都体现了教育心理学化的倾向。

6. 简述陈述性知识学习和程序性知识学习的区别。

【答案要点】

（1）区别：

①定义。陈述性知识是关于"是什么"的知识，是对事实、定义、规则和原理等的描述。容易被人意识到，并且人能够明确地用词汇或者其他符号将其系统地表述出来。程序性知识是关于"怎么做"的知识，如怎样进行推理、决策或者解决某类问题等。

②表征方式。陈述性知识的表征方式有概念、命题和命题网络、表象等，程序性知识主要以产生式为表征。

③获得机制。陈述性知识的获得机制是同化。程序性知识的获得机制是产生式。

④学习过程。陈述性知识的学习要经历理解符号代表的意义，建立符号与事物之间的等值关系，对事实进行归类，掌握同类事物的关键特征，理解概念、事实之间的关系等一系列步骤。需要的是理解和记忆。程序性知识的学习在此基础上还包括两个相互联系的地方：模式识别和动作序列。

（2）联系：

陈述性知识和程序性知识在实际的学习与问题解决活动中是相互联系的。在实际活动中，陈述性知识常常可以为执行某个实际操作程序提供必要的信息。在学习中，陈述性知识常常是学习程序性知识的基础。反过来，程序性知识的掌握也会促进陈述性知识的深化。

四、分析论述题

1. 试论述活动课程和学科课程的分歧。

【答案要点】

（1）学科课程。

也称分科课程，是指根据学校培养目标和科学发展，分门别类地从各门科学中选择适合学生年龄特征与发展水平的知识所组成的教学科目。

优点：符合学生认识特点，便于在短时间内掌握人类长期积累起来的科学文化知识与基本技能。

缺点：往往忽视儿童现实的兴趣与欲求，易与学生的生活和经验脱节，使学生被动、消极，造成死记硬背等弊端。

（2）活动课程。

又称经验课程、儿童中心课程，与学科课程相对立，它打破学科逻辑的界限，是以学生的兴趣、需要、经验和能力为基础，通过引导学生自己组织的有目的的活动系列而编制的课程。

优点：能调动学生的积极性、自主性，发挥他们个人的潜力、个性和创造性，提高学生处理各种实际问题和适应社会生活的能力与品德修养。

缺点：不重视系统的科学文化知识的教学；缺乏规范性，其教学过程不易理性地引导，存在较大难度；对教师要求过高，不易实施与落实，学生也往往学不到预期的系统的科学基础知识。

（3）二者关系。

活动课程与学科课程，在总体上都服从于整体的课程目标，二者都是学校课程结构中不可缺少的要素。但是，在目的、编排方式、教学方式和评价上，两者又有着明显的区别。

①从目的来看，学科课程主要向学生传递人类长期创造和积累起来的种族经验的精华，而活动课程则主要让学生获得包括直接经验和直接感知的新信息在内的个体教育性经验。

②从编排方式来看，学科课程重视学科知识逻辑的系统性，而活动课程则强调各种有教育意义的学生活动的系统性。

③从教学方式来看，学科课程是以教师为主导，而活动课程则主要是以学生自主的实践交往活动为主导。

④从评价方面来看，学科课程强调终结性评价，侧重考查学生学习的结果，而活动课程则重视过程性评价，侧重考查学生学习的过程。

2. 根据1922年学制的观点和标准谈谈我国现行学制的改革。

【答案要点】

（1）1922年学制。

"新学制"的七项标准为：适应社会进化之需要；发扬平民教育精神；谋个性之发展；注意国民经济力；注意生活教育；使教育易于普及；多留各地伸缩余地。

学制体系：

①初等教育。儿童满6周岁入学。小学教育6年，其中初级小学4年，为义务教育，可以单独设立；高级小学2年，可以根据地方具体情况，增加职业准备的课程。

②中等教育。中学教育为六年，分初、高中两级，各3年。初级中学为普通教育，可以单独设立。高级中学实行分科制，设普通科、农、工、商、师范、家事等科，普通科又可以分为文科和理科，主要目标是升学。新学制倡导综合中学模式，以方便学生根据个性和家庭情况选择升学或职业预备。

③高等教育。高等教育分为专门学校和大学两种，专门学校的最低修业年限为3年，取消"壬子癸丑学制"的大学预科制。大学修业年限是4到6年，其中规定医科和法科大学应至少5年。

（2）我国现行学制。

经过一个世纪的发展，我国已建立了比较完整的学制，在1995年颁布的《中华人民共和国教育法》里得到了确认。它包括以下几个层次的教育：

①学前教育：招收3～6、7岁的幼儿。

②初等教育：指全日制小学教育，招收6、7岁儿童入学，学制为5～6年。在成人教育方面，还包括成人业余初等教育。

③中等教育：指全日制普通中学、各类中等职业学校和业余中学。全日制中学修业年限为6年，初中3年，高中3年。职业高中2～3年，中等专业学校3～4年，技工学校2～3年。属成人教育的各

类业余中学，修业年限适当延长。

④高等教育：指全日制大学、专门学院、专科学校、研究生院和各种形式的业余大学。高等学校招收高中毕业生和同等学历者。专业学校修业为 2~3 年，大学和专门学院为 4~5 年，业余大学修业年限适当延长，硕士研究生修业年限为 2~3 年，博士研究生为 3 年，在职研究生修业年限适当延长。

（3）我国现行学制的改革：基本普及学前教育；均衡发展义务教育；努力普及高中阶段教育；大力发展高等教育。

2014年 陕西师范大学 333 教育综合·真题解析

一、名词解释

教育劳动起源说

劳动起源说的代表人物主要有苏联和我国教育学家。其观点包括：生产劳动是人类最基本的实践活动；教育起源于生产劳动过程中经验的传递；生产劳动过程中的口耳相传和简单模仿是最原始和最基本的教育形式；生产劳动的变革是推动人类教育变革最深厚的动力。

校本课程

校本课程是以学校为课程编制主体，自主开发与实施的一种课程，是相对于国家课程和地方课程的一种课程。校本课程的实施有助于最大限度地促进每个学生的发展，有助于提高教师的专业水平，有助于提高学校的办学水平。

学制

学校教育制度简称学制，指的是一个国家各级各类学校的系统及其管理规则，它规定着各级各类学校的性质、任务、入学条件、修业年限以及它们之间的关系。

班级授课制

班级授课制是一种集体教学形式。它把一定数量的学生按年龄与知识程度编成固定的班级，根据周课表和作息时间表，安排教师有计划地给全班学生上课，分别学习所设置的各门课程。

发现学习

发现学习是指学生在学习情境中，经过自己探索寻找，从而获得问题答案的一种学习方式，布鲁纳所说的发现不只限于寻求人类尚未知晓的事物的行为，也包括用自己的头脑亲自获取知识的一切形式。

二、填空题

1. 赫尔巴特 　2. 前运算阶段 　3.《中庸》 　4. 癸卯学制 　5. 人的主观能动性
6. 行为 　7. 确定研究课题 　8. 亚里士多德 　9. 确定学习目标
10. 直观性原则；激发学生求知欲原则；巩固性原则；量力性原则；系统性和循序渐进性原则；因材施教原则

三、简答题

1. 简述教师的劳动特点。

【答案要点】

（1）教师劳动的复杂性。教师劳动的复杂性主要受以下三方面的影响：第一，学生状况的复杂性决定着教师劳动的复杂性；第二，教师任务的多样性制约着教师劳动的复杂性；第三，影响学生发展因素的广泛性制约着教师劳动的复杂性。

（2）教师劳动的示范性。教育是教师引导、培养学生的活动，它要求教师以身作则，具有示范性。教师的劳动对象是处在发展过程中的青少年学生，他们具有尊敬教师、乐于接受教师的教导、以教师为表率的所谓"向师性"的特点。因此，教师必须严格要求自己，以身作则，通过示范的方式去影响学生，以便取得最佳教育效果。

（3）教师劳动的创造性。教师劳动创造性的最重要特征之一是他的工作对象，即儿童经常在发生变化，永远是新的，今天同昨天就不一样。此外，教师劳动的创造性还表现在因材施教上；表现在对教育、教学的原则、方法、内容的运用、选择和处理上；表现在教育教学过程中，教师对各种突发情况做出及时反应、妥善处理的应变能力上。

（4）教师劳动的专业性。教师劳动的专业性突出表现在教师对育人的崇高敬业精神和道德修养上，对教育教学专门化知识和技能的掌握与教育活动的自主权上。

2. 如何更好地实施讲授法？

【答案要点】

讲授法指教师通过语言系统地向学生传授科学文化知识、思想理念，并促进他们的智能与品德发展的方法。可分为讲读、讲述、讲解和讲演四种。在教学过程中实施讲授法的基本要求包括：

（1）精炼讲授内容。注重科学性、系统性、思想性、启发性和趣味性，使学生掌握准确的概念、原理。

（2）注重讲授的策略与方式。讲授具体如何进行应针对任务、内容做深入具体的研究与决策。

（3）讲究语言艺术。力求语言清晰、准确、简练、形象、条理清楚、通俗易懂；讲授的音量、速度要适度，注意抑扬顿挫；以姿势助说话，提高语言的感染力。

3. 我国常用的教学模式有哪些？

【答案要点】

（1）传递－接受式。源于赫尔巴特四段教学法，强调教师的主体地位，整个教学过程由教师控制，并按照学生的认识活动规律来进行设计。主要运用于传授和学习系统知识、技能。

（2）引导－发现式。以发现教学法为基本原理，以问题解决为中心，注重学生独立活动，着眼于创造思维能力和意志力的培养。学习者中心课程理论的拥护者，更倾向于选择该模式。

（3）辅导－自学式。教师先提出问题让学生自学，学生在教师的指导下独立学习，发现问题并解决一部分问题，然后再通过教师的辅导最终解决所有问题的教学模式。以培养学生自学能力为目标，以学生学习活动为主线，实现教师从以"讲"为主向以"导"为主的转变。

（4）情境－陶冶式。强调在教学中不仅要重视理智活动，而且要通过情感的陶冶，调动学生无意识心理活动潜能，使学生在轻松愉快、愉悦的情况下集中精力学习，提高学习效率。

（5）活动教学模式。以马克思主义实践观为基础，充分吸收了杜威、皮亚杰主体活动思想的精髓，借鉴了活动教学的丰富实践经验。

（6）尝试教学模式。我国当代教学改革中出现的较有成效典型教学法之一，该模式是针对传统教学中学生具有一定的自学能力但缺乏探索精神的弊端而提出来的，它强调培养学生的探索精神和自学能力之间的相互结合。

（7）"有指导的自主学习"教学模式。这是以目标为依据，教师精心创设情境，营造民主合作的学习氛围，启发引导，促进学生充分参与、主动探究、自我发展的课堂教学模式。

4. 如何激发学生的学习动机？

【答案要点】

（1）创设问题情境，实施启发式教学。

（2）根据作业难度，恰当控制动机水平。

（3）充分利用反馈信息，给予恰当的评定。

（4）妥善进行奖惩，维护内部学习动机。

（5）合理设置课堂环境，妥善处理竞争和合作。

（6）适当进行归因训练，促使学生继续努力。

（7）培养自我效能感，增强学生成功的自信心。

（8）维护学生自我价值，警惕自我妨碍策略。

（9）维护内在需要，促进外部动机内化。

5. 简述清末百日维新时期的教育改革。

【答案要点】

（1）创办京师大学堂。

1896年，李端棻首次向朝廷正式提出设立京师大学堂的建议。1898年，梁启超拟的《京师大学堂章程》得到光绪帝批准，并派孙家鼐为管学大臣，负责管理京师大学堂。

《京师大学堂章程》对于大学堂的性质、办学宗旨、课程、入学条件、学成出身、教习聘用、机构设置、经费筹措及使用都做了详细规定。京师大学堂被定为全国最高学府和最高教育行政机关。办学宗旨为"中学为体，西学为用"。大学堂的课程设置分为博通学和专门学两类。

（2）书院改办学堂。

光绪帝在《明定国是诏》中宣示，从王公大臣到庶民百姓都要学习中、西学问。随后，光绪帝又命令官员将各省府厅州县的大小书院全部改为兼习中学、西学的新式学堂。省会的大书院改为高等学堂，郡城的书院改为中等学堂，州县的书院改为小学堂，地方自行筹办的社学、义学等一律中西学兼习。同时，民间祠庙不在祀典者也一律改为学堂，并鼓励绅民捐资兴学。中小学所用课本由官设书局统一编译印行，形成了"人无不学，学无不实"的局面。

（3）废除八股考试，开设经济特科。

废除八股考试、改革科举制度也是"百日维新"中颁布的重要改革措施。1898年，光绪帝下诏废除八股文。八股废除后，人们不得不寻求新的学问，促进了西学的传播。同年七月，光绪帝又下诏催立经济特科，用来选拔维新人才。经济特科区别于明清的进士科，分为内政、外交、理财、经武、格物、考工六项，并强调科举考试要以实学实政为主。百日维新失败后，虽然恢复了八股考试，罢经济特科，但人们开始向往富有朝气的新式教育。科举考试经过这次冲击，变得非常冷清，考试人数锐减。

四、论述题

1. 评述课程改革的目标。

【答案要点】

新一轮基础教育课程改革的具体目标有六个方面。

（1）转变课程功能。改变课程过于注重知识传授的倾向，强调形成积极主动的学习态度，使获得基础知识与基本技能的过程同时成为学会学习和形成正确价值观的过程。

（2）优化课程结构。改变课程结构过于强调学科本位、科目过多和缺乏整合的现状，整体设置九年一贯的课程门类和课时比例，体现课程结构的均衡性、综合性和选择性。

（3）更新课程内容。改变课程内容"繁、难、偏、旧"和过于注重书本知识的现状，加强课程内容与学生生活以及现代社会和科技发展的联系，关注学生的学习兴趣和经验，精选终身学习必备的基础知识和技能。

（4）转变学习方式。改变课程实施过于强调接受学习、死记硬背、机械训练的现状，倡导学生主动参与、乐于探究、勤于动手，培养学生搜集处理信息的能力、获取新知识的能力、分析和解决问题的能力以及交流与合作的能力。

（5）改革课程评价。改变课程评价过分强调甄别与选拔的功能，发挥评价促进学生发展、教师提高和改进教学实践的功能。

（6）深化课程管理体系改革。改变课程管理过于集中的状况，实行国家、地方、学校三级课程管理，增强课程对地方、学校及学生的适应性。

2. 论述教育是如何发挥社会发展功能的。

【答案要点】

教育被社会发展所制约，但教育也能动地反作用于社会，具有推动社会发展的功能。教育的社会功能主要有：教育的社会变迁功能、教育的社会流动功能。

（1）教育的社会变迁功能。

教育的社会变迁功能是指教育通过开发人的潜能，提高人的素质，引导人的社会化，影响人的社会实践，推动社会的发展和变革。教育的社会变迁功能表现在社会生活的各个领域。

①教育的经济功能。教育是使可能的劳动力转变为现实的劳动力的基本途径；现代教育是使知识形态的生产力转化为直接的生产力的一种重要途径；现代教育是提高劳动生产率的重要因素。

②教育的政治功能。教育通过传播一定社会的政治意识形态，完成年轻一代的政治社会化；教育通过造就政治管理人才，促进政治体制的变革与完善；教育通过提高全民文化素质，推动国家的民主政治建设；教育是形成社会舆论、影响政治时局的重要力量。

③教育的文化功能。教育具有传递文化、选择文化、发展文化的功能。

④教育的生态功能。树立建设生态文明的理念；普及生态文明知识，提高民族素质；引导建设生态文明的社会活动。

（2）教育的社会流动功能。

教育的社会流动功能是指社会成员通过教育的培养、筛选和提高，能够在不同的社会区域、社会层次、职业岗位、科层组织之间转换、调整和变动，以充分发挥其个人的智慧才能，实现其人生价值。在当代的重要意义：教育是个人社会流动的基础；教育是现代社会流动的主要通道；教育深刻影响社会公平。

（3）教育的社会变迁功能与社会流动功能的关系。

①区别：教育的社会变迁功能是就教育所培养的社会实践主体在生产、科技、经济、政治和文化等社会主要领域所发挥的作用而言的，它指向社会的存在、变革和发展，以期为社会的发展、为国家与民族的发展服务。教育的社会流动功能是教育所培养的社会实践主体，经过个人能力与品行的培养和提高，以实现其在职业分工和社会层次之间的流动而言，它指向个体身心的发展、境遇的改善与提升，以期为个人的诉求与理想的实现服务。

②教育的社会变迁功能为社会流动功能的产生奠定了客观基础，为其实现开拓了可能的空间；

而教育的社会流动功能的实现程度，既是衡量社会变迁功能的价值尺度，又是推进社会变迁功能的动力。二者的互动是社会发展和进步的必要条件，体现了教育对社会发展的能动作用。

2013年 陕西师范大学333教育综合·真题解析

一、选择题

1~5 DABAB　6~10 DACDA

二、名词解释

学习

学习是个体在特定情境下由于练习或反复经验而产生的行为或行为潜能的比较持久的变化，具有以下几个特点：学习是由反复经验引起的；学习导致行为或行为潜能的变化且这种变化是相对持久的；行为的变化并不等同于学习的存在；学习所带来的行为变化往往要通过行为表现出来，但学习与表现不能等同；学习是一个广义概念，它不仅是人类普遍具有的，也是动物所具有的。

苏湖教学法

"苏湖教法"又称"分斋教学法"，是胡瑗在主持湖州州学时创立的新的教学制度，在"庆历兴学"时被用于太学的教学。其主要内容是在学校内设立经义斋和治事斋，经义斋学习儒家经义，以培养比较高级的统治人才为目标；治事斋分设治兵、治民、水利、算数等学科，学生可主修一科，副修另一科，以造就在某一方面有专长的技术的管理人才为目标。

自然主义教育

卢梭提出自然主义教育，其核心是"回归自然"，最终目的是培养"自然人"，原则和方法包括：树立正确的儿童观；消极教育；自然后果律；根据儿童天性的个体差异，因材施教。实施过程中，卢梭根据人自然发展的进程和不同年龄时期身心的特点，把自然教育分为四个时期，每个时期有不同的教育任务。

教学

教学是在一定教育目的规范下，在教师有计划的引导下，学生能动地学习、掌握系统的课程预设的科学文化基础知识，发展自身的智能与体力，养成良好的品行与美感，逐步形成全面发展的个体素质的活动。简言之，教学是在教师引导下学生能动地学习知识以获得素质发展的活动。

教育目的

教育目的是对教育活动所要培养的人的个体素质的总的预期与设想，是对社会历史活动的主体的个体素质的规定。它体现一定社会对受教育者质量规格的界定和要求，也体现人自身发展所应该达到的水准和高度。

三、判断题

1~5 ××××√　6~10 ×√×√×

四、简答题

1. 知识整合与升华的方法与策略有哪些?

【答案要点】

知识的整合实际上是运用记忆规律促进知识的保持的过程。其具体措施有:

(1)提高加工水平。

(2)多重编码。

(3)联系记忆法。

(4)过度学习与试图回忆相结合。

(5)合理复习,包括及时复习和分散复习等。

2. 简述陈鹤琴的"活教育"思想。

【答案要点】

(1)"活教育"的目的论。

陈鹤琴提出"活教育"的目的是"做人,做中国人,做现代中国人"。"做人"是"活教育"最为一般意义的目的。"活教育"提倡学习如何做人,如何求社会进步、人类发展。"做中国人"体现了"活教育"目的的民族特征。"做现代中国人"体现了时代精神,有五个具体方面的要求:要有健全的身体;要有建设的能力;要有创造的能力;要能够合作;要服务。

(2)"活教育"的课程论。

"大自然、大社会都是活教材",是陈鹤琴对"活教育"课程论的概括表述。"活教材"是指取自大自然、大社会的"直接的书",即让儿童在与自然、社会的直接接触中,在亲身观察中获取经验和知识。既然"活教育"的课程内容应该来源于自然、社会和儿童的生活,其组织形式也必须符合儿童的活动和生活的方式,符合儿童与自然、社会环境的交往方式。

(3)"活教育"的教学论。

"做中教,做中学,做中求进步"是活教育教学方法的基本原则。陈鹤琴认为,"做"是学生学习的基础,因此也是"活教育"教学论的出发点。它强调儿童在学习过程中的主体地位和在活动中直接经验的获取。

3. 简述赫尔巴特的教育心理学化思想。

【答案要点】

(1)教学过程应以"统觉"原理为基础。

赫尔巴特把观念的同化与相互融合说成是统觉,统觉是其心理学的基本概念。他认为,统觉的过程就是把一些分散的感觉刺激纳入意识,形成一个统一的整体,组成"观念团"。赫尔巴特要求教师掌握统觉的原理和规律,在教学过程中创设多种机会激发旧观念的再现,使新观念能够被统觉团及时接纳和同化。

(2)兴趣是形成统觉的条件,并赋予统觉以主动性。

注意和兴趣是赫尔巴特心理学中常见的概念。他认为,通过兴趣状态下的"专心"和"审思"这两种心理活动的交替出现,统觉活动才得以正常进行,儿童意识的统一性才得到保证。

(3)设置广泛课程,培养儿童多方面兴趣。

赫尔巴特认为,教学的最终目的虽然存在于德性这个概念之中,但是为了达到这个最终目的,教学必须特别包含较近的目的,这个较近的目的表达为多方面的兴趣,而培养儿童多方面兴趣,则要设置广泛的课程。

(4)儿童的管理、教学和训育应遵循儿童心理发展的规律。

赫尔巴特依据伦理学和心理学，把儿童的教育过程划分为管理、教学和训育三个方面，而且在每一个方面都体现了教育心理学化的倾向。

4. 如何理解教学过程？

【答案要点】

（1）教学过程是一种特殊的认识过程。

教学过程作为特殊的认识过程，其特殊性在于它是学生个体的认识过程，具有不同于人类总体认识的显著特点：第一，间接性，主要以掌握人类长期积累起来的科学文化知识为中介，间接地认识现实世界；第二，引导性，需要在富有知识的教师引导下进行认识，而不能独立完成；第三，简捷性，走的是一条认识的捷径，是一种科学文化知识的再生产。

（2）教学过程是以认识过程为基础的学生全面发展的过程。

教学过程不只是要学生完成认识世界的任务，更重要的是在这个过程中促进学生的全面发展。学生的发展是教学过程的核心，教学过程的本质与社会发展需要相联系，要从生理和心理两个方面来看待学生的发展。

（3）教学过程是以交往为背景和手段的活动过程。

教学活动不是孤立的个体认识活动，它离不开师与生、生与生之间的交往、互动，离不开人们的共同生活。个体最初的学习与认识就是在共同生活与交往中发生与发展的。在教学过程中，教师不仅运用交往引导学生进行认知，而且通过交往对学生达致情感的沟通、同情与共鸣。

（4）教学过程也是一种促进学生身心发展、追寻与实现价值目标的过程。

在教学活动中，教师引导学生学习知识、开展交往、认识与作用世界，进行多方面的演练与实践，其实都是为了促进学生的身心发展，以追寻与实现使他们成人、成才的价值增值目标。从这方面看，教学过程又是一个促进学生身心发展及实现教育目标的过程。

5. 简述品德发展的一般规律。

【答案要点】

品德发展是指个体在整个生命历程中品德的发生、发展和变化，即伴随个体成长过程中品德心理结构、品德各个成分及其功能的发展变化。品德发展的一般规律可以从以下几个方面来理解：

（1）品德发展是个体的品德心理结构的形成和不断完善，是品德各构成因素的不断协调发展。品德主要由三个子系统构成：第一，品德的深层结构和表层结构的关系系统；第二，品德的心理过程和行为活动的关系系统；第三，品德的心理活动和外部活动的关系及其组织形式系统。

（2）随着个体年龄增长，品德发展表现出阶段性特点，即不同年龄阶段个体表现出不同的品德特点。代表性的理论有皮亚杰和科尔伯格的道德认知发展理论。

（3）品德发展是个体对社会规范的学习和内化过程。品德结构及其对行为的价值取向的选择，是规范行为产生的内因。品德结构是一种对社会规范遵从的经验结构，是通过个体对社会规范的认知、情感和行为的学习，经历由简单到复杂、由片面到全面、由表及里，完成知、情、行的整合而构建起来的。

五、分析论述题

1. 结合杜威对教育本质的"三大主张"谈谈教育与生活的联系。

【答案要点】

杜威对于"什么是教育"的问题，给出的回答是：教育即生活、学校即社会、教育即生长、教育即经验的持续不断的改造。

（1）教育即生活。

杜威认为教育是生活的过程，学校是社会生活的一种形式，那么学校生活也是生活的一种形式。

学校生活应与儿童自己的生活相契合，满足儿童的需要和兴趣，使校园成为儿童的乐园，使儿童在现实的学校生活中得到乐趣；学校生活应与学校以外的社会生活相契合，适应现代社会变化的趋势并成为推动社会发展的重要力量，校园不应是世外桃源而应积极参与社会生活。

杜威要做的就是改造不合时宜的学校教育和学校生活，使之更富活力，更有乐趣，更具实效，更有益于儿童发展和社会改造。

（2）学校即社会。

杜威"学校即社会"意在使学校生活成为一种经过选择的、净化的、理想的社会生活，使学校成为一个合乎儿童发展的雏形的社会。而要将此落于实处，就必须改革学校课程，从分科课程转变为活动课程。

"学校即社会"是对"教育即生活"这一命题的进一步引申，代表社会生活的活动性课程的引入是使学校与社会生活相联系的基本保证。杜威坚信教育是社会进步及社会改革的基本方法，通过教育改造社会生活，使之更完善、更美好。

（3）教育即生长。

杜威针对当时教育无视儿童天性，消极对待儿童，不考虑儿童的需要和兴趣的现象，提出了"教育即生长"的观念。

杜威要求摒除压抑、阻碍儿童自由发展之物，使教育和教学适应儿童的心理发展水平和兴趣、需要的要求。他所理解的生长是机体与外部环境、内在条件与外部条件交互作用的结果，是一个持续不断的社会化的过程。杜威要求尊重儿童但不同意放纵儿童，这也是杜威与进步主义教育实践的一个重要区别。

（4）教育即经验的持续不断的改造。

教育即经验的持续不断的改造是指构成人的身心的各种因素在外部环境和人的主动经验过程中统一的全面改造、发展、生长的连续过程，包含四个方面：

①经验是一种行为，涵盖认识的、情感的、意志的等理性、非理性因素，成为儿童各方面发展和生长的载体。在经验过程中，儿童不仅获得知识，而且形成能力、养成品德。

②经验是有机体与环境相互作用的过程，机体不仅受环境的塑造，同时也对环境加以改变。经验的过程就是一个实验探究的过程、运用智慧的过程、理性的过程。

③经验的过程是一个主动的过程，有机体既接受着环境塑造，也主动改造着环境。

④经验是一个连续发展的过程，不存在终极目的的发展过程，教育就是个人经验的不断生长。

教育与生活的关系：

教育起源于原始社会的日常劳动生活，又以生产劳动、生活习俗这些维系社会运作和延续的日常生活为主要内容，体现了教育与生活最原始的关系，即教育起源于生活，又以生活为内容，同时为生活服务。

教育乃是人的生活的必要组成部分，教育本质上是以人的生活为基础和背景而展开的。当然，教育作为生活的过程乃是一种特殊的生活过程。

2. 什么是启发性教学原则？结合自己任教学科谈谈如何在课堂教学中贯彻启发性原则。

【答案要点】

启发性教学原则是指在教学中教师要激发学生的学习主体性，引导他们经过积极思考与探究自觉地掌握科学知识，学会分析问题和解决问题，树立求真意识和人文情怀。也称探究性原则或启发与探究相结合原则。

贯彻启发性教学原则的要求有：

（1）调动学生学习的主动性。在激发学生的学习主动性上，教师要发挥个人的创造性，善于运用发人深思的提问、令人心动的讲述，充分显示教学内容的吸引力，展现它的情趣、奥妙、意境、价值，以便激起学生的求知欲和积极性，全神贯注地投入学习。

（2）善于提问激疑，引导教学步步深入。在启发过程中，教师要有耐心，给学生以思考时间；要有重点，问题也不能多，也不能蜻蜓点水、启而不发；要善于与学生探讨，引导学生一步一步去获取新知和领悟人生的价值。

（3）注重通过解决实际问题启发学生获取知识。通过组织和引导学生观察、操作、动手解决实际问题，是启发教学的一个重要的途径。接触实际问题，对学生更具诱惑力、挑战性，会使他们更积极主动地进行学习和完成任务。在学生的操作过程中，教师只要根据学生的情况，加以有针对性的指点、启发，组织一点交流或讨论，学生就不仅能够深刻领悟所学概念与原理，掌握解决问题的方法与步骤，而且能够增进学习的兴趣、能力和养成认真、负责与相互协作的品行。

（4）引导学生反思学习过程。教学要引导学生反思学习过程，了解学习过程的程序和方法，分析学习过程中的顺利与障碍、长处与缺点，寻找形成障碍与缺点的原因，克服学习过程中的弯路与失误，使学习程序和方法简捷、有效，注重积淀适合于自己的良好的学习方式，从学习中学会学习。

（5）发扬教学民主。要创造宽松、和谐、民主、平等、坦率、活跃的课堂教学氛围，这是启发教学的重要条件。只有这样，学生的心情才会感到宽松，他们的聪明才智才能充分发挥出来。教师切不可唯我独尊、搞一言堂，要鼓励学生发表自己的见解，包括与教师不同的见解。

3. 结合班级管理实际谈谈班集体的发展阶段及其培养方法。

【答案要点】

（1）班集体的发展阶段。

一个班级从刚组建的群体发展为坚强的集体，要经历一个发展过程，大致分为三个阶段：

①组建阶段。这时，班组织从形式上建立起来了，但同学间互不了解，缺乏凝聚力和活动能力，对班主任有很大的依赖性，需要班主任亲自指导和监督才能开展活动。

②核心初步形成阶段。师生之间、同学之间有了一定的了解、友谊与信赖，学生积极分子不断涌现，班级的核心初步形成，班组织的功能已较健全。这时，班主任可以从直接领导、指挥班的活动，逐步过渡到向他们提出建议，由班干部来组织、开展集体的工作与活动。

③集体自主活动阶段。积极分子队伍壮大，学生普遍关心、热爱班集体，积极争先承担集体的工作，维护集体的荣誉，形成了正确的舆论与班风。班组织能根据学校和班主任的要求，与同学民主协商，自觉地向集体或其成员提出任务与要求，自主地开展集体活动。

（2）班集体的培养方法。

①确定集体的目标。目标是集体的发展方向和动机。建构集体首先要使集体明确奋斗的目标。集体的目标应当由班主任同全班同学一道讨论确定，以便统一认识，调动大家的积极性。

②健全组织、培养干部以形成集体核心。关键是要做好班干部的选拔与培养，班主任应放手让班干部大胆工作，在实践中锻炼、培养、提高；要教育班干部谦虚谨慎，以身作则、严于律己，对他们不可偏爱和护短，以免导致干群对立和班的不团结。

③有计划地开展集体活动。班主任应重视全面开展各种活动，让每个学生都能在活动中得到锻炼与提高，以推动班集体的蓬勃发展。

④培养正确的舆论和良好的班风。班主任应经常注意组织学生学习政治理论、道德规范，以提高他们的认识；并注重表扬好人好事，批评不良思想行为，为形成正确舆论打下思想基础。特别是班主任要善于抓住重大偶发事件的处理，组织学生讨论，以分清是非，推动正确舆论的形成。

⑤做好个别教育工作。包括：促进每个学生个性的全面发展；做好后进生的思想转变工作；做

好偶发事件中的个别教育。

六、材料题

结合上述材料谈谈现代化教育具有哪些经济功能，并据此分析我国当前教育如何更好地发展这些经济功能。

【答案要点】

分析材料，我们可以得知，教育可以为国家不断地输送人才；教育是社会发展的基石，是国家持续发展的不竭动力。我们可以进一步地展开以下分析：

（1）教育的经济功能。

①教育是使可能的劳动力转变为现实的劳动力的基本途径。

劳动力是生产力中能动的要素。个体的生命的成长只构成了可能的劳动力，一个人只有经过教育和训练，掌握一定生产部门的劳动知识和技能，并能生产某种使用价值，他才能成为现实的生产力。

②现代教育是使知识形态的生产力转化为直接的生产力的重要途径。

科学技术是一种知识形态的生产力，要使其转化为现实的生产力，除了要通过科学研究、发明创造或革新实践外，其技术成果的推广、经验的总结与提升都需要教育与教学的紧密配合。

③现代教育是提高劳动生产率的重要因素。

现代生产有其显著特点，它的生产率提高依靠科学技术在生产中的应用、推广和不断革新，依靠提高劳动者受教育的程度与质量，依靠劳动者的素质、扩大脑力劳动者的比重、发挥劳动者在生产和改革中的创造性。

（2）更好地发展教育的经济功能，就要把教育摆在优先发展的战略地位。

"百年大计，教育为本。"教育在我国社会主义现代化建设中具有基础性、先导性、全局性意义。落实科学发展观，实现科教兴国战略和人才兴国战略，就必然要求把教育摆在优先发展的地位。

①教育的基础性，指人的素质在社会主义现代化建设中的基础性。教育对人的个体素质全面发展的促进，既是个人为人处世的基础，也是社会稳定发展的基础。

②教育的先导性，指教育的发展对社会主义现代化建设具有引领作用。要使经济社会可持续发展，关键在于知识创新，掌握核心技术，这要依靠教育传播最新知识技术，培养创新性人才。教育的先导性不仅表现在经济发展方面，还表现在对科学技术的引领与文化价值观念方面。

③教育的全局性，指教育的发展关乎社会主义现代化建设的方方面面，具有全局性的影响。我们应当全面发挥教育的功能，促进人的全面发展和社会的全面进步。

陕西师范大学 333 教育综合·真题解析

一、名词解释

最近发展区

维果茨基认为，在进行教学时必须注意到儿童的两种水平，一种是儿童现有的发展水平，另一种是即将达到的发展水平，维果茨基把这两种水平之间的差距称为最近发展区，即独立解决问题的真实发展水平和在成人指导下或与其他儿童合作情况下解决问题的潜在发展水平之间的差距。

自我提高内驱力

自我提高内驱力是个体因自己的胜任能力或工作能力而赢得相应地位的需要。它不直接指向学习任务本身，而是将成就看作赢得地位与自尊心的根源，是一种外部动机。

学制

学校教育制度简称学制，指的是一个国家各级各类学校的系统及其管理规则，它规定着各级各类学校的性质、任务、入学条件、修业年限以及它们之间的关系。

研究性学习

研究性学习，是从学科领域或现实社会生活中选择和确定研究主题，在教学中创设一种类似于学术或科学研究的情境，通过学生自主、独立地发现问题、实验、操作、调查、搜集与处理信息、表达与交流等探索活动，获得知识、技能、情感与态度的发展，特别是探索精神与创新能力的发展的学习方式和学习过程。

教育适应生活说

教育适应生活说是指主张教育是对现实生活适应的学说，创始人是美国教育家杜威。他提出，教育是生活的过程，学校生活应与儿童自己的生活相契合，满足儿童的需要和兴趣。此外，学校生活应与学校以外的社会生活相契合，适应现代社会变化的趋势并成为推动社会发展的重要力量。"教育即生活"实质上就是改造不合时宜的学校教育和学校生活，使之更富活力，更有乐趣，更具实效，更有益于儿童发展和社会改造。

建构主义教学理论

建构主义教学理论的主要观点：质疑知识的客观性和确定性，强调知识的动态性；学生不是被动接受教师传授的知识，而是以自己的经验背景来建构对事物的理解；学习是学习者主动地赋予信息以意义，建构自己的知识经验的过程；教学不是传递现成知识，而是激活学生原有的相关知识经验，促进知识经验的"生长"；教学要为学生创设理想的学习情境。

二、填空题

1. 图式；顺应　2. 初等教育；中等教育；高等教育　3. 单纯提示的教学；分析教学
4. 1922年新学制　5. 知识与技能；过程与方法；情感态度与价值观

三、简答题

1. 班主任的素质要求。

【答案要点】

（1）为人师表的风范。

班主任是学生的教育者、引路人，是他们崇敬的老师，依靠的长者，学习的榜样。他应严于律己，他的为人处世、一言一行、性情作风等各方面均能为人师表，为学生示范。

（2）相信教育的力量。

相信每个学生都有自己的特点、优势和潜能，只要经过教育，都有美好的发展与前途。即使有严重缺点和错误的学生，只要真情关怀，耐心教育，切实帮助，也能转变好。只有确信教育的力量的班主任，才能不畏困难曲折，把学生转变好。

（3）要有家长的情怀。

班主任对待学生要像家长对待孩子一样，有深厚的情感，能无微不至地关怀，与学生彼此信赖。

这样才能使学生更易亲近班主任，听班主任的话，才能使班主任工作顺利进行。

（4）较强的组织亲和力。

班主任要善于与人打交道，善于亲近学生、与学生打成一片，这样才便于组织学生开展活动。他还要善于在工作中表现出魄力，能令行禁止，坚定地引导学生沿着正确的方向，不断前进。

（5）能歌善舞、多才多艺。

每个学生都有自己的兴趣与爱好，因而需要展开各种各样、丰富多彩的活动。这就要求班主任也有广泛兴趣、多才多艺，易与学生打成一片，便于开展工作。

2. 课程设计的依据。

【答案要点】

（1）直接依据：教育目的和学校的培养目标。

（2）具体依据：对学生的研究、对社会的研究、对学科的研究。

①课程目标是直接指向学生的身心发展及其素质提高的，因而学生身心发展规律及其发展需要，也是设定课程目标的重要依据。

②社会因素是制约课程目标的重要因素。要为设计课程目标提高明确的依据，就需要深入考察社会生活领域。

③知识因素与课程目标有内在联系。教育的重要任务就在于将人类积累起来的知识传授给年轻一代以促进他们的成长，所以在确定课程目标时，首先要考虑人类社会已整理好的知识科目。

3. 我国新时期的教育方针。

【答案要点】

教育方针是国家在一定历史时期，根据社会政治经济发展需要和国家的现实状况与发展趋势，通过一定的法定程序，为教育事业确立的总的工作方向和奋斗目标，是教育政策的总概括。教育方针的基本内容包括：教育发展的指导思想、教育目的、实施的途径。

我国新时期的教育方针为：坚持教育为社会主义现代化建设服务、为人民服务，把立德树人作为教育的根本任务，全面实施素质教育，推进教育公平，培养德、智、体、美、劳全面发展的社会主义建设者和接班人，加快推进教育现代化、建设教育强国，努力办好人民满意的教育。

四、论述题

1. 论述启发性原则及其在教学中的运用。

【答案要点】

启发性教学原则是指在教学中教师要激发学生的学习主体性，引导他们经过积极思考与探究自觉地掌握科学知识，学会分析问题和解决问题，树立求真意识和人文情怀。也称探究性原则或启发与探究相结合原则。

贯彻启发性教学原则的要求有：

（1）调动学生学习的主动性。在激发学生的学习主动性上，教师要发挥个人的创造性，善于运用发人深思的提问、令人心动的讲述，充分显示教学内容的吸引力，展现它的情趣、奥妙、意境、价值，以便激起学生的求知欲和积极性，全神贯注地投入学习。

（2）善于提问激疑，引导教学步步深入。在启发过程中，教师要有耐心，给学生以思考时间；要有重点，问题也不能多，也不能蜻蜓点水、启而不发；要善于与学生探讨，引导学生一步一步去获取新知和领悟人生的价值。

（3）注重通过解决实际问题启发学生获取知识。通过组织和引导学生观察、操作、动手解决实际问题，是启发教学的一个重要的途径。接触实际问题，对学生更具诱惑力、挑战性，会使他们更积极主动地进行学习和完成任务。在学生的操作过程中，教师只要根据学生的情况，加以有针对性的指点、启发，组织一点交流或讨论，学生就不仅能够深刻领悟所学概念与原理，掌握解决问题的方法与步骤，而且能够增进学习的兴趣、能力和养成认真、负责与相互协作的品行。

（4）引导学生反思学习过程。教学要引导学生反思学习过程，了解学习过程的程序和方法，分析学习过程中的顺利与障碍、长处与缺点，寻找形成障碍与缺点的原因，克服学习过程中的弯路与失误，使学习程序和方法简捷、有效，注重积淀适合于自己的良好的学习方式，从学习中学会学习。

（5）发扬教学民主。要创造宽松、和谐、民主、平等、坦率、活跃的课堂教学氛围，这是启发教学的重要条件。只有这样，学生的心情才会感到宽松，他们的聪明才智才能充分发挥出来。教师切不可唯我独尊、搞一言堂，要鼓励学生发表自己的见解，包括与教师不同的见解。

2. 你认为教师最重要的素质是什么？

【答案要点】

（1）高尚的师德。

①热爱教育事业，富有献身精神和人文精神。热爱教育事业，是搞好教育工作的基本前提。许多优秀教师之所以能在教育工作中做出卓越的成绩，首先是因为他们热爱教育事业，愿意为下一代的成长贡献出自己的毕生精力，甚至自己宝贵的生命。另外，教师还应具备人文精神，要关怀学生的学习和发展，关怀民族、人类的现实境遇和未来发展。

②热爱学生，诲人不倦。热爱教育事业具体体现在热爱学生上。爱学生是教师的天职，是教育好学生的重要条件。教师只有热爱学生，才能教育好学生，才能使教育发挥最大限度的作用。教师对学生的爱是一种巨大的教育力量，也是一种重要的教育手段。它往往能激发起学生对教师爱戴、感激和信任之情，使学生愿意接近教师，接受教师的教育。教师的爱还应该表现在对学生的学习、思想和身体的全面关心上，一视同仁地热爱全体学生，公正平等地对待每个学生。

③热爱集体，团结协作。教师的劳动既具有个体性，又具有集体性。一个学生的成才，绝非仅仅是哪一位教师的功劳，而是教师群体的智慧和共同劳动的结晶，是许多教育工作者团结协作、一致努力的结果。因此，教师之间，教职员工之间应该相互尊重、团结协作，步调一致地教育学生，最大限度地发挥集体的教育力量。

④严于律己，为人师表。教师为人师表，必须以身作则，严于律己。凡是要求学生做到的，教师首先要做到；凡是要求学生不能做的，教师首先要自律。教师只有以身作则，才能树立威信，受到学生的尊敬。

（2）先进、科学的教育理念。

教育理念是教师在对教育工作本质理解的基础上形成的关于教育的观念和理性信念，它是以观念或信念的形式存在于教师头脑中的对教育现象和教育问题的看法。先进、科学的教育理念体现在教师的所有努力都要有利于学生精神世界的丰富、人格尊严的维护和美好人性的成长。如学生主体观、教学交往观、发展性教学评价观等。

（3）宽厚的文化素养。

教师的主要任务是通过向学生传授科学文化知识，培养其能力，促进其个性生动活泼地发展。一个好教师的基本条件之一，就是要有比较渊博的知识和多方面的才能。因此，教师对自己所教学科知识应科学、深入地把握，能对自己所教专业融会贯通、深入浅出、高瞻远瞩，达到运用自如的境界，在教学过程中不出知识性的错误。同时，教师还应有比较广博的文化修养。

（4）专门的教育素养。

教师的专门教育素养水平及其合理结构是教育教学任务得以完成的重要保证，它主要包括教育理论素养、教育能力素养和教育研究素养。

（5）健康的心理素质。

教师的心理健康不仅会直接影响教育工作的优劣成败，而且会影响学生的心理健康水平。因此，教师应该注重提高自己的心理素质。健康的心理素质体现在心理活动的方方面面，概括起来主要指：教师要有轻松愉快的心境、昂扬振奋的精神、乐观幽默的情绪以及坚韧不拔的毅力等。

（6）强健的身体素质。

教师的身体素质是指教师在教学活动中的自然力，是教师的身体健康状态和身体素质状态在教学中的表现。它主要通过健康的体魄、旺盛的精力、蓬勃的活力、有节律的生活方式和锻炼习惯等体现。教师的身体素质在教育教学中具有重要的教育意义。

2011年 陕西师范大学 333 教育综合·真题解析

一、名词解释

教育学

教育学是以教育活动为研究对象的学科，是通过研究教育现象和教育问题、探索教育规律、探讨教育价值、探寻教育艺术、指导教育实践的一门科学。它的核心是引导、培育和规范人的发展，解决培养什么人和怎样有效培养人的问题。

课程

课程是由一定的育人目标、特定的知识经验和预期的学习活动方式构成的一种蕴含着丰富、基本而又有创造性与潜质的一套计划与设定。从育人目标角度看，课程是一种培养人的蓝图；从课程内容角度看，课程是一种适合学生身心发展规律的、连接学生直接经验和间接经验的、引导学生个性全面发展的知识体系及其获取的路径。广义的课程指所有学科的总和；狭义的课程指一门学科。

贝尔 - 兰开斯特制

贝尔－兰开斯特制又称导生制，其具体实施是：教师在学生中选择一些年龄较大、学习成绩较好的学生充任导生，教师先对导生进行教学，然后由他们去教其他学生。通过这种教学方式，学生的数额得以大大增加，也在一定程度上缓解了教师奇缺的压力，因而一度广受欢迎，但因其难以保证教育质量而最终被人们所抛弃。

苏湖教法

"苏湖教法"又称"分斋教学法"，是胡瑗在主持湖州州学时创立的新的教学制度，在"庆历兴学"时被用于太学的教学。其主要内容是在学校内设立经义斋和治事斋，经义斋学习儒家经义，以培养比较高级的统治人才为目标；治事斋分设治兵、治民、水利、算数等学科，学生可主修一科，副修另一科，以造就在某一方面有专长的技术的管理人才为目标。

有意义学习

有意义学习就是符号所代表的新知识与学习者认知结构中已有的适当观念建立非任意的和实质性的联系。有意义学习的类型包括表征学习、概念学习和命题学习。

学习策略

学习策略是指学习者为了提高学习的效果和效率,有目的、有意识地制定的有关学习过程的复杂的方案。具有以下四个特征:主动性、有效性、过程性、程序性。

二、填空题

1. 布置与批改作业;课外辅导;学业成绩评定 2.《乐》 3. 分斋教学;苏湖教法 4. 音乐
5. 贺拉斯·曼 6. 单纯提示的教学;分析教学;综合教学
7. 感知运动阶段;前运算阶段;具体运算阶段;形式运算阶段
8. 符号、概念、命题和命题网络、表象和图式 9. 魏源

三、简答题

1. 学生的智力活动形成包括哪几个阶段?

【答案要点】

(1)加里培林的五阶段模式。

苏联著名心理学家加里培林等人根据维果茨基的活动论的观点提出,学生心智技能的形成"是外部物质活动转化到……知觉、表象和概念水平的结果"。这种转化过程需要经历五个阶段:活动定向阶段、物质活动或物质化活动阶段、有声的言语活动阶段、无声的外部言语活动阶段、内部言语活动阶段。

(2)安德森的心智技能形成的三阶段理论。

①认知阶段。在该阶段,要了解问题的结构,即问题的起始状态、目标状态以及从起始状态到达目标状态中间的步骤,从而形成最初的问题表征。

②联结阶段。在该阶段,学习者将某一领域的描述性知识编辑为程序性知识,应用具体的方法来解决问题。

③自动化阶段。在该阶段,个体操作某一技能所需的有意识的认知投入较小,且不易受到干扰。但高度自动化的程序可能使人的反应变得刻板,因此安德森主张对某些程序保持一定程度的有意识的控制是十分重要的。

(3)冯忠良的三阶段模型。

①原型定向。这是指了解心智活动的实践模式或原型活动的结构,如动作构成要素、动作执行次序和执行要求等。

②原型操作。这是指依据心智技能的实践模式,以外显的物质与物质化操作方式,执行在头脑中建立的活动程序和计划。

③原型内化。这是指心智活动的实践模式从外部语言开始转向内部言语,最终向头脑内部转化,达到活动方式的定型化、简缩化和自动化。

2. 教师应该如何进行概念学习?

【答案要点】

概念学习指掌握概念的一般意义,实质上是掌握同类事物共同的关键特征和本质属性。如"鸟"有"前肢为翼"和"无齿有喙"这样两个共同的关键特征,其他如体型大小、羽毛的颜色、是否能飞等均属无关特征。如果掌握了这两个关键特征,就是掌握了这个概念的一般意义,这就是概念学习,"鸟"就成了代表概念的名词。

概念学习应以符号学习为前提。符号学习的主要内容是词汇学习,即学习单个语言符号的意义。进行概念学习时,往往需要分步,一般是先达到符号学习水平,再提高至概念学习水平。

3. 朱熹的道德教育方法有哪些？

【答案要点】

道德教育是理学教育的核心，也是朱熹教育思想的重要内容。朱熹十分重视道德教育，主张将道德教育放在教育工作的首位。其中，道德教育的方法有：

（1）立志。学者应该树立远大的志向。

（2）居敬。居敬即专心致志，谨慎认真。

（3）存养。即存心养性，通过存养来发扬善性，发明本心。

（4）省察。经常进行自我反省和检查。

（5）力行。将学到的伦理道德知识付之于自己的实际行动，转化为道德行为。

4. 1958 年美国颁布实施的《国防教育法》的主要措施有哪些？

【答案要点】

1957 年，苏联卫星上天后，美国朝野震惊，开始反思自身的教育问题，并将教育提高到保卫国家国防的高度，要求对教育进行改革。在此背景下，1958 年美国总统批准颁布了《国防教育法》。

（1）主要内容。

①加强普通学校的自然科学、数学和现代外语，即"新三艺"的教学。

②加强职业技术教育。要求各地区设立职业技术教育领导机构，有计划地开展职业技术训练。

③强调"天才教育"。鼓励有才能的学生完成中等教育，攻读考入高等教育机构所必需的课程并升入该类机构，以便培养拔尖人才。

④增拨大量教育经费，作为对各级学校的财政援助。

（2）评价。

《国防教育法》是作为改革美国教育、加快人才培养的紧急措施推出的，其颁布与实施，为第二次世界大战后美国教育改革提供了坚实的法律保障，促进了美国教育事业的发展，有利于美国教育质量的提高和科技人才的培养。

5. 遗传在人的发展中具有什么作用？

【答案要点】

（1）遗传素质是人的发展的生理前提。

遗传是指人从上代继承下来的生命机体及其解剖上的特点，这些遗传的生理特点，也叫遗传素质，是人的发展的自然的或生理的前提条件，为人的发展提供可能。

（2）遗传素质的成熟程度制约着人的发展过程及年龄特征。

遗传素质的成熟过程，表现为人身体的各种器官的形态、结构和机能的发展变化与完善，为一定年龄阶段的身心特点的出现提供了可能，制约着人的发展的年龄阶段。

（3）遗传素质的差异性对人的发展有一定的影响。

遗传素质的差异不仅表现在体态和感觉器官的功能上，也表现在神经活动的类型上。人们对外界事物反应的快慢、情感表现的强弱和是否容易转移等方面，也存在着差异。

（4）遗传素质具有可塑性。

随着环境、教育和实践活动的作用，人的遗传素质会逐渐地发生变化，这就说明了遗传素质具有可塑性。但是人成长为什么样的人，并不决定于人的遗传素质。

6. 教学评价的原则有哪些?

【答案要点】

（1）客观性原则。教学评价要客观公正、科学合理，切实反映教师的教学质量和学生的学业水平，不能掺杂个人情感，不能主观臆断，这样才能使人信服。

（2）发展性原则。教学评价应着眼于学生的学习成绩的进步与能力的发展，其目的在于激励学生的积极性和创造性，而不是压抑和扭曲学生的发展。

（3）指导性原则。教学评价应在指出师生的长处与不足的基础上提出建设性意见，以便他们扬长避短，不断前进。

（4）计划性原则。教学评价应当全面规划，使每门学科都能依据制度与教学进程的要求，有计划、规范地进行教学评价，以确保其效果和质量。

四、分析论述题

1. 谈谈你对教育的相对独立性的认知。

【答案要点】

教育的相对独立性是指作为社会一个子系统的教育，它对社会的能动作用具有自身的特点和规律性，它的历史发展也有其独特连续性和继承性。主要表现为以下几方面：

（1）教育是培养人的活动，通过所培养的人作用于社会。

教育尤其是学校教育，是有意识地影响人、培养人、塑造人的社会活动。它主要通过引导和促进年轻一代社会化、个性化，成为社会活动的参与者和继承者，以保证并促进社会的生存、延续与发展。

（2）教育具有自身的活动特点、规律及原理。

教育是培养人的活动，而人具有特殊的身心发展和成熟的规律。教育教学及其相关活动必须认识、遵循和创造性地运用这些基本特点与规律，才能有效地培育人才。此外，还应重视和遵循前人的宝贵经验，并在此基础上继续发展、前进。

（3）教育具有自身发展的传统与连续性。

由于教育有自身的规律和特有的社会功能，它一经产生、发展便将形成和强化其相对独立性，具有发展的连续性、继承性和惯性。因此，无论是办学校、发展教育事业，或进行教育改革，都要重视与借鉴教育的历史经验，都应在原有的基础上积极改进、稳步前行。

2. 联系教学实践，谈谈如何激发学生的学习动机。

【答案要点】

（1）创设问题情境，实施启发式教学。

在学习过程中，仅仅让学生简单地重复已经学过或者过难的东西，学生都不会感兴趣。只有在学习那些"似懂非懂""似会非会"的东西时，学生才感兴趣而且迫切希望掌握它。

（2）根据作业难度，恰当控制动机水平。

教师在教学时，要根据学习任务的不同难度，恰当控制学生学习的动机水平。学习较简单课题时，尽量使学生集中注意力；学习较复杂课题时，尽量创造轻松自由的课堂气氛。在学生遇到困难时，尽量心平气和地耐心引导，以免学生过度紧张和焦虑。

（3）充分利用反馈信息，给予恰当的评定。

一方面学习者可以根据反馈信息调整学习活动，改进学习策略，另一方面学习者为了取得更好的成绩或避免再犯错误而增加了学习动机，从而保持了学习的主动性和积极性。

（4）妥善进行奖惩，维护内部学习动机。

一般而言，表扬与奖励比批评与指责能更有效地激发学生的学习动机，前者能使学生获得成就感，增强自信心。但过多使用表扬和奖励，或者使用不当，也会产生消极作用。

（5）合理设置课堂环境，妥善处理竞争和合作。

在教学活动中，应该注意竞争与合作的相互补充和合理运用。极端的竞争会对学生的学习行为和集体团结产生消极影响。适量与适度的竞争与合作的恰当结合，会有效激励学生的学习动机。

（6）适当进行归因训练，促使学生继续努力。

一方面，要引导学生找出成功或失败的真正原因，即进行正确归因；另一方面，教师也应根据每个学生过去一贯的成绩优劣差异，从有利于今后学习的角度进行积极归因。

（7）培养自我效能感，增强学生成功的自信心

自我效能感影响学生的自我评价和自信心，进而影响学习成绩。尤其是学业不良的学生，由于对自己的学习能力持怀疑态度，表现出很低的自我效能感。因此，教师在教学中要通过一定的方法提高他们的自我效能感。

（8）维护学生自我价值，警惕自我妨碍策略。

自我价值理论指出，学生有保护和表现自我价值的需要，这是个人追求成功的内在动力。教师要理解和尊重学生的这种需要，引导他们把自我价值的实现方式与正向、积极的学习行为相联系，避免学生不断从环境中体验到对自我价值的威胁感，从而采取各种自我妨碍的逃避策略。

（9）维护内在需要，促进外部动机内化。

兴趣、好奇心、探索欲，是人类学习的最早动力。源于内部需要的学习动机具有更多的坚持性和抗干扰性。然而，不是每个孩子都对教育中涉及的所有内容充满好奇和兴趣。因此，教师要帮助学生将外部调控的学习动机不断内化，形成相对自主调控的学习动机。

2010年 陕西师范大学333教育综合·真题解析

一、名词解释

教学评价

教学评价是对教学工作质量所做的测量、分析和评定。它以参与教学活动的教师、学生、教学目标、内容、方法、教学设备、场地和时间等因素的优化组合的过程和效果为评价对象，是对教学活动的整体功能所做的评价。

创新教育

创新教育是以培养人们创新精神和创新能力为基本价值取向的教育。其核心是在普及义务教育的基础上，在全面实施素质教育的过程中，为迎接知识经济时代的挑战，着重研究与解决在基础教育领域如何培养中小学生的创新意识、创新精神和创新能力的问题。

校本课程

校本课程是以学校为课程编制主体，自主开发与实施的一种课程，是相对于国家课程和地方课程的一种课程。校本课程的实施有助于最大限度地促进每个学生的发展，有助于提高教师的专业水平，有助于提高学校的办学水平。

成就动机

成就动机是指一种努力克服障碍、施展才能、力求又快又好地解决某一问题的愿望或趋势。它在人的成就需要的基础上产生的，是激励个体从事自己认为重要或有价值的工作，并力求获得成功的一种内在驱动力。

稷下学宫

稷下学宫是战国时代齐国一所著名的高等学府，因其建立于齐国都城临淄的稷门附近而得名。它既是百家争鸣的中心与缩影，也是当时教育上的重要创造，稷下学宫对中国古代学术、文化和教育的发展产生过重大的历史影响。

定势

定势是指人在解决一些相似的问题之后会出现一种易以惯用的方式解决问题的倾向，也称为心向。定势有时能够对迁移起促进作用，有时也会对迁移起阻碍作用。

实科中学

受经济和科学技术发展的影响，德国实科教育在18世纪兴起并得到发展。这是一种既具有普通教育性质，又具有职业教育性质的新型学校。它排除课程内容的纯古典主义的倾向，注重自然科学和实科知识的学习，适应了德国资本主义经济逐渐发展起来的需要。

泛智论

基于教育的崇高目的，夸美纽斯提出"将一切事物教给一切人"的泛智主义教育观，并由此大力主张普及教育于全体儿童和民众。内容主要包括教育内容的泛智化和教育对象的普及化两个方面。

二、填空题

1. 赫尔巴特；传统　2. 社会主义现代化建设；劳动　3. 宋　4. 范仲淹；庆历兴学
5. 导生制　6. 学习需要；学习期待

三、简答题

1. 建立学制的依据有哪些？

【答案要点】

（1）社会生产力和科技发展水平。教育制度的产生和建立取决于生产力发展水平和科学技术发展状况，教育制度的发展和完善在很大程度上也取决于生产力和科技发展水平。

（2）社会经济制度。教育制度作为社会的基本制度之一，受社会的政治经济制度的制约。不同的政治经济制度决定了不同阶级享有不同的教育，也决定了各级各类学校的教育目的、入学条件、修业年限、教育内容以及它们之间的关系等教育制度方面的问题。

（3）人的身心发展规律。学制中关于入学年龄、修业年限、教育目标、学习内容的确立必须根据人的身心发展规律制定。此外，学制中关于各级各类学校的分段与衔接、升级升学制度、特殊教育制度也是依据人的身心发展规律制定的。

（4）本民族语言、文字、习俗、习惯等文化传统。在学制的改革与发展中，要发扬本民族的优秀文化传统，吸收其他民族的长处。

（5）历史经验的继承与发展。学制总是在不断地发展变化、完善，以适应发展变化的情况。但是，任何国家学制的发展和革新必须立足于本国的历史，不是对过去的全盘否定，而是对过去继承基础上的发展。

2. 简述马卡连柯集体教育理论的主要内容。

【答案要点】

集体主义教育是马卡连柯教育思想的核心。他在多年的教育实践中，创立了一整套集体教育的原则和方法，具体如下：

（1）平行教育影响原则。教育者对集体和集体中每一个成员的教育影响是同时的、平行的。在给个人一种影响的时候，这影响必定同时应当是给集体的一种影响。相反的，每当我们涉及集体的时候，同时也应当成为对于组成集体的每一个人的教育。

（2）前景教育。要求教师在教育过程中经常给学生指出美好的前景，即给学生提出一个或好几个需要经过一定努力才能完成的新任务，吸引学生集体和集体中的每一成员，为完成新的任务，实现新的前景，由近及远、由易到难地开展活动。

（3）优良的作风与传统。培养优良的作风和传统，既是苏维埃教育的主要任务，又是进行集体主义教育的重要方法，对于美化集体和巩固集体具有非常重要的意义。

（4）纪律教育。马卡连柯认为，纪律是达到集体目的的最好方式，它可以使集体更完善，更迅速地达到自己的目的；同时也是良好的教育集体的外部表现形式；还是每一个人充分发展的保障。

（5）尊重与要求相结合的原则。这是马卡连柯基于社会主义人道主义思想而确立的一条基本原则。从这个原则出发，他要求教育工作者最大限度地尊重儿童的人格，相信儿童，对儿童的要求应建立在对他们关怀和信任的基础上。

3. 简述中世纪大学兴起的原因及对当时文化教育和社会发展的作用。

【答案要点】

兴起原因：

（1）经济上：中世纪中后期，经济的复苏和城市的复兴，为中世纪大学的产生提供了物质条件，同时也为师生组合在一起共同研讨学问提供了必要的场所。

（2）政治上：经济的发展和城市的复兴带来了市民阶层的兴起，原有的基督教学校及其教育内容已经无法满足这种新兴阶层的需要，他们迫切需要一种能满足其自身需要的、新型的和世俗的教育机构和教育内容。

（3）文化上：十字军东征带来了东方的文化，开拓了西欧人的视野；经院哲学的产生及其内部的论争，繁荣了西欧的学术氛围。在这种背景下，西欧出现了文化教育的复兴，从而为中世纪大学的产生奠定了重要的知识基础。

（4）组织基础：基督教的教育机构尤其是修道院学校以及中世纪城市的行会组织，为中世纪大学的产生奠定了组织基础，有的大学甚至就是从教会的主教学校和修道院学院发展而来的。

对当时文化教育和社会发展的作用：

（1）积极性。第一，它打破了教会对教育的垄断，促进了教育普及。它一开始是世俗性教育团体，不受教会统治，使较多的人可以不受封建等级限制而得到教育，符合当时新兴的市民阶级对世俗教育的要求。第二，对于后世高等教育的发展具有重要意义。现代意义的大学基本上直接起源于欧洲中世纪大学，现代大学的一系列组织结构和制度原则都与欧洲中世纪大学有着直接的历史联系。第三，培养了大批人才，促进了古希腊罗马文化、阿拉伯文化等多种科学文化的保存、交流和发展。

（2）局限性。因为当时教会势力强，所以大学的宗教色彩比较浓厚。

4. 简述德育过程的基本特点。

【答案要点】

德育过程是学生在教师的引导下，主动积极地进行道德认识和道德实践，逐步提高自我修养能力，形成个人品德的过程。具体表现在以下几个方面：

（1）德育过程是学生在教师教导下的个体品德的自主建构过程。学生的思想道德认识和行为习惯不是与生俱来的，是学生在与社会环境的相互作用过程中，尤其是在教师有目的有意识的教育引导下，逐步形成自己的思想认识，发展自己的道德素质的。包含以下三个方面：学生对环境影响的主动吸收；教师对学生的积极引导；外部活动与内部活动相互促进。

（2）德育过程是培养学生知情意行整体和谐的发展过程。学生的品德包含知、情、意、行四个要素。所以德育过程也是培养学生思想品德的知、情、意、行整体和谐的发展过程。包含以下三个方面的含义：思想道德发展的整体性；德育过程有多种开端；德育实践的针对性。

（3）德育过程是提高学生自我教育能力的过程。在德育过程中，要引导学生积极参与社会学习、生活交往和道德践行，培养和提升他们的思想品德素质，均有赖于发挥学生个人的能动性和自我教育能力。包含三个方面的含义：自我教育能力培育的意义；自我教育能力的构成因素；学生自我教育能力的发展。

5.比较陈述性知识和程序性知识学习的异同。

【答案要点】

（1）区别：

①定义。陈述性知识是关于"是什么"的知识，是对事实、定义、规则和原理等的描述。容易被人意识到，并且人能够明确地用词汇或者其他符号将其系统地表述出来。程序性知识是关于"怎么做"的知识，如怎样进行推理、决策或者解决某类问题等。

②表征方式。陈述性知识的表征方式有概念、命题和命题网络、表象等，程序性知识主要以产生式为表征。

③获得机制。陈述性知识的获得机制是同化。程序性知识的获得机制是产生式。

④学习过程。陈述性知识的学习要经历理解符号代表的意义，建立符号与事物之间的等值关系，对事实进行归类，掌握同类事物的关键特征，理解概念、事实之间的关系等一系列步骤。需要的是理解和记忆。程序性知识的学习在此基础上还包括两个相互联系的地方：模式识别和动作序列。

（2）联系：

陈述性知识和程序性知识在实际的学习与问题解决活动中是相互联系的。在实际活动中，陈述性知识常常可以为执行某个实际操作程序提供必要的信息。在学习中，陈述性知识常常是学习程序性知识的基础。反过来，程序性知识的掌握也会促进陈述性知识的深化。

6.简述董仲舒的三大文教政策。

【答案要点】

（1）三大文教政策的内容。

①"推明孔氏，抑黜百家"。这是文教政策的总纲领，董仲舒论证了儒学在封建政治中应居独一无二的统治地位。

②兴太学以养士。为了保证封建国家在统治思想上的高度统一，也为了改变统治人才短缺的局面，董仲舒提出了"兴太学以养士"的建议，即由国家设立学校，培养贤士。实际上，兴办太学，政府直接掌握教育大权，决定人才的培养目标，也是整齐学术、促进儒学独尊的重要手段之一。

③重视选举，任贤使能。针对汉初人才选拔和使用中的弊端，董仲舒提出了加强选举、合理任用人才的主张。董仲舒提出了一套严格的选士方案，同时强调"量材而授官，录德而定位"的用人思想。这里的"材""德"是以儒家的经术和道德观念为标准的。这些主张，对促进儒学取得独尊地位有重要的作用。

（2）采取的措施。第一，专立五经博士。第二，开设太学。第三，确立察举制。

四、分析论述题

1. 评述教育与生产力的关系。

【答案要点】

（1）生产力对教育的制约。

①生产力的发展制约教育事业发展的规模和速度。

物质资料的生产是社会存在与发展的基础。教育事业发展的规模和速度，归根结底是由生产力发展的水平和状况决定的，一定的教育必须与一定的生产力发展相适应，这是学校教育发展必须遵循的规律。

②生产力的发展水平制约人才的培养规格和教育结构。

不同的生产力发展水平，对教育所培养的人提出了不同层次的要求。生产力的发展与分工，也必然引起教育结构的变化。因此学校教育结构必须反映经济的技术结构和产业结构的发展变革。这样教育为生产培养的人才在总量、类型和质量上才能满足生产力发展的需求。

③生产力的发展制约教学内容、教学方法和教学组织形式的发展和改革。

生产力的发展推动了科学技术的发展，也必然促进教学内容的发展与更新。教学方法和教学组织形式的变革也是一样，如班级教学组织形式的产生与改进、多媒体教学等现代方法的运用，都是与生产力的发展和科学技术的运用紧密相关的。

（2）教育的经济功能。

①教育是使可能的劳动力转变为现实的劳动力的基本途径。

劳动力是生产力中能动的要素。个体的生命的成长只构成了可能的劳动力，一个人只有经过教育和训练，掌握一定生产部门的劳动知识和技能，并能生产某种使用价值，他才能成为现实的生产力。

②现代教育是使知识形态的生产力转化为直接的生产力的重要途径。

科学技术是一种知识形态的生产力，要使其转化为现实的生产力，除了要通过科学研究、发明创造或革新实践外，其技术成果的推广、经验的总结与提升都需要教育与教学的紧密配合。

③现代教育是提高劳动生产率的重要因素。

现代生产有其显著特点，它的生产率提高依靠科学技术在生产中的应用、推广和不断革新，依靠提高劳动者受教育的程度与质量，依靠劳动者的素质、扩大脑力劳动者的比重、发挥劳动者在生产和改革中的创造性。

2. 评述陶行知"生活教育"理论的基本内容及其现实启示。

【答案要点】

（1）"生活即教育"。

"生活即教育"是陶行知生活教育理论的核心。其内涵包括：生活含有教育的意义；实际生活是教育的中心；生活决定教育，教育改造生活。

"生活即教育"所强调的是教育以生活为中心，所反对的是传统教育脱离生活而以书本为中心。尽管它在生活与教育的区别和系统的知识传授方面有所忽视，但在破除传统教育脱离民众、脱离社会生活的弊端方面，有十分重要的意义。

（2）"社会即学校"。

"社会即学校"是生活教育理论另一重要主张，是"生活即教育"思想在学校与社会关系问题上的具体化。"社会即学校"，是指"社会含有学校的意味"，或者说"以社会为学校"。由于到处是生活，到处都是教育，"整个的社会是生活的场所，亦即教育之场所"。

"社会即学校"，也指"学校含有社会的意味"。也就是说，学校通过与社会生活相结合，一方面运用社会的力量使学校进步，另一方面动员学校的力量帮助社会进步，使学校真正成为社会生活必不可少的组成部分。

"社会即学校"扩大了学校教育的内涵和作用，对于传统的学校观、教育观有所改变。传统学校与社会生活脱节，学生孤陋寡闻，而以社会为学校，使得教育的材料、教育的方法、教育的工具、教育的环境可以大大地增加，有利于拓展学生的知识，增强学生的能力。"社会即学校"，还可以使被传统学校拒之门外的劳苦大众能够受到起码的教育，贯穿了普及民众教育的苦心，同样也值得肯定。

（3）"教学做合一"。

"教学做合一"是生活教育理论的又一重要主张，是"生活即教育"在教学方法问题上的具体化。其含义为：教的方法根据学的方法，学的方法根据做的方法。事怎样做便怎样学，怎样学便怎样教。教与学都以做为中心。包括以下四个要点："教学做合一"要求在"劳力上劳心"；"教学做合一"是因为"行是知之始"；"教学做合一"要求"有教先学"和"有学有教"；"教学做合一"还是对注入式教学法的否定。

（4）启示。

陶行知的生活教育理论是一种大众的、为人民大众服务的教育理论，且还是一种不断进取创造，旨在探索具有中国民族特色的教育道路的理论。生活教育理论还在教育观念的改变方面颇有建树，无论是强调学校教育与社会生活、生产劳动相结合，还是要求手脑并用、在劳力上劳心，都是对学校与社会割裂、书本与生活脱节、劳心与劳力分离的传统教育的反动，显示出强烈的时代气息，至今都富于启示。陶行知的生活教育理论是我国民族教育理论宝库中十分可贵的遗产，值得我们珍惜并认真研究借鉴。

3. 试从教育发展的历史角度论述美国近现代教育发展的原因。

【答案要点】

（1）美国没走欧洲的老路，面对现实建设需要而锐意创新。

美国独立战争后，北部在19世纪初开展工业革命，资本主义工业发展起来。经济发展需要提高劳动者的劳动能力，因而使人人受教育的公立学校兴起，并在内战后迅速发展，使美国成为德国之后第二个义务教育的国家。文实学校和公立学校更是美国人的创造，都重视职业教育和青年的就业准备，显示了美国中等教育的特色。内战后的高等教育也重视培养经济发展所需要的农工科技人才。美国近代教育之所以充满蓬勃气息，取得重大成绩，关键在于能开创新事物，不为传统的历史包袱所束缚。

（2）视教育为立国之本，是政治革新、社会进步的必由之路。

主要表现在三个方面：第一，培养民主政治制度下的公民离不开教育。美国是世界上第一个实行民主共和的国家。美国建设者们的共识是：愚昧是民主政治的大敌，教育是国家的命脉。要求政府以教育为立国之本，大力提倡公民教育。第二，解决社会矛盾离不开教育。随着经济的发展，工商业资产阶级的力量日益雄厚，而工人阶级也不断壮大，阶级觉悟日益提高，要求通过教育技能来提高经济地位。第三，同化移民更需要教育的力量。美国是移民的国家，内战前的移民主要来自西欧和北欧，文化较为发达，以新教徒为主，同化问题不算严重。内战后骤然增加的移民主要来自东欧和南欧，移民成分、宗教信仰都很复杂，教育就成为同化新移民的一项重要措施。

（3）政府重视支持，移民踊跃参与。

美国的建国者都视教育为立国之本，早期政府都支持美国教育，为以后的政府树立了榜样。各州也都把办教育视为政府的责任，先后建立了专门机构以加强对教育的领导。制定教育法、义务教育法来规范教育，通过拨款、征收教育税来办公共教育。美国公民对教育的参与意识是强烈的，人们普遍认为兴办学校是每个公民的义务，是光荣、是贡献、是功绩，是促进社会前进不能推诿的责任。从富商大贾到平民百姓，多能解囊捐资助学，为发展献计献策，积极参与。

（4）善于吸取别国的先进经验，以别国之长来补美国教育之短。

独立后，美国立足于本国，积极向欧洲学习，吸取欧洲先进的教育理论经验。内战后高等教育向德国学习，努力发展重视学术研究的大学。美国教育在学习欧洲的同时又保持了自己的特点，高等教育都重视职业教育和实用科学技术的教育。建国之后，美国又多次派员赴欧考察、参观和学习，大量学者和教育工作者认真地以欧洲学校为师。美国向瑞士裴斯泰洛齐学习，中小学脱离本本主义、尊重儿童天性、崇尚自由活动、实行人格感化和推行直观教学等先进的方式方法，使美国中小学迅即改换面目。美国吸取别国教育经验时，大力吸取别国学术人才。我国知名学者留居美国而治学杰出者，为数众多。

（5）重视教育科学研究。

美国在依靠群众办学之际，大力依靠教育科学导航，避免了盲目性，表现了预见性，这使美国教育少走了弯路。杜威的实用主义教育哲学，巴格莱的要素主义教育学说，赫钦斯的永恒主义教育思想，都曾对美国教育的发展方向和努力目标起指导作用，尤其是杜威理论的影响是广泛而深远的。

4. 论述加德纳多元智能理论并分析对教学实践的启发。

【答案要点】

（1）主要内容。

多元智力理论认为，不存在单纯的某种智力和达到目标的唯一方法，每个人都会用自己的方式来发掘各自的大脑资源，这种为达到目的所发挥的各种个人才智才是真正的智力，造就了人与人之间的不同。人的智力可以分为八种。

①逻辑数学智力：运算和推理等科学或数学的一般能力，以及处理较长推理、识别秩序、发现模型和建立因果模型的能力。

②语言智力：运用语言达到各种目的的能力以及对声音、韵律、语意、语序和灵活操纵语言的敏感能力，包括听、说、读和写的能力。

③音乐智力：感受、辨别、记忆、理解、评价、改变和表达音乐的能力。

④空间智力：准确感受视觉－空间世界的能力，包括感受、辨别、记忆、再造、转换以及修改物体的空间关系，并借此表达思想和情感的能力。

⑤身体运动智力：控制自己身体运动和技术性地处理目标的能力。

⑥人际关系智力：与人相处和交往的能力，表现为觉察他人情绪、情感、气质、意图和需求的能力并据此做出适当反应的能力。

⑦内省智力：认识、洞察和反省自身的能力，并在正确的自我意识和自我评价的基础上形成自尊、自律和自制的能力。

⑦自然智力：认识物质世界的相似和相异性及动物、植物和自然环境其他事物的能力。

（2）加德纳多元智能理论的启示。

①加德纳认为用学校的标准化考试来区分儿童智力高低和考察学校教育的效果，是片面的，这种做法过分强调语言智力和逻辑数学智力，否认了学生的其他潜能。

②他提出了"以个人为中心的教育"。强调每个学生都具备这八种智能，但所擅长的智能各不相同，教育要以学生的智能为基础，同时要培养学生的特长智能。

③多元智能理论还指导教师从多种智能途径增进学生对学科内容的理解。

5. 试分析论证教学、教育及德育的关系。

【答案要点】

（1）教学：教学是在一定教育目的规范下，在教师有计划的引导下，学生能动地学习、掌握系统的课程预设的科学文化基础知识，发展自身的智能与体力，养成良好的品行与美感，逐步形成全面发展的个体素质的活动。简言之，教学是在教师引导下学生能动地学习知识以获得素质发展的活动。

（2）教育：教育是人的发展与社会发展的中介活动。其概念有广义和狭义之分。广义教育指凡是有目的地增进人的知识技能、影响人的思想品德、增强人的体质的活动都是教育，包括人们在家庭中、学校里、亲友间、社会上所受到的各种有目的的影响。狭义教育主要指学校教育，指一种专门组织的不断趋向规范化、制度化、体系化的教育。

（3）德育：德育即道德教育。一般来说，学校德育是指学生在教师的引导下，以学习活动、社会实践、日常生活、人际交往为基础，同经过选择的人类文化，特别是一定的道德观念、政治意识、处世准则、行为规范相互作用，经过自己的观察、感受、判断、践行和改善，以形成行为习惯、道德品质、人生价值和社会理想的教育。简言之，德育是培养学生思想品德的教育。

（4）教学、教育与德育之间的关系。

①教育与教学，既相互联系，又相互区别，两者是整体与部分的关系。教育包括教学，教学是学校进行全面教育的一个基本途径。除教学外，学校还通过课外活动、生产劳动、社会实践等途径向学生进行教育。教学工作是学校教育工作的一个组成部分，是学校教育的中心工作。除教学工作外，学校教育工作还有德育工作、体育工作、后勤工作等其他一些工作。

②教学与德育的关系。德育工作和教学工作都是围绕共同的育人目标而各有侧重的两个工作方面。它们是一个不可分割的整体，我们绝对不能将相互联系的事物的两个方面割裂开来、对立起来。德育在诸育中处于领导和指导地位。教学在学校工作中居于主要地位，是学校工作的主要部分。从实践上看，德育工作离不开教学工作，同时，教学工作也离不开德育工作。

③教育与德育的关系：教育也包含德育，德育是教育内容的一方面。

2022年 宁夏大学 333 教育综合·真题真练

一、名词解释

内隐学习　产婆术　书院　壬子癸丑学制　多元智能理论

二、简答题

1. 简述教育的价值。
2. 简述朱子读书法。
3. 简述永恒主义教育。
4. 简述学习动机的作用。
5. 简述教育的文化创造功能。

三、分析论述题

1. 论述课程变革的因素和社会经济市场对课程变革的影响。
2. 比较赫尔巴特和杜威的异同。

四、案例分析

1. 支持培训机构的原理，不支持的原理，并提出解决方案。
2. 没有教不好的学生，只有教不好的老师，分析原理。

2021年 宁夏大学 333 教育综合·真题真练

一、名词解释

教育　学制　先行组织者　有教无类

二、简答题

1. 简述学记的教学思想。
2. 请简述教师专业化发展。
3. 请简述教育要素的构成及关系。
4. 请简述行为主义的学习理论。

三、案例分析题

1. 互联网+教育的材料，做分析。
2. 校园欺凌的材料，做分析。

四、分析论述题

1. 试述蒙台梭利的思想。
2. 请论述如何理解教育的过程就是学生生活的过程。

2020年 宁夏大学333教育综合·真题真练

一、名词解释

教育目的　教育制度　知识　德育　学习压力

二、简答题

1. 简述皮亚杰认知发展阶段理论教育启示。
2. 简述班杜拉的自我效能感理论。
3. 简述知识经济时代如何培养学生的人文和创新精神。
4. 简述教育的日常概念和科学概念联系和区别。
5. 简述信息化教育基本特征。
6. 举例并简述20世纪前期国内外教育思潮。

三、案例分析题（缺失）

1. 材料：张校长鼓励院校教师有压力才有动力，学校教师积极响应号召。王老师占用学生课余时间为学生上课，导致教师内部关系不协调，教师内部恶性循环的问题。
（1）运用教师职业道德相关理论作答。
（2）运用教育学原理简述教师竞争压力。

四、分析论述题

1. 材料：在某校校园里，站岗标兵总是向教师有礼貌主动问好，但是教师却总是视而不见学生的礼貌问好，教师这样的行为引起社会的普遍热议。
用教师核心素养结合案例进行分析。
2. 材料：某学校为了提高办学效率，将学习成绩差的学生通过某医院的帮助下列入弱智名单，其他院校纷纷羡慕，而家长得知自己的孩子被列入弱智名单心理滴血，学生得知自己被列入弱智名单大大打击了学习的积极性，变得消极。
（1）如何将学生热情落到实处？
（2）教师如何调动学生学习积极性？

2019年 宁夏大学333教育综合·真题真练

一、名词解释

刻板效应　教学　归因理论　知识

二、简答题

1. 简述班级授课制的定义、特点和优缺点。
2. 现代教育的主要特点有哪些？
3. 在实施新课程时教师应该有哪些理念？
4. 简述当代教学观念变化的趋势

三、案例分析题（缺失）

四、分析论述题

1. 评析当代教育学的发展状况。
2. 班主任的作用是什么？如何组织和建立良好的班级群体？

2018年 宁夏大学333教育综合·真题真练

一、名词解释

学习迁移　教育制度　教学设计　校本课程　教育

二、简答题

1. 皮亚杰教育理论对教学的启示。
2. 简述工业社会教育的特征。
3. 分析阐释一堂好课的基本标准。
4. 简述基于问题教学模式的基本学习环节。

三、案例分析题

1. 阅读下列材料，并按要求回答问题。

（1）从教育的社会发展功能角度，分析下列材料观点的合理性。

（2）根据相关理论分析下列材料中教育目的的价值取向。

夫教育目的不能仅在个人。当日在造成个人为圣贤，而今教育之最要目的，在谋社会的进步。若不骂人、不偷、不怒、不谎、不得罪于人等事，先时多谓此道德很高，然而此为消极的，于今不能谓此为道德。盖彼者，不过无疵而已，于社会虽有若无。今因社会进步上着想，吾等当另定道德标准，谓"凡人能于社会公共事业，尽力愈大者，其道德愈高。否则，无道德可言。易言之，即凡于社会上有效劳之能力者，则有道德。否则，无道德"。若斯数语，包含无限道理。愿诸生用为量人量己之尺，相染成风，使社会上渐渐均用此尺，度己亦用此尺。（选自张伯苓：《以社会之进步为教育之目的》）

2. 运用所学教育学理论分析产生这一悲剧的原因以及应采取的防范措施。

某小学学生马某某投入学校旁边的小河里溺水而亡，在事后的调查中发现，马某某、李某某等同学在学校因错误经常被班主任李老师拳脚教育，每次回家告诉家长后，不但得不到父母理解，还要受到一顿责备。在绝望中二人相约投河身亡。

四、分析论述题

1. 阐述教育的个体谋生与享受功能的内涵及实现条件。
2. 杜威生活教育理论与陶行知生活教育思想的联系及区别。

2017年 宁夏大学 333 教育综合·真题真练

一、名词解释

内隐学习　校本课程　最近发展区　学习　教学

二、简答题

1. 简述教育在个体发展过程中的基本功能。
2. 简述知识经济时代如何培养学生的人文和创新精神。
3. 简述如何矫正学生的不良品行。
4. 阐述基于问题教学模式的基本学习环节。
5. 班杜拉自我效能感的基本功能。

三、案例分析题

1. 日本的一堂小学美术课上，老师们教孩子们怎样画苹果，老师发现有位学生画的是方苹果，于是耐心询问："苹果都是圆的，你为什么画成方的？"学生回答说"我在家里看见爸爸把苹果放在桌子上，不小心苹果滚在地上摔坏了，我想如果苹果是方的该多好啊！"老师鼓励说："你真会动脑筋，祝你早日培育出方苹果！"

而在哈尔滨的一次少儿活动中，老师让学生大胆发挥自己的想象画出自己眼中的苹果，结果孩子们把苹果画成五颜六色的，连形状都是五花八门的。老师们正为孩子们丰富的想象力而高兴，家长们却愤怒了：这不是误人子弟吗？于是，把孩子们都领走了。

试分析日本教育中的合理性，中国教育中的合理性和不合理性。

2. 最近，某日报记者收到某一位家长的来信，"编辑同志，我是一名小学生的家长，每天早晨我去送孩子上学，都看到值周学生站在校门口，看到老师进入，便会举手敬礼，齐声问好。可老师们却视而不见，从未见过回敬还礼的，可如果有学生见到老师有不问好的，则会被批评扣分。"此后，记者走访了几所小学，发现了同样的问题，一位家长感慨地说："说到底，学校的老师没有把自己和学生放到平等的位置上，高高在上，才不理会学生的敬礼。"

请根据教师职业道德素养理论，结合案例谈谈教师如何能把对学生的热爱落到实处。

四、分析论述题

1. 试分析教育的日常概念与科学概念的区别及其内涵特征。
2. 试评析当代教育学发展的状态。

2016年 宁夏大学 333 教育综合·真题真练

一、名词解释
教育　美育　学习动机　学习策略　课程

二、简答题
1. 农业社会教育的基本特征。
2. 简述教育学的价值。
3. 一堂好课的基本标准是哪些？
4. 简述如何矫正学生的不良品行。

三、案例分析
电影《海盗的女儿》讲述了这样一个故事：一个老渔民因为交不起渔霸的租税，渔霸竟残忍地将老渔民家刚出生不久的小女儿抢去做人质，逼迫老渔民交租。老渔民不敢受此其辱，一怒之下，带领一班穷渔民放火烧了渔霸家，抢回了"自己的女儿"，谁知事有凑巧，渔霸家也有一个刚出生不久的女儿。老渔民慌乱中抢了人，抢回了渔霸家的女儿，却把自己的女儿留在了渔霸家。老渔民带着"自己的女儿"逃到海上，父女俩从此开始了风雨漂泊的艰难生活。18年后，渔霸的女儿成了一个武艺高强的渔民起义领袖，老渔民的女儿却成了一个弱不禁风的娇小姐。

1. 试着用所学教育学原理分析其中的道理。

四、分析论述题
1. 结合实际，谈谈良好师生关系建立的基本策略。
2. 结合实际，试分析如何培养学生的学习兴趣。

2015年 宁夏大学 333 教育综合·真题真练

一、选择题
1. 提出泛智教育思想，主张把一切事物教给一切人的著名教育家是（　　）。
   A. 夸美纽斯　　　B. 卢梭　　　C. 赫尔巴特　　　D. 洛克
2. 提出"发生认识论"、创建"建构主义"理论的著名心理学家是（　　）。
   A. 皮亚杰　　　B. 布鲁纳　　　C. 奥苏贝尔　　　D. 布鲁姆
3. 美国著名心理学家加德纳倡导的智力理论认为人的智能有（　　）。
   A. 八种　　　B. 三种　　　C. 五种　　　D. 六种
4. 认为教育是一门艺术，教育一定要成为一门学业的著名教育家是（　　）。
   A. 培根　　　B. 裴斯泰洛齐　　　C. 康德　　　D. 黑格尔

5. 加涅最重要的贡献是提出了（　　）。
   A. 发现学习理论　　　　　　　　　　B. 符号学习理论
   C. 信息加工学习理论　　　　　　　　D. 认知学习理论

二、名词解释
内隐学习　知识　教育制度　校本课程　教学设计

三、简答题
1. 简述教育在个体发展过程中的基本功能。
2. 简述知识经济时代如何培养学生的人文和创新精神。
3. 简述皮亚杰发展理论对教育的影响。
4. 简述工业社会教育的基本特征。

四、案例分析题
1. 阅读下列材料，并按要求回答问题。

1968年心理学家罗森塔尔在美国一所小学从一至六年级各选三个班，对着三个班的学生做了一番预测，并将预测的将来最有出息、一般性学生和无所作为的学生名单交给了校长。8个月后复试时奇迹发生了：名单上优秀学生进步很快，一般的学生表现平常，无所作为的学生在倒退。

试用教育学、教育心理学理论分析其中的原因。

2. 阅读下列材料，并要求回答问题：
（1）从教育的社会功能角度，分析下列材料观点的合理性。
（2）根据相关理论分析下列材料中教育目的的价值取向。

夫教育目的不能仅在个人。当日在造成个人为圣贤，而今教育之最要目的，在谋社会的进步。若不骂人、不偷、不怒、不谎、不得罪于人等事，先时多谓此道德很高，然而此为消极的，于今不能谓此为道德。盖彼者，不过无疵而已，于社会虽有若无。今因社会进步上着想，吾等当另定道德标准，谓"凡人能于社会公共事业，尽力愈大者，其道德愈高。否则，无道德可言。易言之，即凡于社会上有效劳之能力者，则有道德。否则，无道德。"

若斯数语，包含无限道理。愿诸生用为量人量己之尺，相染成风，使社会上渐渐均用此尺，度己亦用此尺。（选自张伯苓：《以社会之进步为教育之目的》）

四、分析论述题
1. 联系实际说明教师职业倦怠的成因及对策。

2014年
宁夏大学 333 教育综合·真题真练

一、选择题
1.《普通教育学》被看作第一本科学化的教育学著作，它的作者是（　　）。
   A. 杜威　　　　B. 卢梭　　　　C. 赫尔巴特　　　　D. 洛克

2. 世界上第一本教育专著是（　　）。
   A.《学记》　　　　B.《大教学论》　　　　C.《论语》　　　　D.《教育漫话》
3. 提出"发生认识论"、创建"建构主义"理论的著名心理学家是（　　）。
   A. 皮亚杰　　　　B. 布鲁纳　　　　C. 奥苏贝尔　　　　D. 布鲁姆
4. 在教育和发展关系上提出最近发展区的心理学家是（　　）。
   A. 皮亚杰　　　　B. 布鲁纳　　　　C. 奥苏贝尔　　　　D. 维果茨基
5. 美国著名心理学家加德纳倡导的智力理论是（　　）。
   A. 一元智能理论　　　　　　　　B. 二元智能理论
   C. 三元智能理论　　　　　　　　D. 多元智能理论
6. 最早用动物实验研究学习规律的心理学家是（　　）。
   A. 桑代克　　　　B. 巴甫洛夫　　　　C. 华生　　　　D. 托尔曼
7. 法国著名教育家卢梭倡导的是（　　）。
   A. 现实主义教育　　　　　　　　B. 自然主义教育
   C. 要素主义教育　　　　　　　　D. 浪漫主义教育

二、名词解释

先行组织者　学习　成就动机　学习动机　自我效能感　技能　品德　程序教学

三、简答题

1. 简要介绍教育起源的几种学说。
2. 简述激发学生学习动机的基本举措。
3. 简述实用主义教育学的基本观点。
4. 简述科尔伯格道德发展的阶段和水平。
5. 简述矫正学生不良行为的基本方式。
6. 简述当代教学观念发展的新趋势。

四、案例分析题

1. 一次，一个低年级学生照老师的范画画好一个小孩子后，在旁边又加了一团黑色。老师问："这是乱七八糟的什么东西？"学生问答：这是孩子的影子。"谁叫你乱画的，你没有看见老师只画了一个孩子吗？"学生看范画，再看看老师严肃的脸，呆呆地点了头并顺从地把孩子的"影子"擦掉了。

   你是如何看待这一问题的？试用所学教育学理论分析这一现象。

2. 试用所学教育学知识，揭示下列案例中所反映的教育学原理。

   一位年轻的特级教师异地授课。在授课教室的台阶上坐满了慕名听课的老师和学生。上课铃响了，从观众席上站起一个相貌平平、腋下夹着讲义的小个子老师，他快步走上讲台，平和友善地环顾了一下四周的人群，宣布"上课"。当他要放下讲义时，发现桌子上有一层淡淡的粉笔灰。他迅速走下讲台，转身背对学生用嘴轻轻地向前方吹灰尘，之后开始上课——这一细节马上在教室引起了雷鸣般的掌声。

四、分析论述题

1. 联系实际，试分析和论证如何组织和建立一个良好的班集体。
2. 试分析教育在个体发展过程中的各种具体功能影响力。

2013年 宁夏大学 333 教育综合·真题真练

一、填空题
1. 美国教育家杜威主张的课程论是（　　）。
2. 我国"六三三四"学制是仿效（　　）学制制定的第一个现代学制。
3. 教学工作的中心环节是（　　）。
4. 传统教育学的代表人、德国著名教育家赫尔巴特的代表著作是（　　）。
5. 在教育和发展关系上提出最近发展区的心理学家是（　　）。
6. 迄今在世界上应用最广泛、最普遍的教学方法是（　　）。
7. 中小学最基本的教学组织形式（　　）。
8. 《学记》上说"不陵节而施"，体现了教学的（　　）原则。

二、名词解释
《学记》　智者派　学习动机　教科书

三、简答题
1. 简述蔡元培的主要教育思想。
2. 简述永恒主义教育流派的基本主张。
3. 简述信息社会教育的基本特征。
4. 试述衡量一堂好课的基本标准。
5. 简述当代教学观念变化的趋势。
6. 教育要适应人身心发展的哪些规律和特点。

四、分析论述题
1. 论述科举制及其在中国教育史上的作用和影响。
2. 试分析影响智力发展的各种因素及其关系。
3. 试论述如何激发学生学习的动机。

2012年 宁夏大学 333 教育综合·真题真练

一、填空题
1. 中华人民共和国成立后颁布的第一个学制是（　　）。
2. 《普通教育学》被看作第一本科学化的教育学著作，它的作者是（　　）。
3. 现代学制中最早出现的一种学制类型是（　　）。

4. 教育起源于原始社会中儿童对成人行为的"无意识模仿",主张这一观点的是（   ）。
5. 世界上第一本教育专著是（   ）。
6. 我国第一个仿效美国学制制定的学制是（   ）。
7. 衡量一堂好课的最重要标准是（   ）。
8. 捷克著名教育家夸美纽斯的代表作是（   ）。
9. 提出"发生认识论"、创建"建构主义"理论的著名心理学家是（   ）。
10. 在教育和发展关系上提出最近发展区的心理学家是（   ）。
11. 美国著名心理学家加德纳倡导的智力理论是（   ）。
12. 最早用动物实验研究学习规律的心理学家是（   ）。
13. 提出经典性条件反射的著名心理学家是（   ）。
14. 皮亚杰认为儿童道德认知要经历前道德阶段、他律阶段和（   ）。
15. 赫尔巴特传统教育学派的主要观点可以归纳为课堂中心、教师中心和（   ）即传统的教学"三个中心"。
16. 英国著名教育家洛克的代表作是（   ）。
17.《爱弥儿》是法国著名教育家（   ）的代表作。

二、名词解释

教育　学习　发现学习　学习动机　自我效能感　技能　品德　校本课程　教学

三、简答题

1. 学生学习的基本特点有哪些?
2. 如何激发学生的学习动机?
3. 培养心智技能的方式有哪些?
4. 简述科尔伯格道德发展的阶段和水平。
5. 如何矫正学生的不良行为?
6. 如何建立良好的师生关系?

三、案例分析题

1. 大学生李某常常光顾学校附近的小书店,渐渐地喜欢上了营业员王某。热恋三个月后,王某以李某无经济能力为由与李某分了手,李某觉得是奇耻大辱,一气之下跳楼自杀。

请结合案例谈谈我们应该如何面对及应对挫折。

2. 试用所学教育学知识,揭示下列案例中所反映的教育学原理。

一位年轻的特级教师异地授课。在授课教室的台阶上坐满了慕名听课的老师和学生。上课铃响了,从观众席上站起一个相貌平平、腋下夹着讲义的小个子老师,他快步走上讲台,平和友善地环顾了一下四周的人群,宣布"上课"。当他要放下讲义时,发现桌子上有一层淡淡的粉笔灰。他迅速走下讲台,转身背对学生用嘴轻轻地向前方吹灰尘,之后开始上课——这一细节马上在教室引起了雷鸣般的掌声。

四、分析论述题

教育在个体发展过程中具有哪些功能影响,试分别对其进行详细分析。

2011年 宁夏大学 333 教育综合·真题真练

一、名词解释
教育双轨制　道德体谅模式　课程标准　先行组织者　平行教育原则　课外活动

二、简答题
1. 孔子的教育思想的主要表现。
2. 教育对文化的作用。
3. 斯金纳提出的程序学习的编程原理。
4. 简要介绍终身教育的主张。

三、分析论述题
1. 结合实际谈谈如何实现我国的教育目的。
2. 论述科尔伯格的道德发展阶段理论及其在学校道德教育上的主张。
3. 试述教师与学生的关系。
4. 分析陶行知的生活教育理论及其现实意义。

2010年 宁夏大学 333 教育综合·真题真练

一、名词解释
学校教育的特殊性　《普通教育学》　课程计划　特朗普制　社会学习论　人力资本论

二、简答题
1. 教师专业化的基本条件。
2. 终身教育及其基本性质。
3. 奥苏伯尔的认知同化论的主要观点。
4. 《学记》中关于教育学的原则。

三、分析论述题
1. 论述我国传统价值取向中的消极因素对今天教育的影响。
2. 试分析比较晏阳初与梁漱溟乡村教育思想的异同及对新农村教育的启示。
3. 试述激发和培养学生学习动机的主要措施。
4. 试评裴斯泰洛奇教育心理学提出背景、基本主张和历史意义。

2022年 宁夏大学 333 教育综合·真题解析

一、名词解释

内隐学习

内隐学习是指机体在与环境接触的过程中不知不觉地获得了一些经验并因之改变其事后某些行为的学习,是一种产生抽象知识、平行于外显学习方式的无意识加工。

产婆术

苏格拉底法也称"问答法""产婆术",是由讥讽、助产术、归纳和定义四个步骤组成的独特的方法。这是苏格拉底探讨伦理哲学的研究方法,也是他的教学方法。这种教学方法不将现成的结论硬性灌输或强加于对方,但它也不是万能的,只能在一定条件下和适度范围内作为参照。

书院

书院产生于唐,发展于五代,而繁荣和完善于宋代。唐朝书院主要由民间私家设立,既有藏书,又有教学活动,学习内容适应科举考试的需要,不同于以前以单科学习为主的私学,形成知识面较广的新型教育机构。

壬子癸丑学制

壬子癸丑学制,又称1912—1913学制,这是中国近代第一个资产阶级性质的学制。该学制主系列划分为三段四级。学制总年限为17~18年。小学前的蒙学院和大学本科后的大学院均不计入学制年限。主系列外设置平行学院,主要分为师范类和实业教育类。

多元智能理论

加德纳提出多元智力理论,认为不存在单纯的某种智力和达到目标的唯一方法,每个人都会用自己的方式来发掘各自的大脑资源,这种为达到目的所发挥的各种个人才智才是真正的智力,造就了人与人之间的不同。人的智力可以分为八种:逻辑数学智力、语言智力、音乐智力、空间智力、身体运动智力、人际关系智力、内省智力、自然智力。

二、简答题

1. 简述教育的价值。

【答案要点】

(1)教育对个体的价值。

第一,教育在人的发展中起引领作用;第二,学校教育主要通过传承文化科学知识来培养人;第三,学校教育对提高人的现代性有显著的作用。

(2)教育对社会的价值。

教育被社会发展所制约,但教育也能动地反作用于社会,具有推动社会发展的功能。教育的社会功能主要有:教育的社会变迁功能、教育的社会流动功能。

①教育的社会变迁功能是指教育通过开发人的潜能,提高人的素质,引导人的社会化,影响人的社会实践,推动社会的发展和变革。教育的社会变迁功能表现在社会生活的各个领域,体现在教育的经济功能、政治功能、文化功能、生态功能上。

②教育的社会流动功能是指社会成员通过教育的培养、筛选和提高，能够在不同的社会区域、社会层次、职业岗位、科层组织之间转换、调整和变动，以充分发挥其个人的智慧才能，实现其人生价值。

2. 简述朱子读书法。

【答案要点】

朱熹一生酷爱读书，对于如何读书有深切的体会，并提出了许多精辟的见解。他的弟子将其概括为"朱子读书法"六条。

（1）循序渐进。朱熹主张读书要"循序渐进"，意思是读书要按一定的次序，不要颠倒；应根据自己的实际情况和能力，安排读书计划，并切实遵守它；读书要扎扎实实打好基础，不可囫囵吞枣，急于求成。

（2）熟读精思。朱熹认为，读书既要熟读成诵，又要精于思考。熟读有利于理解，熟读的目的是为了精思。精思就是发现问题和解决问题的过程。

（3）虚心涵泳。所谓"虚心"是指读书时要虚怀若谷，静心思虑，仔细体会书中的意思，不要先入为主，牵强附会；所谓"涵泳"是指读书时要反复咀嚼，细心玩味。

（4）切己体察。强调读书不能仅仅停留在书本上和口头上，而必须要见之于自己的实际行动，要身体力行。

（5）着紧用力。包含两方面意思，其一，必须抓紧时间，发愤忘食，反对悠悠然；其二，必须抖擞精神，勇猛奋发，反对松松垮垮。

（6）居敬持志。既是朱熹道德修养的重要方法，也是他最重要的读书法。"居敬"是读书时精神专一，注意力集中；"持志"是要树立远大的志向和高尚的目标，并要以顽强的毅力坚持下去。

3. 简述永恒主义教育。

【答案要点】

永恒主义教育亦称"新古典主义教育"，产生于20世纪30年代，是现代欧美国家一种强调理性训练以及人的理性和教育基本原则的永恒性的教育思潮，代表人物有美国的赫钦斯、艾德勒，英国的利文斯通和法国的阿兰等。其主要观点包括以下几个方面：

（1）发展人的理性是教育永恒不变的原则。

（2）教育的主要目的是培养永恒的理性。

（3）永恒的古典学科应该在学校课程中占有中心地位。

（4）学生通过教师的教学进行学习。

永恒主义教育对进步教育的批判比要素主义更加激烈，但从整体上来看，它并未提出新的价值判断标准。永恒主义教育在教育理论上有一定影响，但在教育实践中的影响范围不大，主要限于大学和上层知识界中的少数人。

4. 简述学习动机的作用。

【答案要点】

（1）引发作用。当学生对某些知识或技能产生迫切的学习需要时，就会引发学习内驱力，唤起内部的激动状态，产生焦急、渴求等心理体验，并最终激起一定的学习行为。

（2）定向作用。学习动机以学习需要和学习期待为出发点，使学生的学习行为在初始状态时就指向一定的学习目标，并推动学生为达到这一目标而努力学习。

（3）维持作用。学习动机的维持作用表现为学生在某项学习上的坚持时间、出现频次以及投入状态。

（4）调节作用。学习动机调节学习行为的强度、时间和方向。如果行为活动未达到既定目标，动机还将驱使学生转换行为活动方向以达到既定目标。

5. 简述教育的文化创造功能。

【答案要点】

教育对文化的作用主要表现为对文化的保存、传递、交流、融合、创造、更新等。教育是社会文化创造和更新的重要手段。

（1）教育通过培养人们的新思想、新观念，形成人们的创造意识和创造能力。这些新思想、新观念、创造意识和创造能力通过教育得到进一步的普及，可以形成新的社会因素。

（2）教育与文化创造紧密结合，对各种文化素材进行再创造和再加工，倡导新的思维方式和价值观念，并通过教育过程中的科学研究进行文化创造，成为促进文化变革和发展的重要方面军。

（3）教育为社会文化的不断更新发展提供大量的、具有创造活动力的人才，通过这些人才，再去创造新的社会文化。

三、分析论述题

1. 论述课程变革的因素和社会经济市场对课程变革的影响。

【答案要点】

（1）政治因素。

政治因素对课程变革的影响是多层面的、深刻的，而且课程变革也不可能脱离社会政治因素的影响。主要表现在课程改革的目标厘定、课程改革的内容选择和课程的编制过程三个方面。

（2）经济因素。

经济因素对学校课程有直接的推动作用，现代以来由于科技的发展和生产过程日益复杂，社会大生产需要提高劳动者的科技文化素质，所以学校课程门类日益增多，课程中科技知识的含量加重，学校课程更加贴近经济发展的需求。主要表现在经济领域劳动力素质提高的要求制约课程目标、经济发展的地区差异性制约课程变革和市场经济影响课程变革三个方面。

（3）文化因素。

文化通过教育的传递、传播和创造而得以保存和发展，课程是社会文化的缩影。但课程内容来自社会文化，并不是社会文化的简单复制，社会文化需要通过教育机制的筛选才能进入学校课程。具体表现在文化模式与课程变革、文化变迁与课程变革、文化多元与课程变革三个方面。

（4）科技革新。

当代新技术革命对学校课程变革起着直接的推动作用，主要表现为科技革新制约课程变革的目标、科技革新推动课程结构的变革、科技革新影响着课程变革的速度。

（5）学生发展。

学校课程要充考虑到学生的发展状态与心理特征，根据学生的智力、能力的水平、倾向及其潜力来选择和组织相应的课程内容。

2. 比较赫尔巴特和杜威的异同。

【答案要点】

赫尔巴特与杜威教育思想的差异性：

（1）心理学基础的差异性。

赫尔巴特心理学是统觉理论。"统觉"就是新表象为旧有的表象所同化、吸收的过程。从对心理过程的理解出发，将心理学与教育紧密结合，并认为"教育的起点是人的个性，其本质与直接目标是以各种观念丰富学生心灵，因此从原则上讲人具有可塑性"，这为人接受教育提供了可能。

杜威心理学思想是机能心理学。反射弧是一个连续的整合活动，不能把反射弧简单地还原为感觉和运动元素；反射之间是相连的，不能孤立开来理解。该理论成为实用主义教育学的根基。

（2）教育目的的差异性。

赫尔巴特的教育目的是培养道德高尚的人。精英教育，必须具有最高的善即五种道德观念，为最高目的，符合社会要求，具有进步性。兴趣不仅是学习某些技能和本领的基础，更是为了强化道德人格，这才是教育的最终目标。

杜威的教育无目的论即儿童生长、生活的过程就是教育的过程，教育过程本身就是目的。大众化教育须有面对变化社会的适应能力；情境与经验上，教育自身的情境和经验的成长本身都是教育目的；目的与手段上，每一个手段没有做到以前都是暂时的目的，所以无教育过程之外的外在目的，他将教育目的与教育活动密切联系起来，主张真正有效的教育目的是而且必须是内在于教育的，是体现并反映了教育活动主体的自觉性和能动性。

（3）课程论的差异性。

赫尔巴特强调以课程为中心，课程是学问和智慧的代表，强调知识的一致性，理论与实用相结合，促进智力活动；赫尔巴特在重视人文学科教学的同时，并没有轻视自然学科在教育上的意义。

杜威强调以直接经验为中心，课程是生命经验的东西。学生的参与、体验、生成、收获就是课程本身，课程的目的就是为了生成、成长、发展；强调学生中心，课程应根据新的问题和兴趣来确定。课程开发须考虑学生的兴趣、需要及原有经验发展的程度；将学生、学科知识、社会相统一，从而实现课程与教学一体化。

（4）教学论思想的差异。

赫尔巴特相对于杜威在教学论思想上的差异：教学过程的环节上，四个阶段与五个阶段；理论基础上；哲学、心理学与哲学、心理学、社会学；关注学生上，统觉团与经验；教学方法上，讲授法与课堂讨论法；兴趣理解上，学习的基本条件与促进生长、发展；师生关系上，教师中心与学生中心。教师和学生上，教师中心、激发兴趣与学生中心；对待学生上，被动服从与以其为中心；教学活动中，被动吸收课程、头脑依赖他人与发展好奇心、激发兴趣；教学组织形式上，课堂纪律为教学中心与学生活动为教学中心。

赫尔巴特与杜威教育思想的相同点：

（1）在道德教育目的上他们都特别重视将个人的道德培养与社会的发展有机结合起来。

（2）都重视思维教学。由不同的认识论和心理学理论，产生了各异的教学组织形式，其核心都是以思维为主线，追求学生思维能力的养成，而思维能力是学习的核心。他们都是重视通过对学生的"经验"积累，来发展思维能力。

（3）兴趣培养是教学的核心。赫尔巴特认为兴趣既是教学的目的，又是教学的手段。教学的根本任务就是激发学生的兴趣，因此开设多种课程，满足兴趣激发的需要。杜威认为"兴趣具有统一性、冲动性、发展性的特点；以这种兴趣观为基础的课程应该基于儿童本能，源于儿童生活，而教学应该成为含有理智努力的活动"。在激发学生主动兴趣问题上也表现了鲜明的一致性。

（4）建立良好师生关系是教学顺利进行的前提。赫尔巴特和杜威都认为建立良好师生关系是教学顺利进行的前提。他们认为只有当教师能够以尊重、关爱的态度与学生交往、从而使师生情感相通时，教育的作用才能充分发挥出来，师生之间才有可能建立起良好的关系。同时还强调教育者要为学生着想，尊重学生个性和兴趣的发展；重视发挥教师在教学过程中的指导作用；强调尊重和爱在师生关系中的基础性作用。

四、案例分析

1. 支持培训机构的原理，不支持的原理，并提出解决方案。

【答案要点】

不支持的原理：

（1）学生作业负担重，作业管理不够完善。

（2）校外培训过热，超前超标培训问题未根本解决。

（3）资本过度涌入存在较大风险隐患，还伴有违法违规行为发生。

（4）我国目前义务教育最突出的问题之一是中小学生负担太重，短视化、功利性问题没有根本解决。

这些问题导致学生作业和校外培训负担过重，家长经济和精力负担过重，严重对冲了教育改革发展成果，社会反响强烈。

解决方案：

（1）全面压减作业总量和时长，减轻学生过重作业负担。健全作业管理机制；分类明确作业总量；提高作业设计质量；加强作业完成指导；科学利用课余时间。

（2）提升学校课后服务水平，满足学生多样化需求。保证课后服务时间；提高课后服务质量；拓展课后服务渠道；做强做优免费线上学习服务。

（3）坚持从严治理，全面规范校外培训行为。坚持从严审批机构；规范培训服务行为；强化常态运营监管。

（4）大力提升教育教学质量，确保学生在校内学足学好。促进义务教育优质均衡发展；提升课堂教学质量；深化高中招生改革；纳入质量评价体系。

（5）强化配套治理，提升支撑保障能力。保障学校课后服务条件；完善家校社协同机制；做好培训广告管控。

（6）扎实做好试点探索，确保治理工作稳妥推进。明确试点工作要求；坚决压减学科类校外培训；合理利用校内外资源；强化培训收费监管。

（7）精心组织实施，务求取得实效。全面系统做好部署；明确部门工作责任；联合开展专项治理行动；强化督促检查和宣传引导。

2. 没有教不好的学生，只有教不好的老师，分析原理。

【答案要点】

这样的说法是片面的、错误的，它虽然肯定了教师的作用，但是是一种典型夸大教师、环境的说法，忽视了学生的自我能动性、兴趣、自身发展的规律。

影响人身心发展的因素是多方面的：

（1）遗传在人发展中的作用。第一，遗传素质是人的发展的生理前提，为人的发展提供可能；第二，遗传素质的成熟程度制约着人的发展过程及年龄特征；第三，遗传素质的差异性对人的发展有一定的影响；第四，遗传素质具有可塑性。

（2）环境在人的发展中的作用。第一，环境是人的发展的外部条件；第二，环境的给定性与主体的选择性。

（3）个体活动在人的发展中的作用。第一，个体活动是人的发展的决定因素；第二，个体活动制约着环境影响的内化与主体的自我建构；第三，个体通过能动的活动选择、构建着自我的发展。

（4）教育在人的发展的作用。第一，教育在人的发展中起引领作用；第二，学校教育主要通过传承文化科学知识来培养人；第三，学校教育对提高人的现代性有显著的作用。

2021年 宁夏大学333教育综合·真题解析

一、名词解释

教育

教育是人的发展与社会发展的中介活动。其概念有广义和狭义之分。广义教育指凡是有目的地增进人的知识技能、影响人的思想品德、增强人的体质的活动都是教育，包括人们在家庭中、学校里、亲友间、社会上所受到的各种有目的的影响。狭义教育主要指学校教育，指一种专门组织的不断趋向规范化、制度化、体系化的教育。

学制

学校教育制度简称学制，指的是一个国家各级各类学校的系统及其管理规则，它规定着各级各类学校的性质、任务、入学条件、修业年限以及它们之间的关系。

先行组织者

先行组织者是指先于学习任务本身呈现的一种引导性材料，它要比学习任务本身具有更高的抽象、概括和综合水平，并且能清晰地与认知结构中原有的观念和新的学习任务关联。

有教无类

"有教无类"的本意是不分贵贱贫富和种族，人人都可以入学接受教育。孔子的教学实践切实地贯彻了这一办学方针。"有教无类"作为私学的办学方针与官学的办学方针相对立，打破贵贱、贫富和种族的界限，把受教育的范围扩大到平民，这是历史的进步。

二、简答题

1.简述学记的教学思想。

【答案要点】

（1）教育的作用与教育目的。

对个人的作用与目的：教育通过对人有目的、有计划地培养，使每个人都形成良好的道德和智慧，懂得去维护国家利益和社会安定。

对社会的作用与目的：《学记》认为实现良好政治的最佳途径是"化民成俗"，即兴办学校，推行教育，作育人才，以教化人民群众遵守社会秩序，养成良风美俗。

（2）教育制度与学校管理。

①学制与学年。关于学制系统，提出了从中央到地方按行政建制建学的设想。关于学年，把大学教育年限定为两段、五级、九年。第一、三、五、七学年毕，共四级，为一段，七年完成，谓之"小成"；第九年毕为第二段，共一级，考试合格，谓之"大成"。这也是古代年级制的萌芽。

②视学与考试。十分重视大学开学和入学教育，把它作为教育管理的重要环节。开学这天，天子率百官亲临学宫，参加开学典礼，祭祀"先圣先师"。还定期视察学宫，体现国家对教育的重视。学习过程中，规定每隔一年考查一次，以表示这一阶段学业的完成。

（3）教育、教学的原则：预防性、及时施教、循序渐进、学习观摩、长善救失、启发诱导、藏息相辅。

（4）教学方法：讲解法、问答法、练习法。

（5）尊师重教与"教学相长"：把为师、为长、为君视为一个逻辑过程，使为师实际上成为为君的一种素质、一项使命。教学过程中教师、学生双方的互相促进、共同提高。

2. 请简述教师专业化发展。

【答案要点】

（1）教师专业发展的内涵。

教师专业发展，又称教师专业成长，是指教师在整个专业生涯中，依托专业组织、专门的培养制度和管理制度，通过持续的专业教育，习得教育教学专业技能，形成专业理想、专业道德和专业能力，从而实现专业自主的过程。它包括教师群体的专业发展和教师个体的专业发展。

①教师群体的专业发展是指教师职业不断成熟，逐渐达到专业标准，并获得相应的专业地位的过程。主要包括：教育知识技能的体系化，形成学科专业和教育专业；国家有教师教育的专门机构、专门教育内容和措施，教师教育专业化；国家有对教师资格和教师教育机构的认定制度和管理制度；形成社会公认的教师专业团体。

②教师个体的专业发展是指教师作为专业人员，从专业理想到专业知识、专业能力、专业心理品质等方面由不成熟到比较成熟的发展过程，即由一个专业新手发展成为专家型教师或教育家型教师的过程。其发展途径包括师范教育、新教师的入职辅导、教师的在职培训、教师专业发展学校、同伴互助和教师的自我教育。

（2）教师个体专业性发展的过程。

①凯兹根据前人的观念概括并提出了教师发展的四个阶段：求生期、强化期、求新期、成熟期。

②叶澜等从"自我更新"取向角度对教师专业发展阶段及其特征进行了深入研究，把它分为"非关注""虚拟关注""生存关注""任务关注""自我更新关注"五个阶段。

3. 请简述教育要素的构成及关系。

【答案要点】

（1）教育的基本要素。

①教育者。指参与教育活动、与受教育者在教学或教导上互动，对受教育者体、智、德、美、行等方面产生影响的人，主要指教师。他们在教育活动中处于领导者、设计者、引导者的地位。教育者是教育活动的主体，是有意识地启动、调整和有效地完成教育活动的一个基本要素。

②受教育者。指参与教育活动、与教育者在教学与教导上互动，以期自身获得发展的人，主要是学生。受教育者是既是教育的对象，也是学习的主体。

③教育内容。指教育者引导受教育者在教育活动中学习的前人积累的经验，包括书本知识和实际经验。教育内容在教育活动过程中具有重要意义，它是师生教学互动共同操作的对象，是引导青少年学习与发展成人的精神资源。

④教育活动方式。指教育者引导受教育者学习教育内容所选用的交互活动方式，是教育者、受教育者与教育内容三者形成一个有目的地培养人的教育活动的中介和纽带。教师引导学生学习的教育内容需要经过教育活动的中介作用才能转化为个体素质。

（2）各要素之间的关系。

教育活动的基本要素之间既相互独立，又相互规定，共同构成一个完整的实践系统。没有教育者，教育活动就不可能开展，受教育者也不可能得到有效的指导；没有受教育者，教育活动就失去了对象，无的放矢；没有教育内容和教育活动方式，教育就成了无米之炊，再好的教育意图、发展目标，也都无法实现。

4. 请简述行为主义的学习理论。

【答案要点】

（1）桑代克的联结说。

桑代克创立了学习的联结－试误说。他认为学习的实质在于形成一定的联结，联结是指某情境仅能唤起某些反应，而不能唤起其他反应的倾向。他认为，学习－刺激与反应的联结的形成是通过渐进的尝试与错误，按一定的规律形成的。他提出了三大学习律：准备律、效果律、学习律。

（2）巴浦洛夫的经典条件反射说。

巴浦洛夫通过对动物的实验研究最早提出了经典性条件作用。他总结出以下规律：习得、强化、消退；泛化；分化；高级条件作用；第一信号系统和第二信号系统。

（3）华生对经典性条件作用的发展。

华生是美国第一个将巴浦洛夫的研究作为学习理论基础的心理学家，是行为主义的创始人。他认为人类出生时只有几个反射和情绪反应，所有其他行为都是通过条件作用建立新的刺激－反应联结而形成的。

（4）斯金纳的操作性条件反射说。

斯金纳在桑代克的联结主义学习理论的基础上创设了"斯金纳箱"，提出了操作性条件反射。他总结出以下原理：强化；逃避条件作用与回避条件作用；惩罚与消退；程序教学与行为矫正；连续渐进法与塑造。

（5）班杜拉的观察学习理论。

①观察学习论。班杜拉认为观察学习是一种间接的学习形式，大多数人的行为通过观察而习得。观察学习分为注意过程、保持过程、动作再现过程和动机过程四个过程。

②社会认知论。班杜拉认为，儿童通过观察他们生活中重要人物的行为而习得社会行为。这些观察以心理表象或其他符号表征的形式存储在大脑中，来帮助他们模仿行为。

③交互作用论。班杜拉还认为，学习不但要受外部环境的影响，而且也要受到个人的认知调节和自我调节。他强调人的行为是内部因素和外部环境相互作用的产物，坚持多因素相互作用共同决定行为的观点。

三、案例分析题

1. 互联网＋教育的材料，做分析。

【答案要点】

"互联网＋教育"首先是互联网技术手段在教育上的应用，是利用网络技术、多媒体技术、交互技术等技术手段实施的教育形式。进一步而言，"互联网＋教育"还是互联网技术与教育的深度融合，可推动教育系统进行革命性变革，使教育体系更具灵活性和有效性。更进一步来说，"互联网＋教育"是以互联网为基础设施和创新要素，构建了新的教育生态和服务模式。

"互联网＋教育"兴起的原因：

（1）政策上的大力支持与引导。教育信息化是实现教育现代化的重要手段，而"互联网＋教育"则是教育信息化在教育新常态背景之下的重要体现。党中央、国务院及各级教育部门历来高度重视教育信息化工作，先后出台一系列政策决定来支持教育信息化建设。

（2）电子商务的催生与带动。电子商务的发展使我国传统商业模式受到冲击，许多行业开始拥抱互联网，从而出现了新的产品和服务。电子商务的发展为教育行业以及其他行业的发展提供了变革通道，如慕课、教育 App 等。

（3）教育资源云服务体系初步形成。教育资源逐渐以云服务的形式运行在智能手机、平板电脑、电子书包等云端个人学习环境与设备当中。教育资源云服务体系初步建立，为云环境下一步数字化教育活动开展奠定了基础。

（4）网络教学环境的大力改善。努力实现"宽带网络校校通、优质资源班班通、网络学习空间人人通"。

（5）教师的信息素养在一定程度上得到提升。

"互联网＋教育"带来的机遇：

（1）优化教育资源配置，促进教育更加公平。资源配置是指各种教育资源，包括人力、财力、物力、时空、信息、文化、权力、制度等，在各种不同的使用方向之间的分配，以期投入的教育资源能够得到充分有效的使用。

（2）尊重学生个体差异，满足学生个性化需求。个性化教育将是"互联网＋教育"的核心优势，也是在线教育未来的趋势。

（3）突破学习时空限制，加快学习方式变革。"互联网＋教育"推倒了传统意义上的"围墙"，将已有的教育内容、方法、模式等进行了重新设计与组合，使教育资源充分流动，只要有一个移动终端与网络相连，任何人在任何时间、任何地点都可以进入课堂学习。

（4）变革原有教学方式，丰富学科课程内容。在"互联网＋教育"全新环境中，互联网教学资源、平台、系统、软件或视频等将改变原有教学理念和教学手段，促使传统教学发生革命性的变化。

"互联网＋教育"面临的挑战：

（1）偏远农村和欠发达地区教育基础设施有待完善。

（2）教师教育理念有待深化，信息利用能力有待提高。

（3）学生知识的辨别与接受能力面临挑战。

（4）传统教育中的德育和美育面临淡化危险。

2. 校园欺凌的材料，做分析。

【答案要点】

（1）校园欺凌的鉴定。

校园欺凌指在校园内外学生间一方单次或多次蓄意或恶意通过肢体、语言及网络等手段实施欺负、侮辱，造成另一方身体和心理伤害、财产损失或精神损害等的事件。校园欺凌多发生在中小学。校园欺凌分为单人实施的暴力，少数人暴力和多人实施暴力。实施环境地区多为校园周边或人少僻静处，有时甚至是明目张胆地在校园公共区域进行欺凌，对学生的身心造成伤害。

（2）关于校园欺凌的成因。

①从社会来看：当前互联网缺乏监管，某些影片对欺凌暴力过度渲染，强化了某些学生的欺凌意识；在流动、留守儿童密集的地方，欺凌事件往往发生频繁，究其原因是由于流动、留守儿童的父母往往忙于生计，很少关心孩子的教育问题，使得这些孩子要么因缺少保护，成为被欺负的对象，要么走上歪路，成为校园"小霸王"；校园欺凌事件频发，反映出我国在青少年法制建设中存在一定滞后和不足；我国城乡之间教育机会不均等导致在教育资源相对匮乏的地区校园欺凌无法得到及时的干预和缓解。

②从学校来看：在应试教育背景下，某些学校忽视德育与心理健康教育，只追求升学，把德育作为软任务，导致学生法制观念淡薄，价值取向混乱；个别班主任放任校园欺凌的现象不管，未能及时处理导致事件愈演愈烈。个别班主任自身素质差导致师生关系紧张，是出现欺凌现象的又一重要原因。

③从家庭来看：父母的观念，表现在对子女的过分溺爱、过度保护、过多照顾等易导致孩子养成极端个性，在学校里当欺凌者；父母经常吵架或离异等，使得父母未能及时察觉孩子的心理问题，

从而诱发欺凌事件的发生；从学生自身来看，处在青春期的学生思考力不足，没有形成正确的是非善恶观念，心理健康出现问题等都容易引发欺凌事件。

（3）关于校园欺凌的应对。

①全面排查欺凌事件。对所有中小学校和在校学生开展全面排查，对可能发生的欺凌行为做到早发现、早预防、早控制。

②及时消除隐患问题。对排查发现的苗头迹象或隐患点，采取必要的干预措施，做好疏导化解工作，切实防止学生欺凌事件发生。

③依法依规严肃处置。对实施欺凌的学生，视情节轻重，分别采取批评教育、警示谈话和纪律处分、训诫、转入专门学校等惩戒措施。对遭受欺凌的学生，给予相应的心理辅导。

④规范欺凌报告制度。一旦发现学生遭受欺凌，学校要及时制止并进行调查处理；情节严重，要及时报告，并迅速联络公安机关介入处置。

⑤切实加强教育引导。深入开展思想道德教育、法治教育、心理健康教育，开展学生欺凌防治专题培训，加大家庭教育力度。

⑥健全长效工作机制。进一步健全责任、预防、考评、问责机制，切实做到警钟长鸣，防患未然。

四、分析论述题

1. 试述蒙台梭利的思想。

【答案要点】

蒙台梭利是20世纪意大利杰出的幼儿教育家，她毕生致力于探讨科学的幼儿教育方法，创立了蒙台梭利教学法，主要著作有《蒙台梭利方法》《童年的秘密》等。

（1）论幼儿的发展。

蒙台梭利的幼儿教育思想是建立在幼儿生命力学说之上的。她认为，儿童存在着内在的生命力，其生长是由于内在生命潜力的自发发展。因此，她强调遗传的作用，推崇内发论，但同时也重视环境的教育作用。她认为儿童心理发展存在以下特点：第一，具有独特的心理胚胎期；第二，心理具有吸收力；第三，发展具有敏感期；第四，发展具有阶段性。第一阶段为个性建设阶段，第二阶段为增长学识和艺术才能阶段，第三阶段为青春期阶段。

（2）论自由、纪律与工作。

①自由。蒙台梭利提出，真正的科学的教育学的基本原则是给学生以自由，即允许儿童按其本性个别地、自发地表现。允许儿童自由活动，是实施新教育的第一步。

②纪律。蒙台梭利认为儿童是要守纪律的。真正的纪律对儿童来说必须是主动的，只能建立在自由活动的基础上。

③工作。蒙台梭利所谓纪律赖以建立的自由活动指的是手脑结合、身心协调的作业。这种活动或作业被称为"工作"，工作是人类的本能与人性的特征。

④三者的关系。自由、工作和纪律这三者通过工作有机地联系起来，在自由的基础上培养纪律性，通过独立达到自由，在自由的练习活动中发展意志，在自由的活动中培养社会性，从而有助于学生手脑结合、身心全面和谐地发展。

（3）蒙台梭利教学法。

①组成成分：儿童敏感期的利用；教学材料；作为参观者的教师。这些成分以最佳的方式相互作用时，儿童能自由地参加自发的活动。

②具体实施内容：感官教育，主要包括视觉、听觉、嗅觉、味觉及触觉的训练，其中以触觉练习为主；读、写、算的练习，蒙台梭利将写字的练习先于阅读的练习，掌握了文字书写的技能之后，

儿童再转入阅读练习；实际生活练习，主要包括日常生活技能的练习、园艺活动、手工作业、体操和节奏动作。

（4）蒙台梭利教育思想的评价。

蒙台梭利在医学、生理学、实验心理学的基础上，结合自己的实验所形成的新教育方法体系，有力地挑战了传统教育的模式，体现了新教育运动强调自由、尊重儿童的基本精神，对20世纪学前教育产生了很大影响。但由于她的教育方法脱胎于低能儿童的教育方法，因此不可避免地带有机械训练的性质和神秘主义的色彩。

2. 请论述如何理解教育的过程就是学生生活的过程。

【答案要点】

这句话体现了杜威"教育即生活的"教育思想。杜威对于教育与生活的问题有以下观点：

（1）教育即生活。

杜威认为教育是生活的过程，学校是社会生活的一种形式，那么学校生活也是生活的一种形式。

学校生活应与儿童自己的生活相契合，满足儿童的需要和兴趣，使校园成为儿童的乐园，使儿童在现实的学校生活中得到乐趣；学校生活应与学校以外的社会生活相契合，适应现代社会变化的趋势并成为推动社会发展的重要力量，校园不应是世外桃源而应积极参与社会生活。

杜威要做的就是改造不合时宜的学校教育和学校生活，使之更富活力，更有乐趣，更具实效，更有益于儿童发展和社会改造。

（2）教育与生活的关系。

教育起源于原始社会的日常劳动生活，又以生产劳动、生活习俗这些维系社会运作和延续的日常生活为主要内容，体现了教育与生活最原始的关系，即教育起源于生活，又以生活为内容，同时为生活服务。

教育乃是人的生活的必要组成部分，教育本质上是以人的生活为基础和背景而展开的。当然，教育作为生活的过程乃是一种特殊的生活过程。

2020年 宁夏大学333教育综合·真题解析

一、名词解释

教育目的

教育目的是对教育活动所要培养的人的个体素质的总的预期与设想，是对社会历史活动的主体的个体素质的规定。它体现一定社会对受教育者质量规格的界定和要求，也体现人自身发展所应该达到的水准和高度。

教育制度

教育制度是指一个国家各级各类实施教育的机构体系及其组织运行的规则。它包括相互联系的两个方面：一是各级各类教育机构与组织；二是教育机构与组织赖以存在和运行的规则，如各种相关的教育法律、规则、条例等。具有客观性、规范性、历史性和强制性的特点。

知识

从认识的本质上讲，知识是人对事物属性与联系的能动反映，是通过人与客观事物的相互作用形成的。人在与外界相互作用的实践活动中，获得来自客体的各种信息，用一定方式对这些信息进行加工和组织，形成对事物的理解，从而形成知识。

德育

德育即道德教育。一般来说，学校德育是指学生在教师的引导下，以学习活动、社会实践、日常生活、人际交往为基础，同经过选择的人类文化，特别是一定的道德观念、政治意识、处世准则、行为规范相互作用，经过自己的观察、感受、判断、践行和改善，以形成行为习惯、道德品质、人生价值和社会理想的教育。简言之，德育是培养学生思想品德的教育。

学习压力

学习压力是指学生在就学过程中所承受的来自环境的各种紧张刺激，以及学生在生理、心理和社会行为上可测定、可评估的异常反应。学习压力状态包括三个层面的因素：来自环境的紧张刺激、个体的内部紧张状态和个体的反应。

二、简答题

1. 简述皮亚杰认知发展阶段理论教育启示。

【答案要点】

根据皮亚杰的认知发展理论，教育教学应注意以下几点：

（1）提供活动。教师既应为学生创设大量的物理活动，也应为他们提供相应的心理活动机会。在形式运算阶段前，教师应为学生提供从现实物体和事件中学习的机会。

（2）创设最佳的难度。皮亚杰认为认知发展是通过不平衡来促进的。因而，教师要通过提问来引起学生认知的不平衡，并提供有关的学习材料或活动材料，促使学生的认知发展。

（3）关注儿童的思维过程。在教学中，教师必须认识到儿童思考问题的方式与成人不同，并根据儿童当前的认知水平提供适宜的学习活动，这样才能真正促进儿童的认知发展。

（4）认识儿童认知发展水平的有限性。教师需要认识各年龄阶段儿童认知发展所达到的水平，遵循儿童认知发展顺序来设计课程，这样在教学中就会更加主动。

（5）让儿童多参与社会活动。儿童在参与社会活动的过程中，能够逐渐认识到他人的观点与自己的不同，引发认知发展。

2. 简述班杜拉的自我效能感理论。

【答案要点】

自我效能感由班杜拉提出，是指个体对自己能否成功进行某一成就行为的主观判断。它影响着个体对行为的选择、付出多大努力以及坚持多久。

（1）理论观点。

班杜拉指出，人的行为受行为结果的影响，但行为的出现不是由于随后的强化，而是由于人认识了强化与行为之间的依赖关系后建立了对下一步强化的期望。他将期望分为两种：结果期望和效能期望。

①结果期望，是指人对自己某种行为会导致某一结果的推测，这是传统的期望概念。如儿童感到上课注意听讲就会获得他所希望取得的好成绩，他就可能认真听讲。

②效能期望，指人对自己能否做出某种行为的能力的推测或判断。即人对自己行为能力的推测。它意味着人是否确信自己能够成功地进行带来某一结果的行为。例如，学生不仅知道认真听讲可以

带来好成绩，还感到自己有能力听懂所讲内容时，他才会认真听讲。

（2）自我效能感对行为的影响：影响对活动的选择和坚持；影响在困难面前的态度；影响新行为的获得和习得行为的表现；影响活动时的情绪。

（3）影响自我效能感的因素：直接经验、替代性经验、言语说服、情绪唤起和身心状况。

（4）评价。自我效能感理论吸取了联结派和认知派动机理论的合理之处，突破了二者的某些局限，拓展了强化理论关于强化的含义，使之更符合实际，也扩大了传统认知学派关于期望的范围，把人的需要、认知、情感有机结合起来，具有很强的理论和实践价值。

3. 简述知识经济时代如何培养学生的人文和创新精神。

【答案要点】

（1）培养人文精神。

坚持把立德树人作为高校人才培养的根本任务，实施"课程思政"和"课程人文"，实现全员育人、全方位育人、全过程育人。

在立德树人的根本方针的引领下，加强院校的内涵建设，致力于培育学生的"工匠精神"，加紧培养推动制造业转型升级的"大国工匠"。

通过人文课程和通识课程的开设，提升学生人文素质，从中华优秀传统文化中汲取养分，丰富学生的精神世界，培育健全人格。

重视校园德育环境在培养学生人文精神过程中的引导功能；重视校园文化环境在培养学生人文精神过程中的塑造功能；重视校园制度环境在培养学生人文精神过程中的规范功能；重视校园物质环境在培养学生人文精神过程中的陶冶功能。

（2）培养创新精神。

创新是人类社会发展的动力。创新能力和创新精神的培养必须从中小学就开始重视，这就要求我们正确认识创新与全面发展教育目的之间的关系。

创新要旧中求新。要花大力气进行教学目标、教学内容和教学方法等环节的改革，不能放弃学校教育，尤其是基础教育。

我们要把握创新的正确导向。创新固然以突破旧领域、开拓新领域为主要表征，但只有对促进社会发展、社会进步有积极意义的新颖事物才能真正称得上创新。因此，创新活动决不能偏离政治和道德的准则。离开了正确的导向，所谓创新人才必将误入歧途，最终导致教育本身的毁灭。

4. 简述教育的日常概念和科学概念联系和区别。

【答案要点】

（1）教育是人的发展与社会发展的中介活动，其主旨在于以人为本、育人成人，培养人成为他所生存的那个时代的社会实践主体，引导人和社会的持续发展。

（2）教育的日常概念是广义教育，指凡是有目的地增进人的知识技能、影响人的思想品德、增强人的体质的活动都是教育，包括人们在家庭中、学校里、亲友间、社会上所受到的各种有目的的影响。

（3）教育的科学概念是狭义教育，主要指学校教育，指一种专门组织的不断趋向规范化、制度化、体系化的教育。它是根据一定的社会现实和未来需要，遵循受教育者身心发展的规律，有目的、有计划、有组织地对受教育者身心施加影响，把他们培养成为一定社会或阶级所需要的人的活动。

5. 简述信息化教育基本特征。

【答案要点】

（1）学校将发生一系列变革。

学校目的不仅满足职业预备需要，而且满足人文关怀需要；学校类型进一步多样化；学校教育网络建立起来，学校教育教学时空得到根本改变；学校与市场联系日益紧密；出现多种多样的教学组织形式；学校事务成为公共辩论的焦点；教育的服务性、可选择性、公平性和公正性将成为学校改革的基本价值方向。

（2）教育的功能将进一步得到全面理解。

教育在政治改革和文化建设中的功用将进一步得到系统和深刻的认识。教育不仅帮助青少年一代适应社会变革的要求，而且还将启发他们去反思社会变革和筹划新的社会变革。教育与社会的关系，从单纯适应走向全面适应、批判、创造和超越的结合。

（3）教育的国际化与教育的本土化趋势都非常明显。

信息社会无论是在物质、信息方面，还是资金、知识、人员等方面的交流都日益频繁。人类已经进入到新一轮全球化的浪潮中。与此同时，教育本土化的浪潮将在教育国际化的背景下出现，成为人们重建本土文化和教育传统的主要论题。

（4）教育的终身化、全民化和全纳教育的理念成为指导教育改革的基本理念。

教育已远不局限于学龄阶段，而是贯穿于人的一生；教育也不再是青少年一代的专利，而是所有社会成员的基本需要。受教育权成为与人的生存权和发展权紧密相关的一项公民权利，全民教育和全纳教育的理念不断从理论走向实践。

6. 论述20世纪前期的教育思潮。

【答案要点】

（1）改造主义教育。

改造主义教育是一种把"社会改造"作为教育的主要目标，强调学校成为"社会改造"的主要工具的教育思潮，代表人物是布拉梅尔德。其主要观点包括以下几个方面：教育应当以"改造社会"为目标；教育应当重视培养"社会一致"的精神；教育工作应当以行为科学为依据；课程教学应当以社会问题为中心；教师的主要职责是劝说教育。

（2）要素主义教育。

要素主义教育是现代欧美国家一种强调学校教育的任务主要是传授人类文化遗产共同要素的教育思潮。1938年在美国成立的"要素主义者促进美国教育委员会"，是要素主义教育形成的标志。代表人物有巴格莱、科南特等人。其主要观点包括以下几个方面：

①教育核心：传授给学生人类基本知识的要素或民族共同文化传统的要素。

②教育目的：强调人的心智或智力的发展，主张心智训练。

③教育内容：教授基础科目，开设以学科为中心的系统的学习科目。

④师生关系：教师中心，强调教师的权威地位。

⑤教育与社会的关系：教育要为社会服务。

⑥教育重心：基本技能和基础知识的学习。

（3）永恒主义教育。

永恒主义教育亦称"新古典主义教育"，产生于20世纪30年代，是现代欧美国家一种强调理性训练以及人的理性和教育基本原则的永恒性的教育思潮，代表人物有美国的赫钦斯、艾德勒，英国的利文斯通和法国的阿兰等。其主要观点包括以下几个方面：发展人的理性是教育永恒不变的原则；教育的主要目的是培养永恒的理性；永恒的古典学科应该在学校课程中占有中心地位；学生通过教师的教学进行学习。

（4）新托马斯主义教育。

新托马斯主义教育是现代欧美国家一种以托马斯·阿奎那宗教神学理论为思想基础的、提倡基督教教育和希望培养"真正的基督徒"的教育思潮。其主要观点包括以下几个方面：教育应当以宗教为基础；教育的目的是培养真正的基督教徒和有用的公民；学校课程以基督教精神为基础；教育应该处在教会的严密控制之下。

（5）新行为主义教育。

新行为主义教育是现代欧美国家一种运用有关人类行为及学习过程理论来阐释教育和教学问题的教育思潮。它以新行为主义心理学为理论基础，代表人物有美国的托尔曼、斯金纳、加涅等。其主要观点包括以下几个方面：教育就是塑造人的行为；学生的学习行为可以运用教学机器来强化；确立程序教学理论，其基本原则有积极反映、小步子、及时强化和自定步调；教育研究应该以教和学的行为作为研究的对象。

（6）结构主义教育。

结构主义教育是现代欧美国家一种强调认知结构的研究和认知能力的发展的教育思潮。它以结构主义心理学为理论基础，侧重研究课程教学改革问题，代表人物有皮亚杰、布鲁纳等。其主要观点包括以下几个方面：教育和教学应重视学生的认知能力发展；注重掌握各门学科的基本结构；主张学科基础的早期学习；倡导发现法和发现学习；认为教师是结构教学中的主要辅导者。

（7）终身教育思潮。

终身教育思潮是现代欧美国家一种强调把教育贯穿人的一生的教育思潮，现已成为一种被视为未来教育战略的国际性教育思潮，代表人物是保罗·朗格朗。其目标是实现更美好的生活，使人过一种更和谐、更充实和符合生命真谛的生活。具体目标包含两方面：培养新人；实现教育民主化。

（8）现代人文主义教育思潮。

现代人文主义教育思潮是现代欧美国家一种以人本主义心理学为基础、突出"以人为本"理念、以培养自我实现和完整的人为教育目的的教育思潮，代表人物有马斯洛、罗杰斯和弗洛姆等。其主要观点包括以下几个方面：教育的目的是培养自我实现的人；主张构建人本课程，即"课程人本化"；强调学校应创设自由学习和发展的氛围。

（9）存在主义教育思潮。

存在主义教育是现代欧美国家一种以存在主义哲学为价值取向的教育思潮，它以"人的存在"为研究的对象，强调品格教育的重要，并提倡个人自由选择。代表人物有海德格尔和雅斯贝尔斯等。其主要观点包括以下几个方面：教育的目的在于使学生实现自我完成；品格教育在人的自我发展中具有重要作用；学生应该能自由选择道德标准；采用个别教育的方法；教师是学生自我实现的影响者和激励者。

三、案例分析题

1. 问1：运用教师职业道德相关理论作答。

问2. 运用教育学原理简述教师竞争压力。

【答案要点】

问1：教师的职业道德简称师德。依据教育工作的特点，师德主要表现在教师的教育事业、对自己工作对象的态度以及教育工作者人际关系等方面。一个合格的人民教师，应该具备如下的职业道德：第一，献身教育，甘为人梯；第二，热爱学生，诲人不倦；第三，尊重同事，团结协作；第四，以身作则，为人师表。其中，尊重同事，团结协作指在教育活动中，教师之间要互相尊重、互相帮助，形成具有优势互补的教育合力，共同完成教书育人的任务。

教育工作从宏观上看是一个非常典型的集体的协作劳动过程，但从微观上看，又是一个主要依靠个体自主自觉的劳动过程。这种劳动的分工和它所具有的独立性、个体性特点决定了教师间需要相互尊重、团结协作。教师集体是由具有不同年龄、性别、职称、学历、经历、个性、学科等特征的教师组成的。在教育教学过程中常会产生教育思想、教育内容、教学方式等方面的分歧。因此，教师间有必要进行经常性的交流和沟通以消除分歧。而相互尊重、团结合作的意识是实现沟通的基础和前提。此外，任何一个学生的成长都是教师集体共同努力的结果。每个教师个人对学生的影响都是有限的。一个团结的教师集体是一股强有力的教育力量。为此，每个教师有义务、有责任为形成一个团结一致的教师集体而努力。

材料中，王老师此举是不正确的，他通过占用学生的课余时间来为学生补课，不仅侵犯了学生的休息时间，也招致了其他教师的不满，不利于教师之间的团结。教育学生并不只是某一位教师的工作，王老师只顾自己科目的教学，既没有考虑到学生的接受能力，也没有考虑与其他老师进行商量和沟通，分工合作，共同来教育学生，以至于教师内部产生了分歧和不满。

问2：教师职业的最大特点就是角色的多样化。教师同时承担多种角色，每种角色都对教师的行为提出了不同的要求，这些要求之间难免会产生矛盾，这就导致了教师角色的冲突。此外，教师每天还要处理工作中的其他许多问题。一方面，教学和处理师生关系工作时常交织在一起；另一方面，科研和学习进修又不可丢。加之各种检查和考核的压力，所有这些都要求教师小心应对，不容有失。因此，教师在工作中经常体验到各种冲突，矛盾和负性情绪，这些给教师带来了很大的竞争压力。

教师应当正确对待竞争压力：首先，树立正确的自我概念，进行合理的职业规划；其次，增强心理保健意识，掌握心理调试方法；最后，积极参与继续教育，提高专业素质。

四、分析论述题

1. 用教师核心素养结合案例进行分析。

【答案要点】

材料中，学生向老师礼貌问好，但教师却视而不见，没有具备教师该有的素养，也违背了教师的师德，没有做到热爱学生，也没有以身作则。教师应当具备的素养有：

（1）高尚的师德：热爱教育事业，富有献身精神和人文精神；热爱学生，诲人不倦；热爱集体，团结协作；严于律己，为人师表。

（2）先进、科学的教育理念。教师的所有努力都要有利于学生精神世界的丰富、人格尊严的维护和美好人性的成长。如学生主体观、教学交往观、发现性教学评价观等。

（3）宽厚的文化素养。教师对自己所教学科知识应科学、深入地把握，能对自己所教专业融会贯通、深入浅出、高瞻远瞩，达到运用自如的境界，在教学过程中不出知识性的错误。同时，教师还应有比较广博的文化修养。

（4）专门的教育素养。教师的专门教育素养水平及其合理结构是教育教学任务得以完成的重要保证，它主要包括教育理论素养、教育能力素养和教育研究素养。

（5）健康的心理素质。教师要有轻松愉快的心境，昂扬振奋的精神，乐观幽默的情绪以及坚韧不拔的毅力等。

（6）强健的身体素质。主要体现在健康的体魄、旺盛的精力、蓬勃的活力、有节律的生活方式和锻炼习惯等。

2. 问1：如何将学生热情落到实处？

问2：教师如何调动学生学习积极性？

【答案要点】

问1：（1）热爱教育事业，富有献身精神和人文精神。热爱教育事业，是搞好教育工作的基本前提。许多优秀教师之所以能在教育工作中做出卓越的成绩，首先是因为他们热爱教育事业，愿意为下一代的成长贡献出自己的毕生精力。另外，教师还应具备基本的人文精神，要关怀学生的生存和发展、人生价值的实现，要关怀民族、人类的现实生存境遇和未来发展前景。

（2）热爱学生，诲人不倦。热爱教育事业具体体现在热爱学生上。爱学生是教师的天职，是教育好学生的重要条件。教师只有热爱学生，才能教育好学生，才能使教育发挥最大限度的作用。

（3）热爱集体，团结协作。教师的劳动既具有个体性，又具有集体性。一个学生的成才，绝非仅仅是哪一位教师的功劳，而是教师群体的智慧和共同劳动的结晶。教师与教师之间，教师与其他为教育服务的工作人员之间应该相互尊重、团结协作，最大限度地发挥集体的教育力量。

（4）严于律己，为人师表。教师为人师表，必须以身作则，严于律己。凡是要求学生做到的，教师首先要做到；凡是要求学生不能做的，教师首先要自律。只有这样，教师才能树立威信，受到学生的尊敬。

问2：(1) 创设问题情境，实施启发式教学。

在学习过程中，仅仅让学生简单地重复已经学过或者过难的东西，学生都不会感兴趣。只有在学习那些"似懂非懂""似会非会"的东西时，学生才感兴趣而且迫切希望掌握它。

（2）根据作业难度，恰当控制动机水平。

教师在教学时，要根据学习任务的不同难度，恰当控制学生学习的动机水平。学习较简单课题时，尽量使学生集中注意力；学习较复杂课题时，尽量创造轻松自由的课堂气氛。在学生遇到困难时，尽量心平气和地耐心引导，以免学生过度紧张和焦虑。

（3）充分利用反馈信息，给予恰当的评定。

一方面学习者可以根据反馈信息调整学习活动，改进学习策略，另一方面学习者为了取得更好的成绩或避免再犯错误而增加了学习动机，从而保持了学习的主动性和积极性。

（4）妥善进行奖惩，维护内部学习动机。

一般而言，表扬与奖励比批评与指责能更有效地激发学生的学习动机，前者能使学生获得成就感，增强自信心。但过多使用表扬和奖励，或者使用不当，也会产生消极作用。

（5）合理设置课堂环境，妥善处理竞争和合作。

在教学活动中，应该注意竞争与合作的相互补充和合理运用。极端的竞争会对学生的学习行为和集体团结产生消极影响。适量与适度的竞争与合作的恰当结合，会有效激励学生的学习动机。

（6）适当进行归因训练，促使学生继续努力。

一方面，要引导学生找出成功或失败的真正原因，即进行正确归因；另一方面，教师也应根据每个学生过去一贯的成绩优劣差异，从有利于今后学习的角度进行积极归因。

（7）培养自我效能感，增强学生成功的自信心。

自我效能感影响学生的自我评价和自信心，进而影响学习成绩。尤其是学业不良的学生，由于对自己的学习能力持怀疑态度，表现出很低的自我效能感。因此，教师在教学中要通过一定的方法改变和提高他们的自我效能感。

（8）维护学生自我价值，警惕自我妨碍策略。

自我价值理论指出，学生有保护和表现自我价值的需要，这是个人追求成功的内在动力。教师要理解和尊重学生的这种需要，引导他们把自我价值的实现方式与正向、积极的学习行为相联系，避免学生不断从环境中体验到对自我价值的威胁感，从而采取各种自我妨碍的逃避策略。

（9）维护内在需要，促进外部动机内化。

兴趣、好奇心、探索欲，是人类学习的最早动力。源于内部需要的学习动机具有更多的坚持性和抗干扰性。然而，不是每个孩子都对教育中涉及的所有内容充满好奇和兴趣。因此，教师要帮助学生将外部调控的学习动机不断内化，形成相对自主调控的学习动机。

2019年 宁夏大学333教育综合·真题解析

一、名词解释

刻板效应

刻板效应即刻板印象，是指人们对某一类人或对某个社会群体所形成的一种概括而固定的印象。刻板印象在一定程度上反映了某一类人、某个社会群体成员心理和行为特点，具有一定的合理性和真实性。

教学

教学是在一定教育目的规范下，在教师有计划的引导下，学生能动地学习、掌握系统的课程预设的科学文化基础知识，发展自身的智能与体力，养成良好的品行与美感，逐步形成全面发展的个体素质的活动。简言之，教学是在教师引导下学生能动地学习知识以获得素质发展的活动。

归因理论

归因理论是维纳在海德和罗特研究的基础上，对行为结果的归因进行了系统探讨后，所提出的理论。他发现人们倾向于将活动成败的原因归结为六个因素：即能力高低、努力程度、任务难易、运气好坏、身心状态、外界环境等。这六个因素可归为三个维度，即内部归因和外部归因、稳定性归因和非稳定性归因、可控制归因和不可控归因。

知识

从认识的本质上讲，知识是人对事物属性与联系的能动反映，是通过人与客观事物的相互作用形成的。人在与外界相互作用的实践活动中，获得来自客体的各种信息，用一定方式对这些信息进行加工和组织，形成对事物的理解，从而形成知识。

二、简答题

1.简述班级授课制的定义、特点和优缺点。

【答案要点】

（1）定义：班级授课制是一种集体教学形式。它把一定数量的学生按年龄与知识程度编成固定的班级，根据周课表和作息时间表，安排教师有计划地给全班学生上课，分别学习所设置的各门课程。

（2）特点：从班级人数来看，按年龄或知识水平将学生编班，每个班的人数比较固定；从教学内容来看，教学分学科进行，每节课用于某一门特定学科的教学；从课时安排来看，教学在规定的课时内进行，每门学科的总课时数、学年课时数、周课时数一般根据固定的课时计划来确定；从教学场所来看，班级授课一般在教室、实验室中进行，较为固定，课堂中的座次也是相对固定的。

（3）优点：形成了严格的教学制度；以课为单位科学地组织教学；能充分发挥教师的主导作用；能促进学生的社会化与个性化；便于传授系统的科学知识。

（4）缺点：不利于照顾学生的个别差异；不利于培养学生的兴趣、特长和发展个性；不利于理论联系实际；不利于实现教学的灵活性。

2.现代教育的主要特点有哪些？

【答案要点】

（1）学校教育逐步普及。由于资本主义生产尤其是机器大工业生产在欧洲兴起，因而西欧的资本主义国家最先提出普及教育的要求。1619年，德意志魏玛邦在宗教改革的影响下颁布了学校法令，规定父母送6—12岁男女儿童入学，这是普及教育的开端。

（2）教育的公共性日益突出。随着大工业生产发展的需要，随着工人阶级和其他劳动人民对教育权的争取，对受教育权的阶级垄断越来越不合时宜，受到来自被统治阶级和统治阶级两方面的批判。在此情形下，大力发展学校教育逐渐成为社会的公共事业和共同话题。

（3）教育的生产性不断增强。在现代社会，随着工业生产的发展和科学技术的进步，科技与教育在生产中的作用增强。现代教育与生产劳动的逐步结合，对提高社会生产效率和增加社会财富起着重要作用，日益成为经济发展的有力保证。

（4）教育制度逐步完善。随着学校数量的增加，学校教育的层次、种类及其运行和管理的复杂化，需要一定的教育宗旨、制度、要求等，以推动学校教育系统有条不紊地运行。教育制度化的实现，使得教育系统中的各级各类学校、各种教育机构和教育行政部门的工作均有制度可循，能排除来自内外部的干扰，使教育活动有序有效地开展，取得了良好效果。

3. 在实施新课程时教师应该有哪些理念？

【答案要点】

（1）树立平等、民主的教育观。教师应当树立平等、民主的教育观，对自身角色进行重新定位，关注学生的需求，走进学生的内心。新课改要求教师从传统的教育观中跳出来，不仅仅关注学生的考试分数的多少，而更应该面向全体学生，做到"一切为了学生，为了学生一切，为了一切学生"，使学生的能力得到全面发展。

（2）改变传统的教学模式。教师应当在新课改理念的指导下，转变传统教学模式，增强师生之间的互动，形成教师引导，学生主动探索的教学方法，让学生合作探究、独立思考、增强学生的主动性、创造性。

（3）不断提高自身素养。教师在教育教学战线上的作用不可替代，教师对学生的影响力之大使得教师必须不断提高自身内在素质。教师一方面要积极补充知识、保证自己知识储备的广泛性；另一方面应当积极反思，通过自我反思不断改善教学，从而更好地完成新课改提出的要求。

（4）具有良好的心理素质。由于教师职业的特殊性，在面对来自各方面的压力下，不少教师处于心理亚健康状态。这种不健康的心理不仅会给教师的个人生活带来困扰，也会给学生带来不适，不利于教师教学工作的开展和学生身心健康的发展。因此，教师要积极观察自己的身心健康状态，及时地调整自己、提高自己的心理适应能力。

4. 简述当代教学观念变化的趋势。

【答案要点】

（1）从重视认知向重视发展转变。当代教学非常强调研究学生身心发展的规律，研究学生在课堂情境中的学习规律，并遵循这些规律组织、安排教学。

（2）从重视继承向重视创新转变。在当代社会，人们认为教学的重要功能就是创造文化，学生的主要任务就是通过掌握知识经验，形成创造文化和创新生活的能力。无论是重视学生、重视能力、重视学法，还是重视发展、重视过程，都是重视创新的体现。

（3）从重视教法向重视学法转变。教学过程实质上应该是学生主动学习的过程，教学设计的实质是学生学习目标、学习内容、学习进程、学习方式、学习辅助手段以及学习评价的设计。目前流行且影响较大的教学方法：问题解决法、发现学习法、学导式方法、掌握学习法、异步教学法等，都渗透出重视学法的精神。

（4）从重视知识传授向重视能力培养的转变。当代社会，科学技术的发展导致"知识爆炸"，知识经验陈旧周期加快。教学的主要任务不再只是知识的传授而是学生能力的培养，着重培养学生学习、掌握和更新知识的能力，即"授人以渔"。

（5）从重视结果向重视过程转变。在当代社会，人们意识到教学结果是重要的，但更重要的是教学过程中学生的切身体验，学生的认知体验、情感体验和道德体验等。

（6）从重视教师的教向重视学生的学转变。随着社会发展，传统的"教师中心说"受到越来越深刻的批判。学生是学习活动的主体和主人。因此，当代教学强调研究学生的身心发展规律和学习规律，并遵循这些规律组织、安排教学。

三、案例分析题（缺失）

四、分析论述题

1. 评析当代教育学的发展状况。

【答案要点】

（1）教育学研究的问题领域急剧扩大。

20世纪末21世纪初，教育学研究的问题领域已经从微观的教育教学过程扩展到宏观的教育规划，从教育的内部关系扩展到教育的外部关系，从基础教育扩展到高等教育，从正规教育扩展到非正规教育，从学校教育扩展到社会教育，从正常儿童的教育扩展到一些有特殊需要的儿童的教育，从儿童青少年的教育扩展到成人教育、老年教育、终身教育等。一个巨大的教育问题领域已经形成。

（2）教育学的研究基础和研究模式呈现多样化。

当代教育学的基础包括了更加广阔的学科领域，如生理学、脑科学、数学、社会学、经济学等。不同的人可以从不同的理论基础出发进行研究，形成不同的教育观，彼此之间相互批评相互借鉴相互吸收，出现了一个教育学史上少有的百家争鸣的时代，推动了教育学术和教育实践的发展。

（3）教育学发生了细密的分化，形成了初步的教育学科体系。

20世纪以来，随着教育问题领域的扩展以及研究基础和模式的多样化，教育学也发生了快速的学科分化，教育学一个个组成部分纷纷发展为独立的学科，与此同时，这些相对独立的学科又与其他类型的学科进行交叉，出现了许多子学科、边缘学科。值得注意的是，20世纪后半叶的教育学在发生高度分化的同时又出现了高度综合的现象。

（4）教育学研究与教育实践改革的关系日益密切。

当代教育学的研究者们所关心的是教育实践中到底存在哪些问题，问题产生的原因是什么以及如何解决这些问题等。与此同时，当代教育实践的发展也日益呼唤着教育理论的指导，为教育学的发展提供了强大的社会动力。在这种情况下，传统教育理论工作者与教育、实践工作者之间的隔膜、陌生乃至对立状态得到了一定程度的扭转，在一些教育理论工作者与教育实践工作者之间出现了多种形式的接触、交流和对话。科学领域的研发模式也开始出现在教育研究领域，一些教育研究团队已经邀请一线的教师校长、教育行政人员、教育企业家等加入进来，教育研究成果的实践转化、技术转化、政策转化能力不断增强。

（5）教育学加强了对自身的反思，形成了教育学的元理论。

教育学反思作为一种研究活动而言不同于对教育实践的研究，它是对教育研究的研究，也就是对教育的元研究，其目的是要检讨教育研究活动本身的目的性质、价值、知识结构等，形成教育学观。之所以如此是因为不提高理论活动的自觉性，就不能提高理论本身的清晰度和科学性，不能更好地为教育实践服务。有关教育学自身的反思研究结果就形成了教育的元理论，即关于教育学学科自身的知识体系，如关于教育学研究对象的知识、逻辑起点的知识等。这些教育学元理论的出现，会极大地提高教育学者的理论自觉性，会推动明日教育学的发展，使之在当代和未来教育改革中产生更大的作用。

2. 班主任的作用是什么？如何组织和建立良好的班级群体？

【答案要点】

（1）班主任的作用。

①班主任是班级的教育者和组织者，是学校进行教导工作的得力助手。

②班主任对一个班的学生工作全面负责，组织学生的活动，协调各方面对学生的要求，对一个班集体的发展起主导作用。

③班主任工作的状况与质量，在很大程度上决定着一个班级的精神面貌和发展趋向，深刻地影响每个学生的全面发展。

（2）班集体的培养方法。

①确定集体的目标。目标是集体的发展方向和动机。建构集体首先要使集体明确奋斗的目标。集体的目标应当由班主任同全班同学一道讨论确定，以便统一认识，调动大家的积极性。

②健全组织、培养干部以形成集体核心。关键是要做好班干部的选拔与培养，班主任应放手让班干部大胆工作，在实践中锻炼、培养、提高；要教育班干部谦虚谨慎，以身作则、严于律己，对他们不可偏爱和护短，以免导致干群对立和班级的不团结。

③有计划地开展集体活动。班主任应重视全面开展各种活动，让每个学生都能在活动中得到锻炼与提高，以推动班集体的蓬勃发展。

④培养正确的舆论和良好的班风。班主任应经常注意组织学生学习政治理论、道德规范，以提高他们的认识；并注重表扬好人好事，批评不良思想行为，为形成正确舆论打下思想基础。特别是班主任要善于抓住重大偶发事件的处理，组织学生讨论，以分清是非，推动正确舆论的形成。

⑤做好个别教育工作。包括：促进每个学生个性的全面发展；做好后进生的思想转变工作；做好偶发事件中的个别教育。

2018年 宁夏大学 333 教育综合·真题解析

一、名词解释

学习迁移

学习迁移，是指已获得的知识、技能、态度或理解对新知识、新技能或态度的形成的影响。根据迁移发生的领域，可将迁移分为知识与技能的迁移、情感和态度的迁移；根据迁移的方向，可将迁移分为顺向迁移、逆向迁移。

教育制度

教育制度是指一个国家各级各类实施教育的机构体系及其组织运行的规则。它包括相互联系的两个方面：一是各级各类教育机构与组织；二是教育机构与组织赖以存在和运行的规则，如各种相关的教育法律、规则、条例等。具有客观性、规范性、历史性和强制性的特点。

教学设计

教学设计指研究教学系统、教学过程和制订教学计划的系统方法。它是教师在备课过程中，以传播理论和学习理论等为基础，应用系统论的观点和方法，分析教学中的问题和需求，确定教学目标，设计解决问题的步骤，选择相应的教学策略和教学媒体，形成教学方案，分析评价其结果并修改方案的过程。

校本课程

校本课程，以学校为课程编制主体，自主开发与实施的一种课程，是相对于国家课程和地方课程的一种课程。校本课程的实施有助于最大限度地促进每个学生的发展，有助于提高教师的专业水平，有助于提高学校的办学水平。

教育

教育是人的发展与社会发展的中介活动。其概念有广义和狭义之分。广义教育指凡是有目的地增进人的知识技能、影响人的思想品德、增强人的体质的活动都是教育，包括人们在家庭中、学校里、亲友间、社会上所受到的各种有目的的影响。狭义教育主要指学校教育，指一种专门组织的不断趋向规范化、制度化、体系化的教育。

二、简答题

1. 皮亚杰教育理论对教学的启示。

【答案要点】

根据皮亚杰的认知发展理论，教育教学应注意以下几点：

（1）提供活动。教师既应为学生创设大量的物理活动，也应为他们提供相应的心理活动机会。在形式运算阶段前，教师应为学生提供从现实物体和事件中学习的机会。

（2）创设最佳的难度。皮亚杰认为认知发展是通过不平衡来促进的。因而，教师要通过提问来引起学生认知的不平衡，并提供有关的学习材料或活动材料，促使学生的认知发展。

（3）关注儿童的思维过程。在教学中，教师必须认识到儿童思考问题的方式与成人不同，并根据儿童当前的认知水平提供适宜的学习活动，这样才能真正促进儿童的认知发展。

（4）认识儿童认知发展水平的有限性。教师需要认识各年龄阶段儿童认知发展所达到的水平，遵循儿童认知发展顺序来设计课程，这样在教学中就会更加主动。

（5）让儿童多参与社会活动。儿童在参与社会活动的过程中，能够逐渐认识到他人的观点与自己的不同，引发认知发展。

2. 简述工业社会教育的特征。

【答案要点】

（1）现代学校的出现和发展。

从时间上来说，现代学校最早出现在18世纪，是应现代大工业生产的要求而产生的。与农业社会的学校相比，现代学校在体系上更完备、类型上更多样、层次上更清晰、性质上也更世俗化。

（2）教育与生产劳动从分离走向结合，教育的生产性日益突出。

从工厂制度萌发了未来教育的幼芽，未来教育对所有已满一定年龄的儿童来说，就是生产劳动同智育和体育相结合。教育已经成为经济发展的杠杆。教育的生产性和经济功能得到了世界各国政府的重视，教育改革因此被作为经济发展的战略性条件。

（3）教育的公共性日益突出。

教育越来越成为社会的公共事业，师生关系也由农业社会的不平等关系转变为工业社会的民主关系，由绝对的教师中心走向教师指导和帮助下的学生自治。

（4）教育的复杂性程度和理论自觉性都越来越高，教育研究在推动教育改革中的作用越来越大。

工业社会的教育，无论是从规模上还是从结构上来说，其复杂程度都是农业社会的教育所无法比拟的。因此，教育实践迫切需要教育理论的指导，从客观上促进了教育科学的发展和教育理论的创新。反过来，教育科学的发展和教育理论的创新又指导着教育实践、教师教育和教育政策的制定，提高它们的理性自觉程度。

3. 分析阐释一堂好课的基本标准。

【答案要点】

上好课，是提高教学质量的关键。应以现代教学理念为指导，遵循教学规律与原则，创造性地运用教学方法，并注重做到以下几点：

（1）明确教学目的。这是上好一堂课的前提。

（2）保证教学的科学性与思想性。这是上好一堂课的基本质量要求。

（3）调动学生的学习积极性。这是上好一堂课的内在动力。

（4）注重解惑纠错。这是上好一堂课的关键。

（5）组织好教学活动。这是上好一堂课的保障。

（6）布置好课外作业。

4. 简述基于问题教学模式的基本学习环节。

【答案要点】

（1）含义：问题教学法是指在教师引导下，学生主要通过积极参与对问题的分析、探索，主动地发现或建构新知，获得学习与探究的方法、能力与科学人文精神的教学方法。

（2）基本学习环节：第一，创设情境，明确问题；第二，引导学生积极探索、分析和解决问题；第三，组织学生交流和研讨，得出基本结论。

三、案例分析题

1. 问1：从教育的社会发展功能角度，分析下列材料观点的合理性。

问2：根据相关理论分析下列材料中教育目的的价值取向。

【答案要点】

问1：作者洞察到了教育的社会功能，颇有眼见。

（1）教育被社会发展所制约，但教育也能动地反作用于社会，具有推动社会发展的功能。教育的社会功能主要有两种：社会变迁功能与社会流动功能。

（2）教育的社会变迁功能是指教育通过开发人的潜能，提高人的素质，引导人的社会化，影响人的社会实践，来推动社会的发展和变革。其包括经济、政治、文化和生态功能四个方面。

（3）教育的社会流动功能是指社会成员通过教育的培养、筛选和提高，能够在不同的社会区域、社会层次、职业岗位、科层组织之间转换、调整和变动，以充分发挥其个人的智慧才能，实现其人生价值。包括横向流动功能和纵向流动功能。前者指水平流动而不提升地位；后者指纵向的提升，提高社会地位及作用。

问2：（1）教育目的的价值取向是指教育目的的提出者或从事教育活动的主体，依据自身对人的发展和社会发展需要的理解而对教育价值做出选择时所持有的一种倾向。有个人本位论价值取向和社会本位论价值取向之分。材料中"夫教育目的不能仅在个人。当日在造成个人为圣贤，而今教育之最要目的，在谋社会的进步"。表明教育的目的在于谋社会的进步，说明作者在教育目的上是鲜明的社会本位价值取向。

（2）社会本位论的代表人物有德国哲学家那托尔普、法国思想家涂尔干、德国教育家凯兴斯泰纳等。其主要观点有：

①个人的一切发展都有赖于社会，都受社会的制约，人的一切发展也是为了满足社会的需要。

②教育除了满足社会需要以外并无其他目的。

③教育结果的好坏是以其社会功能发挥的程度来衡量的，离开了社会，就无法对教育的结果做出衡量。

社会本位论者从社会需要出发来选择教育目的的价值取向，无疑是看到了教育的社会作用，在今天这样生产高度社会化的时代，也具有一定的借鉴价值；但只是站在社会的立场看教育而抹杀了个人在选择教育目的过程中的作用，并以此来排斥教育满足个人发展的需要，则是片面的、不正确的。

2. 运用所学教育学理论分析产生这一悲剧的原因以及应采取的防范措施。

【答案要点】

（1）成因。

①教师违反关爱学生的职业道德，体罚学生。

②家长在学生被体罚后没有及时开导学生，反而进一步责备学生，也没有采取相应的措施，最终酿成了悲剧。

③学生自身没有认识到生命的珍贵性，产生了轻生的念头。

④学校监管不力，没有及时对体罚学生的教师进行处理。

（2）防范措施。

①提升教师思想政治素质和师德素养。加强思想政治引领、培育弘扬高尚师德、强化师德考评落实，以强化党对高校的政治领导，完善教师思想政治工作组织管理体系。

②建立完备的法律规范，保护未成年人的合法权益，禁止教师体罚学生。

③学校应引导学生树立正确的价值观和人生观、生命观，认识到生命的可贵性。

④全面加强教师队伍思想政治工作，大力提升教师职业道德素养。

⑤家长和孩子建立平等的亲子关系，用倾听的方法解决争端，面对教师的过度体罚，及时向有关部门反映，做好心理辅导，确保孩子的人身安全和心理健康。

四、分析论述题

1. 阐述教育的个体谋生与享受功能的内涵及实现条件。

【答案要点】

（1）内涵。

教育的个体谋生功能，是指通过教育，使学生获得一定的职业知识和技能，为他们谋生创造条件，是成"才"的教育。个体谋生功能，一方面可以通过个体社会化，将社会文化行为规范传递给新生代，使他们获得未来社会生活或职业生活中相应的角色和意识，以便他们在进入社会生活时能尽快地适应新环境。另一方面教育要传授"何以为生"的本领。教育必须教人"学会生存"，在当代，这不仅是学校教育的任务，还是整个终身教育的职责。

教育的个体享用功能，是指教育成为个体生活的需要，受教育过程是需要满足的过程。在满足需要的过程中，求知欲得到实现，获得高层次的精神享受，并进而获得自由和幸福。教育不仅使个体在受教育当下获得一种幸福的体验，而且还培养人高尚的情趣和感受幸福的能力，为享用终生创造条件。

（2）实现条件。

①从学校教育内部来讲，学校教育要尊重受教育者的主观能动性与身心发展规律；提高学校教

育的办学水平。这些条件包括：教育的物质条件、教师的素质、教育管理水平及其课程设置的合理性等。

②从学校教育的外部来讲，包括家庭教育与学校教育的积极配合程度、社会发展的稳定性以及社会教育与学校教育的配合程度。

③科技、信息对学校教育的改造程度。

2. 杜威生活教育理论与陶行知生活教育思想的联系及区别。

【答案要点】

（1）陶行知生活教育思想的基本内容。

生活教育理论是陶行知教育思想的核心，集中反映了他在教育目的、内容和方法等方面的主张，反映了陶行知探索适合中国国情和时代需要的教育理论的努力。

①生活即教育。"生活即教育"是陶行知生活教育理论的核心，其内涵十分丰富。第一，生活含有教育的意义；第二，实际生活是教育的中心；第三，生活决定教育，教育改造生活。

②社会即学校。"社会即学校"是生活教育理论另一重要主张，是"生活即教育"思想在学校与社会关系问题上的具体化。社会即学校是指社会含有学校的意味，或者说以社会为学校；社会即学校也指学校含有社会的意味，也就是说，学校通过与社会生活相结合，一方面运用社会的力量使学校进步，另一方面动员学校的力量帮助社会进步，使学校真正成为社会生活必不可少的组成部分。

③教学做合一。"教学做合一"是生活教育理论的又一重要主张，是"生活即教育"在教学方法问题上的具体化。"教学做合一"要求在"劳力上劳心"；认为"行是知之始"；要求"有教先学"和"有学有教"；是对注入式教学法的否定。

（2）杜威生活教育理论的基本内容。

杜威认为教育是生活的过程，学校是社会生活的一种形式，那么学校生活也是生活的一种形式。

①学校生活应与儿童自己的生活相契合，满足儿童的需要和兴趣，使校园成为儿童的乐园，使儿童在现实的学校生活中得到乐趣。

②学校生活应与学校以外的社会生活相契合，适应现代社会变化的趋势并成为推动社会发展的重要力量，校园不应是世外桃源而应积极参与社会生活。

杜威要做的就是改造不合时宜的学校教育和学校生活，使之更富活力，更有乐趣，更具实效，更有益于儿童发展和社会改造

（3）陶行知与杜威教育思想的比较。

①联系：

第一，都强调教育与生活的联系、学校与社会的联系。

第二，都对传统的学校观和教育观有所改变，都有利于拓展学生的知识，增强学生的能力。

第三，两者都强调做的重要性，都重视教学中学生的"做"。

②区别：

第一，理论的社会背景和历史影响不同。

第二，对"生活"的理解不同，杜威强调体现社会精神的学校生活和儿童生活，陶行知强调现实社会生活。

第三，对教育的理解不同，杜威强调的是学校教育，陶行知强调的是社会意义上的教育。

第四，杜威认为社会的改造要依靠教育的改造，他希冀通过教育改造社会生活，使之更完善、更美好；陶行知的主张贯穿了普及民众教育的苦心，使得被传统学校拒之门外的劳苦大众能够受到起码的教育。

第五，杜威只强调了在做中学，而陶行知强调了教学做三者的结合。

2017年 宁夏大学333教育综合·真题解析

一、名词解释

内隐学习

内隐学习是指机体在与环境接触的过程中不知不觉地获得了一些经验并因之改变其事后某些行为的学习，是一种产生抽象知识、平行于外显学习方式的无意识加工。

校本课程

校本课程是以学校为课程编制主体，自主开发与实施的一种课程，是相对于国家课程和地方课程的一种课程。校本课程的实施有助于最大限度地促进每个学生的发展，有助于提高教师的专业水平，有助于提高学校的办学水平。

最近发展区

维果茨基认为，在进行教学时必须注意到儿童的两种水平，一种是儿童现有的发展水平，另一种是即将达到的发展水平，维果茨基把这两种水平之间的差距称为最近发展区，即独立解决问题的真实发展水平和在成人指导下或与其他儿童合作情况下解决问题的潜在发展水平之间的差距。

学习

学习是个体在特定情境下由于练习或反复经验而产生的行为或行为潜能的比较持久的变化，具有以下几个特点：学习是由反复经验引起的；学习导致行为或行为潜能的变化且这种变化是相对持久的；行为的变化并不等同于学习的存在；学习所带来的行为变化往往要通过行为表现出来，但学习与表现不能等同；学习是一个广义概念，它不仅是人类普遍具有的，也是动物所具有的。

教学

教学是在一定教育目的规范下，在教师有计划的引导下，学生能动地学习、掌握系统的课程预设的科学文化基础知识，发展自身的智能与体力，养成良好的品行与美感，逐步形成全面发展的个体素质的活动。简言之，教学是在教师引导下学生能动地学习知识以获得素质发展的活动。

二、简答题

1. 简述教育在个体发展过程中的基本功能。

【答案要点】

教育的个体功能指教育对个体发展的促进作用，具体表现为教育的个体社会化功能和教育的个体个性化功能之分。

（1）教育的个体社会化功能。

人的发展首先是社会性的发展，因此教育的个体发展功能首先表现为促进个体社会化的功能。学校教育促进个体社会化的功能主要表现在以下三方面：第一，教育促进个体思想意识的社会化；第二，教育促进个体行为的社会化；第三，教育促进角色和职业的社会化。

（2）教育的个体个性化功能。

真正的教育是个性化的教育，促进人的个性发展是教育最根本的功能。学校教育的个体个性化功能主要表现在以下三方面：第一，教育促进人的主体意识的形成和主体能力的发展；第二，教育促进个体差异的充分发展,形成人的独特性;第三,教育开发人的创造性,促进个体价值的实现。

2. 简述知识经济时代如何培养学生的人文和创新精神。

【答案要点】

(1)培养人文精神。

坚持把立德树人作为高校人才培养的根本任务,实施"课程思政"和"课程人文",实现全员育人、全方位育人、全过程育人。

在立德树人的根本方针的引领下,加强院校的内涵建设,致力于培育学生的"工匠精神",加紧培养推动制造业转型升级的"大国工匠"。

通过人文课程和通识课程的开设,提升学生人文素质,从中华优秀传统文化中汲取养分,丰富学生的精神世界,培育健全人格。

重视校园德育环境在培养学生人文精神过程中的引导功能;重视校园文化环境在培养学生人文精神过程中的塑造功能;重视校园制度环境在培养学生人文精神过程中的规范功能;重视校园物质环境在培养学生人文精神过程中的陶冶功能。

(2)培养创新精神。

创新是人类社会发展的动力。创新能力和创新精神的培养必须从中小学就开始重视,这就要求我们正确认识创新与全面发展教育目的之间的关系。

创新要旧中求新。要花大力气进行教学目标、教学内容和教学方法等环节的改革,不能放弃学校教育,尤其是基础教育。

我们要把握创新的正确导向。创新固然以突破旧领域、开拓新领域为主要表征,但只有对促进社会发展、社会进步有积极意义的新颖事物才能真正称得上创新。因此,创新活动决不能偏离政治和道德的准则。离开了正确的导向,所谓创新人才必将误入歧途,最终导致教育本身的毁灭。

3. 简述如何矫正学生的不良品行。

【答案要点】

通过借鉴西方现代三大学习理论的精髓思想,矫正学生品行不良的方法主要有以下几种:

(1)运用行为主义学习理论培养个体的良好行为方式。在教育中适当运用渐进强化的原理,可以有效地塑造学生的良好行为方式或矫正学生的偏差行为方式。

(2)直接从自我观察学习入手培养人的自律行为。自律是个人根据自己的价值标准评判自己的行为,从而规范自己去做自己认为应该做的事情,或避免做自己认为不应该做的事。

(3)提高道德认识法。"美德即知识"的命题启示人们,在很多时候丰富人的道德认识的确可以使人少犯错误,尤其是一些低级错误。这样,妥善采取常用的说理法、故事启发法、小组讨论法或价值澄清法等方法以提高人们的道德认知水平,往往是防治品行不端的有效之举。

(4)改过迁善法。指要求犯错者纠正自己的不良品德,以使自己朝着善的方向发展的方法。该方法由两部分组成:一是消除一个或几个错误的地方;二是通过一定的练习,使自己的行为朝着与原来不良行为相反的或不相容的方向发展。

(5)防范协约法。指以书面形式在教育者与被教育者之间建立和实施一种监督关系的矫正不良行为的方法。

4. 阐述基于问题教学模式的基本学习环节。

【答案要点】

(1)含义:问题教学法是指在教师引导下,学生主要通过积极参与对问题的分析、探索,主动地发现或建构新知,获得学习与探究的方法、能力与科学人文精神的教学方法。

（2）基本学习环节：第一，创设情境，明确问题；第二，引导学生积极探索、分析和解决问题；第三，组织学生交流和研讨，得出基本结论。

5. 班杜拉自我效能感的基本功能。

【答案要点】

自我效能感由班杜拉提出，是指个体对自己能否成功进行某一成就行为的主观判断。它影响着个体对行为的选择、付出多大努力以及坚持多久。

自我效能感的功能：

（1）影响对活动的选择和坚持。人倾向于选择并做完自认为能胜任的工作，而回避自认为不能胜任的任务。

（2）影响在困难面前的态度。自我效能感高者有信心克服困难，更加努力，低者则信心不足，甚至放弃努力。

（3）影响新行为的获得和习得行为的表现。自我效能感高者表现自如，低者则畏手畏脚。

（4）影响活动时的情绪。自我效能感高者能够承受压力，情绪饱满，轻松；低者则感到紧张、焦虑。

三、案例分析题

1. 试分析日本教育中的合理性，中国教育中的合理性和不合理性。

【答案要点】

（1）日本教育中的合理性。

①教师以学生为中心，更重视孩子的个性等方面的全面发展。

②重视启发式教学，课堂氛围民主、开放、自由，既关注结果，也关注过程。

③重视创新教育。注重培养孩子的创新精神，鼓励孩子从不同的角度去思考及实施，以培养其动手能力和创造能力，还鼓励孩子多多思考，拥有自己独立的见解和看法。

（2）中国教育中的合理性。

①注重知识传授的倾向，非常有助于学生学习和巩固基础知识，也易于教师教授。

②中国的教师热爱学生，热爱教育事业，富有献身精神和人文精神。

③受"望子成龙""光宗耀祖"等传统观念的影响，非常重视孩子的基础教育。

（3）中国教育中的不合理性。

①由于长久以来中国的家长受"望子成龙""光宗耀祖"等传统观念的影响，把孩子的学习成绩和未来前途紧密地联系在一起，在孩子的教育问题上，更注重学习成绩，而忽视了其他方面的发展。

②学习方式上，过于注重知识传授的倾向，过于强调接受学习、死记硬背、机械训练，缺乏创新性教育。

③以教师为中心，重视"教"的过程，轻视"学"的过程，关注学习结果。

2. 请根据教师职业道德素养理论，结合案例谈谈教师如何能把对学生的热爱落到实处。

【答案要点】

（1）教师职业道德素养理论。

教师的职业道德又称"教师道德"或"师德"，是教师在从事教育劳动中所遵循的行为准则和必备的道德品质。它是社会职业道德的有机组成部分，是教师行业特殊的道德要求。它从道义上规定了教师教育劳动过程中以什么样的思想、感情、态度和作风去待人接物，处理问题，做好工作，为社会尽职尽责。它是教师行业的特殊道德要求，是调整教师与教师、教师与学生、教师与校领导、教师与学生家长以及教师与社会其他方面关系的行为准则，是一般社会道德在教师职业中的特殊体现。爱与责任是师德的核心与灵魂。当前，教师职业道德的时代特征主要有爱国守法、爱岗敬业、教书育人、关爱学生、为人师表、终身学习。

（2）如何能把对学生的热爱落到实处。

①热爱教育事业，富有献身精神和人文精神。热爱教育事业，是搞好教育工作的基本前提。许多优秀教师之所以能在教育工作中做出卓越的成绩，首先是因为他们热爱教育事业，愿意为下一代的成长贡献出自己的毕生精力。另外，教师还应具备基本的人文精神，要关怀学生的生存和发展、人生价值的实现，要关怀民族、人类的现实生存境遇和未来发展前景。

②热爱学生，诲人不倦。热爱教育事业具体体现在热爱学生上。爱学生是教师的天职，是教育好学生的重要条件。教师只有热爱学生，才能教育好学生，才能使教育发挥最大限度的作用。

③热爱集体，团结协作。教师的劳动既具有个体性，又具有集体性。一个学生的成才，绝非仅仅是哪一位教师的功劳，而是教师群体的智慧和共同劳动的结晶。教师与教师之间，教师与其他为教育服务的工作人员之间应该相互尊重、团结协作，最大限度地发挥集体的教育力量。

④严于律己，为人师表。教师为人师表，必须以身作则，严于律己。凡是要求学生做到的，教师首先要做到；凡是要求学生不能做的，教师首先要自律。只有这样，教师才能树立威信，受到学生的尊敬。

四、分析论述题

1. 试分析教育的日常概念与科学概念的区别及其内涵特征。

【答案要点】

教育是人的发展与社会发展的中介活动，其主旨在于以人为本、育人成人，培养人成为他所生存的那个时代的社会实践主体，引导人和社会的持续发展。

教育的日常概念是广义教育，指凡是有目的地增进人的知识技能、影响人的思想品德、增强人的体质的活动都是教育，包括人们在家庭中、学校里、亲友间、社会上所受到的各种有目的的影响。

教育的科学概念是狭义教育，主要指学校教育，指一种专门组织的不断趋向规范化、制度化、体系化的教育。它是根据一定的社会现实和未来需要，遵循受教育者身心发展的规律，有目的、有计划、有组织地对受教育者身心施加影响，把他们培养成为一定社会或阶级所需要的人的活动。

2. 试评析当代教育学发展的状态。

【答案要点】

（1）教育学研究的问题领域急剧扩大。

20世纪末21世纪初，教育学研究的问题领域已经从微观的教育教学过程扩展到宏观的教育规划，从教育的内部关系扩展到教育的外部关系，从基础教育扩展到高等教育，从正规教育扩展到非正规教育，从学校教育扩展到社会教育，从正常儿童的教育扩展到一些有特殊需要的儿童的教育，从儿童青少年的教育扩展到成人教育、老年教育、终身教育等。一个巨大的教育问题领域已经形成。

（2）教育学的研究基础和研究模式呈现多样化。

当代教育学的基础包括了更加广阔的学科领域，如生理学、脑科学、数学、社会学、经济学等。不同的人可以从不同的理论基础出发进行研究，形成不同的教育观，彼此之间相互批评相互借鉴相互吸收，出现了一个教育学史上少有的百家争鸣的时代，推动了教育学术和教育实践的发展。

（3）教育学发生了细密的分化，形成了初步的教育学科体系。

20世纪以来，随着教育问题领域的扩展以及研究基础和模式的多样化，教育学也发生了快速的学科分化，教育学一个个组成部分纷纷发展为独立的学科，与此同时，这些相对独立的学科又与其他类型的学科进行交叉，出现了许多子学科、边缘学科。值得注意的是，20世纪后半叶的教育学在发生高度分化的同时又出现了高度综合的现象。

（4）教育学研究与教育实践改革的关系日益密切。

当代教育学的研究者们所关心的是教育实践中到底存在哪些问题，问题产生的原因是什么以及如何解决这些问题等。与此同时，当代教育实践的发展也日益呼唤着教育理论的指导，为教育学的发展提供了强大的社会动力。在这种情况下，传统教育理论工作者与教育、实践工作者之间的隔膜、陌生乃至对立状态得到了一定程度的扭转，在一些教育理论工作者与教育实践工作者之间出现了多种形式的接触、交流和对话。科学领域的研发模式也开始出现在教育研究领域，一些教育研究团队已经邀请一线的教师校长、教育行政人员、教育企业家等加入进来，教育研究成果的实践转化、技术转化、政策转化能力不断增强。

（5）教育学加强了对自身的反思，形成了教育学的元理论。

教育学反思作为一种研究活动而言不同于对教育实践的研究，它是对教育研究的研究，也就是对教育的元研究，其目的是要检讨教育研究活动本身的目的性质、价值、知识结构等，形成教育学观。之所以如此是因为不提高理论活动的自觉性，就不能提高理论本身的清晰度和科学性，不能更好地为教育实践服务。有关教育学自身的反思研究结果就形成了教育的元理论，即关于教育学学科自身的知识体系，如关于教育学研究对象的知识、逻辑起点的知识等。这些教育学元理论的出现，会极大地提高教育学者的理论自觉性，会推动明日教育学的发展，使之在当代和未来教育改革中产生更大的作用。

2016年 宁夏大学 333 教育综合·真题解析

一、名词解释

教育

教育是人的发展与社会发展的中介活动。其概念有广义和狭义之分。广义教育指凡是有目的地增进人的知识技能、影响人的思想品德、增强人的体质的活动都是教育，包括人们在家庭中、学校里、亲友间、社会上所受到的各种有目的的影响。狭义教育主要指学校教育，指一种专门组织的不断趋向规范化、制度化、体系化的教育。

美育

美育是指培养学生正确的审美观，发展他们鉴赏美、创造美的能力，培养其高尚情操和文明素质的教育。普通中学在美育方面的要求主要是：通过音乐、美术、文学教育等审美活动，充实学生的精神生活，培养他们感受美、欣赏美和创造美的能力，养成审美情趣和高尚情操。

学习动机

学习动机是动机在学习活动中的表现，是引起和维持个体进行学习活动，并使活动朝向一定的学习目标，以满足某种学习需要的一种内部心理状态。它的主要内容包括知识价值观、学习兴趣、学习效能感和成败归因。

学习策略

学习策略是指学习者为了提高学习的效果和效率，有目的、有意识地制定的有关学习过程的复杂的方案。具有以下四个特征：主动性、有效性、过程性、程序性。

课程

课程是由一定的育人目标、特定的知识经验和预期的学习活动方式构成的一种蕴含着丰富、基本而又有创造性与潜质的一套计划与设定。广义的课程指所有学科的总和，狭义的课程指一门学科。

二、简答题

1. 农业社会教育的基本特征。

【答案要点】

（1）古代学校的出现和发展。

据可查证的资料，人类最早的学校出现于公元前2500年左右的古埃及，我国的学校产生于公元前1000多年前的商代。学校的出现意味着人类正规教育制度的诞生，是人类教育文明发展的一个质的飞跃。

（2）教育阶级性的出现和强化。

由于统治阶级对物质和精神生活及生产资料的绝对占有，他们同样地也占有学校，教育具有阶级性。此后，教育的阶级性是一切阶级社会教育的重要属性。

（3）学校教育与生产劳动相脱离。

由于不劳而获的统治阶级对学校教育权的控制，他们不允许在学校中向自己的子弟传递那些只有被统治阶级才需要的生产知识和技能。他们要求自己的子弟学习一些统治术、战争术、外交术等，从思想观念上教唆他们鄙视生产劳动和与之相关的知识技能。生产劳动的经验一开始就被排斥在学校的大门之外，有关这方面经验的传递主要是依靠生产过程中"师徒制"的方式进行的。

2. 简述教育学的价值。

【答案要点】

（1）反思日常教育经验。教育世俗性认识以及由此产生的日常教育经验本身具有局限性，随着教育实践活动范围的扩大和内容的丰富，日常教育经验逐渐失去了解释、规范与指导的作用。因此，现代社会就必然要求以科学的教育理论来代替日常的教育经验。

（2）科学解释教育问题。教育学研究的主要任务就是对教育问题提供超越日常习俗和传统理论认识的新解释；教育学作为对于教育问题的科学解释，就必须使用专门的语言、概念或符号；教育学对于教育问题的科学解释不是直接建立在感性经验与判断基础上的，是一种理性的解释。

（3）沟通教育理论与价值。第一，启发教育实践工作者的教育自觉，使他们不断地领悟教育的真谛；第二，获得大量的教育理论知识，拓展教育工作的理论视野；第三，养成正确的教育态度，培植坚定的教育信念；第四，提高教育实践工作者的自我反思和发展能力；第五，为成为研究型的教师打下基础。

3. 一堂好课的基本标准是哪些？

【答案要点】

上好课，是提高教学质量的关键。应以现代教学理念为指导，遵循教学规律与原则，创造性地运用教学方法，并注重做到以下几点：

（1）明确教学目的。这是上好一堂课的前提。

（2）保证教学的科学性与思想性。这是上好一堂课的基本质量要求。

（3）调动学生的学习积极性。这是上好一堂课的内在动力。
（4）注重解惑纠错。这是上好一堂课的关键。
（5）组织好教学活动。这是上好一堂课的保障。
（6）布置好课外作业。

4. 简述如何矫正学生的不良品行？

【答案要点】

通过借鉴西方现代三大学习理论的精髓思想，矫正学生品行不良的方法主要有以下几种：

（1）运用行为主义学习理论培养个体的良好行为方式。在教育中适当运用渐进强化的原理，可以有效地塑造学生的良好行为方式或矫正学生的偏差行为方式。

（2）直接从自我观察学习入手培养人的自律行为。自律是个人根据自己的价值标准评判自己的行为，从而规范自己去做自己认为应该做的事情，或避免做自己认为不应该做的事。

（3）提高道德认识法。"美德即知识"的命题启示人们，在很多时候丰富人的道德认识的确可以使人少犯错误，尤其是一些低级错误。这样，妥善采取常用的说理法、故事启发法、小组讨论法或价值澄清法等方法以提高人们的道德认知水平，往往是防治品行不端的有效之举。

（4）改过迁善法。指要求犯错者纠正自己的不良品德，以使自己朝着善的方向发展的方法。该方法由两部分组成：一是消除一个或几个错误的地方；二是通过一定的练习，使自己的行为朝着与原来不良行为相反的或不相容的方向发展。

（5）防范协约法。指以书面形式在教育者与被教育者之间建立和实施的一种监督关系的矫正不良行为的方法。

三、案例分析

1. 试着用所学教育学原理分析其中的道理。

【答案要点】

渔霸的女儿在渔夫的培养下成了一个武艺高强的渔民起义领袖，老渔民的女儿在渔霸的培养下却成了一个弱不禁风的娇小姐。该故事体现了遗传素质、环境、教育及个体在人的身心发展中的重要作用。

（1）遗传在人发展中的作用。

①遗传素质是人的发展的生理前提。遗传是指人从上代继承下来的生命机体及其解剖上的特点，是人的发展的自然的或生理的前提条件，为人的发展提供可能。

②遗传素质的成熟程度制约着人的发展过程及年龄特征。遗传素质的成熟过程，表现为人身体的各种器官的形态、结构和机能的发展变化与完善，为一定年龄阶段的身心特点的出现提供了可能，制约着人的发展的年龄阶段。

③遗传素质的差异性对人的发展有一定的影响。遗传素质的差异不仅表现在体态和感觉器官的功能上，也表现在神经活动的类型上。人们对外界事物反应的快慢、情感表现的强弱和是否容易转移等方面，也存在着差异。

④遗传素质具有可塑性。随着环境、教育和实践活动的作用，人的遗传素质会逐渐地发生变化，这就说明了遗传素质具有可塑性。

（2）环境在人的发展中的作用。

①环境是人的发展的外部条件。环境是人的发展的外部实现根基与资源，泛指个体生存于其中并影响个体发展的外部世界。人的生存与发展环境十分复杂，根据其性质可以分为自然环境和社会环境。社会环境是儿童得以发展的现实条件和现实源泉，对人的发展起着不可替代的作用。

②环境的给定性与主体的选择性。环境的给定性指的是由自然与社会、历史遗产与他人为儿童个体所创设的环境，它对于儿童来说是客观的、先在的、给定的。儿童只有适应环境以获得自身的生存与发展。主体的选择性指的是人是具有能动性的主体，他对环境变化的刺激做出的回应是可以由主体内在的意愿来选择和决定的。环境对人的发展的制约作用离不开人对环境的能动活动，环境的给定性不会限制人的选择性，反而能激发人的能动性、创造性。

（3）个体活动在人的发展中的作用。

①个体活动是人的发展的决定因素。个体的活动、个体的社会实践是个体与环境互动的中介，是个体发展的基础，是个体发展的决定性因素。学生的主体活动既是学生存在和发展的方式，又是教育的重要基础。教育必须通过引领和组织学生的主体活动来促进学生的身心与个性的发展。

②个体活动制约着环境影响的内化与主体的自我建构。人在同环境的相互作用的过程中，既改造着环境，也在改造环境的活动中发展和提升了个人的素质，从人的发展的视域看，实质上是一个自我建构的过程。学生的能动性主要表现为：在教育者的影响下，在积极参与社会生活和交往活动的基础上能动地进行自我认识、自我发展和自我建构。

③个体通过能动的活动选择、构建着自我的发展。个人通过能动的活动不仅能把握自己与外部世界的关系，而且能把自身的发展当作自己认识的对象和自觉实践的对象，选择与建构自己的发展。人的发展的过程就是通过能动的活动不断自我超越的过程。

（4）教育对人的身心发展的作用。

①教育能够制约人的遗传素质对其身心发展的影响。

②教育能够调节和选择环境对人的身心发展的影响。

③教育能够系统影响人的身心发展的方向、速度和水平。

四、分析论述题

1. 结合实际，谈谈良好师生关系建立的基本策略。

【答案要点】

良好师生关系的构建就是师生关系建立、调整和优化的过程。教师在师生关系建立与发展中占有重要地位，起着主导作用。要建立民主、和谐亲密、充满活力的师生关系，对教师来说，有以下几种策略：

（1）了解和研究学生。包括了解学生个体的思想意识、道德品质、兴趣、需要、知识水平、学习态度和方法、个性特点、身体状况和班集体的特点及其形成原因。

（2）树立正确的学生观。学生观就是教师对学生的基本看法，它影响着教师对学生的认识及其态度与行为，进而影响学生的发展。正确的学生观来自教师对学生的观察和了解，来自教师向学生的学习和对自我的反思。

（3）热爱、尊重学生，公平对待学生。热爱学生包括热爱所有学生，对学生充满爱心，经常走到学生之中，忌讳挖苦、讽刺、粗暴对待学生。尊重学生特别要尊重学生的人格，保护学生的自尊心，维护学生的合法权益，避免师生对立。教师处理问题必须公正无私，使学生心悦诚服。

（4）主动与学生沟通，善于与学生交往。要求教师掌握沟通与交往的主动性，经常与学生保持接触、交心；同时教师还要掌握与学生交往的策略和技巧，如寻找共同的兴趣或话题、一起参加活动等。

（5）努力提高自我修养，健全人格。教师要使师生关系和谐，就必须通过自己崇高的理想，科学的世界观、人生观，渊博的知识，严谨的治学态度，活泼开朗的性格，多方面的爱好与兴趣等来吸引学生。

2. 结合实际，试分析如何培养学生的学习兴趣。

【答案要点】

学习兴趣是个体的一种带有积极色彩的认识倾向，它是以认识和探索某种事物的需要为基础，推动个体去认识事物、探求真理的一种内部动力，是学生学习中最活跃的动力因素。学习兴趣的培养措施有以下几个方面：

（1）教学过程中激发学生的兴趣。

第一，注意合理安排教学内容，教师在安排教学内容时应当贯穿维果茨基的最近发展区的教学思想，教学内容注意深浅得当，难易适中，让学生经过一定的努力就能掌握，教师要善于在学生已有知识的基础上讲授新知识，把新知识纳入已有知识体系中，才能充分调动学生的学习兴趣。

第二，教师要根据学生的年龄特点，采取灵活新颖的教学方法，富有趣味性的言语和提问，巧妙地把枯燥的知识用通俗易懂的形式进行讲授，调动学生学习的积极性，使课堂兴趣盎然。

第三，鼓励学生自主学习。在教学中，教师应放开学生的手脚，鼓励学生自主自动地学习，通过自我调节策略来调节学习兴趣，感受学习的乐趣。

（2）开展有效的课外活动激发学生的学习兴趣。

教师鼓励学生参加各种有益的课外活动，不仅为学生大量提供课本上没有的其他知识，而且能使他们亲力亲为，增强动手、动脑能力，激发他们思考问题、质疑的能力，引发他们新的学习兴趣，促进创造思维能力的发展。

（3）对各科学习赋予积极期望。

在教育教学中要鼓励学生对所学习的科目赋予积极的心理期望，即对自己有信心，从改善自身的心理状态入手，对自己不喜欢的学科充满期望，相信该学科是非常有趣的，自己一定会对这门学科真正感兴趣。想象中的"兴趣"会推动我们认真学习该学科，从而导致对此学科真正感兴趣。

（4）创设有效的问题情境，激发学生的学习兴趣。

问题情境是一种适度的疑难情境，在教学中要想尊重学生的学习规律，促进学生的发展，就要努力以问题为中心进行教学和学习，通过问题来组织、引导、调控教学，使学生积极主动地参与学习过程，从而理解和运用知识，体验到学习过程的魅力。

（5）融洽的师生关系，有助于学生学习兴趣的形成。

融洽的师生关系直接影响学生的学习情绪，师生心理相容能提高教学效果。尊重、信任学生也是建立良好师生关系必不可少的重要条件，学生只有得到人格的尊重和必要的信任，才能参与知识形成、发展、应用的过程，才能激发求知欲。师生间情感的交流和沟通会直接影响到学生对知识学习的兴趣。

2015年

宁夏大学 333 教育综合·真题解析

一、选择题

1~5 AAACC

二、名词解释

内隐学习

内隐学习是指机体在与环境接触的过程中不知不觉地获得了一些经验并因之改变其事后某些行

为的学习，是一种产生抽象知识、平行于外显学习方式的无意识加工。

知识

从认识的本质上讲，知识是人对事物属性与联系的能动反映，是通过人与客观事物的相互作用形成的。人在与外界相互作用的实践活动中，获得来自客体的各种信息，用一定方式对这些信息进行加工和组织，形成对事物的理解，从而形成知识。

教育制度

教育制度是指一个国家各级各类实施教育的机构体系及其组织运行的规则。它包括相互联系的两个方面：一是各级各类教育机构与组织；二是教育机构与组织赖以存在和运行的规则，如各种相关的教育法律、规则、条例等。具有客观性、规范性、历史性和强制性的特点。

校本课程

校本课程是以学校为课程编制主体，自主开发与实施的一种课程，是相对于国家课程和地方课程的一种课程。校本课程的实施有助于最大限度地促进每个学生的发展，有助于提高教师的专业水平，有助于提高学校的办学水平。

教学设计

教学设计指研究教学系统、教学过程和制订教学计划的系统方法。它是教师在备课过程中，以传播理论和学习理论等为基础，应用系统论的观点和方法，分析教学中的问题和需求，确定教学目标，设计解决问题的步骤，选择相应的教学策略和教学媒体，形成教学方案，分析评价其结果并修改方案的过程。

三、简答题

1. 简述教育在个体发展过程中的基本功能。

【答案要点】

教育的个体功能指教育对个体发展的促进作用，具体表现为教育的个体社会化功能和教育的个体个性化功能之分。

（1）教育个体社会化功能。

人的发展首先是社会性的发展，因此教育的个体发展功能首先表现为促进个体社会化的功能。学校教育促进个体社会化的功能主要表现在以下三方面：第一，教育促进个体思想意识的社会化；第二，教育促进个体行为的社会化；第三，教育促进角色和职业的社会化。

（2）教育的个体个性化功能。

真正的教育是个性化的教育，促进人的个性发展是教育最根本的功能。学校教育的个体个性化功能主要表现在以下三方面：第一，教育促进人的主体意识的形成和主体能力的发展；第二，教育促进个体差异的充分发展，形成人的独特性；第三，教育开发人的创造性，促进个体价值的实现。

2. 简述知识经济时代如何培养学生的人文和创新精神。

【答案要点】

（1）培养人文精神。

坚持把立德树人作为高校人才培养的根本任务，实施"课程思政"和"课程人文"，实现全员育人、全方位育人、全过程育人。

在立德树人的根本方针的引领下，加强院校的内涵建设，致力于培育学生的"工匠精神"，加紧培养推动制造业转型升级的"大国工匠"。

通过人文课程和通识课程的开设，提升学生人文素质，从中华优秀传统文化中汲取养分，丰富学生的精神世界，培育健全人格。

重视校园德育环境在培养学生人文精神过程中的引导功能；重视校园文化环境在培养学生人文精神过程中的塑造功能；重视校园制度环境在培养学生人文精神过程中的规范功能；重视校园物质环境在培养学生人文精神过程中的陶冶功能。

（2）培养创新精神。

创新是人类社会发展的动力。创新能力和创新精神的培养必须从中小学就开始重视，这就要求我们正确认识创新与全面发展教育目的之间的关系。

创新要旧中求新。要花大力气进行教学目标、教学内容和教学方法等环节的改革，不能放弃学校教育，尤其是基础教育。

我们要把握创新的正确导向。创新固然以突破旧领域、开拓新领域为主要表征，但只有对促进社会发展、社会进步有积极意义的新颖事物才能真正称得上创新。因此，创新活动决不能偏离政治和道德的准则。离开了正确的导向，所谓创新人才必将误入歧途，最终导致教育本身的毁灭。

3. 简述皮亚杰发展理论对教育的影响。

【答案要点】

根据皮亚杰的认知发展理论，教育教学应注意以下几点：

（1）提供活动。教师既应为学生创设大量的物理活动，也应为他们提供相应的心理活动机会。在形式运算阶段前，教师应为学生提供从现实物体和事件中学习的机会。

（2）创设最佳的难度。皮亚杰认为认知发展是通过不平衡来促进的。因而，教师要通过提问来引起学生认知的不平衡，并提供有关的学习材料或活动材料，促使学生的认知发展。

（3）关注儿童的思维过程。在教学中，教师必须认识到儿童思考问题的方式与成人不同，并根据儿童当前的认知水平提供适宜的学习活动，这样才能真正促进儿童的认知发展。

（4）认识儿童认知发展水平的有限性。教师需要认识各年龄阶段儿童认知发展所达到的水平，遵循儿童认知发展顺序来设计课程，这样在教学中就会更加主动。

（5）让儿童多参与社会活动。儿童在参与社会活动的过程中，能够逐渐认识到他人的观点与自己的不同，引发认知发展。

4. 简述工业社会教育的基本特征。

【答案要点】

（1）现代学校的出现和发展。

从时间上来说，现代学校最早出现在18世纪，是应现代大工业生产的要求而产生的。与农业社会的学校相比，现代学校在体系上更完备、类型上更多样、层次上更清晰、性质上也更世俗化。

（2）教育与生产劳动从分离走向结合，教育的生产性日益突出。

从工厂制度萌发了未来教育的幼芽，未来教育对所有已满一定年龄的儿童来说，就是生产劳动同智育和体育相结合。教育已经成为经济发展的杠杆。教育的生产性和经济功能得到了世界各国政府的重视，教育改革因此被作为经济发展的战略性条件。

（3）教育的公共性日益突出。

教育越来越成为社会的公共事业，师生关系也由农业社会的不平等关系转变为工业社会的民主关系，由绝对的教师中心走向教师指导和帮助下的学生自治。

（4）教育的复杂性程度和理论自觉性都越来越高，教育研究在推动教育改革中的作用越来越大。

工业社会的教育，无论是从规模上还是从结构上来说，其复杂程度都是农业社会的教育所无法比拟的。因此，教育实践迫切需要教育理论的指导，从客观上促进了教育科学的发展和教育理论的创新。反过来，教育科学的发展和教育理论的创新又指导着教育实践、教师教育和教育政策的制定，提高它们的理性自觉程度。

四、案例分析题

1. 试用教育学、教育心理学理论分析其中的原因。

【答案要点】

该实验体现了罗森塔尔效应，也叫皮格马利翁效应或教师期望效应。皮格马利翁效应指人们基于某种情境的知觉而形成的期望或预言，会使该情境产生适应这一期望或预言的效应。如果教师根据对某一学生的了解而形成一定的期望，就会使该学生的学习成绩和行为表现发生符合这一期望的变化。

皮格马利翁效应告诉我们，对一个人传递积极的期望，就会使他进步得更快，发展得更好。反之，向一个人传递消极的期望则会使人自暴自弃，放弃努力。运用在教学中，教师期望效应是一种激发个人的心理潜力，提高学习效果的暗示手段。它运用了暗示在心理态度建立与习惯的养成方面的作用。教师期望具有以下功能：

（1）具有激励作用。教师采用激励方式诱导学生产生内在驱动力，这样可以把教师的教学要求内化为学生的自觉行动，从而使学生获得主动的发展。

（2）具有调整作用。当教师的期望与学生的思想认识达到同一频率时，师生之间就会产生认识、情感、思维等方面的共鸣。因此，教师期望效应具有调节师生之间关系的作用。

（3）具有转化作用。教师期望需要教师关注、尊重、理解并相信每一位学生。这就要求教师转变以往教育观念，接受新的教育理念，从而使教师在教学过程中发挥更大的作用。

（4）具有支援性作用。学生在探索知识的过程中，难免会遇到这样那样的困难，表现出苦闷和急躁，对学习丧失信心，在这种情况下，教师需要给予学生以心理支援，帮助学生走出困境。

在实际教学应用中，教师切不可对学生期望过高，拔苗助长；或者是期望过低，打消学生的积极性。教师的期望目标必须遵循适度性原则，即期望目标为学生的"最近发展区"，是学生相对较容易达成的目标，这样才能取得最佳的教学效果。

2. 问1：从教育的社会发展功能角度，分析下列材料观点的合理性。

　　问2：根据相关理论分析下列材料中教育目的的价值取向。

【答案要点】

问1：作者洞察到了教育的社会功能，颇有眼见。

教育被社会发展所制约，但教育也能动地反作用于社会，具有推动社会发展的功能。教育的社会功能主要有两种：社会变迁功能与社会流动功能。

教育的社会变迁功能是指教育通过开发人的潜能，提高人的素质，引导人的社会化，影响人的社会实践，来推动社会的发展和变革。其包括经济、政治、文化和生态功能四个方面。

教育的社会流动功能是指社会成员通过教育的培养、筛选和提高，能够在不同的社会区域、社会层次、职业岗位、科层组织之间转换、调整和变动，以充分发挥其个人的智慧才能，实现其人生价值。包括横向流动功能和纵向流动功能。前者指水平流动而不提升地位；后者指纵向的提升，提高社会地位及作用。

问2：（1）教育目的的价值取向是指教育目的的提出者或从事教育活动的主体，依据自身对人的发展和社会发展需要的理解而对教育价值做出选择时所持有的一种倾向。有个人本位论价值取向和社会本位论价值取向之分。材料中"夫教育目的不能仅在个人。当日在造成个人为圣贤，而今教育之最要目的，在谋社会的进步"，表明教育的目的在于谋社会的进步，说明作者在教育目的上是鲜明的社会本位价值取向。

（2）社会本位论的代表人物有德国哲学家那托尔普、法国思想家涂尔干、德国教育家凯兴斯泰纳等。其主要观点有：

①个人的一切发展都有赖于社会，都受社会的制约，人的一切发展也是为了满足社会的需要。

②教育除了满足社会需要以外并无其他目的。

③教育结果的好坏是以其社会功能发挥的程度来衡量的，离开了社会，就无法对教育的结果做出衡量。

社会本位论者从社会需要出发来选择教育目的的价值取向，无疑是看到了教育的社会作用，在今天这样生产高度社会化的时代，也具有一定的借鉴价值；但只是站在社会的立场看教育而抹杀了个人在选择教育目的过程中的作用，并以此来排斥教育满足个人发展的需要，则是片面的、不正确的。

四、分析论述题

1. 联系实际说明教师职业倦怠的成因及对策。

【答案要点】

教师职业倦怠是教师不能顺利应对工作压力时的一种极端反应，是教师长期压力体验下所产生的情绪、态度和行为的衰竭状态。包括情感衰竭、去个性化和个性成就感降低。

（1）成因。

①社会因素，即教师职业的声望压力。

②职业因素，即教师担当的多种角色所产生的角色职责压力、角色冲突和角色超载压力。

③工作环境，即教师与学生、家长、领导、同事之间的人际关系压力，学校的考评、聘任制度所带来的压力，特别是人际消耗与冲突对教师职业倦怠具有重要的预测作用。

④个人因素，如角色模糊、自我效能感、社会比较方式、集体自尊、应付方式、创造性等因素。

（2）对策。

①勇于面对，客观看待，换个角度思考问题。人们一般认为是外在不良事件引起了自己的情绪反应，实际上引起什么样的情绪反应不完全取决于外因，而主要是由当事人自己对该事件的认识、评价和解释引起的。认识、解释不同，产生的个人体验也就不同。任何事情都有积极面和消极面，教师职业角色压力及生活中的压力也是这样，若能换个角度思考问题，往往能茅塞顿开。

②进行职业发展规划，使用问题解决策略和具体的放松策略。首先，处于任何发展阶段的教师都需要进行职业发展规划，尤其是新教师，要在教师职业生涯开始时就为自己设定发展目标，把目标细化，利用所有资源来实施这些目标，并定期审查目标达到的情况以调整发展计划。其次，在出现问题时要使用问题解决策略，包括及时合理地宣泄情绪、寻求社会支持、立即处理问题、转移注意力和重新调整等。最后，运用具体的放松策略来调节生活，包括适度的体育运动、休闲，以及在感觉紧张时使用肌肉放松、冥想放松等方法来松弛身心。

2014年 宁夏大学 333 教育综合·真题解析

一、选择题

1~5 CAADD　6~7 AB

二、名词解释

先行组织者

先行组织者是指先于学习任务本身呈现的一种引导性材料，它要比学习任务本身具有更高的抽象、概括和综合水平，并且能清晰地与认知结构中原有的观念和新的学习任务关联。

学习

学习是个体在特定情境下由于练习或反复经验而产生的行为或行为潜能的比较持久的变化，具有以下几个特点：学习是由反复经验引起的；学习导致行为或行为潜能的变化且这种变化是相对持久的；行为的变化并不等同于学习的存在；学习所带来的行为变化往往要通过行为表现出来，但学习与表现不能等同；学习是一个广义概念，它不仅是人类普遍具有的，也是动物所具有的。

成就动机

成就动机是指一种努力克服障碍、施展才能、力求又快又好地解决某一问题的愿望或趋势。它在人的成就需要的基础上产生的，是激励个体从事自己认为重要或有价值的工作，并力求获得成功的一种内在驱动力。

学习动机

学习动机是动机在学习活动中的表现，是引起和维持个体进行学习活动，并使活动朝向一定的学习目标，以满足某种学习需要的一种内部心理状态。它的主要内容包括知识价值观、学习兴趣、学习效能感和成败归因。

自我效能感

自我效能感由班杜拉提出，是指个体对自己能否成功进行某一成就行为的主观判断。它影响着个体对行为的选择、付出多大努力以及坚持多久。

技能

技能是通过练习形成的合乎规则或程序的身体或认知活动方式，包括身体方面的技能和认知方面的技能。技能有三个方面的特点：技能是由练习导致的；技能表现为身体或认知动作；合乎规则或程序是技能形成的前提。

品德

品德或道德品质指个人依据一定的道德行为准则行动时所形成和表现出来的某些稳固的特征。品德是一种个体心理现象，是社会道德在个体身上的反映。

程序教学

程序教学指通过教学机器呈现程序化教材而进行自学的一种方法。它把一门课程学习的总目标分为几个单元，再把每个单元分成许多小步子。学生在学完每一步骤的课程后，就会马上知道自己的学习结果，即能得到及时强化，然后按顺序进入下一步的学习。

三、简答题

1. 简要介绍教育起源的几种学说。

【答案要点】

（1）神话起源说。教育与其他事物一样，都是由上帝或天所创造的，教育的目的就是体现神或天的意志，使人皈依于神或顺从于天。

（2）生物起源说。教育活动不仅存在于人类社会中，也存在于人类社会之外，甚至存在于动物界。教育的产生完全来自动物的本能，是种族发展的需要。代表人物有法国哲学家利托尔诺、英国教育学家沛西·能。

（3）心理起源说。原始教育的形式和方法主要是日常生活中儿童对成人的无意识模仿。代表人物是美国教育家孟禄。

（4）劳动起源说或社会起源说。第一，生产劳动是人类最基本的实践活动；第二，教育起源于生产劳动过程中经验的传递；第三，生产劳动过程中的口耳相传和简单模仿是最原始和最基本的教育形式；第四，生产劳动的变革是推动人类教育变革最深厚的动力。代表人物主要集中在苏联和我国的教育学家中。

2. 简述激发学生学习动机的基本举措。

【答案要点】

（1）创设问题情境，实施启发式教学。
（2）根据作业难度，恰当控制动机水平。
（3）充分利用反馈信息，给予恰当的评定。
（4）妥善进行奖惩，维护内部学习动机。
（5）合理设置课堂环境，妥善处理竞争和合作。
（6）适当进行归因训练，促使学生继续努力。
（7）培养自我效能感，增强学生成功的自信心。
（8）维护学生自我价值，警惕自我妨碍策略。
（9）维护内在需要，促进外部动机内化。

3. 简述实用主义教育学的基本观点。

【答案要点】

实用主义教育学是19世纪末20世纪初在美国兴起的一种教育思潮，其代表人物是杜威和克伯屈。该理念的主要观点是：

（1）教育即生活，教育的过程与生活的过程是合一的，而不是为将来某种生活做准备的。
（2）教育即学生个体经验持续不断的增长。
（3）学校是一个雏形的社会，学生在其中要学习现实社会中所要求的基本态度、技能和知识。
（4）课堂组织以学生经验为中心，而不是以学科知识体系为中心。
（5）师生关系以儿童为中心，教师只是学生成长的帮助者，而非领导者。
（6）教学过程应重视学生自己的独立发现、表现和体验，尊重学生发展的差异性。

实用主义教育学以实用主义文化为基础，对以赫尔巴特为代表的理性主义教育理念进行了深刻的批判，推动了教育学的发展；但其在一定程度上忽视了系统知识的学习、弱化了教师在教育教学过程中的主导作用，模糊了学校的特质，并因此受到批判。

4. 简述科尔伯格道德发展的阶段和水平。

【答案要点】

美国心理学家科尔伯格认为儿童道德的发展是分阶段的，他在研究中发现道德发展不是只有两个水平，而应该有多个水平，提出了著名的"三水平六阶段"的道德发展阶段论。

（1）前习俗水平。大约出现在幼儿园及小学低中年级阶段。该时期的特征是儿童遵守规范，但尚未形成自己的主见，着眼于人物行为的具体结果，关心自身的利害。包括惩罚和服从的定向阶段和工具性的相对主义定向阶段。

（2）习俗水平。在小学中年级以上出现，一直到青年、成年。该时期的特征是个人逐渐认识到团体的行为规范，进而接受并付诸实践。包括人际协调的定向阶段和维护权威或秩序的定向阶段

（3）后习俗水平。该阶段已经发展到超越现实道德规范的约束，达到完全自律的境界，这个水平是理想的境界，成人也只有少数人才能达到。包括社会契约的定向阶段和普遍道德原则的定向阶段。

5. 简述矫正学生不良行为的基本方式。

【答案要点】

通过借鉴西方现代三大学习理论的精髓思想，矫正学生品行不良的方法主要有以下几种。

（1）运用行为主义学习理论培养个体的良好行为方式。在教育中适当运用渐进强化的原理，可以有效地塑造学生的良好行为方式或矫正学生的偏差行为方式。

（2）直接从自我观察学习入手培养人的自律行为。自律是个人根据自己的价值标准评判自己的行为，从而规范自己去做自己认为应该做的事情，或避免做自己认为不应该做的事。

（3）提高道德认识法。"美德即知识"的命题启示人们，在很多时候丰富人的道德认识的确可以使人少犯错误，尤其是一些低级错误。这样，妥善采取常用的说理法、故事启发法、小组讨论法或价值澄清法等方法以提高人们的道德认知水平，往往是防治品行不端的有效之举。

（4）改过迁善法。指要求犯错者纠正自己的不良品德，以使自己朝着善的方向发展的方法。该方法由两部分组成：一是消除一个或几个错误的地方；二是通过一定的练习，使自己的行为朝着与原来不良行为相反的或不相容的方向发展。

（5）防范协约法。指以书面形式在教育者与被教育者之间建立和实施一种监督关系的矫正不良行为的方法。

6. 简述当代教学观念发展的新趋势。

【答案要点】

（1）从重视认知向重视发展转变。当代教学非常强调研究学生身心发展的规律，研究学生在课堂情境中的学习规律，并遵循这些规律组织、安排教学。

（2）从重视继承向重视创新转变。在当代社会，人们认为教学的重要功能就是创造文化，学生的主要任务就是通过掌握知识经验，形成创造文化和创新生活的能力。无论是重视学生、重视能力、重视学法，还是重视发展、重视过程，都是重视创新的体现。

（3）从重视教法向重视学法转变。教学过程实质上应该是学生主动学习的过程，教学设计的实质是学生学习目标、学习内容、学习进程、学习方式、学习辅助手段以及学习评价的设计。目前流行且影响较大的教学方法：问题解决法、发现学习法、学导式方法、掌握学习法、异步教学法等，都渗透出重视学法的精神。

（4）从重视知识传授向重视能力培养的转变。当代社会，科学技术的发展导致"知识爆炸"，知识经验陈旧周期加快。教学的主要任务不再只是知识的传授而是学生能力的培养，着重培养学生学习、掌握和更新知识的能力，即"授人以渔"。

（5）从重视结果向重视过程转变。在当代社会，人们意识到教学结果是重要的，但更重要的是教学过程中学生的切身体验，学生的认知体验、情感体验和道德体验等。

（6）从重视教师的教向重视学生的学转变。随着社会发展，传统的"教师中心说"受到越来越深刻的批判。学生是学习活动的主体和主人。因此，当代教学强调研究学生的身心发展规律和学习规律，并遵循这些规律组织、安排教学。

四、案例分析题

1. 你是如何看待这一问题的，试用所学教育学理论分析这一现象。

【答案要点】

（1）教师的行为是不正确的。面对儿童画影子的行为，教师不但没有鼓励夸奖，反而是批评教育学生，扼杀了学生的创造力，不利于儿童的身心发展。

幼儿期是创造性思维形成的黄金时期，幼儿具有创造力的萌芽，他们的创造力具有不自觉性、不稳定性和可塑性强等特点，利用他们的可塑性对他们进行早期教育，使其创造力趋向自觉、稳定，让其处于萌芽状态的创造力得到发展是幼儿教育的一个重要任务。

（2）创造力的培养措施。

①营造鼓励创造的环境。这是促进学生创造性发展的必要条件。首先，应倡导民主式的教育和管理。其次，应改革考试制度，为学生创造宽松的学习环境。再次，应增加自主选择课程的机会和有针对性的课程设计。最后，应为学生提供创造性人物的榜样。

②培养创造性的教师队伍。首先，要转变教师的教育教学观念，使教师形成理解并鼓励学生的创造；其次，要教给教师必要的创造技法和思维策略；再次，为教师提供明晰的、具有实用价值的有关创造性的知识及相应的教学策略和技能；最后，教师应不断学习关于创造性的心理学知识，用心理学的理论指导自己的实践。

③培育创造意识，激发创造动机。只有当个人具有自觉的创造意识、强烈的创造动机，才易产生新思想、新方法、新观点。需要做到：树立学生创新的自信心；激发创造热情；磨砺创造意志；培养创造勇气。

④发展和培养创造性思维。创造性思维是创造性的核心。创造性思维的培养应注意以下几个方面：加大思维的"前进跨度"，培养思维的跳跃能力；加大思维的"联想跨度"，使学生敢于把习惯上认为毫不相干的、表面上看来微不足道的问题联系起来或进行移植；加大"转换跨度"，引导学生敢于否定原来的设想，善于打破固有的思路；给学生大胆探索与推测的体会。

⑤开设创造课程，教给创造技法。教学是培养学生创造性的重要途径。因此，开设创造性课程已成为国内外开发创造性的有效途径。在创造性课程的教学中，注重教给学生基本的创造技巧与方法是培养创造性的有效措施。促进创造性发展的主要创造技法有：头脑风暴法、系统探求法、联想类比法、组合创新法、对立思考法、转换思考法。

⑥塑造创造性人格。创造性人格是创造性的重要组成部分，培养学生的创造性人格是培养创造性的重要内容。主要方法有：保护好奇心；解除对错误的恐惧心理；鼓励独创性与多样性。此外，自信与乐观、忍耐与有恒心、合作、严谨等也是创造性人格培养的重要方面。

2.利用你学习过的教育学理论知识，分析上面材料包含的具体的教育学原理。

【答案要点】

（1）体现了教师的榜样示范。教师是学生的教育者、引路人，是他们崇敬的老师，依靠的长者，学习的榜样。他应严于律己，他的为人处世、一言一行、性情作风等各方面均能为人师表，为学生示范。所以，作为学生的榜样，教师须以身作则。

（2）体现了教师的职业道德。教师的职业道德又称"教师道德"或"师德"，是教师在从事教育劳动中所遵循的行为准则和必备的道德品质。它是社会职业道德的有机组成部分，是教师行业特殊的道德要求。它从道义上规定了教师教育劳动过程中以什么样的思想、感情、态度和作风去待人接物，处理问题，做好工作，为社会尽职尽责。它是教师行业的特殊道德要求，是调整教师与教师、教师与学生、教师与校领导、教师与学生家长以及教师与社会其他方面关系的行为准则，是一般社会道德在教师职业中的特殊体现。爱与责任是师德的核心与灵魂。当前，教师职业道德的时代特征主要有爱国守法、爱岗敬业、教书育人、关爱学生、为人师表、终身学习。

（3）体现了良好的师生关系。师生关系是指教师和学生在教育教学过程中结成的相互关系，包括彼此所处的地位、作用和相互对待的态度等。良好的师生关系不仅是顺利完成教学任务的必要手段，而且是师生在教育教学活动中的价值、生命意义的具体体现。理想的师生关系是师生主体间关系的优化，从其发生、发展的过程及其结果来看，具有三个基本特征：尊师爱生，相互配合；民主平等，和谐亲密；共享共创，教学相长。

四、分析论述题

1. 联系实际，试分析和论证如何组织和建立一个良好的班集体。

【答案要点】

（1）组建班集体。

一个班级从刚组建的群体发展为坚强的集体，要经历一个发展过程，大致分为三个阶段：

①组建阶段。这时，班组织从形式上建立起来了，但同学间互不了解，缺乏凝聚力和活动能力，对班主任有很大的依赖性，需要班主任亲自指导和监督才能开展活动。

②核心初步形成阶段。师生之间、同学之间有了一定的了解、友谊与信赖，学生积极分子不断涌现，班级的核心初步形成，班组织的功能已较健全。这时，班主任可以从直接领导、指挥班的活动，逐步过渡到向他们提出建议，由班干部来组织、开展集体的工作与活动。

③集体自主活动阶段。积极分子队伍壮大，学生普遍关心、热爱班集体，积极争先承担集体的工作，维护集体的荣誉，形成了正确的舆论与班风。班组织能根据学校和班主任的要求，与同学民主协商，自觉地向集体或其成员提出任务与要求，自主地开展集体活动。

（2）班集体的培养方法。

①确定集体的目标。目标是集体的发展方向和动机。建构集体首先要使集体明确奋斗的目标。集体的目标应当由班主任同全班同学一道讨论确定，以便统一认识，调动大家的积极性。

②健全组织、培养干部以形成集体核心。关键是要做好班干部的选拔与培养，班主任应放手让班干部大胆工作，在实践中锻炼、培养、提高；要教育班干部谦虚谨慎，以身作则、严于律己，对他们不可偏爱和护短，以免导致干群对立和班级的不团结。

③有计划地开展集体活动。班主任应重视全面开展各种活动，让每个学生都能在活动中得到锻炼与提高，以推动班集体的蓬勃发展。

④培养正确的舆论和良好的班风。班主任应经常注意组织学生学习政治理论、道德规范，以提高他们的认识；并注重表扬好人好事，批评不良思想行为，为形成正确舆论打下思想基础。特别是班主任要善于抓住重大偶发事件的处理，组织学生讨论，以分清是非，推动正确舆论的形成。

⑤做好个别教育工作。包括：促进每个学生个性的全面发展；做好后进生的思想转变工作；做好偶发事件中的个别教育。

2. 试分析教育在个体发展过程中的各种具体功能影响力。

【答案要点】

教育的个体功能指教育对个体发展的促进作用，具体表现为教育的个体社会化功能和教育的个体个性化功能之分。

（1）教育个体社会化功能。

人的发展首先是社会性的发展，因此教育的个体发展功能首先表现为促进个体社会化的功能。学校教育促进个体社会化的功能主要表现在以下三方面：

①教育促进个体思想意识的社会化。意识是社会的产物，个体意识必须反映并符合社会的规范和要求。个体的思想意识本质上是社会价值规范在个体头脑中的反映。

②教育促进个体行为的社会化。人不是孤立的个体，他生活在社会的网络中，其行为要符合所属群体或社会的要求，即社会规范。教育的重要职责就是促进社会规范的内化。

③教育促进角色和职业的社会化。社会化的本质是角色承担。个体在生活中要承担多种角色，

有家庭角色、工作角色、社会角色。教育还必须教会学生合理地进行角色协调，避免角色冲突。

（2）教育的个体个性化功能。

真正的教育是个性化的教育，促进人的个性发展是教育最根本的功能。学校教育的个体个性化功能主要表现在以下三方面：第一，教育促进人的主体意识的形成和主体能力的发展；第二，教育促进个体差异的充分发展，形成人的独特性；第三，教育开发人的创造性，促进个体价值的实现。

教育无论是促进个体个性化还是促进个体社会化，都不能割裂二者的关系，必须以二者的统一为基点。一方面，个性化必须建立在社会化的基础上，缺乏社会化的个性只能是原始的自然性，表现出来的只能是个人的"任性"和"怪癖"，而不是健全良好的个性；另一方面，也只有以丰富的个性为基础的社会化，才是民主社会的社会化，才是健全意义上的社会化。人的社会性和个性的统一，决定了教育必须在促进二者统一的基础上，平衡二者的关系。

2013年 宁夏大学 333 教育综合·真题解析

一、填空题

1. 经验主义课程论　2. 美国　3. 上课　4.《普通教育学》　5. 维果茨基　6. 讲授法
7. 班级授课制　8. 循序渐进

二、名词解释

《学记》

《学记》是《礼记》的一篇，是中国古代最早的一篇专门论述教育、教学问题的论著，因此有人认为它是"教育学的雏形"。《学记》是先秦时期儒家教育和教学活动的理论总结，它主要论述教育的具体实施，偏重于说明教学过程的各种关系。

智者派

"智者"又称诡辩家，被用来专指以收费授徒为职业的巡回教师。这些人云游各地，积极参加城邦的政治和文化生活，以传播和传授知识获得报酬，并逐步形成了一个阶层。智者派的共同思想特征是相对主义、个人主义、感觉主义和怀疑主义。

学习动机

学习动机是动机在学习活动中的表现，是引起和维持个体进行学习活动，并使活动朝向一定的学习目标，以满足某种学习需要的一种内部心理状态。它的主要内容包括知识价值观、学习兴趣、学习效能感和成败归因。

教科书

教科书也称课本，是依据课程标准编制的教学规范用书。它以准确的语言和鲜明的图表，明晰而系统地按教学科目分别编写的教学规范知识，是学生在学校循序渐进地学习以获得系统的基础知识的主要资源和工具，也是教师进行教学的主要依据。

三、简答题

1. 简述蔡元培的主要教育思想。

【答案要点】

（1）"五育"并举的教育方针。

1912年初，蔡元培发表《对教育方针之意见》一文，从"养成共和国民健全之人格"的观点出发，提出军国民教育、实利主义教育、公民道德教育、世界观教育和美感教育的"五育"并举教育思想，成为制定民国元年教育方针的理论基础。

（2）改革北京大学的教育实践。

民国成立后，京师大学堂改称北京大学。当时北大校政腐败、制度混乱、学生求官心切、学术空气淡薄，封建文化泛滥。为了改变这种风气，蔡元培赴任北大校长，对北大进行全面改革：第一，抱定宗旨，改变校风；第二，贯彻"思想自由，兼容并包"的办学原则；第三，教授治校，民主管理；第四，学科与教学体制改革。

（3）教育独立思想及对收回教育权的推进。

1922年，蔡元培发表《教育独立议案》，阐明教育独立的基本观点和方法，成为教育独立思潮中的重要篇章。教育独立的基本要求可以大致归结为：教育经费独立；教育行政独立；教育学术和内容独立；教育脱离宗教而独立。教育独立思想在推进收回教育权运动、抵制殖民教育方面起到了积极作用。

2. 简述永恒主义教育流派的基本主张。

【答案要点】

永恒主义教育亦称"新古典主义教育"，产生于20世纪30年代，是现代欧美国家一种强调理性训练以及人的理性和教育基本原则的永恒性的教育思潮，代表人物有美国的赫钦斯、艾德勒，英国的利文斯通和法国的阿兰等。其主要观点包括以下几个方面：

（1）发展人的理性是教育永恒不变的原则。

（2）教育的主要目的是培养永恒的理性。

（3）永恒的古典学科应该在学校课程中占有中心地位。

（4）学生通过教师的教学进行学习。

永恒主义教育对进步教育的批判比要素主义更加激烈，但从整体上来看，它并未提出新的价值判断标准。永恒主义教育在教育理论上有一定影响，但在教育实践中的影响范围不大，主要限于大学和上层知识界中的少数人。

3. 简述信息社会教育的基本特征。

【答案要点】

（1）学校将发生一系列变革。

学校目的不仅满足职业预备需要，而且满足人文关怀需要；学校类型进一步多样化；学校教育网络建立起来，学校教育教学时空得到根本改变；学校与市场联系日益紧密；出现多种多样的教学组织形式；学校事务成为公共辩论的焦点；教育的服务性、可选择性、公平性和公正性将成为学校改革的基本价值方向。

（2）教育的功能将进一步得到全面理解。

教育在政治改革和文化建设中的功用将进一步得到系统和深刻的认识。教育不仅帮助青少年一代适应社会变革的要求，而且还将启发他们去反思社会变革和筹划新的社会变革。教育与社会的关系，从单纯适应走向全面适应、批判、创造和超越的结合。

（3）教育的国际化与教育的本土化趋势都非常明显。

信息社会无论是在物质、信息方面，还是资金、知识、人员等方面的交流都日益频繁。人类已经进入新一轮全球化的浪潮中。与此同时，教育本土化的浪潮将在教育国际化的背景下出现，成为人们重建本土文化和教育传统的主要论题。

（4）教育的终身化、全民化和全纳教育的理念成为指导教育改革的基本理念。

教育已远不局限于学龄阶段，而是贯穿于人的一生；教育也不再是青少年一代的专利，而是所有社会成员的基本需要。受教育权成为与人的生存权和发展权紧密相关的一项公民权利，全民教育和全纳教育的理念不断从理论走向实践。

4. 试述衡量一堂好课的基本标准。

【答案要点】

上好课，是提高教学质量的关键。应以现代教学理念为指导，遵循教学规律与原则，创造性地运用教学方法，并注重做到以下几点：

（1）明确教学目的。这是上好一堂课的前提。

（2）保证教学的科学性与思想性。这是上好一堂课的基本质量要求。

（3）调动学生的学习积极性。这是上好一堂课的内在动力。

（4）注重解惑纠错。这是上好一堂课的关键。

（5）组织好教学活动。这是上好一堂课的保障。

（6）布置好课外作业。

5. 简述当代教学观念变化的趋势。

【答案要点】

（1）从重视认知向重视发展转变。当代教学非常强调研究学生身心发展的规律，研究学生在课堂情境中的学习规律，并遵循这些规律组织、安排教学。

（2）从重视继承向重视创新转变。在当代社会，人们认为教学的重要功能就是创造文化，学生的主要任务就是通过掌握知识经验，形成创造文化和创新生活的能力。无论是重视学生、重视能力、重视学法，还是重视发展、重视过程，都是重视创新的体现。

（3）从重视教法向重视学法转变。教学过程实质上应该是学生主动学习的过程，教学设计的实质是学生学习目标、学习内容、学习进程、学习方式、学习辅助手段以及学习评价的设计。目前流行且影响较大的教学方法：问题解决法、发现学习法、学导式方法、掌握学习法、异步教学法等，都渗透出重视学法的精神。

（4）从重视知识传授向重视能力培养的转变。当代社会，科学技术的发展导致"知识爆炸"，知识经验陈旧周期加快。教学的主要任务不再只是知识的传授而是学生能力的培养，着重培养学生学习、掌握和更新知识的能力，即"授人以渔"。

（5）从重视结果向重视过程转变。在当代社会，人们意识到教学结果是重要的，但更重要的是教学过程中学生的切身体验，学生的认知体验、情感体验和道德体验等。

（6）从重视教师的教向重视学生的学转变。随着社会发展，传统的"教师中心说"受到越来越深刻的批判。学生是学习活动的主体和主人。因此，当代教学强调研究学生的身心发展规律和学习规律，并遵循这些规律组织、安排教学。

6. 教育要适应人身心发展的哪些规律和特点？

【答案要点】

（1）人的发展的特点。

①未完成性。儿童发展的未成熟性、未完成性，蕴含着人的发展的不确定性、可选择性、开放性和可塑性，潜藏着巨大的生命活力和发展的可能性，都充分说明了人的可教育性和需教育性。

②能动性。人的发展是一个具有社会性的能动发展过程；人在其发展的过程中是自决的。

（2）人的发展的规律性。

①顺序性。在正常情况下，人的发展具有一定的方向性和顺序性，既不能逾越，也不能逆向发展。就心理而言，儿童的发展总是从无意注意到有意注意，从机械记忆到意义记忆，从具体形象思维到抽象逻辑思维，从喜怒哀乐等一般情绪发展到道德感、理智感、美感等高级情感。

②不平衡性。人的发展不总是匀速直线前进的，不同的系统的发展速度、起始时间、达到的成熟水平是不同的；同一机能系统在发展的不同时期也有不同的发展速率。从总体发展来看，幼儿期出现第一个加速发展期，青春发育期出现第二个加速发展期。

③阶段性。人的发展变化既体现出量的积累，又表现出质的飞跃。当某些代表新质要素的量积累到一定程度时，就会导致质的飞跃，从而表现出发展的阶段性。个体的身心发展的阶段性表现为不同年龄阶段的个体具有不同的年龄特征及主要矛盾，面临着不同的发展任务。

④个别差异性。人的发展的个体差异表现在身心发展的速度、水平、表现方式等方面。如在发展速度上，有的儿童早慧，有的儿童大器晚成。

⑤整体性。人的生理、心理和社会性等方面的发展是密切联系在一起的，并在发展过程中相互作用，使人的发展表现出明显的整体性。

四、分析论述题

1. 论述科举制及其在中国教育史上的作用和影响。

【答案要点】

科举制度即个人自愿报考，县州逐级考试筛选，全国举子定时集中到京都，按科命题，同场竞试，以文艺才能为标准，评定成绩，限量选优录取，是一种选官制度，以这种方式选拔国家官员。科举制度是由察举制演化而来的。隋炀帝大业二年（606年）"始建进士科"是科举考试制度确立的标志。它产生于隋朝，发展于唐朝。

（1）积极影响。

①扩大了统治基础，有利于加强中央集权。通过科举考试，平民及中小地主阶层获得了参政的机会，打破了门阀士族地主垄断统治权力的局面，扩大了封建统治的统治基础。同时，通过科举考试，朝廷将选士大权收归于中央政府，强化了中央集权的统治。

②使选士与育士紧密结合。促进人们的思想统一于儒学，成为实施儒家"学而优则仕"原则的途径。刺激学校教育的发展，有利于教育的普及。

③使选拔人才较为客观公正。隋唐科举考试在发展的过程中逐步建立了较为完备的考试制度，同时逐步建立了一系列的考试防范措施，加强考试管理。

（2）消极影响。

①国家只重科举取士，而忽略了学校教育。学校成为科举考试的预备机构，一切教学活动都围绕着科举考试来进行，学校失去了相对独立的地位和作用。

②束缚思想，败坏学风。学校教学安排围绕科举进行，导致学校教育中重文辞少实学，重记诵而不求义理，形成了教条主义、形式主义的学习风气。在科举制的影响下，读书的目的不是求知求真，而是为了功名利禄，具有强烈的功利色彩。

③科举考试内容的狭隘也阻碍了中国文化的和谐发展，特别是科技文化的发展。

2.试分析影响智力发展的各种因素及其关系。

【答案要点】

（1）遗传的影响。

遗传对智力的影响主要表现在身体素质上，如感官的特征、四肢及运动器官特征、脑的形态和结构的特征等。良好的身体素质是能力发展的自然前提，对能力的发展有重要的影响。但身体素质不等于能力本身，能力无法直接通过生物学的方式遗传给后代。

（2）环境和教育的影响。

①产前环境：母体营养状况、怀孕年龄等都会影响胎儿的智力发展。

②早期经验：丰富的环境刺激有利于儿童能力的发展，母亲的抚爱能增强儿童的安全感，有安全感的孩子喜欢探索环境，而探索环境是能力发展的重要条件。

③学校教育：课堂教学的有效组织有利于学生能力的发展。

（3）实践活动的影响。

人的各种能力是在社会实践活动中最终形成起来的，不同的实践活动也会影响能力的发展。离开了实践活动，即使有良好的素质、环境和教育，能力也难以形成和发展起来。

（4）人的主观能动性的影响。

能力的提高离不开人的主观努力，即人的自觉能动性。一个人刻苦努力、积极向上，具有广泛的兴趣和强烈的求知欲，他的能力就可能得到发展。相反，一个人饱食终日、无所用心，工作上没要求，事业上无大志，对周围的一切事物态度冷淡、没兴趣，他的能力就不可能有较好的发展。

3.试论述如何激发学生学习的动机。

【答案要点】

（1）创设问题情境，实施启发式教学。

在学习过程中，仅仅让学生简单地重复已经学过或者过难的东西，学生都不会感兴趣。只有在学习那些"似懂非懂""似会非会"的东西时，学生才感兴趣而且迫切希望掌握它。

（2）根据作业难度，恰当控制动机水平。

教师在教学时，要根据学习任务的不同难度，恰当控制学生学习的动机水平。学习较简单课题时，尽量使学生集中注意力；学习较复杂课题时，尽量创造轻松自由的课堂气氛。在学生遇到困难时，尽量心平气和地耐心引导，以免学生过度紧张和焦虑。

（3）充分利用反馈信息，给予恰当的评定。

一方面学习者可以根据反馈信息调整学习活动，改进学习策略，另一方面学习者为了取得更好的成绩或避免再犯错误而增加了学习动机，从而保持了学习的主动性和积极性。

（4）妥善进行奖惩，维护内部学习动机。

一般而言，表扬与奖励比批评与指责能更有效地激发学生的学习动机，前者能使学生获得成就感，增强自信心。但过多使用表扬和奖励，或者使用不当，也会产生消极作用。

（5）合理设置课堂环境，妥善处理竞争和合作。

在教学活动中，应该注意竞争与合作的相互补充和合理运用。极端的竞争会对学生的学习行为和集体团结产生消极影响。适量与适度的竞争与合作的恰当结合，会有效激励学生的学习动机。

（6）适当进行归因训练，促使学生继续努力。

一方面，要引导学生找出成功或失败的真正原因，即进行正确归因；另一方面，教师也应根据每个学生过去一贯的成绩优劣差异，从有利于今后学习的角度进行积极归因。

（7）培养自我效能感，增强学生成功的自信心。

自我效能感影响学生的自我评价和自信心，进而影响学习成绩。尤其是学业不良的学生，由于对自己的学习能力持怀疑态度，表现出很低的自我效能感。因此，教师在教学中要通过一定的方法提高他们的自我效能感。

（8）维护学生自我价值，警惕自我妨碍策略。

自我价值理论指出，学生有保护和表现自我价值的需要，这是个人追求成功的内在动力。教师要理解和尊重学生的这种需要，引导他们把自我价值的实现方式与正向、积极的学习行为相联系，避免学生不断从环境中体验到对自我价值的威胁感，从而采取各种自我妨碍的逃避策略。

（9）维护内在需要，促进外部动机内化。

兴趣、好奇心、探索欲，是人类学习的最早动力。源于内部需要的学习动机具有更多的坚持性和抗干扰性。然而，不是每个孩子都对教育中涉及的所有内容充满好奇和兴趣。因此，教师要帮助学生将外部调控的学习动机不断内化，形成相对自主调控的学习动机。

2012年 宁夏大学333教育综合·真题解析

一、填空题

1.《关于学制改革的决定》 2. 赫尔巴特 3. 双轨学制 4. 孟禄 5.《学记》
6.《壬戌学制》 7. 目的明确 8.《大教学论》 9. 皮亚杰 10. 维果茨基
11. 多元智力理论 12. 桑代克 13. 巴甫洛夫 14. 自律阶段 15. 教材中心
16.《教育漫话》 17. 卢梭

二、名词解释

教育

教育是人的发展与社会发展的中介活动。其概念有广义和狭义之分。广义教育指凡是有目的地增进人的知识技能、影响人的思想品德、增强人的体质的活动都是教育，包括人们在家庭中、学校里、亲友间、社会上所受到的各种有目的的影响。狭义教育主要指学校教育，指一种专门组织的不断趋向规范化、制度化、体系化的教育。

学习

学习是个体在特定情境下由于练习或反复经验而产生的行为或行为潜能的比较持久的变化，具有以下几个特点：学习是由反复经验引起的；学习导致行为或行为潜能的变化且这种变化是相对持久的；行为的变化并不等同于学习的存在；学习所带来的行为变化往往要通过行为表现出来，但学习与表现不能等同；学习是一个广义概念，它不仅是人类普遍具有的，也是动物所具有的。

发现学习

发现学习是指学生在学习情境中，经过自己探索寻找，从而获得问题答案的一种学习方式，布鲁纳所说的发现不只限于寻求人类尚未知晓的事物的行为，也包括用自己的头脑亲自获取知识的一切形式。

学习动机

学习动机是动机在学习活动中的表现，是引起和维持个体进行学习活动，并使活动朝向一定的学习目标，以满足某种学习需要的一种内部心理状态。它的主要内容包括知识价值观、学习兴趣、学习效能感和成败归因。

自我效能感

自我效能感由班杜拉提出，是指个体对自己能否成功进行某一成就行为的主观判断。它影响着个体对行为的选择、付出多大努力以及坚持多久。

技能

技能是通过练习形成的合乎规则或程序的身体或认知活动方式，包括身体方面的技能和认知方面的技能。技能有三个方面的特点：技能是由练习导致的；技能表现为身体或认知动作；合乎规则或程序是技能形成的前提。

品德

品德或道德品质指个人依据一定的道德行为准则行动时所形成和表现出来的某些稳固的特征。品德是一种个体心理现象，是社会道德在个体身上的反映。

校本课程

校本课程是以学校为课程编制主体，自主开发与实施的一种课程，是相对于国家课程和地方课程的一种课程。校本课程的实施有助于最大限度地促进每个学生的发展，有助于提高教师的专业水平，有助于提高学校的办学水平。

教学

教学是在一定教育目的规范下，在教师有计划的引导下，学生能动地学习、掌握系统的课程预设的科学文化基础知识，发展自身的智能与体力，养成良好的品行与美感，逐步形成全面发展的个体素质的活动。简言之，教学是在教师引导下学生能动地学习知识以获得素质发展的活动。

三、简答题

1. 学生学习的基本特点有哪些？

【答案要点】

（1）接受学习是学习的主要形式。学生的学习是在教师的指导下有目的、有计划、有组织、有系统进行的，是在较短时间内接受前人所积累的文化科学知识，并以此促进自己发展和完善的过程。

（2）学习过程是主动构建过程。学生的学习必须通过一系列的主动构建活动来接受信息，形成经验结构或心理结构，这意味着学习是主动构建意义的自主活动，而不是被动地接受刺激。

（3）学习内容的间接性。在经验传递系统中，学生主要是接受前人的经验，而不是亲自去发现经验，因此，所获得的经验具有间接性。

（4）学习的连续性。学生的学习是一个连续的过程，这表现在前后学习相互关联。当前的学习与过去的学习有关，同时也将影响以后的学习。

（5）学习目标的全面性。学生的学习不但要掌握知识经验和技能，还要发展智能，以及形成行为习惯、培养道德品质、促进人格发展。

（6）学习过程的互动性。学生的学习是相互作用的过程。师与生、生与生之间的互动质量对学习质量有十分明显的影响。

2. 如何激发学生的学习动机？

【答案要点】

（1）创设问题情境，实施启发式教学。

（2）根据作业难度，恰当控制动机水平。

（3）充分利用反馈信息，给予恰当的评定。

（4）妥善进行奖惩，维护内部学习动机。

（5）合理设置课堂环境，妥善处理竞争和合作。

（6）适当进行归因训练，促使学生继续努力。

（7）培养自我效能感，增强学生成功的自信心。

（8）维护学生自我价值，警惕自我妨碍策略。

（9）维护内在需要，促进外部动机内化。

3. 培养心智技能的方式有哪些？

【答案要点】

（1）遵循智力活动按阶段形成的理论。心智技能按阶段形成的理论，充分体现了心智技能形成的一般规律。因此，在培养学生形成心智技能时应遵循这一理论，积极创造条件，帮助他们从外部的物质活动向内部的智力活动转化。

（2）根据心智技能的种类选择方法。心智技能与动作技能一样也有简单和复杂之分，要根据其不同的复杂程度而采取不同的途径。

（3）积极创造应用心智技能的机会。学生的实践活动是心智技能形成和发展的基础。要想促进学生心智技能的形成和发展，使之达到熟练掌握和灵活运用的水平，教师必须积极创设问题情境，让他们的心智技能在解决问题的练习中得到锻炼。

（4）注重思维训练。学生心智技能的核心心理成分是思维。为此，教师在教学过程中要重视学生的思维训练，培养他们思维的独立性与批判性、敏捷性与灵活性、流畅性与逻辑性以及敏感性等良好品质，养成认真思考的习惯。

4. 简述科尔伯格道德发展的阶段和水平。

【答案要点】

美国心理学家科尔伯格认为儿童道德的发展是分阶段的，他在研究中发现道德发展不是只有两个水平，而应该有多个水平，提出了著名的"三水平六阶段"的道德发展阶段论。

（1）前习俗水平。大约出现在幼儿园及小学低中年级阶段。该时期的特征是儿童遵守规范，但尚未形成自己的主见，着眼于人物行为的具体结果，关心自身的利害。包括惩罚和服从的定向阶段和工具性的相对主义定向阶段。

（2）习俗水平。在小学中年级以上出现，一直到青年、成年。该时期的特征是个人逐渐认识到团体的行为规范，进而接受并付诸实践。包括人际协调的定向阶段和维护权威或秩序的定向阶段。

（3）后习俗水平。该阶段已经发展到超越现实道德规范的约束，达到完全自律的境界，这个水平是理想的境界，成人也只有少数人才能达到。包括社会契约定向阶段和普遍道德原则的定向阶段。

5. 如何矫正学生的不良行为？

【答案要点】

通过借鉴西方现代三大学习理论的精髓思想，矫正学生品行不良的方法主要有以下几种：

（1）运用行为主义学习理论培养个体的良好行为方式。在教育中适当运用渐进强化的原理，可以有效地塑造学生的良好行为方式或矫正学生的偏差行为方式。

（2）直接从自我观察学习入手培养人的自律行为。自律是个人根据自己的价值标准评判自己的行为，从而规范自己去做自己认为应该做的事情，或避免自己认为不应该做的事。

（3）提高道德认识法。"美德即知识"的命题启示人们，在很多时候丰富人的道德认识的确可以使人少犯错误，尤其是一些低级错误。这样，妥善采取常用的说理法、故事启发法、小组讨论法或价值澄清法等方法以提高人们的道德认知水平，往往是防治品行不端的有效之举。

（4）改过迁善法。指要求犯错者纠正自己的不良品德，以使自己朝着善的方向发展的方法。该方法由两部分组成：一是消除一个或几个错误的地方；二是通过一定的练习，使自己的行为朝着与原来不良行为相反的或不相容的方向发展。

（5）防范协约法。指以书面形式在教育者与被教育者之间建立和实施一种监督关系的矫正不良行为的方法。

6. 如何建立良好的师生关系？

【答案要点】

良好师生关系的构建就是师生关系建立、调整和优化的过程。教师在师生关系建立与发展中占有重要地位，起着主导作用。要建立民主、和谐亲密、充满活力的师生关系，对教师来说，有以下几种策略：

（1）了解和研究学生。包括了解学生个体的思想意识、道德品质、兴趣、需要、知识水平、学习态度和方法、个性特点、身体状况和班集体的特点及其形成原因。

（2）树立正确的学生观。学生观就是教师对学生的基本看法，它影响着教师对学生的认识及其态度与行为，进而影响学生的发展。正确的学生观来自教师对学生的观察和了解，来自教师向学生的学习和对自我的反思。

（3）热爱、尊重学生，公平对待学生。热爱学生包括热爱所有学生，对学生充满爱心，经常走到学生之中，忌讳挖苦、讽刺、粗暴对待学生。尊重学生特别要尊重学生的人格，保护学生的自尊心，维护学生的合法权益，避免师生对立。教师处理问题必须公正无私，使学生心悦诚服。

（4）主动与学生沟通，善于与学生交往。要求教师掌握沟通与交往的主动性，经常与学生保持接触、交心；同时教师还要掌握与学生交往的策略和技巧，如寻找共同的兴趣或话题、一起参加活动等。

（5）努力提高自我修养，健全人格。教师要使师生关系和谐，就必须通过自己崇高的理想，科学的世界观、人生观，渊博的知识，严谨的治学态度，活泼开朗的性格，多方面的爱好与兴趣等来吸引学生。

三、案例分析题

1. 请结合案例谈谈我们应该如何面对及应对挫折。

【答案要点】

（1）积极转移。

当学生在某一方面遭受挫折而无法排解时，可以转移注意力，通过在其他方面争取成功来减轻挫折感和心理不适，取得心理平衡。遇到挫折，还要学会自我排解、自我疏导。通过转移情绪，缓解或化解遭遇挫折的恐惧心理。

（2）寻求帮助。

学会倾诉和寻求帮助，是一种情感得以疏泄和分担痛苦的过程。有些挫折，以学生自己的能力是无法解决的，遇到挫折和难以解决的问题时，不要把不良心境压抑在内心，而应主动寻求老师、同学或家长的帮助，向他们倾诉。一方面可以发泄郁闷，消除紧张心理状态；另一方面可以获得朋友的疏导、安慰和鼓励，从而开阔胸襟，增强自己战胜不良情绪的信心和勇气。此外，还可进行心理咨询，寻求心理老师的帮助。"心病还需心药医"，心理咨询可以帮助学生认识自己，调整情绪，从而使心理保持健康。

（3）知足常乐。

在遇到困难、挫折或失败而令人烦恼时，千万不能糊涂和失去理智，更不能做出不明智的蠢事。要满足于已经达到的目标，对一时难以做到的事情不奢望、不强求，同时多看看周围不如自己境况的人。此时要用"知足常乐"的心态去看待问题，这样才会使自己失落的心灵找到新的平衡。

（4）学会幽默。

幽默不仅能使紧张的精神放松，释放被压抑的情绪，而且能使人从中受到启发和教育，从而忘却忧愁和烦恼，消除不良情绪的影响，也可用来调节一下我们失衡的心理，解除被压抑的情绪，使我们处在愉快、兴奋的情绪中。

（5）适度宣泄。

当遇到挫折时，可适度的宣泄，宣泄可以缓解学生情绪的紧张，解除内心的抑郁，洗去烦恼和忧虑。现代科学证明，流眼泪并非懦弱的表现。所以，当遇到挫折而无法控制悲伤时可以大哭一场来宣泄苦闷。哭是一种可行的宣泄方法。此外高声唱歌、狂跑、打球、疾呼、怒吼、击打沙袋等等，都不失为宣泄的好方法，但要注意场合和适度。要减轻困境中的心理重压，就应该学会宣泄、敢于宣泄，用适当的宣泄换来心境的慰藉。

2. 试用所学教育学知识，揭示下列案例中所反映的教育学原理。

【答案要点】

（1）体现了教师的榜样示范。教师是学生的教育者、引路人，是他们崇敬的老师，依靠的长者，学习的榜样。他应严于律己，他的为人处世、一言一行、性情作风等各方面均能为人师表，为学生表率。所以，作为学生的榜样，教师须以身作则。

（2）体现了教师的职业道德。教师的职业道德又称"教师道德"或"师德"，是教师在从事教育劳动中所遵循的行为准则和必备的道德品质。它是社会职业道德的有机组成部分，是教师行业特殊的道德要求。它从道义上规定了教师教育劳动过程中以什么样的思想、感情、态度和作风去待人接物，处理问题，做好工作，为社会尽职尽责。它是教师行业的特殊道德要求，是调整教师与教师、教师与学生、教师与校领导、教师与学生家长以及教师与社会其他方面关系的行为准则，是一般社会道德在教师职业中的特殊体现。爱与责任是师德的核心与灵魂。当前，教师职业道德的时代特征主要有爱国守法、爱岗敬业、教书育人、关爱学生、为人师表、终身学习。

（3）体现了良好的师生关系。师生关系是指教师和学生在教育教学过程中结成的相互关系，包括彼此所处的地位、作用和相互对待的态度等。良好的师生关系不仅是顺利完成教学任务的必要手段，而且是师生在教育教学活动中的价值、生命意义的具体体现。理想的师生关系是师生主体间关系的优化，从其发生、发展的过程及其结果来看，具有三个基本特征：尊师爱生，相互配合；民主平等，和谐亲密；共享共创，教学相长。

四、分析论述题

1. 教育在个体发展过程中具有哪些功能影响，试分别对其进行详细分析。

【答案要点】

教育的个体功能指教育对个体发展的促进作用，具体表现为教育的个体社会化功能和教育的个体个性化功能之分。

（1）教育个体社会化功能。

人的发展首先是社会性的发展，因此教育的个体发展功能首先表现为促进个体社会化的功能。学校教育促进个体社会化的功能主要表现在以下三方面：

①教育促进个体思想意识的社会化。意识是社会的产物，个体意识必须反映并符合社会的规范

和要求。个体的思想意识本质上是社会价值规范在个体头脑中的反映。

②教育促进个体行为的社会化。人不是孤立的个体，他生活在社会的网络中，其行为要符合所属群体或社会的要求，即社会规范。教育的重要职责就是促进社会规范的内化。

③教育促进角色和职业的社会化。社会化的本质是角色承担。个体在生活中要承担多种角色，有家庭角色、工作角色、社会角色。教育还必须教会学生合理地进行角色协调，避免角色冲突。

（2）教育的个体个性化功能。

真正的教育是个性化的教育，促进人的个性发展是教育最根本的功能。学校教育的个体个性化功能主要表现在以下三方面：

①教育促进人的主体意识的形成和主体能力的发展。

②教育促进个体差异的充分发展，形成人的独特性。

③教育开发人的创造性，促进个体价值的实现。

教育无论是促进个体个性化还是促进个体社会化，都不能割裂二者的关系，必须以二者的统一为基点。一方面，个性化必须建立在社会化的基础上，缺乏社会化的个性只能是原始的自然性，表现出来的只能是个人的"任性"和"怪癖"，而不是健全良好的个性；另一方面，也只有以丰富的个性为基础的社会化，才是民主社会的社会化，才是健全意义上的社会化。人的社会性和个性的统一，决定了教育必须在促进二者统一的基础上，平衡二者的关系。

2011年 宁夏大学 333 教育综合·真题解析

一、名词解释

教育双轨制

主要代表是 18—19 世纪的西欧。双轨制的结构：一轨自上而下，是为资产阶级的子女设立的，其结构是大学、中学；另一轨从下而上，是为劳动人民的子女设立的，其结构是小学和初中及其后的职业学校。

道德体谅模式

体谅模式由英国学校德育专家麦克费尔首创，它把道德情感的培养置于中心地位。体谅模式又称学会关心的道德教育模式。主要观点如下：学校道德教育的首要职责是满足与人友好相处、爱和被爱的基本需要；根本目的是教会学生关心人和体谅人；重要方法是观察学习和社会模仿。

课程标准

课程标准是指在一定课程理论指导下，依据培养目标和课程方案以纲要形式编制的关于课程的性质与价值、目标与内容、教学实施建议以及课程资源开发等方面的指导性文件，一般由说明、课程目标、课程内容标准和课程实施建议等部分组成。

先行组织者

先行组织者是指先于学习任务本身呈现的一种引导性材料，它要比学习任务本身具有更高的抽象、概括和综合水平，并且能清晰地与认知结构中原有的观念和新的学习任务关联。

平行教育原则

平行教育影响原则是马卡连柯提出。他认为，教育者对集体和集体中的每一个成员的教育影响是同时的、平行的。在给个人一种影响的时候，这影响必定同时应当是给集体的一种影响。相反的，当我们涉及集体时，同时也应当成是给集体的一种影响。

课外活动

课外活动是学校在课堂教学以外组织学生参加的各种教育性活动的总称。课外活动可以发生在校内，也可以发生在校外，主要看这种活动是否由学校发动、部署和组织。

二、简答题

1. 孔子的教育思想的主要表现。

【答案要点】

（1）创办私学与编订"六经"。孔子创办的私学是春秋时期规模最大、持续时间最长、影响最深远的学校。他于晚年完成了《诗》《书》《礼》《乐》《易》《春秋》的编纂和校订工作，后世将其称为"六经"。

（2）"庶、富、教"：教育与社会发展。教育事业的发展要建立在经济发展的基础上。"庶"指有较多的劳动力，"富"指人民群众有丰足的物质生活，"教"指人民受到政治伦理教育，知道如何安分守己。

（3）"性相近也，习相远也"：教育与人的发展。"性"指先天素质，"习"指后天习染，包括教育与社会环境的影响。孔子认为人的先天素质没有多大差别，只是由于后天教育和社会环境的影响作用，才造成人的发展有重大的差别。

（4）"有教无类"与教育对象。不分贵贱贫富和种族，人人都可以入学接受教育。

（5）"学而优则仕"与教育目标。学习是通往做官的途径，培养官员是教育最主要的政治目的，而学习成绩优良是做官的重要条件。

（6）以"六艺"为教育内容。孔子教学的"六艺"即其编撰的"六经"。

（7）教学方法。主要有因材施教、启发诱导、学思行结合、好学求是的态度。

（8）论道德教育。孔子的教育目的是培养从政君子，成为君子的主要条件是具有道德品质修养，因此，道德教育居首要地位。道德修养的原则与方法：立志、克己、力行、中庸、内省和改过。

（9）论教师品格。教师要学而不厌、温故知新、诲人不倦、以身作则、爱护学生、教学相长。

2. 教育对文化的作用。

【答案要点】

（1）传递文化。文化教化的前提是人类对文化的创造与传递。教育起着传递文化的作用，尤其是学校教育因其具有明确的目的性、计划性等特点，一直承担着传承文化的重任。

（2）选择文化。为了有效地传承文化，必须发挥教育对文化的选择功能。教育的选择功能十分重要，体现了教育对文化发展的积极引导和自觉规范。

（3）发展文化。文化的生命不仅在于它的保存和积累，更在于它的更新与创造。随着社会的日益开放化，学校在加强国际文化交流中的作用也日益明显。教育通过广泛的文化交流，不断地吸收其他民族的文化精华，补充、更新和发展本民族的文化，也是文化发展的一种重要方式。

3. 斯金纳提出的程序学习的编程原理。

【答案要点】

程序教学指通过教学机器呈现程序化教材而进行自学的一种方法。它把一门课程学习的总目标分为几个单元，再把每个单元分成许多小步子。学生在学完每一步骤的课程后，就会马上知道自己的学习结果，即能得到及时强化，然后按顺序进入下一步的学习。

其教学原则可分为：

（1）积极反应原则。要求学习者对每个学习问题都做出主动的反应。

（2）小步子原则。框面以由易到难的小步子呈现，两个步子之间难度差很小。

（3）及时反馈原则。在学生做出反应之后，及时确认或及时强化，以提高学生的信心。

（4）自定步调原则。让学生按照自己的速度和潜力完成整个教学程序，强调个体化的学习方式。

（5）低错误率原则。教学中尽量避免可能出现的错误反应，提高学习效率。

4. 简要介绍终身教育的主张。

【答案要点】

终身教育思潮产生于20世纪50年代的法国，是现代欧美国家一种强调把教育贯穿人的一生的教育思潮，现已成为一种被视为未来教育战略的国际性教育思潮，代表人物是保罗·朗格朗。

（1）终身教育的缘由：终身教育是应对人类在现代社会中所面临各种新挑战的需要，是一种能够使人在各方面做好准备并应付新的挑战的教育模式和教育观念。

（2）终身教育的含义：终身教育包括了教育的各个方面、各项内容，从一个人出生的那一刻起一直到生命终结时为止的不间断的发展，也包括了在教育发展过程中的各个阶段之间的内在联系。它并不是传统教育的简单延伸，而是包括一切正规教育、非正规教育以及非正式教育。其基本特点是具有连续性和整体性。此外终身教育没有固定的教育内容和方法，强调人的个性发展。

（3）终身教育的目标：实现更美好的生活，使人过一种更和谐、更充实和符合生命真谛的生活。具体目标包含两方面：培养新人；实现教育民主化。

终身教育理论自20世纪60年代中期兴起以后，在教育领域中引起了一场广泛而深刻的革命。终身教育已成为建立一个学习化社会的象征。许多国家把终身教育作为教育改革和发展的战略重点，但终身教育的具体实施规划仍需进一步探讨。

三、分析论述题

1. 结合实际谈谈如何实现我国的教育目的。

【答案要点】

我国教育目的价值取向的出发点与归宿在于：培养体、智、德、美、行全面发展，具有创新精神、实践能力和独立个性的社会主义现代化需要的各级各类人才。实现我国的教育目的可从以下几个方面入手：

（1）端正教育思想，明确教育目的。

教育思想是人们在一定的社会和时代中，通过教育实践活动直接或间接形成的对教育现象、教育问题的认识、观点或看法。简单地说，就是对教育的认识或看法，是关于教育问题的一种社会意识形态。教育思想的核心内容集中体现在为谁培养人、培养什么人和如何培养人的问题上。因此，明确教育目的是端正教育思想的关键。端正教育思想，就是要确立正确的办学方向，本着为国家、民族负责的高度责任感，本着为学生发展负责的事业心，以正确的办学指导思想和人才观、质量观去指导学校的教育实践，使我们的学校真正成为造就人才的摇篮。

（2）全面贯彻党的教育方针，全面提高教育质量。

全面贯彻党的教育方针，就是要求各级各类学校必须以培养德、智、体等方面全面发展的建设者和接班人作为育人的理想目标，任何偏离全面发展的教育行为、管理行为、评价行为等都是对党的教育方针的偏离。全面贯彻党的教育方针，要求我们把党的教育方针全面贯彻到学校教育过程的各个环节中，从课程计划、内容讲授到质量考评、学校管理、教育督导，都要时刻把握教育方针的要求。全面提高教育质量，就是要把学校教育质量放在全面提高的基点上。全面提高不是单方面或某个方面的提高，而是教育方针要求的各个方面都要提高；全面提高不是"应试教育"所追求的应试能力的单方面提高或仅仅是升学率的提高，而是知识、技能、思想、行为、能力等各项指标的全面提高。"两全"为我国各级各类教育的发展提供了方向和基本要求。

（3）深化教育改革，实施素质教育。

素质教育是全面贯彻党的教育方针，以提高国民素质为根本宗旨，以培养学生的创新精神和实践能力为重点，造就"有理想、有道德、有文化、有纪律"的，德、智、体、美等方面全面发展的社会主义事业的建设者和接班人。

全面推进素质教育，要面向现代化，面向世界，面向未来，使受教育者坚持学习科学文化与加强思想修养的统一，坚持学习书本知识与投身社会实践的统一，坚持实现自身价值与服务祖国人民的统一，坚持树立远大理想与进行艰苦奋斗的统一。

全面推进素质教育，要坚持面向全体学生，为学生的全面发展创造相应的条件，依法保障适龄儿童和青少年学生的基本权利，尊重学生身心发展特点和教育规律，使学生生动活泼、积极主动地得到发展。实施素质教育应当贯穿于各级各类教育，贯穿于学校教育、家庭教育和社会教育等各个方面。

2. 论述科尔伯格的道德发展阶段理论及其在学校道德教育上的主张。

【答案要点】

美国心理学家科尔伯格认为儿童道德的发展是分阶段的，他在研究中发现道德发展不是只有两个水平，而应该有多个水平，提出了著名的"三水平六阶段"的道德发展阶段论。

（1）理论内容。

①前习俗水平。大约出现在幼儿园及小学低中年级阶段。该时期的特征是儿童遵守规范，但尚未形成自己的主见，着眼于人物行为的具体结果，关心自身的利害。包括惩罚和服从的定向阶段和工具性的相对主义定向阶段。

②习俗水平。在小学中年级以上出现，一直到青年、成年。该时期的特征是个人逐渐认识到团体的行为规范，进而接受并付诸实践。包括人际协调的定向阶段和维护权威或秩序的定向阶段。

③后习俗水平。该阶段已经发展到超越现实道德规范的约束，达到完全自律的境界，这个水平是理想的境界，成人也只有少数人才能达到。包括社会契约的定向阶段和普遍道德原则的定向阶段。

（2）在学校道德教育上的主张。

①道德教育的首要任务是提高儿童的道德判断能力，培养他们明辨是非的能力。教育者的主要任务就是帮助被教育者注意到真正的道德冲突，思考用于解决这种冲突的理由是否恰当，发现解决这种冲突的新的思想方法。

②儿童的道德发展是有阶段性的、渐进的，因此，在对儿童进行道德教育时，应随时了解儿童所达到的发展阶段，根据儿童道德发展阶段的特点，循循善诱地促进他们的发展。

③社会环境对人们道德发展有着巨大作用，因此在学校中要树立良好的公正群体气氛，这是道德教育必要的条件。科尔伯格是现代道德认知发展理论的创立者。这一革命性的发现，从根本上改变了道德仅仅是社会道德灌输教育结果的传统观点。

3. 试述教师与学生的关系。

【答案要点】

师生关系是指教师和学生在教育教学过程中结成的相互关系，包括彼此所处的地位、作用和相互对待的态度等。良好的师生关系不仅是顺利完成教学任务的必要手段，而且是师生在教育教学活动中的价值、生命意义的具体体现。

从对师生关系的意义及稳定性等的综合分析，师生关系主要表现为以下几个方面：

（1）以年轻一代成长为目标的社会关系。师生之间的社会关系是教师作为成人社会的代表与学生作为未成年的社会成员在教育教学过程中结成的代际关系、政治关系、文化关系、道德关系、法律关系等。

（2）以直接促进学生发展为目标的教育关系。师生的教育关系是指教师和学生在教育教学活动中为促进学生的整体发展和自主发展而结成的教育与被教育、组织与被组织、引导与被引导等主体间关系。

（3）以维持和发展教育关系为目标的心理关系。师生间的心理关系是指教师和学生为了维持和发展教育关系而构成的内在联系，包括人际认知关系、情感关系、个性关系等。

4. 分析陶行知的生活教育理论及其现实意义。

【答案要点】

（1）"生活即教育"。

生活即教育是陶行知生活教育理论的核心。其内涵包括：生活含有教育的意义；实际生活是教育的中心；生活决定教育，教育改造生活。

生活即教育所强调的是教育以生活为中心，所反对的是传统教育脱离生活而以书本为中心。尽管它在生活与教育的区别和系统的知识传授方面有所忽视，但在破除传统教育脱离民众、脱离社会生活的弊端方面，有十分重要的意义。

（2）"社会即学校"。

社会即学校是生活教育理论另一重要主张，是生活即教育思想在学校与社会关系问题上的具体化。社会即学校是指社会含有学校的意味，或者说以社会为学校。由于到处是生活，到处都是教育，"整个的社会是生活的场所，亦即教育之场所"。

社会即学校也指学校含有社会的意味，也就是说，学校通过与社会生活相结合，一方面运用社会的力量使学校进步，另一方面动员学校的力量帮助社会进步，使学校真正成为社会生活必不可少的组成部分。

社会即学校扩大了学校教育的内涵和作用，对于传统的学校观、教育观有所改变。传统学校与社会生活脱节，学生孤陋寡闻，而以社会为学校，使得教育的材料、教育的方法、教育的工具、教育的环境可以大大地增加，有利于拓展学生的知识，增强学生的能力。社会即学校还可以使被传统学校拒之门外的劳苦大众能够受到起码的教育，贯穿了普及民众教育的苦心，同样也值得肯定。

（3）"教学做合一"。

教学做合一是生活教育理论的又一重要主张，是生活即教育在教学方法问题上的具体化。其含义为：教的方法根据学的方法，学的方法根据做的方法。事怎样做便怎样学，怎样学便怎样教。教与学都以做为中心。包括以下四个要点：教学做合一要求在"劳力上劳心"；教学做合一是因为"行是知之始"；教学做合一要求有教先学和有学有教；教学做合一还是对注入式教学法的否定。

（4）启示。

陶行知的生活教育理论是一种大众的、为人民大众服务的教育理论，且还是一种不断进取创造，旨在探索具有中国民族特色的教育道路的理论。生活教育理论还在教育观念的改变方面颇有建树，无论是强调学校教育与社会生活、生产劳动相结合，还是要求手脑并用、在劳力上劳心，都是对学校与社会割裂、书本与生活脱节、劳心与劳力分离的传统教育的反动，显示出强烈的时代气息，至今都富于启示。陶行知的生活教育理论是我国民族教育理论宝库中十分可贵的遗产，值得我们珍惜并认真研究借鉴。

2010年 宁夏大学 333 教育综合·真题解析

一、名词解释

学校教育的特殊性

学校教育是一种包括特殊个体和特殊环境的特殊活动，其特殊性表现在：教师和学生是学校教育中的特殊主体；学校教育是一种特殊的环境影响；学校教育是一种特殊的实践活动。

《普通教育学》

《普通教育学》是德国著名教育家赫尔巴特的教育学著作，它标志着教育学已经成为一门独立学科。在此书中，赫尔巴特全面、系统地阐述了其教育理论，主要包括道德教育论、课程理论以及教学理论。

课程计划

课程计划也称课程方案，是指教育机构或学校为了实现教育目的而制定的有关课程设置的文件。我国普通中小学的课程方案是指在国家的教育目的与方针的指导下，为实现各级基础教育的目标，由国家教育主管部门制定的有关课程设置、顺序、学时分配以及课程管理等方面的政策性文件。

特朗普制

特朗普制，也被称为"灵活的课程表"，出现于20世纪50年代的美国。其基本做法是：将大班上课、小班讨论、个人独立研究结合在一起，这三种形式穿插进行，分别占有的时间大约是40%、20%、40%；采用灵活的时间单位代替固定划一的上课时间，以大约二十分钟为计算课时的单位。

社会学习论

社会学习论的奠基人是班杜拉。其理论包括包括观察学习论、社会认知论和交互作用论。观察学习是一种间接的学习形式，大多数人的行为通过观察而习得。儿童通过观察他们生活中重要人物的行为而习得社会行为。

人力资本论

人力资本论的核心是人力资本，即人所拥有的知识、技能以及其他类似的可以影响从事生产性工作的能力。人力资本论认为教育是一种投资活动，能够提高劳动生产率，促进生产的经济效益。对个人而言，可以增加知识和学习技能，提高个人收入；对社会而言，可以培养人才，提高社会生产力，促进社会经济的发展。

二、简答题

1. 教师专业化的基本条件。

【答案要点】

（1）教师专业发展，又称教师专业成长，是指教师在整个专业生涯中，依托专业组织、专门的培养制度和管理制度，通过持续的专业教育，习得教育教学专业技能，形成专业理想、专业道德和专业能力，从而实现专业自主的过程。它包括教师群体的专业发展和教师个体的专业发展。

（2）教师专业化的基本条件有：第一，专门的知识技能；第二，以奉献和服务精神为核心理念的职业道德；第三，具备为学生和社会所公认的复杂知识技能和影响力；第四，具有充分的自治和自律性，有正式的专业组织对行业服务、培训及资格认证进行管理。

2. 终身教育及其基本性质。

【答案要点】

终身教育是人一生各阶段当中所受各种教育的总和，也是人所受的不同类型教育的综合。前者从纵向上讲，说明终身教育不仅仅是青少年的教育，而且涵盖了人的一生；后者从横向上讲，说明终身教育既包括正规教育，也包括非正规教育和非正式教育。其基本性质包括：

（1）终身性。

它突破了正规学校的框架，把教育看成是个人一生中连续不断的学习过程，是人们在一生中所受到的各种培养的总和，实现了从学前期到老年期的整个教育过程的统一。既包括正规教育，又包括非正规教育。它包括教育体系的各个阶段和各种形式。

（2）全民性。

终身教育的全民性，是指接受终身教育的人包括所有的人，无论男女老幼、贫富差别、种族性别。联合国教科文组织汉堡教育研究员达贝提出终身教育具有民主化的特色，反对教育知识为所谓的精英服务，具有多种能力的一般民众能平等获得教育机会。而事实上，当今社会中的每一个人，都要学会生存，而要学会生存就离不开终身教育，因为生存发展是时代的主流，会生存必须会学习，这是现代社会给每个人提出的新课题。

（3）广泛性。

终身教育既包括家庭教育、学校教育，也包括社会教育。终身教育扩大了学习天地，为整个教育事业注入了新的活力。

（4）灵活性和实用性。

任何需要学习的人，可以随时随地接受任何形式的教育。学习的时间、地点、内容、方式均由个人决定。人们可以根据自己的特点和需要选择最适合自己的学习方式。

3. 奥苏伯尔的认知同化论的主要观点。

【答案要点】

奥苏伯尔的认知同化理论认为，有意义学习是通过新信息与学生认知结构中已有的有关观念相互作用而发生的，这种相互作用导致了新旧知识有意义的同化。根据新旧观念的概括水平及其联系方式的不同，奥苏伯尔提出了三种认知同化过程：

（1）下位学习。又称类属学习，是指学习者认知结构中原有的观念在包摄和概括的水平上高于新知识，在新旧知识之间构成一种类属关系。可以分为两种类型：派生类属学习、相关类属学习。

（2）上位学习。又称总括学习，是指学习者在已形成若干观念的基础上学习包摄程度更高的知识。如学生熟悉了胡萝卜、菠菜这些概念之后再学习蔬菜这一概念。

（3）组合学习。又称并列学习，指新概念或新命题与认知结构中的观念不产生下位关系又不产生上位关系时,它们之间可能存在组合关系。这种只能凭借组合关系来理解意义的学习就是组合学习。如质量与能量、热与体积、遗传与变异等都属于组合学习。

4.《学记》中关于教育学的原则。

【答案要点】

(1)豫时孙摩。

①预防性原则:要求事先估计学生可能会产生的种种不良倾向,预先采取预防措施。

②及时施教原则:要求掌握学习的最佳时机,适时而学,适时而教。

③循序渐进原则:教学必须遵循一定的顺序,包括内容的顺序和年龄的顺序。

④学习观摩原则:学习要相互观摩,取长补短。同时,借助集体的力量进行学习。

(2)长善救失。

长善救失原则要求教师懂得并掌握教育的辩证法,坚持正面教育,善于因势利导,利用积极因素,克服消极因素,将缺点转化为优点。

(3)启发诱导。

君子的教育在于诱导学生,靠的是引导而不是强迫服从,是启发而不是全部讲解。只有这样,才能调动学生学习和思考的积极性、主动性,使学生的思维能力得到锻炼和发展。

(4)藏息相辅。

既有有计划的正课学习,又有课外活动和自习,有张有弛,让学生感受到学习的乐趣,感受到老师、同学的可亲可爱,使学习成为学生的一种内在需要。

三、分析论述题

1. 论述我国传统价值取向中的消极因素对今天教育的影响。

【答案要点】

(1)工具性教育价值观导致当代教育价值评级以教育的经济工具为标准。

传统的教育价值观重工具价值、轻本体价值的特点,在商品经济社会,显现为一种以教育的经济工具价值为标准的倾向,忽视了教育"百年树人"的本体价值,经济效益成为衡量教育的最高标准,从而导致学校成为跟着变化的市场转的集体。这不仅会造成教育的畸形发展及不可避免的教育资源、人才资源的浪费和短缺,而且会影响社会的全面健康发展。

(2)传统教育重社会群体、轻个人主体的价值取向与当代创新教育的要旨是相悖离的。

受传统教育群体利益高于个人价值价值观的影响,现代教育在人才培养上仍仅仅强调奉献,忽视集体对个人的责任,忽视个人需要的满足,忽视个体的独立和差异,不尊重选择,造成中国学生普遍缺乏个性,使得培养出来的学生对自身生命价值的认识囿于周围人际关系的狭小圈子里,价值取向趋于"求同",从而变得圆滑,缺少个性。

(3)传统教育价值观导致当代德育方法的落后。

当代教育实践重视德育,强调将德育放在首位,这与传统教育价值观是一脉相承的,也是正确的,但方法上基本没有改进,仍旧是传统的说教与灌输。科学的德育方法应该是基于价值引导与自主建构相统一的主体性道德人格教育。在教育实践领域,我们必须注意传统价值观的潜在影响,取其精华,去其糟粕,使其更好地为当代教育服务。

(4)家族化的价值取向对当代学生观和尊师观的影响。

自古以来,"孝"是调节家庭和家族内部关系的基本道德原则。"孝"和"忠"都表现出一种建立在血缘和等级基础上的后辈对前辈、下级对上级的绝对崇尚和服从的倾向。这样的价值取向影响到教育,使得顺从、听话被看成是一个好学生的主要标志。

（5）功名化的价值取向与当代教育价值观和教育质量观。

我国传统社会，官为本位、崇官求官的文化价值取向至今仍有着广阔的群众基础，仍存在"片面追求升学率""读书无用论""学而优则仕"等观念。

（6）权威化价值取向对当代教学思想和师生关系的影响。

崇尚权威的价值取向是中国传统文化的一大特色。古代对教师的角色定位是"正礼"，出于对礼和道的尊崇，推崇教师的绝对权威，并对教师提出了很高的要求。

2.试分析比较晏阳初与梁漱溟乡村教育思想的异同及对新农村教育的启示。

【答案要点】

梁漱溟和晏阳初的教育思想比较。

（1）相同点。

①都认为解决中国的问题要从农村出发。晏阳初认为中国所有的问题都是人的问题，中国85%以上的人在农村，要普及平民教育，就要去到农村。梁漱溟认为中国绝大多数的人在农村，中华文化的根在农村，而农村也是最急需建设的地方，所以中国建设要从农村开始。

②都重视乡村教育在乡村建设中的作用。

③都把乡村教育与地方实业技术相结合。晏阳初的"四大教育"和梁漱溟的"两类课程"中均涉及地方农业经济、农业科学技术等的学习。

（2）不同点。

①对中国问题的分析不同。晏阳初认为中国的问题是"愚""贫""弱""私"，梁漱溟认为是严重的文化失调。

②实施乡村教育的形式不同。晏阳初是"三大方式"，梁漱溟是设立乡农学校。

③乡村教育的具体内容不同。晏阳初是"四大教育"，梁漱溟是"两类课程"。

（3）对新农村教育的启示。

①将优先发展农村教育视为建设社会主义新农村的基础。当前，振兴农村教育依然是时代的要求，也是民族振兴、国家发展的要求。

②把培养新型农民作为新农村教育的核心任务。新农村建设要求培养观念新、有文化、讲文明、懂技术、会经营的新型农民。在教育内容上，可以借鉴晏阳初的"四大教育"，同时注重梁漱溟所提倡的"精神陶冶"，培养农民的思想道德素质、心理素质与政治素质。在教育方式上，农民技能培训要结合正规训练和非正规培训。

③建构适应农村经济发展的课程体系。为适应社会主义新农村建设，必须从农村的实际需要出发，改革课程设置，建构适合农村经济发展的课程体系。

④树立正确的农村教育观。当前，要进行新农村建设，必须看到农村落后的重要原因之一是陈旧的教育观念，读书只为升学的应试教育观导致传统教育观念的恶性循环，接受高等教育的农民越多，离开农村的人就越多，农村就越落后。因此，使农村留住人才，让更多的人才进入农村，变革阻碍农村教育创新的落后观念，是对当前新农村教育提出的挑战，也是新农村建设的根本出路。

3.试述激发和培养学生学习动机的主要措施。

【答案要点】

（1）创设问题情境，实施启发式教学。

在学习过程中，仅仅让学生简单地重复已经学过或者过难的东西，学生都不会感兴趣。只有在学习那些"似懂非懂""似会非会"的东西时，学生才感兴趣而且迫切希望掌握它。

（2）根据作业难度，恰当控制动机水平。

教师在教学时，要根据学习任务的不同难度，恰当控制学生学习的动机水平。学习较简单课题时，尽量使学生集中注意力；学习较复杂课题时，尽量创造轻松自由的课堂气氛。在学生遇到困难时，尽量心平气和地耐心引导，以免学生过度紧张和焦虑。

（3）充分利用反馈信息，给予恰当的评定。

一方面学习者可以根据反馈信息调整学习活动，改进学习策略，另一方面学习者为了取得更好的成绩或避免再犯错误而增加了学习动机，从而保持了学习的主动性和积极性。

（4）妥善进行奖惩，维护内部学习动机。

一般而言，表扬与奖励比批评与指责能更有效地激发学生的学习动机，前者能使学生获得成就感，增强自信心。但过多使用表扬和奖励，或者使用不当，也会产生消极作用。

（5）合理设置课堂环境，妥善处理竞争和合作。

在教学活动中，应该注意竞争与合作的相互补充和合理运用。极端的竞争会对学生的学习行为和集体团结产生消极影响。适量与适度的竞争与合作的恰当结合，会有效激励学生的学习动机。

（6）适当进行归因训练，促使学生继续努力。

一方面，要引导学生找出成功或失败的真正原因，即进行正确归因；另一方面，教师也应根据每个学生过去一贯的成绩优劣差异，从有利于今后学习的角度进行积极归因。

（7）培养自我效能感，增强学生成功的自信心。

自我效能感影响学生的自我评价和自信心，进而影响学习成绩。尤其是学业不良的学生，由于对自己的学习能力持怀疑态度，表现出很低的自我效能感。因此，教师在教学中要通过一定的方法提高他们的自我效能感。

（8）维护学生自我价值，警惕自我妨碍策略。

自我价值理论指出，学生有保护和表现自我价值的需要，这是个人追求成功的内在动力。教师要理解和尊重学生的这种需要，引导他们把自我价值的实现方式与正向、积极的学习行为相联系，避免学生不断从环境中体验到对自我价值的威胁感，从而采取各种自我妨碍的逃避策略。

（9）维护内在需要，促进外部动机内化。

兴趣、好奇心、探索欲，是人类学习的最早动力。源于内部需要的学习动机具有更多的坚持性和抗干扰性。然而，不是每个孩子都对教育中涉及的所有内容充满好奇和兴趣。因此，教师要帮助学生将外部调控的学习动机不断内化，形成相对自主调控的学习动机。

4. 试评裴斯泰洛奇教育心理学提出背景、基本主张和历史意义。

【答案要点】

（1）提出背景。

裴斯泰洛齐在继承了夸美纽斯、卢梭的自然主义教育思想的基础上，对"教育适应自然"的观点进行了具体化，并把卢梭教育思想中具有浪漫色彩的、不切实际的东西以及夸美纽斯教育思想中过于宗教化的内容予以整合，把人的本性发展更确切地理解为人的心理发展，首次提出了教育心理学化的思想。

（2）基本主张。

①教育目的心理学化。要求将教育的目的和理论指导置于儿童本性发展的自然法则的基础上。只有认真探索和遵循儿童的心理活动和心理发展的规律性，才能有效地达到应有的教育目的。

②教学内容心理学化。必须使教学内容的选择和编制适合儿童的学习心理规律。裴斯泰洛齐力图从客观现象和人的心理过程探索教育和教育内容中普遍存在的基本要素，并以此为核心来组织各科课程和教学内容，提出"要素教育"理论。

③教学原则和教学方法的心理学化。教学要遵循自然的规律，要使教学程序与学生的认识过程

相协调。在此原则下，提出了直观性教学原则、循序渐进原则。

④要让儿童成为他自己的教育者。教育者不仅要让儿童接受教育，还要使儿童成为教育中的动因，要适应儿童的心理时机，尽力调动儿童的能动性和积极性，使他们懂得自我教育。

（3）评价。

虽然裴斯泰洛齐对人的心理理解是感性的，并不十分科学，但他关于教育心理学化的思想，不仅成为他关于人的和谐发展论、教育要素论、简化的教学方法和初等学校各科教学法的重要理论基础，而且对19世纪欧美一些国家教育研究和实践产生了重大影响。

2022年 西北师范大学 333 教育综合·真题真练

一、名词解释
教育中介　教育的质的规定性　学园　莫雷尔法案　认知内驱力　学习策略

二、简答题
1. 教学过程中应当处理好的关系。
2. 中世纪大学在教育史上的地位及影响。
3. 凯兴斯泰纳的劳作学校理论及影响。
4. 隋唐学校教育制度的特点。

三、分析论述题
1. 班杜拉的观察学习理论及影响。
2. 论述王守仁的儿童教育思想。
3. 教师应当具备的素养及如何培养。
4. 有人认为，当代年轻一代是垮掉的一代，有人认为年轻一代有担当，结合教育学知识评述。

2021年 西北师范大学 333 教育综合·真题真练

一、名词解释
分支型学制　德育过程　《国防教育法》　图式　贝尔-兰开斯特制　心智技能

二、简答题
1. 简述赫尔巴特的教学阶段论。
2. 简述朱熹的读书法并对其进行评价。
3. 简述裴斯泰洛齐的要素主义。
4. 简述教学的基本原则。

三、分析论述题
1. 中小学常见的教学方法有哪些？谈谈网络对教学方法改革的影响。
2. 论述班主任工作的内容，以及如何进行创新管理。
3. 论述1922年"新学制"的特点并进行评价。
4. 论述建构主义的基本观点及其对教育实践的意义。

2020年 西北师范大学 333 教育综合·真题真练

一、名词解释
终身教育 《巴特勒教育法》"三纲领八条目" 程序性知识
校本培训 发现学习 长善救失原则 深造自得

二、简答题
1. 简述《国防教育法》。
2. 简述前运算阶段儿童思维发展的特点。
3. 简述韩愈《师说》中的教育思想。
4. 杜威的"教育即生长"与斯宾塞的"教育是为未来生活做准备"存在不同,你认为哪个正确?你认为教育与生活的关系是怎样的?
5. 简述教学过程的性质。
6. 简述自我效能感及其影响因素。
7. 简述《学记》的教育教学原则。

三、材料分析题
1. 材料大意:有个学生叫包梦辰,有段时间家里出事了,所以上课也不认真,老睡觉,整天迷迷糊糊的。老师就当全班的面嘲笑她,说:"上课天天睡觉,怪不得你叫梦辰呢!"
(1) 材料中老师的做法对吗?你认为应该怎么做?
(2) 在教育教学过程中,教师应该怎样和学生交往?

四、分析论述题
述评赫尔巴特的教育思想。

2019年 西北师范大学 333 教育综合·真题真练

一、名词解释
终身教育 教学策略 "三舍法" 八股文 乌托邦 客体永恒性 学习迁移

二、简答题
1. 教育的独立性主要体现在哪些方面?
2. 简述教育的启发性原则及其要求。
3. 简述教学过程中常见的教学评价种类。
4. 简述裴斯泰洛齐的要素教育思想。

5. 简述卢梭的自然主义教育思想。
6. 动机归因的方式有哪些？教师如何教育学生进行正确归因？
7. 简述奥苏伯尔的有意义学习及其条件。
8. 简述稷下学宫的性质与影响。

三、分析论述题

1. 试述教学过程中掌握知识与发展智力的关系。
2. 试述王守仁的儿童教育思想的内容及其意义。

2018年 西北师范大学 333 教育综合·真题真练

一、名词解释

综合实践活动　学校教育制度　学校德育　五段教学法　普雷马克原理　稷下学宫

二、简答题

1. 简述影响知识理解的因素。
2. 简述学科课程与活动课程的关系。
3. 简述王阳明的"致良知"及其意义。
4. 简述支架式教学与最近发展区的关系。
5. 简述乌申斯基的民族性教育及对中国的意义。

三、分析论述题

1. 材料：王老师是一名班主任，平时对学生十分严格，不许学生乱扔垃圾。但自己在课堂上时不时说脏话，烟头也随手扔到讲桌底下。他经常教训学生要改掉那些坏习惯，可是学生一点也没有改变，王老师很是无奈。

（1）结合材料分析王老师所教的班级为什么会出现这种现象。
（2）作为班主任，如何做才能达到好的教育效果？

2017年 西北师范大学 333 教育综合·真题真练

一、名词解释

教育目的　公学　分支型学制　要素教育　罗森塔尔效应

二、简答题

1. 简述教师劳动的特点。
2. 简述德育的途径。
3. 简述晏阳初的农村教育实验。
4. 简述国民政府时期的教育方针。
5. 简述教育对人的主导作用。
6. 简述促进知识迁移的措施。
7. 简述学习动机和学习效率的关系。

三、分析论述题

1. 材料大意：印度虽然有许多劳动力，但没有解决吃饭问题，但印度却有很多高等学校，并且极为重视教育。
   （1）论述教育对经济的影响。
   （2）论述经济对教育的影响。
2. 比较斯巴达教育和雅典教育的特点。

2016年 西北师范大学 333 教育综合·真题真练

一、名词解释

素丝说　班级授课制　最近发展区　自我效能感　快乐之家　六等黜陟法　义务教育　公学

二、简答题

1. 简述洛克的体育教育思想。
2. 简述斯宾塞的科学教育思想。
3. 简述1922年"新学制"的特点。
4. 简述资源管理策略。
5. 简述现代教育的发展趋势。
6. 简述"熙宁兴学"。
7. 简述影响知识理解的因素。

三、分析论述题

1. 论述中小学班主任工作的主要内容及班集体建设。
2. 为什么要坚持教师的主导作用和学生的积极性相结合？

2015年 西北师范大学 333 教育综合·真题真练

一、名词解释
课程标准　德育　分斋教学法　生活教育理论
导生制（贝尔－兰开斯特制）　恩物　元认知　品德

二、简答题
1. 中小学常用的教学方法有哪些？
2. 学校管理的发展趋势是什么？
3. 简述《学记》中的教育教学原则及其含义。
4. 简要陈述颜元学校改革的思想。
5. 简述文艺复兴时期人文主义教育的基本特点。
6. 简述夸美纽斯在教育史上的贡献和地位。
7. 联系实际，谈谈教师如何激发学生的学习动机。
8. 简述《中小学心理健康教育指导纲要（2012年修订）》提出的学校开展心理健康教育的途径。

三、分析论述题
1. 依据以下资料说说一名合格教师应承担具备什么样的专业素养。

2014年9月10日，依兰县高级中学高二年级17班的学生没有给科任老师赠送礼物，班主任老师对此极为不满，上课时公然向学生索要教师节礼物，对学生进行辱骂。随后班长组织同学集资花费296元，购买了六箱牛奶，分别送给了冯某某等6名授课老师。

2. 请论述教育对人的发展起什么作用，为什么？

2014年 西北师范大学 333 教育综合·真题真练

一、名词解释
学校教育制度　课程标准　有效教学　隐性教学　学习策略　泛智教育　要素教育　创造性

二、简答题
1. 列举教育学独立时期的10位代表人物及其著作。
2. 学校教育在个体发展中有什么特殊的价值？实现这些价值需要什么条件？
3. 简述"百日维新"中教育改革的主要措施。
4. 简述美国《国防教育法》的主要内容。
5. 简述《中小学心理健康教育指导纲要（2012年修订）》规定的心理健康教育的总目标。

6. 简述教育与认知发展的关系。

三、分析论述题

1. 党的十八大政策提到"单独生二胎",请谈谈人口和教育的关系是什么。
2. 论述蔡元培北大改革的措施并对其进行评价。
3. 论述日本明治维新时期的教育改革措施。

2013年 西北师范大学 333 教育综合·真题真练

一、名词解释

学校教育制度　谈话教学法　课程标准　教师专业发展　《白鹿洞书院揭示》
"六艺"教育　骑士教育

二、简答题

1. 简述教师劳动的特点。
2. 简述全面发展教育各组成部分的关系。
3. 简述观察学习理论并对其进行评论。
4. 隋唐时产生的科举制度的积极意义是什么?
5. 举例说明洋务学堂的类型。

三、分析论述题

1. 有人认为教学的目标是传授知识,有人认为教学的目标是发展学生的智力。关于这一问题谈谈你的看法。
2. 影响道德品质的因素有哪些?学校应该采取哪些方式培养学生的道德品质。
3. 论述贺拉斯·曼的教育思想。

2012年 西北师范大学 333 教育综合·真题真练

一、名词解释

教育目的　发现法　课程　骑士教育　教师专业发展　朱子读书法

二、简答题

1. 简述马斯洛的需要层次理论。
2. 简述教育的文化功能。

3. 简述学校教育制度确立的依据
4. 简述"百日维新"中的教育改革措施

三、论述题

1. 有研究根据教师的领导方式将教师分为强制专断型、仁慈专断型、放任自流型和民主型。假如你是一名教师，你会选择那种领导方式对待学生，为什么？
2. 论述贺拉斯·曼的教育思想。
3. 《学记》中的主要教学原则有哪些？试对其进行简述。
4. 说明建构主义的基本观点及其对教育改革的意义。

2011年 西北师范大学 333 教育综合·真题真练

一、名词解释

教育学　课程标准　研究教学法　德育　"六艺"教育　"七艺"教育

二、简答题

1. 简述我国教育目的的基本要求。
2. 简述教学过程中直接经验与间接经验的关系。
3. 简述"百日维新"中的教育改革措施。
4. 简述行为主义的教育理论。

三、论述题

1. 论述教师应具备的素养。
2. 论述《学记》中的主要教学原则。
3. 论述结构主义教育的代表人物及主要思想。
4. 试论述自我效能感理论及其对学习活动的意义。

2010年 西北师范大学 333 教育综合·真题真练

一、名词解释

班级　研究法　勤工俭学运动　学习策略　监生历事制度　《国防教育法》

二、简答题

1. 教育对生产力发展的作用表现在哪些方面？

2. 环境在人身心发展中的作用是什么？
3. "百日维新"中教育改革的主要措施是什么？

三、分析论述题

1. 为什么教育在人的身心发展中起着重要作用？
2. 试论黄炎培的职业教育理论。
3. 试论述杜威的"从做中学"。
4. 试论述马斯洛的需要层次理论。

西北师范大学 333 教育综合·真题解析

一、名词解释

教育中介

教育中介是教育者与受教育者联系与互动的纽带，包括开展教育活动的内容和方式。此外，教育活动的中介系统还应当有以培养人为目的而组织的包括生产劳动在内的社会实践活动。

教育的质的规定性

教育是一种有目的地培养人的社会活动，是人类社会生活不可或缺的重要组成部分。教育有其相对稳定的质的特点，表现在以下三个方面：有目的地培养人的活动；教育者引导受教育者传承人类经验的互动活动；激励与教导受教育者自觉学习和自我教育的活动。

学园

柏拉图创办的学园被视为雅典第一个永久性的高等教育机构。学园既开展了广泛的教学活动，培养各类人才，同时也进行了哲学和自然科学领域的学术研究，这些教学和研究活动极大地促进了古希腊科学和文化的发展。

莫雷尔法案

1862年，林肯总统批准实施《莫里尔法》，又称《莫雷尔法案》。该法规定：联邦政府按各州在国会的议员人数，按照每位议员三万英亩的标准向各州拨赠土地，各州应将赠地收入用于开办或资助农业和机械工艺学院。此类农业或机械工艺学院的设立与发展，确立了美国高等教育为工农业生产服务的方向，在一定程度上改善了高等教育发展与社会需要联系不够密切的状况。

认知内驱力

认知内驱力是个体了解、理解和掌握知识，以及系统地阐述问题并解决问题的需要，是一种最重要和最稳定的动机。它指向学习任务本身，满足这种动机的奖励是由学习本身提供的，因而是一种内部动机。

学习策略

学习策略是指学习者为了提高学习的效果和效率，有目的、有意识地制定的有关学习过程的复杂的方案。具有以下四个特征：主动性、有效性、过程性、程序性。

二、简答题

1. 教学过程中应当处理好的关系。

【答案要点】

（1）间接经验与直接经验的关系：学生认识的主要任务是学习间接经验；学习间接经验必须以学生个人的直接经验为基础；防止只重书本知识传授或直接经验积累的偏向。

（2）掌握知识与发展智力的关系：智力的发展与知识的掌握二者相互依存，相互促进；生动活泼地理解和创造性地运用知识才能有效地发展智力；防止单纯抓知识教学或只重能力发展的片面性。

（3）掌握知识与进行教育的关系：进行教育性教学是现代教学的重要特性；只有使所学知识引发了学生情感、态度的积极变化，才能让他们的思想真正得到提高；防止单纯传授知识或脱离知识教学的思想教育的偏向。

（4）智力活动与非智力活动的关系：教学活动既要注重引导学生进行智力活动，也要重视调节学生的非智力活动；按教学需要调节学生的非智力活动，才能有成效地进行智力活动。

（5）教师主导作用与学生主动性的关系：发挥教师的主导作用是学生简捷有效地学习知识、发展身心的必要条件；尊重学生、调动学生的学习主动性是教师有效地教学的一个主要因素；防止忽视学生积极性和忽视教师主导作用的偏向。

2. 中世纪大学在教育史上的地位及影响。

【答案要点】

（1）中世纪大学是 12 世纪左右兴起的一种自治的教授和学习中心。一般由一名或数名在某一领域有声望的学者和他的追随者自行组织起来，形成类似于行会的师生团体进行教学和知识交易。

（2）影响：

①中世纪大学的产生在当时是进步现象，有积极意义。它打破了教会对教育的垄断，促进了教育普及。它一开始是世俗性教育团体，不受教会统治，使较多的人可以不受封建等级限制而得到教育，符合当时新兴的市民阶级对世俗教育的要求。

②对于后世高等教育的发展具有重要意义。现代意义的大学基本上直接起源于欧洲中世纪大学，现代大学的一系列组织结构和制度原则都与欧洲中世纪大学有着直接的历史联系。

③中世纪大学还培养了一大批人才，促进了古希腊罗马文化、阿拉伯文化等多种科学文化的保存、交流和发展。

④局限性：因为当时教会势力强，所以大学的宗教色彩比较浓厚。

3. 凯兴斯泰纳的劳作学校理论及影响。

【答案要点】

凯兴斯泰纳是德国教育家，是 19 世纪后期开始在欧美流行的劳作教育思潮的主要代表人物和推动者。他认为，劳作学校是一种最理想的学校组织形式，是为国家培养有用公民的重要教育机构。

（1）基本精神：让学生在自动的创造性的劳动活动中，得到性格的陶冶。

（2）三项任务。

①职业陶冶的预备。即帮助学生将来能在国家的组织团体中担任一种工作或一种职务。

②职业陶冶的伦理化。要求把所任的职务看作郑重的公事，要把个人的工作与社会的进步联系在一起，把职业陶冶与性格陶冶结合起来。

③团体的伦理化。要求在学生个人伦理化的基础上，把学生组成工作团体，培养其互助互爱、团结工作的精神。

（3）教学内容和方法以及教育教学的管理。

①必须把"劳作学校"列为独立科目，并聘请专门的技术教员。

②改革传统科目的教学，着重培养和训练学生逻辑思考的本领和自主自动的能力。

③发展学生的公民意识和社会技能，以团体工作为基本原则，发展利他主义，强调社会利益。

（4）影响：凯兴斯泰纳的思想在教育学领域的贡献是值得肯定的，他将新的教育方法引进公立学校体系，改革了国民学校的教育和工人的进修教育；他重视学校的社会功能，努力培养学生的合作精神和创造性的劳动能力。其教育理论不仅在德国，而且对许多国家的教育产生了较大的影响。在凯兴斯泰纳的影响下，欧洲许多国家也采取"劳作学校"的做法。

4. 隋唐学校教育制度的特点。

【答案要点】

（1）学校体系形成。私学与官学并存，私学承担基础教育与专业教育两层次教育任务。在教育行政上官学是教育的主干，私学是官学的重要补充。这一古代学校教育体系的形成对中国封建社会后期的教育产生了重要影响。

（2）教育行政体制分级管理的确立。从隋代开始实行分级管理的教育行政体制，中央官学由国子监祭酒负责管理，地方官学由州县长官负责管理。而专科性学校则归对口的行政部门管理，以利于专业教育的实施。

（3）学校内部教学管理制度及法规的完善。隋唐时期对过去学校教学的规定和惯例加以梳理，按现实需要做了新的规定，使对学校教学的管理有法可依。

（4）专业教育的重视。在国子监添设算学专科以培养算学的专门人才，还有其他一些专科教育，从教育制度发展过程来考察，这是实科教育的首创。

（5）学校教育与行政机构及事务部门的结合。一些事务部门，如天台司、太医馆等，负起双重任务，既为政府进行专业服务，又担负起培养专业人才的任务，学生在这种条件下学习，可以更好地把专业知识与专业实践密切结合起来。

三、分析论述题

1. 班杜拉的观察学习理论及影响。

【答案要点】

观察学习是一种间接学习的形式，人类的大多数行为是通过观察而习得的，人们通过观察他人的行为及其后果，可获得榜样行为的符号表征和经验教训，并可引导观察者今后的行为。班杜拉认为，观察学习经历四个过程：

（1）注意过程。注意过程影响观察者对榜样行为的探索和知觉过程，决定观察者的观察内容。影响注意过程的因素有：榜样行为的特性、榜样的特征和观察者的特征。

（2）保持过程。保持过程使观察者将示范行为以某种形式储存在头脑中以便今后可以指导操作。示范信息的保持主要依赖两种符号系统——表象系统和言语系统。影响保持过程的因素有：注意过程的效果、榜样呈现的方式和次数以及观察者自身记忆能力、动机等。

（3）复制过程。观察者以内部表征为指导，将榜样行为再现出来。影响复制过程的因素有：观察的有效性、从属反应的有效性、反馈的及时性和准确性以及自我效能感。

（4）动机过程。动机过程决定个体复现榜样行为的具体内容，换言之，决定哪一种经由观察习得的行为得以表现。动机过程存在着三种强化：

①直接强化，指在模仿行为之后直接给出的强化，为学习者提供信息和诱因。

②替代性强化，指观察者因看到榜样受强化而受到的强化。

③自我强化，指观察者依照自己的标准对行为作出判断后而进行的强化。

班杜拉的社会学习理论揭示了人类的一种极为普遍的学习方式。多因素相互作用，共同决定行为的观点，以及注重观察、模仿、自我效能感在学习中的作用等思想，不论是在行为习惯和道德品质的形成方面还是在语言知识及人际交往技能的学习方面，都有着很重要的指导作用和参考价值。

2. 论述王守仁的儿童教育思想。

【答案要点】

王守仁十分重视儿童教育，在《训蒙大意示教读刘伯颂等》一文中比较集中地阐发了他的儿童教育思想。

（1）基本观点。

①揭露和批判传统儿童教育不顾儿童的身心特点。王守仁指出当时从事儿童教育的老师每天只是督促儿童读书识字，责备他们修身，对待儿童就像对付囚犯，这种不顾儿童的身心特点，把他们

当作小大人是传统儿童教育的致命弱点。

②儿童教育必须顺应儿童的性情。王守仁认为，一般来说儿童的性情总是爱好嬉游而厌恶拘束，因此他主张儿童教育必须顺应儿童的身心特点，这样儿童就能不断地长进。

③儿童教育的内容是"诗歌""习礼"和"读书"。王守仁认为对儿童进行诗歌、习礼和读书教育，是为了培养儿童的意志，调理他们的性情，在德育、智育、体育和美育诸方面都得到发展。

④要"随人分限所及"，量力施教。教育必须根据儿童的接受能力水平来进行。

（2）评价。

王守仁的儿童教育思想的目的是为了向儿童灌输封建伦理道德，但他反对"小大人式"的传统儿童教育方法和粗暴的体罚等教育手段，要求顺应儿童性情、根据儿童的接受能力施教，使他们在德育、智育、体育和美育诸方面得到发展等主张，反映了其教育思想的自然主义倾向。

3. 教师应当具备的素养及如何培养。

【答案要点】

（1）教师素养的要求。

①高尚的师德：热爱教育事业，富有献身精神和人文精神；热爱学生，诲人不倦；热爱集体，团结协作；严于律己，为人师表。

②先进、科学的教育理念。教师的所有努力都要有利于学生精神世界的丰富、人格尊严的维护和美好人性的成长。如学生主体观、教学交往观、发展性教学评价观等。

③宽厚的文化素养。教师对自己所教学科知识应科学、深入地把握，能对自己所教专业融会贯通、深入浅出、高瞻远瞩，达到运用自如的境界，在教学过程中不出知识性的错误。同时，教师还应有比较广博的文化修养。

④专门的教育素养。教师的专门教育素养水平及其合理结构是教育教学任务得以完成的重要保证，它主要包括教育理论素养、教育能力素养和教育研究素养。

⑤健康的心理素质。教师要有轻松愉快的心境、昂扬振奋的精神、观幽默的情绪以及坚韧不拔的毅力等。

⑥强健的身体素质。主要体现在健康的体魄、旺盛的精力、蓬勃的活力、有节律的生活方式和锻炼习惯等。

（2）培养和提高教师素养的主要途径。

①加强和改革师范教育。第一，采取有效的政策性措施，鼓励和吸引大批优秀学生报考师范院校；第二，努力提高教师的社会地位和物质待遇，增强师范教育的吸引力；第三，联系现时代对教师作用和职能的新要求，使未来教师能获得与之相应的专业训练，尤其要树立师范生先进的教育理念；第四，吸收除正规教师以外的各种可能参与教育过程的人，并为其从教提供必要的职业帮助。

②实施教师资格考察制度。实施教师资格考察制度，不仅有利于加强教师质量的管理与考核，而且为非师范专业毕业的大学生谋求教师职业开辟了道路，从而切实有效地充实了教师队伍。

③加强教师在职提高。教师在职提高的主要途径包括教学反思、校本培训、校外支援与合作等形式。

4. 有人认为，当代年轻一代是垮掉的一代，有人认为年轻一代有担当，结合教育学知识评述。

【答案要点】

我认为，当代年轻人是有担当的一代。

（1）从我国教育目的来看，国家对于年轻一代的培养是积极向上的。

2021年修订的《中华人民共和国教育法》规定："教育必须为社会主义现代化建设服务、为人民服务，必须与生产劳动和社会实践相结合，培养德智体美劳全面发展的社会主义事业的建设者和接班人。"我国教育目的价值取向的出发点与归宿在于：培养体、智、德、美、劳全面发展，具有创新精神、实践能力和独立个性的社会主义现代化需要的各级各类人才。

（2）从课程上来看，注重素质教育以及德智体美劳全面发展教育等。

素质教育作为一种教育价值观念，其初衷在于纠正"应试教育"现象：幼儿园成为小学的预科班、中小学教育片面追求升学率、大学教育过分专业化、教育活动本身和教育培养对象被严重扭曲等。素质教育观的出现，扭转了应试教育观，把教育目的重新指向人本身，指向人的整体的、全面的素质。

全面发展教育，是对含有各方面素质培养功能的整体教育的一种概括，是对为使学习者多方面得到发展而实施培养的教育活动的总称，是由多种相互联系而又各具特点的教育所组成。关于全面发展教育的基本构成，学界通常多以德育、智育、体育、美育、劳动技术教育等作为全面发展教育的构成主体。

（3）从育人的角度来看，大力重视学生德育的培养。

德育具有育德功能和社会功能。德育的育德功能就是培养学生对他人、他物、他事的态度，引导学生懂得为人处世的行为规则和行为方式。学校德育在青少年学生发展中的导向作用极其重要。学校德育的社会功能在于经过所培养的学生积极参与日常生活、人际交往和社会实践，对社会发展与改革发挥出巨大作用，这种作用也就是德育对社会的文化功能、经济功能和政治功能。

（4）从年轻一代的表现来看，疫情当前，一大批"90后"、"00后"冲上前线，他们表现出了大无畏、敢作为的责任担当精神。他们用行动践行了责任与使命，给我们树立了青年的榜样。

2021年 西北师范大学333教育综合·真题解析

一、名词解释

分支型学制

分支型学制主要代表是苏联，也称为苏联型学制。其结构为一开始不分轨，升入中学阶段开始分叉，是介于双轨制和单轨制之间的分支型学制。特点是苏联型学制的中学，上通下达，左右通畅。这显示了分支型学制没有阶级、没有等级差别的优越性。

德育过程

德育过程是学生在教师的引导下，主动积极地进行道德认识和道德实践，逐步提高自我修养能力，形成个人品德的过程。

《国防教育法》

1958年美国颁布《国防教育法》，将教育提高到保卫国家国防的高度。其主要内容包括：加强普通学校的自然科学、数学和现代外语的教学；加强职业技术教育；强调"天才教育"；增拨大量教育经费。其颁布与实施，促进了美国教育事业的发展，有利于美国教育质量的提高和科技人才的培养。

图式

图式是指儿童用来适应环境的认知结构。从发展的角度来看，儿童最初的图式是遗传所带来的一些本能反射行为，如吸吮反射等。

贝尔－兰开斯特制

贝尔－兰开斯特制又称导生制，其具体实施是：教师在学生中选择一些年龄较大、学习成绩较好的学生充任导生，教师先对导生进行教学，然后由他们去教其他学生。通过这种教学方式，学生的数额得以大大增加，也在一定程度上缓解了教师奇缺的压力，因而一度广受欢迎，但因其难以保证教育质量而最终被人们所抛弃。

心智技能

心智技能是指一种借助于内部语言在人脑中进行的认知活动方式，如默读、心算、写作和分析等技能。心智技能可以分为专门心智技能和一般心智技能。心智技能的特点：动作对象的观念性、动作执行的内潜性、动作结构的简缩性。

二、简答题

1. 简述赫尔巴特的教学阶段论。

【答案要点】

赫尔巴特的教学形式阶段，实际上就是课堂教学的完整过程，是一个包括教学方法、教学形式等在内的规范化的教学程序。他认为，兴趣活动可以划分为四个阶段：注意、期待、要求和行动。儿童在学习活动中的思维方式有两种：专心与审思。在此基础上，他提出了教学形式阶段理论，即"赫尔巴特四段教学法"。

（1）明了：当一个表象由自身的力量突出在感官前，兴趣活动对它产生注意；这时，学生处于静止的专心活动；教师通过运用直观教具和讲解的方法，进行明确的提示，使学生获得清晰的表象，以做好观念联合，即学习新知识的准备。

（2）联合：由于新表象的产生并进入意识，激起原有观念的活动，因而产生新旧观念的联合，但又尚未出现最后的结果；这时，兴趣活动处于获得新观念前的期待阶段；教师的主要任务是与学生进行无拘无束的谈话，运用分析的教学方法。

（3）系统：新旧观念最初形成的联系并不是十分有序的，因而需要对前一阶段由专心活动得到的结果进行审思；兴趣活动处于要求阶段；这时，需要采用综合的教学方法，使新旧观念间的联合系统化，从而获得新的概念。

（4）方法：新旧观念间的联合形成后需要进一步巩固和强化，这就要求学生自己进行活动，通过练习巩固新习得的知识。

评价：赫尔巴特的阶段教学论，在一定程度上揭示了教学过程方面的某些规律，反映了人类对教学过程和教学活动本质认识的发展，具有广泛的实践意义是值得充分肯定的；但是，该理论认为任何一堂课都必须遵循这样一个阶段，既限制了学生学习的积极主动性和创造精神，也束缚了教师教学的主动性和灵活性。

2. 简述朱熹的读书法并对其进行评价。

【答案要点】

朱熹一生酷爱读书，对于如何读书有深切的体会，并提出了许多精辟的见解。他的弟子将其概括为"朱子读书法"六条。

（1）循序渐进。朱熹主张读书要"循序渐进"，意思是读书要按一定的次序，不要颠倒；应根据自己的实际情况和能力，安排读书计划，并切实遵守它；读书要扎扎实实打好基础，不可囫囵吞枣，急于求成。

（2）熟读精思。朱熹认为，读书既要熟读成诵，又要精于思考。熟读有利于理解，熟读的目的是为了精思。精思就是发现问题和解决问题的过程。

（3）虚心涵泳。所谓"虚心"是指读书时要虚怀若谷，静心思虑，仔细体会书中的意思，不要先入为主，牵强附会；所谓"涵泳"是指读书时要反复咀嚼，细心玩味。

（4）切己体察。强调读书不能仅仅停留在书本上和口头上，而必须要见之于自己的实际行动，要身体力行。

（5）着紧用力。包含两方面意思，其一，必须抓紧时间，发愤忘食，反对悠悠然；其二，必须抖擞精神，勇猛奋发，反对松松垮垮。

（6）居敬持志。既是朱熹道德修养的重要方法，也是他最重要的读书法。"居敬"是读书时精神专一，注意力集中；"持志"是要树立远大的志向和高尚的目标，并要以顽强的毅力坚持下去。

评价：

（1）进步性。朱熹的读书法是他自己和前人长期的读书经验的概括和总结，比较集中地反映了我国古代对于读书方法研究的成果，朱子读书法反映了读书学习的基本规律和要求，在今天仍具有一定的参考价值和借鉴作用。

（2）局限性。朱子读书法也不可避免地存在时代和阶级的局限性，突出表现为：朱熹所提倡读的书主要是宣传封建伦理道德的"圣贤之书"；他的读书法主要是强调如何学习书本知识，而未曾注意到与实际知识之间的联系。

3. 简述裴斯泰洛齐的要素主义。

【答案要点】

裴斯泰洛齐提出要素教育论，其基本思想是：初等学校的各种教育都应该从最简单的要素开始，然后逐渐转到日益复杂的要素，循序渐进地促进人的和谐发展。要素教育既要求初等学校为每个人在德、智、体几方面都能受到基本的教育而得到和谐的发展，又要求在德育、智育、体育的每一个方面都通过"要素方法"获得均衡的发展。

（1）德育。道德教育最基本的要素是儿童对母亲的爱。随着孩子的成长，便由爱母亲发展到爱双亲，爱兄弟姐妹，爱周围的人。进入学校后，又把爱逐步扩大到爱所有人，爱全人类。

（2）智育。智育的基本要素是数目、形状和语言。教育就是在这些要素的基础上来进行教学和设计课程，从而促进儿童的心理发展。所对应的科目分别是算数、几何和语文。

（3）体育。体育的基本要素是关节活动。儿童的体育训练就是要从各种关节活动的训练开始，并随着年龄的增长逐渐进行较复杂的动作训练，以发展他们身体的力量和各种技能。

4. 简述教学的基本原则。

【答案要点】

教学原则是有效进行教学必须遵循的基本要求。它既指导教师的教，也指导学生的学，应贯彻于教学过程的各个方面和始终。我国的教学原则有：

（1）启发性原则。指在教学中教师要激发学生的学习主体性，引导他们经过积极思考与探究自觉地掌握科学知识，学会分析问题和解决问题，树立求真意识和人文情怀。也称探究性原则或启发与探究相结合原则。

（2）理论与实践相结合原则。指教学要以学习基础知识为主导，将理论运用于解释和解决实际问题，学以致用，发展动脑、动手能力，并理解知识的含义，领悟知识的价值。

（3）科学性和思想性统一原则。指教学要以马克思主义为指导，授予学生以科学知识，并结合知识教学对学生进行社会主义品德和核心价值观教育。

（4）直观性原则。指在教学中通过引导学生观察所学事物或图像，聆听教师用语言对所学对象的形象描绘，形成有关事物具体而清晰的表象，以便理解所学知识。

（5）循序渐进原则。指教学要按照学科的逻辑系统和学生认识的顺序逐步进行，使学生系统地掌握基础知识、基本技能，形成严密的逻辑思维能力。也称系统性原则。

（6）巩固性原则。指教学要引导学生在理解的基础上牢固地掌握知识和技能，长久地保持在记忆中，能够根据需要迅速再现，有效地运用。

（7）发展性原则。指教学的内容、方法和进度，既要适合学生已有的发展水平，又要有一定的难度，激励他们经过努力才能掌握，以便有效地促进学生的身心发展。

（8）因材施教原则。指教师要从学生的实际情况与个性特点出发，有的放矢地进行有区别的教学，使每个学生都能扬长避短、长善救失，获得最佳发展。

三、分析论述题

1. 中小学常见的教学方法有哪些？谈谈网络对教学方法改革的影响。

【答案要点】

中小学常见的教学方法：

（1）讲授法。指教师通过语言系统地向学生传授科学文化知识、思想理念，并促进他们的智能与品德发展的方法。可分为讲读、讲述、讲解和讲演四种。

（2）谈话法。通过师生问答、对话的形式来引导学生思考、探究，以获取或巩固知识，促进学生智能发展的方法。也称问答法。

（3）练习法。指学生在教师指导下运用知识去反复完成一定的操作、作业与习题，以加深理解和形成技能技巧的方法。

（4）演示法。指教师通过展示实物、直观教具、实验或播放有关教学内容的软件、特制的课件，使学生认识事物、获得知识或巩固知识的方法。演示的特点在于加强教学的可观察性。

（5）实验法。指在教师指导下学生运用一定的仪器设备进行独立作业，观察事物的特性，探求其发展和变化规律，以获得知识和技能、培养科学精神的方法。可分为探究性实验和验证性实验。

（6）实习作业法。指学生在教师指导下进行的学科实践活动，以培养学生专业操作能力的方法。其实践性、独立性、创造性都很强，能培养学生独立工作和实践的能力与品质。

（7）讨论法。指学生在教师指导下为解决某个问题而进行探讨、评析，以辨明是非、获取真知、锻炼思维和独立思考能力的方法。讨论的种类有课堂讨论、短暂讨论、全班讨论及小组讨论等。

（8）研究法。指学生在教师的指导下通过独立的探索，创造性地解决问题，获取知识和发展科研能力的方法。

（9）问题教学法。指在教师引导下，学生主要通过积极参与对问题的分析、探索，主动地发现或建构新知，获得学习与探究的方法、能力与科学人文精神的教学方法。

（10）读书指导法。指教师指导学生通过阅读教科书、参考书以及获取或巩固知识的方法。包括指导学生预习、复习、阅读参考书、自学教材等。

网络对教学方法改革的影响：

（1）网络提供了丰富的教学资源。在网络交互式的平台上，学生可以自主地去获得海量的信息，学生的主体意识被极大地调动起来，对其认知和情感评价都产生了感染。针对教学方法而言，也有效地改变了传统枯燥的讲授方式——"灌输式"，网络的出现使学生能够利用其特有的多方位、多角度、动画式的效果改变原来教学方法的单一化。网络的出现使教育的形态从静态变为动态，从平面走向立体，对教师来说，可以充分利用网络的科技性与先进性，改变以往的教学方法，使课堂教学更加具有感染力、渗透力与吸引力，极大地提高课程教学的有效性与覆盖面。

（2）网络提供了崭新的教学途径。随着网络的快速发展，学生成为网络的主要受众群体，对学生的日常生活与学校都带来影响，而利用网络学习将成为学生学习知识的主要途径。当代中学生对于网络掌握熟练，他们思想活跃，易于接受新事物，使得教学方法在网络的影响下也要产生新的改变。教师可以运用传统教学与网络教学相结合的模式，充分利用互联网的优势，建构新的教学机制，实现教学方法的变革。

（3）网络提供了多元的教学手段。以网络为载体的教学辅助手段逐渐被采用，虽然没有从根本上改变传统的教师课堂讲授的教学模式，但以教师为中心，单项式、灌输式、记忆式的教学方式正日益受到学生们的冷落。网络所带来的互动式、启发式的教学方法，不仅提高了课堂教学的趣味性和生动性，还体现了在教学过程中教育主体与教育客体之间的交流的平等性。

2. 论述班主任工作的内容，以及如何进行创新管理。

【答案要点】

班主任的工作内容：

（1）了解和研究学生。了解学生，包括个人和集体两方面。个人情况包括个人德、智、体的发展，他的情趣、特长、习性、诉求，家庭状况和交往情况。集体情况包括全班学生的年龄、性别、家庭等一般情况；学生德、智、体发展的一般水平和有特殊才能的学生情况，班风与传统等。

（2）教导学生学好功课。班主任应做到：注意学习目的与态度的教育；加强学习纪律的教育；指导学生改进学习的方法和习惯。

（3）组织班会活动。班会是向学生进行思想教育的一个重要阵地。有计划地组织班会活动是班主任的一项重要任务。

（4）组织课外活动、校外活动和指导课余生活。课外活动与校外活动对培养学生的志趣、才能，丰富和活跃他们的生活，促进他们德、智、体全面发展有重要意义。在开展课外与校外活动方面，班主任主要负责动员和组织工作。对课余活动，班主任的责任是经常关心、了解、给予必要的指导。

（5）组织学生劳动。学生的劳动内容很广，主要有生产劳动、建校劳动和各种公益劳动。班主任则应按学校的安排与要求，有目的有计划地组织好本班学生的劳动。

（6）协调各方面对学生的要求。这项工作包括统一校内教育者对学生的要求以及统一学校与家庭对学生的要求。

（7）评定学生操行。操行是指学生的思想品德表现。操行评定是对学生一学期或一学年以来的思想品德发展变化情况的评价。

（8）做好班主任工作的计划与总结。一要加强计划性，使工作有条不紊地进行；二要注意总结工作经验，以便不断改进和提高。二者是互为基础、相互促进的。

进行创新管理的方法：

对课堂进行创新管理，就要实施有效的课堂教学管理，实质上就是要充分发挥班级授课制的优势，改革其弊端，综合运用多种教学组织形式，以使课堂教学取得最大的整体效应。以下教学组织形式在课堂教学管理中可以发挥应有的效应：能力分组、不分级制、选课制、特朗普制、活动课时表、开放课堂、小队教学等。

3. 论述 1922 年"新学制"的特点并进行评价。

【答案要点】

（1）"新学制"的特点。

①根据儿童身心发展规律划分教育阶段。这是1922年新学制最显著的特点，也是中国近代学制发展史上第一次将学制阶段的划分建立在对我国儿童身心发展阶段的研究上。

②初等教育阶段趋于合理，更加务实。它缩短了小学教育年限，改七年为六年，有利于初等教育的普及。另外，幼稚园也被纳入初等教育阶段，使幼、小教育得到衔接，确立了幼儿教育在中国教育史上的地位。

③中等教育阶段是改制的核心，是新学制中的精粹。第一，延长了中学年限，改善了中学与大学的衔接关系；第二，中学分成初、高中两级，给了地方办学伸缩的余地，也增加了学生选择的余地；第三，中学开始实行选科制和分科制，使学生有较大发展余地，适应不同学生的发展需要。

④建立了比较完善的职业教育系统。新学制建立了自成体系、从初级到高级的职业教育系统，用职业教育替代了清末民初的实业教育。这种改革既注意了普通教育与职业教育的沟通，又加重了职业教育在整个教育体制中的比重。

⑤改革师范教育制度。新学制突破了师范教育自成系统的框架，使师范教育种类增多、程度提高、设置灵活。

⑥缩短高等教育年限，取消大学预科。大学不再承担普通教育的任务，有利于大学进行专业教育和科学研究。此外，还有两条"附则"：一是注重天才教育，得变通修业年限及课程，使优异之智能尽量发展；二是注重特种教育。

（2）评价。

①新学制虽借鉴了美国的六三三制，但并非盲从美制。它的产生是经过我国教育界的长期酝酿讨论，并经许多省市认真试行，最终集思广益的成果。

②新学制加强了中等教育和职业教育训练，有利于初级中等教育的普及，在一定程度上处理了升学和就业的矛盾，适应当时中国资本主义工商业发展的需求。

③新学制尽管受到进步主义教育思想和美国模式的影响，但有其内在的先进性和合理性，比较彻底地摆脱了封建传统教育的束缚，表现了教育重心下移、适应社会和个人需要等时代特点。

④该学制比较符合当时中国的情况，后来经多次修补，除了在某些方面有所改动外，总体框架一直沿用下来。这是中国教育界、文化界共同智慧的结晶，标志着中国近代以来国家学制体系建设的基本完成。

⑤实用主义教育学说对新学制的影响使得它忽视了我国各族人民教育界广大人士为制定新学制而付出的辛勤劳动，以及他们在制定新学制过程中所表现出来的才智。

⑥新学制在具体实施中存在不少问题，如缺乏师资、教材、设备等，不得不在其后对所开的综合中学增开大量的选科等做法进行调整。

4.论述建构主义的基本观点及其对教育实践的意义。

【答案要点】

（1）知识观。

建构主义者质疑知识的客观性和确定性，强调知识的动态性。具体体现在以下几方面：

①知识的动态性。知识不是对现实的准确表征，只是一种解释、假设，不是问题的最终答案。

②知识的情境性。知识并不能精确地概括世界的法则，不能拿来便用，而是需要针对具体情境进行再创造。

③知识学习的主动建构性。知识不可能以实体的形式存在于具体个体之外，学习者对于命题的理解只能由个体基于自己的经验背景而建构起来，取决于特定情境下的学习历程。

（2）学生观。

建构主义认为，学生并不是被动接受教师传授的知识，而总是以自己的经验背景或自己的经验来建构对事物的理解。具体表现在以下几方面：

①建构主义者完全否定心灵白板说，强调学生经验世界的丰富性和差异性。

②学生并不是空着脑袋走进教室的，当问题呈现时，他们基于相关的经验，依靠推理和判断能力，形成对问题的某种解释。

③教学不能无视学生的先前经验，要把儿童现有的知识经验作为新知识的生长点，引导儿童从原有的知识经验中"生长"出新的知识经验。

④教学要增进学生之间的合作，使他看到那些与他不同的观点，促进学习的进行。

（3）学习观。

建构主义认为，学习是学习者主动地赋予信息以意义，建构自己的知识经验的过程，具有三个重要特征：

①主动建构性。面对新信息、新概念、新现象或新问题，学习者需要主动激活头脑中的先前知识经验，通过高层次思维活动，对各种信息和观念进行加工转换，对新旧知识进行综合和概括，解释有关现象，形成新的假设和推论。

②社会互动性。学习是通过对某种社会文化的参与，内化相关知识和技能，掌握有关工具的过程，这一过程常常需要通过一个学习共同体的合作互动来完成。

③情境性。建构主义者提出，知识存在于具体的、情境性的、可感知的活动中，它不是一套独立于情境的知识符号，不可能脱离活动情境而抽象地存在，它只有通过实际情境中的应用活动才能真正被人理解。

（4）教学观。

①教学不再是传递客观而确定的现成知识，而是激活学生原有的相关知识经验，促进知识经验的"生长"；教学是促进学生的知识建构活动，以实现知识经验的重新组织、转换和改造，以此来培养学生的求知欲和探究能力。

②教学要为学生创设理想的学习情境，激发学生的推理、分析、鉴别等高级的思维活动，同时给学生提供丰富的信息资源、处理信息的工具以及适当的帮助和支持，促进他们自身建构意义以及解决问题的活动。

（5）意义。

建构主义学习理论，拓展了学习研究的领域；深化了关于知识、学习的本质性认识；推动了认知科学、教育信息技术的发展；提供了多种具有启示意义的教学模式与学习方式，促进了教学改革与学习革命；建构主义学习理论正在改变学习的五大主题：对记忆和知识结构的新认识；发现专家和新手在问题解决和推理等方面存在明显差异；对儿童入学前就具有的知识和技能的新认识；对元认知和自我调节能力的新认识；对文化体验与社区的新认识。

西北师范大学 333 教育综合·真题解析

一、名词解释

终身教育

终身教育是人一生各阶段当中所受各种教育的总和，也是人所受的不同类型教育的综合。前者从纵向上讲，说明终身教育不仅仅是青少年的教育，而且涵盖了人的一生；后者从横向上讲，说明终身教育既包括正规教育，也包括非正规教育和非正式教育。

《巴特勒教育法》

1944年，英国政府通过了以巴特勒为主席的教育委员会提出的教育改革方案，即《1944年教育法》，又称《巴特勒教育法》。改革的主要内容包括：加强国家对教育的控制和领导；加强地方行政管理权限，设立由初等教育、中等教育和继续教育组成的公共教育系统；实施5~15岁的义务教育；改革宗教教育、师范教育和高等教育。

"三纲领八条目"

三纲领八条目是《大学》的教育目的和具体步骤。《大学》开篇即"大学之道，在明明德，在亲民，在止于至善"，"明明德""亲民"和"止于至善"被称为"三纲领"。八条目即格物、致知、诚意、正心、修身、齐家、治国、平天下。

程序性知识

从信息加工的角度，知识可以分为陈述性知识和程序性知识。其中程序性知识是关于"怎么做"的知识，如怎样进行推理、决策或者解决某类问题等。

校本培训

校本培训是指在教育行政部门、教师培训机构的规划指导下，以学校为单位，面向教师的学习方式，内容以学校的需求和教学方针为中心，目的是提高教师的业务水平和教育教学能力。

发现学习

发现学习是指学生在学习情境中，经过自己探索寻找，从而获得问题答案的一种学习方式，布鲁纳所说的发现不只限于寻求人类尚未知晓的事物的行为，也包括用自己的头脑亲自获取知识的一切形式。

长善救失原则

长善救失原则是指进行德育要调动学生自我教育的积极性，依靠和发扬他们自身的积极因素去克服他们品德上的消极因素，促进学生的道德成长。基本要求："一分为二"地看待学生；发扬积极因素，克服消极因素；引导学生自觉评价自己，勇于自我教育。

深造自得

孟子提出人们的学习的一个基本要求就是"深造自得"，即深入地学习与钻研，必须要有自己的收获和见解，如此才能形成稳固而深刻的智慧，遇事则能左右逢源，挥洒自如。据此他尤其主张学习中的独立思考和独立见解。

二、简答题

1. 简述《国防教育法》。

【答案要点】

1957年，苏联卫星上天后，美国朝野震惊，开始反思自身的教育问题，并将教育提高到保卫国家国防的高度，要求对教育进行改革。在此背景下，1958年美国总统批准颁布了《国防教育法》。

（1）主要内容。

①加强普通学校的自然科学、数学和现代外语，即"新三艺"的教学。

②加强职业技术教育。要求各地区设立职业技术教育领导机构，有计划地开展职业技术训练。

③强调"天才教育"。鼓励有才能的学生完成中等教育，攻读考入高等教育机构所必需的课程

并升入该类机构，以便培养拔尖人才。

④增拨大量教育经费。作为对各级学校的财政援助。

（2）评价。

《国防教育法》是作为改革美国教育、加快人才培养的紧急措施推出的，其颁布与实施，为第二次世界大战后美国教育改革提供了坚实的法律保障，促进了美国教育事业的发展，有利于美国教育质量的提高和科技人才的培养。

2. 简述前运算阶段儿童思维发展的特点。

【答案要点】

皮亚杰将儿童认知发展阶段分为感知运动阶段、前运算阶段、具体运算阶段和形式运算阶段。其中2~7岁为前运算阶段。这一阶段的儿童在认知方面具有以下特点：

（1）具体形象性。儿童在感知运动阶段获得的感觉运动行为模式被内化为表象或形象模式，能够形成和使用符号使得动作图式符号化了。

（2）泛灵论。儿童不能很好地把自己与外部世界区分开来，认为外界的一切事物都有生命，有感知、情感和人性。

（3）自我中心主义。在思维方面存在自我中心，认为别人眼中的世界和他所看到的一样，以为世界是为他而存在的，一切都围绕着他转。

（4）集体的独白。在儿童的语言中表现出集体的独白，即尽管没有一个人听，儿童也会热情地谈论着，没有任何真实的相互作用或者交谈。

（5）思维的不可逆性和刻板性。不可逆性是指本阶段儿童的认知活动具有相对具体性，还不能进行抽象的思维运算，他们的思维还只能前推，不能后退；刻板性是指本阶段儿童在注意事物的某一方面时往往忽略其他方面。

（6）尚未获得物体守恒的概念。守恒是指不论物体形态如何变化，其质量是恒定不变的。这一阶段的儿童由于受直觉知觉活动的影响，还不能认识到一点。

（7）集中化。儿童做出判断时倾向于运用一种标准或维度，不能同时运用两个维度。

3. 简述韩愈《师说》中的教育思想。

【答案要点】

《师说》是韩愈论师道的重要教育论著，是中国古代第一篇集中论述教师问题的文章，提倡尊师重道，集中体现了他的教育思想。

（1）教师的地位。由"人非生而知之者"出发，肯定"学者必有师"。强调后天学习的重要性，认为学习一定要有教师的指导，教师是社会所必需。

（2）教师的任务。"传道、授业、解惑"是教师的基本任务。"传道"传的是儒家的仁义之道，"授业"授的是儒学的"六艺经传"与古文，"解惑"是解决学"道"与"业"过程中的疑问。

（3）教师的标准。以"道"为求师的标准，主张"学无常师"。韩愈认为教师教学的主要任务在于"传道"，学生求学的任务主要在于学道，能否当教师也就以"道"为标准来衡量。社会上有道的人不少，皆可为师，求学的范围不应受到限制，应当学无常师。

（4）师生关系。提倡"相师"，确立民主性的师生关系。韩愈认为，士大夫应当矫正"耻学于师"的坏风气，形成相互学习的新风气，不限于同辈朋友之间，也要实行于教师学生之间。教师与学生年龄有差别，而闻道则不以年龄大小定先后，学术业务也可能各有专长。教师与弟子相互学习，教学相长，是理所当然的事情。

4. 杜威的"教育即生长"与斯宾塞的"教育是为未来生活做准备"存在不同，你认为哪个正确？你认为教育与生活的关系是怎样的？

【答案要点】

（1）杜威的"教育即生长"。

杜威针对当时教育无视儿童天性，消极对待儿童，不考虑儿童的需要和兴趣的现象，提出了"教育即生长"的观念。

杜威要求摒除压抑、阻碍儿童自由发展之物，使教育和教学适应儿童的心理发展水平和兴趣、需要的要求。他所理解的生长是机体与外部环境、内在条件与外部条件交互作用的结果，是一个持续不断的社会化的过程。杜威要求尊重儿童但不同意放纵儿童，这也是杜威与进步主义教育实践的一个重要区别。

（2）斯宾塞的"教育是为未来生活做准备"。

斯宾塞在外国教育史上第一次明确地提出了"教育预备说"的观点。他指出："准备过完满生活，是教育应该履行的功能。这种功能的履行程度，也是评定教育课程的唯一理性的判断方式。"他认为，生活是全面的、整体的；生活的范围涉及如何处理我们的身体，安顿我们的心灵，谋求我们的职业，养育我们的子女，履行公民职责等。所以，为未来的完满生活做好预备，学校应进行科学教育，学生应学习科学知识。因为"只有天才和科学结了婚才能获得最好的结果"。

（3）教育与生活的关系。

教育起源于原始社会的日常劳动生活，又以生产劳动、生活习俗这些维系社会运作和延续的日常生活为主要内容，体现了教育与生活最原始的关系，即教育起源于生活，又以生活为内容，同时为生活服务。

教育乃是人的生活的必要组成部分，教育本质上是以人的生活为基础和背景而展开的。当然，教育作为生活的过程乃是一种特殊的生活过程。

5. 简述教学过程的性质。

【答案要点】

（1）教学过程是一种特殊的认识过程。

教学过程作为特殊的认识过程，其特殊性在于它是学生个体的认识过程，具有不同于人类总体认识的显著特点：第一，间接性，主要以掌握人类长期积累起来的科学文化知识为中介，间接地认识现实世界；第二，引导性，需要在富有知识的教师引导下进行认识，而不能独立完成；第三，简捷性，走的是一条认识的捷径，是一种科学文化知识的再生产。

（2）教学过程是以认识过程为基础的学生全面发展的过程。

教学过程不只是要学生完成认识世界的任务，更重要的是在这个过程中促进学生的全面发展。学生的发展是教学过程的核心，教学过程的本质与社会发展需要相联系，要从生理和心理两个方面来看待学生的发展。

（3）教学过程是以交往为背景和手段的活动过程。

教学活动不是孤立的个体认识活动，它离不开师与生、生与生之间的交往、互动，离不开人们的共同生活。个体最初的学习与认识就是在共同生活与交往中发生与发展的。在教学过程中，教师不仅运用交往引导学生进行认知，而且通过交往对学生达致情感的沟通、同情与共鸣。

（4）教学过程也是一种促进学生身心发展、追寻与实现价值目标的过程。

在教学活动中，教师引导学生学习知识、开展交往、认识与作用世界，进行多方面的演练与实践，其实都是为了促进学生的身心发展，以追寻与实现使他们成人、成才的价值增值目标。从这方面看，教学过程又是一个促进学生身心发展及实现教育目标的过程。

6. 简述自我效能感及其影响因素。

【答案要点】

自我效能感由班杜拉提出，是指个体对自己能否成功进行某一成就行为的主观判断。它影响着个体对行为的选择、付出多大努力以及坚持多久。

影响自我效能感的因素：

（1）直接经验。学习者的亲身经验对自我效能感的影响是最大的。成功的经验会提高人的自我效能感，多次失败的经验会降低人的自我效能感。

（2）替代性经验。学习者通过观察榜样的行为而获得的间接经验对自我效能感的形成也有重要的影响。当学习者看到与自己水平差不多的人取得了成功时就会增强自我效能感，反之就会降低自我效能感。

（3）言语说服。他人的建议、劝告和解释以及对自我的引导也有助于改变个体的自我效能感，但不持久，一旦面临令人困惑或难于处理的情境就会消失。

（4）情绪唤起和身心状况。情绪和生理状态也影响自我效能的形成。在充满紧张、危险的场合或认知负荷较大的情况下，情绪易于唤起，而高度的情绪唤起和紧张的生理状态会妨碍行为操作，降低个体对成功的预期水准。

7. 简述《学记》的教育教学原则。

【答案要点】

（1）豫时孙摩。

①预防性原则：要求事先估计学生可能会产生的种种不良倾向，预先采取预防措施。

②及时施教原则：要求掌握学习的最佳时机，适时而学，适时而教。

③循序渐进原则：教学必须遵循一定的顺序，包括内容的顺序和年龄的顺序。

④学习观摩原则：学习要相互观摩，取长补短。同时，借助集体的力量进行学习。

（2）长善救失。长善救失原则要求教师懂得并掌握教育的辩证法，坚持正面教育，善于因势利导，利用积极因素，克服消极因素，将缺点转化为优点。

（3）启发诱导。君子的教育在于诱导学生，靠的是引导而不是强迫服从，是启发而不是全部讲解。只有这样，才能调动学生学习和思考的积极性、主动性，使学生的思维能力得到锻炼和发展。

（4）藏息相辅。既有有计划的正课学习，又有课外活动和自习，有张有弛，让学生感受到学习的乐趣，感受到老师、同学的可亲可爱，使学习成为学生的一种内在需要。

三、材料分析题

1. 问1：材料中老师的做法对吗？你认为应该怎么做？

问2：在教育教学过程中，教师应该怎样和学生交往？

【答案要点】

问1：不对，教师不应该当众嘲笑学生。当众嘲笑很有可能伤害到学生的自尊心，不利于学生身心健康发展。教师应当关心爱护学生，了解梦辰上课睡觉的原因，及时提供安慰、鼓励、支持，尽量帮助其解决问题。

问2：良好师生关系的构建就是师生关系建立、调整和优化的过程。教师在师生关系建立与发展中占有重要地位，起着主导作用。要建立民主、和谐亲密、充满活力的师生关系，对教师来说，有以下几种策略：

（1）了解和研究学生。包括了解学生个体的思想意识、道德品质、兴趣、需要、知识水平、学习态度和方法、个性特点、身体状况和班集体的特点及其形成原因。

（2）树立正确的学生观。学生观就是教师对学生的基本看法，它影响着教师对学生的认识及其态度与行为，进而影响学生的发展。正确的学生观来自教师对学生的观察和了解，来自教师向学生的学习和对自我的反思。

（3）热爱、尊重学生，公平对待学生。热爱学生包括热爱所有学生，对学生充满爱心，经常走到学生之中，忌讳挖苦、讽刺、粗暴对待学生。尊重学生特别要尊重学生的人格，保护学生的自尊心，维护学生的合法权益，避免师生对立。教师处理问题必须公正无私，使学生心悦诚服。

（4）主动与学生沟通，善于与学生交往。要求教师掌握沟通与交往的主动性，经常与学生保持接触、交心；同时教师还要掌握与学生交往的策略和技巧，如寻找共同的兴趣或话题、一起参加活动等。

（5）努力提高自我修养，健全人格。教师要使师生关系和谐，就必须通过自己崇高的理想，科学的世界观、人生观，渊博的知识，严谨的治学态度，活泼开朗的性格，多方面的爱好与兴趣等来吸引学生。

四、分析论述题

1. 述评赫尔巴特的教育思想。

【答案要点】

（1）教育思想的理论基础。

赫尔巴特教育思想具有伦理学和心理学双重理论基础。他认为伦理学为教育指明目的，而心理学则指出教育的途径、手段和障碍。

（2）道德教育理论。

①教育目的论。赫尔巴特认为，教育的基本目的可以区分为两种，即"可能的目的"和"必要的目的"。可能的目的：指与儿童未来所从事的职业有关的目的。这种目的是多方面的，教育的目的就是要发展这种多方面的兴趣，使人的各种能力得到和谐发展，即兴趣的多方面性。必要的目的：指教育所要达到的最高和最为基本的目的。即要养成内心自由、完善、仁慈、正义和公平五种道德观念。

②教育性教学原则。教育性教学原则是指以教学来进行教育的原则。赫尔巴特指出，不存在"无教学的教育"，也不存在"无教育的教学"。即教育是通过，而且只有通过教学才能真正产生实际作用，教学是道德教育的基本途径。

③儿童的管理与训育。赫尔巴特认为，"儿童管理"是一种道德教育，主要目的在于创造秩序，预防某些恶行，为随后进行的教学创造必要的条件。训育是指有目的地进行培养，其目的在于形成性格的道德力量，是为了美德的形成。四个阶段：道德判断、道德热情、道德决定和道德自制。具体措施：维持的训育；起决定作用的训育；调节的训育；抑制的训育；道德的训育；提醒的训育。

（3）课程理论。

赫尔巴特以其心理学说为依据，提出了较为完整的课程理论。主要观点如下：课程必须与儿童的经验和兴趣相适应；课程要与统觉过程相适应；课程必须要与儿童发展阶段相适应。

（4）教学理论。

①教学进程理论。统觉过程的完成大体上具有三个环节：感官的刺激、新旧观念的分析和联合、统觉团的形成。与此相应，赫尔巴特提出了三种不同的教学方法：单纯提示的教学、分析教学和综合教学。这三种教学方法的联系，就产生了所谓的"教学进程"。

②教学形式阶段理论。赫尔巴特的教学形式阶段，实际上就是课堂教学的完整过程，是一个包括教学方法、教学形式等内在的规范化的教学程序。他认为，兴趣活动可以划分为四个阶段：注意、

期待、要求和行动。儿童在学习活动中的思维方式有两种：专心与审思。在此基础上，他提出了教学形式阶段理论，即"赫尔巴特四段教学法"。

（5）赫尔巴特教育思想的评价。

①贡献：赫尔巴特是近代教育家中试图使教育学成为一门科学的开山之祖，在历史上首次提出了心理学是一门科学并将其作为教学论的基础，在当时具有非常积极的意义。他最重要的贡献是教育性教学的理论与实践。其思想深刻影响了近代教育科学的形成与各国教育事业的发展。

②局限性：赫尔巴特教育理论受到其社会政治观点的影响，带有明显的保守色彩。他的哲学观点使其教育思想带有思辨特征。他主要关注文科中学的教育和教学，把性格形成作为教育目的，带有旧时代贵族教育色彩。其儿童管理思想主要反映了普鲁士集权教育压制儿童的特征。他的心理学仍属于科学心理学诞生前的哲学心理学范畴，建立在这种心理学基础上的教育理论的合理性与先进性还有待商榷。

2019年 西北师范大学333教育综合·真题解析

一、名词解释

终身教育

终身教育是人一生各阶段当中所受各种教育的总和，也是人所受的不同类型教育的综合。前者从纵向上讲，说明终身教育不仅仅是青少年的教育，而且涵盖了人的一生；后者从横向上讲，说明终身教育既包括正规教育，也包括非正规教育和非正式教育。

教学策略

教学策略是指为达成教学的目的与任务，组织与调控教学活动而进行的谋划。是为了达成教学目的、完成教学任务，在对教学活动清晰认识的基础上对教学活动进行调节和控制的一系列执行过程。

"三舍法"

"三舍法"是王安石在"熙宁兴学"期间改革太学最重要的措施。"三舍法"是严格的升舍考试制度，它将学生平时行艺和考试成绩相结合，学行优劣与任职使用相结合，这有利于调动学生学习的积极性，提高太学教育质量。同时又把上舍考试和科举考试结合起来，融养士与取士于太学，提高了太学地位。

八股文

八股文还称时艺、时文、八比文、四书文，它在宋朝经义的基础上演变而成，是一种命题作文，有固定的结构。一般而言，每篇八股文的结构由破题、承题、起讲、入手、起股、中股、后股、束股八个部分组成。其中起股、中股、后股和束股四个部分，是文章的主体。这四个部分中各有两股，两股的文字繁简、声调缓急，都要对仗，合称八股。

乌托邦

《乌托邦》是英国著名人文主义者莫尔的代表作。他描绘了一个"乌托邦"岛上理想的公有制社会。在这个理想的国度里，凡年龄、体力适合于劳动的男女都要参加劳动，岛上大部分公民把劳动后的剩余时间用来学习和学术探讨。教育在乌托邦岛上受到特别重视。

客体永恒性

0~2岁儿童的认知发展主要通过探索感知觉与运动之间的关系来获得动作经验，这个阶段的一个显著标志是儿童渐渐获得了客体永久性，即当某一客体从儿童的视野中消失时，儿童知道该客体并非不存在。

学习迁移

学习迁移是指已获得的知识、技能、态度或理解对新知识、新技能或态度的形成的影响。根据迁移发生的领域，可将迁移分为知识与技能的迁移、情感和态度的迁移；根据迁移的方向，可将迁移分为顺向迁移、逆向迁移。

二、简答题

1. 教育的独立性主要体现在哪些方面？

【答案要点】

教育的相对独立性是指作为社会一个子系统的教育，它对社会的能动作用具有自身的特点和规律性，它的历史发展也有其独特连续性和继承性。主要表现为以下几方面：

（1）教育是培养人的活动，通过所培养的人作用于社会。教育尤其是学校教育，是有意识地影响人、培育人、塑造人的社会活动。它主要通过引导和促进年轻一代社会化、个性化，成为社会活动的参与者和继承者，以保证并促进社会的生存、延续与发展。

（2）教育具有自身的活动特点、规律及原理。教育是培养人的活动，而人具有特殊的身心发展和成熟的规律。教育教学及其相关活动必须认识、遵循和创造性地运用这些基本特点与规律，才能有效地培育人才。此外，还应重视和遵循前人的宝贵经验，并在此基础上继续发展、前进。

（3）教育具有自身发展的传统与连续性。由于教育有自身的规律和特有的社会功能，它一经产生、发展便将形成和强化其相对独立性，具有发展的连续性、继承性和惯性。因此，无论是办学校、发展教育事业，或进行教育改革，都要重视与借鉴教育的历史经验，都应在原有的基础上积极改进、稳步前行。

2. 简述教育的启发性原则及其要求。

【答案要点】

启发性教学原则是指在教学中教师要激发学生的学习主体性，引导他们经过积极思考与探究自觉地掌握科学知识，学会分析问题和解决问题，树立求真意识和人文情怀。也称探究性原则或启发与探究相结合原则。

贯彻启发性教学原则的要求有：

（1）调动学生学习的主动性。在激发学生的学习主动性上，教师要发挥个人的创造性，善于运用发人深思的提问、令人心动的讲述，充分显示教学内容的吸引力，展现它的情趣、奥妙、意境、价值，以便激起学生的求知欲和积极性，全神贯注地投入学习。

（2）善于提问激疑，引导教学步步深入。在启发过程中，教师要有耐心，给学生以思考时间；要有重点，问题也不能多，也不能蜻蜓点水、启而不发；要善于与学生探讨，引导学生一步一步去获取新知和领悟人生的价值。

（3）注重通过解决实际问题启发学生获取知识。通过组织和引导学生观察、操作、动手解决实际问题，是启发教学的一个重要的途径。接触实际问题，对学生更具诱惑力、挑战性，会使他们更积极主动地进行学习和完成任务。在学生的操作过程中,教师只要根据学生的情况,加以有针对性的指点、启发,组织一些交流或讨论,学生就不仅能够深刻领悟所学概念与原理,掌握解决问题的方法与步骤,而且能够增进学习的兴趣、能力和养成认真、负责与相互协作的品行。

(4)引导学生反思学习过程。教学要引导学生反思学习过程,了解学习过程的程序和方法,分析学习过程中的顺利与障碍、长处与缺点,寻找形成障碍与缺点的原因,克服学习过程中的弯路与失误,使学习程序和方法简捷、有效,注重积淀适合于自己的良好的学习方式,从学习中学会学习。

(5)发扬教学民主。要创造宽松、和谐、民主、平等、坦率、活跃的课堂教学氛围,这是启发教学的重要条件。只有这样,学生的心情才会感到宽松,他们的聪明才智才能充分发挥出来。教师切不可唯我独尊、搞一言堂,要鼓励学生发表自己的见解,包括与教师不同的见解。

3. 简述教学过程中常见的教学评价种类。

【答案要点】

教学评价是对教学工作质量所做的测量、分析和评定。它以参与教学活动的教师、学生、教学目标、内容、方法、教学设备、场地和时间等因素的优化组合的过程和效果为评价对象,是对教学活动的整体功能所做的评价。

(1)根据评价在教学中的作用不同,分为诊断性评价、形成性评价、总结性评价。

①诊断性评价:在学期教学或单元教学开始时,对学生现有的知识水平和能力发展的评价,如各种摸底考试。其目的是为了弄清学生现有知识和能力发展情况,以便更好地改进教学,因材施教。

②形成性评价:在教学进程中,对学生的知识掌握和能力发展所做的比较经常而及时的测评,包括对学生的提问、书面测验、作业批改等。其目的在于使师与生都能及时获得反馈信息,更好地改进教与学,以促进教师和学生的发展、提高。

③总结性评价:在一个大的学习阶段,对学生学习的成果进行制度化的正规考查、考试及其成绩评定,也称终结性评价。其目的是为学生评定一定阶段的学习成绩。

(2)根据评价所运用的方法和标准不同,分为相对性评价和绝对性评价。

①相对性评价:用常模参照性测验对学生成绩进行的评定,依据学生个人的成绩在该班学生成绩序列中或常模所处的位置来评价和决定他的成绩优劣,而不考虑他是否达到教学目标的要求。也称常模参照性评价。它宜于选拔人才用,但不能表明他在学业上是否达到了特定的标准。

②绝对性评价:用目标参照性测验对学生成绩进行评定,依据教学目标和教材编制试题来测量学生的学业成绩,判断学生是否达到了教学目标的要求,而不以评定学生之间的差别为目的。也称目标参照性评价。它宜用于升级考试、毕业考试、合格考试,不适用于甄选人才。

(3)根据评价主体的不同,分为教师评价和学生自我评价。

①教师评价:指任课教师与班主任对学生的学习状况与成果进行的各种评价。

②学生自我评价:指在教师的引导下学生对自己的作业、试卷、其他学习成果进行的自我评价。

4. 简述裴斯泰洛齐的要素教育思想。

【答案要点】

裴斯泰洛齐提出要素教育论,其基本思想是:初等学校的各种教育都应该从最简单的要素开始,然后逐渐转到日益复杂的要素,循序渐进地促进人的和谐发展。要素教育既要求初等学校为每个人在德、智、体几方面都能受到基本的教育而得到和谐的发展,又要求在德育、智育、体育的每一个方面都通过"要素方法"获得均衡的发展。

(1)德育。道德教育最基本的要素是儿童对母亲的爱。随着孩子的成长,便由爱母亲发展到爱双亲,爱兄弟姐妹,爱周围的人。进入学校后,又把爱逐步扩大到爱所有人,爱全人类。

（2）智育。智育的基本要素是数目、形状和语言。教育就是在这些要素的基础上来进行教学和设计课程，从而促进儿童的心理发展。所对应的科目分别是算数、几何和语文。

（3）体育。体育的基本要素是关节活动。儿童的体育训练就是要从各种关节活动的训练开始，并随着年龄的增长逐渐进行较复杂的动作训练，以发展他们身体的力量和各种技能。

5. 简述卢梭的自然主义教育思想。

【答案要点】

（1）卢梭自然主义教育的核心是"回归自然"。自然教育最终目的是培养"自然人"，即身心调和发达、体脑两健、能力强盛的新人，也就是摆脱封建羁绊的资产阶级新人。

（2）自然教育的方法原则：树立正确的儿童观、消极教育、自然后果律、根据儿童天性的个体差异因材施教。

（3）自然教育的实施：卢梭根据自然教育的原则，根据人的自然发展的进程和不同年龄时期身心的特点，把自然教育分为婴儿期、儿童期、少年期和青春期。

卢梭提出的自然主义教育是教育思想史上由教育适应自然向教育心理学化过渡的一个重要环节。在封建社会压制人性的情况下，提倡性善论，尊重儿童天性具有历史进步意义。他呼吁培养身心调和发展的自然人和自由人也反映了对人的发展的合理要求。他论证了自然主义教育的内容和方法，其教育理论对欧美教育产生了深远影响。

6. 动机归因的方式有哪些？教师如何教育学生进行正确归因？

【答案要点】

（1）动机归因的方式。

①海德。最早提出归因理论，认为人们具有理解世界和控制环境两种需要，使这两种需要得到满足的根本手段就是了解人们行为的原因，他把行为的原因分为外部环境和个人原因。

②罗特。对归因理论进行了发展，提出控制点的概念，并依据控制点把个体分为内控型和外控型。内控型的人认为自己可以控制周围的环境，无论成功还是失败都是由于自己的能力或努力等内部因素造成的；外控型的人则感到自己无法控制周围的环境，无论成败都归因于他人的影响或运气的好坏等外在因素。

③韦纳。对行为结果的归因进行了系统探讨，发现人们倾向于将活动成败的原因归结为六个因素：即能力高低、努力程度、任务难易、运气好坏、身心状态、外界环境等。这六个因素可归为三个维度，即内部归因和外部归因、稳定性归因和非稳定性归因、可控归因和不可控归因。

（2）教师引导学生正确归因的方法。

①教师要引导学生积极归因。学生的自我归因倾向有积极与消极之分。将成败归因于自己责任的学生是较为积极的。将成败归因于自己能力不足或其他外在因素的是较为消极的。长期消极归因不利于学生个性成长。教师要引导学生多进行积极归因。

②教师的积极反馈。师生交互过程中，学生对自己成败的归因也受到教师对他的成绩表现所作反馈的影响。对某些缺乏信心、个性较依赖的学生来说，教师要在反馈中给予他鼓励和支持。

7. 简述奥苏伯尔的有意义学习及其条件。

【答案要点】

（1）有意义学习的实质。有意义学习就是符号所代表的新知识与学习者认知结构中已有的适当观念建立非任意的和实质性的联系。有意义学习的类型包括表征学习、概念学习和命题学习。

①非任意的联系是指新知识与认知结构中有关观念存在某种合理的或逻辑上的联系。

②实质性的联系是指新的符号或观念与学习者认知结构中已有的表象，已经有意义的符号、概

念或命题的联系，是一种非字面的联系。

（2）有意义学习的条件。

①有意义学习的材料必须具有逻辑意义，这种逻辑意义指的是材料本身在人的学习能力范围内而且与有关观念能够建立非任意的和实质性的联系。

②学习者必须具有有意义学习的心向，也就是积极主动地把新知识与认知结构中原有的适当知识加以联系的倾向。

③学习者认知结构中必须具有适当的知识，以便与新知识进行联系。

④学习者必须积极主动地使这种具有潜在意义的新知识与他认知结构中有关的原有知识发生相互作用，导致原有知识得到改造，新知识获得实际意义，即心理意义。

8. 简述稷下学宫的性质与影响。

【答案要点】

（1）性质。

①稷下学宫是一所由官家举办而由私家主持的特殊形式的学校。从主办者和办学目的来看，稷下学宫是官学；在教学和学术活动方面由各家各派自主，官家不多方干预，统治者只为学术活动提供物质条件，这又体现了其私学性质。

②稷下学宫是一所集讲学、著述、育才活动为一体并兼有咨议作用的高等学府。

（2）特点。

①学术自由。这是稷下学宫的基本特点。容纳百家是学术自由的一种表现，来者不拒，包容百家是稷下学宫的办学方针。各家各派的学术地位平等；相互争鸣与吸取是学术自由的又一种表现。

②待遇优厚。"不治而议论"是齐国君主给予学者们很高的政治待遇，因为学者所看重的是自己的思想主张能否被接受，人格是否受尊重；在物质待遇上也很丰厚，对稷下先生优越的物质待遇甚至惠及其弟子，这是稷下学宫能长期兴盛的重要原因之一。

③管理规范。在学生管理上，稷下学宫制定了历史上第一个学生守则——《弟子职》。

三、分析论述题

1. 试述教学过程中掌握知识与发展智力的关系。

【答案要点】

（1）智力的发展与知识的掌握二者相互依存，相互促进。

在教学过程中，学生智力的发展依赖于他们知识的掌握程度。对学生来说，掌握、运用知识及反思、改进的过程，也就是他们运用和发展智力的过程；同时，学生对知识的掌握又依赖于他们的智力发展，只有那些智力发展好的学生，他们的接受能力才强、学习效率才高，而智力发展较差的学生在学习中则有较多的困难。

（2）生动活泼地理解和创造性地运用知识才能有效地发展智力。

通过传授知识来发展学生智力是教学的一个重要任务，然而知识不等于智力，一个学生知识的多少并不一定能标志他的智力发展的高低。因此，在教学中不仅要教给学生知识，而且要引导学生通过生动活泼的教学活动，透彻地理解知识原理，了解学生获取知识的过程与方法，学会独立思考、推理与论证，创造性地解决实际问题，这样才能使学生的智力获得高水平的发展。

（3）防止单纯抓知识教学或只重能力发展的片面性。

在教学实践中，有的认为"双基"教学抓好了，学生的智力就自然地发展了，却忽视引导学生通过探究、反思有意识地锻炼自己的智力；有的则只注重学生自主探究、反思，却忽视通过系统知识和原理的学习与运用来发展学生的智力。这两者都不利于提高教学质量。

2. 试述王守仁的儿童教育思想的内容及其意义。

【答案要点】

王守仁十分重视儿童教育，在《训蒙大意示教读刘伯颂等》一文中比较集中地阐发了他的儿童教育思想。

（1）基本观点。

①揭露和批判传统儿童教育不顾儿童的身心特点。王守仁指出当时从事儿童教育的老师每天只是督促儿童读书识字，责备他们修身，对待儿童就像对付囚犯，这种不顾儿童的身心特点，把他们当作小大人是传统儿童教育的致命弱点。

②儿童教育必须顺应儿童的性情。王守仁认为，一般来说儿童的性情总是爱好嬉游而厌恶拘束，因此他主张儿童教育必须顺应儿童的身心特点，这样儿童就能不断地长进。

③儿童教育的内容是"诗歌""习礼"和"读书"。王守仁认为对儿童进行诗歌、习礼和读书教育，是为了培养儿童的意志，调理他们的性情，在德育、智育、体育和美育诸方面都得到发展。

④要"随人分限所及"，量力施教。教育必须根据儿童的接受能力水平来进行。

（2）评价。

王守仁的儿童教育思想的目的是为了向儿童灌输封建伦理道德，但他反对"小大人式"的传统儿童教育方法和粗暴的体罚等教育手段，要求顺应儿童性情、根据儿童的接受能力施教，使他们在德育、智育、体育和美育诸方面得到发展等主张，反映了其教育思想的自然主义倾向。

2018年 西北师范大学 333 教育综合·真题解析

一、名词解释

综合实践活动

综合实践活动既是我国基础教育的重要组成部分，又是我国基础教育的重要途径。它是对我国几十年来课外活动、活动课的继承、规范和发展，是应对时代发展对国民素质挑战的基本策略，是实施全面发展教育，培养学生的创新精神、实践智慧与能力、强烈的社会责任感以及良好的个性品质的根本要求。

学校教育制度

现代教育制度的核心部分是学校教育制度。学校教育制度简称学制，指的是一个国家各级各类学校的系统及其管理规则，它规定着各级各类学校的性质、任务、入学条件、修业年限以及它们之间的关系。

学校德育

学校德育是指学生在教师的引导下，以学习活动、社会实践、日常生活、人际交往为基础，同经过选择的人类文化，特别是一定的道德观念、政治意识、处世准则、行为规范相互作用，经过自己的观察、感受、判断、践行和改善，以形成行为习惯、道德品质、人生价值和社会理想的教育。

五段教学法

赫尔巴特学派在赫尔巴特四个教学阶段的基础上提出了"五段教学法",即把"清楚、联想、系统和方法"改成"准备、提示、联想、概括和运用",为广大教师提供了一个更加容易理解、掌握和运用的模式,但他们进一步将五步教学法形式化和机械化了,以致后来终被抛弃。

普雷马克原理

普雷马克原理即用高频的活动作为低频活动的强化物,或者说用学生喜欢的活动去强化学生不喜欢的活动。这一原则有时也叫作祖母的法则:首先做我要你做的事情,然后才可以做你想做的事情。

稷下学宫

稷下学宫是战国时代齐国一所著名的高等学府,因其建立于齐国都城临淄的稷门附近而得名。它既是百家争鸣的中心与缩影,也是当时教育上的重要创造,稷下学宫对中国古代学术、文化和教育的发展产生过重大的历史影响。

二、简答题

1. 简述影响知识理解的因素。

【答案要点】

(1)客观因素。

①学习材料的内容。学习材料的意义性、学习材料内容的具体程度、学习材料的相对复杂性和难度都会影响学生对知识的理解。

②学习材料的形式。采用直观的方式如实物、模型和言语等可以为抽象的内容提供具体感性信息的支持,影响学生对知识的理解;当所教的内容较为复杂时,多媒体和虚拟现实技术等计算机技术则会起到很好的教学辅助作用。

③教师言语的提示和指导。教师在不同教学阶段的言语提示对学生的学习有直接影响。在教学中,教师言语的作用不应局限于对某一具体知识的描述和解释,重要的是用言语引导学生进行主动建构。

(2)主观因素。

①原有的知识经验背景。学生对新信息的理解会受到原有知识经验背景的制约,这种知识背景有着丰富而广泛的含义,它包括来源不同的、以不同的表征方式存在的知识经验,是一个动态的、整合的认知结构。

②学生的能力水平。学生的认知发展水平和学生的语言能力直接影响知识的理解。

③主动理解的意识与方法。学生要有主动理解的意识倾向和主动理解的策略与方法。

2. 简述学科课程与活动课程的关系。

【答案要点】

活动课程与学科课程,在总体上都服从于整体的课程目标,二者都是学校课程结构中不可缺少的要素。但是,在目的、编排方式、教学方式和评价上,两者又有着明显的区别。

(1)从目的来看,学科课程主要向学生传递人类长期创造和积累起来的种族经验的精华,而活动课程则主要让学生获得包括直接经验和直接感知的新信息在内的个体教育性经验。

(2)从编排方式来看,学科课程重视学科知识逻辑的系统性,而活动课程则强调各种有教育意义的学生活动的系统性。

(3)从教学方式来看,学科课程是以教师为主导,而活动课程则主要是以学生自主的实践交往活动为主导。

（4）从评价方面来看，学科课程强调终结性评价，侧重考查学生学习的结果，而活动课程则重视过程性评价，侧重考查学生学习的过程。

3. 简述王阳明的"致良知"及其意义。

【答案要点】

王守仁十分重视教育对于人的发展所起的重要作用，提出了"学以去其昏蔽"的思想，其目的是激发本心所具有的"良知"。其具体内容包括两个方面：

（1）"心即理"。王守仁认为万物都靠心的认识而存在，"理"并不在"心"外，而在"心"中，"心即理"。

（2）良知即使天理。良知不仅是宇宙造化者，而且也是伦理道德观念，是"心之本体"。

良知它与生俱来，不学自能，不教自会；它为人人所具有，不分圣愚；良知不会泯灭。但是"良知"也有致命的弱点，即在与外物接触中，由于受物欲的引诱，会受昏蔽。教育是"致良知"或"学以去其昏蔽"的过程。从积极的角度来说，教育的作用是"明其心"。无论是"学以去其昏蔽"，还是"明其心"，其实质是相同的，教育的作用就在于实现"存天理、灭人欲"的根本任务。

4. 简述支架式教学与最近发展区的关系。

【答案要点】

（1）支架式教学是建立在维果茨基最近发展区和辅助学习的基础上的。支架式教学指教师或其他助学者和学习者共同完成某种活动，为学习者参与该活动提供外部支持，帮助他们完成独自无法完成的任务，随着活动的进行，逐渐减少外部支持，使共同活动让位于学生的独立活动。通过教师的帮助，管理学习的任务和探索的责任逐渐由教师转移给学生自己，最终使学生能够独立学习。

（2）为了让教学促进发展，在维果茨基看来，教师可以采用教学支架，即在儿童试图解决超出他们当前知识水平的问题时给予支持和指导，帮助学生顺利通过最近发展区，使之最终能够独立完成任务。

5. 简述乌申斯基的民族性教育及对中国的意义。

【答案要点】

（1）乌申斯基是俄国著名教育家。教育的民族性原则是贯穿乌申斯基教育思想与实践的一根红线。

（2）乌申斯基认为，民族性是随欧洲近代国家的出现而逐渐形成的。民族性包含爱国主义和人民性两方面，它是一个民族保全民族之自我的性向，是民族历史发展的结果，并促进民族本身在社会经济生活各领域中继续不断向前发展；民族性不应当是僵死的东西，而应不断发展完善，其推动力是劳动人民；民族性是教育的唯一源泉，它能激发人的情感，这是抽象的和崇拜外国的教育所没有的；民族性还需要进一步完善。

（3）对中国的意义：从教育的民族性原则出发，我们要把爱国教育放在极为重要的位置，培养儿童青少年的爱国精神；我国教育也应该具有民族特色，批判地吸收其他外来文化，取其精华，去其糟粕。

三、分析论述题

问1：结合材料分析王老师所教的班级为什么会出现这种现象。
问2：作为班主任，如何做才能达到好的教育效果？

【答案要点】

问1：因为王老师自己没有以身作则，做好榜样。教师与学生接触时间长，若教师没有做好榜样，学生极易耳濡目染。因此，班主任在管理学生的时候，需要树立好榜样，如果要求学生做到什么，首先自己也要能做到。

问2：班主任是班的教育者和组织者，是学校进行教导工作的得力助手。班主任对一个班的学生工作全面负责，组织学生的活动，协调各方面对学生的要求，对一个班集体的发展起主导作用。班主任工作的状况与质量，在很大程度上决定着一个班级的精神面貌和发展趋向，深刻地影响每个学生的全面发展。作为班主任，应当做好以下方面：

（1）为人师表的风范。

班主任是学生的教育者、引路人，是他们崇敬的老师，依靠的长者，学习的榜样。他应严于律己，他的为人处世、一言一行、性情作风等各方面均能为人师表，为学生表率。

（2）相信教育的力量。

相信每个学生都有自己的特点、优势和潜能，只要经过教育，都有美好的发展与前途。即使有严重缺点和错误的学生，只要真情关怀，耐心教育，切实帮助，也能转变好。只有确信教育的力量的班主任，才能不畏困难曲折，把学生转变好。

（3）要有家长的情怀。

班主任对待学生要像家长对待孩子一样，有深厚的情感，能无微不至地关怀，与学生彼此信赖。这样才能使学生更易亲近班主任，听班主任的话，才能使班主任工作顺利进行。

（4）较强的组织亲和力。

班主任要善于与人打交道，善于亲近学生、与学生打成一片，这样才便于组织学生开展活动。他还要善于在工作中表现出魄力，能令行禁止，坚定地引导学生沿着正确的方向，不断前进。

（5）能歌善舞、多才多艺。

每个学生都有自己的兴趣与爱好，因而需要展开各种各样、丰富多彩的活动。这就要求班主任也有广泛兴趣、多才多艺，易与学生打成一片，便于开展工作。

2017年 西北师范大学333教育综合·真题解析

一、名词解释

教育目的

教育目的是对教育活动所要培养的人的个体素质的总的预期与设想，是对社会历史活动的主体的个体素质的规定。它体现一定社会对受教育者质量规格的界定和要求，也体现人自身发展所应该达到的水准和高度。

公学

公学是一种私立教学机构，这种学校是由公众团体集资兴办，其教学目的是培养一般公职人员，其学生是在公开场所接受教育。其师资及设施条件好、收费更高，是典型的贵族学校，被称为英国绅士的摇篮。

分支型学制

分支型学制主要代表是苏联，也称为苏联型学制。其结构为一开始不分轨，升入中学阶段开始分叉，是介于双轨制和单轨制之间的分支型学制。特点是苏联型学制的中学，上通下达，左右通畅。这显示了分支型学制没有阶级、没有等级差别的优越性。

要素教育

裴斯泰洛齐提出要素教育论，其基本思想是：初等学校的各种教育都应该从最简单的要素开始，然后逐渐转到日益复杂的要素，循序渐进地促进人的和谐发展。要素教育既要求初等学校为每个人在德、智、体几方面都能受到基本的教育而得到和谐的发展，又要求在德育、智育、体育的每一个方面都通过"要素方法"获得均衡的发展。

罗森塔尔效应

罗森塔尔效应，又称为教师期望效应或皮格马利翁效应，指人们基于某种情境的知觉而形成的期望或预言，会使该情境产生适应这一期望或预言的效应。

二、简答题

1.简述教师劳动的特点。

【答案要点】

（1）教师劳动的复杂性。教师劳动的复杂性主要受以下三方面的影响：第一，学生状况的复杂性决定着教师劳动的复杂性；第二，教师任务的多样性制约着教师劳动的复杂性；第三，影响学生发展因素的广泛性制约着教师劳动的复杂性。

（2）教师劳动的示范性。教育是教师引导、培养学生的活动，它要求教师以身作则，具有示范性。教师的劳动对象是处在发展过程中的青少年学生，他们具有尊敬教师、乐于接受教师的教导、以教师为表率的所谓"向师性"的特点。因此，教师必须严格要求自己，以身作则，通过示范的方式去影响学生，以便取得最佳教育效果。

（3）教师劳动的创造性。教师劳动创造性的最重要特征之一是他的工作对象，即儿童经常在发生变化，永远是新的，今天同昨天就不一样。此外，教师劳动的创造性还表现在因材施教上；表现在对教育、教学的原则、方法、内容的运用、选择和处理上；表现在教育教学过程中，教师对各种突发情况做出及时反应、妥善处理的应变能力上。

（4）教师劳动的专业性。教师劳动的专业性突出表现在教师对育人的崇高敬业精神和道德修养上，对教育教学专门化知识和技能的掌握与教育活动的自主权上。

2.简述德育的途径。

【答案要点】

（1）思想政治课与其他学科教学。需要注意的是，知识转化为品德还需要将知识与学生生活相联系，与学生思想"对话"，以激发学生的道德需要，并用这些道德认识来探寻做人的道理，调节对人、对事应持有的态度，并付诸行动。

（2）劳动和其他社会实践。有意义的劳动和社会实践，能够提高学生的责任意识、服务意识，形成学生勤俭、朴实、艰苦、顽强等许多好的品德，在德育上有着不可或缺、不可替代的意义。

（3）课外活动和校外活动。通过课外活动进行德育，能调动学生的积极性，培养他们的自律能力，形成互助友爱、团结合作、尊重规则等品德。

（4）学校共青团、少先队活动。开展团队活动，能激发学生强烈的上进心、荣誉感，使他们能够严于律己，自觉提高思想品德，是德育的重要途径。

（5）心理咨询。通过个别谈心、咨询、讲座等多种方式对学生进行心理健康教育，可以帮助学生处理好学习、交往、择业等方面问题，使他们成为积极向上、心理健康的人。

（6）班主任工作。通过班主任工作，学校不仅能有效地管理学生基层组织和个人，而且能对教育学生的其他途径的活动起协调作用，是学校德育的一个特别重要的途径。

（7）校园生活。校园生活包括上述活动在内的全部学校生活。要建立良好的校园生活，一是要研究如何使德育在各个途径中真正到位，使之互相补充，构成整体效应；二是要根据学校实际，研究如何增加跨越班级的活动与交往，逐步形成学校特色；三是要研究如何使校园生活能够体现时代精神，蕴含深厚文化，让学生在生活中养成现代文明习气和人文情怀。

3. 简述晏阳初的农村教育实验。

【答案要点】

晏阳初以县为单位进行教育实验，把中国农村的问题归结为"愚""穷""弱""私"四个方面，并在此基础上提出"四大教育"和"三大方式"。

（1）"四大教育"。

晏阳初认为，要解决"愚""穷""弱""私"这四点，就必须通过"四大教育"来进行，即以文艺教育攻愚，培养知识力；以生计教育攻穷，培养生产力；以卫生教育攻弱，培养强健力；以公民教育攻私，培养团结力。

（2）"三大方式"。

在定县乡村平民教育实验中，针对过去教育与社会相脱节、与生活实际相背离的弊端，在强调发挥教育的整体功能作用时，晏阳初提出了在农村推行"四大教育"的"三大方式"。

①学校式教育。以青少年为主要教育对象，包括初级平民学校、高级平民学校、生计巡回学校。

②家庭式教育。家庭式教育的目的在于：第一，解决家校矛盾，帮助年长的家庭妇女减少对青年妇女和儿童接受教育的阻挠或反对，增强学校教育的效益；第二，把学校课程的某一部分交由家庭承担，使家庭关心社区的利益，乐于承担社会责任。

③社会式教育。社会式教育是由平民学校毕业生从各个方面发挥示范作用，积极引导和帮助全村农民按照计划接受四大教育。

（3）"化农民"与"农民化"。

定县试验加强了知识分子和农民之间的沟通，在此基础上，晏阳初提出了"农民科学化，科学简单化"的平民教育目标，认为想要"化农民"必须先"农民化"。

为此他号召知识分子深入民间，学习和了解农民生活，彻底地与广大农民打成一片，只有这样才能深切地了解农民和他们的需要，才能实实在在进行乡村改造。"化农民"和"农民化"是晏阳初进行乡村建设试验的目标和途径。

4. 简述国民政府时期的教育方针。

【答案要点】

抗日战争爆发后，国民政府提出了"战时须作平时看"的教育方针，颁布了"一切仍以维持正常教育"为主旨的《总动员时督导教育工作办法纲领》。他们一方面采取一些战时的教育应急措施，另一方面强调维持正常的教育和管理秩序。

国民政府还提出了战时教育的九大方针和十七项要求，具体规定了教育实施原则。"战时须作平时看"的教育方针是一项并不短视的重要决策，它既顾及了教育为抗战服务的近期任务，也考虑了教育为战后国家建设和发展的远期目标，使得教育事业在艰苦卓绝的战争环境中仍能有所发展。

5. 简述教育对人的主导作用。

【答案要点】

（1）教育在人的发展中起引领作用。

教育在年轻一代的发展中起着引领作用主要体现在：有意识地为年轻一代的成长选择、建构、调控良好的环境，对他们的生活、交往、学习与实践等活动进行正确的教导、示范和辅助，并注重尊重他们的主体地位和激发、引导他们内在的学习动力与自我发展的能动性和自主性，从各方面引领、关怀、维护他们的发展。

（2）学校教育主要通过传承文化科学知识来培养人。

学校教育是教育者有意识地为儿童的身心发展精心设置的一种环境，它把经过选择的、重新组编的、人类长期积累起来的文化知识作为精神客体与儿童互动，以促进儿童的发展，使他们成人成才。文化知识蕴含着有利于人的发展的多方面价值：认识价值、陶冶价值、能力价值、实践价值。

（3）学校教育对提高人的现代性有显著的作用。

教育在人的现代化过程中起着重要作用，因为学生在学校里不仅学会了读、写、算等各个方面的基础知识与技巧，而且学到了与他们个人的发展和国家的未来有关的态度、价值和行为方式。人的现代化是社会现代化的重要基础和前提条件，我们应该自觉地优先发展教育，高度重视并充分发挥教育对人的现代化的促进作用。

6. 简述促进知识迁移的措施。

【答案要点】

（1）整合学科内容。教师要注意把各个独立的教学内容整合起来，鼓励学生把在某一门学科中学到的知识运用到其他学科中去。

（2）加强知识联系。教师要重视简单的知识技能与复杂的知识技能、新旧知识技能之间的联系。教师要促使学生把已学过的内容迁移到新的学习内容中去。

（3）强调概括总结。教师在教学中要注意启发学生对所学内容进行概括总结。一方面在教学中，教师要引导学生自己对原理进行概括，培养和提高其概括总结的能力，充分利用原理的迁移；另一方面，在讲解原理时，教师要在最大范围内列举各种变式，使学生正确把握其内涵和外延。

（4）重视学习策略。教师应有意识地教学生学会如何学习，帮他们掌握概括化的认知策略和元认知策略，从而促进学习的迁移。

（5）培养迁移意识。教师可以通过反馈和归因控制等方式使学生形成关于学习和学校的积极态度。教师要注意对学生的反馈，当学生用其他学科的知识来解决某一学科的问题时应给予鼓励。

7. 简述学习动机和学习效率的关系。

【答案要点】

（1）动机具有加强学习的作用，高动机水平的学生其成就水平也高；反之，高成就水平也能导致高的动机水平。但是学习效率与学习动机强度并不完全成正比。过于强烈的学习动机往往使学生处于一种紧张的情绪状态中，注意和知觉范围变得狭窄，由此限制了学生正常的智力活动，降低了学习效率。

（2）耶克斯－多德森定律。

①学习效率随学习动机强度的增加而提高，直至达到最佳水平，之后则随学习动机强度的进一步增加而下降。

②学习动机强度与学习效果之间的这种关系因学习者的个性、课题性质、课题材料难易程度等因素而异，动机强度的最佳水平会随学习活动的难易程度而有所变化。一般来说，从事比较容易的学习活动，动机强度的最佳水平点会高一些，而从事比较困难的学习活动，动机强度的最佳水平会低一些。

③动机强度的最佳点因人而异，进行同样难度的学习活动对有的学生来说动机强度的最佳水平

点高一些更为有利，但对于另一些学生来说则相反。

三、分析论述题

1. 问1：论述教育对经济的影响。
** 问2：论述经济对教育的影响。**

【答案要点】

问1：教育具有一定的经济功能。

（1）教育是使可能的劳动力转变为现实的劳动力的基本途径。

劳动力是生产力中能动的要素。个体的生命的成长只构成了可能的劳动力，一个人只有经过教育和训练，掌握一定生产部门的劳动知识和技能，并能生产某种使用价值，他才能成为现实的生产力。

（2）现代教育是使知识形态的生产力转化为直接的生产力的重要途径。

科学技术是一种知识形态的生产力，要使其转化为现实的生产力，除了要通过科学研究、发明创造或革新实践外，其技术成果的推广、经验的总结与提升都需要教育与教学的紧密配合。

（3）现代教育是提高劳动生产率的重要因素。

现代生产有其显著特点，它的生产率提高依靠科学技术在生产中的应用、推广和不断革新，依靠提高劳动者受教育的程度与质量，依靠劳动者的素质、扩大脑力劳动者的比重、发挥劳动者在生产和改革中的创造性。

问2：经济对教育具有制约性。

（1）生产力的发展制约教育事业发展的规模和速度。

物质资料的生产是社会存在与发展的基础。教育事业发展的规模和速度，归根结底是由生产力发展的水平和状况决定的，一定的教育必须与一定的生产力发展相适应，这是学校教育发展必须遵循的规律。

（2）生产力的发展水平制约人才的培养规格和教育结构。

不同的生产力发展水平，对教育所培养的人提出了不同层次的要求。生产力的发展与分工，也必然引起教育结构的变化。因此学校教育结构必须反映经济的技术结构和产业结构的发展变革。这样教育为生产培养的人才在总量、类型和质量上才能满足生产力发展的需求。

（3）生产力的发展制约教学内容、教学方法和教学组织形式的发展和改革。

生产力的发展推动了科学技术的发展，也必然促进教学内容的发展与更新。教学方法和教学组织形式的变革也是一样，如班级教学组织形式的产生与改进、多媒体教学等现代方法的运用，都是与生产力的发展和科学技术的运用紧密相关的。

2. 比较斯巴达教育和雅典教育的特点。

【答案要点】

（1）地理环境。斯巴达地处高山平原，适合发展农业，地理位置较为封闭，与外界交通不便；雅典三面临海，地理位置优越，有利于工商业的发展。

（2）政治背景。斯巴达为保守的军事贵族寡头统治，为了镇压和奴役土著居民，举国皆兵；雅典是奴隶主民主政体。经济的繁荣发展与政治上的民主倾向为雅典形成独特的公民民主意识提供了宽松的社会环境和稳固的经济基础。

（3）教育体制。斯巴达的教育完全由城邦负责，公民子女出生后，由长老代表国家检查新生儿的体质情况；雅典的城邦重视教育，但并不绝对控制，公民子女出生后，由父亲进行体格检查。

（4）教育方法。斯巴达是武士教育，教育方法野蛮残忍；雅典是公民教育，教育方法温和民主。

（5）教育目的。斯巴达的教育目的是培养英勇果敢的战士。教育的任务是要使每一个斯巴达人在经过长期而严肃的训练后，成为坚韧不拔的战士和绝对服从的公民；雅典教育的主要目的是培养青少年勇敢、强健的体魄以及理智、聪慧和公正的品质，使其既能够担负保卫城邦的重任，更能够履行公民参政议政的职责，即培养身心和谐发展的合格公民。

（6）教育内容。斯巴达教育只重军事体育训练和道德教育，轻视知识学术，鄙视思考和言辞，生活方式狭隘，除了军事作战外，不知其他。雅典人注重对青少年儿童进行多方面的教育，包括道德熏陶、体格训练、文化教育以及音乐、舞蹈等，但又反对专业化或职业化。

（7）女子教育。斯巴达人非常重视女子教育。女子通常和男子接受同样的军事、体育训练，其目的是造就体格强壮的母亲，以生育健康的子女；当男子出征时，妇女能担任防守本土的职责。雅典忽视女子教育，妇女社会地位低下，深居简出，女孩子只是在家庭中受教育。

2016年 西北师范大学 333 教育综合·真题解析

一、名词解释

素丝说

墨子在人的教育方面提出"素丝说"，他以素丝和染丝为喻来说明人性及其在教育下的改变和形成。他认为人性不是先天所成，生来的人性如同待染的素丝，下什么色的染缸，就成什么样颜色的丝，即有什么样的环境与教育就造就什么样的人。

班级授课制

班级授课制是一种集体教学形式。它把一定数量的学生按年龄与知识程度编成固定的班级，根据周课表和作息时间表，安排教师有计划地给全班学生上课，分别学习所设置的各门课程。

最近发展区

维果茨基认为，在进行教学时必须注意到儿童的两种水平，一种是儿童现有的发展水平，另一种是即将达到的发展水平，维果茨基把这两种水平之间的差距称为最近发展区，即独立解决问题的真实发展水平和在成人指导下或与其他儿童合作情况下解决问题的潜在发展水平之间的差距。

自我效能感

自我效能感由班杜拉提出，是指个体对自己能否成功进行某一成就行为的主观判断。它影响着个体对行为的选择、付出多大努力以及坚持多久。

快乐之家

文艺复兴时期维多里诺在孟都亚创办了一所宫廷学校，名为"快乐之家"。这所宫廷学校是当时欧洲最好的宫廷学校，成为欧洲大陆人文学校的范例，被认为是人文主义学校的发源地。"快乐之家"学校环境优美，师生关系融洽，招收贵族子弟和部分天才贫苦学生，修业15年。实施体育、德育、智育并重的方针，开设以古典学科为中心的内容十分广阔的人文主义课程。

六等黜陟法

六等黜陟法是清朝地方官学生员资格等级的升降条例。地方官学生员分为三等：廪膳生、增广生、附学生，学生按岁、科考试成绩被分为六等，决定升降惩罚。岁试得一等成绩者递补廪膳生；二等成绩者递补增广生；三等成绩者不升不降；四等成绩者挞责；五等成绩者降级；六等成绩者黜革。

义务教育

义务教育是国家统一实施的所有适龄儿童、少年必须接受的教育，是国家必须予以保障的公益性事业，对于人的发展、教育发展和社会发展都具有重大意义。但我国的义务教育也存在着发展不平衡的问题，促进义务教育均衡发展成为我国现阶段教育改革和发展的重大任务。

公学

公学是一种私立教学机构，这种学校是由公众团体集资兴办，其教学目的是培养一般公职人员，其学生是在公开场所接受教育。其师资及设施条件好、收费更高，是典型的贵族学校，被称为英国绅士的摇篮。

二、简答题

1. 简述洛克的体育教育思想。

【答案要点】

（1）洛克认为教育的最高目的在于培养绅士。所谓绅士教育，就是培养既具有封建贵族遗风，又具有新兴资产阶级特点的新式人才的教育。他主张把社会中上层家庭的子弟培养成为身体强健、举止优雅、有德行、智慧和实际才干的事业家。

（2）对于绅士教育，洛克更重视性格训练而非知识学习。在《教育漫话》中，洛克从体育、德育、智育三方面对其进行了论述。

（3）关于体育，洛克提出"健康之精神寓于健康之身体"，把健康的身体看作绅士事业成功、生活幸福的首要条件。他注重年轻绅士的身体保健和健康教育，并把游泳、骑马、击剑当作绅士教育的重要内容之一。洛克希望每个绅士的身体必须适应可能遇到的艰苦环境。他认为身体强健的主要标准是能忍耐劳苦，而学会忍耐劳苦则须从小逐渐养成习惯，不要间断。

2. 简述斯宾塞的科学教育思想。

【答案要点】

（1）主要观点。

①科学教育的必要性。提出"教育预备说"，为未来完满生活做预备，学校应进行科学教育，学生应学习科学知识。

②科学知识的价值。斯宾塞认为，知识的价值取决于知识给人带来的功利大小、给人带来幸福的程度和为人完满生活做准备的效果。最有价值的知识就是科学。

③以科学知识为核心的课程体系。斯宾塞认为，学校要进行五种类型的教育：健康教育、职业教育、养育子女的教育、公民教育、休闲教育。他为每一种教育设计了课程，形成了以科学知识为核心的课程体系。

（2）影响。

斯宾塞的教育理论主张以科学知识为中心，兼顾个人和社会生活的双重需要，是教育思想上的一次变革。斯宾塞及其他提倡科学教育的思想家们不仅对英国中学和大学冲破古典教育传统的禁锢产生了深刻的影响，而且影响到欧美其他国家，极大地推动了科学教育的发展。

3. 简述1922年"新学制"的特点。

【答案要点】

（1）根据儿童身心发展规律划分教育阶段。

这是1922年新学制最显著的特点，也是中国近代学制发展史上第一次将学制阶段的划分建立在对我国儿童身心发展阶段的研究上。

（2）初等教育阶段趋于合理，更加务实。

它缩短了小学教育年限，改七年为六年，有利于初等教育的普及。另外，幼稚园也被纳入初等教育阶段，使幼、小教育得到衔接，确立了幼儿教育在中国教育史上的地位。

（3）中等教育阶段是改制的核心，是新学制中的精粹。

第一，延长了中学年限，改善了中学与大学的衔接关系；第二，中学分成初、高中两级，给了地方办学伸缩的余地，也增加了学生选择的余地；第三，中学开始实行选科制和分科制，使学生有较大发展余地，适应不同学生的发展需要。

（4）建立了比较完善的职业教育系统。

新学制建立了自成体系、从初级到高级的职业教育系统，用职业教育替代了清末民初的实业教育。这种改革既注意了普通教育与职业教育的沟通，又加重了职业教育在整个教育体制中的比重。

（5）改革师范教育制度。

新学制突破了师范教育自成系统的框架，使师范教育种类增多、程度提高、设置灵活。

（6）缩短高等教育年限，取消大学预科。

大学不再承担普通教育的任务，有利于大学进行专业教育和科学研究。此外，还有两条"附则"：一是注重天才教育，得变通修业年限及课程，使优异之智能尽量发展；二是注重特种教育。

4. 简述资源管理策略。

【答案要点】

资源管理策略是辅助学生管理可用环境和资源的策略，包括时间管理策略、努力管理策略、学业求助策略、学习环境管理策略。

（1）时间管理策略。时间管理策略是通过一定的方法合理安排时间、有效利用学习资源的策略。有效时间管理的使用：第一，确立有规律的学习时段；第二，确立切合实际的目标；第三，使用固定的学习区域；第四，分清任务的轻重缓急；第五，学会对分心的事物说"不"；第六，自我奖励学习上的成功。

（2）努力管理策略。指掌握一些方法来排除学习干扰，使自己的精力有效地集中在学习任务上。主要包括：归因于努力、调整心境、意志控制、自我强化。

（3）学业求助策略。指当学生在学习上遇到困难时向他人请求帮助的行为，是一种重要的社会支持管理策略。学业求助包括：执行性求助、工具性求助。

（4）学习环境管理策略。主要指善于选择安静、干扰较小的地点学习、充分利用学习情境的相似性。

5. 简述现代教育的发展趋势。

【答案要点】

（1）学校教育逐步普及。由于资本主义生产尤其是机器大工业生产在欧洲兴起，因而西欧的资本主义国家最先提出普及教育的要求。1619年，德意志魏玛邦在宗教改革的影响下颁布了学校法令，规定父母送6~12岁男女儿童入学，这是普及教育的开端。

（2）教育的公共性日益突出。随着大工业生产发展的需要，随着工人阶级和其他劳动人民对教育权的争取，对受教育权的阶级垄断越来越不合时宜，受到来自被统治阶级和统治阶级两方面的批判。在此情形下，大力发展学校教育逐渐成为社会的公共事业和共同话题。

（3）教育的生产性不断增强。在现代社会，随着工业生产的发展和科学技术的进步，科技与教育在生产中的作用增强。现代教育与生产劳动的逐步结合，对提高社会生产效率和增加社会财富起着重要作用，日益成为经济发展的有力保证。

（4）教育制度逐步完善。随着学校数量的增加，学校教育的层次、种类及其运行和管理的复杂化，需要一定的教育宗旨、制度、要求等，以推动学校教育系统有条不紊地运行。教育制度化的实现，使得教育系统中的各级各类学校、各种教育机构和教育行政部门的工作均有制度可循，能排除来自内外部的干扰，使教育活动有序有效地开展，取得了良好效果。

6. 简述"熙宁兴学"。

【答案要点】

北宋第二次兴学运动是在熙宁年间，由王安石主持，史称"熙宁兴学"。

（1）改革太学，创立"三舍法"。具体措施有：扩增太学校舍；充实和整顿太学师资；创立"三舍法"。

（2）恢复和发展州县地方学校。恢复地方学校，整顿教育教学工作。

（3）恢复和创设武学、律学和医学。使北宋的专科学校教育进入了一个新的发展阶段。

（4）编撰《三经新义》作为统一教材。为了统一思想，宋神宗下诏根据《诗经》《尚书》《周礼》编写《三经新义》，自此，《三经新义》不仅成为士子必须学习的官定统一教材，而且也是科举考试的基本内容和标准答案。

"熙宁兴学"因为王安石被逐出朝廷而半途夭折，但是它将北宋教育事业向前推进了一大步，并对后来的兴学运动产生了深刻影响。

7. 简述影响知识理解的因素。

【答案要点】

（1）客观因素。

①学习材料的内容。学习材料的意义性、学习材料内容的具体程度、学习材料的相对复杂性和难度都会影响学生对知识的理解。

②学习材料的形式。采用直观的方式如实物、模型和言语等可以为抽象的内容提供具体感性信息的支持，影响学生对知识的理解；当所教的内容较为复杂时，多媒体和虚拟现实技术等计算机技术则会起到很好的教学辅助作用。

③教师言语的提示和指导。教师在不同教学阶段的言语提示对学生的学习有直接影响。在教学中，教师言语的作用不应局限于对某一具体知识的描述和解释，重要的是用言语引导学生进行主动建构。

（2）主观因素。

①原有的知识经验背景。学生对新信息的理解会受到原有知识经验背景的制约，这种知识背景有着丰富而广泛的含义，它包括来源不同的、以不同的表征方式存在的知识经验，是一个动态的、整合的认知结构。

②学生的能力水平。学生的认知发展水平和学生的语言能力直接影响知识的理解。

③主动理解的意识与方法。学生要有主动理解的意识倾向和主动理解的策略与方法。

三、分析论述题

1. 论述中小学班主任工作的主要内容及班集体建设。

【答案要点】

班主任的工作内容：

（1）了解和研究学生。了解学生，包括个人和集体两方面。个人情况包括个人德、智、体的发展，他的情趣、特长、习性、诉求，家庭状况和交往情况。集体情况包括全班学生的年龄、性别、家庭等一般情况，学生德、智、体发展的一般水平和有特殊才能的学生情况，班风与传统等。

（2）教导学生学好功课。班主任应做到：注意学习目的与态度的教育；加强学习纪律的教育；指导学生改进学习的方法和习惯。

（3）组织班会活动。班会是向学生进行思想教育的一个重要阵地。有计划地组织班会活动是班主任的一项重要任务。

（4）组织课外活动、校外活动和指导课余生活。课外活动与校外活动对培养学生的志趣、才能，丰富和活跃他们的生活，促进他们德、智、体全面发展有重要意义。在开展课外与校外活动方面，班主任主要负责动员和组织工作。对课余活动，班主任的责任是经常关心、了解、给予必要的指导。

（5）组织学生劳动。学生的劳动内容很广，主要有生产劳动、建校劳动和各种公益劳动。班主任则应按学校的安排与要求，有目的有计划地组织好本班学生的劳动。

（6）协调各方面对学生的要求。这项工作包括统一校内教育者对学生的要求以及统一学校与家庭对学生的要求。

（7）评定学生操行。操行是指学生的思想品德表现。操行评定是对学生一学期或一学年以来的思想品德发展变化情况的评价。

（8）做好班主任工作的计划与总结。一要加强计划性，使工作有条不紊地进行；二要注意总结工作经验，以便不断改进和提高。二者是互为基础、相互促进的。

建设班集体的方法：

（1）确定集体的目标。目标是集体的发展方向和动机。建构集体首先要使集体明确奋斗的目标。集体的目标应当由班主任同全班同学一道讨论确定，以便统一认识，调动大家的积极性。

（2）健全组织、培养干部以形成集体核心。关键是要做好班干部的选拔与培养，班主任应放手让班干部大胆工作，在实践中锻炼、培养、提高；要教育班干部谦虚谨慎，以身作则、严于律己，对他们不可偏爱和护短，以免导致干群对立和班的不团结。

（3）有计划地开展集体活动。班主任应重视全面开展各种活动，让每个学生都能在活动中得到锻炼与提高，以推动班集体的蓬勃发展。

（4）培养正确的舆论和良好的班风。班主任应经常注意组织学生学习政治理论、道德规范，以提高他们的认识；并注重表扬好人好事，批评不良思想行为，为形成正确舆论打下思想基础。特别是班主任要善于抓住重大偶发事件的处理，组织学生讨论，以分清是非，推动正确舆论的形成。

（5）做好个别教育工作。包括：促进每个学生个性的全面发展；做好后进生的思想转变工作；做好偶发事件中的个别教育。

2. 为什么要坚持教师的主导作用和学生的积极性相结合？

【答案要点】

（1）发挥教师的主导作用是学生简捷有效地学习知识、发展身心的必要条件。

在教学过程中，教师的教一般是矛盾的主导方面。教师主导作用是针对能否引导学生积极学习与上进而言的。因而学生的主动性、反思性、创造性发挥得怎样，学习的效果怎样，又是衡量教师主导作用发挥得好坏的根本标志。教学中一切不民主的强迫灌输和独断专横的做法，都有悖于教师的主导作用。

（2）尊重学生、调动学生的学习主动性是教师有效地教学的一个主要因素。

学生是有能动性的人，他们不只是教学的对象，而且是学习主体与发展主体。学生的学习主动性、积极性发挥得怎么样，直接影响并最终决定着学生个人的学习质量、成效和身心发展的方向与水平。

（3）防止忽视学生积极性和忽视教师主导作用的偏向。

过于突出教师或者过于强调学生在教学中的主体地位与作用都是片面的。最可靠的措施是普遍提高教师的修养和水平，加强对学生的了解、沟通，提高教师的责任感与创造性，这样才能实现师生之间的民主平等、尊师爱生、教学相长地互动与合作，使师、生两方面主动性都能得到弘扬，在教学互动的过程中达到动态的平衡和相得益彰。

2015年 西北师范大学 333 教育综合·真题解析

一、名词解释

课程标准

课程标准是指在一定课程理论指导下，依据培养目标和课程方案以纲要形式编制的关于课程的性质与价值、目标与内容、教学实施建议以及课程资源开发等方面的指导性文件，一般由说明、课程目标、课程内容标准和课程实施建议等部分组成。

德育

德育即道德教育。一般来说，学校德育是指学生在教师的引导下，以学习活动、社会实践、日常生活、人际交往为基础，同经过选择的人类文化，特别是一定的道德观念、政治意识、处世准则、行为规范相互作用，经过自己的观察、感受、判断、践行和改善，以形成行为习惯、道德品质、人生价值和社会理想的教育。简言之，德育是培养学生思想品德的教育。

分斋教学法

"分斋教学法"又称"苏湖教法"，是胡瑗在主持湖州州学时创立的新的教学制度，在"庆历兴学"时被用于太学的教学。其主要内容是在学校内设立经义斋和治事斋，经义斋学习儒家经义，以培养比较高级的统治人才为目标；治事斋分设治兵、治民、水利、算数等学科，学生可主修一科，副修另一科，以造就在某一方面有专长的技术的管理人才为目标。

生活教育理论

生活教育理论是陶行知教育思想的核心，集中反映了他在教育目的、内容和方法等方面的主张，反映了陶行知探索适合中国国情和时代需要的教育理论的努力。

导生制（贝尔—兰开斯特制）

贝尔－兰开斯特制又称导生制，其具体实施是：教师在学生中选择一些年龄较大、学习成绩较好的学生充任导生，教师先对导生进行教学，然后由他们去教其他学生。通过这种教学方式，学生的数额得以大大增加，也在一定程度上缓解了教师奇缺的压力，因而一度广受欢迎，但因其难以保证教育质量而最终被人们所抛弃。

恩物

恩物是福禄培尔创制的一套供儿童使用的教学用品，其教育价值就在于它是帮助儿童认识自然及其内在规律的重要工具。恩物作为自然的象征，能帮助儿童由易到难、由简及繁、循序渐进地认识自然，发展儿童的想象力和创造力。

7. 元认知

元认知就是对认知的认知，具体地说，是关于个人自己认知过程的知识和调节这些过程的能力，是对思维和学习活动的认知和控制。元认知具有两个独立但又相互联系的成分：元认知知识，即对认知过程的知识和观念——知道做什么；元认知控制，即对认知行为的调节和控制——知道何时、如何做什么。

8. 品德

品德或道德品质指个人依据一定的道德行为准则行动时所形成和表现出来的某些稳固的特征。品德是一种个体心理现象，是社会道德在个体身上的反映。

二、简答题

1. 中小学常用的教学方法有哪些？

【答案要点】

（1）讲授法。指教师通过语言系统地向学生传授科学文化知识、思想理念，并促进他们的智能与品德发展的方法。可分为讲读、讲述、讲解和讲演四种。

（2）谈话法。通过师生问答、对话的形式来引导学生思考、探究，以获取或巩固知识，促进学生智能发展的方法。也称问答法。

（3）练习法。指学生在教师指导下运用知识去反复完成一定的操作、作业与习题，以加深理解和形成技能技巧的方法。

（4）演示法。指教师通过展示实物、直观教具、实验或播放有关教学内容的软件、特制的课件，使学生认识事物、获得知识或巩固知识的方法。演示的特点在于加强教学的可观察性。

（5）实验法。指在教师指导下学生运用一定的仪器设备进行独立作业，观察事物的特性，探求其发展和变化规律，以获得知识和技能、培养科学精神的方法。可分为探究性实验和验证性实验。

（6）实习作业法。指学生在教师指导下进行的学科实践活动，以培养学生专业操作能力的方法。其实践性、独立性、创造性都很强，能培养学生独立工作和实践的能力与品质。

（7）讨论法。指学生在教师指导下为解决某个问题而进行探讨、评析，以辨明是非、获取真知、锻炼思维和独立思考能力的方法。讨论的种类有课堂讨论、短暂讨论、全班讨论及小组讨论等。

（8）研究法。指学生在教师的指导下通过独立的探索，创造性地解决问题，获取知识和发展科研能力的方法。

（9）问题教学法。指在教师引导下，学生主要通过积极参与对问题的分析、探索，主动地发现或建构新知，获得学习与探究的方法、能力与科学人文精神的教学方法。

（10）读书指导法。指教师指导学生通过阅读教科书、参考书以及获取或巩固知识的方法。包括指导学生预习、复习、阅读参考书、自学教材等。

2. 学校管理的发展趋势是什么？

【答案要点】

（1）学校管理法治化。随着科教兴国战略的实施和依法治国方略的确立，依法治教已成为党和政府管理教育的基本方针，而依法治校是依法治教的重要组成部分，将成为21世纪学校管理的必然选择。依法治校可分为两个方面：政府及教育行政部门依法管理学校；学校管理者依法管理学校。

（2）学校管理人性化。人性化管理是指学校管理工作要以人为本，关注人的情感、满足人的需要、崇尚人的价值、尊重人的主体人格和地位。

（3）学校管理民主化。民主管理以对个体价值的肯定为基础，以个体才能的充分发挥和潜能挖掘为前提，积极吸引全员参与管理活动，集思广益，共同参与，以取得最优的管理效益。

（4）学校管理信息化。在信息化时代，学校管理呈现出信息化的新特点。它表现在两个方面：第一，学校对信息技术的开发和使用，把计算机、网络、多媒体等现代技术运用到管理上，以提高学校管理的实效；第二，学校管理方式的信息化，实行"人－机"管理，即注重对有关信息资源的管理。

（5）学校管理校本化。校本管理是指学校在教育方针与法规的指引下，可以根据自己的实际情况和需要自主确定发展的目标与任务，进行管理工作。简言之，校本管理即以学校为本位的自主管理。

3. 简述《学记》中的教育教学原则及其含义。

【答案要点】

（1）豫时孙摩。

①预防性原则：要求事先估计学生可能会产生的种种不良倾向，预先采取预防措施。

②及时施教原则：要求掌握学习的最佳时机，适时而学，适时而教。

③循序渐进原则：教学必须遵循一定的顺序，包括内容的顺序和年龄的顺序。

④学习观摩原则：学习要相互观摩，取长补短。同时，借助集体的力量进行学习。

（2）长善救失。

长善救失原则要求教师懂得并掌握教育的辩证法，坚持正面教育，善于因势利导，利用积极因素，克服消极因素，将缺点转化为优点。

（3）启发诱导。

君子的教育在于诱导学生，靠的是引导而不是强迫服从，是启发而不是全部讲解。只有这样，才能调动学生学习和思考的积极性、主动性，使学生的思维能力得到锻炼和发展。

（4）藏息相辅。

既有有计划的正课学习，又有课外活动和自习，有张有弛，让学生感受到学习的乐趣，感受到老师、同学的可亲可爱，使学习成为学生的一种内在需要。

4. 简要陈述颜元学校改革的思想。

【答案要点】

颜元是清初杰出的唯物主义思想家和教育家，曾受聘主持漳南书院。他在漳南书院设置六斋，规定了各斋教育内容，开展实学教育，并制定"宁粗而实，勿妄而虚"的办学宗旨。其学校改革的主张如下：

（1）"实才实德"的培养目标。颜元重视人才，主张学校应该培养"实才实德之士"，即是品德高尚、有真才实学的经世致用人才。颜元称这种人才为"圣人"或"圣贤"。具体来说，颜元所谓的"实才实德之士"有两种：一种是"上下精粗皆尽力求全"的通才，另一种是"终身止精一艺"的专门人才。在颜元看来，能成为通才当然最好，那是"圣学之极致"，但专门人才只要能经世致用，同样"便是圣贤一流"。

（2）"六斋"与"实学"教育内容。漳南书院的六斋及各斋教育内容为：

第一，文事斋：课礼、乐、书、数、天文、地理等科；

第二，武备斋：课黄帝、太公以及孙、吴五子兵法，并攻守、营阵、陆水诸战法，射御、技击等科；

第三，经史斋：课《十三经》、历代史、诰制、章奏、诗文等科；

第四，艺能斋：课水学、火学、工学、象数等科；

第五，理学斋：课静坐、编著、程、朱、陆、王之学；

第六，帖括斋：课八股举业。

（3）"习行"的教学方法。"习行"教学法强调在教学过程中要联系实际，要坚持练习和躬行实践，认为只有如此，学得的知识才是真正有用的。颜元重视"习行"教学法，一方面同他朴素的唯物主义认识论有密切的关系。他主张"见理于世，因行得知"，认为"理"存在于客观事物之中，只有接触事物，躬行实践，才能获得真正有用的知识。另一方面，是为了反对理学家静坐读书、空谈心性的教学方法。

5. 简述文艺复兴时期人文主义教育的基本特点。

【答案要点】

（1）人本主义。人文主义教育在培养目标上注重个性发展，在教育教学方法上反对禁欲主义，尊重儿童天性，坚信通过教育这种后天的力量可以重塑个人、改造社会和自然，这些都表现出人本主义内涵，人的力量、人的价值被充分肯定。

（2）古典主义。人文主义教育思想吸收了许多古人的见解，人文主义教育实践尤其是课程设置亦具有古典性质，但这种古典主义绝非纯粹的"复古"，实则含有古为今用、托古改制的内涵，这在当时是进步的。

（3）世俗性。不论从教育目的还是从课程设置等方面看，人文主义教育洋溢着浓厚的世俗精神，教育更关注今生而非来世，这是人文主义教育与中世纪教育的根本区别。

（4）宗教性。人文主义教育仍具有宗教性，几乎所有的人文主义教育家都信仰上帝，他们虽然抨击天主教会的弊端，但不反对宗教更不打算消灭宗教，他们希冀以世俗和人文精神改造中世纪陈腐专横的宗教性，以造就一种更富世俗色彩和人性色彩的宗教性。

（5）贵族性。这是由文艺复兴运动的性质所决定的。人文主义教育的对象主要是上层子弟，教育的形式多为宫廷教育和家庭教育而非大众教育，教育的目的主要是培养上层人物如君主、侍臣、绅士等。

6. 简述夸美纽斯在教育史上的贡献和地位。

【答案要点】

夸美纽斯是教育史上第一位系统地总结教学原则的教育家，他的教育理论包含了大量宝贵的教学经验，在一定程度上反映了教学工作的客观规律性，具有普遍的指导意义。夸美纽斯是一位杰出的教育革新家，他的教育思想具有明显的民主主义、人文主义色彩。在继承前人经验的基础上，夸美纽斯提出了系统的教育思想。他论述了教育的作用，呼吁开展普及教育，试图使所有人都能接受普及教育。并详细制定了学年制度和班级授课制度，提出了各级学校课程设置，编写了许多教科书，且系统地阐述了教育的基本原则和方法等。

但夸美纽斯的教育思想中也存在着一些明显的缺陷。他的教育思想具有过分浓郁的宗教气息，对科学知识和教育科学的认识也不准确。这些缺陷既有他本人认识上的原因，也有时代本身的局限。

7. 联系实际，谈谈教师如何激发学生的学习动机。

【答案要点】

（1）创设问题情境，实施启发式教学。

（2）根据作业难度，恰当控制动机水平。

（3）充分利用反馈信息，给予恰当的评定。

（4）妥善进行奖惩，维护内部学习动机。

（5）合理设置课堂环境，妥善处理竞争和合作。

（6）适当进行归因训练，促使学生继续努力。

（7）培养自我效能感，增强学生成功的自信心。

（8）维护学生自我价值，警惕自我妨碍策略。

（9）维护内在需要，促进外部动机内化。

8. 简述《中小学心理健康教育指导纲要（2012年修订）》提出的学校开展心理健康教育的途径。

【答案要点】

（1）专题训练。心理素质专题训练过程一般由"判断鉴别—训练策略—反思体验"三个彼此衔接的环节构成。

（2）心理辅导。心理辅导是一种心理上的助人活动，是指在一种新型的、建设性的人际关系中，辅导教师运用其专业知识和技能，给学生以合乎需要的心理上的协助与服务以便在学习、工作与人际关系各个方面做出良好适应。心理辅导的最简单的定义是助人自助。建立有效辅导关系的基本条件主要有以下三种：同感、真诚、尊重。

（3）学科渗透。教师在进行常规的学科教学时，自觉地、有意识地运用心理学的理论、方法和技术，让学生在掌握知识、形成能力的同时，完成各种心理品质，特别是诸如情感、意志、个性品质等方面。在学科教学、各项教育活动、班主任工作中，都应注重对学生心理健康的教育，这是心理健康教育的主要途径。

三、分析论述题

1. 依据以下资料说说一名合格教师应承担具备什么样的专业素养。

【答案要点】

（1）高尚的师德。

①热爱教育事业，富有献身精神和人文精神。热爱教育事业，是搞好教育工作的基本前提。许多优秀教师之所以能在教育工作中做出卓越的成绩，首先是因为他们热爱教育事业，愿意为下一代的成长贡献出自己的毕生精力，甚至自己宝贵的生命。另外，教师还应具备人文精神，要关怀学生的学习和发展，关怀民族、人类的现实境遇和未来发展。

②热爱学生，诲人不倦。热爱教育事业具体体现在热爱学生上。爱学生是教师的天职，是教育好学生的重要条件。教师只有热爱学生，才能教育好学生，才能使教育发挥最大限度的作用。教师对学生的爱是一种巨大的教育力量，也是一种重要的教育手段。它往往能激发起学生对教师爱戴、感激和信任之情，使学生愿意接近教师，接受教师的教育。教师的爱还应该表现在对学生的学习、思想和身体的全面关心上，一视同仁地热爱全体学生，公正平等地对待每个学生。

③热爱集体，团结协作。教师的劳动既具有个体性，又具有集体性。一个学生的成才，绝非仅仅是哪一位教师的功劳，而是教师群体的智慧和共同劳动的结晶，是许多教育工作者团结协作、一致努力的结果。因此，教师之间，教职员工之间应该相互尊重、团结协作，步调一致地教育学生，最大限度地发挥集体的教育力量。

④严于律己，为人师表。教师为人师表，必须以身作则，严于律己。凡是要求学生做到的，教师首先要做到；凡是要求学生不能做的，教师首先要自律。教师只有以身作则，才能树立威信，受到学生的尊敬。

（2）先进、科学的教育理念。

教育理念是教师在对教育工作本质理解的基础上形成的关于教育的观念和理性信念，它是以观念或信念的形式存在于教师头脑中的对教育现象和教育问题的看法。先进、科学的教育理念体现在教师的所有努力都要有利于学生精神世界的丰富、人格尊严的维护和美好人性的成长。如学生主体观、教学交往观、发展性教学评价观等。

（3）宽厚的文化素养。

教师的主要任务是通过向学生传授科学文化知识，培养其能力，促进其个性生动活泼地发展。一个好教师的基本条件之一，就是要有比较渊博的知识和多方面的才能。因此，教师对自己所教学科知识应科学、深入地把握，能对自己所教专业融会贯通、深入浅出、高瞻远瞩，达到运用自如的境界，在教学过程中不出知识性的错误。同时，教师还应有比较广博的文化修养。

（4）专门的教育素养。

教师的专门教育素养水平及其合理结构是教育教学任务得以完成的重要保证，它主要包括教育理论素养、教育能力素养和教育研究素养。

（5）健康的心理素质。

教师的心理健康不仅会直接影响教育工作的优劣成败，而且会影响学生的心理健康水平。因此，教师应该注重提高自己的心理素质。健康的心理素质体现在心理活动的方方面面，概括起来主要指：教师要有轻松愉快的心境、昂扬振奋的精神、乐观幽默的情绪以及坚韧不拔的毅力等。

（6）强健的身体素质。

教师的身体素质是指教师在教学活动中的自然力，是教师的身体健康状态和身体素质状态在教学中的表现。它主要通过健康的体魄、旺盛的精力、蓬勃的活力、有节律的生活方式和锻炼习惯等体现。教师的身体素质在教育教学中具有重要的教育意义。

2.请论述教育对人的发展起什么作用，为什么？

【答案要点】

（1）教育在人的发展中起引领作用。

教育在年轻一代的发展中起着引领作用主要体现在：有意识地为年轻一代的成长选择、建构、调控良好的环境，对他们的生活、交往、学习与实践等活动进行正确的教导、示范和辅助，并注重尊重他们的主体地位和激发、引导他们内在的学习动力与自我发展的能动性和自主性，从各方面引领、关怀、维护他们的发展。

（2）学校教育主要通过传承文化科学知识来培养人。

学校教育是教育者有意识地为儿童的身心发展精心设置的一种环境，它把经过选择的、重新组编的、人类长期积累起来的文化知识作为精神客体与儿童互动，以促进儿童的发展，使他们成人成才。文化知识蕴含着有利于人的发展的多方面价值：认识价值、陶冶价值、能力价值、实践价值。

（3）学校教育对提高人的现代性有显著的作用。

教育在人的现代化过程中起着重要作用，因为学生在学校里不仅学会了读、写、算等各个方面的基础知识与技巧，而且学到了与他们个人的发展和国家的未来有关的态度、价值和行为方式。人的现代化是社会现代化的重要基础和前提条件，我们应该自觉地优先发展教育，高度重视并充分发挥教育对人的现代化的促进作用。

2014年 西北师范大学 333 教育综合·真题解析

一、名词解释

学校教育制度

现代教育制度的核心部分是学校教育制度。学校教育制度简称学制，指的是一个国家各级各类学校的系统及其管理规则，它规定着各级各类学校的性质、任务、入学条件、修业年限以及它们之间的关系。

课程标准

课程标准是指在一定课程理论指导下，依据培养目标和课程方案以纲要形式编制的关于课程的性质与价值、目标与内容、教学实施建议以及课程资源开发等方面的指导性文件，一般由说明、课程目标、课程内容标准和课程实施建议等部分组成。

有效教学

有效教学是一个相当宽泛的概念，一般指能有效促进学生掌握知识、形成能力的教学；如果以新课程理念作为指导，那就是：凡是能有效促进学生在知识与技能、过程与方法、情感态度价值观等方面获得发展的教学就是有效教学。

隐性教学

显性教学与隐性教学是语言教学的两种方法。其中隐性教学指的是教师不直接教授所学知识，而是通过一定的语境或情境让学生领悟或归纳出欲学习的知识要点。强调的是学生在探索中自行领悟和学习。

学习策略

学习策略是指学习者为了提高学习的效果和效率，有目的、有意识地制定的有关学习过程的复杂的方案。具有以下四个特征：主动性、有效性、过程性、程序性。

泛智教育

基于教育的崇高目的，夸美纽斯提出"将一切事物教给一切人"的泛智主义教育观，并由此大力主张普及教育于全体儿童和民众。内容主要包括教育内容的泛智化和教育对象的普及化两个方面。

要素教育

裴斯泰洛齐提出要素教育论，其基本思想是：初等学校的各种教育都应该从最简单的要素开始，然后逐渐转到日益复杂的要素，循序渐进地促进人的和谐发展。要素教育既要求初等学校为每个人在德、智、体几方面都能受到基本的教育而得到和谐的发展，又要求在德育、智育、体育的每一个方面都通过"要素方法"获得均衡的发展。

创造性

创造性是个体利用一定内外条件，产生新颖、独特、有社会和个人价值产品的心理特性。这种心理品质是综合的、多维的，它包括与创造活动密切联系的认知品质、人格品质和适应性品质。

二、简答题

1. 列举教育学独立时期的10位代表人物及其著作。

【答案要点】

（1）夸美纽斯的教育代表作《大教学论》，标志着独立形态的教育学的开端。

（2）洛克的《教育漫话》集中反映了欧洲文艺复兴时期新兴资产阶级的教育观。

（3）卢梭的《爱弥儿》，系统阐述了其自然主义教育思想。

（4）裴斯泰洛齐的代表作是《林哈德与葛笃德》。

（5）赫尔巴特的《普通教育学》，标志着教育学已经成为一门独立学科。

（6）福禄培尔主要著作有《人的教育》。

（7）斯宾塞的主要著作是《教育论》。

（8）杜威主要著作有《民主主义与教育》。

（9）培根的主要著作是《论科学的价值和发展》。

（10）陶行知的主要著作是《中国教育改造》。

2. 学校教育在个体发展中有什么特殊的价值？实现这些价值需要什么条件？

【答案要点】

教育在个体发展中的作用：

（1）教育在人的发展中起引领作用。

教育在年轻一代的发展中起着引领作用主要体现在：有意识地为年轻一代的成长选择、建构、调控良好的环境，对他们的生活、交往、学习与实践等活动进行正确的教导、示范和辅助，并注重尊重他们的主体地位和激发、引导他们内在的学习动力与自我发展的能动性和自主性，从各方面引领、关怀、维护他们的发展。

（2）学校教育主要通过传承文化科学知识来培养人。

学校教育是教育者有意识地为儿童的身心发展精心设置的一种环境，它把经过选择的、重新组编的、人类长期积累起来的文化知识作为精神客体与儿童互动，以促进儿童的发展，使他们成人成才。文化知识蕴含着有利于人的发展的多方面价值：认识价值、陶冶价值、能力价值、实践价值。

（3）学校教育对提高人的现代性有显著的作用。

教育在人的现代化过程中起着重要作用，因为学生在学校里不仅学会了读、写、算等各个方面的基础知识与技巧，而且学到了与他们个人的发展和国家的未来有关的态度、价值和行为方式。人的现代化是社会现代化的重要基础和前提条件，我们应该自觉地优先发展教育，高度重视并充分发挥教育对人的现代化的促进作用。

教育发挥主导作用的条件：

（1）科学的学校教育。教育目的影响着教育的效果；教育物质条件影响着教育的速度和规模；教育活动影响着教育影响的深度；教师素质影响着教育的水平；教育管理水平影响着教育的功能。

（2）优化的家庭教育。学校教育在人的身心发展中的主导作用的发挥，还受学生家庭的经济状况、家长的文化水平、家庭的人际关系等家庭条件的影响。

（3）良好的社会状况。教育活动是在一定社会的条件和背景下进行的，并受到社会条件的制约。这些社会条件包括社会生产力发展水平、社会政治经济制度、文化传统等。

（4）受教育者自身的主观能动性。人的主观能动性是人的一种内在需要和动力。当受教育者具备了积极的求教动机时，环境和教育的外因才能发挥相应的作用。学习者的积极性越高，教育的作用就越大。

总之，教育的主导作用不是无条件产生的，它受到多方面因素的制约。教育如果能得到社会各方面条件的积极配合，就能充分发挥出教育的主导作用。

3. 简述"百日维新"中教育改革的主要措施。

【答案要点】

（1）创办京师大学堂。

1896年，李端棻首次向朝廷正式提出设立京师大学堂的建议。1898年，梁启超拟的《京师大学堂章程》得到光绪帝批准，并派孙家鼐为管学大臣，负责管理京师大学堂。

《京师大学堂章程》对于大学堂的性质、办学宗旨、课程、入学条件、学成出身、教习聘用、机构设置、经费筹措及使用都做了详细规定。京师大学堂被定为全国最高学府和最高教育行政机关。办学宗旨为"中学为体，西学为用"。大学堂的课程设置分为博通学和专门学两类。

（2）书院改办学堂。

光绪帝在《明定国是诏》中宣示，从王公大臣到庶民百姓都要学习中、西学问。随后，光绪帝又命令官员将各省府厅州县的大小书院全部改为兼习中学、西学的新式学堂。省会的大书院改为高等学堂，郡城的书院改为中等学堂，州县的书院改为小学堂，地方自行筹办的社学、义学等一律中西学兼习。同时，民间祠庙不在祀典者也一律改为学堂，并鼓励绅民捐资兴学。中小学所用课本由官设书局统一编译印行，形成了"人无不学，学无不实"的局面。

（3）废除八股考试，开设经济特科。

废除八股考试、改革科举制度也是"百日维新"中颁布的重要改革措施。1898年，光绪帝下诏废除八股文。八股废除后，人们不得不寻求新的学问，促进了西学的传播。同年七月，光绪帝又下诏催立经济特科，用来选拔维新人才。经济特科区别于明清的进士科，分为内政、外交、理财、经武、格物、考工六项，并强调科举考试要以实学实政为主。百日维新失败后，虽然恢复了八股考试，罢经济特科，但人们开始向往富有朝气的新式教育。科举考试经过这次冲击，变得非常冷清，考试人数锐减。

4. 简述美国《国防教育法》的主要内容。

【答案要点】

1957年，苏联卫星上天后，美国朝野震惊，开始反思自身的教育问题，并将教育提高到保卫国家国防的高度，要求对教育进行改革。在此背景下，1958年美国总统批准颁布了《国防教育法》。

（1）主要内容。

①加强普通学校的自然科学、数学和现代外语的教学。

②加强职业技术教育。要求各地区设立职业技术教育领导机构，有计划地开展职业技术训练。

③强调"天才教育"。鼓励有才能的学生完成中等教育，攻读考入高等教育机构所必需的课程并升入该类机构，以便培养拔尖人才。

④增拨大量教育经费。作为对各级学校的财政援助。

（2）评价。

《国防教育法》是作为改革美国教育、加快人才培养的紧急措施推出的，其颁布与实施，为第二次世界大战后美国教育改革提供了坚实的法律保障，促进了美国教育事业的发展，有利于美国教育质量的提高和科技人才的培养。

5. 简述《中小学心理健康教育指导纲要（2012年修订）》规定的心理健康教育的总目标。

【答案要点】

（1）新《指导纲要》明确提出："心理健康教育的总目标是：提高全体学生的心理素质，培养他们积极乐观、健康向上的心理品质，充分开发他们的心理潜能，促进学生身心和谐可持续发展，为他们健康成长和幸福生活奠定基础。

（2）心理健康教育的具体目标是：使学生学会学习和生活，正确认识自我，提高自主自助和自我教育能力，增强调控情绪、承受挫折、适应环境的能力，培养学生健全的人格和良好的个性心理品质；对有心理困扰或心理问题的学生，进行科学有效的心理辅导，及时给予必要的危机干预，提高其心理健康水平。"

6. 简述教育与认知发展的关系。

【答案要点】

根据皮亚杰的认知发展理论，教育教学应注意以下几点：

（1）提供活动。教师既应为学生创设大量的物理活动，也应为他们提供相应的心理活动机会。在形式运算阶段前，教师应为学生提供从现实物体和事件中学习的机会。

（2）创设最佳的难度。皮亚杰认为认知发展是通过不平衡来促进的。因而，教师要通过提问来引起学生认知的不平衡，并提供有关的学习材料或活动材料，促使学生的认知发展。

（3）关注儿童的思维过程。在教学中，教师必须认识到儿童思考问题的方式与成人不同，并根据儿童当前的认知水平提供适宜的学习活动，这样才能真正促进儿童的认知发展。

（4）认识儿童认知发展水平的有限性。教师需要认识各年龄阶段儿童认知发展所达到的水平，遵循儿童认知发展顺序来设计课程，这样在教学中就会更加主动。

（5）让儿童多参与社会活动。儿童在参与社会活动的过程中，能够逐渐认识到他人的观点与自己的不同，引发认知发展。

维果茨基认为，在进行教学时，必须注意到儿童有两种发展水平：一种是儿童现有的发展水平，另一种是即将达到的发展水平，维果茨基把这两种水平之间的差异称为"最近发展区"，即独立解决问题的真实发展水平和在成人指导下或与其他儿童合作情况下解决问题的潜在发展水平之间的差距。教育活动应当建立在儿童的第二种水平之上，应立足于不断地将其"最近发展区"转化为现有的发展水平，使全部教育教学工作走在学生发展之前。

三、分析论述题

1. 党的十八大政策提到"单独生二胎"，请谈谈人口和教育的关系是什么。

【答案要点】

人口指居住在一定地区内或一个单位内的人的总称。其具体情况通常包括人口的数量、人口的质量。人口的质量一般由人口的年龄结构、就业结构、文化结构等来反映。一定的人口对教育发展有着制约和影响作用，同时，教育对提高人口素质、控制人口数量、改善人口结构也有着重要作用。

（1）人口因素对教育的制约和影响。

①人口数量及增长率影响着教育事业的规模和速度。一定数量的人口是构成教育事业及其活动的前提和基础，特别是学龄人口数量直接制约着教育事业的规模和发展速度。此外，根据人口的不同增长率，需要进行教育布局调整，以应对所面临的问题。

②人口增长还制约和影响着教育发展战略目标的实现和战略重点的选择。教育发展在一段时期内所要达到的总要求和水平是受到诸多因素的制约和影响的，其中，人口增长速度是一个重要因素。

③人口年龄结构制约着教育发展。不同的人口年龄结构对教育发展提出的要求不尽相同。一般来说，有什么样的人口年龄结构，就会有什么样的教育结构。

④人口就业结构制约着教育发展。人口的就业状况取决于一定地区的生产力发展水平，特别是产业结构和技术结构，它必然会对教育发展产生影响。

（2）教育的人口功能。

①教育是控制人口增长的手段之一。控制人口增长的手段有很多，发展教育是其中之一，而且被认为是长期起作用的手段。

②教育可以改善人口素质，是提高人口质量的手段之一。人口素质是由人口的身体素质、科学文化素质和思想品德素质三个方面的内容构成的，它们都与教育息息相关。

③教育可以使人口结构合理化。人口结构的合理化是指人口结构有利于社会生产和人口的自然平衡。受过一定教育的妇女，摆脱了重男轻女的传统观念，进而调整着新生儿的性别结构。改变城乡人口比例，有赖于大力发展教育，提高农村人口素质。

④教育有利于人口迁移。受过教育的人口更容易进行远距离迁移，另外，教育本身实现着人口的迁移。现代教育，特别是高等教育如同一个人才集散地，它把各地区人才集中培养，再输送出去，从而实现跨区域人才流动。

2. 论述蔡元培北大改革的措施并对其进行评价。

【答案要点】

民国成立后，京师大学堂改称北京大学。当时北大校政腐败、制度混乱、学生求官心切、学术空气淡薄，封建文化泛滥。为了改变这种风气，蔡元培赴任北大校长，对北大进行全面改革。

（1）抱定宗旨，改变校风。

蔡元培明确大学的宗旨，认为大学应该成为"研究高尚学问之地"。他改革北大的第一步就是要为师生创造研究高深学问的条件和氛围。具体措施有：改变学生的观念；整顿教师队伍，延聘积学热心的教员；发展研究所，广积图书，引导师生研究兴趣；砥砺德行，培养正当兴趣。

（2）贯彻"思想自由，兼容并包"的办学原则。

蔡元培明确声明，在学术上"循'思想自由'原则，取兼容并包主义"，这是他办理北京大学的基本指导思想。该思想不仅体现在学术上，也体现在教师的聘任上。蔡元培以"学诣为主"，罗致各类学术人才，使北大教师队伍一时呈现出流派纷呈的局面。

（3）教授治校，民主管理。

1912年由蔡元培主持制定的《大学令》中，确立了教授治校、民主管理的大学校务管理原则，规定大学设立评议会，各科设立教授会。蔡元培到任北大后，当年即组织了评议会。1919年，评议会通过学校内部组织章程，决定：第一，设立行政会议，作为全校最高的行政机构和执行机构，负责组织实施评议会议决的事项，下设各种委员会分管各类事务；第二，设立教务会议及教务处，由各系主任组成，并互相推选教务长一人，统一领导全校的教务工作；第三，设立总务处，主管全校的人事和事务工作。

管理体制的改革，体现了蔡元培教授治校、民主管理的思想，目的是把推动学校发展的责任交给教授，让真正懂得学术的人来管理学校。新的管理体制的建立，改变了京师大学堂遗留下来的封建衙门作风，提高了工作效率，促进了学校的蓬勃发展。

（4）学科与教学体制改革。

在学科与教学体制改革方面，蔡元培主要有三个措施：第一，扩充文理，改变"轻学而重术"的思想；第二，沟通文理，废科设系；第三，改年级制为选科制，发展学生个性。

评价：北京大学的改革不仅仅使自身改变了面貌，也是我国高等教育近代化发展中的一个里程碑。这次改革的灵魂是"思想自由，兼容并包"，其中"兼容并包"不仅包容不同的学术和学说流派、不同的人物和主张，也在男生之外包容女生，在正式生之外包容旁听生。北大因此成为新文化运动和马克思主义的传播中心、五四运动的策源地，其影响远远超出了教育领域。

3. 论述日本明治维新时期的教育改革措施。

【答案要点】

1868年，日本建立了地主和资产阶级联合执政的天皇明治政府，实施了一系列的改革政策，史称"明治维新"，其中也包括对教育的改革。

（1）建立中央集权式的教育管理体制。1871年，明治政府在中央设立文部省，统一管理全国的文化教育事业并兼管宗教事务。1872年颁布的《学制令》，在确立教育领导体制的基础上，建立全国的学校教育体制。规定实行中央集权式的大学区制。

（2）初等教育的发展。1886年颁布的《小学令》规定初等教育年限为8年，分两个阶段实施。前4年为寻常小学阶段，实施义务教育；后4年为高等小学阶段，实施收费制。

（3）中等教育的发展。1886年颁布的《中学校令》规定，中学承担实业教育及为学生升入高等学校做准备的基础教育两大任务；中学类型分为寻常中学与高等中学两类，前者修业5年，由地方设置及管理，每府县设立一所，属普通教育学校；后者修业2年，每学区设一所，属大学预科性质，直接接受文部大臣的领导。

（4）高等教育的发展。日本近代高等教育的发展始于明治维新时期的教育改革，这一改革既吸取借鉴了欧美发展高等教育的经验，同时又较好地利用了本国已有的教育基础。新大学的创办以1877年东京大学的成立为肇端。1886年颁布《帝国大学令》，改东京大学为帝国大学，明确其任务为适应国家发展需要，讲授学术及技术理论，研究学术及技术的奥秘，培养大批管理干部及科技人才。

（5）师范教育的发展。明治时期大规模教育改革的推行及学校的兴办，尤其是初等义务教育运动的开展，客观上要求充分发展师范教育以提供必要的师资保障。1886年颁布的《师范学校令》为日本师范教育的规范发展提供了政策支撑。《师范学校令》将师范学校分为寻常师范学校与高等师范学校两类。寻常师范学校由地方设立，招收小学毕业生，主要为公立小学培养教师和校长；高等师范学校由国家设立，招收寻常师范学校的毕业生，主要为寻常师范学校培养教师和校长。

总的来说，日本通过改革，使得封建教育向近代资本主义教育转变。建立并完善了学制，普及了初等义务教育，发展了中等和高等教育，为日本的发展做出了贡献，提高了日本国民文化水平。但明治维新自上而下进行，带有很大的不彻底性，使得日本近代资本主义教育的发展从一开始就带有浓厚的封建主义和军国主义色彩。

2013年 西北师范大学333教育综合·真题解析

一、名词解释

学校教育制度

现代教育制度的核心部分是学校教育制度。学校教育制度简称学制，指的是一个国家各级各类学校的系统及其管理规则，它规定着各级各类学校的性质、任务、入学条件、修业年限以及它们之间的关系。

谈话教学法

指通过师生问答、对话的形式来引导学生思考、探究，以获取或巩固知识，促进学生智能发展的方法，也称问答法。基本要求：要准备好谈话计划；要善问；要善于启发诱导；要做好小结。

课程标准

课程标准是指在一定课程理论指导下，依据培养目标和课程方案以纲要形式编制的关于课程的性质与价值、目标与内容、教学实施建议以及课程资源开发等方面的指导性文件，一般由说明、课程目标、课程内容标准和课程实施建议等部分组成。

教师专业发展

教师专业发展，又称教师专业成长，是指教师在整个专业生涯中，依托专业组织、专门的培养制度和管理制度，通过持续的专业教育，习得教育教学专业技能，形成专业理想、专业道德和专业能力，从而实现专业自主的过程。它包括教师群体的专业发展和教师个体的专业发展。

《白鹿洞书院揭示》

《白鹿洞书院揭示》是中国书院发展史上的一个纲领性学规，在这个学规中，朱熹明确了教育的目的，阐明了教育教学的过程，提出了修身、处事、接物的基本要求。朱熹把这些儒家核心思想汇集起来，用学规的形式固定下来，形成较为完整的书院教育理论体系，成为后世学规的范本和办学准则，使书院教育逐步走上制度化的发展轨道，也对后世官私学校的兴办产生了实际的影响。

"六艺"教育

"六艺"即礼、乐、射、御、书、数。礼包括政治、伦理、道德、礼仪各个领域；乐包括诗歌、音乐和舞蹈；射指射箭的技术训练；御指驾驭马拉战车的技术训练；书指文字书写；数指算法。其中，"礼、乐、射、御"为"大艺"，是大学的课程；"书、数"为"小艺"，是小学的课程。

骑士教育

骑士教育是中世纪世俗教育的一种主要形式，以培养当时封建制度中骑士阶层的成员为目的。它是一种特殊形式的家庭教育，并无专设的教育机构，也没有专职的教育人员。它在骑士生活和社交活动中进行。训练骑士的标准是剽悍勇猛、虔敬上帝、忠君爱国、宠媚贵妇。

二、简答题

1.简述教师劳动的特点。

【答案要点】

（1）教师劳动的复杂性。教师劳动的复杂性主要受以下三方面的影响：第一，学生状况的复杂性决定着教师劳动的复杂性；第二，教师任务的多样性制约着教师劳动的复杂性；第三，影响学生发展因素的广泛性制约着教师劳动的复杂性。

（2）教师劳动的示范性。教育是教师引导、培养学生的活动，它要求教师以身作则，具有示范性。教师的劳动对象是处在发展过程中的青少年学生，他们具有尊敬教师、乐于接受教师的教导、以教师为表率的所谓"向师性"的特点。因此，教师必须严格要求自己，以身作则，通过示范的方式去影响学生，以便取得最佳教育效果。

（3）教师劳动的创造性。教师劳动创造性的最重要特征之一是他的工作对象，即儿童经常在发生变化，永远是新的，今天同昨天就不一样。此外，教师劳动的创造性还表现在因材施教上；表现在对教育、教学的原则、方法、内容的运用、选择和处理上；表现在教育教学过程中，教师对各种突发情况做出及时反应、妥善处理的应变能力上。

（4）教师劳动的专业性。教师劳动的专业性突出表现在教师对育人的崇高敬业精神和道德修养上，对教育教学专门化知识和技能的掌握与教育活动的自主权上。

2. 简述全面发展教育各组成部分的关系。

【答案要点】

所谓全面发展教育，是对含有各方面素质培养功能的整体教育的一种概括，是对为使学习者多方面得到发展而实施培养的教育活动的总称，是由多种相互联系而又各具特点的教育所组成。关于全面发展教育的基本构成，学界通常多以德育、智育、体育、美育、劳动技术教育等作为全面发展教育的构成主体。

（1）体育：授予学生健身知识、技能，发展学生体力、增强学生体质的教育。

（2）智育：授予学生系统的科学文化知识、技能和发展他们智力的教育。

（3）德育：引导学生领悟社会主义思想和道德规范，组织和指导学生的道德实践，培养学生的社会主义品德的教育。

（4）美育：培养学生正确的审美观，发展他们鉴赏美、创造美的能力，培养其高尚情操和文明素质的教育。

（5）劳动技术教育：传授基本的生产技术知识和生产技能，培养劳动观点和劳动习惯的教育。

总而言之，对于普通中小学学生的全面发展来说，上述五个组成部分，既相对独立、各有特点、规律和功能，缺一不可；同时，又相互制约、相互促进，组成统一的教育过程。因此，我们必须考虑到人的发展的全面性和整体性，坚持"五育"并举，处理好它们之间的关系，使其相辅相成，发挥其整体功能。

3. 简述观察学习理论并对其进行评论。

【答案要点】

观察学习是一种间接学习的形式，人类的大多数行为是通过观察而习得的，人们通过观察他人的行为及其后果，可获得榜样行为的符号表征和经验教训，并可引导观察者今后的行为。班杜拉认为，观察学习经历四个过程：

（1）注意过程。注意过程影响观察者对榜样行为的探索和知觉过程，决定观察者的观察内容。影响注意过程的因素有：榜样行为的特性、榜样的特征和观察者的特征。

（2）保持过程。保持过程使观察者将示范行为以某种形式储存在头脑中以便今后可以指导操作。示范信息的保持主要依赖两种符号系统——表象系统和言语系统。影响保持过程的因素有：注意过程的效果、榜样呈现的方式和次数以及观察者自身记忆能力、动机等。

（3）复制过程。观察者以内部表征为指导，将榜样行为再现出来。影响复制过程的因素有：观察的有效性、从属反应的有效性、反馈的及时性和准确性以及自我效能感。

（4）动机过程。动机过程决定个体复现榜样行为的具体内容，换言之，决定哪一种经由观察习得的行为得以表现。动机过程存在着三种强化：直接强化、替代性强化、自我强化。

班杜拉的社会学习理论揭示了人类的一种极为普遍的学习方式。多因素相互作用，共同决定行为的观点，以及注重观察、模仿、自我效能感在学习中的作用等思想，不论是在行为习惯和道德品质的形成方面还是在语言知识及人际交往技能的学习方面，都有着很重要的指导作用和参考价值。

4. 隋唐时产生的科举制度的积极意义是什么？

【答案要点】

（1）扩大了统治基础，有利于加强中央集权。通过科举考试，平民及中小地主阶层获得了参政的机会，打破了门阀士族地主垄断统治权力的局面，扩大了封建统治的统治基础。同时，通过科举考试，朝廷将选士大权收归于中央政府，强化了中央集权的统治。

（2）使选士与育士紧密结合。促进人们的思想统一于儒学，成为实施儒家"学而优则仕"原则的途径。刺激学校教育的发展，有利于教育的普及。

（3）使选拔人才较为客观公正。隋唐科举考试在发展的过程中逐步建立了较为完备的考试制度，同时逐步建立了一系列的考试防范措施，加强考试管理。

5. 举例说明洋务学堂的类型。

【答案要点】

从1861年清政府设立"总理各国事务衙门"到1895年签订《马关条约》的三十多年间，洋务派创办洋务学堂30余所，它们是随着洋务运动的展开而逐渐开办的，其目的在于培养洋务活动所需要的翻译、外交、工程技术、水陆军事等多方面的专门人才，教学内容以"西文"和"西艺"为主。主要分为外国语学堂、军事学堂和技术实业学堂三大类。

（1）外国语学堂：京师同文馆、上海广方言馆、广州同文馆、新疆俄文馆、台湾西学馆、珲春俄文馆、湖北自强学堂。

（2）军事学堂：福建船政学堂、上海江南制造局操炮学堂、广东实学馆及广东水陆师学堂、广东黄埔鱼雷学堂、天津水师学堂等。

（3）技术实业学堂：福州电报学堂、天津电报学堂、上海电报学堂、天津医学堂、湖北矿务局工程学堂、山海关铁路学堂、南京储才学堂。

三、分析论述题

1. 有人认为教学的目标是传授知识，有人认为教学的目标是发展学生的智力。关于这一问题谈谈你的看法。

【答案要点】

教学过程中既要重视知识的传授，也要重视智力的发展，二者缺一不可。

（1）智力的发展与知识的掌握二者相互依存，相互促进。在教学过程中，学生智力的发展依赖于他们知识的掌握程度。对学生来说，掌握、运用知识及反思、改进的过程，也就是他们运用和发展智力的过程；同时，学生对知识的掌握又依赖于他们的智力发展，只有那些智力发展好的学生，他们的接受能力才强、学习效率才高，而智力发展较差的学生在学习中则有较多的困难。

（2）生动活泼地理解和创造性地运用知识才能有效地发展智力。通过传授知识来发展学生智力是教学的一个重要任务，然而知识不等于智力，一个学生知识的多少并不一定能标志他的智力发展的高低。因此，在教学中不仅要教给学生知识，而且要引导学生通过生动活泼的教学活动，透彻地理解知识原理，了解学生获取知识的过程与方法，学会独立思考、推理与论证，创造性地解决实际问题，这样才能使学生的智力获得高水平的发展。

（3）防止单纯抓知识教学或只重能力发展的片面性。在教学实践中，有的认为"双基"教学抓好了，学生的智力就自然地发展了，却忽视引导学生通过探究、反思有意识地锻炼自己的智力；有的则只注重学生自主探究、反思，却忽视通过系统知识和原理的学习与运用来发展学生的智力。这两者都不利于提高教学质量。

2. 影响道德品质的因素有哪些？学校应该采取哪些方式培养学生的道德品质。

【答案要点】

影响道德品质的因素：

（1）外部因素。

①家庭环境。包括家庭结构和主要社会关系、家长职业类型和文化程度、家长自身品德观念、

家长对子女的教养态度和期望、家长作风和家庭氛围。它对学生品德的形成和发展起着奠基的作用。

②学校集体。包括班集体、同辈、学校德育、校园文化、学校中的其他因素如教师领导方式、集体舆论、校风班风等的影响。

③社会环境。一方面，社会风气对儿童品德的形成和发展具有重要影响；另一方面，电视、书刊和网络等构成的大众传媒对儿童的成长产生了深刻的影响。

（2）内部因素。

①道德认识。人的行为总是受认识的支配，人的道德行为也受到道德认识的制约。作为独特的个体，学生在同化外界信息时呈现出不同的特点，受其不同认知特性的制约，每个人的道德认识会呈现出不同的水平与程度。

②个性品质。个性对品德发展的作用，主要体现为个性倾向性和个性心理特征对品德发展的影响。其中，个性倾向性在思维发展上起动力作用。

③适应能力。在社会化过程中，个体通过角色的不断变化来掌握相应的社会规范和行为模式，然后形成稳定的道德品质，包括自我教育能力、社会生活和工作能力两个方面。

④自身的智力水平。智力水平与品德之间的关系十分复杂。一般而言，低智商的犯罪者较多，但一个智力较高的人，并不见得就有积极的道德取向，并且一旦他们形成了不良品德，高智力反而会促进其恶性发作。

培养学生道德品质的方法：

（1）明理教育法。指引导学生摆事实、讲道理，经过思想情感上的沟通与互动，让他们悟明道德真谛，自觉践行的方法，包括讲理、沟通、报告、讨论、参观等。

（2）榜样示范法。指以他人的高尚品德、模范行为和卓越成就来影响学生品德的方法。教师应向学生提供好榜样，主要有四类：历史伟人，现实的英雄模范，优秀教师、家长的风范，优秀学生。

（3）情境陶冶法。指通过创设良好的教育情境，潜移默化地培养学生品德的方法。它利用暗示原理，让学生通过无意识的心理活动来接受某种影响。包括人格感化、环境陶冶和艺术陶冶等。

（4）实践锻炼法。指有目的、有组织地安排学生进行一定的生活交往与社会践行活动以培养品德的方法，包括练习、委托任务和组织活动等。

（5）自我修养法。指在教师引导下学生经过自觉学习、反思和自我改进，使自身品德不断完善的一种方法，包括立志、学习、反思、箴言、慎独等。

（6）制度育德法。指通过构建合理的学校制度来引导和培养学生品德的方法。

（7）奖惩法。指对学生的思想和行为做出评价，包括表扬、奖励和批评、处分两个方面。

3. 论述贺拉斯·曼的教育思想。

【答案要点】

贺拉斯·曼是美国著名的教育实践家，在推动美国公立学校发展上做出了重要贡献，被称为"美国公立学校之父"。贺拉斯·曼十分注重教育理论的探索，最终形成了自己的教育理论体系。

（1）教育作用。第一，实施普及教育是共和政府存在的保证；第二，教育是维持社会安定的重要工具，教育可以减少罪恶，可以减少社会遭受不良行为的损害；第三，教育还是人民摆脱贫穷的重要手段。

（2）教育目的。培养社会需要的各类专业工作者。

（3）教育内容。体育、智育、政治教育、道德教育以及宗教教育诸方面。

（4）师范教育。贺拉斯·曼将师范教育视为提高公立学校教育的重要手段；倡议创设师范学校来培养教师；要求在师范学校开设公立学校所开设的全部科目。此外，未来的教师还要学习各科教学法、心理学、哲学、人体生理学、卫生学等科目。

公立学校运动：

（1）内涵。19世纪30年代，美国出现了公立学校运动。公立学校运动主要是指依靠公共税收维持，由公共教育机关管理，面向所有公众的免费的义务教育运动。19世纪上半期，美国公立学校运动的进行主要是在小学；19世纪后期至20世纪初期，主要是在中学。

（2）表现。建立地方税收制度，兴办公共小学，实行强迫入学和免费教育。

（3）评价。美国公立学校运动奠定了美国资本主义教育制度的基础，促进了普及义务教育的开展，同时也促进了美国师范学校的发展。

2012年 西北师范大学333教育综合·真题解析

一、名词解释

教育目的

教育目的是对教育活动所要培养的人的个体素质的总的预期与设想，是对社会历史活动的主体的个体素质的规定。它体现一定社会对受教育者质量规格的界定和要求，也体现人自身发展所应该达到的水准和高度。

发现法

发现法的实质是要求在教师的启发引导下，让学生按照自己观察和思考事物的特殊方式去认知事物，理解学科的基本结构；或者让学生借助教材或教师所提供的有关材料去亲自探索或发现应得出的结论或规律性认识，并发展他们发现学习的能力。

课程

课程是由一定的育人目标、特定的知识经验和预期的学习活动方式构成的一种蕴含着丰富、基本而又有创造性与潜质的一套计划与设定。广义的课程指所有学科的总和；狭义的课程指一门学科。

骑士教育

骑士教育是中世纪世俗教育的一种主要形式，以培养当时封建制度中骑士阶层的成员为目的。它是一种特殊形式的家庭教育，并无专设的教育机构，也没有专职的教育人员。它在骑士生活和社交活动中进行。训练骑士的标准是剽悍勇猛、虔敬上帝、忠君爱国、宠媚贵妇。

教师专业发展

教师专业发展，又称教师专业成长，是指教师在整个专业生涯中，依托专业组织、专门的培养制度和管理制度，通过持续的专业教育，习得教育教学专业技能，形成专业理想、专业道德和专业能力，从而实现专业自主的过程。它包括教师群体的专业发展和教师个体的专业发展。

朱子读书法

朱熹一生酷爱读书，对于如何读书有深切的体会，并提出了许多精辟的见解。他的弟子将其概括为"朱子读书法"六条：循序渐进、熟读精思、虚心涵泳、切己体察、着紧用力、居敬持志。

二、简答题

1. 简述马斯洛的需要层次理论。

【答案要点】

需要层次理论由人本主义心理学家马斯洛提出。马斯洛认为，个体的任何行为动机都是在需要发生的基础上被激发起来的。他认为人有七种基本需要，分别为：

（1）生理需要：维持生存和延续种族的需要。

（2）安全需要：受保护与免遭威胁、获得安全感的需要。

（3）归属与爱的需要：被人接纳、爱护、关注、鼓励、支持的需要。

（4）尊重的需要：希望被人认可、关爱、赞许等维护个人自尊心的需要。

（5）求知与理解的需要：个体对不理解的东西寻求理解的需要，学习动机来源于这种需要。

（6）审美的需要：欣赏、享受美好事物的需要。

（7）自我实现的需要：在精神上臻于真、善、美合一的至高人生境界的需要，即个人理想全部实现的需要。

2. 简述教育的文化功能。

【答案要点】

（1）传递文化。文化教化的前提是人类对文化的创造与传递。教育起着传递文化的作用。尤其是学校教育因其具有明确的目的性、计划性等特点，一直承担着传承文化的重任。

（2）选择文化。为了有效地传承文化，必须发挥教育对文化的选择功能。教育的选择功能十分重要，体现了教育对文化发展的积极引导和自觉规范。

（3）发展文化。文化的生命不仅在于它的保存和积累，更在于它的更新与创造。随着社会的日益开放化，学校在加强国际文化交流中的作用也日益明显。教育通过广泛的文化交流，不断地吸收其他民族的文化精华，补充、更新和发展本民族的文化，也是文化发展的一种重要方式。

3. 简述学校教育制度确立的依据。

【答案要点】

（1）社会生产力和科技发展水平。教育制度的产生和建立取决于生产力发展水平和科学技术发展状况，教育制度的发展和完善在很大程度上也取决于生产力和科技发展水平。

（2）社会经济制度。教育制度作为社会的基本制度之一，受社会的政治经济制度的制约。不同的政治经济制度决定了不同阶级享有不同的教育，也决定了各级各类学校的教育目的、入学条件、修业年限、教育内容以及它们之间的关系等教育制度方面的问题。

（3）人的身心发展规律。学制中关于入学年龄、修业年限、教育目标、学习内容的确立必须根据人的身心发展规律制定。此外，学制中关于各级各类学校的分段与衔接、升级升学制度、特殊教育制度也是依据人的身心发展规律制定的。

（4）本民族语言、文字、习俗、习惯等文化传统。在学制的改革与发展中，要发扬本民族的优秀文化传统，吸收其他民族的长处。

（5）历史经验的继承与发展。学制总是在不断地发展变化、完善，以适应发展变化的情况。但是，任何国家学制的发展和革新必须立足于本国的历史，不是对过去的全盘否定，而是对过去继承基础上的发展。

4. 简述"百日维新"中的教育改革措施。

【答案要点】

（1）创办京师大学堂。

1896年，李端棻首次向朝廷正式提出设立京师大学堂的建议。1898年，梁启超拟的《京师大学堂章程》得到光绪帝批准，并派孙家鼐为管学大臣，负责管理京师大学堂。

《京师大学堂章程》对于大学堂的性质、办学宗旨、课程、入学条件、学成出身、教习聘用、机构设置、经费筹措及使用都作了详细规定。京师大学堂被定为全国最高学府和最高教育行政机关。办学宗旨为"中学为体，西学为用"。大学堂的课程设置分为博通学和专门学两类。

（2）书院改办学堂。

光绪帝在《明定国是诏》中宣示，从王公大臣到庶民百姓都要学习中、西学问。随后，光绪帝又命令官员将各省府厅州县的大小书院全部改为兼习中学、西学的新式学堂。省会的大书院改为高等学堂，郡城的书院改为中等学堂，州县的书院改为小学堂，地方自行筹办的社学、义学等一律中西学兼习。同时，民间祠庙不在祀典者也一律改为学堂，并鼓励绅民捐资兴学。中小学所用课本由官设书局统一编译印行，形成了"人无不学，学无不实"的局面。

（3）废除八股考试，开设经济特科。

废除八股考试、改革科举制度也是"百日维新"中颁布的重要改革措施。1898年，光绪帝下诏废除八股文。八股废除后，人们不得不寻求新的学问，促进了西学的传播。同年七月，光绪帝又下诏催立经济特科，用来选拔维新人才。经济特科区别于明清的进士科，分为内政、外交、理财、经武、格物、考工六项，并强调科举考试要以实学实政为主。百日维新失败后，虽然恢复了八股考试，罢经济特科，但人们开始向往富有朝气的新式教育。科举考试经过这次冲击，变得非常冷清，考试人数锐减。

三、论述题

1. 有研究根据教师的领导方式将教师分为强制专断型、仁慈专断型、放任自流型和民主型。假如你是一名教师，你会选择那种领导方式对待学生，为什么？

【答案要点】

我会选择民主型的领导方式对待学生。在民主型师生关系中，教师既尊重学生，又严格要求学生，在发挥学生主体性的同时又给予其合理的引导；教师与学生的关系是平等的、相互促进的，是一种比较理想的师生关系模式。民主型师生关系培养自主、自立、自强、自律的人。

（1）理想师生关系的基本特征。

理想的师生关系是师生主体间关系的优化，从其发生、发展的过程及其结果来看，具有三个基本特征：尊师爱生，相互配合；民主平等，和谐亲密；共享共创，教学相长。

（2）良好师生关系构建的基本策略。

良好师生关系的构建就是师生关系建立、调整和优化的过程。教师在师生关系建立与发展中占有重要地位，起着主导作用。要建立民主、和谐亲密、充满活力的师生关系，对教师来说，有以下几种策略：

①了解和研究学生。包括了解学生个体的思想意识、道德品质、兴趣、需要、知识水平、学习态度和方法、个性特点、身体状况和班集体的特点及其形成原因。

②树立正确的学生观。学生观就是教师对学生的基本看法，它影响着教师对学生的认识及其态度与行为，进而影响学生的发展。正确的学生观来自教师对学生的观察和了解，来自教师向学生的学习和对自我的反思。

③热爱、尊重学生，公平对待学生。热爱学生包括热爱所有学生，对学生充满爱心，经常走到学生之中，忌讳挖苦、讽刺、粗暴对待学生。尊重学生特别要尊重学生的人格，保护学生的自尊心，维护学生的合法权益，避免师生对立。教师处理问题必须公正无私，使学生心悦诚服。

④主动与学生沟通，善于与学生交往。要求教师掌握沟通与交往的主动性，经常与学生保持接触、交心；同时教师还要掌握与学生交往的策略和技巧，如寻找共同的兴趣或话题、一起参加活动等。

⑤努力提高自我修养，健全人格。教师要使师生关系和谐，就必须通过自己崇高的理想，科学的世界观、人生观，渊博的知识，严谨的治学态度，活泼开朗的性格，多方面的爱好与兴趣等来吸引学生。

2. 论述贺拉斯·曼的教育思想。

【答案要点】

贺拉斯·曼是美国著名的教育实践家，在推动美国公立学校发展上做出了重要贡献，被称为"美国公立学校之父"。贺拉斯·曼十分注重教育理论的探索，最终形成自己的教育理论体系。

（1）教育作用。第一，实施普及教育是共和政府存在的保证；第二，教育是维持社会安定的重要工具，教育可以减少罪恶，可以减少社会遭受不良行为的损害；第三，教育还是人民摆脱贫穷的重要手段。

（2）教育目的。培养社会需要的各类专业工作者。

（3）教育内容。体育、智育、政治教育、道德教育以及宗教教育诸方面。

（4）师范教育。贺拉斯·曼将师范教育视为提高公立学校教育的重要手段；倡议创设师范学校来培养教师；要求在师范学校开设公立学校所开设的全部科目。此外，未来的教师还要学习各科教学法、心理学、哲学、人体生理学、卫生学等科目。

3.《学记》中的主要教学原则有哪些？试对其进行简述。

【答案要点】

（1）豫时孙摩。

①预防性原则：要求事先估计学生可能会产生的种种不良倾向，预先采取预防措施。

②及时施教原则：要求掌握学习的最佳时机，适时而学，适时而教。

③循序渐进原则：教学必须遵循一定的顺序，包括内容的顺序和年龄的顺序。

④学习观摩原则：学习要相互观摩，取长补短。同时，借助集体的力量进行学习。

（2）长善救失。

长善救失原则要求教师懂得并掌握教育的辩证法，坚持正面教育，善于因势利导，利用积极因素，克服消极因素，将缺点转化为优点。

（3）启发诱导。

君子的教育在于诱导学生，靠的是引导而不是强迫服从，是启发而不是全部讲解。只有这样，才能调动学生学习和思考的积极性、主动性，使学生的思维能力得到锻炼和发展。

（4）藏息相辅。

既有有计划的正课学习，又有课外活动和自习，有张有弛，让学生感受到学习的乐趣，感受到老师、同学的可亲可爱，使学习成为学生的一种内在需要。

4. 说明建构主义的基本观点及其对教育改革的意义。

【答案要点】

（1）知识观。

建构主义者质疑知识的客观性和确定性，强调知识的动态性。具体体现在以下几方面：

①知识的动态性。知识不是对现实的准确表征，只是一种解释、假设，不是问题的最终答案。

②知识的情境性。知识并不能精确地概括世界的法则，不能拿来便用，而是需要针对具体情境进行再创造。

③知识学习的主动建构性。知识不可能以实体的形式存在于具体个体之外，学习者对于命题的理解只能由个体基于自己的经验背景而建构起来，取决于特定情境下的学习历程。

（2）学生观。

建构主义认为，学生并不是被动接受教师传授的知识，而总是以自己的经验背景或自己的经验来建构对事物的理解。具体表现在以下几方面：

①建构主义者完全否定心灵白板说，强调学生经验世界的丰富性和差异性。

②学生并不是空着脑袋走进教室的，当问题呈现时，他们基于相关的经验，依靠推理和判断能力，形成对问题的某种解释。

③教学不能无视学生的先前经验，要把儿童现有的知识经验作为新知识的生长点，引导儿童从原有的知识经验中"生长"出新的知识经验。

④教学要增进学生之间的合作，使他看到那些与他不同的观点，促进学习的进行。

（3）学习观。

建构主义认为，学习是学习者主动地赋予信息以意义，建构自己的知识经验的过程，具有三个重要特征：

①主动建构性。面对新信息、新概念、新现象或新问题，学习者需要主动激活头脑中的先前知识经验，通过高层次思维活动，对各种信息和观念进行加工转换，对新旧知识进行综合和概括，解释有关现象，形成新的假设和推论。

②社会互动性。学习是通过对某种社会文化的参与，内化相关知识和技能，掌握有关工具的过程，这一过程常常需要通过一个学习共同体的合作互动来完成。

③情境性。建构主义者提出，知识存在于具体的、情境性的、可感知的活动中，它不是一套独立于情境的知识符号，不可能脱离活动情境而抽象地存在，它只有通过实际情境中的应用活动才能真正被人理解。

（4）教学观。

①教学不再是传递客观而确定的现成知识，而是激活学生原有的相关知识经验，促进知识经验的"生长"；教学是促进学生的知识建构活动，以实现知识经验的重新组织、转换和改造，以此来培养学生的求知欲和探究能力。

②教学要为学生创设理想的学习情境，激发学生的推理、分析、鉴别等高级的思维活动，同时给学生提供丰富的信息资源、处理信息的工具以及适当的帮助和支持，促进他们自身建构意义以及解决问题的活动。

（5）意义。

建构主义学习理论，拓展了学习研究的领域；深化了关于知识、学习的本质性认识；推动了认知科学、教育信息技术的发展；提供了多种具有启示意义的教学模式与学习方式，促进了教学改革与学习革命；建构主义学习理论正在改变学习的五大主题：即对记忆和知识结构的新认识，发现专家和新手在问题解决和推理等方面存在明显差异，对儿童入学前就具有的知识和技能的新认识，对元认知和自我调节能力的新认识，对文化体验与社区的新认识。

2011年 西北师范大学 333 教育综合·真题解析

一、名词解释

教育学

教育学是以教育活动为研究对象的学科，是通过研究教育现象和教育问题、探索教育规律、探讨教育价值、探寻教育艺术、指导教育实践的一门科学。它的核心是引导、培育和规范人的发展，解决培养什么人和怎样有效培养人的问题。

课程标准

课程标准是指在一定课程理论指导下，依据培养目标和课程方案以纲要形式编制的关于课程的性质与价值、目标与内容、教学实施建议以及课程资源开发等方面的指导性文件，一般由说明、课程目标、课程内容标准和课程实施建议等部分组成。

研究教学法

研究教学法是学生在教师的指导下通过独立的探索，创造性地解决问题，获取知识和发展科研能力的方法。研究教学法能使学生在研究和解决问题过程中受到较大的锻炼和提高，初步掌握研究的方法与发展分析问题、解决问题的能力和追求真知的科学精神。

德育

德育即道德教育。一般来说，学校德育是指学生在教师的引导下，以学习活动、社会实践、日常生活、人际交往为基础，同经过选择的人类文化，特别是一定的道德观念、政治意识、处世准则、行为规范相互作用，经过自己的观察、感受、判断、践行和改善，以形成行为习惯、道德品质、人生价值和社会理想的教育。简言之，德育是培养学生思想品德的教育。

"六艺"教育

"六艺"即礼、乐、射、御、书、数。礼包括政治、伦理、道德、礼仪各个领域；乐包括诗歌、音乐和舞蹈；射指射箭的技术训练；御指驾驭马拉战车的技术训练；书指文字书写；数指算法。其中，"礼、乐、射、御"为"大艺"，是大学的课程；"书、数"为"小艺"，是小学的课程。

"七艺"教育

"七艺"是西方教育史上对七种教学科目的总称，包含文法、修辞、辩证法、音乐、算术、几何、天文。西方教育史上沿用长达千年之久的"七艺"中的前"三艺"是由智者派首先确定下来的。后来柏拉图将"四艺"作为教学科目详加论述，并认为"三艺"是高级课程，"四艺"是初级课程。"三艺"和"四艺"合称为"七艺"。

二、简答题

1. 简述我国教育目的的基本要求。

【答案要点】

2021年新修订的《中华人民共和国教育法》规定："教育必须为社会主义现代化建设服务、为人民服务，必须与生产劳动和社会实践相结合，培养德智体美劳全面发展的社会主义事业的建设者和接班人。"这是目前教育目的最规范的表述。

我国教育目的表述虽几经变化，但其基本精神却是一致的，就是培养学生成为未来国家、社会发展的实践主体与主人。其基本点包括以下几个方面：培养"劳动者"或"社会主义建设人才"；坚持全面发展；培养独立个性。

综上所述，我国教育目的的价值取向的出发点与归宿在于：培养德、智、体、美、劳全面发展，具有创新精神、实践能力和独立个性的社会主义现代化需要的各级各类人才。

2. 简述教学过程中直接经验与间接经验的关系。

【答案要点】

（1）学生认识的主要任务是学习间接经验。

儿童认识始于直接经验，并通过直接经验，不断扩大对世界的认识。但个人的活动范围是狭小的，无论个人如何努力，仅仅依靠直接经验来认识世界越来越不可能。学生要适应高度发展的文明社会，便必须以学习间接经验为主，便捷地掌握人类积累起来的基本科学文化知识。

（2）学习间接经验必须以学生个人的直接经验为基础。

学生要把书本知识转化为自己能理解的知识，就必须依靠个人已有的或现时获得的感性经验为基础。教学中要注重联系生活与实际，利用学生已有经验，并补充学生学习新知识所必须有的感性认识，以便学生能顺利地理解书本知识并运用所学知识于实际，获得比较完全的知识。

（3）防止只重书本知识传授或直接经验积累的偏向。

只重书本知识的传授或只重直接经验的积累都违反了教学的规律，割裂了间接经验与直接经验的内在联系，影响了教学质量的提高。

3. 简述"百日维新"中的教育改革措施。

【答案要点】

（1）创办京师大学堂。

1896年，李端棻首次向朝廷正式提出设立京师大学堂的建议。1898年，梁启超拟的《京师大学堂章程》得到光绪帝批准，并派孙家鼐为管学大臣，负责管理京师大学堂。

《京师大学堂章程》对于大学堂的性质、办学宗旨、课程、入学条件、学成出身、教习聘用、机构设置、经费筹措及使用都做了详细规定。京师大学堂被定为全国最高学府和最高教育行政机关。办学宗旨为"中学为体，西学为用"。大学堂的课程设置分为博通学和专门学两类。

（2）书院改办学堂。

光绪帝在《明定国是诏》中宣示，从王公大臣到庶民百姓都要学习中、西学问。随后，光绪帝又命令官员将各省府厅州县的大小书院全部改为兼习中学、西学的新式学堂。省会的大书院改为高等学堂，郡城的书院改为中等学堂，州县的书院改为小学堂，地方自行筹办的社学、义学等一律中西学兼习。同时，民间祠庙不在祀典者也一律改为学堂，并鼓励绅民捐资兴学。中小学所用课本由官设书局统一编译印行，形成了"人无不学，学无不实"的局面。

（3）废除八股考试，开设经济特科。

废除八股考试、改革科举制度也是"百日维新"中颁布的重要改革措施。1898年，光绪帝下诏废除八股文。八股废除后，人们不得不寻求新的学问，促进了西学的传播。同年七月，光绪帝又下诏催立经济特科，用来选拔维新人才。经济特科区别于明清的进士科，分为内政、外交、理财、经武、格物、考工六项，并强调科举考试要以实学实政为主。百日维新失败后，虽然恢复了八股考试，罢经济特科，但人们开始向往富有朝气的新式教育。科举考试经过这次冲击，变得非常冷清，考试人数锐减。

4. 简述行为主义的教育理论。

【答案要点】

（1）桑代克的联结说。

桑代克创立了学习的联结－试误说。他认为学习的实质在于形成一定的联结，联结是指某情境仅能唤起某些反应，而不能唤起其他反应的倾向。他认为，学习－刺激与反应的联结的形成是通过渐进的尝试与错误，按一定的规律形成的。他提出了三大学习律：准备律、效果律、学习律。

（2）巴浦洛夫的经典条件反射说。

巴浦洛夫通过对动物的实验研究最早提出了经典性条件作用。他总结出以下规律：习得、强化、消退；泛化；分化；高级条件作用；第一信号系统和第二信号系统。

（3）华生对经典性条件作用的发展。

华生是美国第一个将巴浦洛夫的研究作为学习理论基础的心理学家，是行为主义的创始人。他认为人类出生时只有几个反射和情绪反应，所有其他行为都是通过条件作用建立新的刺激－反应联结而形成的。

（4）斯金纳的操作性条件反射说。

斯金纳在桑代克的联结主义学习理论的基础上创设了"斯金纳箱"，提出了操作性条件反射。他总结出以下原理：强化；逃避条件作用与回避条件作用；惩罚与消退；程序教学与行为矫正；连续渐进法与塑造。

（5）班杜拉的观察学习理论。

①观察学习论。班杜拉认为观察学习是一种间接的学习形式，大多数人的行为通过观察而习得。观察学习分为注意过程、保持过程、动作再现过程和动机过程四个过程。

②社会认知论。班杜拉认为，儿童通过观察他们生活中重要人物的行为而习得社会行为。这些观察以心理表象或其他符号表征的形式存储在大脑中，来帮助他们模仿行为。

③交互作用论。班杜拉还认为，学习不但要受外部环境的影响，而且也要受到个人的认知调节和自我调节。他强调人的行为是内部因素和外部环境相互作用的产物，坚持多因素相互作用共同决定行为的观点。

三、论述题

1. 论述教师应具备的素养。

【答案要点】

（1）高尚的师德。

①热爱教育事业，富有献身精神和人文精神。热爱教育事业，是搞好教育工作的基本前提。许多优秀教师之所以能在教育工作中做出卓越的成绩，首先是因为他们热爱教育事业，愿意为下一代的成长贡献出自己的毕生精力，甚至自己宝贵的生命。另外，教师还应具备人文精神，要关怀学生的学习和发展，关怀民族、人类的现实境遇和未来发展。

②热爱学生，诲人不倦。热爱教育事业具体体现在热爱学生上。爱学生是教师的天职，是教育好学生的重要条件。教师只有热爱学生，才能教育好学生，才能使教育发挥最大限度的作用。教师对学生的爱是一种巨大的教育力量，也是一种重要的教育手段。它往往能激发起学生对教师爱戴、感激和信任之情，使学生愿意接近教师，接受教师的教育。教师的爱还应该表现在对学生的学习、思想和身体的全面关心上，一视同仁地热爱全体学生，公正平等地对待每个学生。

③热爱集体，团结协作。教师的劳动既具有个体性，又具有集体性。一个学生的成才，绝非仅仅是哪一位教师的功劳，而是教师群体的智慧和共同劳动的结晶，是许多教育工作者团结协作、一致努力的结果。因此，教师之间，教职员工之间应该相互尊重、团结协作，步调一致地教育学生，

最大限度地发挥集体的教育力量。

④严于律己，为人师表。教师为人师表，必须以身作则，严于律己。凡是要求学生做到的，教师首先要做到；凡是要求学生不能做的，教师首先要自律。教师只有以身作则，才能树立威信，受到学生的尊敬。

（2）先进、科学的教育理念。

教育理念是教师在对教育工作本质理解的基础上形成的关于教育的观念和理性信念，它是以观念或信念的形式存在于教师头脑中的对教育现象和教育问题的看法。先进、科学的教育理念体现在教师的所有努力都要有利于学生精神世界的丰富、人格尊严的维护和美好人性的成长。如学生主体观、教学交往观、发展性教学评价观等。

（3）宽厚的文化素养。

教师的主要任务是通过向学生传授科学文化知识，培养其能力，促进其个性生动活泼地发展。一个好教师的基本条件之一，就是要有比较渊博的知识和多方面的才能。因此，教师对自己所教学科知识应科学、深入地把握，能对自己所教专业融会贯通、深入浅出、高瞻远瞩，达到运用自如的境界，在教学过程中不出知识性的错误。同时，教师还应有比较广博的文化修养。

（4）专门的教育素养。

教师的专门教育素养水平及其合理结构是教育教学任务得以完成的重要保证，它主要包括教育理论素养、教育能力素养和教育研究素养。

（5）健康的心理素质。

教师的心理健康不仅会直接影响教育工作的优劣成败，而且会影响学生的心理健康水平。因此，教师应该注重提高自己的心理素质。健康的心理素质体现在心理活动的方方面面，概括起来主要指：教师要有轻松愉快的心境、昂扬振奋的精神、乐观幽默的情绪以及坚韧不拔的毅力等。

（6）强健的身体素质。

教师的身体素质是指教师在教学活动中的自然力，是教师的身体健康状态和身体素质状态在教学中的表现。它主要通过健康的体魄、旺盛的精力、蓬勃的活力、有节律的生活方式和锻炼习惯等体现。教师的身体素质在教育教学中具有重要的教育意义。

2. 论述《学记》中的主要教学原则。

【答案要点】

（1）豫时孙摩。

①预防性原则：要求事先估计学生可能会产生的种种不良倾向，预先采取预防措施。

②及时施教原则：要求掌握学习的最佳时机，适时而学，适时而教。

③循序渐进原则：教学必须遵循一定的顺序，包括内容的顺序和年龄的顺序。

④学习观摩原则：学习要相互观摩，取长补短。同时，借助集体的力量进行学习。

（2）长善救失。

长善救失原则要求教师懂得并掌握教育的辩证法，坚持正面教育，善于因势利导，利用积极因素，克服消极因素，将缺点转化为优点。

（3）启发诱导。

君子的教育在于诱导学生，靠的是引导而不是强迫服从，是启发而不是全部讲解。只有这样，才能调动学生学习和思考的积极性、主动性，使学生的思维能力得到锻炼和发展。

（4）藏息相辅。

既有有计划的正课学习，又有课外活动和自习，有张有弛，让学生感受到学习的乐趣，感受到老师、同学的可亲可爱，使学习成为学生的一种内在需要。

3. 论述结构主义教育的代表人物及主要思想。

【答案要点】

结构主义教育产生于20世纪50年代末，是现代欧美国家一种强调认知结构的研究和认知能力的发展的教育思潮。它以结构主义心理学为理论基础，侧重研究课程教学改革问题，代表人物有皮亚杰、布鲁纳等。其主要观点包括以下几个方面：

（1）教育和教学应重视学生的认知能力发展。教育是教育者引导学习者实现知识的转化，并使学习活动内化的构造过程。其主要任务就是促使学生的认知能力得到发展。

（2）注重掌握各门学科的基本结构。学科的基本结构是指一门学科的基本概念、定义、原理、原则和方法。掌握学科的基本结构有助于理解和把握整个学科的内容。

（3）主张学科基础的早期学习。任何一门学科的基础知识都能以一定的形式教给任何阶段的任何儿童，因此，尽早让儿童掌握学科的基本结构是有效和便捷地进行教学的主要途径。

（4）倡导发现法和发现学习。发现学习就是引导儿童从事物表面现象去探索具有规律性的潜在结构的一种学习途径。

（5）认为教师是结构教学中的主要辅导者。教师应从儿童的心理能力出发，考虑一门学科的基本结构在学习中的作用以及如何使学生理解和掌握该门学科的基本结构。

结构主义教育思想为心理学研究和教育研究的相互协作提供了一个范例，对现代西方课程论影响很大，并成为20世纪60年代美国课程改革的指导思想。但是结构主义教育有些观点过于天真和理想化，导致课程教材改革的难度偏大，引起了人们不同的评论和争议。

4. 试论述自我效能感理论及其对学习活动的意义。

【答案要点】

自我效能感由班杜拉提出，是指个体对自己能否成功进行某一成就行为的主观判断。它影响着个体对行为的选择、付出多大努力以及坚持多久。

（1）影响自我效能感的因素：

①直接经验。学习者的亲身经验对自我效能感的影响是最大的。成功的经验会提高人的自我效能感，多次失败的经验会降低人的自我效能感。

②替代性经验。学习者通过观察榜样的行为而获得的间接经验对自我效能感的形成也有重要的影响。当学习者看到与自己水平差不多的人取得了成功时就会增强自我效能感，反之就会降低自我效能感。

③言语说服。他人的建议、劝告和解释以及对自我的引导也有助于改变个体的自我效能感，但不持久，一旦面临令人困惑或难于处理的情境就会消失。

④情绪唤起和身心状况。情绪和生理状态也影响自我效能的形成。在充满紧张、危险的场合或认知负荷较大的情况下，情绪易于唤起，而高度的情绪唤起和紧张的生理状态会妨碍行为操作，降低个体对成功的预期水准。

（2）自我效能感对学习活动的意义。

①影响对活动的选择和坚持。人倾向于选择并做完自认为能胜任的工作，而回避自认为不能胜任的任务。

②影响在困难面前的态度。自我效能感高者有信心克服困难，更加努力，低者则信心不足，甚至放弃努力。

③影响新行为的获得和习得行为的表现。自我效能感高者表现自如，低者则畏手畏脚。

④影响活动时的情绪。自我效能感高者能够承受压力，情绪饱满，轻松；低者则感到紧张、焦虑。

西北师范大学 333 教育综合·真题解析

一、名词解释

班级

班级是学校对学生进行日常管理、思想道德教育和组织教学活动的基本单位，建设有序、有活力的班集体是学校各项教育活动正常开展的前提，是提高教育质量的重要保障。

研究法

研究法是学生在教师的指导下通过独立的探索，创造性地解决问题，获取知识和发展科研能力的方法。研究法能使学生在研究和解决问题过程中受到较大的锻炼和提高，初步掌握研究的方法与发展分析问题、解决问题的能力和追求真知的科学精神。

勤工俭学运动

勤工俭学运动最初是一场以输入西方资本主义文明为指导思想，以教育救国和实业救国为主要追求，以工读结合为手段的教育运动，后来逐渐转变为寻求革命救国道路，以马克思主义为指导的新民主主义文化教育运动和革命运动。

学习策略

学习策略是指学习者为了提高学习的效果和效率，有目的、有意识地制定的有关学习过程的复杂的方案。具有以下四个特征：主动性、有效性、过程性、程序性。

监生历事制度

"监生历事"制度是明朝国子监在教学制度方面的主要特点，即国子监学习到一定年限，分拨到政府各部门"先习吏事"，称为"监生历事"。监生历事制度的出现可以弥补明初官吏不足，让监生通过历事广泛地接触实际，获得从政的实际经验，但到后来，监生日多，历事冗滥，已徒具形式。

《国防教育法》

1958 年美国颁布《国防教育法》，将教育提高到保卫国家国防的高度。其主要内容包括：加强普通学校的自然科学、数学和现代外语的教学；加强职业技术教育；强调"天才教育"；增拨大量教育经费。其颁布与实施，促进了美国教育事业的发展，有利于美国教育质量的提高和科技人才的培养。

二、简答题

1. 教育对生产力发展的作用表现在哪些方面？

【答案要点】

（1）教育是使可能的劳动力转变为现实的劳动力的基本途径。

劳动力是生产力中能动的要素。个体的生命的成长只构成了可能的劳动力，一个人只有经过教育和训练，掌握一定生产部门的劳动知识和技能，并能生产某种使用价值，他才能成为现实的生产力。

（2）现代教育是使知识形态的生产力转化为直接的生产力的重要途径。

科学技术是一种知识形态的生产力，要使其转化为现实的生产力，除了要通过科学研究、发明创造或革新实践外，其技术成果的推广、经验的总结与提升都需要教育与教学的紧密配合。

（3）现代教育是提高劳动生产率的重要因素。

现代生产有其显著特点，它的生产率提高依靠科学技术在生产中的应用、推广和不断革新，依靠提高劳动者受教育的程度与质量，依靠劳动者的素质提高，扩大脑力劳动者的比重，发挥劳动者在生产和改革中的创造性。

2. 环境在人身心发展中的作用是什么？

【答案要点】

（1）环境是人的发展的外部条件。

环境是人的发展的外部实现根基与资源，泛指个体生存于其中并影响个体发展的外部世界。人的生存与发展环境十分复杂，根据其性质可以分为自然环境和社会环境。社会环境是儿童得以发展的现实条件和现实源泉，对人的发展起着不可替代的作用。

（2）环境的给定性与主体的选择性。

①环境的给定性：指的是由自然与社会、历史遗产与他人为儿童个体所创设的环境，它对于儿童来说是客观的、先在的、给定的。儿童无法抗拒或摆脱环境的影响与限制，只有适应环境，以获得自身的生存与发展。

②主体的选择性：人是具有能动性的主体，他对环境变化的刺激做出的回应是可以由主体内在的意愿来选择和决定的。环境对人的发展的制约作用离不开人对环境的能动活动，环境的给定性不会限制人的选择性，反而能激发人的能动性、创造性。

3."百日维新"中教育改革的主要措施是什么？

【答案要点】

（1）创办京师大学堂。

1896年，李端棻首次向朝廷正式提出设立京师大学堂的建议。1898年，梁启超拟的《京师大学堂章程》得到光绪帝批准，并派孙家鼐为管学大臣，负责管理京师大学堂。

《京师大学堂章程》对于大学堂的性质、办学宗旨、课程、入学条件、学成出身、教习聘用、机构设置、经费筹措及使用都作了详细规定。京师大学堂被定为全国最高学府和最高教育行政机关。办学宗旨为"中学为体，西学为用"。大学堂的课程设置分为博通学和专门学两类。

（2）书院改办学堂。

光绪帝在《明定国是诏》中宣示，从王公大臣到庶民百姓都要学习中、西学问。随后，光绪帝又命令官员将各省府厅州县的大小书院全部改为兼习中学、西学的新式学堂。省会的大书院改为高等学堂，郡城的书院改为中等学堂，州县的书院改为小学堂，地方自行筹办的社学、义学等一律中西学兼习。同时，民间祠庙不在祀典者也一律改为学堂，并鼓励绅民捐资兴学。中小学所用课本由官设书局统一编译印行，形成了"人无不学，学无不实"的局面。

（3）废除八股考试，开设经济特科。

废除八股考试、改革科举制度也是"百日维新"中颁布的重要改革措施。1898年，光绪帝下诏废除八股文。八股废除后，人们不得不寻求新的学问，促进了西学的传播。同年七月，光绪帝又下诏催立经济特科，用来选拔维新人才。经济特科区别于明清的进士科，分为内政、外交、理财、经武、格物、考工六项，并强调科举考试要以实学实政为主。百日维新失败后，虽然恢复了八股考试，罢经济特科，但人们开始向往富有朝气的新式教育。科举考试经过这次冲击，变得非常冷清，考试人数锐减。

三、分析论述题

1. 为什么教育在人的身心发展中起着重要作用？

【答案要点】

（1）教育在人的发展中起引领作用。

教育在年轻一代的发展中起着引领作用主要体现在：有意识地为年轻一代的成长选择、建构、调控良好的环境，对他们的生活、交往、学习与实践等活动进行正确的教导、示范和辅助，并注重尊重他们的主体地位和激发、引导他们内在的学习动力与自我发展的能动性和自主性，从各方面引领、关怀、维护他们的发展。

（2）学校教育主要通过传承文化科学知识来培养人。

学校教育是教育者有意识地为儿童的身心发展精心设置的一种环境，它把经过选择的、重新组编的、人类长期积累起来的文化知识作为精神客体与儿童互动，以促进儿童的发展，使他们成人成才。文化知识蕴含着有利于人的发展的多方面价值：认识价值、陶冶价值、能力价值、实践价值。

（3）学校教育对提高人的现代性有显著的作用。

教育在人的现代化过程中起着重要作用，因为学生在学校里不仅学会了读、写、算等各个方面的基础知识与技巧，而且学到了与他们个人的发展和国家的未来有关的态度、价值和行为方式。人的现代化是社会现代化的重要基础和前提条件，我们应该自觉地优先发展教育，高度重视并充分发挥教育对人的现代化的促进作用。

2. 试论黄炎培的职业教育理论。

【答案要点】

（1）职业教育的作用与地位。

①作用。就其理论价值而言，在于"谋个性之发展""为个人谋生之准备""为个人服务社会之准备""为国家及世界增进生产力之准备"。就其教育和社会影响而言，在于通过提高国民的职业素养，确立社会国家的基础。就其对当时中国社会的作用而言，在于有助于解决中国最大、最重要、最急需解决的人民生计问题，消灭贫困，并进而使国家每一个公民享受到基本的自由权利。

②地位。职业教育在学校教育制度上的地位是一贯的、整个的和正统的。"一贯的"是指应建立起从初级到高级的职业教育系统。"整个的"是指不仅在学校教育体系中要有一个独立的职业教育系统，其他各级各类教育也要与职业教育相互沟通。不仅普通教育要适应职业需要，职业教育也要防止偏执实用的片面。"正统的"是指应破除以普通教育为正统，以职业教育为偏系的传统观念，平等地看待二者。

（2）职业教育的目的。

黄炎培将职业教育的最终目的概括为"使无业者有业，使有业者乐业"。前者是指通过职业教育为资本主义工商业发展造就适用人才，同时解决社会失业问题，使人才不至浪费，使生计得以保障。后者是指通过职业教育形成人的道德智能，使之能胜任和热爱自己的职业，进而能有所创造发明，造福于社会人类。

（3）职业教育的方针。

黄炎培在数十年的实践中，形成了社会化、科学化的职业教育办学方针。

社会化：办理职业教育，必须注意时代发展趋势与应行的途径，社会需要哪种人才，就办哪种学校。强调职业教育必须适应社会需要。

科学化：指用科学来解决职业教育问题。开展职业教育需要的工作包括物质方面和人事方面，这两方面的工作都需要遵循科学原则。

（4）职业教育的教学原则。

黄炎培根据职业教育的特点总结出以往教育的经验，提出"手脑并用""做学合一""理论与实际并行""知识与技能并重"等主张，作为开展职业教育教学工作必须坚持的原则。

（5）职业道德教育。

黄炎培把职业道德教育的基本要求概括为"敬业乐群"。"敬业"是指热爱自己的职业，做到尽职，有为所从事职业和全社会做出贡献的追求。"乐群"是指有高尚情操和群体合作精神，有服务和奉献精神。"敬业乐群"的职业道德教育思想，贯穿于黄炎培职业教育的实践。这不仅在中华职业学校以之为校训，而且在教育和教学的每一个环节都努力体现。

作为中国近现代职业教育的先行者，黄炎培及其职业教育思想开创和推进了中国的职业教育事业；其平民化、实用化、科学化和社会化特征，也丰富了中国的教育理论，并对20世纪二三十年代中国教育改革产生了巨大的影响。

3.试论述杜威的"从做中学"。

【答案要点】

（1）"从做中学"的教育思想。

杜威以其经验论为基础，要求从做中学、从经验中学，要求以活动性、经验性的主动作业来取代传统书本式教材的统治地位。在杜威看来，这种活动性、经验性课程既能满足儿童的心理需要，又能满足社会性的需要，还能使儿童对事物的认识具有统一性和完整性。

杜威并不反对间接经验本身，他反对的是传统教育中那种不顾儿童接受能力的直接灌输、生吞活剥式的获取间接经验的方式。学习的关键在于既要使儿童获得较为系统的知识，又能在学习过程中兼顾儿童的心理水平。

（2）评价。

杜威以"做中学"为原则的教学论体系对于传统的教学观念是一个强有力的挑战和冲击，他否定了科目本位式的传统课程，设计了以学生直接经验为主的活动课程，提出了一些富有启发意义的问题，重视教学过程中的非智力因素。

但是杜威忽视了教学过程中学生认识过程的自身特点，而把学生的学习过程与科学家的研究过程相等同，以学生的直接的感性经验作为教学的基础和出发点，其结果必然对教学质量的提高产生一些消极的影响。

4.试论述马斯洛的需要层次理论。

【答案要点】

需要层次理论由人本主义心理学家马斯洛提出。马斯洛认为，个体的任何行为动机都是在需要发生的基础上被激发起来的。他认为人有七种基本需要，分别为：

（1）生理需要：维持生存和延续种族的需要。

（2）安全需要：受保护与免遭威胁、获得安全感的需要。

（3）归属与爱的需要：被人接纳、爱护、关注、鼓励、支持的需要。

（4）尊重的需要：希望被人认可、关爱、赞许等维护个人自尊心的需要。

（5）求知与理解的需要：个体对不理解的东西寻求理解的需要，学习动机来源于这种需要。

（6）审美的需要：欣赏、享受美好事物的需要。

（7）自我实现的需要：在精神上臻于真、善、美合一的至高人生境界的需要，即个人理想全部实现的需要。

马斯洛认为各种需要之间不但有高低之分，而且有先后顺序，低一层次需要获得满足或部分满足之后，高一层次需要才会产生。他将七种需要分为两类：缺失需要和成长需要。二者相互制约、相互影响。一方面，缺失需要是成长需要的基础，缺失需要若未能得到满足，成长需要就不会产生。另一方面，成长需要对缺失需要起引导作用，尤其是自我实现的需要对其他各层需要都有潜在影响力。

在现实的学校生活中，学生最主要的缺失需要往往是爱和自尊，因此在激发学生学习动机时可以注重从内部动机、个人动机等方向出发，即激发学习者对学习本身的兴趣所引起的动机以及激发学习者与个体自身的需求、信念与价值观以及性格特征密切相关的动机。

2022年 重庆师范大学 333 教育综合·真题真练

一、名词解释
教育功能　科举制度　学习策略　隐性课程

二、简答题
1. 简述陶行知的生活教育理论。
2. 简述影响人的身心发展的因素。
3. 简述赫尔巴特的教育心理学化思想。
4. 简述教育目的的功能。
5. 简述学校教育活动中，激发和维持学生内部学习动机的主要措施。

三、辨析题
1. 智育就是教学，教学就是为了实现才能和智力的发展。

四、分析论述题
1. 结合教育理论与实际，论述怎样才能有效发挥教育促进个体发展与社会发展的功能。

五、材料分析题
一位纳粹集中营的幸存者，成为美国一所中学的校长，每当一个新的教师来这所学校，他都会给那位老师一封信，信中写道：亲爱的老师，我亲眼看到人类不该见到的情景，毒气室是学有专长的建筑师建造的，儿童被博学多识的医生毒死，幼儿被训练有素的护士杀害，看到这一切，我怀疑，教育究竟是为了什么？我只有一个要求：请你帮助学生成为有人性的人，因为只有我们的孩子在成长为有人性的人的情况下，读写算的能力才有价值。

请结合以上材料内容，运用相关理论联系教育实际，分析教育应该培养什么样的素质。

2021年 重庆师范大学 333 教育综合·真题真练

一、名词解释
校本课程　道尔顿制　移情　精细加工策略　有教无类

二、辨析题
1. 黄炎培的职业教育目的是使无业者有业，使有业者乐业。
2. 19世纪柏林大学不重视纯学术研究而重视职业技术教育和功利主义教育。
3. 师生关系对学校精神文化建设具有重要作用。

三、简答题

1. 简述教学目标表述的要求。
2. 简述学生综合素质评价的内容和方法。
3. 简述纪律形成的内在矛盾。
4. 简述中国共产党在革命根据地中教育与劳动相结合的做法。

四、分析论述题

1. 结合实际,谈谈你对"让课堂焕发出生命活力"的理解。
2. 结合实际,谈谈美育与审美教育对个体认知发展的影响。

2020年 重庆师范大学333教育综合·真题真练

一、名词解释

教育目的　行动研究　自我效能感　稷下学宫

二、辨析题

1. 动物也有教育。
2. 陶行知开展"活教育"实验,提出"生活教育理论"。
3. 课程是指学校开设的学科的总称。

三、简答题

1. 简述美国进步主义教育。
2. 简述教育目的的精神实质。
3. 简述孔子行之有效的教学方法。
4. 简述品德培育的方法及其建构。

四、分析论述题

1. 论述良好师生关系的特点和建构策略。
2. 论述知识的价值。
3. 论述人们对知识的认识。
4. 根据建构主义谈谈随着时代的发展人们应该如何对待知识以及在教学时应怎样做。

2019年 重庆师范大学 333 教育综合·真题真练

一、名词解释
生物起源论　教育目的的个人本位论　自我效能感　卢梭的自然主义教育　最近发展区

二、辨析题
1. 蔡元培的教育独立就是教育独立于政治经济。
2. 要素主义注重阅读经典著作。
3. 隐性课程就是校本课程，校本课程就是隐性课程。

三、简答题
1. 简述陶行知的生活教育理论。
2. 简述稷下学宫的性质和特点。
3. 简述教师的专业发展途径。
4. 简述美国的《国防教育法》。

四、材料分析题
1. 材料：一次作文考试完试卷发下来后，小林说："我这次考得不好，我不会写作文，特别是老师要求的那种作文。"小杨说："我考得不好，我早知道我考不好，我该早点努力的。"小张说："我运气太好了，我不会写作文，老师给了我A，估计是他没认真看吧。"下课后，小张马上出去打篮球，而小杨则认真在座位上分析自己的试卷。

用归因理论分析材料中同学们的行为表现，并且对如何提升小张的动力水平提出建议。

2. 材料：关于《雷雨》的教学安排，第一堂课，教师让学生自读，并且以最深刻的一点写100字左右的短评。第二堂课，学生分组，然后讨论自己要表演的具体情况，老师指导。第三、四堂课，小组表演，结束后大家一起讨论，教师适当点评，评出最佳演员等奖项，最后教师让学生写一个体会。

用建构主义的知识观、学习观、教学观来分析材料中教师的教学安排。

2018年 重庆师范大学 333 教育综合·真题真练

一、简答题
1. 简述理想师生关系的基本特征。
2. 简述科举考试制度对学校教育的影响。
3. 简述陶行知的生活教育理论。

4. 简述进步主义教育理论的基本特征。
5. 简述保罗·朗格朗的终身教育思想。
6. 简述影响创造力发展的主要因素。

二、辨析题（题目不全，故仅解释考查的相关知识点）

1. 教育目的选择的个人本位价值和社会本位价值。
2. 个性培养和全面发展。
3. 认知策略和智慧技能。
4. 心理发展中的遗传和环境。

三、分析论述题

1. 论述培养学生的核心素养的必要性和可行性。

2017年 重庆师范大学 333 教育综合·真题真练

一、选择题（缺失）

二、名词解释

"五育"并举的教育方针　自我效能感　教学目的　教学设计　新教育运动　课程标准

三、简答题

1. 简述人文主义教育。
2. 简述进步主义教育。
3. 简述 1922 年"新学制"。
4. 简述当代教学观念发展的趋势。
5. 简述学习策略的教学条件。
6. 简述影响教师威信形成的主观条件。

四、分析论述题

1. 论述构建良好师生关系的基本策略。
2. 论述影响创造力培养的因素。
3. 论述黄炎培职业教育理论的观点及启示。

2016年 重庆师范大学333教育综合·真题真练

一、单项选择题

1. 我国教育目的的理论基础是（　　）。
   A. 马克思主义关于人的全面发展学说　　B. 关于人的发展的理想
   C. 人的各方面的和谐发展学说　　D. 空想社会主义者关于人的全面发展理论
2. "把一切事物教给一切人"的提出者是（　　）。
   A. 夸美纽斯　　B. 卢梭　　C. 洛克　　D. 维多里诺
3. "美国公立学校之父"是（　　）。
   A. 杜威　　B. 杰斐逊　　C. 富兰克林　　D. 贺拉斯·曼
4. 古埃及没有设立的学校类型是（　　）。
   A. 僧侣学校　　B. 宫廷学校　　C. 骑士学校　　D. 书吏学校
5. 世界上最早的教育教学著作是（　　）。
   A.《学记》　　B.《论语》　　C.《大教学论》　　D.《普通教育学》
6. 活教育是谁提出（　　）。
   A. 陈鹤琴　　B. 黄炎培　　C. 陶行知　　D. 梁漱溟
7. 教育学成为独立学科的标志是（　　）。
   A.《大教学论》　　B.《爱弥儿》　　C.《普通教育学》　　D.《民主主义与教育》
8. "以法为教，以吏为师"是谁的思想（　　）。
   A. 秦始皇　　B. 李斯　　C. 韩非　　D. 墨子
9. 近代中国第一个实行的学制是（　　）。
   A. 壬戌学制　　B. 癸卯学制　　C. 壬寅学制　　D. 壬子癸丑学制

二、辨析题

1. 动物界也存在教育。
2. 美国的《国防教育法》遵循了儿童的身心发展特点。
3. 建构主义的核心教学模式是程序教学。
4. 稷下学宫具有同时代私学与官学不具有的特点。

三、简答题

1. 简述良好师生关系的建构策略。
2. 简述奥苏伯尔有意义学习的条件和实质。
3. 简述陶行知的生活教育。
4. 简述校本课程、隐性课程、综合课程和活动课程的含义。

四、分析论述题

1. 论述教师专业发展的内涵以及如何发展。
2. 如何激发学生的学习动机？

2015年 重庆师范大学 333 教育综合·真题真练

一、名词解释

学校教育制度　综合课程　生活教育理论　赞科夫的发展性教学理论　规范学习　问题解决

二、简答题

1. 简述人的全面发展与五育并举的关系。
2. 如何看待"发现学习是有意义的学习，接受学习是机械学习"这一观点？（辨析题）
3. 简述科举制度对传统中国学校教育的影响。
4. 如何看待"在基础教育中，思维与能力的训练优于基础知识和基本技能的学习"这一说法？（辨析题）
5. 试比较进步主义教育与新教育运动。

四、分析论述题

1. 从教师专业发展的角度，结合自身教育经历，分析教师职业道德的重要性及其养成途径。
2. 结合中小学（或幼儿）相关学习（或学科）领域，分析学生创造性的培养。
3. 结合我国社会发展需要，试论述基础教育对终身教育趋势的应对与变革。

2014年 重庆师范大学 333 教育综合·真题真练

一、单项选择题

1. 我国《教师法》规定，教师是履行教育教学职责的（　　）。
   A. 半专业人员　　B. 专业人员　　C. 准专业人员　　D. 非专业人员
2. "其身正，不令而行；其身不正，虽令而不从。"孔子的这句名言体现的道德方法是（　　）。
   A. 实践锻炼教育法　　　　　　B. 榜样示范教育法
   C. 陶冶教育法　　　　　　　　D. 品德评价教育法
3. 我国古代教育家孔子指出"温故而知新""学而时习之"，这体现的教学原则是（　　）。
   A. 直观性原则　　　　　　　　B. 启发性原则
   C. 巩固性原则　　　　　　　　D. 因材施教原则
4. 被公认为世界上最早的一部教育专著是（　　）。
   A.《学记》　　B.《论语》　　C.《大学》　　D.《中庸》
5. 俗话说"十年树木，百年树人。"这说明现代教育具有（　　）。
   A. 民族性　　B. 长期性　　C. 世界性　　D. 永恒性

6. 学习者中心课程理论主张（　　）。
   A. 使学生有系统、有计划地学习各门学科
   B. 以学习者的兴趣和生活经验为中心组织课程
   C. 以广泛的社会问题作为课程内容
   D. 培养学生的批判精神和改造社会现实的功能

7. 现代教育制度的核心是（　　）。
   A. 社会教育制度　　　　　　　　B. 家庭教育制度
   C. 学业证书制度　　　　　　　　D. 学校教育制度

8. 倡导社会本位教育目的论的教育家是（　　）。
   A. 凯兴斯泰纳　　B. 卢梭　　C. 杜威　　D. 蒙台梭利

9. 根据《基础课程教育改革与发展纲要》，教材编写、教学、评估和考试命题的依据是（　　）。
   A. 课程大纲　　B. 教学大纲　　C. 课程标准　　D. 教学参考书

10. 双轨制最早产生并大量实行于（　　）。
    A. 西欧　　B. 苏联　　C. 美国　　D. 中国

11. 提出"兼爱、非攻"主张的是（　　）。
    A. 孔子　　B. 墨子　　C. 孟子　　D. 老子

12. 我国最早的官办新式学校是（　　）。
    A. 京师同文馆　　　　　　　　B. 京师大学堂
    C. 广州同文馆　　　　　　　　D. 福建船政学堂

13. 20世纪的"活教育"实验，是由哪位教育家主持的（　　）。
    A. 黄炎培　　B. 陈鹤琴　　C. 晏阳初　　D. 梁漱溟

14. 被称为"美国公立学校之父"的是（　　）。
    A. 杜威　　B. 杰斐逊　　C. 富兰克林　　D. 贺拉斯曼

15. 在古代斯巴达，城邦为18岁的公民子弟接受正规军事教育训练而设立的教育机构是（　　）。
    A. 角力学校　　B. 埃弗比　　C. 体操学校　　D. 体育馆

16. 19世纪德国教育家洪堡推动新大新运动，创建了柏林大学办学模式，为大学增添了（　　）。
    A. 人才培养功能　　　　　　　　B. 科学研究功能
    C. 社会服务功能　　　　　　　　D. 文化传承功能

17. 根据科尔伯格的理论，儿童道德发展的"好孩子定向"阶段属于（　　）。
    A. 前习俗阶段　　　　　　　　B. 中习俗阶段
    C. 习俗阶段　　　　　　　　　D. 后习俗阶段

18. 在教育实践中倡导"有意义的自由学习"的教育心理家是（　　）。
    A. 布鲁纳　　B. 奥苏伯尔　　C. 罗杰斯　　D. 桑代克

19. 马斯洛需要层次理论中，属于最高层次的需要是（　　）。
    A. 自我实现的需要　　　　　　　B. 安全的需要
    C. 归属的需要　　　　　　　　　D. 生理需要

20. 学习单词basket（篮子）有助于学习basketball（篮球）。这里所产生的迁移是（　　）。
    A. 顺应性迁移　　B. 低路迁移　　C. 水平迁移　　D. 特殊迁移

二、辨析题

1. 教师的基本权利只有教育教学权。
2. 蔡元培提倡的"教育独立"思想，指的是教育经费的独立。

3. 操作性条件反射和经典性条件反射的建立过程基本不同。
4. 稷下学宫与之前的官学和同时代的私学相比都显得独具特色。

三、简答题

1. 简述人的身心发展特点及其对教育的制约作用。
2. 班级授课制的特点有哪些？
3. 简述张之洞"中学为体，西学为用"的教育思想。
4. 简述赫尔巴特的教学形式阶段论所包含的四个阶段及基本含义。

四、分析论述题

1. 结合近年教育部颁布的《教师专业标准》和实际，论述作为教师应该具备的基本素质。
2. 试阐释四种学习动机理论，并结合实际分析如何在该理论的指导下激发学生的学习动机。

2013年 重庆师范大学333教育综合·真题真练

一、名词解释

课程标准　班级授课制　四书五经　要素主义教育　自我效能感　内驱力

二、简答题

1. 简述我国教育目的的基本精神。
2. 简述教师的权利和义务。
3. 简述《大学》中的"三纲领八条目"。
4. 简述学习动机的培养。

三、材料分析题

1. 请分析西方古希腊教育思想与中国孔子教育思想的主要分歧，以及对各自社会和教育发展的历史影响。
2. 阅读以下材料，指出做此表述的思想家是谁，阐明的核心观点是什么，并论述此教育家对西方教育发展的历史影响。

"出自造物主之手的东西，都是好的，而一到了人的手里，就全变坏了。"
"大自然希望儿童在成人以前就像儿童的样子。"
"要按照你的学生的年龄去对待他。"

四、分析论述题

1. 试述建构主义学习理论及其对现实教育发展的影响。
2. 试论述我国第八次新课改的具体目标和基本理念。

2012年 重庆师范大学 333 教育综合·真题真练

一、单项选择题

1. 西方最早的教育著作是（　　）。
   A.《理想国》　　B.《论演说家的教育》
   C.《爱弥儿》　　D.《大教学论》

2. 现代教育派的代表人物是（　　）。
   A. 卢梭　　B. 杜威　　C. 赫尔巴特　　D. 夸美纽斯

3. 狭义的教育主要指（　　）。
   A. 家庭教育　　B. 社会教育　　C. 学校教育　　D. 职业教育

4.《学记》中"古之王者，建国君民，教学为先"说明了教育具有（　　）。
   A. 经济功能　　B. 政治功能　　C. 文化功能　　D. 科技功能

5. 教育现代化主要包括物质层面的现代化、观念层面的现代化和（　　）。
   A. 管理层面的现代化　　B. 人员层面的现代化
   C. 制度层面的现代化　　D. 教育组织形式层面的现代化

6. 学校教育对人的影响具有（　　）。
   A. 自发性　　B. 随意性　　C. 偶然性　　D. 全面性

7. 影响课程实施最关键的因素是（　　）。
   A. 学校　　B. 教师　　C. 教材　　D. 学生

8. 蔡元培提出的"五育"并举中，处于现象世界与实体世界之间的是（　　）。
   A. 公民道德教育　　B. 实利主义教育
   C. 军国民教育　　D. 美感教育

9. 智者派创立的"三艺"是修辞学、辩证法和（　　）。
   A. 音乐　　B. 天文　　C. 文法　　D. 几何

10. 主张"把一切事物教给一切人"的教育家是（　　）。
    A. 夸美纽斯　　B. 卢梭　　C. 洛克　　D. 维多里诺

11. 人文主义教育与中世纪教育的根本区别是（　　）。
    A. 古典主义　　B. 人本主义　　C. 贵族性　　D. 世俗性

12. 科学教育心理学的创始人是（　　）。
    A. 裴斯泰洛齐　　B. 桑代克　　C. 詹姆斯　　D. 赫尔巴特

13. 科尔伯格研究道德发展的主要方法是（　　）。
    A. 自然观察法　　B. 实验室实验法　　C. 两难故事法　　D. 对偶故事法

14. 皮亚杰提出个体的认知发展的结果是形成（　　）。
    A. 认知结构　　B. 图式　　C. 认知地图　　D. 格式塔

15. "最近发展区"意味着（　　）。
    A. 教学促进发展　　B. 教学适应发展
    C. 教学跟随发展　　D. 教学与发展相互作用

16. 加涅认为利用符号与环境相互作用的能力称为（　　）。
    A. 言语信息　　　　B. 认知策略　　　　C. 智慧技能　　　　D. 运动技能
17. 布鲁纳提出的发现学习不具有的优点是（　　）。
    A. 激发内部学习动机　　　　　　　B. 培养创造性思维
    C. 促进迁移学习　　　　　　　　　D. 节省教学时间
18. 马卡连柯教育思想体系的核心是（　　）。
    A. 集体主义教育　　　　　　　　　B. 社会主义教育
    C. 爱国主义教育　　　　　　　　　D. 自然主义教育
19. 分析教育哲学的主要代表任务是（　　）。
    A. 罗杰斯　　　　B. 朗格朗　　　　C. 布卢姆　　　　D. 索尔蒂斯
20. 中国近代的师范教育始于（　　）。
    A. 京师同文馆　　B. 南洋公学　　　C. 京师大学堂　　D. 南通师范学堂

二、名词解释

后现代主义课程论　图式　顺向迁移　新托马斯主义教育　昆体良

三、简答题

1. 简述学生的权利。
2. 简述课程评价的功能。
3. 简述合作学习的基本观点。
4. 简述人文主义教育的一般特征。
5. 简述陶行知的生活教育理论。

四、材料分析题

1. 试用有关教育理论分析以下现象。

    1996年中国青少年研究中心"中国城市独生子女人格发展现状与教育"大型调查发现，在10~14岁，相当多的独生子女不做家务或者很少干家务。在调查所列的5项劳动技能中，只有15.5%的孩子经常购物；11.6%的孩子经常打扫卫生、整理房间等；8%的孩子经常洗碗、洗菜等；6.6%的孩子经常洗衣服；3.9%的孩子经常做饭。另外，有69.7%的孩子明确表示从没有或很少做饭；63.2%的孩子表示从没有洗过或很少洗过衣服；48.1%的孩子表示从没有做过或很少做过洗碗、洗菜等简单家务劳动；38.6%的孩子从没有买过或很少买东西；31%的孩子从没有做过或很少打扫卫生、整理房间。

2. 阅读下述材料，指出做此表述的教育家是谁？阐明的核心观点是什么？并对案例中反映出的观点进行评析。

    "教育的过程，在它自身以外没有目的，它就是它自己的目的。"

    "我们探讨教育目的时，并不要到教育过程以外去寻找一个目的，使教育服从这个目的。我们整个教育观点不允许这样做。"

    "因为生长是生活的特征，所以教育就是不断生长；在它自身以外，没有别的目的。"

五、分析论述题

1. 试述维果茨基的认知发展理论及其对教育教学工作的启示。
2. 试析孔子的教师思想及启示。

2011年 重庆师范大学 333 教育综合·真题真练

一、名词解释
教学　结构主义教育　《学记》　要素教育　学习策略　问题解决

二、简答题
1. 简述世界各国课程改革发展的趋势。
2. 简述杜威的教育本质观和教育目的论思想。
3. 简述晏阳初平民教育思想及乡村教育实验。
4. 简述人文主义教育的特征和贡献。

三、分析论述题
1. 试析黄炎培的职业教育思想及启示。
2. 试析罗杰斯的人本主义学习理论及对教学的启示。
3. 依据德育过程包含的基本规律，分析我国中小学德育中存在的主要问题及相应的工作要求。
4. 联系实际分析教育活动中一个优秀教师应具备的职业素质和扮演的多元角色。

2010年 重庆师范大学 333 教育综合·真题真练

一、名词解释
教育目的　教学策略　班级组织　学习动机

二、判断正误
1. 教育的基本要素包括教育者、学习者和教育影响。（　　）
2. 教育起源于人的心理模仿。（　　）
3. 《学记》是我国古代最早也是世界最早的成体系的古代教育学作品。（　　）
4. 夸美纽斯的《大教学论》是第一本现代教育学著作。（　　）
5. 马克思主义关于人的全面发展的学说是我国教育目的的理论基础。（　　）
6. 教学工作是学校教育的中心工作。（　　）
7. 学校生活是教育者依据一定的教育方针，有目的、有计划和有组织地对受教育者进行培养的一种专门化的社会生活。（　　）
8. 班主任是班级的组织者、教育者和指导者。（　　）
9. 根据评价标准的不同，可将学生评价分为诊断性评价、形成性评价和总结性评价。（　　）
10. 教师即研究者。（　　）

11. 国外学者研究表明，教学的效果与教师的智力有明显相关。（   ）
12. 教师的成长就是由教学新手成为教学专家的过程。（   ）
13. 根据学习者是否理解学习的材料，可将学习分为有意义学习和机械学习。（   ）
14. 反馈是影响动作技能学习的唯一因素。（   ）
15. 20世纪50年代以前，学习心理学研究对象主要是动物的学习。（   ）
16. 教学目标在教学和教学设计中的作用主要有导教、导学和导测评三种功能。（   ）
17. 任务分析作为教学设计的一个环节，其最初的理论基础是行为主义心理学。（   ）
18. 根据广义的知识分类，课的类型可分为以陈述性知识为主要目标的课、以程序性知识为主要目标的课和以策略性知识为主要目标的课三种类型。（   ）
19. 效度指的是所测量的属性和特征前后一致性的程度。（   ）
20. 一般认为我国的课堂教学始于1862年清政府在北京设立的京师同文馆。（   ）

三、简答题

1. 简述教育的社会功能。
2. 简述我国现行学制的改革趋势。
3. 简述特殊儿童的主要类型及特征。
4. 简述言语信息学习的过程和条件。
5. 简述培养学生良好态度与品德的方法。

四、分析论述题

1. 试述理想师生关系的基本特征及其构建策略。
2. 试述社会改造主义课程论流派的观点，并做简要述评。
3. 试述加涅的学生素质观及其教育意义。

2022年 重庆师范大学 333 教育综合·真题解析

一、名词解释

教育功能

教育功能就是教育对人的发展和社会发展所能够起到的影响和作用,尤指积极的促进作用,具有客观性、社会性、多样性、整体性和条件性。从对象上将教育功能分为个体功能与社会功能。

科举制度

科举制度即个人自愿报考,县州逐级考试筛选,全国举子定时集中到京都,按科命题,同场竞试,以文艺才能为标准,评定成绩,限量选优录取,是一种选官制度,以这种方式选拔国家官员。

学习策略

学习策略是指学习者为了提高学习的效果和效率,有目的、有意识地制定的有关学习过程的复杂的方案。具有以下四个特征:主动性、有效性、过程性、程序性。

隐性课程

隐性课程,也称潜在课程、隐蔽课程,是以内隐的、间接的方式呈现的课程,是学生在显性课程以外所获得的所有学校教育的经验,不作为获得特定教育学历或资格证书的必备条件。其主要表现形式有:观念性隐性课程、物质性隐性课程、制度性隐性课程、心理性隐性课程。

二、简答题

1. 简述陶行知的生活教育理论。

【答案要点】

生活教育理论是陶行知教育思想的核心,集中反映了他在教育目的、内容和方法等方面的主张,反映了陶行知探索适合中国国情和时代需要的教育理论的努力。

(1)生活即教育。"生活即教育"是陶行知生活教育理论的核心,其内涵十分丰富。第一,生活含有教育的意义;第二,实际生活是教育的中心;第三,生活决定教育,教育改造生活。

(2)社会即学校。"社会即学校"是生活教育理论另一重要主张,是"生活即教育"思想在学校与社会关系问题上的具体化。社会即学校是指社会含有学校的意味,或者说以社会为学校;学校含有社会的意味,也就是说,学校通过与社会生活相结合,一方面运用社会的力量使学校进步,另一方面动员学校的力量帮助社会进步,使学校真正成为社会生活必不可少的组成部分。

(3)教学做合一。"教学做合一"是生活教育理论的又一重要主张,是"生活即教育"在教学方法问题上的具体化。"教学做合一"要求在"劳力上劳心",认为"行是知之始",要求"有教先学"和"有学有教",是对注入式教学法的否定。

2. 简述影响人的身心发展的因素。

【答案要点】

(1)遗传在人发展中的作用。第一,遗传素质是人的发展的生理前提,为人的发展提供了可能;第二,遗传素质的成熟程度制约着人的发展过程及年龄特征;第三,遗传素质的差异性对人的发展有一定的影响;第四,遗传素质具有可塑性。

（2）环境在人的发展中的作用。第一，环境是人的发展的外部条件；第二，环境的给定性与主体的选择性。

（3）个体活动在人的发展中的作用。第一，个体活动是人的发展的决定因素；第二，个体活动制约着环境影响的内化与主体的自我建构；第三，个体通过能动的活动选择、构建着自我的发展。

（4）教育在人的发展的作用。第一，教育在人的发展中起引领作用；第二，学校教育主要通过传承文化科学知识来培养人；第三，学校教育对提高人的现代性有显著的作用。

3. 简述赫尔巴特的教育心理学化思想。

【答案要点】

（1）教学过程应以"统觉"原理为基础。

赫尔巴特把观念的同化与相互融合说成是统觉，统觉是其心理学的基本概念。他认为，统觉的过程就是把一些分散的感觉刺激纳入意识，形成一个统一的整体，组成"观念团"。赫尔巴特要求教师掌握统觉的原理和规律，在教学过程中创设多种机会激发旧观念的再现，使新观念能够被统觉团及时接纳和同化。

（2）兴趣是形成统觉的条件，并赋予统觉以主动性。

注意和兴趣是赫尔巴特心理学中常见的概念。他认为，通过兴趣状态下的"专心"和"审思"这两种心理活动的交替出现，统觉活动才得以正常进行，儿童意识的统一性才得到保证。

（3）设置广泛课程，培养儿童多方面兴趣。

赫尔巴特认为，教学的最终目的虽然存在于德性这个概念之中，但是为了达到这个最终目的，教学必须特别包含较近的目的，这个较近的目的表达为多方面的兴趣，而培养儿童多方面的兴趣，则要设置广泛的课程。

（4）儿童的管理、教学和训育应遵循儿童心理发展的规律。

赫尔巴特依据伦理学和心理学，把儿童的教育过程划分为管理、教学和训育三个方面，而且在每一个方面都体现了教育心理学化的倾向。

4. 简述教育目的的功能。

【答案要点】

（1）定向作用。教育目的规定了学校教育和学生发展的根本方向，是学校办学的根本指导思想，也是学生发展的总方向，是学校教育工作的起点与归宿，并制约其全过程。

（2）调控作用。教育目的规定了学校教育培养人才的基本质量规格，对学校教育的内容和活动方式起选择、协作、调节和控制作用。

（3）评价作用。学校的办学质量以及学生的发展质量如何，可以有很多的标准来衡量，但根本标准是教育目的。

5. 简述学校教育活动中，激发和维持学生内部学习动机的主要措施。

【答案要点】

（1）创设问题情境，实施启发式教学。

（2）根据作业难度，恰当控制动机水平。

（3）充分利用反馈信息，给予恰当的评定。

（4）妥善进行奖惩，维护内部学习动机。

（5）合理设置课堂环境，妥善处理竞争和合作。

（6）适当进行归因训练，促使学生继续努力。

（7）培养自我效能感，增强学生成功的自信心。

(8) 维护学生自我价值，警惕自我妨碍策略。

(9) 维护内在需要，促进外部动机内化。

三、辨析题

1. 智育就是教学，教学就是为了实现才能和智力的发展。

【答案要点】

该观点错误。

智育不等同于教学。教学是进行德育、智育、体育、美育的基本途径，智育只是教学的一个主要内容；而且智育也要通过课外活动与校外活动等途径才能全面实现。

教学是在一定教育目的规范下，在教师有计划的引导下，学生能动地学习、掌握系统的课程预设的科学文化基础知识，发展自身的智能与体力，养成良好的品行与美感，逐步形成全面发展的个体素质的活动。总之，教学不仅仅是为了实现才能和智力的发展，而是培养德、智、体、美、劳全面发展的人。

四、分析论述题

1. 结合教育理论与实际，论述怎样才能有效发挥教育促进个体发展与社会发展的功能。

【答案要点】

（1）教育促进个体发展。

①教育在人的发展中起引领作用。

教育在年轻一代的发展中起着引领作用主要体现在：有意识地为年轻一代的成长选择、建构、调控良好的环境，对他们的生活、交往、学习与实践等活动进行正确的教导、示范和辅助，并注重尊重他们的主体地位和激发、引导他们内在的学习动力与自我发展的能动性和自主性，从各方面引领、关怀、维护他们的发展。

②学校教育主要通过传承文化科学知识来培养人。

学校教育是教育者有意识地为儿童的身心发展精心设置的一种环境，它把经过选择的、重新组编的、人类长期积累起来的文化知识作为精神客体与儿童互动，以促进儿童的发展，使他们成人成才。文化知识蕴含着有利于人的发展的多方面价值：认识价值、陶冶价值、能力价值、实践价值。

③学校教育对提高人的现代性有显著的作用。

教育在人的现代化过程中起着重要作用，因为学生在学校里不仅学会了读、写、算等各个方面的基础知识与技巧，而且学到了与他们个人的发展和国家的未来有关的态度、价值和行为方式。人的现代化是社会现代化的重要基础和前提条件，我们应该自觉地优先发展教育，高度重视并充分发挥教育对人的现代化的促进作用。

（2）教育促进社会发展。

①教育的社会变迁功能。

教育的经济功能：教育是使可能的劳动力转变为现实的劳动力的基本途径；现代教育是使知识形态的生产力转化为直接的生产力的重要途径；现代教育是提高劳动生产率的重要因素。

教育的政治功能：教育通过传播一定社会的政治意识，完成年轻一代的政治社会化；教育通过造就政治管理人才，促进政治体制的变革与完善；教育通过提高全民文化素质，推动国家的民主政治建设。

教育的文化功能：传递文化；选择文化；发展文化。

教育的生态功能：树立建设生态文明的理念；普及生态文明知识，提高民族素质；引导建设生态文明的社会活动。

②教育的社会流动功能。

教育是个人社会流动的基础；教育是现代社会流动的主要通道；教育深刻影响社会公平。

（3）有效发挥教育促进个体发展与社会发展功能的方法。

①科学的学校教育。教育目的影响着教育的效果；教育物质条件影响着教育的速度和规模；教育活动影响着教育影响的深度；教师素质影响着教育的水平；教育管理水平影响着教育的功能。

②优化的家庭教育。学校教育在人的身心发展中的主导作用的发挥，还受学生家庭的经济状况、家长的文化水平、家庭的人际关系等家庭条件的影响。

③良好的社会状况。教育活动是在一定社会的条件和背景下进行的，并受到社会条件的制约。这些社会条件包括社会生产力发展水平、社会政治经济制度、文化传统等。

④受教育者自身的主观能动性。人的主观能动性是人的一种内在需要和动力。当受教育者具备了积极的求教动机时，环境和教育的外因才能发挥相应的作用。学习者的积极性越高，教育的作用就越大。

五、材料分析题

请结合以上材料内容，运用相关理论联系教育实际，分析教育应该培养什么样的素质。

【答案要点】

材料中那些有学问的人没有将所学知识造福社会，反而成为集中营的加害者，说明教育不仅要教授知识、发展能力，还要育德，培养正确的价值观。

（1）明确我国教育目的的基本精神。

2021年修订的《中华人民共和国教育法》规定："教育必须为社会主义现代化建设服务、为人民服务，必须与生产劳动和社会实践相结合，培养德智体美劳全面发展的社会主义事业的建设者和接班人。"这是目前教育目的最规范的表述。其基本精神包括以下几个方面：

①培养"劳动者"或"社会主义建设人才"。教育目的的这个规定，明确了我国教育的社会主义方向，指明了培养出来的人的社会地位和价值，是社会主义的劳动者、建设人才，是国家的主人。

②坚持全面发展。受教育者的全面发展即德、智、体、美、劳的发展。从人要处理的现实生活的关系分析，人的全面发展主要包括处理人与自然关系的能力、人与社会关系的能力和人与自我关系的能力的发展。如果一个人的发展在这三方面都形成了健全的能力，那么这个人的发展就是全面发展。

③培养独立个性。这是马克思人的全面发展学说的基本内涵和根本目的。追求人的个性发展，就是要使受教育者的自由个性得到保护、尊重和发展，要增强受教育者的主体意识、开拓精神、创造才能，要提高受教育者的个人价值。

综上所述，我国教育目的的价值取向的出发点与归宿在于：培养德、智、体、美、劳全面发展，具有创新精神、实践能力和独立个性的社会主义现代化需要的各级各类人才。

（2）循序渐进地落实核心素养。

"核心素养"指学生应具备的适应终身发展和社会发展所需要的必备品格和关键能力，突出强调个人修养、社会关爱、家国情怀，更加注重自主发展、合作参与、创新实践。核心素养的构成包括三大方面、六大要素、十八个基本点，具体如下：

①文化基础。

人文底蕴：人文积淀、人文情怀、审美情趣；

科学精神：理性思维、批判质疑、勇于探索。

②自主发展。

学会学习：乐学善学、勤于反思、信息意识；

健康生活：珍爱生活、健全人格、自我管理。

③社会参与。

责任担当：社会责任、国家认同、国际理解；

实践创新：劳动意识、问题解决、技术运用。

"核心素养"是人民适应现在生活及面对未来挑战所应具备的知识、能力与态度，也是现代人获得成功生活与功能健全社会所需的素养。它的形成是人类进步和社会发展的必然要求，反映的是人民对优质教育的期待。构建核心素养体系是顺应新时代发展趋势，大力提升我国新时代人才竞争力的关键，也是党、国家和社会的迫切需要。

2021年 重庆师范大学 333 教育综合·真题解析

一、名词解释

校本课程

校本课程是以学校为课程编制主体，自主开发与实施的一种课程，是相对于国家课程和地方课程的一种课程。校本课程的实施有助于最大限度地促进每个学生的发展，有助于提高教师的专业水平，有助于提高学校的办学水平。

道尔顿制

道尔顿制是美国进步主义教育家帕克赫斯特针对班级授课制的弊端在道尔顿中学实施的一种个别教学制度，也称"道尔顿计划"。主要内容包括：废除课堂教学、课程表和年级制，代之以"公约"或合同式的学习；将教室改为作业室或实验室；用表格法来管理学生；强调自由与合作。

移情

移情是指体验他人的情绪情感的能力。移情是由真实或臆想的他人情绪、情感状态引起的并与之一致的情绪、情感体验，是一种替代性的情绪、情感反应，是一种无意识的、有时十分强烈的对他人情绪状态的体验。

精细加工策略

精细加工策略是通过把所学的新信息和已有的知识联系起来以增加新信息意义的策略，即通过对学习材料的精细加工，将新旧知识联系起来，帮助学习者增进对新知识的理解，并把信息储存到长时记忆中的学习策略。

有教无类

"有教无类"的本意是不分贵贱贫富和种族，人人都可以入学接受教育。孔子的教学实践切实地贯彻了这一办学方针。"有教无类"作为私学的办学方针与官学的办学方针相对立，打破贵贱、贫富和种族的界限，把受教育的范围扩大到平民，这是历史的进步。

二、辨析题

1. 黄炎培的职业教育目的是使无业者有业，使有业者乐业。

【答案要点】

该观点正确。

黄炎培被誉为我国"职业教育之父"，他对职业教育目的的认识和表述因不同历史时期和社会场合而有所不同，但他将职业教育的最终目的概括为"使无业者有业，使有业者乐业"。

2. 19世纪柏林大学不重视纯学术研究而重视职业技术教育和功利主义教育。

【答案要点】

该观点错误。

柏林大学是一所新型大学，注重开展哲学、科学和学术研究，提倡学习和教学自由，建立了讲座教授制度和习明纳制度，培养学生的研究能力。柏林大学重视学术研究而不重视职业技术教育和功利主义教育。

3. 师生关系对学校精神文化建设具有重要作用。

【答案要点】

该观点正确。

师生关系作为学校中最基本、最重要的人际关系，是一所学校的精神风貌、校风、教风、学风的整体反映和最直观反映，它对学校精神文化建设具有重要作用。

三、简答题

1. 简述教学目标表述的要求。

【答案要点】

（1）目标应描述经由教学后学生所达到的学习结果，而非教师的教学过程。

从教的方面看，教学目标是教师对学生在接受教学后应该产生哪些认知、技能或态度变化的理性预期。因此，教师在陈述教学目标时，应重点描述经过一定的教学活动之后学生所产生的学习结果的类型与层次，应避免用描述教学过程、教学要求或具体教学行为的术语代替对学生学习结果的表述。

（2）目标要反映学生的发展水平。

从学的方面看，教学目标又是教师对学生在接受教学之后能够产生哪些认知、技能或态度变化的估计和陈述。因此，教师所陈述的教学目标还应是对学生学习经验变化的适宜预期——在规定学生"该干些什么"的同时，准确表述学生"能干些什么"，即阐明学生在不同层次或难度水平上要完成的心智和行为操作。

（3）目标必须明确、具体、可以观测。

要发挥教学目标的导教、促进和检测功能，就必须增强教学目标的明确性和可测程度。为避免教学目标陈述的含糊性和抽象性，教师除可灵活地借鉴马杰和格伦兰所提出的目标表述技巧外，还可参照加涅的五成分目标表述方法。

2. 简述学生综合素质评价的内容和方法。

【答案要点】

（1）学生综合素质评价的内容。

①道德品质。爱祖国、爱人民、爱劳动、爱科学、爱社会主义；遵纪守法、诚实守信、维护公德、关心集体、保护环境。

②公民素养。自信、自尊、自强、自律、勤奋；对个人的行为负责；积极参加公益活动；具有社会责任感。

③学习能力。有学习的愿望与兴趣，能运用各种学习方式来提高学习水平，有对自己的学习过程和学习结果进行反思的习惯；能够结合所学不同学科的知识，运用已有的经验和技能，独立分析并解决问题；具有初步的研究与创新能力。

④交流与合作。能与他人一起确立目标并努力去实现目标，尊重并理解他人的观点与处境，能评价和约束自己的行为；能综合地运用各种交流和沟通的方法进行合作。

⑤运动与健康。热爱体育运动，养成体育锻炼的习惯，具备锻炼健身的能力、一定的运动技能和强健的体魄，形成健康的生活方式。

⑥审美与表现。能感受并欣赏生活、自然、艺术和科学中的美，具有健康的审美情趣；积极参加艺术活动，用多种方式进行艺术表现。

（2）学生综合素质评价的方法。

学生综合素质评价主要采用学生自评与他评相结合的方式，重视形成性评价与终结性评价的有机结合，评价结果由等级与写实性文字描述予以表达，辅之以实证性材料。坚持以发展的眼光看待学生，将评价过程变成教育与指导过程，有效实现学生评价的导向、激励和发展功能。

3. 简述纪律形成的内在矛盾。

【答案要点】

在学生将行为规范内化为自己的内在要求，再外化为纪律行为的过程中，需要经过复杂的转化环节与矛盾。这些矛盾是在纪律形成时要特别予以重视的，包括以下部分：

（1）外在纪律规范与学生认识之间的矛盾。纪律要求成为学生自己的内在行为准则，不同的学生对纪律的理解水平可能不同，因此在进行纪律学习时，恰当地解决外在纪律规范与学生认识水平之间的矛盾就至关重要。

（2）纪律认识与纪律态度之间的矛盾。只有纪律认识与积极的纪律情感相结合，才会形成正确的行为态度。而在纪律形成过程中有时会出现纪律要求与情感体验相冲突的情况，从而引起学生在道理上畅通而在情感上受阻的情感障碍。因此，要让学生形成正确的态度就必须消除情感障碍，消除对纪律的消极态度。

（3）遵守纪律与个人动机之间的矛盾。有时纪律与个人动机发生冲突，当个人动机相当强烈时，往往会使一些学生产生违反纪律的行为，这种冲突的解决依赖于学生的动机斗争与意志力。此时，引导学生预见自己行为的后果可以帮助学生在内心战胜个人的动机。

（4）遵守纪律与辨识能力低之间的矛盾。学生所学纪律一般是脱离具体情境的经过抽象的纪律知识，要将这些纪律知识向丰富多彩、充满矛盾的现实生活过渡，就常会出现守纪的态度与学生的实际辨识能力较低之间的矛盾。

（5）遵守纪律与不良行为习惯之间的矛盾。教育需要使学生养成良好的行为习惯，然而处于成长发展之中的学生都或多或少有一些不良行为习惯，这些不良行为习惯与守纪的要求之间就会产生矛盾，妨碍自觉纪律的形成。

4. 简述中国共产党在革命根据地中教育与劳动相结合的做法。

【答案要点】

根据地教育的基本任务是彻底改变建立在封建生产关系之上、以脱离农村生产生活实际为特征、以培养精神贵族为目的的文化教育。同时，根据地工作虽以战争为主，但也需要积极发展生产，以保障前线和后方基本的物质需求。因此，根据地学生将教育与生产劳动相结合，主要体现在：

（1）教育内容紧密联系当时当地的生产和生活实际，进行劳动习惯和观点、劳动知识和技能的教育。抗日根据地和解放区的学校还把劳动列入教育计划，作为重要课程。

（2）教育教学的组织形式和时间安排注意适应生产需要。根据地的教学确实根据对象、季节而做灵活处理。学校成人班是白天生产，夜晚教学；天晴分散教学，天雨集中教学；农忙分散教学，冬季集中办冬学。儿童教育中，也有全日班、半日班、早午班；既有班级教学，也有分组教学、个别教学。

（3）要求学生参加实际的生产劳动。各抗日根据地的中小学校从当时当地的实际情况出发，或允许学生回家参加家庭生产劳动，或组织儿童拨工组、学习组帮助抗属生产劳动，或组织校内的集体工艺劳动和农业生产劳动。

四、分析论述题

1. 结合实际，谈谈你对"让课堂焕发出生命活力"的理解。

【答案要点】

让"课堂焕发出生命活力"意味着要在课堂上充分激发学生的主动性、积极性，激发学生学习兴趣和动力，师生共同创造课堂的生命活力。

促使课堂焕发活力的有效措施：

（1）民主平等的师生关系，是活力课堂的前提。

在教学课堂中能够拥有良好的师生关系，是非常重要的，对于学生的发展有着不可替代的作用。这就要求教师在教学的过程中把学生看作一个单独的个体，并且把教师自己摆在一个与学生平等的位置，在师生关系之中没有高低贵贱，教师只是在传递知识，在这样一个良好的师生关系里，学生可以更好地去表达自己的想法，发挥自己的天性，教师也可以以另一种新的面貌去面对学生，充分展示他们的教学魅力，为课堂注入新的活力。

（2）师生合作，互动构建活力课堂。

在以往的传统教学课堂中，教师与学生都是作为一个单独的个体而存在的，一方作为课堂的主宰者，一方作为课堂的服从者，彼此之间互不进行思想上或是心灵上的沟通，从而也缺乏必要的合作互动。而具有活力的教学课堂，往往是教师与学生能够进行更多的合作交流，师生之间的互动是双向的，不再是单一的输出式教学，在整个教学过程中，师生可以一起学习进步发展，让课堂焕发出新的生命力与朝气，让学生可以与老师有更多的沟通，更多地去培养学生的创造精神，呈现真正意义上的师生合作共赢的局面。

（3）教学与生活相结合，构建活力课堂。

知识来源于生活，生活与教学密切相关，不能把课堂教学与生活分割开来，当今社会是一个思想非常跳跃的时代，无论是作为课堂教学的教师或是学生都要源源不断地从时代中汲取新的成分去更好地充实自己。让课堂焕发出新的生命力，就要将课堂教学与生活进行密切的联系，为课堂教学注入生活的活力。这就要求教师在课堂教学中积极引导学生参加各式各样的社会实践活动，将教学课堂与课外实践很好地结合起来，真正让学生做到学有所用，而不是像传统教学一样的照本宣科，通过加强生活实践的学习，弥补课堂教学的不足，为学生的全方面发展提供更丰沃的土壤。

2. 结合实际，谈谈美育与审美教育对个体认知发展的影响。

【答案要点】

美育指培养学生正确的审美观，发展他们鉴赏美、创造美的能力，培养其高尚情操和文明素质的教育。普通中学在美育方面的要求主要是：通过音乐、美术、文学教育等审美活动，充实学生的精神生活，培养他们感受美、欣赏美和创造美的能力，养成审美情趣和高尚情操。

美育对个人的全面发展有着重要的意义。

（1）美育有助于扩大学生的知识视野，发展学生的智力和创新精神。

无论是运用哪一种美的形态实施教育，都能激发学生认识的兴趣，启迪学生认识世界的智慧。艺术是人们认识世界的重要方法。运用艺术实施美育具有极高的教育价值，不仅能够扩充学生的知识面和认识视野，而且还具有培养智力的作用。运用科学美实施美育，有助于人们在获得审美教育的同时，认识客观世界，发展智力和创新能力。

（2）美育有助于净化心灵、培养高尚的道德情操。

美和善都是紧密联系、不可分割的。美与善的密切关系决定了美育和德育难以分开。美育运用美的形态来影响人的思想情感，提高人们分辨美丑、善恶的能力，教人爱美恶丑、弃恶从善。养成高尚的道德情操。

（3）美育有助于促进学生身体健美发展。

体育是健与美的结合。体育中包含着美，是体育美的有机融合，也是身体运动美的展示与显现。体育运动技巧、健壮的形体以及顽强拼搏的精神在具体的运动中得到完美的结合。这种结合是依据美的原则予以合理安排的结果。

（4）美育有助于学生培养和形成劳动的观点。

在现代社会中，与生产劳动有关的产品，越来越表现出艺术性与技术性的结合，从而使得劳动产品既具有实用价值，也具有审美价值。利用生产劳动中包含着美的元素进行美育，不仅有助于审美认识，而且也有助于对生产劳动的认识；不仅有助于培养审美意识，而且有助于培养劳动意识。

2020年 重庆师范大学333教育综合·真题解析

一、名词解释

教育目的

教育目的是对教育活动所要培养的人的个体素质的总的预期与设想，是对社会历史活动的主体的个体素质的规定。它体现一定社会对受教育者质量规格的界定和要求，也体现人自身发展所应该达到的水准和高度。

行动研究

教育行动研究主要是指行动者为了改进自己的实践而在自己的行动中亲自展开研究。根据对"研究技术"的依赖程度，行动研究一般分为科学的行动研究、实践的行动研究、批判的行动研究三种类型。行动研究有三个关键特征：参与、改进、系统而公开。

自我效能感

自我效能感由班杜拉提出，是指个体对自己能否成功进行某一成就行为的主观判断。它影响着个体对行为的选择、付出多大努力以及坚持多久。

稷下学宫

稷下学宫是战国时代齐国一所著名的高等学府，因其建立于齐国都城临淄的稷门附近而得名。

它既是百家争鸣的中心与缩影，也是当时教育上的重要创造，稷下学宫对中国古代学术、文化和教育的发展产生过重大的历史影响。

二、辨析题

1. 动物也有教育。

【答案要点】

该观点错误。

教育是人的发展与社会发展的中介活动，其主旨在于以人为本、育人成人，培养人成为他所生存的那个时代的社会实践主体，引导人和社会的持续发展。教育是人类特有的社会活动，动物的生存本领属于遗传，不属于教育活动。

2. 陶行知开展"活教育"实验，提出"生活教育理论"。

【答案要点】

该观点错误。

陶行知是开展"生活教育"实验，从而提出"生活教育理论"。真正开展"活教育"实验的是陈鹤琴。

3. 课程是指学校开设的学科的总称。

【答案要点】

该观点错误。

课程是由一定的育人目标、特定的知识经验和预期的学习活动方式构成的一种蕴含着丰富、基本而又有创造性与潜质的一套计划与设定。广义的课程指所有学科的总和；狭义的课程指一门学科。课程不仅包括学校开设的各门学科，还包括隐性课程及活动性课程。

三、简答题

1. 简述美国进步主义教育。

【答案要点】

进步主义教育运动是指19世纪80年代至20世纪50年代在美国出现的以杜威教育哲学为主要理论基础、以进步主义教育协会为组织中心、以改革美国学校教育为宗旨的教育革新思潮和实践活动。进步教育理论的"实验室"主要是美国的公立学校。进步教育运动经历了四个时期，即形成期、拓展期、转变期和衰落期。其主要特征有：

（1）对儿童的重新认识和对儿童地位的强调。在批判传统教育忽视儿童的基础上，进步主义教育进一步发扬了儿童中心论，并提出了"整个儿童"的概念，关注儿童的一切能力或力量。

（2）对教师地位和作用看法的改变。进步主义不再认同以前教育中对教师的看法，而是认为教师的作用是鼓励，而不是监督，教师仅仅是用他的高明和丰富的经验分析当前的情景。

（3）关于学校观念的变化。学校不再是被动传授知识的场所，而应当是积极的、主动的，并通过解决问题进行教育；学校也不应通过记忆和推论进行教育；反对教育是生活的准备的观念；主张教育是实际生产过程的组成部分。

（4）对教学、课程、课堂等观念的变化。进步主义教育强调互助的、热情的和人道的教室气氛；强调让儿童获得更多的活动空间；课程应适应每个儿童的成熟水平，并根据儿童的兴趣、创造力、自我表现和人格发展实现个别化教学；为儿童提供丰富的教学材料，以便他们探索、操作和运用；鼓励建立促进合作、共同经验的组织模式；反对强制和严厉的惩罚。

2. 简述教育目的的精神实质

【答案要点】

2021年修订的《中华人民共和国教育法》规定："教育必须为社会主义现代化建设服务、为人民服务，必须与生产劳动和社会实践相结合，培养德智体美劳全面发展的社会主义事业的建设者和接班人。"这是目前教育目的最规范的表述。

我国教育目的表述虽几经变化，但其基本精神却是一致的，就是培养学生成为未来国家、社会发展的实践主体与主人。其基本点包括以下几个方面：培养"劳动者"或"社会主义建设人才"；坚持全面发展；培养独立个性。

综上所述，我国教育目的的价值取向的出发点与归宿在于：培养德、智、体、美、劳全面发展，具有创新精神、实践能力和独立个性的社会主义现代化需要的各级各类人才。

3. 简述孔子行之有效的教学方法。

【答案要点】

（1）因材施教。孔子是我国历史上首倡因材施教的教育家。实行因材施教的前提条件是承认学生间的个体差异，并了解学生特点。孔子了解学生最常用的方法是谈话和个别观察，主张在了解学生的基础上，根据学生的具体情况，有针对性地进行教育。

（2）启发诱导。孔子是世界上最早提出启发式教学的教育家，比苏格拉底的"助产术"早几十年。他认为，不论学习知识或培养道德，都要建立在学生自觉需要的基础上，应充分发挥学生的主动性、积极性。

（3）学思行结合。孔子主张"学而时习之"，对学习过的知识要时常复习才能牢固掌握；提倡学习知识面要广泛，在学习的基础上认真深入地进行思考，把学习与思考结合起来；强调学习知识还要"学以致用"。

（4）好学求是的态度。孔子认为，教学需要师生双方配合协作，学生端正学习态度，是教学成功的重要条件。首先要有好学、乐学的态度；其次要有不耻下问的态度；最后还要有实事求是的态度。

4. 简述品德培育的方法及其建构。

【答案要点】

（1）明理教育法。指引导学生摆事实、讲道理，经过思想情感上的沟通与互动，让他们悟明道德真谛，自觉践行的方法，包括讲理、沟通、报告、讨论、参观等。

（2）榜样示范法。指以他人的高尚品德、模范行为和卓越成就来影响学生品德的方法。教师应向学生提供好榜样，主要有四类：历史伟人，现实的英雄模范，优秀教师、家长的风范，优秀学生。

（3）情境陶冶法。指通过创设良好的教育情境，潜移默化地培养学生品德的方法。它利用暗示原理，让学生通过无意识的心理活动来接受某种影响，包括人格感化、环境陶冶和艺术陶冶等。

（4）实践锻炼法。指有目的、有组织地安排学生进行一定的生活交往与社会践行活动以培养品德的方法，包括练习、委托任务和组织活动等。

（5）自我修养法。指在教师引导下学生经过自觉学习、反思和自我改进，使自身品德不断完善的一种方法，包括立志、学习、反思、箴言、慎独等。

（6）制度育德法。指通过构建合理的学校制度来引导和培养学生品德的方法。

（7）奖惩法。指对学生的思想和行为做出评价，包括表扬、奖励和批评、处分两个方面。

四、分析论述题

1. 论述良好师生关系的特点和建构策略。

【答案要点】

（1）理想师生关系的基本特征。

理想的师生关系是师生主体间关系的优化，从其发生、发展的过程及其结果来看，具有三个基本特征：尊师爱生，相互配合；民主平等，和谐亲密；共享共创，教学相长。

（2）良好师生关系构建的基本策略。

良好师生关系的构建就是师生关系建立、调整和优化的过程。教师在师生关系建立与发展中占有重要地位，起着主导作用。要建立民主、和谐亲密、充满活力的师生关系，对教师来说，有以下几种策略：

①了解和研究学生。包括了解学生个体的思想意识、道德品质、兴趣、需要、知识水平、学习态度和方法、个性特点、身体状况和班集体的特点及其形成原因。

②树立正确的学生观。学生观就是教师对学生的基本看法，它影响着教师对学生的认识及其态度与行为，进而影响学生的发展。正确的学生观来自教师对学生的观察和了解，来自教师向学生的学习和对自我的反思。

③热爱、尊重学生，公平对待学生。热爱学生包括热爱所有学生，对学生充满爱心，经常走到学生之中，忌讳挖苦、讽刺、粗暴对待学生。尊重学生特别要尊重学生的人格，保护学生的自尊心，维护学生的合法权益，避免师生对立。教师处理问题必须公正无私，使学生心悦诚服。

④主动与学生沟通，善于与学生交往。要求教师掌握沟通与交往的主动性，经常与学生保持接触、交心；同时教师还要掌握与学生交往的策略和技巧，如寻找共同的兴趣或话题、一起参加活动等。

⑤努力提高自我修养，健全人格。教师要使师生关系和谐，就必须通过自己崇高的理想，科学的世界观、人生观，渊博的知识，严谨的治学态度，活泼开朗的性格，多方面的爱好与兴趣等来吸引学生。

2. 论述知识的价值。

【答案要点】

文化知识蕴含着有利于人的发展的多方面价值：

（1）认识价值。

知识是人类长期认识与实践的成果，是前人遗留下来的精神财富。学生掌握和运用前人的知识，就等于继承和掌握了前人认识的资源和工具，以此来认识世界。如今，借助于网络与数字化信息，能更快捷有效地获取知识，使人类的认识实现了又一次新的飞跃。

（2）陶冶价值。

知识蕴含着科学精神和人文精神。科学精神引导人实事求是、独立思考、追求真理；人文精神则引导人追求人生的意义与尊严，坚持自由、平等与公正，争取人的合理存在，向往人的解放。二者不单是一个知识问题、认识问题，而是引导学生从知识、认识层面上升到人格层面，让学生在这个过程中接受科学精神和人文精神的陶冶。

（3）能力价值。

知识及其运用能力是前人在认识事物、解决具体问题的过程中提炼形成的结晶。因此，要有效地发展学生的认识问题和处理问题的能力，不仅要引导他们学习、理解知识，还要引导他们运用知识去解决各种实际存在的问题。

（4）实践价值。

主要指促进人运用知识去指导、推进社会实践的发展。当学生通过学习获取了知识，认识了某种事物特性，就能获得改造某种事物的可能性，推动这一领域的社会实践的发展。

总的来说，鉴于知识的多方面的价值，要有效地促进学生的发展，教育必须引导学生尊重、热爱知识，追求真知，创造性地理解、运用知识，并在这个过程中使儿童的智能、品德、审美等方面获得自由而全面的发展，成为社会实践的主体。但切记不可搞"唯知识教育论"。

3. 论述人们对知识的认识。

【答案要点】

（1）知识的含义。

从认识的本质上讲，知识是人对事物属性与联系的能动反映，是通过人与客观事物的相互作用形成的。人在与外界相互作用的实践活动中，获得来自客体的各种信息，用一定方式对这些信息进行加工和组织，形成对事物的理解，从而形成知识。

（2）知识的类型。

从信息加工的角度，分为陈述性知识和程序性知识；从知识是否容易传递的角度，分为显性知识和隐性知识；从知识的不同抽象程度，分为具体知识和抽象知识；从知识反映事物的范围，分为一般知识和特殊知识；从知识的不同反映深度，分为感性知识和理性知识；从知识应用的复杂多变程度，分为结构良好领域知识和结构不良领域知识。

（3）知识的表征。

知识的表征是指知识在头脑中的表现形式和组织结构。知识是通过个体与信息，甚至是整个情境相互作用而获得的，个体一旦获得知识就会在头脑中用某种形式和方式来代表其意义，把它储存起来。陈述性知识的表征方式有概念、命题和命题网络、表象等，程序性知识主要以产生式为表征。

（4）知识的获得机制。

陈述性知识获得的心理机制是同化，同化是指学习者接纳、吸收和合并知识并将其转化为自身认知结构的一部分的过程。

现代认知心理学运用产生式理论来解释程序性知识获得的心理机制。程序性知识的学习在本质上是掌握一个程序，即在长时记忆中形成一个解决问题的产生式系统。产生式系统理论为揭示程序性知识表征和获得的心理机制提供了新的思路，为程序性知识的教学提供了科学依据。

（5）影响知识理解的因素。

①学习材料的内容。学习材料的意义性、学习材料内容的具体程度、学习材料的相对复杂性和难度都会影响学生对知识的理解。

②学习材料的形式。采用直观的方式如实物、模型和言语等可以为抽象的内容提供具体感性信息的支持，影响学生对知识的理解；当所教的内容较为复杂时，多媒体和虚拟现实技术等计算机技术则会起到很好的教学辅助作用。

③教师言语的提示和指导。教师在不同教学阶段的言语提示对学生的学习有直接的影响。在教学中，教师言语的作用不应仅仅局限于对某一具体知识的描述和解释，重要的是用言语引导学生进行主动建构。

④原有的知识经验背景。学生对新信息的理解会受到原有知识经验背景的制约，这种知识背景有着丰富而广泛的含义，它包括来源不同的、以不同的表征方式存在的知识经验，是一个动态的、整合的认知结构。

⑤学生的能力水平。学生的认知发展水平和学生的语言能力直接影响知识的理解。

⑥主动理解的意识与方法。学生要有主动理解的意识倾向和主动理解的策略与方法。

（6）迁移及促进知识迁移的措施。

知识迁移即学习迁移，是指已获得的知识、技能、态度或理解对新知识、新技能或态度的形成的影响。

①整合学科内容。教师要注意把各个独立的教学内容整合起来，鼓励学生把在某一门学科中学到的知识运用到其他学科中去。

②加强知识联系。教师要重视简单的知识技能与复杂的知识技能、新旧知识技能之间的联系。教师要促使学生把已学过的内容迁移到新的学习内容中去。

③强调概括总结。教师在教学中要注意启发学生对所学内容进行概括总结。一方面在教学中，教师要引导学生自己对原理进行概括，培养和提高其概括总结的能力，充分利用原理的迁移；另一方面，在讲解原理时，教师要在最大范围内列举各种变式，使学生正确把握其内涵和外延。

④重视学习策略。教师应有意识地教学生学会如何学习，帮他们掌握概括化的认知策略和元认知策略，从而促进学习的迁移。

⑤培养迁移意识。教师可以通过反馈和归因控制等方式使学生形成关于学习和学校的积极态度。教师要注意对学生的反馈，当学生用其他学科的知识来解决某一学科的问题时应给予鼓励。

4. 根据建构主义谈谈随着时代的发展人们应该如何对待知识以及在教学时应怎样做。

【答案要点】

建构主义学习理论的主要观点：

（1）知识观。

建构主义者质疑知识的客观性和确定性，强调知识的动态性。具体体现在以下几方面：

①知识的动态性。知识不是对现实的准确表征，只是一种解释、假设，不是问题的最终答案。

②知识的情境性。知识并不能精确地概括世界的法则，不能拿来便用，而是需要针对具体情境进行再创造。

③知识学习的主动建构性。知识不可能以实体的形式存在于具体个体之外，学习者对于命题的理解只能由个体基于自己的经验背景而建构起来，取决于特定情境下的学习历程。

（2）学生观。

建构主义认为，学生并不是被动接受教师传授的知识，而总是以自己的经验背景或自己的经验来建构对事物的理解。具体表现在以下几方面：

①建构主义者完全否定心灵白板说，强调学生经验世界的丰富性和差异性。

②学生并不是空着脑袋走进教室的，当问题呈现时，他们基于相关的经验，依靠推理和判断能力，形成对问题的某种解释。

③教学不能无视学生的先前经验，要把儿童现有的知识经验作为新知识的生长点，引导儿童从原有的知识经验中"生长"出新的知识经验。

④教学要增进学生之间的合作，使他看到那些与他不同的观点，促进学习的进行。

（3）学习观。

建构主义认为，学习是学习者主动地赋予信息以意义，建构自己的知识经验的过程，具有三个重要特征：

①主动建构性。面对新信息、新概念、新现象或新问题，学习者需要主动激活头脑中的先前知识经验，通过高层次思维活动，对各种信息和观念进行加工转换，对新旧知识进行综合和概括，解释有关现象，形成新的假设和推论。

②社会互动性。学习是通过对某种社会文化的参与，内化相关知识和技能，掌握有关工具的过程，这一过程常常需要通过一个学习共同体的合作互动来完成。

③情境性。建构主义者提出，知识存在于具体的、情境性的、可感知的活动中，它不是一套独立于情境的知识符号，不可能脱离活动情境而抽象地存在，它只有通过实际情境中的应用活动才能真正被人理解。

（4）教学观。

①教学不再是传递客观而确定的现成知识，而是激活学生原有的相关知识经验，促进知识经验的"生长"；教学是促进学生的知识建构活动，以实现知识经验的重新组织、转换和改造，以此来培养学生的求知欲和探究能力。

②教学要为学生创设理想的学习情境，激发学生的推理、分析、鉴别等高级的思维活动，同时给学生提供丰富的信息资源、处理信息的工具以及适当的帮助和支持，促进他们自身建构意义以及解决问题的活动。

（5）在教学中的应用。

根据建构主义的学习理论，教师要注重教学环境的设计，为教育者提供充分的资源；教师要超越单纯讲座或讲授式的教学方法，灵活采取一些新的教学模式来进行创新式教学；教学要以学生为中心；教学过程中要强调协商与合作式学习。

2019年 重庆师范大学 333 教育综合·真题解析

一、名词解释

生物起源论

生物起源论认为教育活动不仅存在于人类社会中，也存在于人类社会之外，甚至存在于动物界。教育的产生完全来自于动物的本能，是种族发展的需要。代表人物有法国哲学家利托尔诺、英国教育学家沛西·能。

教育目的的个人本位论

个人本位论认为教育目的是根据个人发展的需要制定的，而不是根据社会的需要制定的，个人价值高于社会价值，人生来就有健全的潜在本能，教育的基本职能就在于使这种潜能得到发展。代表人物有卢梭、裴斯泰洛齐等。

自我效能感

自我效能感由班杜拉提出，是指个体对自己能否成功进行某一成就行为的主观判断。它影响着个体对行为的选择、付出多大努力以及坚持多久。

卢梭的自然主义教育

卢梭提出自然主义教育，其核心是"回归自然"，最终目的是培养"自然人"，原则和方法包括：树立正确的儿童观；消极教育；自然后果律；根据儿童天性的个体差异，因材施教。实施过程中，卢梭根据人自然发展的进程和不同年龄时期身心的特点，把自然教育分为四个时期，每个时期有不同的教育任务。

最近发展区

维果茨基认为，在进行教学时必须注意到儿童的两种水平，一种是儿童现有的发展水平，另一种是即将达到的发展水平，维果茨基把这两种水平之间的差距称为最近发展区，即独立解决问题的真实发展水平和在成人指导下或与其他儿童合作情况下解决问题的潜在发展水平之间的差距。

二、辨析题

1. 蔡元培的教育独立就是教育独立于政治经济。

【答案要点】

该观点错误。

蔡元培发表《教育独立议案》，阐明教育独立的基本观点和方法。教育独立的基本要求可以大致归结为：教育经费独立；教育行政独立；教育学术和内容独立；教育脱离宗教而独立。

2. 要素主义注重阅读经典著作。

【答案要点】

该观点错误。

要素主义教育是20世纪30年代末作为实用主义教育和进步教育的对立面出现的。要素主义教育是现代欧美国家一种强调学校教育的任务主要是传授人类文化遗产共同要素的教育思潮。要素主义的教育核心是传授给学生人类基本知识的要素或民族共同文化传统的要素。注重阅读经典著作的是永恒主义教育。

3. 隐性课程就是校本课程，校本课程就是隐性课程。

【答案要点】

该观点错误。

隐性课程，也称潜在课程、隐蔽课程，是以内隐的、间接的方式呈现的课程，是学生在显性课程以外所获得的所有学校教育的经验，不作为获得特定教育学历或资格证书的必备条件。

校本课程是以学校为课程编制主体，自主开发与实施的一种课程，是相对于国家课程和地方课程的一种课程。

三、简答题

1. 简述陶行知的生活教育理论。

【答案要点】

生活教育理论是陶行知教育思想的核心，集中反映了他在教育目的、内容和方法等方面的主张，反映了陶行知探索适合中国国情和时代需要的教育理论的努力。

（1）生活即教育。"生活即教育"是陶行知生活教育理论的核心，其内涵十分丰富。第一，生活含有教育的意义；第二，实际生活是教育的中心；第三，生活决定教育，教育改造生活。

（2）社会即学校。"社会即学校"是生活教育理论另一重要主张，是"生活即教育"思想在学校与社会关系问题上的具体化。社会即学校是指社会含有学校的意味，或者说以社会为学校；学校含有社会的意味，也就是说，学校通过与社会生活相结合，一方面运用社会的力量使学校进步，另一方面动员学校的力量帮助社会进步，使学校真正成为社会生活必不可少的组成部分。

（3）教学做合一。"教学做合一"是生活教育理论的又一重要主张，是"生活即教育"在教学方法问题上的具体化。"教学做合一"要求在"劳力上劳心"，认为"行是知之始"，要求"有教先学"和"有学有教"，是对注入式教学法的否定。

2. 简述稷下学宫的性质和特点。

【答案要点】

（1）性质。

①稷下学宫是一所由官家举办而由私家主持的特殊形式的学校。从主办者和办学目的来看，稷下学宫是官学；在教学和学术活动方面由各家各派自主，官家不多方干预，统治者只为学术活动提供物质条件，这又体现了其私学性质。

②稷下学宫是一所集讲学、著述、育才活动为一体并兼有咨议作用的高等学府。

（2）特点。

①学术自由。这是稷下学宫的基本特点。容纳百家是学术自由的一种表现，来者不拒，包容百家是稷下学宫的办学方针。各家各派的学术地位平等；相互争鸣与吸取是学术自由的又一种表现。

②待遇优厚。"不治而议论"是齐国君主给予学者们很高的政治待遇，因为学者所看重的是自己的思想主张能否被接受，人格是否受尊重；在物质待遇上也很丰厚，对稷下先生优越的物质待遇甚至惠及其弟子，这是稷下学宫能长期兴盛的重要原因之一。

③管理规范。在学生管理上，稷下学宫制定了历史上第一个学生守则——《弟子职》。

3. 简述教师的专业发展途径。

【答案要点】

教师专业发展，又称教师专业成长，是指教师在整个专业生涯中，依托专业组织、专门的培养制度和管理制度，通过持续的专业教育，习得教育教学专业技能，形成专业理想、专业道德和专业能力，从而实现专业自主的过程。它包括教师群体的专业发展和教师个体的专业发展。

教师的专业发展途径有：

（1）加强和改革师范教育。要发展师范教育，切实提高教师队伍的质量，必须采取以下措施：第一，必须采取有效的政策性措施，鼓励和吸引大批优秀学生报考师范院校；第二，努力提高教师的社会地位和物质待遇，增强师范教育的吸引力；第三，联系现时代对教师作用和职能的新要求，使未来教师能获得与之相应的专业训练，尤其要树立师范生先进的教育理念；第四，吸收除正规教师以外的各种可能参与教育过程的人，并为其从教提供必要的职业帮助。

（2）实施教师资格考察制度。实施教师资格考察制度，不仅有利于加强教师质量的管理与考核，而且为非师范专业毕业的大学生谋求教师职业开辟了道路，从而切实有效地充实了教师队伍。该制度包括三层含义：第一，教师资格制度是国家实行的一种职业资格制度；第二，教师资格制度是法律规定的，必须依法实施；第三，教师资格是教师职业许可。

（3）加强教师在职提高。教师在职提高的主要途径包括教学反思、校本培训、校外支援与合作等形式。

4. 简述美国的《国防教育法》。

【答案要点】

1957年，苏联卫星上天后，美国朝野震惊，开始反思自身的教育问题，并将教育提高到保卫国家国防的高度，要求对教育进行改革。在此背景下，1958年美国总统批准颁布了《国防教育法》。

（1）主要内容。

①加强普通学校的自然科学、数学和现代外语即"新三艺"的教学。

②加强职业技术教育。要求各地区设立职业技术教育领导机构，有计划地开展职业技术训练。

③强调"天才教育"。鼓励有才能的学生完成中等教育，攻读考入高等教育机构所必需的课程并升入该类机构，以便培养拔尖人才。

④增拨大量教育经费，作为对各级学校的财政援助。

（2）评价。

《国防教育法》是作为改革美国教育、加快人才培养的紧急措施推出的，其颁布与实施，为第二次世界大战后美国教育改革提供了坚实的法律保障，促进了美国教育事业的发展，有利于美国教育质量的提高和科技人才的培养。

四、材料分析题

1. 用归因理论分析材料中同学们的行为表现，并且对如何提升小张的动力水平提出建议

【答案要点】

材料中小林将失败归因于能力不足，小杨归因于努力不足，小张归因于运气。

韦纳对行为结果的归因进行了系统探讨，发现人们倾向于将活动成败的原因归结为六个因素：即能力高低、努力程度、任务难易、运气好坏、身心状态、外界环境等。这六个因素可归为三个维度，即内部归因和外部归因、稳定性归因和非稳定性归因、可控归因和不可控归因。

不同归因的影响：

（1）当个体将成功归因于能力和努力等内部因素时，会产生骄傲、自豪感，增强自信心和动机水平。

（2）将成功归因于任务容易、运气好、别人帮助等外部原因时，则满意感较少。当个体将失败归因于能力弱、不努力等内部原因时，会产生愧疚感；将失败归因于任务太难、运气不好或教师评分不公正等外部原因时，则较少产生愧疚感。

（3）归因于努力相比于归因于能力，无论成败都会引发更强烈的情绪体验。努力而成功体验到愉快，不努力而失败体验到羞愧，努力而失败也应受到鼓励。

归因理论的教育意义在于它能从学生的观点显示出学习成败的原因。了解学生的自我归因可预测其今后的学习动机。学生的自我归因未必正确却十分重要，教师应注意了解和辅导。因此，教师要引导小张正确归因，提升其动力水平。

2. 用建构主义的知识观、学习观、教学观来分析材料中教师的教学安排。

【答案要点】

（1）知识观。

建构主义者质疑知识的客观性和确定性，强调知识的动态性。具体体现在以下几方面：知识的动态性；知识的情境性；知识学习的主动建构性。

（2）学生观。

建构主义认为，学生并不是被动接受教师传授的知识，而总是以自己的经验背景或自己的经验来建构对事物的理解。具体表现在以下几方面：

①完全否定心灵白板说，强调学生经验世界的丰富性和差异性。

②当问题呈现时，学生基于相关的经验，依靠推理和判断能力，形成对问题的某种解释。

③教学要把儿童现有的知识经验作为新知识的生长点，引导儿童从原有的知识经验中"生长"出新的知识经验。

④教学要增进学生之间的合作，使他看到那些与他不同的观点，促进学习的进行。

（3）学习观。

建构主义认为，学习是学习者主动地赋予信息以意义，建构自己的知识经验的过程，具有三个重要特征：主动建构性；社会互动性；情境性。

（4）教学观。

①教学是激活学生原有的相关知识经验，促进知识经验的"生长"，促进学生的知识建构活动，以实现知识经验的重新组织、转换和改造，以此来培养学生的求知欲和探究能力。

②教学要为学生创设理想的学习情境，激发学生的推理、分析、鉴别等高级的思维活动，同时给学生提供丰富的信息资源、处理信息的工具以及适当的帮助和支持，促进他们自身建构意义以及解决问题的活动。

上述材料中，教师在进行教学安排时，第一步安排学生自读并撰写短评，体现了知识学习的主动建构性以及学生是以自己的经验来建构对事物的理解；第二步安排学生分组讨论，老师从旁指导，体现了教学要增进学生之间的合作；第三步是表演、点评、评选，体现了学生之间的合作以及教学要创设情境促进学生高级的思维活动。

2018年 重庆师范大学 333 教育综合·真题解析

一、简答题

1. 简述理想师生关系的基本特征。

【答案要点】

理想的师生关系是师生主体间关系的优化，从其发生、发展的过程及其结果来看，具有三个基本特征：

（1）尊师爱生，相互配合。

尊师就是尊重教师，尊重教师的劳动和教师的人格与尊严，对教师要有礼貌，了解和认识教师工作的意义，理解教师的意愿和心情，主动支持和协助教师工作，虚心接受教师的指导。

爱生就是爱护学生，这是教师热爱教育事业的重要体现，是教师对学生进行教育的感情基础，是教师的基本道德要求，也是培养学生热爱他人、热爱集体的道德情感基础。爱生包括"视徒如己，反己以教"，尊重和信任学生，严格要求学生并公正地对待学生。

（2）民主平等，和谐亲密。

民主平等是师生在共同参与的过程中形成的。共同参与，意味着教师和学生以不同的主体地位和作用进入实际的教育生活，形成需要、智能、个性等方面的互补，发挥各自的积极性、主动性、创造性。民主平等、共同参与的结果是师生的融洽、协调。和谐亲密体现了师生的人际亲和力、心理融洽度。

（3）共享共创，教学相长。

共享是教师和学生共同体验和分享教育中的欢乐、成功、失望与不安，它是师生情感交流深化的表现。共创是教师和学生在相互适应的基础上，相互启发，使师生的认识不断深化、共同生活的质量不断跃进。

2. 简述科举考试制度对学校教育的影响。

【答案要点】

（1）学校与科举的关系。

学校教育制度是培养人才的制度，成为国家社会人才的重要来源，学校不断输送人才供科举考试选拔，是科举赖以发展的基础。科举考试成为国家政权选拔优秀人才的重要渠道，也为学校培养的人才开辟了政治出路。中国历来有"学而优则仕"的教育传统，为学修身，以从政为官为第一目标，科举是联通学校教育与从政为官的桥梁。学校教育与科举考试，皆独立而并举，相辅相成，关系相当密切。

科举考试受重视，居于主导地位，学校教育受轻视，居于次要地位。学校教育要适应科举考试的需要，成为科举的附庸，学校作为考试的预备场所，一切都受到科举考试的直接支配。科举考试对学校教育发挥着导向调控的作用，直接影响着学校教育。

（2）科举影响学校的培养目标、学校的教育内容和学校的考试方法。

3. 简述陶行知的生活教育理论。

【答案要点】

生活教育理论是陶行知教育思想的核心，集中反映了他在教育目的、内容和方法等方面的主张，反映了陶行知探索适合中国国情和时代需要的教育理论的努力。

（1）生活即教育。"生活即教育"是陶行知生活教育理论的核心，其内涵十分丰富。第一，生活含有教育的意义；第二，实际生活是教育的中心；第三，生活决定教育，教育改造生活。

（2）社会即学校。"社会即学校"是生活教育理论另一重要主张，是"生活即教育"思想在学校与社会关系问题上的具体化。社会即学校是指社会含有学校的意味，或者说以社会为学校；学校含有社会的意味，也就是说，学校通过与社会生活相结合，一方面运用社会的力量使学校进步，另一方面动员学校的力量帮助社会进步，使学校真正成为社会生活必不可少的组成部分。

（3）教学做合一。"教学做合一"是生活教育理论的又一重要主张，是"生活即教育"在教学方法问题上的具体化。"教学做合一"要求在"劳力上劳心"，认为"行是知之始"，要求"有教先学"和"有学有教"，是对注入式教学法的否定。

4. 简述进步主义教育理论的基本特征。

【答案要点】

（1）对儿童的重新认识和对儿童地位的强调。在批判传统教育忽视儿童的基础上，进步主义教育进一步发扬了儿童中心论，并提出了"整个儿童"的概念，关注儿童的一切能力或力量。

（2）对教师地位和作用看法的改变。进步主义不再认同以前教育中对教师的看法，而是认为教师的作用是鼓励，而不是监督，教师仅仅是用他的高明和丰富的经验分析当前的情景。

（3）关于学校观念的变化。学校不再是被动传授知识的场所，而应当是积极的、主动的，并通过解决问题进行教育；学校也不应通过记忆和推论进行教育；反对教育是生活的准备的观念；主张教育是实际生产过程的组成部分。

（4）对教学、课程、课堂等观念的变化。进步主义教育强调互助的、热情的和人道的教室气氛；强调让儿童获得更多的活动空间；课程应适应每个儿童的成熟水平，并根据儿童的兴趣、创造力、自我表现和人格发展实现个别化教学；为儿童提供丰富的教学材料，以便他们探索、操作和运用；鼓励建立促进合作、共同经验的组织模式；反对强制和严厉的惩罚。

5. 简述保罗·朗格朗的终身教育思想。

【答案要点】

终身教育思潮产生于20世纪50年代的法国，是现代欧美国家一种强调把教育贯穿人的一生的教育思潮，现已成为一种被视为未来教育战略的国际性教育思潮，代表人物是保罗·朗格朗。

（1）终身教育的缘由：终身教育是应对人类在现代社会中所面临各种新挑战的需要，是一种能够使人在各方面做好准备并应付新的挑战的教育模式和教育观念。

（2）终身教育的含义：终身教育包括了教育的各个方面、各项内容，从一个人出生的那一刻起一直到生命终结时为止的不间断的发展，也包括了在教育发展过程中的各个阶段之间的内在联系。它并不是传统教育的简单延伸，而是包括一切正规教育、非正规教育以及非正式教育。其基本特点是具有连续性和整体性。此外终身教育没有固定的教育内容和方法，强调人的个性发展。

（3）终身教育的目标：实现更美好的生活，使人过一种更和谐、更充实和符合生命真谛的生活。具体目标包含两方面：培养新人；实现教育民主化。

终身教育理论自20世纪60年代中期兴起以后，在教育领域中引起了一场广泛而深刻的革命。终身教育已成为建立一个学习化社会的象征。许多国家把终身教育作为教育改革和发展的战略重点，但终身教育的具体实施规划仍需进一步探讨。

6. 简述影响创造力发展的主要因素。

【答案要点】

（1）生理基础。个体的神经系统，尤其是大脑所固有的结构和功能是创造性产生的物质基础。

（2）知识经验。丰富的知识是创造的必要条件，但只有那些具备了条件化、结构化、自动化和策略化表征的知识，才是高质量的知识，才能促进创造性的发挥。

（3）社会文化和教育观念。社会文化和教育对个体创造力有巨大影响，保守封闭、排斥新观念的社会文化和教育不利于个体创造力发展。

（4）个人心态、人格特征和认知习惯。个人消极的心态、人格特征和认知习惯对个体创造性发展起阻碍作用。

二、辨析题（题目不全，故仅解释考查的相关知识点）

1. 教育目的选择的个人本位价值和社会本位价值。

【答案要点】

（1）个人本位论认为教育目的是根据个人发展的需要制定的，而不是根据社会的需要制定的，个人价值高于社会价值，人生来就有健全的潜在本能，教育的基本职能就在于使这种潜能得到发展。代表人物有卢梭、裴斯泰洛齐等。

（2）社会本位论认为个人的一切发展都有赖于社会，都受社会的制约，人的一切发展也是为了满足社会的需要；教育除了满足社会需要以外并无其他目的；教育结果的好坏是以其社会功能发挥的程度来衡量的，离开了社会，就无法对教育的结果做出衡量。代表人物有那托尔普、涂尔干和凯兴斯泰纳等。

2. 个性培养和全面发展。

【答案要点】

（1）追求人的个性发展，就是要使受教育者的自由个性得到保护、尊重和发展，要增强受教育者的主体意识、开拓精神、创造才能，要提高受教育者的个人价值。

（2）全面发展教育，是对含有各方面素质培养功能的整体教育的一种概括，是对为使学习者多方面得到发展而实施培养的教育活动的总称，是由多种相互联系而又各具特点的教育所组成。关于全面发展教育的基本构成，学界通常多以德育、智育、体育、美育、劳动技术教育等作为全面发展教育的构成主体。

（3）全面发展与独立个性二者并不排斥。所谓"全面发展"，是指受教育者个体必须在德、智、体、美劳诸方面都得到发展，不可或缺，即个性的全面发展；所谓"独立个性"，是指德、智、体、美劳等素质在受教育者个体身上的特殊组合，不可一律化，即全面发展的个性。二者的关系是辩证统一的关系。

3. 认知策略和智慧技能。

【答案要点】

（1）认知策略是加工信息的一些方法和技术，能使信息有效地从记忆中提取出来。认知策略可以分为注意策略、精细加工策略、复述策略、编码与组织策略。

（2）智慧技能又称心智技能或智力技能，是指一种借助于内部语言在人脑中进行的认知活动方式，如默读、心算、写作和分析等技能。

4. 心理发展中的遗传和环境。

【答案要点】

（1）遗传是指人从上代继承下来的生命机体及其解剖上的特点，这些遗传的生理特点，也叫遗传素质，是人的发展的自然的或生理的前提条件，为人的发展提供可能。遗传在人发展中的作用：遗传素质是人的发展的生理前提，为人的发展提供可能；遗传素质的成熟程度制约着人的发展过程及年龄特征；遗传素质的差异性对人的发展有一定的影响；遗传素质具有可塑性。

（2）环境是人的发展的外部实现根基与资源，泛指个体生存于其中并影响个体发展的外部世界。人的生存与发展环境十分复杂，根据其性质可以分为自然环境和社会环境。环境在人的发展中的作用：环境是人的发展的外部条件；环境的给定性与主体的选择性。

三、分析论述题

论述培养学生的核心素养的必要性和可行性。

【答案要点】

（1）核心素养的内涵以及重要性。

"核心素养"指学生应具备的适应终身发展和社会发展所需要的必备品格和关键能力，突出强调个人修养、社会关爱、家国情怀，更加注重自主发展、合作参与、创新实践。核心素养的构成包括三大方面、六大要素、十八个基本点，具体如下：

①文化基础。

人文底蕴：人文积淀、人文情怀、审美情趣；

科学精神：理性思维、批判质疑、勇于探索。

②自主发展。

学会学习：乐学善学、勤于反思、信息意识；

健康生活：珍爱生活、健全人格、自我管理。

③社会参与。

责任担当：社会责任、国家认同、国际理解；

实践创新：劳动意识、问题解决、技术运用。

"核心素养"是人适应现在生活及面对未来挑战所应具备的知识、能力与态度，也是现代人获得成功生活与功能健全社会所需的素养。它的形成是人类进步和社会发展的必然要求，反映的是人民对优质教育的期待。构建核心素养体系是顺应新时代发展趋势，大力提升我国新时代人才竞争力的关键，也是党、国家和社会的迫切需要。

（3）培养核心素养的可行性。

国家在核心素养的研究上投入了大量的人力、物力、财力，且国外对核心素养的研究为我们提供了经验，目前核心素养观念深入人心，此外，核心素养的实施也符合学生身心发展规律的要求。

2017年 重庆师范大学 333 教育综合·真题解析

一、选择题（缺失）

二、名词解释

"五育"并举的教育方针

1912年初，蔡元培发表《对教育方针之意见》一文，从"养成共和国民健全之人格"的观点出发，提出军国民教育、实利主义教育、公民道德教育、世界观教育和美感教育的"五育"并举教育思想，成为制定民国元年教育方针的理论基础。

自我效能感

自我效能感由班杜拉提出，是指个体对自己能否成功进行某一成就行为的主观判断。它影响着个体对行为的选择、付出多大努力以及坚持多久。

教学目的

教学目的是教学过程所要实现的预期的教学效果，是教学工作为实现教育目的而提出的一般的概括的总体教学要求。它是各个教育阶段、各科教学都应该完成的总体教学任务，对所有教学活动都起着通贯全局的指导作用，制约着教学工作发展的总方向。

教学设计

教学设计指研究教学系统、教学过程和制订教学计划的系统方法。它是教师在备课过程中，以传播理论和学习理论等为基础，应用系统论的观点和方法，分析教学中的问题和需求，确定教学目标，设计解决问题的步骤，选择相应的教学策略和教学媒体，形成教学方案，分析评价其结果并修改方案的过程。

新教育运动

新教育运动，也称新学校运动，是指19世纪末20世纪初在欧洲兴起的教育改革运动，初期以建立不同于传统学校的新学校作为新教育的"实验室"为其特征。第二次世界大战以后，新教育运动逐步走向衰落。

课程标准

课程标准是指在一定课程理论指导下，依据培养目标和课程方案以纲要形式编制的关于课程的性质与价值、目标与内容、教学实施建议以及课程资源开发等方面的指导性文件，一般由说明、课程目标、课程内容标准和课程实施建议等部分组成。

三、简答题

1. 简述人文主义教育。

【答案要点】

人文主义教育首先在文艺复兴的发源地意大利展开，15世纪末以后逐渐扩大到北欧。意大利的人文主义教育以个人为中心，主张世俗教育，重视智力培养，发展健全的体魄，向往人的全面发展。与其略有不同的是，北欧人文主义教育更加重视道德教育和宗教教育。人文主义教育具有以下特征：

（1）人本主义。人文主义教育在培养目标上注重个性发展，在教育教学方法上反对禁欲主义，尊重儿童天性，坚信通过教育这种后天的力量可以重塑个人、改造社会和自然，这些都表现出人本主义内涵，人的力量、人的价值被充分肯定。

（2）古典主义。人文主义教育思想吸收了许多古人的见解，人文主义教育实践尤其是课程设置亦具有古典性质，但这种古典主义绝非纯粹的"复古"，实则含有古为今用、托古改制的内涵，这在当时是进步的。

（3）世俗性。不论从教育目的还是从课程设置等方面看，人文主义教育洋溢着浓厚的世俗精神，教育更关注今生而非来世，这是人文主义教育与中世纪教育的根本区别。

（4）宗教性。人文主义教育仍具有宗教性，几乎所有的人文主义教育家都信仰上帝，他们虽然抨击天主教会的弊端，但不反对宗教更不打算消灭宗教，他们希冀以世俗和人文精神改造中世纪陈腐专横的宗教性，以造就一种更富世俗色彩和人性色彩的宗教性。

（5）贵族性。这是由文艺复兴运动的性质所决定的。人文主义教育的对象主要是上层子弟，教育的形式多为宫廷教育和家庭教育而非大众教育，教育的目的主要是培养上层人物如君主、侍臣、绅士等。

2. 简述进步主义教育。

【答案要点】

进步主义教育运动是指19世纪80年代至20世纪50年代在美国出现的以杜威教育哲学为主要理论基础、以进步主义教育协会为组织中心、以改革美国学校教育为宗旨的教育革新思潮和实践活动。进步教育理论的"实验室"主要是美国的公立学校。进步教育运动经历了四个时期，即形成期、拓展期、转变期和衰落期。其主要特征有：

（1）对儿童的重新认识和对儿童地位的强调。在批判传统教育忽视儿童的基础上，进步主义教育进一步发扬了儿童中心论，并提出了"整个儿童"的概念，关注儿童的一切能力或力量。

（2）对教师地位和作用看法的改变。进步主义不再认同以前教育中对教师的看法，而是认为教师的作用是鼓励，而不是监督，教师仅仅是用他的高明和丰富的经验分析当前的情景。

（3）关于学校观念的变化。学校不再是被动传授知识的场所，而应当是积极的、主动的，并通过解决问题进行教育；学校也不应通过记忆和推论进行教育；反对教育是生活的准备的观念；主张教育是实际生产过程的组成部分。

（4）对教学、课程、课堂等观念的变化。进步主义教育强调互助的、热情的和人道的教室气氛；强调让儿童获得更多的活动空间；课程应适应每个儿童的成熟水平，并根据儿童的兴趣、创造力、自我表现和人格发展实现个别化教学；为儿童提供丰富的教学材料，以便他们探索、操作和运用；鼓励建立促进合作、共同经验的组织模式；反对强制和严厉的惩罚。

3. 简述1922年"新学制"。

【答案要点】

（1）"新学制"的七项标准。

适应社会进化之需要；发扬平民教育精神；谋个性之发展；注意国民经济力；注意生活教育；使教育易于普及；多留各地伸缩余地。

（2）学制体系。

①初等教育。儿童满6周岁入学。小学教育6年，其中初级小学4年，为义务教育，可以单独设立；高级小学2年，可以根据地方具体情况，增加职业准备的课程。

②中等教育。中学教育为6年，分初、高中两级，各3年。初级中学为普通教育，可以单独设立。高级中学实行分科制，设普通科、农、工、商、师范、家事等科，普通科又可以分为文科和理科，主要目标是升学。新学制倡导综合中学模式，以方便学生根据个性和家庭情况选择升学或职业预备。

③高等教育。高等教育分为专门学校和大学两种，专门学校的最低修业年限为3年，取消"壬子癸丑学制"的大学预科制。大学修业年限是4到6年，其中规定医科和法科大学应至少5年。

（3）特点。

根据儿童身心发展规律划分教育阶段；初等教育阶段趋于合理，更加务实；中等教育阶段是改制的核心，是新学制中的精粹；建立了比较完善的职业教育系统；改革师范教育制度；改革师范教育制度。

4. 简述当代教学观念发展的趋势。

【答案要点】

（1）从重视认知向重视发展转变。当代教学非常强调研究学生身心发展的规律，研究学生在课堂情境中的学习规律，并遵循这些规律组织、安排教学。

（2）从重视继承向重视创新转变。在当代社会，人们认为教学的重要功能就是创造文化，学生的主要任务就是通过掌握知识经验，形成创造文化和创新生活的能力。无论是重视学生、重视能力、重视学法，还是重视发展、重视过程，都是重视创新的体现。

（3）从重视教法向重视学法转变。教学过程实质上应该是学生主动学习的过程，教学设计的实质是学生学习目标、学习内容、学习进程、学习方式、学习辅助手段以及学习评价的设计。目前流行且影响较大的教学方法：问题解决法、发现学习法、学导式方法、掌握学习法、异步教学法等，都渗透出重视学法的精神。

（4）从重视知识传授向重视能力培养的转变。当代社会，科学技术的发展导致"知识爆炸"，知识经验陈旧周期加快。教学的主要任务不再只是知识的传授而是学生能力的培养，着重培养学生学习、掌握和更新知识的能力，即"授人以渔"。

（5）从重视结果向重视过程转变。在当代社会，人们意识到教学结果是重要的，但更重要的是教学过程中学生的切身体验，学生的认知体验、情感体验和道德体验等。

（6）从重视教师的教向重视学生的学转变。随着社会发展，传统的"教师中心说"受到越来越深刻的批判。学生是学习活动的主体和主人。因此，当代教学强调研究学生的身心发展规律和学习规律，并遵循这些规律组织、安排教学。

5. 简述学习策略的教学条件。

【答案要点】

学习策略是指学习者为了提高学习的效果和效率，有目的、有意识地制定的有关学习过程的复杂的方案。具有以下四个特征：主动性、有效性、过程性、程序性。

有效的学习策略的教学条件主要表现为：

（1）原有的知识背景。策略的应用离不开被加工的信息本身，儿童在某一领域的知识越是丰富，他越能应用适当的加工策略。

（2）自我效能感。在教学策略的训练当中，首先要使学生体会到运用了好的学习策略，学习效率就能提升。一般来说，学习策略的低水平与自我效能感的低水平是并存的。

（3）元认知发展水平。一般来说，儿童先有认知发展，然后才有元认知发展。由于儿童自我意识发展水平较低，他们运用元认知监控和调节自己的认知活动就比较困难。这在一定程度上限制和阻碍着儿童策略学习的效果。

（4）练习情境的相似和变化。学习策略从陈述性知识向程序性知识转化，最重要的教学条件就是教师要精心设计相似情境和不同情境的练习。但练习必须有变化，只有经过在变化的情境中的练习，认知图式才能深化，策略才能灵活运用。

（5）有一套外显的可操作的技术。如果有一套具体可操作的技术来控制学习者的认知行为，那么我们就有可能培养学生良好的认知或学习习惯，改变其不良的认知行为或习惯，进而培养他们的学习策略。

6. 简述影响教师威信形成的主观条件。

【答案要点】

教师威信是教师的教育教学行为对学生影响所产生的众望所归的心理效应，把教育和教学对象紧密聚集在自己周围，是进行双向交流，完成教学任务的重要条件。教师威信体现着对学生的凝聚力、吸引力、号召力和影响力。

影响教师威信形成的主观条件有以下几个方面：

（1）崇高的思想和良好的道德品质。在教学过程中，教师的师德修养直接关系着他在学生中的威信。

（2）渊博的学识和高超的教育教学艺术。教师在教学中能深入浅出、帮助学生解决疑难，有一定的应变能力以及教育艺术和教育机智，就会成为学生心中榜样，自然能在学生中享有崇高的威望；教师想要展示出自己的才艺和过人之处，业务上必须过硬，使学生为之钦佩，这样才能充分调动学生的积极性。

（3）要做学生的楷模。教师是代表社会成年一代向未成年一代传授科学文化知识、先进思想和道德规范的，因此对于学生看来教师是一种典范，如果教师与学生希望的教师形象一致，不仅会增强教师对学生教育的感染力，而且可以增强教师在学生心目中的典范性，提高学生对教师的信赖和崇拜感。

（4）要给学生以良好的第一印象。教师应高度重视第一次与学生见面，力争在第一堂课从各方面给学生留下好印象，同时教师还要珍惜自然威信，即在师生交往初期由学生对教师自发的信任和尊敬而产生的威信，它建立在教师所具有的教育者权威的基础上，也是教育职业本身带来的一种不自觉的威信。

（5）建立良好的师生关系。一个好的教师，不仅是学生的良师益友，更是学生的知心朋友，因此，教师要真正从对学生的爱出发，关心学生，严格要求学生，在教育教学中创造出民主、和谐、愉悦的学习氛围，才能唤起学生对学习的主观能动性。出现问题时一定要对学生一视同仁。公平公正地对待每一个学生，只有这样学生才会真正信服老师，教师威信也就自然而然地树立起来了。

四、分析论述题

1. 论述构建良好师生关系的基本策略。

【答案要点】

良好师生关系的构建就是师生关系建立、调整和优化的过程。教师在师生关系建立与发展中占有重要地位，起着主导作用。要建立民主、和谐亲密、充满活力的师生关系，对教师来说，有以下几种策略：

（1）了解和研究学生。包括了解学生个体的思想意识、道德品质、兴趣、需要、知识水平、学习态度和方法、个性特点、身体状况和班集体的特点及其形成原因。

（2）树立正确的学生观。学生观就是教师对学生的基本看法，它影响着教师对学生的认识及其态度与行为，进而影响学生的发展。正确的学生观来自教师对学生的观察和了解，来自教师向学生的学习和对自我的反思。

（3）热爱、尊重学生，公平对待学生。热爱学生包括热爱所有学生，对学生充满爱心，经常走到学生之中，忌讳挖苦、讽刺、粗暴对待学生。尊重学生特别要尊重学生的人格，保护学生的自尊心，维护学生的合法权益，避免师生对立。教师处理问题必须公正无私，使学生心悦诚服。

（4）主动与学生沟通，善于与学生交往。要求教师掌握沟通与交往的主动性，经常与学生保持接触、交心；同时教师还要掌握与学生交往的策略和技巧，如寻找共同的兴趣或话题、一起参加活动等。

（5）努力提高自我修养，健全人格。教师要使师生关系和谐，就必须通过自己崇高的理想，科学的世界观、人生观，渊博的知识，严谨的治学态度，活泼开朗的性格，多方面的爱好与兴趣等来吸引学生。

2. 论述影响创造力培养的因素。

【答案要点】

（1）生理基础。个体的神经系统，尤其是大脑所固有的结构和功能是创造性产生的物质基础。

（2）知识经验。丰富的知识是创造的必要条件，但只有那些具备了条件化、结构化、自动化和策略化表征的知识，才是高质量的知识，才能促进创造性的发挥。

（3）社会文化和教育观念。社会文化和教育对个体创造力有巨大影响，保守封闭、排斥新观念的社会文化和教育不利于个体创造力发展。

（4）个人心态、人格特征和认知习惯。个人消极的心态、人格特征和认知习惯对个体创造性发展起阻碍作用。

3. 论述黄炎培职业教育理论的观点及启示。

【答案要点】

（1）职业教育的作用与地位。

①作用。就其理论价值而言，在于"谋个性之发展""为个人谋生之准备""为个人服务社会之准备""为国家及世界增进生产力之准备"。就其教育和社会影响而言，在于通过提高国民的职业素养，确立社会国家的基础。就其对当时中国社会的作用而言，在于有助于解决中国最大、最重要、最急需解决的人民生计问题，消灭贫困，并进而使国家每一个公民享受到基本的自由权利。

②地位。职业教育在学校教育制度上的地位是一贯的、整个的和正统的。"一贯的"是指应建立起从初级到高级的职业教育系统。"整个的"是指不仅在学校教育体系中要有一个独立的职业教育系统，其他各级各类教育也要与职业教育相互沟通。不仅普通教育要适应职业需要，职业教育也要防止偏执实用的片面。"正统的"是指应破除以普通教育为正统，以职业教育为偏系的传统观念，平等地看待二者。

（2）职业教育的目的。

黄炎培将职业教育的最终目的概括为"使无业者有业，使有业者乐业"。前者是指通过职业教育为资本主义工商业发展造就适用人才，同时解决社会失业问题，使人才不至浪费，使生计得以保障。后者是指通过职业教育形成人的道德智能，使之能胜任和热爱自己的职业，进而能有所创造发明，造福于社会人类。

（3）职业教育的方针。

黄炎培在数十年的实践中，形成了社会化、科学化的职业教育办学方针。

社会化：办理职业教育，必须注意时代发展趋势与应行的途径，社会需要哪种人才，就办哪种学校。强调职业教育必须适应社会需要。

科学化：指用科学来解决职业教育问题。开展职业教育需要的工作包括物质方面和人事方面，这两方面的工作都需要遵循科学原则。

（4）职业教育的教学原则。

黄炎培根据职业教育的特点总结出以往教育的经验，提出"手脑并用""做学合一""理论与实际并行""知识与技能并重"等主张，作为开展职业教育教学工作必须坚持的原则。

（5）职业道德教育

黄炎培把职业道德教育的基本要求概括为"敬业乐群"。"敬业"是指热爱自己的职业，做到尽职，有为所从事职业和全社会做出贡献的追求。"乐群"是指有高尚情操和群体合作精神，有服务和奉献精神。

黄炎培的职业教育理论不仅从宏观上把握了教育与社会的关系，而且站在社会生产和经济发展的角度来看待问题，密切关注欧美等各国职业教育的最新发展趋势，符合中国实际，反映了中国国情，对我国的教育改革产生了巨大的影响。

2016年 重庆师范大学 333 教育综合·真题解析

一、单项选择题

1~5 AADCA　6~9 ACCB

二、辨析题

1. 动物界也存在教育。

【答案要点】

该观点错误。

教育是人的发展与社会发展的中介活动，其主旨在于以人为本、育人成人，培养人成为他所生存的那个时代的社会实践主体，引导人和社会的持续发展。教育是人类特有的社会活动，动物的生存本领属于遗传，不属于教育活动。

2. 美国的《国防教育法》遵循了儿童的身心发展特点。

【答案要点】

该观点错误。

1958年美国颁布《国防教育法》，将教育提高到保卫国家国防的高度。其主要内容包括：加强普通学校的自然科学、数学和现代外语的教学；加强职业技术教育；强调"天才教育"；增拨大量教育经费。其颁布与实施，促进了美国教育事业的发展，有利于美国教育质量的提高和科技人才的培养。

《国防教育法》是作为改革美国教育、加快人才培养的紧急措施推出的，不是强调遵循儿童的身心发展特点。

3. 建构主义的核心教学模式是程序教学。

【答案要点】

该观点错误。

程序教学指通过教学机器呈现程序化教材而进行自学的一种方法。它把一门课程学习的总目标分为几个单元，再把每个单元分成许多小步子。学生在学完每一步骤的课程后，就会马上知道自己的学习结果，即能得到及时强化，然后按顺序进入下一步的学习。

程序教学是行为主义学习理论的教学应用，不是建构主义的教学模式。

4. 稷下学宫具有同时代私学与官学不具有的特点。

【答案要点】

该观点正确。

从性质上看：稷下学宫是一所由官家举办而由私家主持的特殊形式的学校。稷下学宫是一所集讲学、著述、育才活动为一体并兼有咨议作用的高等学府。

从特点上看：稷下学宫学术自由、待遇优厚、管理规范。

从历史意义上看：促进了战国时期思想学术的发展；显示了中国古代士人的独立性和创造精神；创造了一个独特的教育典范。

三、简答题

1. 简述良好师生关系的建构策略。

【答案要点】

良好师生关系的构建就是师生关系建立、调整和优化的过程。教师在师生关系建立与发展中占有重要地位，起着主导作用。要建立民主、和谐亲密、充满活力的师生关系，对教师来说，有以下几种策略：

（1）了解和研究学生。包括了解学生个体的思想意识、道德品质、兴趣、需要、知识水平、学习态度和方法、个性特点、身体状况和班集体的特点及其形成原因。

（2）树立正确的学生观。学生观就是教师对学生的基本看法，它影响着教师对学生的认识及其态度与行为，进而影响学生的发展。正确的学生观来自教师对学生的观察和了解，来自教师向学生的学习和对自我的反思。

（3）热爱、尊重学生，公平对待学生。热爱学生包括热爱所有学生，对学生充满爱心，经常走到学生之中，忌讳挖苦、讽刺、粗暴对待学生。尊重学生特别要尊重学生的人格，保护学生的自尊心，维护学生的合法权益，避免师生对立。教师处理问题必须公正无私，使学生心悦诚服。

（4）主动与学生沟通，善于与学生交往。要求教师掌握沟通与交往的主动性，经常与学生保持接触、交心；同时教师还要掌握与学生交往的策略和技巧，如寻找共同的兴趣或话题、一起参加活动等。

（5）努力提高自我修养，健全人格。教师要使师生关系和谐，就必须通过自己崇高的理想，科学的世界观、人生观，渊博的知识，严谨的治学态度，活泼开朗的性格，多方面的爱好与兴趣等来吸引学生。

2. 简述奥苏伯尔有意义学习的条件和实质。

【答案要点】

（1）有意义学习的实质。

有意义学习就是符号所代表的新知识与学习者认知结构中已有的适当观念建立非任意的和实质性的联系。有意义学习的类型包括表征学习、概念学习和命题学习。

①非任意的联系是指新知识与认知结构中有关观念存在某种合理的或逻辑上的联系。

②实质性的联系是指新的符号或观念与学习者认知结构中已有的表象、已经有意义的符号、概念或命题的联系，是一种非字面的联系。

（2）有意义学习的条件。

①有意义学习的材料必须具有逻辑意义，这种逻辑意义指的是材料本身在人的学习能力范围内而且与有关观念能够建立非任意的和实质性的联系。

②学习者必须具有有意义学习的心向，也就是积极主动地把新知识与认知结构中原有的适当知识加以联系的倾向。

③学习者认知结构中必须具有适当的知识，以便与新知识进行联系。

④学习者必须积极主动地使这种具有潜在意义的新知识与他认知结构中有关的原有知识发生相互作用，导致原有知识得到改造，新知识获得实际意义，即心理意义。

3. 简述陶行知的生活教育。

【答案要点】

生活教育理论是陶行知教育思想的核心，集中反映了他在教育目的、内容和方法等方面的主张，反映了陶行知探索适合中国国情和时代需要的教育理论的努力。

（1）生活即教育。"生活即教育"是陶行知生活教育理论的核心，其内涵十分丰富。第一，生活含有教育的意义；第二，实际生活是教育的中心；第三，生活决定教育，教育改造生活。

（2）社会即学校。"社会即学校"是生活教育理论另一重要主张，是"生活即教育"思想在学校与社会关系问题上的具体化。社会即学校是指社会含有学校的意味，或者说以社会为学校；学校含有社会的意味，也就是说，学校通过与社会生活相结合，一方面运用社会的力量使学校进步，另一方面动员学校的力量帮助社会进步，使学校真正成为社会生活必不可少的组成部分。

（3）教学做合一。"教学做合一"是生活教育理论的又一重要主张，是"生活即教育"在教学方法问题上的具体化。"教学做合一"要求在"劳力上劳心"，认为"行是知之始"，要求"有教先学"和"有学有教"，是对注入式教学法的否定。

4. 简述校本课程、隐性课程、综合课程和活动课程的含义。

【答案要点】

（1）校本课程是以学校为课程编制主体，自主开发与实施的一种课程，是相对于国家课程和地方课程的一种课程。校本课程的实施有助于最大限度地促进每个学生的发展，有助于提高教师的专业水平，有助于提高学校的办学水平。

（2）隐性课程，也称潜在课程、隐蔽课程，是以内隐的、间接的方式呈现的课程，是学生在显性课程以外所获得的所有学校教育的经验，不作为获得特定教育学历或资格证书的必备条件。其主要表现形式有：观念性隐性课程、物质性隐性课程、制度性隐性课程、心理性隐性课程。

（3）综合课程，又称"广域课程""统合课程"或"合成课程"。它采取合并相关学科的办法，减少教学科目，把几门学科的教学内容组织在一门综合学科之中，根本目的是克服学科课程分科过细的缺点。综合课程比较容易贴近社会现实和实际生活，但其对教材编写和师资力量要求较高。

四、分析论述题

1. 论述教师专业发展的内涵以及如何发展。

【答案要点】

教师专业发展，又称教师专业成长，是指教师在整个专业生涯中，依托专业组织、专门的培养制度和管理制度，通过持续的专业教育，习得教育教学专业技能，形成专业理想、专业道德和专业能力，从而实现专业自主的过程。它包括教师群体的专业发展和教师个体的专业发展。

教师的专业发展途径有：

（1）加强和改革师范教育。要发展师范教育，切实提高教师队伍的质量，第一，必须采取有效的政策性措施，鼓励和吸引大批优秀学生报考师范院校。第二，努力提高教师的社会地位和物质待遇，增强师范教育的吸引力。第三，联系现时代对教师作用和职能的新要求，使未来教师能获得与之相应的专业训练，尤其要树立师范生先进的教育理念。第四，吸收除正规教师以外的各种可能参与教育过程的人，并为其从教提供必要的职业帮助。

（2）实施教师资格考察制度。实施教师资格考察制度，不仅有利于加强教师质量的管理与考核，而且为非师范专业毕业的大学生谋求教师职业开辟了道路，从而切实有效地充实了教师队伍。该制度包括三层含义：第一，教师资格制度是国家实行的一种职业资格制度；第二，教师资格制度是法律规定的，必须依法实施；第三，教师资格是教师职业许可。

（3）加强教师在职提高。教师在职提高的主要途径包括教学反思、校本培训、校外支援与合作等形式。

2. 如何激发学生的学习动机？

【答案要点】

（1）创设问题情境，实施启发式教学。

在学习过程中，仅仅让学生简单地重复已经学过或者过难的东西，学生都不会感兴趣。只有在学习那些"似懂非懂""似会非会"的东西时，学生才感兴趣而且迫切希望掌握它。

（2）根据作业难度，恰当控制动机水平。

教师在教学时，要根据学习任务的不同难度，恰当控制学生学习的动机水平。学习较简单课题时，尽量使学生集中注意力；学习较复杂课题时，尽量创造轻松自由的课堂气氛。在学生遇到困难时，尽量心平气和地耐心引导，以免学生过度紧张和焦虑。

（3）充分利用反馈信息，给予恰当的评定。

一方面学习者可以根据反馈信息调整学习活动，改进学习策略；另一方面学习者为了取得更好的成绩或避免再犯错误而增加了学习动机，从而保持了学习的主动性和积极性。

（4）妥善进行奖惩，维护内部学习动机。

一般而言，表扬与奖励比批评与指责能更有效地激发学生的学习动机，前者能使学生获得成就感，增强自信心。但过多使用表扬和奖励，或者使用不当，也会产生消极作用。

（5）合理设置课堂环境，妥善处理竞争和合作。

在教学活动中，应该注意竞争与合作的相互补充和合理运用。极端的竞争会对学生的学习行为和集体团结产生消极影响。适量与适度的竞争与合作的恰当结合，会有效激励学生的学习动机。

（6）适当进行归因训练，促使学生继续努力。

一方面，要引导学生找出成功或失败的真正原因，即进行正确归因；另一方面，教师也应根据每个学生过去一贯的成绩优劣差异，从有利于今后学习的角度进行积极归因。

（7）培养自我效能感，增强学生成功的自信心。

自我效能感影响学生的自我评价和自信心，进而影响学习成绩。尤其是学业不良的学生，由于对自己的学习能力持怀疑态度，表现出很低的自我效能感。因此，教师在教学中要通过一定的方法提高他们的自我效能感。

（8）维护学生自我价值，警惕自我妨碍策略。

自我价值理论指出，学生有保护和表现自我价值的需要，这是个人追求成功的内在动力。教师要理解和尊重学生的这种需要，引导他们把自我价值的实现方式与正向、积极的学习行为相联系，避免学生不断从环境中体验到对自我价值的威胁感，从而采取各种自我妨碍的逃避策略。

（9）维护内在需要，促进外部动机内化。

兴趣、好奇心、探索欲，是人类学习的最早动力。源于内部需要的学习动机具有更多的坚持性和抗干扰性。然而，不是每个孩子都对教育中涉及的所有内容充满好奇和兴趣。因此，教师要帮助学生将外部调控的学习动机不断内化，形成相对自主调控的学习动机。

2015年 重庆师范大学333教育综合·真题解析

一、名词解释

学校教育制度

学校教育制度简称学制，指的是一个国家各级各类学校的系统及其管理规则，它规定着各级各类学校的性质、任务、入学条件、修业年限以及它们之间的关系。

综合课程

综合课程，又称"广域课程""统合课程"或"合成课程"。它采取合并相关学科的办法，减少教学科目，把几门学科的教学内容组织在一门综合学科之中，根本目的是克服学科课程分科过细的缺点。综合课程比较容易贴近社会现实和实际生活，但其对教材编写和师资力量要求较高。

生活教育理论

生活教育理论是陶行知教育思想的核心，集中反映了他在教育目的、内容和方法等方面的主张，反映了陶行知探索适合中国国情和时代需要的教育理论的努力。

赞科夫的发展性教学理论

赞科夫是苏联著名的心理学家和教育家，他的教学理论主要处理的是教育与人的发展关系问题。通过多年的实验，赞科夫形成了他的发展性教学理论。他认为，教学的核心是要使学生的一般发展取得成效。

规范学习

社会规范学习是指个体接受社会规范，内化社会价值，将外在的行为要求内化为自己的行为需要，从而建构主体内部的社会行为调节机制的过程，即社会规范的内化过程。其目的在于使个体适应社会生活。

问题解决

问题解决是指个体在面临问题情境而没有现成方法可以利用时，将已知情境转化为目标情境的认知过程。当常规或自动化的反应不适用于当前的情境时，问题解决者需要超越对过去所学规则的简单应用，对所学规则进行一定的组合，产生一个解答，达到问题解决的目的。它涉及到认知、情感和行为活动成分。

二、简答题

1. 简述人的全面发展与"五育"并举的关系。

【答案要点】

（1）人的全面发展。

所谓全面发展教育，是对含有各方面素质培养功能的整体教育的一种概括，是对为使学习者多方面得到发展而实施培养的教育活动的总称，是由多种相互联系而又各具特点的教育所组成。关于全面发展教育的基本构成，学界通常多以德育、智育、体育、美育、劳动技术教育等作为全面发展教育的构成主体。

（2）五育并举。

我国普通中小学教育的组成部分包括德、智、体、美、劳"五育"。

①体育：授予学生健身知识、技能，发展学生体力、增强学生体质的教育。

②智育：授予学生系统的科学文化知识、技能和发展他们智力的教育。

③德育：引导学生领悟社会主义思想和道德规范，组织和指导学生的道德实践，培养学生的社会主义品德的教育。

④美育：培养学生正确的审美观，发展他们鉴赏美、创造美的能力，培养其高尚情操和文明素质的教育。

⑤劳动技术教育：传授基本的生产技术知识和生产技能，培养劳动观点和劳动习惯的教育。

（3）人的全面发展与"五育"并举的关系。

对于普通中小学学生的全面发展来说，上述五个组成部分，既相对独立、各有特点、规律和功能，缺一不可；同时，又相互制约、相互促进，组成统一的教育过程。因此，我们必须考虑到人的发展的全面性和整体性，坚持"五育"并举，处理好它们之间的关系，使其相辅相成，发挥其整体功能。

2. 如何看待"发现学习是有意义的学习，接受学习是机械学习"这一观点？（辨析题）

【答案要点】

该观点错误。

奥苏伯尔等人根据两个维度对认知领域的学习进行了分类：根据主体所得经验的来源不同，将学习分为接受学习和发现学习；根据主体所得经验的性质不同，即学习材料和学习者原有知识经验的关系的不同，将学习分为意义学习和机械学习。

这两个维度互不依赖，彼此独立，且每个维度存在着许多过渡形式。所以，发现学习未必是有意义的，也可能是机械的。同样，接受学习未必是机械的，也有可能是有意义的。

3. 简述科举制度对传统中国学校教育的影响。

【答案要点】

积极影响：

（1）扩大了统治基础，有利于加强中央集权。通过科举考试，平民及中小地主阶层获得了参政的机会，打破了门阀士族地主垄断统治权力的局面，扩大了封建统治的统治基础。同时，通过科举考试，朝廷将选士大权收归于中央政府，强化了中央集权的统治。

（2）使选士与育士紧密结合。促进人们的思想统一于儒学，成为实施儒家"学而优则仕"原则的途径。刺激学校教育的发展，有利于教育的普及。

（3）使选拔人才较为客观公正。隋唐科举考试在发展的过程中逐步建立了较为完备的考试制度，同时逐步建立了一系列的考试防范措施，加强考试管理。

消极影响：

（1）国家只重科举取士，而忽略了学校教育。学校成为科举考试的预备机构，一切教学活动都围绕着科举考试来进行，学校失去了相对独立的地位和作用。

（2）束缚思想，败坏学风。学校教学安排围绕科举进行，导致学校教育中重文辞少实学，重记诵而不求义理，形成了教条主义、形式主义的学习风气。在科举制的影响下，读书的目的不是求知求真，而是为了功名利禄，具有强烈的功利色彩。

（3）科举考试内容的狭隘也阻碍了中国文化的和谐发展，特别是科技文化的发展。

4.如何看待"在基础教育中，思维与能力的训练优于基础知识和基本技能的学习"这一说法？（辨析题）

【答案要点】

该观点错误。

在基础教育中，基础知识和基本技能的学习以及思维与能力的训练都是必不可少的。不存在思维与能力的训练优于基础知识和基本技能的学习这种说法。这二者缺一不可，基础知识和基本技能的学习是最基本的，缺少这方面的学习就无法进行思维与能力的训练。

5.试比较进步主义教育与新教育运动。

【答案要点】

（1）新教育运动。

新教育运动，亦称新学校运动，是指19世纪末20世纪初在欧洲兴起的教育改革运动，初期以建立不同于传统学校的新学校作为新教育的"实验室"为其特征。1889年，英国教育家雷迪在英格兰创办阿伯茨霍尔姆乡村寄宿学校，标志着新教育运动的开端。其内容包括梅伊曼、拉伊的实验教育学、凯兴斯泰纳的"公民教育"与"劳作学校"理论和蒙台梭利的教育思想等。著名实验包括阿博茨霍尔姆乡村寄宿学校、德国教育家利茨创办的德国第一所乡村教育之家、法国的社会学家和教育家德莫林创办的法国的第一所新学校——罗歇斯学校、比利时教育家德可乐利创办的生活学校等。

（2）进步教育运动。

进步主义教育运动是指产生于19世纪末并持续到20世纪50年代的美国的一种教育革新思潮，旨在反对工业社会的政治经济弊病。进步教育理论主要在美国的公立学校中进行。相对于欧洲的"新学校"来说，进步学校更关心普通民众的教育，更强调教育与生活的联系，更重视从做中学，更注意学校的民主化问题。进步教育运动的发展大致经历了兴起、成型、转折和衰落四个阶段。

著名的实验包括昆西教学法、有机教育学校、葛雷制、道尔顿制、文纳特卡制和设计教学法等。

（3）二者的异同点：

不同：①两种教育运动的具体操作方式不同。新教育运动始于欧洲，主要是在原有的新学校中进行一些教学改革和实验，且这些学校大多建立在乡村或者城市郊区。进步主义教育始于美国。其主要是通过建立一些新的学校来进行教学改革和实验的。

②两种教育运动的理论基础不同。新教育运动主要以梅伊曼、拉伊的实验教育学以及凯兴斯泰纳的相关理论进行指导。而进步主义教育运动的思想来源于卢梭、裴斯泰洛齐和福禄培尔。理论基础不同也是两场运动非常重要的区别。

③两种教育运动的侧重点不同。相比较新教育运动来说，进步主义教育运动更强调与社会生活的联系，更加贴近生活实际。

④两种教育运动的教育对象不同。新教育运动主要面向上层社会群体，这和欧洲传统的双轨制传统不无关系。进步主义教育运动主要面向普通民众。

⑤两种教育运动的影响程度不同。发生在美国的进步主义教育运动的影响要更深远一些。

相同：第一，都反映了第一次世界大战前后资本主义国家的政治、经济发展的需要；第二，都反对传统教育，提倡儿童的自由发展；第三，重视儿童培养儿童的"合作"精神；第四，使用新的教学方法；第五，都受实用主义教学理论的影响。

四、分析论述题

1. 从教师专业发展的角度,结合自身教育经历,分析教师职业道德的重要性及其养成途径。

【答案要点】

(1)教师职业道德的重要性。

教师的职业道德又称"教师道德"或"师德",是教师在从事教育劳动中所遵循的行为准则和必备的道德品质。它是社会职业道德的有机组成部分,是教师行业特殊的道德要求。它从道义上规定了教师教育劳动过程中以什么样的思想、感情、态度和作风去待人接物,处理问题,做好工作,为社会尽职尽责。它是教师行业的特殊道德要求,是调整教师与教师、教师与学生、教师与校领导、教师与学生家长以及教师与社会其他方面关系的行为准则,是一般社会道德在教师职业中的特殊体现。爱与责任是师德的核心与灵魂。当前,教师职业道德的时代特征主要有爱国守法、爱岗敬业、教书育人、关爱学生、为人师表、终身学习。

(2)教师职业道德的养成途径。

①突出课堂育德,在教育教学中提升师德素养。充分发挥课堂主渠道作用,引导广大教师守好讲台主阵地,将立德树人放在首要位置,融入渗透到教育教学全过程,以心育心、以德育德、以人格育人格。把握学生身心发展规律,实现全员全过程全方位育人,增强育人的主动性、针对性、实效性,避免重教书轻育人倾向。加强对新入职教师、青年教师的指导,通过老带新等机制,发挥传帮带作用,使其尽快熟悉教育规律、掌握教育方法,在育人实践中锤炼高尚道德情操。将师德师风教育贯穿师范生培养及教师生涯全过程,师范生必须修学师德教育课程,在职教师培训中要确保每学年有师德师风专题教育。

②突出典型树德,持续开展优秀教师选树宣传。大力宣传新时代广大教师阳光美丽、爱岗敬业、甘于奉献、改革创新的新形象。深入挖掘优秀教师典型,综合运用授予荣誉、事迹报告、媒体宣传、创作文艺作品等手段,充分发挥典型引领示范和辐射带动作用。开展多层次的优秀教师树德宣传活动,形成校校有典型、榜样在身边、人人可学可做的局面。组织教师中的"时代楷模"、全国教书育人楷模、国家教学名师、最美教师等开展师德宣讲。鼓励各地各校采取实践反思、情景教学等形式,把一线优秀教师请进课堂,用真人真事诠释师德内涵。

③突出规则立德,强化教师的法治和纪律教育。以学习《中华人民共和国教师法》、新时代教师职业行为十项准则系列文件等为重点,提高全体教师的法治素养、规则意识,提升依法执教、规范执教能力。制定教师法治教育大纲,将法治教育纳入各级各类教师培训体系。强化纪律建设,全面梳理教师在课堂教学、关爱学生、师生关系、学术研究、社会活动等方面的纪律要求,依法依规健全规范体系,开展系统化、常态化宣传教育。加强警示教育,引导广大教师时刻自重、自省、自警、自励,坚守师德底线。

2. 结合中小学(或幼儿)相关学习(或学科)领域,分析学生创造性的培养。

【答案要点】

在小学语文课标中明确表明:要培养孩子的创新精神和实践能力。儿童时期是家长培养孩子创造性的关键阶段,如果孩子没有在这一阶段受到有效的引导,孩子的创新能力就将逐渐消失。培养创造性的方法有:

(1)营造鼓励创造的环境。这是促进学生创造性发展的必要条件。首先,应倡导民主式的教育和管理。其次,应改革考试制度,为学生创造宽松的学习环境。再次,应增加自主选择课程的机会和有针对性的课程设计。最后,应为学生提供创造性人物的榜样。

(2)培养创造性的教师队伍。首先,要转变教师的教育教学观念,使教师形成理解并鼓励学生的创造;其次,要教给教师必要的创造技法和思维策略;再次,为教师提供明晰的、具有实用价值的有关创造性的知识及相应的教学策略和技能；最后，教师应不断学习关于创造性的心理学知识，用心理学的理论指导自己的实践。

（3）培育创造意识，激发创造动机。只有当个人具有自觉的创造意识、强烈的创造动机，才易产生新思想、新方法、新观点。需要做到：树立学生创新的自信心；激发创造热情；磨砺创造意志；培养创造勇气。

（4）发展和培养创造性思维。创造性思维是创造性的核心。创造性思维的培养应注意以下几个方面：加大思维的"前进跨度"，培养思维的跳跃能力；加大思维的"联想跨度"，使学生敢于把习惯上认为毫不相干的、表面上看来微不足道的问题联系起来或进行移植；加大"转换跨度"，引导学生敢于否定原来的设想，善于打破固有的思路；给学生大胆探索与推测的体会。

（5）开设创造课程，教给创造技法。教学是培养学生创造性的重要途径。因此，开设创造性课程已成为国内外开发创造性的有效途径。在创造性课程的教学中，注重教给学生基本的创造技巧与方法是培养创造性的有效措施。促进创造性发展的主要创造技法有：头脑风暴法、系统探求法、联想类比法、组合创新法、对立思考法、转换思考法。

（6）塑造创造性人格。创造性人格是创造性的重要组成部分，培养学生的创造性人格是培养创造性的重要内容。主要方法有：保护好奇心；解除对错误的恐惧心理；鼓励独创性与多样性。此外，自信与乐观、忍耐与有恒心、合作、严谨等也是创造性人格培养的重要方面。

3. 结合我国社会发展需要，试论述基础教育对终身教育趋势的应对与变革。

【答案要点】

终身教育是人一生各阶段当中所受各种教育的总和，也是人所受的不同类型教育的综合。前者从纵向上讲，说明终身教育不仅仅是青少年的教育，而且涵盖了人的一生；后者从横向上讲，说明终身教育既包括正规教育，也包括非正规教育和非正式教育。

为更好应对终身教育，基础教育阶段，教师应该从专业知识、执教能力、学科实践、信息素养方面提高自己。

（1）更新专业知识。

我们从小就开始接受教育，学校教育获得的知识无疑会让我们终身受益，但不能完全适应现代化的教育需要。当今世界，科技突飞猛进、信息与日俱增，社会各个领域的科学知识不断由单一走向多元，不断向更深更广的层面发展，只有更新专业知识才能适应这样的国际形势。专业知识更新周期越来越短，旧知识淘汰很快，我们随时面临知识危机。新世纪教师要用发展的眼光看待学习，崇尚学习，迎接知识挑战。

（2）提高执教能力。

过去，传统教学强调教师的知识垄断和经验权威，强调单向式、灌注式教育。这种传统的教育观念和教育方法根深蒂固，与现代提倡的以人为本的素质教育观念矛盾对立。旧的教育模式轻视人的全面发展要素，忽略师生共同参与教学的探究和批判精神，严重压抑学员自主性和创造性发展，必须改革。

（3）提高学科实践能力。

教师的教育活动与科研活动日益紧密，教学与科研成为教师的重要职责。教师通过教学和科研实践不仅仅要造就富于创新精神的学员，也要造就不断创新与发展着教师本身。因此在教学研究中，教师之间、同行之间乃至师生之间，应善于协作交流，分享教学经验，把自己融入教学共同体中，奉献或吸收最新研究成果。

（4）提高信息素养。

一名高素质的教师应该意识到，只有能驾驭信息技术工具，才能享有信息时代、数字化世界所带来的机遇。要通过职前、职中培训或教师自学，增强教师锐敏的信息意识和创新意识。

2014年 重庆师范大学333教育综合·真题解析

一、单项选择题

1~5 BBCAB　6~10 BDACA　11~15 BADBD　16~20 BCCAD

二、辨析题

1. 教师的基本权利只有教育教学权。

【答案要点】

该观点错误。

教师的基本权利不仅仅只有教育教学权。教师除了享有国家宪法规定的公民的一般权利外，还应享有这一领域有关法律所赋予教师的各种特殊权利。主要有以下几个方面：独立工作的权利；自我发展的权利；参与管理的权利；争取合理报酬、享受各种待遇的权利。

2. 蔡元培提倡的"教育独立"思想，指的是教育经费的独立。

【答案要点】

该观点错误。

蔡元培提倡的"教育独立"思想，不仅仅指的是教育经费独立。教育独立的基本要求可以大致归结为：教育经费独立；教育行政独立；教育学术和内容独立；教育脱离宗教而独立。

3. 操作性条件反射和经典性条件反射的建立过程基本不同。

【答案要点】

该观点正确。

巴甫洛夫的条件反射是通过条件刺激反复与无条件刺激相匹配，从而使个体学会对条件刺激做出条件反应的过程。条件刺激和无条件刺激必须同时或近于同时呈现，且条件刺激必须先于无条件刺激呈现，否则难以建立联系。斯金纳的操作性条件反射，强化刺激则需要伴随反应出现。

4. 稷下学宫与之前的官学和同时代的私学相比都显得独具特色。

【答案要点】

该观点正确。

从性质上看：稷下学宫是一所由官家举办而由私家主持的特殊形式的学校。稷下学宫是一所集讲学、著述、育才活动为一体并兼有咨议作用的高等学府。

从特点上看：稷下学宫学术自由、待遇优厚、管理规范。

从历史意义上看：促进了战国时期思想学术的发展；显示了中国古代士人的独立性和创造精神；创造了一个独特的教育典范。

三、简答题

1. 简述人的身心发展特点及其对教育的制约作用。

【答案要点】

（1）顺序性。在正常情况下，人的发展具有一定的方向性和顺序性，既不能逾越，也不能逆向发展。个体身心发展的顺序性，决定了教育教学工作的顺序性，在不同的发展阶段展开不同的教育活动，同时更应该按照发展的序列来施教，做到循序渐进。

（2）不平衡性。人的发展不总是匀速直线前进的，不同的系统的发展速度、起始时间、达到的成熟水平是不同的；同一机能系统在发展的不同时期也有不同的发展速率。人的发展的不平衡性要求教育要掌握和利用人的发展的成熟机制，抓住发展的关键期，促进学生健康地发展。

（3）阶段性。个体的身心发展的阶段性表现为不同年龄阶段的个体具有不同的年龄特征及主要矛盾，面临着不同的发展任务。人的发展的阶段性要求教育要从学生的实际出发，尊重不同年龄阶段学生的特点，并根据这些特点提出不同的发展任务，采用不同的教育内容和方法，进行有针对性的教育，以便有效地促进他们的个性发展。

（4）个别差异性。人的发展的个体差异表现在身心发展的速度、水平、表现方式等方面。人的发展的个别差异性要求教育要深入了解学生，针对学生不同的发展水平及不同的兴趣等因材施教，引导学生扬长避短、发展个性，促进学生自由发展。

（5）整体性。人的生理、心理和社会性等方面的发展是密切联系在一起的，并在发展过程中相互作用，使人的发展表现出明显的整体性。人的发展的整体性要求教育要把学生看作复杂的整体，促进学生在体、智、德、美、行等方面全面和谐地发展，把学生培养成完整和完善的人。

2. 班级授课制的特点有哪些？

【答案要点】

班级授课制是一种集体教学形式。它把一定数量的学生按年龄与知识程度编成固定的班级，根据周课表和作息时间表，安排教师有计划地给全班学生上课，分别学习所设置的各门课程。具有以下特征：

（1）从班级人数来看，按年龄或知识水平将学生编班，每个班的人数比较固定，现在的班级人数出现两种趋势，即大班额和小班化。

（2）从教学内容来看，教学分学科进行，每节课用于某一门特定学科的教学。

（3）从课时安排来看，教学在规定的课时内进行，每门学科的总课时数、学年课时数、周课时数一般根据固定的课时计划来确定。

（4）从教学场所来看，班级授课一般在教室、实验室中进行，较为固定，课堂中的座次也是相对固定的。

3. 简述张之洞"中学为体，西学为用"的教育思想。

【答案要点】

"中学为体，西学为用"是洋务派关于中西文化关系的核心命题，也是洋务教育的指导思想。在回答解决"西学"与中国固有文明之间的关系问题时，洋务派提出"中体西用"，认为在突出"中学"主导地位的前提下，应肯定"西学"的辅助作用和器用价值。1898年初，张之洞发表《劝学篇》，围绕"旧学为体，新学为用"的主旨集中阐述，形成了一个比较完整的思想体系。

（1）历史作用。

①洋务派提出"中体西用"，在不危及"中体"的前提下侧重强调采纳西学，既体现了洋务派的文化教育观，也是洋务派应对守旧派的策略。

②在"中体西用"形式下，"西学"教育的规模不断扩大。两次鸦片战争中，"中体西用"的内涵被不断调整，"西用"的范围不断延伸，逐渐纳入新的成分。

③洋务运动时期，"中体西用"理论为"西学"教育的合理性进行了有效论证，促进了资本主义文化在中国的传播。在此原则下实施的留学教育和举办的新式学堂给僵化的封建教育体制打开了缺口，改变了单一的传统教育结构。

（2）历史局限。

①"中体西用"思想本质上还是为了维护封建专制统治，阻碍了后来维新思想的广泛传播，不利于近代刚刚开始的思想启蒙运动。

②"中体西用"作为一种文化整合方案和教育宗旨来说是粗糙的。它是在没有克服中西文化固有矛盾情况下的直接嫁接，必然会引起两者之间的排异反应。

4. 简述赫尔巴特的教学形式阶段论所包含的四个阶段及基本含义。

【答案要点】

赫尔巴特的教学形式阶段，实际上就是课堂教学的完整过程，是一个包括教学方法、教学形式等内在的规范化的教学程序。他认为，兴趣活动可以划分为四个阶段：注意、期待、要求和行动。儿童在学习活动中的思维方式有两种：专心与审思。在此基础上，他提出了教学形式阶段理论，即"赫尔巴特四段教学法"。

（1）明了：当一个表象由自身的力量突出在感官前，兴趣活动对它产生注意；这时，学生处于静止的专心活动；教师通过运用直观教具和讲解的方法，进行明确的提示，使学生获得清晰的表象，以做好观念联合，即学习新知识的准备。

（2）联合：由于新表象的产生并进入意识，激起原有观念的活动，因而产生新旧观念的联合，但又尚未出现最后的结果；这时，兴趣活动处于获得新观念前的期待阶段；教师的主要任务是与学生进行无拘无束的谈话，运用分析的教学方法。

（3）系统：新旧观念最初形成的联系并不是十分有序的，因而需要对前一阶段由专心活动得到的结果进行审思；兴趣活动处于要求阶段；这时，需要采用综合的教学方法，使新旧观念间的联合系统化，从而获得新的概念。

（4）方法：新旧观念间的联合形成后需要进一步巩固和强化，这就要求学生自己进行活动，通过练习巩固新习得的知识。

评价：赫尔巴特的阶段教学论，在一定程度上揭示了教学过程方面的某些规律，反映了人类对教学过程和教学活动本质认识的发展，具有广泛的实践意义是值得充分肯定的；但是，该理论认为任何一堂课都必须遵循这样一个阶段，既限制了学生学习的积极主动性和创造精神，也束缚了教师教学的主动性和灵活性。

四、分析论述题

1. 结合近年教育部颁布的《教师专业标准》和实际，论述作为教师应该具备的基本素质。

【答案要点】

（1）高尚的师德。

①热爱教育事业，富有献身精神和人文精神。热爱教育事业，是搞好教育工作的基本前提。许多优秀教师之所以能在教育工作中做出卓越的成绩，首先是因为他们热爱教育事业，愿意为下一代的成长贡献出自己的毕生精力，甚至自己宝贵的生命。另外，教师还应具备人文精神，要关怀学生的学习和发展，关怀民族、人类的现实境遇和未来发展。

②热爱学生，诲人不倦。热爱教育事业具体体现在热爱学生上。爱学生是教师的天职，是教育好学生的重要条件。教师只有热爱学生，才能教育好学生，才能使教育发挥最大限度的作用。教师对学生的爱是一种巨大的教育力量，也是一种重要的教育手段。它往往能激发起学生对教师爱戴、感激和信任之情，使学生愿意接近教师，接受教师的教育。教师的爱还应该表现在对学生的学习、思想和身体的全面关心上，一视同仁地热爱全体学生，公正平等地对待每个学生。

③热爱集体，团结协作。教师的劳动既具有个体性，又具有集体性。一个学生的成才，绝非仅

仅是哪一位教师的功劳，而是教师群体的智慧和共同劳动的结晶，是许多教育工作者团结协作、一致努力的结果。因此，教师之间、教职员工之间应该相互尊重、团结协作，步调一致地教育学生，最大限度地发挥集体的教育力量。

④严于律己，为人师表。教师为人师表，必须以身作则，严于律己。凡是要求学生做到的，教师首先要做到；凡是要求学生不能做的，教师首先要自律。教师只有以身作则，才能树立威信，受到学生的尊敬。

（2）先进、科学的教育理念。

教育理念是教师在对教育工作本质理解的基础上形成的关于教育的观念和理性信念，它是以观念或信念的形式存在于教师头脑中的对教育现象和教育问题的看法。先进、科学的教育理念体现在教师的所有努力都要有利于学生精神世界的丰富、人格尊严的维护和美好人性的成长。如学生主体观、教学交往观、发展性教学评价观等。

（3）宽厚的文化素养。

教师的主要任务是通过向学生传授科学文化知识，培养其能力，促进其个性生动活泼地发展。一个好教师的基本条件之一，就是要有比较渊博的知识和多方面的才能。因此，教师对自己所教学科知识应科学、深入地把握，能对自己所教专业融会贯通、深入浅出、高瞻远瞩，达到运用自如的境界，在教学过程中不出知识性的错误。同时，教师还应有比较广博的文化修养。

（4）专门的教育素养。

教师的专门教育素养水平及其合理结构是教育教学任务得以完成的重要保证，它主要包括教育理论素养、教育能力素养和教育研究素养。

（5）健康的心理素质。

教师的心理健康不仅会直接影响教育工作的优劣成败，而且会影响学生的心理健康水平。因此，教师应该注重提高自己的心理素质。健康的心理素质体现在心理活动的方方面面，概括起来主要指：教师要有轻松愉快的心境、昂扬振奋的精神、乐观幽默的情绪以及坚韧不拔的毅力等。

（6）强健的身体素质。

教师的身体素质是指教师在教学活动中的自然力，是教师的身体健康状态和身体素质状态在教学中的表现。它主要通过健康的体魄、旺盛的精力、蓬勃的活力、有节律的生活方式和锻炼习惯等体现。教师的身体素质在教育教学中具有重要的教育意义。

2. 试阐释四种学习动机理论，并结合实际分析如何在该理论的指导下激发学生的学习动机。

【答案要点】

（1）学习动机理论。

①期望-价值理论。

阿特金森提出了期望-价值理论，他将期望和诱因看作动机的决定因素，认为人们在追求成就时存在力求成功的倾向和避免失败的倾向。一个人的成就行为体现了这两种倾向的冲突。根据两类倾向在个体的动机系统中所占的强度，可以将个体分为力求成功者和避免失败者。

②成败归因理论。

韦纳对行为结果的归因进行了系统探讨，发现人们倾向于将活动成败的原因归结为六个因素：即能力高低、努力程度、任务难易、运气好坏、身心状态、外界环境等。这六个因素可归为三个维度，即内部归因和外部归因、稳定性归因和非稳定性归因、可控归因和不可控归因。

③自我效能感理论。

自我效能感由班杜拉提出，是指个体对自己能否成功进行某一成就行为的主观判断。它影响着个体对行为的选择、付出多大努力以及坚持多久。他指出，人的行为受行为结果的影响，但行为的出现不是由于随后的强化，而是由于人认识了强化与行为之间的依赖关系后建立了对下一步强化的期望。他将期望分为两种：结果期望和效能期望。

④自我价值理论。

自我价值是指认为自己是优秀、有能力的个体的一种信念。科温顿认为，自我价值感是个体追求成功的内在动力。该理论认为，接纳自我是人的最优先追求，而接纳自我的前提是自我价值，自我价值则通常建基于在竞争中取得成功的能力。一旦自我价值受到威胁，人将竭力予以维护和防御，以建立正面的自我形象，从而接纳自我。自我价值理论将学生组合出四种类型，分别对应建立自我价值的四种动机倾向。

（2）激发学习动机的方法。

第一，创设问题情境，实施启发式教学；第二，根据作业难度，恰当控制动机水平；第三，充分利用反馈信息，给予恰当的评定；第四，妥善进行奖惩，维护内部学习动机；第五，合理设置课堂环境，妥善处理竞争和合作；第六，适当进行归因训练，促使学生继续努力；第七，培养自我效能感，增强学生成功的自信心；第八，维护学生自我价值，警惕自我妨碍策略；第九，维护内在需要，促进外部动机内化。

2013年 重庆师范大学 333 教育综合·真题解析

一、名词解释

课程标准

课程标准是指在一定课程理论指导下，依据培养目标和课程方案以纲要形式编制的关于课程的性质与价值、目标与内容、教学实施建议以及课程资源开发等方面的指导性文件，一般由说明、课程目标、课程内容标准和课程实施建议等部分组成。

班级授课制

班级授课制是一种集体教学形式。它把一定数量的学生按年龄与知识程度编成固定的班级，根据周课表和作息时间表，安排教师有计划地给全班学生上课，分别学习所设置的各门课程。

四书五经

四书五经，是指"四书"与"五经"的合称，是历代儒家学子研学的核心书经，在中国的传统文化中，四书五经占据着相当重要的位置。四书五经详细地记载了我国早期思想文化发展史上政治、军事、外交、文化等各个方面的史实资料以及孔孟等思想家的重要思想。"四书"包括《大学》《中庸》《论语》《孟子》，"五经"包括《诗经》《尚书》《礼记》《周易》《春秋》。

要素主义教育

要素主义教育是20世纪30年代末作为实用主义教育和进步教育的对立面出现的。要素主义教育是现代欧美国家一种强调学校教育的任务主要是传授人类文化遗产共同要素的教育思潮。1938年在美国成立的"要素主义者促进美国教育委员会"，是要素主义教育形成的标志。代表人物有巴格莱、科南特等人。

5. 自我效能感

自我效能感由班杜拉提出，是指个体对自己能否成功进行某一成就行为的主观判断。它影响着个体对行为的选择、付出多大努力以及坚持多久。

6. 内驱力

又称"驱力"，指在需要的基础上产生的内部唤醒状态或紧张状态，表现为推动有机体活动以达到满足需要的内部动力。

二、简答题

1. 简述我国教育目的的基本精神。

【答案要点】

2021年修订的《中华人民共和国教育法》规定："教育必须为社会主义现代化建设服务、为人民服务，必须与生产劳动和社会实践相结合，培养德智体美劳全面发展的社会主义事业的建设者和接班人。"这是目前教育目的最规范的表述。

我国教育目的表述虽几经变化，但其基本精神却是一致的，就是培养学生成为未来国家、社会发展的实践主体与主人。其基本点包括以下几个方面：培养"劳动者"或"社会主义建设人才"；坚持全面发展；培养独立个性。

综上所述，我国教育目的的价值取向的出发点与归宿在于：培养德、智、体、美、劳全面发展，具有创新精神、实践能力和独立个性的社会主义现代化需要的各级各类人才。

2. 简述教师的权利和义务。

【答案要点】

（1）教师的权利。

教师除了享有国家宪法规定的公民的一般权利外，还应享有这一领域有关法律所赋予教师的各种特殊权利。主要有以下几个方面：

①独立工作的权利，即教师依法享有对学生实施教育、指导、评价的权利。

②自我发展的权利，即教师依法享有发展自己、提高专业文化水平的权利。

③参与管理的权利，即教师可以通过各种合法途径参与学校的管理。

④争取合理报酬、享受各种待遇的权利。法律明确规定：教师享有"按时获取工资报酬，享受国家规定的福利待遇以及寒暑假期的带薪休假"的权利。

（2）教师的义务。

教师的义务是指教师依法应当承担的各种职责。《中华人民共和国教师法》规定，教师除了必须承担国家宪法规定的公民的一般义务外，还必须履行如下基本职责：

①遵守宪法、法律和职业道德，为人师表。

②贯彻国家的教育方针，遵守规章制度，执行学校的教学计划，履行教师聘约，完成教育教学工作任务。

③对学生进行宪法所确定的基本原则的教育和爱国主义、民族团结教育，法制教育以及思想品德、文化、科学技术教育，组织、带领学生开展有益的社会活动。

④关心、爱护全体学生，尊重学生人格，促进学生在品德、智力、体质等方面全面发展。

⑤制止有害于学生的行为或者其他侵犯学生合法权益的行为，批评和抵制有害于学生健康成长的现象。

⑥不断提高思想政治觉悟和教育教学业务水平。

3. 简述《大学》中的"三纲领八条目"。

【答案要点】

《大学》开篇就说"大学之道,在明明德,在亲民,在止于至善"。这是儒家对大学教育目的和为学做人目标的纲领性表达。"明明德""亲民"和"止于至善"被称之为"三纲领"。

（1）明明德：就是指把人天生的善性——"明德"发扬光大，这是每个人为学做人的第一步。

（2）亲民：个人的完善从来就不是儒家的目标，他们要求凡事都须由己及人，把个人自身的善转化为他人、尤其是民众的善，于是高一步的目标是"亲民"。

（3）止于至善：是大学教育的终极目标，每个人都应在其不同身份时做到尽善尽美。

为了实现"三纲领"，《大学》进一步提出一系列具体的步骤，即"八条目"：格物、致知、诚意、正心、修身、齐家、治国、平天下。

（1）格物、致知：格物就是学习儒家"六行""六德""六艺"之类，致知则是在格物基础上的提高，即从寻求事物的理开始，旨在借着综合而得最后的启迪。所以格物、致知是对先秦儒家学习起点思想和知识来源思想的概括。

（2）诚意、正心：诚意主要指人的意念、动机的纯正；正心就是不受各种情绪的左右，始终保持认识的中正，要求摆脱情绪对人认识和道德活动的影响。

（3）修身：不再局限于个人内心的自省与自律，开始走出自我，在与他人的相互关系中再认识、要求和提高自我，是人的一种综合修养过程，是人品质的全面养成。

（4）齐家、治国、平天下：这是个人完善的最高境界。齐家是一个施教过程，即成为家庭与家族的楷模，为人效法；治国是齐家的扩大和深化，而平天下是治国的扩大。其基本精神一以贯之，即为政以德，以孝悌、仁恤、忠恕之道治国。

4. 简述学习动机的培养。

【答案要点】

（1）创设问题情境，实施启发式教学。

（2）根据作业难度，恰当控制动机水平。

（3）充分利用反馈信息，给予恰当的评定。

（4）妥善进行奖惩，维护内部学习动机。

（5）合理设置课堂环境，妥善处理竞争和合作。

（6）适当进行归因训练，促使学生继续努力。

（7）培养自我效能感，增强学生成功的自信心。

（8）维护学生自我价值，警惕自我妨碍策略。

（9）维护内在需要，促进外部动机内化。

三、材料分析题

1. 请分析西方古希腊教育思想与中国孔子教育思想的主要分歧，以及对各自社会和教育发展的历史影响。

【答案要点】

古希腊教育思想包括古风时代的斯巴达教育和雅典教育，古典时代的智者派、苏格拉底、柏拉图、亚里士多德教育思想。

在斯巴达的教育体制中，培养英勇果敢的战士是教育的唯一目的。教育的任务是要使每一个斯巴达人在经过长期而严肃的训练后，成为一个坚韧不拔的战士和绝对服从的公民。

雅典教育的主要目的是培养身心和谐发展的合格公民。智者抱着实用的目的研究与辩论、演讲直接相关的文法、修辞、哲学等科目，并把这些知识传授给他人，进行政治家或统治者的预备教育。苏格拉底认为教育的目的是培养治国人才，治国者必须有德有才，深明事理，具有各种实际知识。柏拉图认为教育的最高目标是培养哲学家兼政治家——哲学王，教育的最终目的是促使"灵魂转向"。亚里士多德认为应对儿童应实施从体育到德育再到智育的全面和谐发展的教育并提倡自由教育。孔子提出"学而优则仕"的口号，确定了培养统治人才这一教育目的。

斯巴达教育中的国家导向型和实用性、专业性教育的模式代表着世界教育史上一种重要的实践方向。

雅典教育对理性主义的重视，对身心和谐发展教育理念的理解，对职业化和专业化教育的反对，对自由教育的强调等，对后世的教育思想和实践具有重大影响。

智者派推动了文化的传播，又由于教育对象范围的扩大而促进了社会的流动。

苏格拉底的"美德即知识"对于破除贵族阶级的道德天赋的理论，具有明显的进步意义。柏拉图在长期办学实践中，培养和造就了一大批在各领域做出重要贡献的知名学者，特别是学园，一度成为当时希腊世界重要的学术活动中心。亚里士多德提出的自由教育成为西方经典的教育模式之一，对于西方教育传统的形成具有重要作用。

孔子毕生从事教育活动，建树了丰功伟绩。他在实践基础上提出的一些首创的教育学说，为中国古代教育奠定了理论基础。他在教育史上的影响是极其深远的。

2. 阅读以下材料，指出做此表述的思想家是谁，阐明的核心观点是什么，并论述此教育家对西方教育发展的历史影响。

【答案要点】

材料中做此表述的思想家是卢梭，体现了他的自然教育思想。

（1）自然教育的基本含义。

卢梭自然主义教育的核心是"回归自然"。一方面，善良的人性存在于纯洁的自然状态之中。只有"回归自然"、远离喧嚣社会的教育，才有利于保持人的善良天性。因此15岁之前的教育必须在远离城市的农村进行。另一方面，每个人都是由自然的教育、事物的教育、人为的教育三者培养起来，只有三种教育圆满地结合才能达到预期的目的。三者之中，应以自然的教育为基准，才能使教育回归自然达到应有的成效。

（2）自然教育的培养目标。

自然教育最终目的是培养"自然人"，即身心调和发达、体脑两健、能力强盛的新人，也就是摆脱封建羁绊的资产阶级新人。具有以下特征：自然人是能独立自主的人，他能独自体现出自己的价值；在自然的秩序中，所有的人都是平等的；自然人又是自由的人，他是无所不宜、无所不能的；自然人还是自食其力的人，可无须仰赖他人为生，这是独立自主的可靠保证。

（3）自然教育的方法原则。

卢梭猛烈抨击了当时向儿童强迫灌输旧的道德和知识、摧残儿童天性的做法，他提出以下几点原则和方法：

①树立正确的儿童观。自然教育的必要前提是要改变对儿童的看法。在人生的秩序中，儿童有他的地位，应当把成人看作成人，把孩子看作孩子。

②消极教育。教育要遵循自然天性，也就是要求儿童在自身的教育和成长中取得主动地位，无须成人的灌输、压制、强迫，教师只需创造学习的环境，防范不良的影响。它的作用是消极的，是对儿童的发展不横加干涉的教育。

③自然后果律。当儿童犯了错误和过失后，不必直接去制止或处罚他们，而让他们在同自然的接触中，体会到自己所犯的错误和过失带来的自然后果，使儿童服从于自然法则，结合具体事例让

他们从自己的直接经验中受到教育。

④根据儿童天性的个体差异因材施教。卢梭要求教育者在进行教学之前必须先了解自己的学生。

（4）自然主义教育的实施。

卢梭根据自然教育的原则，根据人的自然发展的进程和不同年龄时期身心的特点，把自然教育分为婴儿期、儿童期、少年期和青春期。婴儿期主要进行体育；儿童期主要进行感官训练和身体发育，这个时期的儿童不宜进行理性教育，不应强迫儿童读书；少年期主要进行智育和劳动教育；青春期主要接受道德教育，包括宗教教育、爱情教育和性教育。

（5）影响。

卢梭是西方教育史上具有划时代意义的教育思想家，他对封建社会进行了猛烈的抨击，提出了反映新兴资产阶级利益的教育思想，是现代教育思想的重要来源。

①卢梭提出的自然主义教育思想是教育思想史上由教育适应自然向教育心理学化过渡的一个重要环节。在封建社会压制人性的情况下，提倡性善论、尊重儿童天性具有历史进步意义。他呼吁培养身心调和发展的自然人和自由人也反映了对人的发展的合理要求。

②卢梭论证了自然主义教育的内容和方法。如重视感觉教育的价值；反对古典主义和教条主义，要求人们学习真实有用的知识；反对向儿童灌输道德教条，要求养成符合自然发展的品德等。这些观点既是在前人的基础上的发展，也反映了近代教育的发展方向。

③卢梭的教育理论对欧美教育产生了深远影响。德国的泛爱教育运动、瑞士的裴斯泰洛齐的教育实验、美国进步主义教育运动等，无不受到卢梭自然教育理论的启发。

四、分析论述题

1. 试述建构主义学习理论及其对现实教育发展的影响。

【答案要点】

（1）知识观。

建构主义者质疑知识的客观性和确定性，强调知识的动态性。具体体现在以下几方面：

①知识的动态性。知识不是对现实的准确表征，只是一种解释、假设，不是问题的最终答案。

②知识的情境性。知识并不能精确地概括世界的法则，不能拿来便用，而是需要针对具体情境进行再创造。

③知识学习的主动建构性。知识不可能以实体的形式存在于具体个体之外，学习者对于命题的理解只能由个体基于自己的经验背景而建构起来，取决于特定情境下的学习历程。

（2）学生观。

建构主义认为，学生并不是被动接受教师传授的知识，而总是以自己的经验背景或自己的经验来建构对事物的理解。具体表现在以下几方面：

①建构主义者完全否定心灵白板说，强调学生经验世界的丰富性和差异性。

②学生并不是空着脑袋走进教室的，当问题呈现时，他们基于相关的经验，依靠推理和判断能力，形成对问题的某种解释。

③教学不能无视学生的先前经验，要把儿童现有的知识经验作为新知识的生长点，引导儿童从原有的知识经验中"生长"出新的知识经验。

④教学要增进学生之间的合作，使他看到那些与他不同的观点，促进学习的进行。

（3）学习观。

建构主义认为，学习是学习者主动地赋予信息以意义，建构自己的知识经验的过程，具有三个重要特征：

①主动建构性。面对新信息、新概念、新现象或新问题，学习者需要主动激活头脑中的先前知识经验，通过高层次思维活动，对各种信息和观念进行加工转换，对新旧知识进行综合和概括，解释有关现象，形成新的假设和推论。

②社会互动性。学习是通过对某种社会文化的参与，内化相关知识和技能，掌握有关工具的过程，这一过程常常需要通过一个学习共同体的合作互动来完成。

③情境性。建构主义者提出，知识存在于具体的、情境性的、可感知的活动中，它不是一套独立于情境的知识符号，不可能脱离活动情境而抽象地存在，它只有通过实际情境中的应用活动才能真正被人理解。

（4）教学观。

①教学不再是传递客观而确定的现成知识，而是激活学生原有的相关知识经验，促进知识经验的"生长"；教学是促进学生的知识建构活动，以实现知识经验的重新组织、转换和改造，以此来培养学生的求知欲和探究能力。

②教学要为学生创设理想的学习情境，激发学生的推理、分析、鉴别等高级的思维活动，同时给学生提供丰富的信息资源、处理信息的工具以及适当的帮助和支持，促进他们自身建构意义以及解决问题的活动。

（5）影响。

建构主义学习理论，拓展了学习研究的领域；深化了关于知识、学习的本质性认识；推动了认知科学、教育信息技术的发展；提供了多种具有启示意义的教学模式与学习方式，促进了教学改革与学习革命。建构主义学习理论正在改变学习的五大主题：即对记忆和知识结构的新认识，发现专家和新手在问题解决和推理等方面存在明显差异，对儿童入学前就具有的知识和技能的新认识，对元认知和自我调节能力的新认识，对文化体验与社区的新认识。

2. 试论述我国第八次新课改的具体目标和基本理念。

【答案要点】

（1）新一轮基础教育课程改革的具体目标有六个方面。

①转变课程功能。改变课程过于注重知识传授的倾向，强调形成积极主动的学习态度，使获得基础知识与基本技能的过程同时成为学会学习和形成正确价值观的过程。

②优化课程结构。改变课程结构过于强调学科本位、科目过多和缺乏整合的现状，整体设置九年一贯的课程门类和课时比例，体现课程结构的均衡性、综合性和选择性。

③更新课程内容。改变课程内容"繁、难、偏、旧"和过于注重书本知识的现状，加强课程内容与学生生活以及现代社会和科技发展的联系，关注学生的学习兴趣和经验，精选终身学习必备的基础知识和技能。

④转变学习方式。改变课程实施过于强调接受学习、死记硬背、机械训练的现状，倡导学生主动参与、乐于探究、勤于动手，培养学生搜集处理信息的能力、获取新知识的能力、分析和解决问题的能力以及交流与合作的能力。

⑤改革课程评价。改变课程评价过分强调甄别与选拔的功能，发挥评价促进学生发展、教师提高和改进教学实践的功能。

⑥深化课程管理体系改革。改变课程管理过于集中的状况，实行国家、地方、学校三级课程管理，增强课程对地方、学校及学生的适应性。

（2）新课程改革的基本理念。

①倡导个性化的知识生成方式。新课程旨在扭转以"知识传授"为特征的教学局面，把转变学生的学习方式作为重要的着眼点，以尊重学生学习方式的独特性和个性化作为基本信条，从而使教、

学、师生关系等概念获得了新的含义。

②增强课程内容的生活化、综合化。首先，加强课程与学生生活和现实社会的联系；其次，设置许多综合型学科，推进课程的综合化，对已有的课程结构进行改造；再次，各分科课程都在尝试综合化的改革，强调科学知识同生活世界的交汇，理性认识同感性经验的融合。

2012年 重庆师范大学 333 教育综合·真题解析

一、单项选择题

1~5 BBCCC　6~10 DBDCA　11~15 DBCBA　16~20 CDADB

二、名词解释

后现代主义课程论

后现代主义课程论是后现代主义教育思潮在课程领域的产物。它在课程上强调阅读尽量广泛且种类繁多的材料，也建议学生阅读经典著作，但不像永恒主义者那样将其视为真理的模式和来源，而是当作一种材料和模式，用以对真理的形成过程进行质疑、批判和分析。

图式

图式是指儿童用来适应环境的认知结构。从发展的角度来看，儿童最初的图式是遗传所带来的一些本能反射行为，如吸吮反射等。

顺向迁移

学习迁移是指已获得的知识、技能、态度或理解对新知识、新技能或态度的形成的影响。根据迁移的方向，可以分为顺向迁移和逆向迁移。顺向迁移是指先前的学习对后来的学习的影响。

新托马斯主义教育

新托马斯主义教育是现代欧美国家一种以托马斯·阿奎那宗教神学理论为思想基础的、提倡基督教教育和希望培养"真正的基督徒"的教育思潮。其主要观点包括以下几个方面：教育应当以宗教为基础；教育的目的是培养真正的基督教徒和有用的公民；学校课程以基督教精神为基础；教育应该处在教会的严密控制之下。

昆体良

昆体良是古代罗马帝国时期著名的雄辩家、教育家。其著作《论演说家的教育》是西方第一部专门以教育为题材的教育学著作，也是系统的教学方法著作。

三、简答题

1. 简述学生的权利。

【答案要点】

（1）受教育权。受教育权是学生所具有的基本权利。国家实行九年义务教育制度，义务教育是国家统一实施的所有适龄儿童、少年必须接受的教育，是国家必须予以保障的公益性事业。

（2）平等权。学生应该获得平等的受教育机会和过程，主要表现在以下三方面：第一，改善教育条件不佳学校的办学条件,包括办学设施、师资力量和学校管理;第二,教育质量的公平;第三,教育过程中的平等。

(3)人身安全与隐私权。身体不受到攻击、毒打、伤害是学生的基本权利。任何组织或者个人不得披露未成年人的个人隐私。

(4)申诉权。当学生认为得到不公正的处分或遭遇伤害时,学生可以提出申诉。

2. 简述课程评价的功能。

【答案要点】

(1)诊断功能。评价的诊断功能就是对现有的课程方案本身的特征做出判断。分析课程方案中所反映的课程的基本要素是否具有科学性和可行性,了解课程的取向以及一门具体课程的基本特征。从对这些特征的分析中,了解一门课程,或一套课程方案的适应性及其优点与不足。

(2)修正功能。课程的制定与实施是一个动态的过程,需要不断地修改和完善。因而可以通过课程评价找出需要改善与修正之处。

(3)决策功能。评价的决策功能是指通过评价所得出的结论,为政府部门或课程指定人员提出决策的依据。各种决策可能是关于课程推广实施的,也可能是关于课程的进一步修正的,或者建议是在不同环境下制定不同的实施方法。

3. 简述合作学习的基本观点。

【答案要点】

合作学习是指学生在小组或团队中为了完成共同任务,有明确的责任分工的互助性学习,通常以小组学习为主要形式。包括以下特点:积极的相互支持、配合,特别是面对面的促进性的互动;积极承担在完成共同任务中个人的责任;期望所有学生能进行有效的沟通,建立并维护小组成员之间的相互信任,有效地解决组内冲突;对于各人完成的任务进行小组加工;对共同活动的成效进行评估,寻求提高其有效性的途径。

4. 简述人文主义教育的一般特征。

【答案要点】

(1)人本主义。人文主义教育在培养目标上注重个性发展,在教育教学方法上反对禁欲主义,尊重儿童天性,坚信通过教育这种后天的力量可以重塑个人、改造社会和自然,这些都表现出人本主义内涵,人的力量、人的价值被充分肯定。

(2)古典主义。人文主义教育思想吸收了许多古人的见解,人文主义教育实践尤其是课程设置亦具有古典性质,但这种古典主义绝非纯粹的"复古",实则含有古为今用、托古改制的内涵,这在当时是进步的。

(3)世俗性。不论从教育目的还是从课程设置等方面看,人文主义教育洋溢着浓厚的世俗精神,教育更关注今生而非来世,这是人文主义教育与中世纪教育的根本区别。

(4)宗教性。人文主义教育仍具有宗教性,几乎所有的人文主义教育家都信仰上帝,他们虽然抨击天主教会的弊端,但不反对宗教更不打算消灭宗教,他们希冀以世俗和人文精神改造中世纪陈腐专横的宗教性,以造就一种更富世俗色彩和人性色彩的宗教性。

(5)贵族性。这是由文艺复兴运动的性质所决定的。人文主义教育的对象主要是上层子弟,教育的形式多为宫廷教育和家庭教育而非大众教育,教育的目的主要是培养上层人物如君主、侍臣、绅士等。

综上可见,人文主义教育具有两重性,进步性与落后性并存,尽管它有不足之处,但它涤荡了中世纪教育的阴霾,展露出新时代教育的灿烂曙光,开了欧洲近代教育之先河。

5. 简述陶行知的生活教育理论

【答案要点】

生活教育理论是陶行知教育思想的核心，集中反映了他在教育目的、内容和方法等方面的主张，反映了陶行知探索适合中国国情和时代需要的教育理论的努力。

（1）生活即教育。"生活即教育"是陶行知生活教育理论的核心，其内涵十分丰富。第一，生活含有教育的意义；第二，实际生活是教育的中心；第三，生活决定教育，教育改造生活。

（2）社会即学校。"社会即学校"是生活教育理论另一重要主张，是"生活即教育"思想在学校与社会关系问题上的具体化。社会即学校是指社会含有学校的意味，或者说以社会为学校；学校含有社会的意味，也就是说，学校通过与社会生活相结合，一方面运用社会的力量使学校进步，另一方面动员学校的力量帮助社会进步，使学校真正成为社会生活必不可少的组成部分。

（3）教学做合一。"教学做合一"是生活教育理论的又一重要主张，是"生活即教育"在教学方法问题上的具体化。"教学做合一"要求在"劳力上劳心"，认为"行是知之始"，要求"有教先学"和"有学有教"，是对注入式教学法的否定。

四、材料分析题

1. 试用有关教育理论分析以下现象。

【答案要点】

材料表明我国城市独生子女缺少劳动教育，没能做到全面发展。

所谓全面发展教育，是对含有各方面素质培养功能的整体教育的一种概括，是对为使学习者多方面得到发展而实施培养的教育活动的总称，是由多种相互联系而又各具特点的教育所组成。关于全面发展教育的基本构成，学界通常多以德育、智育、体育、美育、劳动技术教育等作为全面发展教育的构成主体。

（1）体育：授予学生健身知识、技能，发展学生体力、增强学生体质的教育。

（2）智育：授予学生系统的科学文化知识、技能和发展他们智力的教育。

（3）德育：引导学生领悟社会主义思想和道德规范，组织和指导学生的道德实践，培养学生的社会主义品德的教育。

（4）美育：培养学生正确的审美观，发展他们鉴赏美、创造美的能力，培养其高尚情操和文明素质的教育。

（5）劳动技术教育：传授基本的生产技术知识和生产技能，培养劳动观点和劳动习惯的教育。

总而言之，对于普通中小学生的全面发展来说，上述五个组成部分，既相对独立、各有特点、规律和功能，缺一不可；同时，又相互制约、相互促进，组成统一的教育过程。因此，我们必须考虑到人的发展的全面性和整体性，坚持"五育"并举，处理好它们之间的关系，使其相辅相成，发挥其整体功能。

2. 阅读下述材料，指出做此表述的教育家是谁？阐明的核心观点是什么？并对案例中反映出的观点进行评析。

【答案要点】

材料中做此表述的教育家是杜威，案例中反映了杜威的教育本质观。

杜威对于"什么是教育"的问题，给出的回答是：教育即生活、学校即社会、教育即生长、教育即经验的持续不断的改造。

（1）教育即生活。

杜威认为教育是生活的过程，学校是社会生活的一种形式，那么学校生活也是生活的一种形式。学校生活应与儿童自己的生活相契合，满足儿童的需要和兴趣，使校园成为儿童的乐园，使儿童在现实的学校生活中得到乐趣；学校生活应与学校以外的社会生活相契合，适应现代社会变化的趋势并成为推动社会发展的重要力量，校园不应是世外桃源而应积极参与社会生活。

杜威要做的就是改造不合时宜的学校教育和学校生活，使之更富活力，更有乐趣，更具实效，更有益于儿童发展和社会改造。

（2）学校即社会。

杜威"学校即社会"意在使学校生活成为一种经过选择的、净化的、理想的社会生活，使学校成为一个合乎儿童发展的雏形的社会。而要将此落于实处，就必须改革学校课程，从分科课程转变为活动课程。

"学校即社会"是对"教育即生活"这一命题的进一步引申，代表社会生活的活动性课程的引入是使学校与社会生活相联系的基本保证。杜威坚信教育是社会进步及社会改革的基本方法，通过教育改造社会生活，使之更完善、更美好。

（3）教育即生长。

杜威针对当时教育无视儿童天性，消极对待儿童，不考虑儿童的需要和兴趣的现象，提出了"教育即生长"的观念。

杜威要求摒除压抑、阻碍儿童自由发展之物，使教育和教学适应儿童的心理发展水平和兴趣、需要的要求。他所理解的生长是机体与外部环境、内在条件与外部条件交互作用的结果，是一个持续不断的社会化的过程。杜威要求尊重儿童但不同意放纵儿童，这也是杜威与进步主义教育实践的一个重要区别。

（4）教育即经验的持续不断的改造。

教育即经验的持续不断的改造是指构成人的身心的各种因素在外部环境和人的主动经验过程中统一的全面改造、发展、生长的连续过程，包含四个方面：

①经验是一种行为，涵盖认识的、情感的、意志的等理性、非理性因素，成为儿童各方面发展和生长的载体。在经验过程中，儿童不仅获得知识，而且形成能力、养成品德。

②经验是有机体与环境相互作用的过程，机体不仅受环境的塑造，同时也对环境加以改变。经验的过程就是一个实验探究的过程、运用智慧的过程、理性的过程。

③经验的过程是一个主动的过程，有机体既接受着环境塑造，也主动改造着环境。

④经验是一个连续发展的过程，不存在终极目的的发展过程，教育就是个人经验的不断生长。

（5）评价。

①积极性。杜威关于教育本质的这三个论点具有重要的意义：这些观点是杜威改革旧教育的纲领，他的意图是要使教育为缓和社会矛盾、完善美国社会制度服务，对于推动当时的教育改革有积极意义；杜威关于教育本质的观点是他的教育哲学的三个主要命题，内涵丰富并具启发意义；杜威力图把教育的社会功能与个体发展功能统一起来，并把社会活动视为使两者得以协调的重要手段或中介。

②局限性。杜威对于教育本质的表述不够科学。如"教育即生长"给人以重视个体的生物性而回避社会性的印象，并且生长有方向、方式之异，有好坏优劣之别，所以仅说"教育即生长"是不严谨的；又如"教育即生活"的口号表述过于简要，也易使人不得要领，从而在理解上产生歧义；"学校即社会"的提法也存在着片面性，它忽视社会与个体发展的各自的相对独立性，进而导致抹杀学校与社会的本质区别。

五、分析论述题

1. 试述维果茨基的认知发展理论及其对教育教学工作的启示。

【答案要点】

（1）文化历史发展观。第一，两种心理机能：作为动物进化结果的低级心理机能，是个体早期以直接的方式与外界相互作用时表现出来的特征；作为历史发展结果的高级心理机能，是以符号系统为中介的心理机能，受到社会历史发展规律的制约。第二，两种工具的理论：一种是物质工具，如原始人使用的石刀，现代人使用的机器；另一种是精神工具，主要指人类所特有的语言、符号等。

（2）心理发展观。维果茨基认为，心理发展是指一个人的心理从出生到成年，在环境与教育影响下，通过掌握高级心理机能的工具——语言、符号这一中介，在低级心理机能的基础上，逐渐向高级心理机能转化的过程。

（3）最近发展区。即独立解决问题的真实发展水平和在成人指导下或与其他儿童合作情况下解决问题的潜在发展水平之间的差距。

（4）启示。

第一，教育目标应该是提高学生的认知能力；第二，教学内容应适应学生的认知发展水平；第三，教学在学生"最近发展区"开展最有效；第四，教学应充分发挥学生主动性和能动性。

2. 试析孔子的教师思想及启示。

【答案要点】

（1）学而不厌。教师要尽自己的社会职责，应重视自身的学习修养，掌握广博的知识，具有高尚的品德，这是教人的前提条件。

（2）温故知新。"故"是古，指的是过去的政治历史知识；"新"是今，指的是现在的社会实际问题。教师既要了解掌握过去政治历史知识，又要借鉴有益的历史经验认识当代的社会问题，知道解决问题的办法。教师负有传递和发展文化知识的使命，既要注意继承，又要探索创新。

（3）诲人不倦。教师以教为业，也以教为乐，要树立"诲人不倦"的精神。诲人不倦不仅表现在毕生从事教育，还表现在以耐心说服的态度教育学生。

（4）以身作则。教师对学生进行教育的方式不仅有言教，还有身教。言教在说理，以提高道德认识；身教在示范，实际指导行为方法。教师身教的示范对学生有重大的感化作用，因此身教比言教更为重要。

（5）爱护学生。孔子爱护关怀学生表现在要学生们努力进德修业，成为具有从政才能的君子，为实现天下有道的政治目标而共同奋斗。对学生充满信心，对他们的发展抱有比较乐观的态度。

（6）教学相长。孔子认为，教学过程中，教师对学生不是单方面的知识传授，而是可以教学相长的。学生学习有疑难而请教，教师就答疑做说明，学生得到启发，思考问题更加有深度；教师于此反受启发，向学生学习而获益。

启示：教师要在了解学生的基础上，根据学生的具体情况，有针对性地进行教育；不论学习知识或培养道德，都要建立在学生自觉需要的基础上，应充分发挥学生的主动性、积极性；要求教师具有良好的职业道德，学而不厌，诲人不倦，以身作则。

2011年 重庆师范大学 333 教育综合·真题解析

一、名词解释

教学

教学是在一定教育目的规范下，在教师有计划的引导下，学生能动地学习、掌握系统的课程预设的科学文化基础知识，发展自身的智能与体力，养成良好的品行与美感，逐步形成全面发展的个体素质的活动。简言之，教学是在教师引导下学生能动地学习知识以获得素质发展的活动。

结构主义教育

结构主义教育产生于20世纪50年代末，是现代欧美国家一种强调认知结构的研究和认知能力的发展的教育思潮。它以结构主义心理学为理论基础，侧重研究课程教学改革问题，代表人物有皮亚杰、布鲁纳等。

《学记》

《学记》是《礼记》的一篇，是中国古代最早的一篇专门论述教育、教学问题的论著，因此有人认为它是"教育学的雏形"。《学记》是先秦时期儒家教育和教学活动的理论总结，它主要论述教育的具体实施，偏重于说明教学过程的各种关系。

要素教育

裴斯泰洛齐提出要素教育论，其基本思想是：初等学校的各种教育都应该从最简单的要素开始，然后逐渐转到日益复杂的要素，循序渐进地促进人的和谐发展。要素教育既要求初等学校为每个人在德、智、体几方面都能受到基本的教育而得到和谐的发展，又要求在德育、智育、体育的每一个方面都通过"要素方法"获得均衡的发展。

学习策略

学习策略是指学习者为了提高学习的效果和效率，有目的、有意识地制定的有关学习过程的复杂的方案，具有以下四个特征：主动性、有效性、过程性、程序性。

问题解决

问题解决是指个体在面临问题情境而没有现成方法可以利用时，将已知情境转化为目标情境的认知过程。当常规或自动化的反应不适用于当前的情境时，问题解决者需要超越对过去所学规则的简单应用，对所学规则进行一定的组合，产生一个解答，达到问题解决的目的。它涉及认知、情感和行为活动成分。

二、简答题

1. 简述世界各国课程改革发展的趋势。

【答案要点】

（1）追求卓越的整体性课程目标。

当前各国在课程改革中倾向于培养学生公民的责任感和创新精神，社会交往能力和团队精神，灵活处理各种信息、适应急剧变化的社会环境和创造性地进行工作的能力，并注重国际理解教育，要求使学生具有国际视野，尊重文化差异。

（2）注重课程编制的时代性、基础性、综合性和选择性。

面对全球化、信息时代、知识经济等新的世界背景，各国基础教育课程改革都强调把握课程内容的时代性，既要反映科学发展的新趋势，又要关注时代发展对人生存方式及其必备素质的新要求，注重处理基础知识与学科发展的关系，增强课程对学生的适应性，大量开设选修、综合、实践课程，满足学生个性发展的需要。

（3）讲究学习方式的多样化。

信息化社会、知识社会、学习化社会引起了教育教学方式的变革。通过课程改革，创设以"学"为中心的课程，创造以"学"为中心的教学，真正使教学过程成为和事物对话、和他人对话、和自身对话的活动过程，从而超越单一的知识接受性教学，创造一种活动性的、合作性的、反思性的学习，已成为世界各国课程改革的共同选择。

2. 简述杜威的教育本质观和教育目的论思想。

【答案要点】

（1）论教育的本质。杜威对于"什么是教育"的问题，给出的回答是：教育即生活、学校即社会、教育即生长、教育即经验的持续不断的改造。

（2）论教育的目的。

①教育无目的论。从教育本质论出发，杜威反对外在的、固定的、终极的教育目的，认为教育无目的。杜威所希求的是过程内的目的，这个目的就是"生长"。

②教育的社会目的。杜威强调过程内的目的不等于否定社会性的目的。杜威要求教育为社会进步服务，为民主制度的完善服务。他认为教育是社会进步及社会改革的基本方法，学校是社会进步和改革的最基本和最有效的工具。在民主社会中，个人发展与社会进步是统一的。

3. 简述晏阳初平民教育思想及乡村教育实验。

【答案要点】

晏阳初以县为单位进行教育实验，把中国农村的问题归结为"愚""穷""弱""私"四个方面，并在此基础上提出"四大教育"和"三大方式"。

（1）"四大教育"。

晏阳初认为，要解决"愚""穷""弱""私"这四点，就必须通过"四大教育"来进行，即以文艺教育攻愚，培养知识力；以生计教育攻穷，培养生产力；以卫生教育攻弱，培养强健力；以公民教育攻私，培养团结力。

（2）"三大方式"。

在定县乡村平民教育实验中，针对过去教育与社会相脱节、与生活实际相背离的弊端，在强调发挥教育的整体功能作用时，晏阳初提出了在农村推行"四大教育"的"三大方式"。

①学校式教育。以青少年为主要教育对象，包括初级平民学校、高级平民学校、生计巡回学校。

②家庭式教育。家庭式教育的目的在于：第一，解决家校矛盾，帮助年长的家庭妇女减少对青年妇女和儿童接受教育的阻挠或反对，增强学校教育的效益；第二，把学校课程的某一部分交由家庭承担，使家庭关心社区的利益，乐于承担社会责任。

③社会式教育。社会式教育是由平民学校毕业生从各个方面发挥示范作用，积极引导和帮助全村农民按照计划接受四大教育。

（3）"化农民"与"农民化"。

定县试验加强了知识分子和农民之间的沟通，在此基础上，晏阳初提出了"农民科学化，科学简单化"的平民教育目标，认为想要"化农民"必须先"农民化"。

为此他号召知识分子深入民间，学习和了解农民生活，彻底地与广大农民打成一片，只有这样才能深切地了解农民和他们的需要，才能实实在在进行乡村改造。"化农民"和"农民化"是晏阳初进行乡村建设试验的目标和途径。

4.简述人文主义教育的特征和贡献。

【答案要点】

（1）人文主义教育的基本特征：人本主义、古典主义、世俗性、宗教性、贵族性。

（2）人文主义教育的影响和贡献。

①教育内容发生变化。对古希腊罗马的热情使其知识和学科成为教学主要内容，导致美育和体育复兴并关注自然知识的学习。

②教育职能发生变化。从训练束缚自己服从上帝到使人更好地履行地位所赋予人的职责。

③教育价值观发生变化。复兴了古希腊的个人主义价值观。

④复兴了古典的教育理想。形成了全面和谐发展的完人的教育观念，从中世纪培养教士的目标转向文艺复兴时期培养绅士的目标。

⑤复兴了自由教育的传统。教育推崇理性，复兴古希腊的自由教育。

⑥自然主义教育思想兴起。用自然来取代《圣经》作为引证，按照人的天性来生活，按照人的需求和本性来设置课程。

⑦出现了新道德教育观。新的道德观在人文主义的学校中开始取代天主教会的道德观。尊重儿童，反对体罚，已成为某些教育家的强烈要求。

⑧教育与劳动相结合及共产主义的教育思想。

⑨建立了新型的人文主义教育机构。

⑩促进了大学的改造和发展。

⑪教育理论不断丰富。

⑫推动了教育世俗化的历史进程。

三、分析论述题

1.试析黄炎培的职业教育思想及启示。

【答案要点】

（1）职业教育的作用与地位。

①作用。就其理论价值而言，在于"谋个性之发展""为个人谋生之准备""为个人服务社会之准备""为国家及世界增进生产力之准备"。就其教育和社会影响而言，在于通过提高国民的职业素养，确立社会国家的基础。就其对当时中国社会的作用而言，在于有助于解决中国最大、最重要、最急需解决的人民生计问题，消灭贫困，并进而使国家每一个公民享受到基本的自由权利。

②地位。职业教育在学校教育制度上的地位是一贯的、整个的和正统的。"一贯的"是指应建立起从初级到高级的职业教育系统。"整个的"是指不仅在学校教育体系中要有一个独立的职业教育系统，其他各级各类教育也要与职业教育相互沟通。不仅普通教育要适应职业需要，职业教育也要防止偏执实用的片面。"正统的"是指应破除以普通教育为正统，以职业教育为偏系的传统观念，平等地看待二者。

（2）职业教育的目的。

黄炎培将职业教育的最终目的概括为"使无业者有业，使有业者乐业"。前者是指通过职业教育为资本主义工商业发展造就适用人才，同时解决社会失业问题，使人才不至浪费，使生计得以保障。后者是指通过职业教育形成人的道德智能，使之能胜任和热爱自己的职业，进而能有所创造发明，造福于社会人类。

（3）职业教育的方针。

黄炎培在数十年的实践中，形成了社会化、科学化的职业教育办学方针。

社会化：办理职业教育，必须注意时代发展趋势与应行的途径，社会需要哪种人才，就办哪种学校。强调职业教育必须适应社会需要。

科学化：指用科学来解决职业教育问题。开展职业教育需要的工作包括物质方面和人事方面，这两方面的工作都需要遵循科学原则。

（3）职业教育的教学原则。

黄炎培根据职业教育的特点总结出以往教育的经验，提出"手脑并用""做学合一""理论与实际并行""知识与技能并重"等主张，作为开展职业教育教学工作必须坚持的原则。

（5）职业道德教育。

黄炎培把职业道德教育的基本要求概括为"敬业乐群"。"敬业"是指热爱自己的职业，做到尽职，有为所从事职业和全社会做出贡献的追求。"乐群"是指有高尚情操和群体合作精神，有服务和奉献精神。

黄炎培的职业教育理论不仅从宏观上把握了教育与社会的关系，而且站在社会生产和经济发展的角度来看待问题，密切关注欧美等各国职业教育的最新发展趋势，符合中国实际、反映了中国国情，对我国的教育改革产生了巨大的影响。

2. 试析罗杰斯的人本主义学习理论及对教学的启示。

【答案要点】

罗杰斯是人本主义心理学的创始人，他将"来访者中心疗法"移植到教育领域，创立了"以学生为中心"的教学理论，是20世纪最伟大的教育理论之一。

（1）知情统一的教学目标。

罗杰斯认为，情感和认知是人类精神世界中两个不可分割的有机组成部分，两者融为一体。因此，教育应该要培养"躯体、心智、情感、精神、心力融汇一体"的人，即既用情感的方式也用认知的方式行事的情知合一的人，他称这种情知融为一体的人为"全人"或"功能完善者"。

（2）有意义学习与自由学习。

有意义学习：是一种与个人各部分经验都融合在一起，使个人的行为、态度、个性以及在未来选择行动方针时发生重大变化的学习。它不仅仅是增长知识，更是要引起整个人的变化，对个人的生存和发展有价值。有意义学习的四个要素：

①个人参与：学习者的情感和认知两方面都投入学习活动。

②自动自发：即便在推动力或刺激来自外界时，也要求发现、获得、掌握和领会的感觉是来自内部的。

③全面发展：学习者的行为、态度、人格等获得全面发展。

④自我评价：学习者评估自己的学习需求、学习目标是否完成。

自由学习：罗杰斯所倡导的学习原则的核心就是让学生自由学习。自由学习就是教师要信任学生、信任学生的学习潜能，为学生提供各种学习的资源和一种促进学习的气氛，让学生自己决定如何学习，使其在交往中形成适应自己风格的、促进学习的最佳方法。

对教学的启示：

教学目标上，要培养学生德、智、体、美、劳全面发展，既要注重发展学生的智力因素，也要发展学生的非智力因素；教学过程中，要尊重学生主体地位，调动学生积极性，激发学生学习兴趣，使学生不仅能学会书本知识，还能灵活运用于实践中。

3. 依据德育过程包含的基本规律,分析我国中小学德育中存在的主要问题及相应的工作要求。

【答案要点】

德育过程是学生在教师的引导下,主动积极地进行道德认识和道德实践,逐步提高自我修养能力,形成个人品德的过程。

(1)基本规律:

第一,德育过程是学生在教师教导下的个体品德的自主建构过程;第二,德育过程是培养学生知、情、意、行整体和谐的发展过程;第三,德育过程是提高学生自我教育能力的过程。

(2)我国中小学德育中存在的主要问题:

①学校德育地位尴尬。长时间以来,我国学校德育处于"说起来重要,做起来次要,忙起来不要"的尴尬地位,存在着理论上的"德育首位"与实践上的"德育无位"的矛盾。

②学校德育目标偏离。我国学校德育目标在某种程度上存在假、大、空现象,只注重方向性,缺乏阶段性和层次性,未能考虑青少年的年龄特征和接受水平,一定程度上缺乏具体性和可操作性。

③学校德育内容陈旧,脱离现实生活。现行学校德育和生活社会缺乏广泛的联系,严重脱离现实生活,不足以解释当前复杂的社会现象,也不能解决学生的实际思想问题。

④学校德育方法落后、呆板。德育方法必须是多种多样各具特色的,在学校德育实施过程中,各种方法也必须有机配合,灵活运用。但当前我国学校德育实践中,大多数教师采用的德育方法依然是以说服教育为主,德育方法单一,强调灌输,偏重权威说教。

⑤学校德育环境封闭。我国现行学校德育环境呈现出典型的封闭性与限制性的特点,是一种"硬控"的、校内外由隔离带阻隔的环境。

⑥学校德育师资队伍不容乐观。一方面,部分中小学教师师德衰微;另一方面,部分德育教师缺乏现代德育理论素养,出现德育工作队伍数量庞大与理论水平低下的矛盾。

⑦学校德育评价低效。主要表现在德育评价滞后,随意性大,缺乏应有的激励和制约作用。

(3)德育过程的工作要求。

①教师在德育过程中应遵循以下德育原则:理论和生活相结合原则、疏导原则、长善救失原则、严格要求与尊重学生相结合原则、因材施教原则、在集体中教育原则、教育影响一致性和连贯性原则。

②教师在德育过程中应遵循以下德育方法:明理教育法、榜样示范法、情境陶冶法、实践锻炼法、自我修养法、制度育德法、奖惩法。

③教师有必要研习和掌握德育的主要途径:思想政治课与其他学科教学;劳动和其他社会实践;课外活动和校外活动;学校共青团、少先队活动;心理咨询;班主任工作;校园生活。

4. 联系实际分析教育活动中一个优秀教师应具备的职业素质和扮演的多元角色。

【答案要点】

(1)优秀教师应具备的职业素质。

①高尚的师德:热爱教育事业,富有献身精神和人文精神;热爱学生,诲人不倦;热爱集体,团结协作;严于律己,为人师表。

②先进、科学的教育理念。教师的所有努力都要有利于学生精神世界的丰富、人格尊严的维护和美好人性的成长。如学生主体观、教学交往观、发展性教学评价观等。

③宽厚的文化素养。教师对自己所教学科知识应科学、深入地把握,能对自己所教专业融会贯通、深入浅出、高瞻远瞩,达到运用自如的境界,在教学过程中不出知识性的错误。同时,教师还应有比较广博的文化修养。

④专门的教育素养。教师的专门教育素养水平及其合理结构是教育教学任务得以完成的重要保

证，它主要包括教育理论素养、教育能力素养和教育研究素养。

⑤健康的心理素质。教师要有轻松愉快的心境、昂扬振奋的精神、乐观幽默的情绪以及坚韧不拔的毅力等。

⑥强健的身体素质。主要体现在健康的体魄、旺盛的精力、蓬勃的活力、有节律的生活方式和锻炼习惯等。

（2）优秀教师扮演的多元角色。

第一，"家长代理人"和"朋友、知己者"的角色；第二，"传道、授业、解惑者"的角色；第三，"管理者"的角色；第四，"心理调节者"的角色；第五，"研究者"的角色。

2010年 重庆师范大学333教育综合·真题解析

一、名词解释

教育目的

教育目的是对教育活动所要培养的人的个体素质的总的预期与设想，是对社会历史活动的主体的个体素质的规定。它体现一定社会对受教育者质量规格的界定和要求，也体现人自身发展所应该达到的水准和高度。

教学策略

教学策略是指为达成教学的目的与任务，组织与调控教学活动而进行的谋划。是为了达成教学目的、完成教学任务，在对教学活动清晰认识的基础上对教学活动进行调节和控制的一系列执行过程。

班级组织

班级组织是按照一定的社会要求，在集体的教育、教学过程中，以集体目标为导向，借助课程、文化规范、交往和人际关系载体，向学生传授社会经验、指导社会生活目标、教导社会规范、培养社会角色，使学生从一个自然有机体发展成为一名社会成员的基本单位。

学习动机

学习动机是动机在学习活动中的表现，是引起和维持个体进行学习活动，并使活动朝向一定的学习目标，以满足某种学习需要的一种内部心理状态。它的主要内容包括知识价值观、学习兴趣、学习效能感和成败归因。

二、判断正误

1~5 √ × √ × √   6~10 √ √ √ × √   11~15 × √ √ × √   16~20 √ × × √ √

三、简答题

1. 简述教育的社会功能。

【答案要点】

教育被社会发展所制约，但教育也能动地反作用于社会，具有推动社会发展的功能。教育的社会功能主要有：教育的社会变迁功能、教育的社会流动功能。

（1）教育的社会变迁功能。

教育的社会变迁功能是指教育通过开发人的潜能，提高人的素质，引导人的社会化，影响人的社会实践，推动社会的发展和变革。教育的社会变迁功能表现在社会生活的各个领域。

①教育的经济功能：教育是使可能的劳动力转变为现实的劳动力的基本途径；现代教育是使知识形态的生产力转化为直接的生产力的重要途径；现代教育是提高劳动生产率的重要因素。

②教育的政治功能：教育通过传播一定社会的政治意识，完成年轻一代的政治社会化；教育通过造就政治管理人才，促进政治体制的变革与完善；教育通过提高全民文化素质，推动国家的民主政治建设。

③教育的文化功能：传递文化；选择文化；发展文化。

④教育的生态功能：树立建设生态文明的理念；普及生态文明知识，提高民族素质；引导建设生态文明的社会活动。

（2）教育的社会流动功能。

教育的社会流动功能是指社会成员通过教育的培养、筛选和提高，能够在不同的社会区域、社会层次、职业岗位、科层组织之间转换、调整和变动，以充分发挥其个人的智慧才能，实现其人生价值。它包括横向流动功能和纵向流动功能。前者指改变其环境而不提升其社会层级地位；后者指改变其社会层级地位及作用。

教育的社会流动功能在当代的重要意义：教育是个人社会流动的基础；教育是现代社会流动的主要通道；教育深刻影响社会公平。

2. 简述我国现行学制的改革趋势。

【答案要点】

（1）基本普及学前教育。

现代学前教育的发展十分迅速。发达国家的学前教育有结束期提前、由高班到低班逐步普及、加强学前教育与小学低年级教育的联系和衔接的趋势。随着我国义务教育和高中阶段教育的逐步普及，学前教育也将逐步普及。

（2）均衡发展义务教育。

义务教育是国家统一实施的所有适龄儿童、少年必须接受的教育，是国家必须予以保障的公益性事业，对于人的发展、教育发展和社会发展都具有重大意义。到2008年年底，我国实现了普及义务教育，但我国的义务教育也存在着发展不平衡的问题，促进义务教育均衡发展成为我国现阶段教育改革和发展的重大任务。

（3）努力普及高中阶段教育。

在普及九年义务教育以后，普及高中阶段教育就成为教育发展的重要趋势。为了适应青少年的升学与就业的选择并满足社会的需要，高中阶段的学制应该多样化。即应有普通高中、职业高中、中等专业学校和技工学校等不同类型的学校供学生选择；应当扩大普通高中在高中阶段所占的比例，以满足我国高等学校不断扩大招生的需要。九年义务教育后的职业教育也应多样化，使未能升入高中的学生可以选择接受就业前的各种职业培训。

（4）大力发展高等教育。

我国高等教育近年来呈现日益开放和大众化的趋势，主要表现在：第一，高等教育的多层次：有大专、本科、硕士和博士研究生多个层次；第二，高等教育的多类型：有理、工、农、林、医、师、文法、财经、军事、管理等多种院校、科系和专业；第三，高等教育面向在职人员开放，主要是通过函授教育、广播电视教育、自学考试等形式，使在职人员有计划地进修高等学校的课程。

3. 简述特殊儿童的主要类型及特征。

【答案要点】

（1）天才儿童。

即智能发展明显超出一般同龄儿童者。具有以下五类特征：杰出，在某些方面与同龄人相比较为优秀；优异，与同龄人相比，具有罕见的高水平的特质；实用，被评定为优秀的方面必须具有实用性或潜在的实用性；表现，某一方面的优秀必须能在一个或多个有效的测验中表现出来；价值，某一方面的优秀成就要被个体所在的社会认可为有价值。

（2）能力缺失儿童。

①感觉障碍。包括视觉损害和听觉损害，视觉损害指在 20 英尺（1 英尺≈0.3048 米）距离以内只能看清视力正常者在 200 英尺远处所能看清的目标。听觉损害者是指听觉损失程度在 70 分贝及其以上者。

②躯体障碍。包括脑瘫等肢体障碍和发作性障碍。

③智力障碍。最明显的特点是智力低下，国际上通行的标准是智商在 70 以下。

④言语障碍。包括构音障碍、发声障碍和语畅障碍在内的言语问题以及接收信息和言语表达困难等在内的语言问题。

⑤学习困难。又称学习障碍，指一系列功能失调的症候群。

⑥注意力缺失。又称多动症，有三个典型特征：注意力无法集中；多动；冲动。

4. 简述言语信息学习的过程和条件。

【答案要点】

（1）言语信息，指有关事物的名称、时间、地点、定义以及特征等方面的事实性信息。学习者掌握的是以言语信息传递的内容，或者学习者的学习结果是以言语信息表达出来的。

（2）言语信息学习的过程：最简单的是名称或命名，即了解、知道学习对象的名称或称呼；其次是用简单的命题来表达某一事实；最后是指由相互关联的事实、命题等构成的知识体系。

（3）言语信息学习的条件：这一类的学习通常是有组织的，学习者得到的不仅是个别的事实、概念等信息，还是对信息赋予意义、组织成系统的知识。

5. 简述培养学生良好态度与品德的方法。

【答案要点】

（1）提供榜样法。榜样对态度的影响是巨大的，在学校中，教师应该根据学生心中有关榜样的特点来选择、设计、示范榜样行为，以及运用有关的奖惩，引导学生学习某种合乎要求的态度。

（2）说服性沟通法。教师通过言语说法向学生提供对其原来态度的支持性或非支持性的证据，是学生获得与教师要求的态度有关的事实和信息，或深化已有态度、或形成新的态度、或改变原有态度。有效的说服技巧包括选择证据、情理服人、逐渐缩小态度差距。

（3）角色扮演。角色扮演指人按照自己的角色来行事，也指模仿别人的角色来行事。在角色扮演的过程中，个体有了较多的情感投入，因而对于态度改变有很大作用。

（4）利用群体约定。经集体成员共同讨论决定的公约、规则，使成员承担了执行的责任，对学生会产生约束力，有助于改变学生的态度。所以，如果教师期望有效地改变学生的态度，不妨使用集体讨论后做出集体规定的方法。

（5）价值观辨析。青少年学生的不良态度与品德大多起因于自身不正确的价值观念导向，或是由价值观念模糊、混乱造成的。因此有必要引导学生利用自己的理性思维和情感体验来辨析和实现自己的价值观念。

（6）道德移情训练。儿童在道德情境中的移情能力是履行道德行为的一个必不可少的条件。研究表明，人们的移情能力可以通过不同的移情训练得到提升。移情训练是一种能够提高人们体察他人情绪、理解他人情感，从而与之产生共鸣的训练方法。

四、分析论述题

1. 试述理想师生关系的基本特征及其构建策略。

【答案要点】

（1）理想师生关系的基本特征。

理想的师生关系是师生主体间关系的优化，从其发生、发展的过程及其结果来看，具有三个基本特征：尊师爱生，相互配合；民主平等，和谐亲密；共享共创，教学相长。

（2）良好师生关系构建的基本策略。

良好师生关系的构建就是师生关系建立、调整和优化的过程。教师在师生关系建立与发展中占有重要地位，起着主导作用。要建立民主、和谐亲密、充满活力的师生关系，对教师来说，有以下几种策略：

①了解和研究学生。包括了解学生个体的思想意识、道德品质、兴趣、需要、知识水平、学习态度和方法、个性特点、身体状况和班集体的特点及其形成原因。

②树立正确的学生观。学生观就是教师对学生的基本看法，它影响着教师对学生的认识及其态度与行为，进而影响学生的发展。正确的学生观来自教师对学生的观察和了解，来自教师向学生的学习和对自我的反思。

③热爱、尊重学生，公平对待学生。热爱学生包括热爱所有学生，对学生充满爱心，经常走到学生之中，忌讳挖苦、讽刺、粗暴对待学生。尊重学生特别要尊重学生的人格，保护学生的自尊心，维护学生的合法权益，避免师生对立。教师处理问题必须公正无私，使学生心悦诚服。

④主动与学生沟通，善于与学生交往。要求教师掌握沟通与交往的主动性，经常与学生保持接触、交心；同时教师还要掌握与学生交往的策略和技巧，如寻找共同的兴趣或话题、一起参加活动等。

⑤努力提高自我修养，健全人格。教师要使师生关系和谐，就必须通过自己崇高的理想，科学的世界观、人生观，渊博的知识，严谨的治学态度，活泼开朗的性格，多方面的爱好与兴趣等来吸引学生。

2. 试述社会改造主义课程论流派的观点，并做简要述评。

【答案要点】

社会改造主义课程论把重点放在当代社会的问题、社会的主要功能、学生关心的社会现象，以及社会改造和社会活动计划等方面。这种课程理论的核心观点是：课程不应该帮助学生去适应社会，而是要建立一种新的社会秩序和社会文化。其主要代表人物之一美国学者布拉梅尔德认为，课程乃是实现未来社会变化的运载工具，所以，普通教育或整体教育的课程设计有必要使课程结构具有意义的统一性。而且，他认为人类的任务和目标乃是要统一到社会改造的意义上来。

社会改造主义课程论有两个值得注意的特点：

第一，主张学生尽可能地多参与到社会中去，因为社会是学生寻求解决问题方法的实验室。在改造主义看来，传统的课堂教学固然有其价值，但重要的是要使学生将其所学运用于社会，此外，学生也可以从社会中学到很多东西。

第二，以广泛的社会问题为中心。改造主义者认为，由于报纸、电视以及其他各种宣传媒介的作用，学生对于世界各地以及本国的社会问题非常敏感，这些问题应该在学校课程中得到反映。学校的课程尤其要关心城市问题、犯罪问题、交通拥挤、家庭破裂、文化娱乐等社会问题。学生对于这些问题要具有鲜明的批判意识。学校课程应该给学生认识和解决这些问题提供一定的背景知识，并把这些问题联系成为一个整体。

社会改造主义课程论重视教育与社会、课程与社会的联系，以社会需要来设计课程，有利于为社会需要服务；重视各门学科的综合学习，有利于学生掌握解决问题的方法。其不足之处在于，片面强调社会需要，忽视制约课程的其他因素；忽视各门学科的逻辑性，不利于学生掌握各门学科的系统知识。同时，社会改造主义还夸大了教育的作用，许多社会问题单靠教育是不可能解决的。

3. 试述加涅的学生素质观及其教育意义。

【答案要点】

加涅对学生素质的分析强调学生是学习者他们身上形成的素质应有利于继续学习和未来的发展。从这样的角度考虑加涅把学生的素质分成三类：先天的、习得的和自然发展中形成的。

（1）学生素质的先天成分。

在心理学中，传统的素质概念指人的心理发展的先天遗传基础主要指神经解剖学基础。加涅从学习的全过程即信息输入阶段、内部加工阶段和信息提取阶段举例分析了学生的天性对学生学习的制约作用。

从信息的输入来看，例如人的视敏度有个别差异。这种差异是天生的，影响学习的感知过程。虽然可以通过人造眼镜的帮助得到提高，但它仍然是人的感觉系统所固有的基本性质，是无法通过学习而改变的。

从信息的内部加工来看，人在某一时刻能保持的信息项目数量有限。如我们在记电话号码时，短时记忆一般不会超过9位数；心算过程亦是如此。这种先天的容量限制会影响学习，尽管我们可以扩大记忆组块来增加短时记忆容量，但工作记忆中的信息单位数目一般是不能改变的。

从信息提取来看，其速度也有先天的差异。很多有关反应时的实验都表明了这一点。

（2）后天习得的素质。

对于后天习得的素质，加涅倾注了毕生精力，找到了支配人类行为表现的五种学习结果。这五种学习结果也称五种习得的性能。它们是学校教学的目标并构成新的学习的"内部条件"。这五种学习结果是：智慧技能、认知策略、言语信息、态度和动作技能。

（3）发展中形成的素质。

加涅提出两种发展中形成的素质：一般能力和差别能力、人格特质。

不管是一般能力还是差别能力，都是在个体发展的过程中由先天和后天因素相互作用而形成的长期稳定不易改变的特征。能通过心理测量来评估的能力也就是我们通常所说的智力。也就是说，智力包括一般能力和差别能力。

人格特质，像能力一样，特质也是被心理测验揭示的个体的一般倾向，也同样是长期稳定的，不易被旨在改变它们的教学所影响。特质包括焦虑、成就动机、性格内向、谨慎、冲动、自我满足等。其中对学习影响较大的是学习动机与焦虑。

教育意义：

（1）根据习得的素质形成的规律进行教学设计，全面提高课堂教学效率。

（2）教学应充分考虑学生的个体差异。

（3）智慧技能的教学应是中小学教学的重点。做好这一素质的教育，可为以后的学习创造良好的内部条件。

2022年 四川师范大学 333 教育综合·真题真练

一、名词解释

教育目的　分组教学制　壬戌学制　《1944年教育改革法》　学习动机　心智技能

二、简答题

1. 简述德育过程的特点。
2. 简述美国进步教育的发展历程。
3. 简述自我效能感的影响因素。
4. 简述家庭教育对儿童品德发展的影响。

三、分析论述题

1. 论述全面发展教育的主要内容，并谈谈对"五育"融合的看法。
2. 举一个教学案例谈谈，如何贯彻教学中的科学性和思想性相统一的原则。
3. 黄炎培的职业教育思想和对我国现在职业教育的启示。
4. 试比较赫尔巴特和杜威的课程论。

2021年 四川师范大学 333 教育综合·真题真练

一、名词解释

终身教育　班级授课制　鸿都门学　"活教育"　要素主义教育　《莫雷尔法案》

二、简答题

1. 简述人的发展规律性及其在教学中的作用。
2. 简述教育的政治功能。
3. 简述赫尔巴特的教学阶段论。
4. 简述维果茨基的教学与认知发展的关系。

三、分析论述题

1. 试述中国古代教育史的人性论及教育的作用。
2. 试述西方教育史上自然主义教育的产生和发展。
3. 结合实际教学谈谈"为迁移而教"。
4. 论述德育原则及其要求。

2020年 四川师范大学 333 教育综合·真题真练

一、名词解释
义务教育　活动课程　九品中正制　要素教育论　设计教学法　京师同文馆

二、简答题
1. 简述教育的政治功能。
2. 简述问题解决能力的培养措施。
3. 简述陶行知生活教育的主要内容。
4. 简述书院教育的特点。

三、分析论述题
1. 试论述需要层次理论以及对中小学教师工作的启示。
2. 试论述教学过程的性质特点。
3. 试论述西方教育史上教育与生产劳动相结合的主张。
4. 试论述教师劳动的特点和价值。

2019年 四川师范大学 333 教育综合·真题真练

一、名词解释
教育制度　课程标准　苏格拉底法　三舍法　《国防教育法》　有教无类

二、简答题
1. 简述我国教育目的的基本精神。
2. 简述品德形成的因素。
3. 简述陈鹤琴的"活教育"。
4. 简述科举制的影响。

三、分析论述题
1. 论述文化对教育的制约和影响。
2. 论述卢梭的自然教育理论及影响。
3. 论述建构主义的学习理论的观点及启示。

2018年 四川师范大学 333 教育综合·真题真练

一、名词解释

《学记》　苏湖教学法　教育目的　心理发展　教学评价　骑士教育

二、简答题

1. 简述教育的社会流动性功能及意义。
2. 简述影响问题解决的因素。
3. 简述学校管理的趋势。
4. 简述人文教育的基本特征。

三、分析论述题

1. 论述教学原则并选择其中一个举例论述。
2. 论述"中体西用"的局限和作用。
3. 论述赫尔巴特和杜威的教学阶段。
4. 论述学习动机的激发与培养。

2017年 四川师范大学 333 教育综合·真题真练

一、名词解释

教育目的的价值取向　现代学校教育制度　《大教学论》　"三纲领八条目"
元认知　发现学习

二、简答题

1. 简述教育的相对独立性的表现。
2. 简述埃里克森的心理社会发展理论。
3. 简述德育过程的特点以及在现实中如何提高学生的德育素质。
4. 简述学习动机和学习效果的关系。

三、分析论述题

1. 论述蔡元培的"循思想自由原则，取兼容并包主义"的办学方针。
2. 论述教师素养的要求。
3. 比较孔子和苏格拉底的启发式教学。
4. 论述杜威的教育本质观，并对其进行评价。

2016年 四川师范大学 333 教育综合·真题真练

一、名词解释

教育　教学　"六艺"　白板说　学习动机　问题解决

二、简答题

1. 简述孔子的教学思想。
2. 简述陶行知的教育体系。
3. 简述建构主义教学理论的基本观点。
4. 简述科尔伯格的道德发展阶段理论。

三、分析论述题

1. 论述教育的社会制约性。
2. 论述杜威的教育思想。
3. 论述培养和提高教师素养的主要途径。
4. 论述教学过程应该处理好哪几种关系。

2015年 四川师范大学 333 教育综合·真题真练

一、名词解释

知识　苏格拉底法　学习策略　教学相长　班级授课制　中体西用

二、简答题

1. 终身教育思潮。
2. 维果茨基的最近发展区理论。
3. 简述建构主义的观点。
4. 简述教育对人发展的重要作用。

三、分析论述题

1. 论述孔子的教学方法。
2. 论述政治经济制度对教育的制约。
3. 论述教学的基本组织形式和辅助组织形式。
4. 论述陶行知和杜威在教育观和学校观上的比较。

2014年 四川师范大学 333 教育综合·真题真练

一、名词解释
课程　班级授课制　苏格拉底法　有教无类　最近发展区　知识

二、简答题
1. 简述陶行知的"生活教育"理论。
2. 简述皮亚杰的认知发展阶段理论。
3. 简述桑代克的学习定律。
4. 简述卢梭的自然教育理论及其影响。

三、分析论述题
1. 为什么教育对人的发展有重大作用？
2. 试述现代教育制度改革的趋势。
3. 结合实际试述基本教学组织形式以及辅助组织形式。
4. 试述西方教学理论在中国的传播。

2013年 四川师范大学 333 教育综合·真题真练

一、名词解释
教育　合作学习　教学相长　苏格拉底法　多元智力　学习动机

二、简答题
1. 简述孔丘的教学思想。
2. 简述历史上关于教育起源的代表性观点。
3. 简述影响创造性的主要因素。
4. 简述建构主义学习理论的基本观点。

三、分析论述题
1. 论述教育的社会制约性。
2. 试述当前我国基础教育课程改革的具体目标。
3. 在教学过程中应当处理好哪些关系？并联系实际加以论述。
4. 试述陶行知生活教育理论的基本内容及其与杜威的理论的关系。

2012年 四川师范大学333教育综合·真题真练

一、名词解释
三舍法　苏格拉底法　白板说　心理发展　原型启发　自我效能感

二、简答题
1. 简述墨家的教育实践与教育思想。
2. 简述梁漱溟的乡村建设理论。
3. 简述维果茨基的文化历史发展理论。
4. 简述影响知识理解的因素。

三、分析论述题
1. 试论文化对教育的影响和制约。
2. 试论杜威的教育思想。
3. 结合实际论述现代德育过程的特点。
4. 结合实际论述教学过程中应当处理好的几种关系。

2011年 四川师范大学333教育综合·真题真练

一、名词解释
儿童中心论　形成性评价　学习动机　知识　监生历事制度　分斋教学法

二、简答题
1. 简述柏拉图的教育思想。
2. 中世纪早期世俗教育的主要形式。
3. 评析美国公立学校运动的产生及其历史意义。
4. 简述现代学校教育制度的发展趋势。

三、分析论述题
1. 试论教育的文化功能。
2. 试述教育对人类地位提升的促进作用。
3. 试论述品德培养的主要策略。
4. "虽有嘉肴，弗食，不知其旨也；虽有至道，弗学，不知其善也。是故学然后知不足，教然后知困。知不足，然后能自反也；知困，然后能自强也。故曰：教学相长也。"请问这段话出自哪位教育家？并分析其教育主张。

2010年 四川师范大学 333 教育综合·真题真练

一、名词解释
人的发展　学校教育制度　课程　骑士教育　三舍法　耶克斯—多德森定律

二、简答题
1. 简述斯宾塞的知识价值论。
2. 简述晏阳初的"四大教育"与"三大方式"。
3. 简述罗杰斯的自由学习原则。
4. 简述韦纳的归因理论及其在教学中的应用。

三、分析论述题
1. 论述教育的社会制约性。
2. 在教学过程中应当处理好哪些关系？并联系实际加以论述。
3. 试述道家、墨家、法家教育作用观的异同。
4. 述评杜威的实用主义教育思想。

2022年 四川师范大学333教育综合·真题解析

一、名词解释

教育目的

教育目的是对教育活动所要培养的人的个体素质的总的预期与设想，是对社会历史活动的主体的个体素质的规定。它体现一定社会对受教育者质量规格的界定和要求，也体现人自身发展所应该达到的水准和高度。

分组教学制

分组教学制是指按学生的能力或学习成绩把他们分为水平不同的小组进行教学。依据不同类型可以分为能力分组和作业分组；内部分组和外部分组。分组教学制能较好地照顾个别差异，重视学生的个别性，有利于因材施教，有利于发展学生的个性特点。

壬戌学制

1922年，教育部在北京专门召开了学制会议，同年11月公布了《学校系统改革案》。该学制又被称为"新学制"或"壬戌学制"，由于采用的是美国式的六三三分段法，又称"六三三学制"。壬戌学制最显著的特点是根据儿童身心发展规律划分教育阶段。

《1944年教育改革法》

1944年，英国政府通过了以巴特勒为主席的教育委员会提出的教育改革方案，即《1944年教育法》，又称《巴特勒教育法》。改革的主要内容包括：加强国家对教育的控制和领导；加强地方行政管理权限，设立由初等教育、中等教育和继续教育组成的公共教育系统；实施5~15岁的义务教育；改革宗教教育、师范教育和高等教育。

学习动机

学习动机是动机在学习活动中的表现，是引起和维持个体进行学习活动，并使活动朝向一定的学习目标，以满足某种学习需要的一种内部心理状态。它的主要内容包括知识价值观、学习兴趣、学习效能感和成败归因。

心智技能

心智技能是指一种借助于内部语言在人脑中进行的认知活动方式，如默读、心算、写作和分析等技能。心智技能可以分为专门心智技能和一般心智技能。心智技能的特点：动作对象的观念性；动作执行的内潜性、动作结构的简缩性。

二、简答题

1.简述德育过程的特点。

【答案要点】

德育过程是学生在教师的引导下，主动积极地进行道德认识和道德实践，逐步提高自我修养能力，形成个人品德的过程。具体表现在以下几个方面：

（1）德育过程是学生在教师教导下的个体品德的自主建构过程。学生的思想道德认识和行为习惯不是与生俱来的，是学生在与社会环境的相互作用过程中，尤其是在教师有目的、有意识的教育引导下，逐步形成自己的思想认识，发展自己的道德素质的。包含以下三个方面：学生对环境影响的主动吸收；教师对学生的积极引导；外部活动与内部活动相互促进。

（2）德育过程是培养学生知情意行整体和谐的发展过程。学生的品德包含知、情、意、行四个要素。所以德育过程也是培养学生思想品德的知、情、意、行整体和谐的发展过程。包含以下三个方面的含义：思想道德发展的整体性；德育过程有多种开端；德育实践的针对性。

（3）德育过程是提高学生自我教育能力的过程。在德育过程中，要引导学生积极参与社会学习、生活交往和道德践行，培养和提升他们的思想品德素质，均有赖于发挥学生个人的能动性和自我教育能力。包含三个方面的含义：自我教育能力培育的意义；自我教育能力的构成因素；学生自我教育能力的发展。

2. 简述美国进步教育的发展历程。

【答案要点】

进步主义教育运动经历了四个时期，即形成期、拓展期、转变期和衰落期。

（1）形成期。帕克在库克师范学校的实习学校、约翰逊的有机教育学校、沃特的葛雷制学校等进步主义学校的建立；进步主义教育理论初步形成；儿童中心论观念的确立。代表人物：帕克、约翰逊、沃特、杜威。

（2）拓展期。进步主义教育协会建立；进步主义教育原则形成；《进步主义教育》杂志创刊；儿童中心论延续。代表人物：博德、克伯屈、拉格、杜威。

（3）转变期。实验的重心从初等教育转到中等教育；关注的重心从儿童中心转移到社会改造；进步主义教育内部开始分裂。代表人物：博德、杜威、拉格。

（4）衰落期。进步主义教育协会更名为美国教育联谊会；1955年协会解散；1957年《进步主义教育》杂志停办，标志着美国教育史上一个时代的结束。代表人物：克伯屈、巴格莱、杜威。

3. 简述自我效能感的影响因素。

【答案要点】

自我效能感由班杜拉提出，是指个体对自己能否成功进行某一成就行为的主观判断。它影响着个体对行为的选择、付出多大努力以及坚持多久。

影响自我效能感的因素：

（1）直接经验。学习者的亲身经验对自我效能感的影响是最大的。成功的经验会提高人的自我效能感，多次失败的经验会降低人的自我效能感。

（2）替代性经验。学习者通过观察榜样的行为而获得的间接经验对自我效能感的形成也有重要的影响。当学习者看到与自己水平差不多的人取得了成功时就会增强自我效能感，反之就会降低自我效能感。

（3）言语说服。他人的建议、劝告和解释以及对自我的引导也有助于改变个体的自我效能感，但不持久，一旦面临令人困惑或难于处理的情境就会消失。

（4）情绪唤起和身心状况。情绪和生理状态也影响自我效能的形成。在充满紧张、危险的场合或认知负荷较大的情况下，情绪易于唤起，而高度的情绪唤起和紧张的生理状态会妨碍行为操作，降低个体对成功的预期水准。

4. 简述家庭教育对儿童品德发展的影响。

【答案要点】

家庭环境包括家庭结构和主要社会关系、家长职业类型和文化程度、家长自身品德观念、家长对子女的教养态度和期望、家长作风和家庭氛围。它对学生品德的形成和发展起着奠基的作用。

（1）家庭教养方式。按照家庭对子女的不同控制程度，家庭教养方式可以分为溺爱型、民主型和专横型。研究发现父母信任、民主、宽容的作风与儿童的优良品德之间具有正相关关系，过分严厉或溺爱都不利于儿童形成良好品德。

（2）父母的道德观念。父母是儿童最早认同和模仿的对象，儿童会以观察学习的方式受到父母的影响。

（3）家庭成员构成。孩子和父母两代人一起生活的家庭被称为核心家庭，孩子、父母以及爷爷奶奶三代人一起生活的家庭被称为直系家庭。有人认为，核心家庭比直系家庭更有利于孩子的品德培养。

三、分析论述题

1. 论述全面发展教育的主要内容，并谈谈对"五育"融合的看法。

【答案要点】

所谓全面发展教育，是对含有各方面素质培养功能的整体教育的一种概括，是对为使学习者多方面得到发展而实施培养的教育活动的总称，是由多种相互联系而又各具特点的教育所组成。关于全面发展教育的基本构成，学界通常多以德育、智育、体育、美育、劳动技术教育等作为全面发展教育的构成主体。

（1）体育。授予学生健身知识、技能，发展学生体力、增强学生体质的教育。普通中学在体育方面的要求主要是：向学生传授基本的运动知识、技能，培养他们锻炼身体和讲究卫生的良好习惯，促进他们身体的正常发育和机能的成熟，增强他们的活动能力和身体素质。

（2）智育。授予学生系统的科学文化知识、技能和发展他们智力的教育。普通中学在智育方面的要求主要是：帮助学生在小学教育的基础上进一步系统地学习科学文化基础知识，掌握相应的基本技能和技巧，拓宽文化视野，发展思维能力、想象力和创造力，养成良好的自学能力、兴趣和习惯。

（3）德育。引导学生领悟社会主义思想和道德规范，组织和指导学生的道德实践，培养学生的社会主义品德的教育。普通中学在德育方面的要求主要是：教育学生初步了解马克思主义，热爱中国共产党和社会主义祖国，热爱劳动、学习等；帮助学生提高主体意识、心理承受力、应变力等。

（4）美育。培养学生正确的审美观，发展他们鉴赏美、创造美的能力，培养其高尚情操和文明素质的教育。普通中学在美育方面的要求主要是：通过音乐、美术、文学教育等审美活动，充实学生的精神生活，培养他们感受美、欣赏美和创造美的能力，养成审美情趣和高尚情操。

（5）劳动技术教育。传授基本的生产技术知识和生产技能，培养劳动观点和劳动习惯的教育。劳动技术教育包括劳动教育和技术教育两个方面，有利于促进学生的全面发展。劳动技术教育方面的要求主要是：通过科学技术知识的教学和劳动实践，使学生了解物质生产的基本技术知识，掌握一定的职业技术知识和技能，提高动脑和动手能力，养成良好的劳动态度和劳动习惯。

总而言之，对于普通中小学学生的全面发展来说，上述五个组成部分，既相对独立、各有特点、规律和功能，缺一不可；同时，又相互制约、相互促进，组成统一的教育过程。因此，我们必须考虑到人的发展的全面性和整体性，坚持"五育"并举、"五育"融合，处理好它们之间的关系，使其相辅相成，发挥其整体功能。

2. 举一个教学案例谈谈，如何贯彻教学中的科学性和思想性相统一的原则。

【答案要点】

（1）含义。

指教学要以马克思主义为指导，授予学生以科学知识，并结合知识教学对学生进行社会主义品德和核心价值观教育。

（2）基本要求。

①保证教学的科学性。在教学中，教师要以马克思主义的观点和方法来分析教材，使选择和补充的教学内容都能切合时代的需要，反映学科的进步；力求传授给学生的知识及其方法、过程都是科学的、准确无误的、富有教益的。

②发掘教材的思想性，注意在教学中对学生进行思想品德教育。人文社会学科具有鲜明的思想性，如语文、历史、政治等都是提高学生思想修养、进行人生观教育的重要教材；自然学科也蕴含着丰富的人文精神，尤其是它所运用的研究方法、经历的艰辛过程和所揭示的客观规律，均有利于养成学生实事求是的科学态度。

③重视补充有价值的资料、事例或录像。一般来说，教材的思想性寓于科学知识之中，大都十分内隐，自然科学尤其是这样。如果教师能深入领悟、吃透教材，根据教学需要补充一些有价值的资料，包括生动的故事与实例、经典的格言、动人的录像，情况则大不一样，将开启学生的心智，震撼学生的心灵，使他们获益匪浅。

④教师要不断提高自己的专业水平和思想修养。列宁指出："在任何学校里，最重要的是课程的思想政治方向。这个方向完全只能由教学人员来决定。"所以，教学的科学性和思想性主要靠教师来保障。

（3）教学案例（言之有理即可）。

3. 黄炎培的职业教育思想和对我国现在职业教育的启示。

【答案要点】

（1）职业教育的作用与地位。

①作用。就其理论价值而言，在于"谋个性之发展""为个人谋生之准备""为个人服务社会之准备""为国家及世界增进生产力之准备"。就其教育和社会影响而言，在于通过提高国民的职业素养，确立社会国家的基础。就其对当时中国社会的作用而言，在于有助于解决中国最大、最重要、最急需解决的人民生计问题，消灭贫困，并进而使国家每一个公民享受到基本的自由权利。

②地位。职业教育在学校教育制度上的地位是一贯的、整个的和正统的。"一贯的"是指应建立起从初级到高级的职业教育系统。"整个的"是指不仅在学校教育体系中要有一个独立的职业教育系统，其他各级各类教育也要与职业教育相互沟通。不仅普通教育要适应职业需要，职业教育也要防止偏执实用的片面。"正统的"是指应破除以普通教育为正统，以职业教育为偏系的传统观念，平等地看待二者。

（2）职业教育的目的。

黄炎培将职业教育的最终目的概括为"使无业者有业，使有业者乐业"。前者是指通过职业教育为资本主义工商业发展造就适用人才，同时解决社会失业问题，使人才不至浪费，使生计得以保障。后者是指通过职业教育形成人的道德智能，使之能胜任和热爱自己的职业，进而能有所创造发明，造福于社会人类。

（3）职业教育的方针。

黄炎培在数十年的实践中，形成了社会化、科学化的职业教育办学方针。

社会化：办理职业教育，必须注意时代发展趋势与应行的途径，社会需要哪种人才，就办哪种学校。强调职业教育必须适应社会需要。

科学化：指用科学来解决职业教育问题。开展职业教育需要的工作包括物质方面和人事方面，这两方面的工作都需要遵循科学原则。

（4）职业教育的教学原则。

黄炎培根据职业教育的特点总结出以往教育的经验，提出"手脑并用""做学合一""理论与实际并行""知识与技能并重"等主张，作为开展职业教育教学工作必须坚持的原则。

（5）职业道德教育。

黄炎培把职业道德教育的基本要求概括为"敬业乐群"。"敬业"是指热爱自己的职业，做到尽职，有为所从事职业和全社会做出贡献的追求。"乐群"是指有高尚情操和群体合作精神，有服务和奉献精神。

启示：黄炎培的职业教育理论不仅从宏观上把握了教育与社会的关系，而且站在社会生产和经济发展的角度来看待问题，密切关注欧美等各国职业教育的最新发展趋势，符合中国实际、反映了中国国情，对我国的教育改革有很好的借鉴作用。

4. 试比较赫尔巴特和杜威的课程论。

【答案要点】

赫尔巴特的课程论。

（1）课程必须与儿童的经验和兴趣相适应。第一，经验与课程。儿童在日常生活中可以获得经验和同情，但儿童的经验并非完美无缺，需要教学加以补充和整理。因此，课程的内容必须与儿童的日常经验保持联系，通过使用直观教材使得儿童的经验变得更加丰富、真实和确切。第二，兴趣与课程。只有与儿童经验相联系的内容，才能引起儿童的兴趣；只有能够引起兴趣的教学内容，才能使儿童保持意识的警觉状态，从而更好地接受教材。

（2）课程要与统觉过程相适应。根据统觉原理，新的知识总是在原有的理智背景中形成的，以原有知识为基础。因此，课程安排应当使儿童能够不断地从熟悉的材料逐渐过渡到密切相关但还不熟悉的材料。为此，赫尔巴特提出"相关"和"集中"两项原则，目的是保持课堂教学的逻辑结构和知识的系统性。

（3）课程必须要与儿童发展阶段相适应。赫尔巴特认为，儿童在一定发展阶段上最理想的学习内容应当是种族发展在相应阶段上所取得的文化发展。以此为基础，他将儿童发展分为婴儿期、幼儿期、童年期和青春期。每个时期对应不同的心理特征，应开设不同的课程。

杜威的课程论。

（1）对传统课程的批判。杜威认为传统教育的课程是由成人编就的，代表成年人的标准，不适合儿童的现有能力，超出了儿童已有的经验范围。学校中多种多样的分门别类的学科割裂和肢解了儿童的世界，使儿童对世界的认识失去应有的全面性而流于片面。旧教材和课程社会精神匮乏。

（2）从做中学。杜威以其经验论为基础，要求从做中学、从经验中学，要求以活动性、经验性的主动作业来取代传统书本式教材的统治地位。在杜威看来，这种活动性、经验性课程既能满足儿童的心理需要，又能满足社会性的需要，还能使儿童对事物的认识具有统一性和完整性。

（3）教材心理学化。杜威主张以"教材心理学化"来解决怎样使儿童最终获得较系统的知识而同时又能在学习过程中顾及儿童的心理水平。"教材心理学化"是指把各门学科的教材或知识各部分恢复到它所被抽象出来之前的原来的经验。

两者的异同：

（1）共同点：两者都提出了系统的课程理论，强调课程的组织要符合儿童的兴趣和经验。

（2）不同点：

①在课程目标上，赫尔巴特认为，教育所要达到的基本目的可分为"可能的目的"和"必要的目的"；杜威认为，教育过程在它自身以外无目的，它就是它自己的目的。

②在课程内容上，在赫尔巴特的教育思想中，兴趣占有重要的地位；杜威的课程内容以经验和环境为主，他倡导从直接经验中获取知识，强调直接经验和环境的重要性，儿童在学校学习的知识与将来的社会密切相关。

③在课程实施上，赫尔巴特认为教师应采取符合学生心理活动规律的教学程序，他把教学过程分为四个连续的阶段：明了、联想、系统、方法；杜威提倡从做中学，要求从做中学、从经验中学，要求以活动性、经验性的主动作业来取代传统书本式教材的统治地位。

2021年 四川师范大学 333 教育综合·真题解析

一、名词解释

终身教育

终身教育是人一生各阶段当中所受各种教育的总和，也是人所受的不同类型教育的综合。前者从纵向上讲，说明终身教育不仅仅是青少年的教育，而且涵盖了人的一生；后者从横向上讲，说明终身教育既包括正规教育，也包括非正规教育和非正式教育。

班级授课制

班级授课制是一种集体教学形式。它把一定数量的学生按年龄与知识程度编成固定的班级，根据周课表和作息时间表，安排教师有计划地给全班学生上课，分别学习所设置的各门课程。

鸿都门学

鸿都门学创办于东汉灵帝时期，因校址位于洛阳的鸿都门而得名。其创办是统治集团内部各派政治力量的较量在教育上的反映，在性质上属于一种研究文学艺术的专门学校，为后代专门学校的发展提供了经验。同时，它也是世界上最早的文学艺术专门学校。

"活教育"

陈鹤琴提出"活教育"的主张。"活教育"的目的是"做人，做中国人，做现代中国人"。"活教育"课程论可以概括表述为"大自然、大社会都是活教材"。活教育教学方法的基本原则是"做中教，做中学，做中求进步"。

要素主义教育

要素主义教育是20世纪30年代末作为实用主义教育和进步教育的对立面出现的。要素主义教育是现代欧美国家一种强调学校教育的任务主要是传授人类文化遗产共同要素的教育思潮。1938年在美国成立的"要素主义者促进美国教育委员会"，是要素主义教育形成的标志。代表人物有巴格莱、科南特等人。

《莫雷尔法案》

1862年，林肯总统批准实施《莫里尔法》，又称《莫雷尔法案》。该法规定：联邦政府按各州在国会的议员人数，按照每位议员三万英亩的标准向各州拨赠土地，各州应将赠地收入用于开办或资助农业和机械工艺学院。此类农业或机械工艺学院的设立与发展，确立了美国高等教育为工农业生产服务的方向，在一定程度上改善了高等教育发展与社会需要联系不够密切的状况。

二、简答题

1. 简述人的发展规律性及其在教学中的作用。

【答案要点】

（1）顺序性。在正常情况下，人的发展具有一定的方向性和顺序性，既不能逾越，也不能逆向发展。个体身心发展的顺序性，决定了教育教学工作的顺序性，在不同的发展阶段展开不同的教育活动，同时更应该按照发展的序列来施教，做到循序渐进。

（2）不平衡性。人的发展不总是匀速直线前进的，不同系统的发展速度、起始时间、达到的成熟水平是不同的；同一机能系统在发展的不同时期也有不同的发展速率。人的发展的不平衡性要求教育要掌握和利用人的发展的成熟机制，抓住发展的关键期，促进学生健康地发展。

（3）阶段性。个体的身心发展的阶段性表现为不同年龄阶段的个体具有不同的年龄特征及主要矛盾，面临着不同的发展任务。人的发展的阶段性要求教育要从学生的实际出发，尊重不同年龄阶段学生的特点，并根据这些特点提出不同的发展任务，采用不同的教育内容和方法，进行有针对性的教育，以便有效地促进他们的个性发展。

（4）个别差异性。人的发展的个体差异表现在身心发展的速度、水平、表现方式等方面。人的发展的个别差异性要求教育要深入了解学生，针对学生不同的发展水平及不同的兴趣等因材施教，引导学生扬长避短、发展个性，促进学生自由发展。

（5）整体性。人的生理、心理和社会性等方面的发展是密切联系在一起的，并在发展过程中相互作用，使人的发展表现出明显的整体性。人的发展的整体性要求教育要把学生看作复杂的整体，促进学生在体、智、德、美、行等方面全面和谐地发展，把学生培养成完整和完善的人。

2. 简述教育的政治功能。

【答案要点】

（1）教育通过传播一定社会的政治意识，完成年轻一代的政治社会化。

人的社会化是人的发展的重要方面，而政治社会化又是人的社会化的重要方面。教育作为传递知识、训练思维与培养情感的活动，能向年轻一代传播一定社会的政治意识，促进他们的政治社会化，从而为一定社会政治秩序的稳定创造重要条件。

（2）教育通过造就政治管理人才，促进政治体制的变革与完善。

现代社会强调法治，使得教育更重视培养政治管理人才。由于科技向管理部门的全面渗透，社会越发展，国家对政治管理人才的素质要求越高，通过教育选拔、培养政治管理人才显得越重要。

（3）教育通过提高全民文化素质，推动国家的民主政治建设。

一个国家的政治是否民主，取决于政体和国民素质。普及教育的程度越高，国民的文化素质越高，其国民就越能认识到民主的价值，在政治生活和社会生活中就越能履行民主的权利。

（4）教育是形成社会舆论、影响政治时局的重要力量。

学校是知识分子和青少年集中的地方，他们有见解，勇于发表意见。教育通过教育者和受教育者的言论、演讲和社会活动等，来宣传思想、造就舆论，借以影响群众，为一定的政治、经济服务。

3. 简述赫尔巴特的教学阶段论。

【答案要点】

赫尔巴特认为，兴趣活动可以划分为四个阶段：注意、期待、要求和行动。儿童在学习活动中的思维方式有两种：专心与审思。在此基础上，他提出了教学形式阶段理论，即"赫尔巴特四段教学法"。

（1）明了：当一个表象由自身的力量突出在感官前，兴趣活动对它产生注意；这时，学生处于静止的专心活动；教师通过运用直观教具和讲解的方法，进行明确的提示，使学生获得清晰的表象，以做好观念联合，即学习新知识的准备。

（2）联合：由于新表象的产生并进入意识，激起原有观念的活动，因而产生新旧观念的联合，但又尚未出现最后的结果；这时，兴趣活动处于获得新观念前的期待阶段；教师的主要任务是与学生进行无拘无束的谈话，运用分析的教学方法。

（3）系统：新旧观念最初形成的联系并不是十分有序的，因而需要对前一阶段由专心活动得到的结果进行审思；兴趣活动处于要求阶段；这时，需要采用综合的教学方法，使新旧观念间的联合系统化，从而获得新的概念。

（4）方法：新旧观念间的联合形成后需要进一步巩固和强化，这就要求学生自己进行活动，通过练习巩固新习得的知识。

4. 简述维果茨基的教学与认知发展的关系。

【答案要点】

（1）教学的含义。

广义的教学指儿童通过活动和交往掌握精神生产的手段，它带有自发的性质。狭义的教学指有目的、有计划进行的一种交际形式，它"创造"着儿童心理的发展。

（2）最近发展区。

在进行教学时，必须注意到儿童的两种发展水平：一种是儿童现有的发展水平，另一种是即将达到的发展水平，维果茨基把这两种水平之间的差异称为"最近发展区"，即独立解决问题的真实发展水平和在成人指导下或与其他儿童合作情况下解决问题的潜在发展水平之间的差距。

（3）教学应当走在发展的前面。

教学应当走在儿童现有发展水平的前面，一方面，教学决定着儿童发展的内容、水平和速度等；另一方面教学也创造着最近发展区。教学需要注重学生的最近发展区，把儿童潜在的发展水平变成实际的发展水平，同时不断创造新的最近发展区。

（4）学习存在着最佳期。

儿童在学习任何内容时都有一个最佳年龄。教师在开始教学时要处于儿童的最佳期内，教学最佳期是由最近发展区决定的，随着最近发展区的动态发展而不断变化，并且教学最佳期也是因人而异的，因此教师要把握教学的适当时机。

（5）认知发展的"内化"学说。

内化是指将外部实践活动转化为内部心理活动的过程。学生是认识的主体，教师在教学中起主导作用，学生的学习主要是掌握人类的经验并内化于自身的认知结构之中的过程。教育必须重视内化，促进学生从外部语言向内部语言转化，促进个性发展。

三、分析论述题

1. 试述中国古代教育史的人性论及教育的作用。

【答案要点】

（1）孔子在中国历史上首次提出"性相近也，习相远也"。认为人的先天素质没有多大差别，只是由于后天教育和社会环境的影响作用，才造成人的发展有重大的差别。

（2）孟子提出"性善论"，认为人性的善，即"我固有之"的仁、义、礼、智是人类学习的结果，不是由人的先天决定的，因此每个人都可以通过后天的学习达到理想的境界，即"人皆可以为尧舜"。

（3）荀子提出"性恶论"，他认为人之所以能为善全靠后天的努力，而教育的作用在于改变人的恶性，化恶为善，成为高尚的人。

（4）墨子提出"素丝说"，认为人性不是先天所成，有什么样的环境与教育就造就什么样的人。同时，他主张通过教育建立一个民众平等、互助的"兼爱"社会。

（5）法家的人性观表现为绝对的"性恶论"，认为人性是自私的，趋利避害是人的本性。基于此，法家强调治国必须靠高压政治、法制手段，无须用温情脉脉的教育感化。

（6）董仲舒提出"性三品"说，认为教育对"中民之性"的发展起决定性作用。

（7）韩愈提出"性三品"说，将人性分三品，认为人性决定教育所起的作用、人性规定教育的权利、人性决定教育的内容。

（8）朱熹从客观唯心主义思想出发，认为宇宙万物是由"理"和"气"两种因素构成的，教育的作用在于"变化气质"，发挥"气质之性"中所具有的"善性"，去蔽明善，以实现"明天理、灭人欲"的根本任务。

（9）王守仁从主观唯心主义出发，提出教育是"致良知"或"学以去其昏蔽"的过程。

（10）王夫之提出人性"日生日成"的著名论断，认为人性不是一成不变的，而是处在不断的变化发展过程中的。他认为，教育作用主要表现为两方面：一是继善成性，使之为善；二是可以改变青少年时期因"失教"而形成的"恶习"。

（11）颜元提出义利合一的人性观，认为教育的作用是培养"实才实德"之人。

2. 试述西方教育史上自然主义教育的产生和发展。

【答案要点】

（1）自然主义教育思想是西方教育发展史上一种重要的教育思想。一般认为，西方自然主义教育思想萌芽于古希腊。

（2）亚里士多德从灵魂论出发，提出教育应该按照人的发展阶段进行。他首次提出"教育效仿自然"的原理，开启了西方自然主义教育思想的萌芽阶段。

（3）到了文艺复兴时期，厌倦了修道院生活和经院哲学的人们从古希腊、古罗马的文化中看到了自然的力量，开始崇拜、讴歌自然，将个性的全面发展、自由发展作为教育的培养目标。但是这一时期的思想家和教育家对自然主义教育思想的阐述还是零散的，仅限于表面性的论述而没有触及自然主义教育的根本内涵和原则。

（4）真正提出并系统地论述自然主义教育思想的人当属17世纪的捷克教育家夸美纽斯。他在《大教学论》中，提出了"自然适应性原则"。他以适应自然、合乎自然秩序为基础，来论证自己教育改革主张的合理性，提出了一个比较完整的教育学体系，使自然主义教育理论初具形态。

（5）真正把"自然适应性原则"推进到适应人的身心发展特点的是18世纪的法国教育家卢梭。他继承并发展了夸美纽斯的教育思想，针对经院主义不顾儿童身心发展的特点，强迫儿童死记硬背的教育事实，提出教育应归到自然，适应自然。

（6）裴斯泰洛齐以卢梭自然主义教育思想作为其教育理论和教育实践的重要依据来阐述其教学思想，并进一步发展了这一思想的内涵。他把自然教育与人的心理发展密切结合起来，把自然主义教育思想提高到了一个更高的境界。

3. 结合实际教学谈谈"为迁移而教"。

【答案要点】

知识迁移即学习迁移，是指已获得的知识、技能、态度或理解对新知识、新技能或态度的形成的影响。促进知识迁移的措施：

（1）整合学科内容。教师要注意把各个独立的教学内容整合起来，鼓励学生把在某一门学科中学到的知识运用到其他学科中去。

（2）加强知识联系。教师要重视简单的知识技能与复杂的知识技能、新旧知识技能之间的联系。教师要促使学生把已学过的内容迁移到新的学习内容中去。

（3）强调概括总结。教师在教学中要注意启发学生对所学内容进行概括总结。一方面在教学中，教师要引导学生自己对原理进行概括，培养和提高其概括总结的能力，充分利用原理的迁移；另一方面，在讲解原理时，教师要在最大范围内列举各种变式，使学生正确把握其内涵和外延。

（4）重视学习策略。教师应有意识地教学生学会如何学习，帮他们掌握概括化的认知策略和元认知策略，从而促进学习的迁移。

（5）培养迁移意识。教师可以通过反馈和归因控制等方式使学生形成关于学习和学校的积极态度。教师要注意对学生的反馈，当学生用其他学科的知识来解决某一学科的问题时应给予鼓励。

4. 论述德育原则及其要求。

【答案要点】

德育原则是教师对学生进行德育应该遵循的基本要求。它以个体品德发展规律和社会发展要求为依据，概括了德育实践的宝贵经验，反映了德育过程的规律性。我国现行的德育原则有：

（1）理论和生活相结合原则。

①含义：指进行德育要注重引导学生把思想政治观念和社会道德规范的学习同参与生活实践结合起来，把提高道德认识与养成良好道德行为结合起来，做到心口如一，言行一致。

②基本要求：理论学习要结合学生生活实际，切实提高学生的思想；注重实践，培养道德行为习惯。

（2）疏导原则。

①含义：指进行德育要循循善诱、以理服人，从提高学生认识入手，调动学生的主动性，使他们积极向上。也称循循善诱原则。

②基本要求：讲明道理、疏通思想；因势利导、循循善诱；以表扬、激励为主，坚持正面教育。

（3）长善救失原则。

①含义：指进行德育要调动学生自我教育的积极性，依靠和发扬他们自身的积极因素去克服他们品德上的消极因素，促进学生的道德成长。

②基本要求："一分为二"地看待学生；发扬积极因素，克服消极因素；引导学生自觉评价自己，勇于自我教育。

（4）严格要求与尊重学生相结合原则。

①含义：指进行德育要把对学生的思想品行的严格要求与对他们个人的尊重信赖结合起来，使教育者的严格要求易于转化为学生主动的道德自律。

②基本要求：尊重和信赖学生；严格要求学生。

（5）因材施教原则。

①含义：指进行德育要从学生品德发展的实际出发，根据他们的年龄特征和个性差异进行不同的教育，使每个学生的品德都能得到最优的发展。

②基本要求：深入了解学生的个性特点和内心世界；根据学生个人特点有的放矢地进行教育；根据学生的年龄特征有计划地进行教育。

（6）在集体中教育原则。

①含义：指进行德育有赖于学生的社会交往、共同活动，注意依靠学生集体，通过集体活动进行教育，充分发挥学生集体在教育中的巨大作用。

②基本要求：引导学生关心、热爱集体，为建设良好的集体而努力；通过集体教育学生个人，通过学生个人转变影响集体；把教师的主导作用与集体的教育力量结合起来。

(7)教育影响一致性和连贯性原则。

①含义：指德育应当有目的、有计划地把来自各方面对学生的影响加以组织，使其优化为教育的合力前后连贯地进行，以获得最大的成效。

②基本要求：组建教师集体，使校内对学生的教育影响一致；做好衔接工作，使对学生的教育前后连贯和一致；发挥学校教育的引领作用，使学校、家庭和社会对学生的教育得到整合、优化。

2020年 四川师范大学333教育综合·真题解析

一、名词解释

义务教育

义务教育是国家统一实施的所有适龄儿童、少年必须接受的教育，是国家必须予以保障的公益性事业，对于人的发展、教育发展和社会发展都具有重大意义。但我国的义务教育也存在着发展不平衡的问题，促进义务教育均衡发展成为我国现阶段教育改革和发展的重大任务。

活动课程

活动课程又称经验课程、儿童中心课程，与学科课程相对立，它打破学科逻辑的界限，是以学生的兴趣、需要、经验和能力为基础，通过引导学生自己组织的有目的的系列活动而编制的课程。

九品中正制

九品中正制是魏晋南北朝时期重要的选官制度，又称"九品官人法"，即郡设小中正，州设大中正，由地方上有声望的人充任，将士人按"才能"评定为九等，实际上是按门第高低列等，政府按等选用。

要素教育论

裴斯泰洛齐提出要素教育论，其基本思想是：初等学校的各种教育都应该从最简单的要素开始，然后逐渐转到日益复杂的要素，循序渐进地促进人的和谐发展。要素教育既要求初等学校为每个人在德、智、体几方面都能受到基本的教育而得到和谐的发展，又要求在德育、智育、体育的每一个方面都通过"要素方法"获得均衡的发展。

设计教学法

设计教学法是美国进步主义教育家克伯屈提出的新的教育方法。他将设计教学法定义为在社会环境中进行有目的的活动，重视教学活动的社会的和道德的因素。强调有目的的活动是设计教学法的核心，儿童自动的、自发的、有目的的学习是设计教学法的本质。

京师同文馆

京师同文馆最初是作为外语学校设立的，是近代中国被动开放的产物，1902年，京师同文馆并入京师大学堂。在教学内容的设置上，重视外语学习以及科学技术的学习。就其历史地位而言，它是洋务学堂的开端，也是中国近代新教育的开端。

二、简答题

1. 简述教育的政治功能。

【答案要点】

（1）教育通过传播一定的社会的政治意识，完成年轻一代的政治社会化。

人的社会化是人的发展的重要方面，而政治社会化又是人的社会化的重要方面。教育作为传递知识、训练思维与培养情感的活动，能向年轻一代传播一定社会的政治意识，促进他们的政治社会化，从而为一定社会政治秩序的稳定创造重要条件。

（2）教育通过造就政治管理人才，促进政治体制的变革与完善。

现代社会强调法治，使得教育更重视培养政治管理人才。由于科技向管理部门的全面渗透，社会越发展，国家对政治管理人才的素质要求越高，通过教育选拔、培养政治管理人才显得越重要。

（3）教育通过提高全民文化素质，推动国家的民主政治建设。

一个国家的政治是否民主，取决于政体和国民素质。普及教育的程度越高，国民的文化素质越高，其国民就越能认识到民主的价值，在政治生活和社会生活中就越能履行民主的权利。

（4）教育是形成社会舆论、影响政治时局的重要力量。

学校是知识分子和青少年集中的地方，他们有见解，勇于发表意见。教育通过教育者和受教育者的言论、演讲和社会活动等，来宣传思想，造就舆论，借以影响群众，为一定的政治、经济服务。

2. 简述问题解决能力的培养措施。

【答案要点】

（1）鼓励质疑。教师要尽量从自己提出问题过渡到让学生质疑，从而培养学生主动质疑的内在动机，鼓励学生主动提问，形成一种自由探究的气氛。

（2）设置难度适当的问题。教师给学生的问题要可解，但也要有一定的难度。

（3）帮助学生正确表征问题。学生运用所学知识解释问题，或者画草图、列表、写方程式等，这对回忆相关信息都有很好的作用。

（4）帮助学生养成分析问题的习惯。教师要帮助学生发展系统考虑问题的方式和系统分析的习惯，既不能让学生盲目尝试错误练习，也不能过分热心，先把答案告诉学生。

（5）辅导学生从记忆中提取信息。教师需要帮助学生从记忆中迅速提取与解决问题有关的信息，并能很快找出可利用的信息，明确问题解决情境与想要达到的目的，迅速做出判断。

（6）训练学生陈述自己的假设及其步骤。教师要培养学生由跟从别人的言语指导转变到自行指导思考，然后再要求他们自己用言语把指导步骤表达出来。

（7）提供结构不良问题，培养实际解决问题的能力。通过对这些问题的解决，能让学生将解决问题的能力迁移到实际领域中去。

3. 简述陶行知生活教育的主要内容。

【答案要点】

生活教育理论是陶行知教育思想的核心，集中反映了他在教育目的、内容和方法等方面的主张，反映了陶行知探索适合中国国情和时代需要的教育理论的努力。

（1）生活即教育。"生活即教育"是陶行知生活教育理论的核心，其内涵十分丰富。第一，生活含有教育的意义；第二，实际生活是教育的中心；第三，生活决定教育，教育改造生活。

（2）社会即学校。"社会即学校"是生活教育理论另一重要主张，是"生活即教育"思想在学校与社会关系问题上的具体化。社会即学校是指社会含有学校的意味，或者说以社会为学校；学校含有社会的意味，也就是说，学校通过与社会生活相结合，一方面运用社会的力量使学校进步，另一方面动员学校的力量帮助社会进步，使学校真正成为社会生活必不可少的组成部分。

（3）教学做合一。"教学做合一"是生活教育理论的又一重要主张，是"生活即教育"在教学方法问题上的具体化。"教学做合一"要求在"劳力上劳心"；认为"行是知之始"；要求"有教先学"和"有学有教"；是对注入式教学法的否定。

4. 简述书院教育的特点。

【答案要点】

（1）书院精神。书院以自由讲学为主，注重讨论，学术风气浓厚，开辟了新的学风，推动了教育和学术的发展。

（2）书院功能。育才、研究和藏书。

（3）培养目标。注重人格修养，强调道德与学问并进，培养学生的学术志趣。

（4）管理形式。较为简单，管理人员少，强调学生遵照院规自我约束、自我管理为主。

（5）课程设置。灵活具有弹性，教学以学生自学、独立研究为主，师生、学生之间注重质疑问难与讨论。

（6）教学组织。教学与研究相结合，教学形式多样，注重讲明义理，躬亲实践。

（7）规章制度。书院作为一种教育制度得以确立，在教育目标、教学方法、教学顺序等方面用学规的形式加以阐明，最著名的是《白鹿洞书院揭示》，它说明南宋后书院已经制度化。

（8）师生关系。较之官学更为平等、学术切磋多于教训，学生来去自由，关系融洽、感情深厚。

（9）学术氛围。教学与学术研究并重，学术氛围自由宽松，人格教育与知识教育并重。

三、分析论述题

1. 试论述需要层次理论以及对中小学教师工作的启示。

【答案要点】

需要层次理论由人本主义心理学家马斯洛提出。马斯洛认为，个体的任何行为动机都是在需要发生的基础上被激发起来的。他认为人有七种基本需要，分别为：

（1）生理需要：维持生存和延续种族的需要。

（2）安全需要：受保护与免遭威胁、获得安全感的需要。

（3）归属与爱的需要：被人接纳、爱护、关注、鼓励、支持的需要。

（4）尊重的需要：希望被人认可、关爱、赞许等维护个人自尊心的需要。

（5）求知与理解的需要：个体对不理解的东西寻求理解的需要，学习动机来源于这种需要。

（6）审美的需要：欣赏、享受美好事物的需要。

（7）自我实现的需要：在精神上臻于真、善、美合一的至高人生境界的需要，即个人理想全部实现的需要。

马斯洛认为各种需要之间不但有高低之分，而且有先后顺序，低一层次需要获得满足或部分满足之后，高一层次需要才会产生。他将七种需要分为两类：缺失需要和成长需要。二者相互制约、相互影响。一方面，缺失需要是成长需要的基础，缺失需要若未能得到满足，成长需要就不会产生。另一方面，成长需要对缺失需要起引导作用，尤其是自我实现的需要对其他各层需要都有潜在影响力。

在现实的学校生活中，学生最主要的缺失需要往往是爱和自尊，因此在激发学生学习动机时可以注重从内部动机、个人动机等方向出发，即激发学习者对学习本身的兴趣所引起的动机以及激发学习者与个体自身的需求、信念与价值观以及性格特征密切相关的动机。

2. 试论述教学过程的性质特点。

【答案要点】

（1）教学过程是一种特殊的认识过程。

教学过程作为特殊的认识过程，其特殊性在于它是学生个体的认识过程，具有不同于人类总体认识的显著特点：

①间接性，主要以掌握人类长期积累起来的科学文化知识为中介，间接地认识现实世界。

②引导性，需要在富有知识的教师引导下进行认识，而不能独立完成。

③简捷性，走的是一条认识的捷径，是一种科学文化知识的再生产。

（2）教学过程是以认识过程为基础的学生全面发展的过程。

教学过程不只是要学生完成认识世界的任务，更重要的是在这个过程中促进学生的全面发展。学生的发展是教学过程的核心，教学过程的本质与社会发展需要相联系，要从生理和心理两个方面来看待学生的发展。

（3）教学过程是以交往为背景和手段的活动过程。

教学活动不是孤立的个体认识活动，它离不开师与生、生与生之间的交往、互动，离不开人们的共同生活。个体最初的学习与认识就是在共同生活与交往中发生与发展的。在教学过程中，教师不仅运用交往引导学生进行认知，而且通过交往对学生达致情感的沟通、同情与共鸣。

（4）教学过程也是一种促进学生身心发展、追寻与实现价值目标的过程。

在教学活动中，教师引导学生学习知识、开展交往、认识与作用世界，进行多方面的演练与实践，其实都是为了促进学生的身心发展，以追寻与实现使他们成人、成才的价值增值目标。从这方面看，教学过程又是一个促进学生身心发展及实现教育目标的过程。

3. 试论述西方教育史上教育与生产劳动相结合的主张。

【答案要点】

（1）空想社会主义教育者。

在某些空想社会主义教育思想中，首次提出教育与生产劳动相结合的思想以及成人教育的思想。

（2）裴斯泰洛齐的教育与生产劳动相结合的思想。

裴斯泰洛齐是西方教育史上第一位将教育与生产劳动相结合付诸实践的教育家，并在自己的教育实践活动中，推动和发展了这一思想。

早期在新庄"贫儿之家"时，他主要重视生产劳动的经济价值，因此教育与生产劳动相结合，只是一种单纯的、机械的外部结合，教学与劳动之间并无内在意义的联系。后期，即斯坦兹时期，他关注生产劳动的教育价值，不仅把学习与劳动相结合视为帮助贫苦人民掌握劳动技能从而改变贫困状况的手段，而且将其与体育、智育、德育联系起来，肯定其对人的和谐发展的教育价值。

虽然受时代的限制，裴斯泰洛齐未能真正找到教育与生产劳动相结合的内在联系，更未能对两者之间的关系做出全面的历史分析，只是一种理想，但在西方教育史上依旧产生了重要影响，对19世纪初的空想社会主义者关于教育与生产劳动相结合的设想也有很大启示。

（3）马克思、恩格斯的教育与生产劳动相结合的思想。

马克思、恩格斯揭示了教育与生产劳动相结合的客观规律性，科学地论证了教育与生产劳动相结合的历史必然性和重大意义。从实践的观点阐明了遗传因素、环境、教育和革命实践对人的发展以及教育对社会发展的作用。从对现代生产、现代科学与现代教育的内在联系以及人类社会未来发展的分析中，论述了教育与生产劳动相结合以及人的全面发展的必然性和必要性。

4. 试论述教师劳动的特点和价值。

【答案要点】

教师劳动的特点：

（1）教师劳动的复杂性。教师劳动的复杂性主要受以下三方面的影响：第一，学生状况的复杂性决定着教师劳动的复杂性；第二，教师任务的多样性制约着教师劳动的复杂性；第三，影响学生发展因素的广泛性制约着教师劳动的复杂性。

（2）教师劳动的示范性。教育是教师引导、培养学生的活动，它要求教师以身作则，具有示范性。教师的劳动对象是处在发展过程中的青少年学生，他们具有尊敬教师、乐于接受教师的教导、以教师为表率的所谓"向师性"的特点。因此，教师必须严格要求自己，以身作则，通过示范的方式去影响学生，以便取得最佳教育效果。

（3）教师劳动的创造性。教师劳动创造性的最重要特征之一是他的工作对象，即儿童经常在发生变化，永远是新的，今天同昨天就不一样。此外，教师劳动的创造性还表现在因材施教上；表现在对教育、教学的原则、方法、内容的运用、选择和处理上；表现在教育教学过程中，教师对各种突发情况做出及时反应、妥善处理的应变能力上。

（4）教师劳动的专业性。教师劳动的专业性突出表现在教师对育人的崇高敬业精神和道德修养上，对教育教学专门化知识和技能的掌握与教育活动的自主权上。

教师劳动的价值：

（1）教师劳动的社会价值。从宏观上看，突出地表现在教师劳动对延续和发展人类社会的巨大贡献上。教师的工作，联系着人类的过去、现在和未来。从微观上看，教师的劳动关系到年轻一代每个人的发展和幸福。在现代社会，一个人的发展状况如何，在很大程度上取决于他所受的教育，取决于教师的劳动。

（2）教师劳动的个人价值。教师劳动的个人价值体现在以下三个方面：第一，首先在于这种劳动能够创造巨大的社会价值。因为，个人价值的大小主要取决于他对社会的贡献。第二，教师劳动比一般劳动更具有自我实现的价值。教师的劳动是培养人，具有特殊的复杂性和创造性。教师在自己的劳动中能够充分发挥个人的才智，促进个人自身的完善和发展，满足个人较高层次的需要。第三，教师劳动还能享受到一般劳动所享受不到的乐趣。这种乐趣来自学生平日的点滴进步，来自桃李满天下，来自学生毕业后对社会的贡献。

（3）正确认识和评价教师的劳动价值。教师劳动虽有巨大的社会价值，但有它的特殊性，往往不受社会重视，需要我们正确认识与对待。教师的劳动价值具有以下几个特性：模糊性、滞后性、隐蔽性。

2019年 四川师范大学333教育综合·真题解析

一、名词解释

教育制度

教育制度是指一个国家各级各类实施教育的机构体系及其组织运行的规则。它包括相互联系的两个方面:一是各级各类教育机构与组织;二是教育机构与组织赖以存在和运行的规则,如各种相关的教育法律、规则、条例等。具有客观性、规范性、历史性和强制性的特点。

课程标准

课程标准是指在一定课程理论指导下,依据培养目标和课程方案以纲要形式编制的关于课程的性质与价值、目标与内容、教学实施建议以及课程资源开发等方面的指导性文件,一般由说明、课程目标、课程内容标准和课程实施建议等部分组成。

苏格拉底法

苏格拉底法也称"问答法""产婆术",是由讥讽、助产术、归纳和定义四个步骤组成的独特的方法。这是苏格拉底探讨伦理哲学的研究方法,也是他的教学方法。这种教学方法不将现成的结论硬性灌输或强加于对方,但它也不是万能的,只能在一定条件下和适度范围内作为参照。

三舍法

"三舍法"是王安石在"熙宁兴学"期间改革太学最重要的措施。"三舍法"是严格的升舍考试制度,它将学生平时行艺和考试成绩相结合,学行优劣与任职使用相结合,这有利于调动学生学习的积极性,提高太学教育质量。同时又把上舍考试和科举考试结合起来,融养士与取士于太学,提高了太学地位。

《国防教育法》

1958年美国颁布《国防教育法》,将教育提高到保卫国家国防的高度。其主要内容包括:加强普通学校的自然科学、数学和现代外语的教学;加强职业技术教育;强调"天才教育";增拨大量教育经费。其颁布与实施,促进了美国教育事业的发展,有利于美国教育质量的提高和科技人才的培养。

有教无类

"有教无类"的本意是不分贵贱贫富和种族,人人都可以入学接受教育。孔子的教学实践切实地贯彻了这一办学方针。"有教无类"作为私学的办学方针与官学的办学方针相对立,打破贵贱、贫富和种族的界限,把受教育的范围扩大到平民,这是历史的进步。

二、简答题

1. 简述我国教育目的的基本精神。

【答案要点】

2021年修订的《中华人民共和国教育法》规定:"教育必须为社会主义现代化建设服务、为人民服务,必须与生产劳动和社会实践相结合,培养德智体美劳全面发展的社会主义事业的建设者和接班人。"这是目前教育目的最规范的表述。

我国教育目的表述虽几经变化,但其基本精神却是一致的,就是培养学生成为未来国家、社会发展的实践主体与主人。其基本点包括以下几个方面:培养"劳动者"或"社会主义建设人才";坚持全面发展;培养独立个性。

综上所述,我国教育目的的价值取向的出发点与归宿在于:培养德、智、体、美、劳全面发展,具有创新精神、实践能力和独立个性的社会主义现代化需要的各级各类人才。

2. 简述品德形成的因素。

【答案要点】

(1)外部因素。

①家庭环境。包括家庭结构和主要社会关系、家长职业类型和文化程度、家长自身品德观念、

家长对子女的教养态度和期望、家长作风和家庭氛围。它对学生品德的形成和发展起着奠基的作用。

②学校集体。包括班集体、同辈、学校德育、校园文化、学校中的其他因素如教师领导方式、集体舆论、校风班风等的影响。

③社会环境。一方面，社会风气对儿童品德的形成和发展具有重要影响；另一方面，电视、书刊和网络等构成的大众传媒对儿童的成长产生了深刻的影响。

（2）内部因素。

①道德认识。人的行为总是受认识的支配，人的道德行为也受到道德认识的制约。作为独特的个体，学生在同化外界信息时呈现出不同的特点，受其不同认知特性的制约，每个人的道德认识会呈现出不同的水平与程度。

②个性品质。个性对品德发展的作用，主要体现为个性倾向性和个性心理特征对品德发展的影响。其中，个性倾向性在思维发展上起动力作用。

③适应能力。在社会化过程中，个体通过角色的不断变化来掌握相应的社会规范和行为模式，然后形成稳定的道德品质，包括自我教育能力、社会生活和工作能力两个方面。

④自身的智力水平。智力水平与品德之间的关系十分复杂。一般而言，低智商的犯罪者较多，但一个智力较高的人，并不见得就有积极的道德取向，并且一旦他们形成了不良的品德，高智力反而会促进其恶性发作。

3. 简述陈鹤琴的"活教育"。

【答案要点】

（1）"活教育"的目的论。

陈鹤琴提出"活教育"的目的是"做人，做中国人，做现代中国人。""做人"是"活教育"最为一般意义的目的。"活教育"提倡学习如何做人，如何求社会进步、人类发展。"做中国人"体现了"活教育"目的的民族特征。"做现代中国人"体现了时代精神，有五个具体方面的要求：要有健全的身体；要有建设的能力；要有创造的能力；要能够合作；要服务。

（2）"活教育"的课程论。

"大自然、大社会都是活教材"，是陈鹤琴对"活教育"课程论的概括表述。"活教材"是指取自大自然、大社会的"直接的书"，即让儿童在与自然、社会的直接接触中，在亲身观察中获取经验和知识。既然"活教育"的课程内容应该来源于自然、社会和儿童的生活，其组织形式也必须符合儿童的活动和生活的方式，符合儿童与自然、社会环境的交往方式。

（3）"活教育"的教学论。

"做中教，做中学，做中求进步"是活教育教学方法的基本原则。陈鹤琴认为，"做"是学生学习的基础，因此也是"活教育"教学论的出发点。它强调儿童在学习过程中的主体地位和在活动中直接经验的获取。

4. 简述科举制的影响。

【答案要点】

（1）积极影响。

①扩大了统治基础，有利于加强中央集权。通过科举考试，平民及中小地主阶层获得了参政的机会，打破了门阀士族地主垄断统治权力的局面，扩大了封建统治的统治基础。同时，通过科举考试，朝廷将选士大权收归于中央政府，强化了中央集权的统治。

②使选士与育士紧密结合。促进人们的思想统一于儒学，成为实施儒家"学而优则仕"原则的途径。刺激学校教育的发展，有利于教育的普及。

③使选拔人才较为客观公正。隋唐科举考试在发展的过程中逐步建立了较为完备的考试制度，同时逐步建立了一系列的考试防范措施，加强考试管理。

（2）消极影响。

①国家只重科举取士，而忽略了学校教育。学校成为科举考试的预备机构，一切教学活动都围绕着科举考试来进行，学校失去了相对独立的地位和作用。

②束缚思想，败坏学风。学校教学安排围绕科举进行，导致学校教育中重文辞少实学，重记诵而不求义理，形成了教条主义、形式主义的学习风气。在科举制的影响下，读书的目的不是求知求真，而是为了功名利禄，具有强烈的功利色彩。

③科举考试内容的狭隘也阻碍了中国文化的和谐发展，特别是科技文化的发展。

三、分析论述题

1. 论述文化对教育的制约和影响。

【答案要点】

（1）文化知识制约教育的内容与水平。

文化是教育的基础，教育的本质是通过传承和创新文化来培养人才。学校教育的一个重要任务就是传授系统的文化知识。因此，文化是教育的主要资源，文化知识的发展特性与水平制约着教育的发展特性与水平。

（2）文化模式制约教育的背景与模式。

首先，文化模式为教育提供了特定的背景；其次，文化模式还从多方面制约教育的模式。不同文化模式影响的教育模式，在教育目的、内容与方式等各方面也有明显的差异。

（3）文化传统制约教育传统的特性。

文化传统越久，对教育传统的制约性越大。我们在教育改革中遇到的许多阻力，究其根源，都与文化传统的消极因素有一定的关系。正确认识文化传统与教育传统的制约关系，对于指导我们今天的教育改革具有重大现实意义。

2. 论述卢梭的自然教育理论及影响。

【答案要点】

（1）自然教育的基本含义。

卢梭自然主义教育的核心是"回归自然"。一方面，善良的人性存在于纯洁的自然状态之中。只有"回归自然"、远离喧嚣社会的教育，才有利于保持人的善良天性。因此15岁之前的教育必须在远离城市的农村进行。另一方面，每个人都是由自然的教育、事物的教育、人为的教育三者培养起来，只有三种教育圆满地结合才能达到预期的目的。三者之中，应以自然的教育为基准，才能使教育回归自然达到应有的成效。

（2）自然教育的培养目标。

自然教育最终目的是培养"自然人"，即身心调和发达、体脑两健、能力强盛的新人，也就是摆脱封建羁绊的资产阶级新人。具有以下特征：自然人是能独立自主的人，他能独自体现出自己的价值；在自然的秩序中，所有的人都是平等的；自然人又是自由的人，他是无所不宜、无所不能的；自然人还是自食其力的人，可无须仰赖他人为生，这是独立自主的可靠保证。

（3）自然教育的方法原则。

卢梭猛烈抨击了当时向儿童强迫灌输旧的道德和知识、摧残儿童天性的做法，他提出以下几点原则和方法：

①树立正确的儿童观。自然教育的必要前提是要改变对儿童的看法。在人生的秩序中，儿童有

他的地位,应当把成人看作成人,把孩子看作孩子。

②消极教育。教育要遵循自然天性,也就是要求儿童在自身的教育和成长中取得主动地位,无须成人的灌输、压制、强迫,教师只需创造学习的环境,防范不良的影响。它的作用是消极的,是对儿童的发展不横加干涉的教育。

③自然后果律。当儿童犯了错误和过失后,不必直接去制止或处罚他们,而让他们在同自然的接触中,体会到自己所犯的错误和过失带来的自然后果,使儿童服从于自然法则,结合具体事例让他们从自己的直接经验中受到教育。

④根据儿童天性的个体差异因材施教。卢梭要求教育者在进行教学之前必须先了解自己的学生。

(4)自然主义教育的实施。

卢梭根据自然教育的原则,根据人的自然发展的进程和不同年龄时期身心的特点,把自然教育分为婴儿期、儿童期、少年期和青春期。婴儿期主要进行体育;儿童期主要进行感官训练和身体发育,这个时期的儿童不宜进行理性教育,不应强迫儿童读书;少年期主要进行智育和劳动教育;青春期主要接受道德教育,包括宗教教育、爱情教育和性教育。

(5)影响。

卢梭是西方教育史上具有划时代意义的教育思想家,他对封建社会进行了猛烈的抨击,提出了反映新兴资产阶级利益的教育思想,是现代教育思想的重要来源。

①卢梭提出的自然主义教育思想是教育思想史上由教育适应自然向教育心理学化过渡的一个重要环节。在封建社会压制人性的情况下,提倡性善论,尊重儿童天性具有历史进步意义。他呼吁培养身心调和发展的自然人和自由人也反映了对人的发展的合理要求。

②卢梭论证了自然主义教育的内容和方法。如重视感觉教育的价值;反对古典主义和教条主义,要求人们学习真实有用的知识;反对向儿童灌输道德教条,要求养成符合自然发展的品德等。这些观点既是在前人的基础上的发展,也反映了近代教育的发展方向。

③卢梭的教育理论对欧美教育产生了深远影响。德国的泛爱教育运动、瑞士的裴斯泰洛齐的教育实验、美国进步主义教育运动等,无不受到卢梭自然教育理论的启发。

3. 论述建构主义的学习理论的观点及启示。

【答案要点】

(1)知识观。

建构主义者质疑知识的客观性和确定性,强调知识的动态性。具体体现在以下几方面:

①知识的动态性。知识不是对现实的准确表征,只是一种解释、假设,不是问题的最终答案。

②知识的情境性。知识并不能精确地概括世界的法则,不能拿来便用,而是需要针对具体情境进行再创造。

③知识学习的主动建构性。知识不可能以实体的形式存在于具体个体之外,学习者对于命题的理解只能由个体基于自己的经验背景而建构起来,取决于特定情境下的学习历程。

(2)学生观。

建构主义认为,学生并不是被动接受教师传授的知识,而总是以自己的经验背景或自己的经验来建构对事物的理解。具体表现在以下几方面:

①建构主义者完全否定心灵白板说,强调学生经验世界的丰富性和差异性。

②学生并不是空着脑袋走进教室的,当问题呈现时,他们基于相关的经验,依靠推理和判断能力,形成对问题的某种解释。

③教学不能无视学生的先前经验,要把儿童现有的知识经验作为新知识的生长点,引导儿童从原有的知识经验中"生长"出新的知识经验。

④教学要增进学生之间的合作，使他看到那些与他不同的观点，促进学习的进行。

（3）学习观。

建构主义认为，学习是学习者主动地赋予信息以意义，建构自己的知识经验的过程，具有三个重要特征：

①主动建构性。面对新信息、新概念、新现象或新问题，学习者需要主动激活头脑中的先前知识经验，通过高层次思维活动，对各种信息和观念进行加工转换，对新旧知识进行综合和概括，解释有关现象，形成新的假设和推论。

②社会互动性。学习是通过对某种社会文化的参与，内化相关知识和技能，掌握有关工具的过程，这一过程常常需要通过一个学习共同体的合作互动来完成。

③情境性。建构主义者提出，知识存在于具体的、情境性的、可感知的活动中，它不是一套独立于情境的知识符号，不可能脱离活动情境而抽象地存在，它只有通过实际情境中的应用活动才能真正被人理解。

（4）教学观。

①教学不再是传递客观而确定的现成知识，而是激活学生原有的相关知识经验，促进知识经验的"生长"；教学是促进学生的知识建构活动，以实现知识经验的重新组织、转换和改造，以此来培养学生的求知欲和探究能力。

②教学要为学生创设理想的学习情境，激发学生的推理、分析、鉴别等高级的思维活动，同时给学生提供丰富的信息资源、处理信息的工具以及适当的帮助和支持，促进他们自身建构意义以及解决问题的活动。

（5）启示。

根据建构主义的学习理论，教师要注重教学环境的设计，为教育者提供充分的资源；教师要超越单纯讲座或讲授式的教学方法，灵活采取一些新的教学模式来进行创新式教学；教学要以学生为中心；教学过程中要强调协商与合作式学习。

四川师范大学 333 教育综合·真题解析

一、名词解释

《学记》

《学记》是《礼记》的一篇，是中国古代最早的一篇专门论述教育、教学问题的论著，因此有人认为它是"教育学的雏形"。《学记》是先秦时期儒家教育和教学活动的理论总结，它主要论述教育的具体实施，偏重于说明教学过程的各种关系。

苏湖教学法

"苏湖教法"又称"分斋教学法"，是胡瑗在主持湖州州学时创立的新的教学制度，在"庆历兴学"时被用于太学的教学。其主要内容是在学校内设立经义斋和治事斋，经义斋学习儒家经义，以培养比较高级的统治人才为目标；治事斋分设治兵、治民、水利、算数等学科，学生可主修一科，副修另一科，以造就在某一方面有专长的技术的管理人才为目标。

教育目的

教育目的是对教育活动所要培养的人的个体素质的总的预期与设想，是对社会历史活动的主体的个体素质的规定。它体现一定社会对受教育者质量规格的界定和要求，也体现人自身发展所应该达到的水准和高度。

心理发展

心理发展是指个体从胚胎经由出生、成熟、衰老一直到死亡的整个生命过程中所发生的持续而稳定的内在心理变化过程，主要包括认知发展、人格发展和社会性发展三个方面。

教学评价

教学评价是对教学工作质量所做的测量、分析和评定。它以参与教学活动的教师、学生、教学目标、内容、方法、教学设备、场地和时间等因素的优化组合的过程和效果为评价对象，是对教学活动的整体功能所做的评价。

骑士教育

骑士教育是中世纪世俗教育的一种主要形式，以培养当时封建制度中骑士阶层的成员为目的。它是一种特殊形式的家庭教育，并无专设的教育机构，也没有专职的教育人员。它在骑士生活和社交活动中进行。训练骑士的标准是剽悍勇猛、虔敬上帝、忠君爱国、宠媚贵妇。

二、简答题

1. 简述教育的社会流动性功能及意义。

【答案要点】

（1）含义。

教育的社会流动功能是指社会成员通过教育的培养、筛选和提高，能够在不同的社会区域、社会层次、职业岗位、科层组织之间转换、调整和变动，以充分发挥其个人的智慧才能，实现其人生价值。它包括横向流动功能和纵向流动功能。前者指改变其环境而不提升其社会层级地位；后者指改变其社会层级地位及作用。

（2）教育的社会流动功能在当代的重要意义。

①教育是个人社会流动的基础。如今，不管从事什么行业，要在社会上生存与流动，就要有一定的文化知识和能力，必须接受一定的教育。它使享受这一教育的人能够选择自己将要从事的职业，参与建设集体的未来和继续学习。

②教育是现代社会流动的主要通道。今天，我国农村的年轻一代要成功地进行社会流动，尤其是向上流动，必须经过教育，甚至只有经过优质的高等教育才能实现。

③教育深刻影响社会公平。教育的社会流动，实质上涉及教育机会均等与社会公平问题。到近代，人们才逐步提出普及教育与入学机会人人均等的要求。如今，各国纷纷实行普及义务教育制度，注重教育公平，这是教育发展的趋势。

2. 简述影响问题解决的因素。

【答案要点】

（1）问题情境。个体面临的刺激模式与其已有的知识结构所形成的差异。

（2）原型启发。通过从待解决的问题具有相似性的其他事物上发现问题解决的途径和方法。

（3）人际关系。良好的人际关系有助于其解决面临的各类问题。

（4）知识经验。任何问题解决都离不开一定的知识、策略和技能，知识经验不足常常是不能有效解决问题的重要原因。

（5）定势与功能固着。定势是指人在解决一些相似的问题之后会出现一种惯用的方式解决问题的倾向。功能固着是指一个人看到某个物品有一种惯常的用途后，就很难看出它的其他新用途。

（6）酝酿效应。在反复探索一个问题的解决而毫无结果时，如果把问题暂时搁置几个小时、几天或几周，然后再回过头来解决，这时常常就可以很快找到解决方法。

（7）情绪状态。相对平和的心态有利于问题解决，同时，积极的情绪也有利于问题解决。

3. 简述学校管理的趋势。

【答案要点】

（1）学校管理法治化。

随着科教兴国战略的实施和依法治国方略的确立，依法治教已成为党和政府管理教育的基本方针，而依法治校是依法治教的重要组成部分，将成为21世纪学校管理的必然选择。依法治校可分为两个方面：政府及教育行政部门依法管理学校；学校管理者依法管理学校。

（2）学校管理人性化。

人性化管理是指学校管理工作要以人为本，关注人的情感、满足人的需要、崇尚人的价值、尊重人的主体人格和地位。

（3）学校管理民主化。

民主管理以对个体价值的肯定为基础，以个体才能的充分发挥和潜能挖掘为前提，积极吸引全员参与管理活动，集思广益，共同参与，以取得最优的管理效益。

（4）学校管理信息化。

在信息化时代，学校管理呈现出信息化的新特点。它表现在两个方面：第一，学校对信息技术的开发和使用，把计算机、网络、多媒体等现代技术运用到管理上，以提高学校管理的实效；第二，学校管理方式的信息化，实行"人－机"管理，即注重对有关信息资源的管理。

（5）学校管理校本化。

校本管理是指学校在教育方针与法规的指引下，可以根据自己的实际情况和需要自主确定发展的目标与任务，进行管理工作。简言之，校本管理即以学校为本位的自主管理。

4. 简述人文教育的基本特征。

【答案要点】

（1）人本主义。人文主义教育在培养目标上注重个性发展，在教育教学方法上反对禁欲主义，尊重儿童天性，坚信通过教育这种后天的力量可以重塑个人、改造社会和自然，这些都表现出人本主义内涵，人的力量、人的价值被充分肯定。

（2）古典主义。人文主义教育思想吸收了许多古人的见解，人文主义教育实践尤其是课程设置亦具有古典性质，但这种古典主义绝非纯粹的"复古"，实则含有古为今用、托古改制的内涵，这在当时是进步的。

（3）世俗性。不论从教育目的还是从课程设置等方面看，人文主义教育洋溢着浓厚的世俗精神，教育更关注今生而非来世，这是人文主义教育与中世纪教育的根本区别。

（4）宗教性。人文主义教育仍具有宗教性，几乎所有的人文主义教育家都信仰上帝，他们虽然抨击天主教会的弊端，但不反对宗教更不打算消灭宗教，他们希冀以世俗和人文精神改造中世纪陈腐专横的宗教性，以造就一种更富世俗色彩和人性色彩的宗教性。

（5）贵族性。这是由文艺复兴运动的性质所决定的。人文主义教育的对象主要是上层子弟，教育的形式多为宫廷教育和家庭教育而非大众教育，教育的目的主要是培养上层人物如君主、侍臣、绅士等。

综上可见，人文主义教育具有两重性，进步性与落后性并存，尽管它有不足之处，但它涤荡了中世纪教育的阴霾，展露出新时代教育的灿烂曙光，开了欧洲近代教育之先河。

三、分析论述题

1. 论述教学原则并选择其中一个举例论述。

【答案要点】

教学原则是有效进行教学必须遵循的基本要求。它既指导教师的教，也指导学生的学，应贯彻于教学过程的各个方面和始终。我国的教学原则有：

（1）启发性原则。指在教学中教师要激发学生的学习主体性，引导他们经过积极思考与探究自觉地掌握科学知识，学会分析问题和解决问题，树立求真意识和人文情怀。也称探究性原则或启发与探究相结合原则。

（2）理论与实践相结合原则。指教学要以学习基础知识为主导，将理论运用于解释和解决实际问题，学以致用，发展动脑、动手能力，并理解知识的含义，领悟知识的价值。

（3）科学性和思想性统一原则。指教学要以马克思主义为指导，授予学生以科学知识，并结合知识教学对学生进行社会主义品德和核心价值观教育。

（4）直观性原则。指在教学中通过引导学生观察所学事物或图像，聆听教师用语言对所学对象的形象描绘，形成有关事物具体而清晰的表象，以便理解所学知识。

（5）循序渐进原则。指教学要按照学科的逻辑系统和学生认识的顺序逐步进行，使学生系统地掌握基础知识、基本技能，形成严密的逻辑思维能力。也称系统性原则。

（6）巩固性原则。指教学要引导学生在理解的基础上牢固地掌握知识和技能，长久地保持在记忆中，能够根据需要迅速再现，有效地运用。

（7）发展性原则。指教学的内容、方法和进度，既要适合学生已有的发展水平，又要有一定的难度，激励他们经过努力才能掌握，以便有效地促进学生的身心发展。

（8）因材施教原则。指教师要从学生的实际情况与个性特点出发，有的放矢地进行有区别的教学，使每个学生都能扬长避短、长善救失，获得最佳发展。

因材施教原则的事例：子路向孔子讨教如果听到一种正确的主张，是否可以立刻去做。孔子说总要问一下父亲和兄长。另一个学生冉有问了同样的问题，孔子马上回答应该立刻实行。为什么一样的问题回答却相反呢？孔子认为，冉有性格谦逊，办事犹豫不决，所以要鼓励他临事果断。但子路逞强好胜，办事不周全，所以要劝他遇事多听取别人意见，三思而行。

2. 论述"中体西用"的局限和作用。

【答案要点】

"中学为体，西学为用"是洋务派关于中西文化关系的核心命题，也是洋务教育的指导思想。在回答解决"西学"与中国固有文明之间的关系问题时，洋务派提出"中体西用"，认为在突出"中学"主导地位的前提下，应肯定"西学"的辅助作用和器用价值。1898年初，张之洞发表《劝学篇》，围绕"旧学为体，新学为用"的主旨集中阐述，形成了一个比较完整的思想体系。

（1）历史作用。

①洋务派提出"中体西用"，在不危及"中体"的前提下侧重强调采纳西学，既体现了洋务派的文化教育观，也是洋务派应对守旧派的策略。

②在"中体西用"形式下，"西学"教育的规模不断扩大。两次鸦片战争中，"中体西用"的内

涵被不断调整,"西用"的范围不断延伸,逐渐纳入新的成分。

③洋务运动时期,"中体西用"理论为"西学"教育的合理性进行了有效论证,促进了资本主义文化在中国的传播。在此原则下实施的留学教育和举办的新式学堂给僵化的封建教育体制打开了缺口,改变了单一的传统教育结构。

(2)历史局限。

①"中体西用"思想本质上还是为了维护封建专制统治,阻碍了后来维新思想的广泛传播,不利于近代刚刚开始的思想启蒙运动。

②"中体西用"作为一种文化整合方案和教育宗旨来说是粗糙的。它是在没有克服中西文化固有矛盾情况下的直接嫁接,必然会引起两者之间的排异反应。

3. 论述赫尔巴特和杜威的教学阶段。

【答案要点】

(1)赫尔巴特四段教学法。

赫尔巴特的教学形式阶段,实际上就是课堂教学的完整过程,是一个包括教学方法、教学形式等内在的规范化的教学程序。他认为,兴趣活动可以划分为四个阶段:注意、期待、要求和行动。儿童在学习活动中的思维方式有两种:专心与审思。在此基础上,他提出了教学形式阶段理论,即"赫尔巴特四段教学法"。

①明了:当一个表象由自身的力量突出在感官前,兴趣活动对它产生注意;这时,学生处于静止的专心活动;教师通过运用直观教具和讲解的方法,进行明确的提示,使学生获得清晰的表象,以做好观念联合,即学习新知识的准备。

②联合:由于新表象的产生并进入意识,激起原有观念的活动,因而产生新旧观念的联合,但又尚未出现最后的结果;这时,兴趣活动处于获得新观念前的期待阶段;教师的主要任务是与学生进行无拘无束的谈话,运用分析的教学方法。

③系统:新旧观念最初形成的联系并不是十分有序的,因而需要对前一阶段由专心活动得到的结果进行审思;兴趣活动处于要求阶段;这时,需要采用综合的教学方法,使新旧观念间的联合系统化,从而获得新的概念。

④方法:新旧观念间的联合形成后需要进一步巩固和强化,这就要求学生自己进行活动,通过练习巩固新习得的知识。

评价:赫尔巴特的阶段教学论,在一定程度上揭示了教学过程方面的某些规律,反映了人类对教学过程和教学活动本质认识的发展,具有广泛的实践意义是值得充分肯定的;但是,该理论认为任何一堂课都必须遵循这样一个阶段,既限制了学生学习的积极主动性和创造精神,也束缚了教师教学的主动性和灵活性。

(2)杜威的五步教学法。

杜威根据科学的实验主义探究方法和反省思维方式,提出了五步教学法,五个阶段的顺序并不固定,实际思维中,有时两个阶段可以合为一。

①创设疑难的情境。学生要有一个真实的经验的情境,有一个对活动本身感兴趣的连续的活动。

②确定疑难所在。在这个情境内部产生一个真实的问题,作为思维的刺激物。

③提出问题的种种假设。他要占有知识资料,从事必要的观察,对付这个问题。

④推断哪种假设能解决这个困难。他必须有条不紊地展开他所想出的解决问题的方法。

⑤验证这种假设。他要有机会和需要通过应用检验他的观念,使这个观念意义明确,并且让他自己发现它们是否有效。

评价：杜威这种教学方法重视科学探究思维，重视解决实际问题的行动能力，与主智主义的传统教育理论有本质区别。但该方法过于注重活动，忽视了系统知识的传授，窄化了认知的途径，泛化了问题意识，在实践中也存在诸多影响教育质量的问题。

4. 论述学习动机的激发与培养。

【答案要点】

（1）创设问题情境，实施启发式教学。

在学习过程中，仅仅让学生简单地重复已经学过或者过难的东西，学生都不会感兴趣。只有在学习那些"似懂非懂""似会非会"的东西时，学生才感兴趣而且迫切希望掌握它。

（2）根据作业难度，恰当控制动机水平。

教师在教学时，要根据学习任务的不同难度，恰当控制学生学习的动机水平。学习较简单课题时，尽量使学生集中注意力；学习较复杂课题时，尽量创造轻松自由的课堂气氛。在学生遇到困难时，尽量心平气和地耐心引导，以免学生过度紧张和焦虑。

（3）充分利用反馈信息，给予恰当的评定。

一方面学习者可以根据反馈信息调整学习活动，改进学习策略，另一方面学习者为了取得更好的成绩或避免再犯错误而增加了学习动机，从而保持了学习的主动性和积极性。

（4）妥善进行奖惩，维护内部学习动机。

一般而言，表扬与奖励比批评与指责能更有效地激发学生的学习动机，前者能使学生获得成就感，增强自信心。但过多使用表扬和奖励，或者使用不当，也会产生消极作用。

（5）合理设置课堂环境，妥善处理竞争和合作。

在教学活动中，应该注意竞争与合作的相互补充和合理运用。极端的竞争会对学生的学习行为和集体团结产生消极影响。适量与适度的竞争与合作的恰当结合，会有效激励学生的学习动机。

（6）适当进行归因训练，促使学生继续努力。

一方面，要引导学生找出成功或失败的真正原因，即进行正确归因；另一方面，教师也应根据每个学生过去一贯的成绩优劣差异，从有利于今后学习的角度进行积极归因。

（7）培养自我效能感，增强学生成功的自信心。

自我效能感影响学生的自我评价和自信心，进而影响学习成绩。尤其是学业不良的学生，由于对自己的学习能力持怀疑态度，表现出很低的自我效能感。因此，教师在教学中要通过一定的方法提高他们的自我效能感。

（8）维护学生自我价值，警惕自我妨碍策略。

自我价值理论指出，学生有保护和表现自我价值的需要，这是个人追求成功的内在动力。教师要理解和尊重学生的这种需要，引导他们把自我价值的实现方式与正向、积极的学习行为相联系，避免学生不断从环境中体验到对自我价值的威胁感，从而采取各种自我妨碍的逃避策略。

（9）维护内在需要，促进外部动机内化。

兴趣、好奇心、探索欲，是人类学习的最早动力。源于内部需要的学习动机具有更多的坚持性和抗干扰性。然而，不是每个孩子都对教育中涉及的所有内容充满好奇和兴趣。因此，教师要帮助学生将外部调控的学习动机不断内化，形成相对自主调控的学习动机。

2017年 四川师范大学 333 教育综合·真题解析

一、名词解释

教育目的的价值取向

教育目的的价值取向，是指教育目的的提出者或从事教育活动的主体，依据自身对人和社会发展需要的理解而对教育价值做出选择时所持有的一种倾向。构成教育目的的选择上的两种典型的价值取向是个人本位论和社会本位论。

现代学校教育制度

现代教育制度的核心部分是学校教育制度。学校教育制度简称学制，指的是一个国家各级各类学校的系统及其管理规则，它规定着各级各类学校的性质、任务、入学条件、修业年限以及它们之间的关系。

《大教学论》

《大教学论》是夸美纽斯的教育代表作，标志着独立形态的教育学的开端，论述了教育的目的和任务、教育适应自然的原则、学校制度及各阶段的教育任务、班级授课制、教学原则和教学方法等，成为近代教育理论的奠基之作。

"三纲领八条目"

三纲领八条目是《大学》的教育目的和具体步骤。《大学》开篇即"大学之道，在明明德，在亲民，在止于至善"，"明明德""亲民"和"止于至善"被称为"三纲领"。八条目即格物、致知、诚意、正心、修身、齐家、治国、平天下。

元认知

元认知就是对认知的认知，具体地说，是关于个人自己认知过程的知识和调节这些过程的能力，是对思维和学习活动的认知和控制。元认知具有两个独立但又相互联系的成分：元认知知识，即对认知过程的知识和观念——知道做什么；元认知控制，即对认知行为的调节和控制——知道何时、如何做什么。

发现学习

发现学习是指学生在学习情境中，经过自己探索寻找，从而获得问题答案的一种学习方式，布鲁纳所说的发现不只限于寻求人类尚未知晓的事物的行为，也包括用自己的头脑亲自获取知识的一切形式。

二、简答题

1. 简述教育的相对独立性的表现。

【答案要点】

教育的相对独立性是指作为社会一个子系统的教育，它对社会的能动作用具有自身的特点和规律性，它的历史发展也有其独特连续性和继承性。主要表现为以下几方面：

（1）教育是培养人的活动，通过所培养的人作用于社会。教育尤其是学校教育，是有意识地影响人、培育人、塑造人的社会活动。它主要通过引导和促进年轻一代社会化、个性化，成为社会活动的参与者和继承者，以保证并促进社会的生存、延续与发展。

（2）教育具有自身的活动特点、规律及原理。教育是培养人的活动，而人具有特殊的身心发展和成熟的规律。教育教学及其相关活动必须认识、遵循和创造性地运用这些基本特点与规律，才能有效地培育人才。此外，还应重视和遵循前人的宝贵经验，并在此基础上继续发展、前进。

（3）教育具有自身发展的传统与连续性。由于教育有自身的规律和特有的社会功能，它一经产生、发展便将形成和强化其相对独立性，具有发展的连续性、继承性和惯性。因此，无论是办学校发展教育事业，或进行教育改革，都要重视与借鉴教育的历史经验，都应在原有的基础上积极改进、稳步前行。

2. 简述埃里克森的心理社会发展理论。

【答案要点】

（1）心理社会发展的内涵。

埃里克森认为个体的人格发展是在社会背景下进行的，受文化和社会背景的影响和制约。人格的发展是一个经历一系列阶段的过程，每个阶段都有一种特定的危机和特定的任务，即亟待解决的心理社会问题。危机的解决标志着前一阶段向后一阶段的转化。危机的成功解决有助于自我力量的增强和对环境的适应；不成功的解决则会削弱自我的力量，阻碍对环境的适应。

（2）心理社会发展的阶段。

①婴儿期（信任对怀疑）：儿童将对周围世界产生信任感，否则将产生怀疑和不安。

②儿童期（自主对羞怯）：儿童开始表现出自我控制的需要与倾向，渴望自主并试图自己做一些事情，如果父母给儿童过多的限制或保护，儿童就开始对自己的能力产生怀疑，产生羞愧感。

③学龄初期（主动对内疚）：儿童开始想象自己扮演成年人的角色，并希望获得欢迎和赞赏。父母或教师需要对儿童提出的问题进行正面的鼓励，提出合理的建议，这样儿童的主动性会加强，反之则会降低热情，影响积极性。

④学龄期（勤奋对自卑）：儿童进入学校学习知识和技能，开始发展勤奋感，形成一种成功感和对成就的认识。如果任务太困难造成了失败，则会产生自卑感。教师或父母如果对儿童表现的勤奋视而不见，也会发展出自卑的人格。

⑤青春期（角色同一性对角色混乱）。个体开始考虑"我是谁"这一问题，尝试把自己的各个方面形成自我形象的整体评价。但由于经验等限制，难以形成明确的认识，也难以在实际生活中始终保持自我的一致性。

⑥成年初期（友爱亲密对孤独）：面临婚姻问题和家庭生活，如果个体乐于与他人交往，不过分计较得失，能在交往中获得乐趣，可以形成一种亲密感。反之则会产生孤独感。

⑦成年中期（繁殖对停滞）：个体已经成家立业，面临抚育和关怀下一代的任务。如果个体事业有成、家庭美满，则表现出较大的创造力。反之则容易产生颓废感，生活消极懈怠。

⑧成年晚期（完美无憾对悲观绝望）：个体进入老年期。如果前几个阶段发展顺利，这个时期会巩固自我感觉并完全接受自我，对过去不再遗憾，获得自我完满感。反之则在绝望中度过余生。

3. 简述德育过程的特点以及在现实中如何提高学生的德育素质。

【答案要点】

德育过程是学生在教师的引导下，主动积极地进行道德认识和道德实践，逐步提高自我修养能力，形成个人品德的过程。具体表现在以下几个方面：

（1）德育过程是学生在教师教导下的个体品德的自主建构过程。学生的思想道德认识和行为习惯不是与生俱来的，是学生在与社会环境的相互作用过程中，尤其是在教师有目的有意识的教育引导下，逐步形成自己的思想认识，发展自己的道德素质的。包含以下三个方面：学生对环境影响的主动吸收；教师对学生的积极引导；外部活动与内部活动相互促进。

（2）德育过程是培养学生知、情、意、行整体和谐的发展过程。学生的品德包含知、情、意、行四个要素。所以德育过程也是培养学生思想品德的知、情、意、行整体和谐的发展过程。包含以下三个方面的含义：思想道德发展的整体性；德育过程有多种开端；德育实践的针对性。

（3）德育过程是提高学生自我教育能力的过程。在德育过程中，要引导学生积极参与社会学习、生活交往和道德践行，培养和提升他们的思想品德素质，均有赖于发挥学生个人的能动性和自我教育能力。包含三个方面的含义：自我教育能力培育的意义；自我教育能力的构成因素；学生自我教育能力的发展。

提高学生德育素质可采取的方法包括：明理教育法、榜样示范法、情境陶冶法、实践锻炼法、自我修养法、制度育德法、奖惩法。

4. 简述学习动机和学习效果的关系。

【答案要点】

（1）动机具有加强学习的作用，高动机水平的学生其成就水平也高；反之，高成就水平也能导致高的动机水平。但是学习效率与学习动机强度并不完全成正比。过于强烈的学习动机往往使学生处于一种紧张的情绪状态中，注意和知觉范围变得狭窄，由此限制了学生正常的智力活动，降低了学习效率。

（2）耶克斯-多德森定律。

①学习效率随学习动机强度的增加而提高，直至达到最佳水平，之后则随学习动机强度的进一步增加而下降。

②学习动机强度与学习效果之间的这种关系因学习者的个性、课题性质、课题材料难易程度等因素而异，动机强度的最佳水平会随学习活动的难易程度而有所变化。一般来说，从事比较容易的学习活动，动机强度的最佳水平点会高一些；而从事比较困难的学习活动，动机强度的最佳水平会低一些。

③动机强度的最佳点因人而异，进行同样难度的学习活动对有的学生来说动机强度的最佳水平点高一些更为有利，但对于另一些学生来说则相反。

三、分析论述题

1. 论述蔡元培的"循思想自由原则，取兼容并包主义"的办学方针。

【答案要点】

（1）民国成立后，京师大学堂改称北京大学。当时北大校政腐败、制度混乱、学生求官心切、学术空气淡薄，封建文化泛滥。为了改变这种风气，蔡元培赴任北大校长，对北大进行全面改革。

（2）关于大学办学方针，蔡元培提出"思想自由，兼容并包"的办学方针。蔡元培明确声明，在学术上"循'思想自由'原则，取兼容并包主义"，这是他办理北京大学的基本指导思想。他认为，"无论为何种学派，苟其言之成理，持之有故，尚不达自然淘汰之命运者，虽彼此相反，也听他们自由发展"，并认为这是各国大学的共同准则。只有这样，大学才能对学术的发展起促进作用。

（3）"思想自由，兼容并包"也体现在教师的聘任上。蔡元培以"学诣为主"，罗致各类学术人才，使北大教师队伍一时呈现出流派纷呈的局面。如在文科教师队伍中，既集中了许多新文化运动的著名代表人物，也有政治上保守而旧学深沉的学者。在政治倾向上，有激进、保守和主张改良的。在新派人物中，有马克思主义、三民主义、无政府主义、国家主义的不同代表。当时的北大，《新潮》与《国故》对垒，白话与文言相争，百家争鸣，盛极一时。

2. 论述教师素养的要求。

【答案要点】

（1）高尚的师德。

①热爱教育事业，富有献身精神和人文精神。热爱教育事业，是搞好教育工作的基本前提。许多优秀教师之所以能在教育工作中做出卓越的成绩，首先是因为他们热爱教育事业，愿意为下一代的成长贡献出自己的毕生精力，甚至自己宝贵的生命。另外，教师还应具备人文精神，要关怀学生的学习和发展，关怀民族、人类的现实境遇和未来发展。

②热爱学生，诲人不倦。热爱教育事业具体体现在热爱学生上。爱学生是教师的天职，是教育好学生的重要条件。教师只有热爱学生，才能教育好学生，才能使教育发挥最大限度的作用。教师对学生的爱是一种巨大的教育力量，也是一种重要的教育手段。它往往能激发起学生对教师爱戴、感激和信任之情，使学生愿意接近教师，接受教师的教育。教师的爱还应该表现在对学生的学习、思想和身体的全面关心上，一视同仁地热爱全体学生，公正平等地对待每个学生。

③热爱集体，团结协作。教师的劳动既具有个体性，又具有集体性。一个学生的成才，绝非仅仅是哪一位教师的功劳，而是教师群体的智慧和共同劳动的结晶，是许多教育工作者团结协作、一致努力的结果。因此，教师之间，教职员工之间应该相互尊重、团结协作，步调一致地教育学生，最大限度地发挥集体的教育力量。

④严于律己，为人师表。教师为人师表，必须以身作则，严于律己。凡是要求学生做到的，教师首先要做到；凡是要求学生不能做的，教师首先要自律。教师只有以身作则，才能树立威信，受到学生的尊敬。

（2）先进、科学的教育理念。

教育理念是教师在对教育工作本质理解的基础上形成的关于教育的观念和理性信念，它是以观念或信念的形式存在于教师头脑中的对教育现象和教育问题的看法。先进、科学的教育理念体现在教师的所有努力都要有利于学生精神世界的丰富、人格尊严的维护和美好人性的成长。如学生主体观、教学交往观、发展性教学评价观等。

（3）宽厚的文化素养。

教师的主要任务是通过向学生传授科学文化知识，培养其能力，促进其个性生动活泼地发展。一个好教师的基本条件之一，就是要有比较渊博的知识和多方面的才能。因此，教师对自己所教学科知识应科学、深入地把握，能对自己所教专业融会贯通、深入浅出、高瞻远瞩，达到运用自如的境界，在教学过程中不出知识性的错误。同时，教师还应有比较广博的文化修养。

（4）专门的教育素养。

教师的专门教育素养水平及其合理结构是教育教学任务得以完成的重要保证，它主要包括教育理论素养、教育能力素养和教育研究素养。

（5）健康的心理素质。

教师的心理健康不仅会直接影响教育工作的优劣成败，而且会影响学生的心理健康水平。因此，教师应该注重提高自己的心理素质。健康的心理素质体现在心理活动的方方面面，概括起来主要指：教师要有轻松愉快的心境、昂扬振奋的精神、乐观幽默的情绪以及坚韧不拔的毅力等。

（6）强健的身体素质。

教师的身体素质是指教师在教学活动中的自然力，是教师的身体健康状态和身体素质状态在教学中的表现。它主要通过健康的体魄、旺盛的精力、蓬勃的活力、有节律的生活方式和锻炼习惯等体现。教师的身体素质在教育教学中具有重要的教育意义。

3. 比较孔子和苏格拉底的启发式教学。

【答案要点】

（1）孔子的启发式教学。

孔子是世界上最早提出启发式教学的教育家，比苏格拉底的"助产术"早几十年。他主张"不愤不启、不悱不发，举一隅不以三隅反，则不复也"。意思是教学时必先让学生认真思考，已经思考相当时间但还想不通，然后可以去启发他；虽经思考并已有所领会，但未能以适当的言辞表达出来，此时可以去开导他。

（2）苏格拉底的启发式教学。

苏格拉底的启发式教学法是由讥讽、助产术、归纳和定义四个步骤组成的独特的方法。这种教学方法强调不将现成的结论硬性灌输或强加于对方。

（3）二者的比较。

相同之处：都采用互动式交谈，即教师和学生进行一系列的对话，在对话中对学生进行启发。

不同之处：

①启发方式上：孔子更加强调学生本人对知识的思考，不追问，给学生思考的空间；苏格拉底则单纯地提问，用一系列的问题进行追问，让对方无言以对从而推导出结论。

②启发顺序上：孔子是从一般到特殊，苏格拉底是从特殊到一般。

③目的上：孔子强调温故知新，苏格拉底则强调探索新知。

4. 论述杜威的教育本质观，并对其进行评价。

【答案要点】

杜威对于"什么是教育"的问题，给出的回答是：教育即生活、学校即社会、教育即生长、教育即经验的持续不断的改造。

（1）教育即生活。

杜威认为教育是生活的过程，学校是社会生活的一种形式，那么学校生活也是生活的一种形式。

学校生活应与儿童自己的生活相契合，满足儿童的需要和兴趣，使校园成为儿童的乐园，使儿童在现实的学校生活中得到乐趣；学校生活应与学校以外的社会生活相契合，适应现代社会变化的趋势并成为推动社会发展的重要力量，校园不应是世外桃源而应积极参与社会生活。

杜威要做的就是改造不合时宜的学校教育和学校生活，使之更富活力，更有乐趣，更具实效，更有益于儿童发展和社会改造。

（2）学校即社会。

杜威"学校即社会"意在使学校生活成为一种经过选择的、净化的、理想的社会生活，使学校成为一个合乎儿童发展的雏形的社会。而要将此落于实处，就必须改革学校课程，从分科课程转变为活动课程。

"学校即社会"是对"教育即生活"这一命题的进一步引申，代表社会生活的活动性课程的引入是使学校与社会生活相联系的基本保证。杜威坚信教育是社会进步及社会改革的基本方法，通过教育改造社会生活，使之更完善、更美好。

（3）教育即生长。

杜威针对当时教育无视儿童天性，消极对待儿童，不考虑儿童的需要和兴趣的现象，提出了"教育即生长"的观念。

杜威要求摒除压抑、阻碍儿童自由发展之物，使教育和教学适应儿童的心理发展水平和兴趣、需要的要求。他所理解的生长是机体与外部环境、内在条件与外部条件交互作用的结果，是一个持续不断的社会化的过程。杜威要求尊重儿童但不同意放纵儿童，这也是杜威与进步主义教育实践的一个重要区别。

（4）教育即经验的持续不断的改造。

教育即经验的持续不断的改造是指构成人的身心的各种因素在外部环境和人的主动经验过程中统一的全面改造、发展、生长的连续过程，包含四个方面：

①经验是一种行为，涵盖认识的、情感的、意志的等理性、非理性因素，成为儿童各方面发展和生长的载体。在经验过程中，儿童不仅获得知识，而且形成能力、养成品德。

②经验是有机体与环境相互作用的过程，机体不仅受环境的塑造，同时也对环境加以改变。经验的过程就是一个实验探究的过程、运用智慧的过程、理性的过程。

③经验的过程是一个主动的过程，有机体既接受着环境塑造，也主动改造着环境。

④经验是一个连续发展的过程，不存在终极目的的发展过程，教育就是个人经验的不断生长。

（5）评价。

①积极性。杜威关于教育本质的这四个论点具有重要的意义：这些观点是杜威改革旧教育的纲领，他的意图是要使教育为缓和社会矛盾、完善美国社会制度服务，对于推动当时的教育改革有积极意义；杜威关于教育本质的观点是他的教育哲学的四个主要命题，内涵丰富并具有启发意义；杜威力图把教育的社会功能与个体发展功能统一起来，并把社会活动视为使两者得以协调的重要手段或中介。

②局限性。杜威对于教育本质的表述不够科学。如"教育即生长"给人以重视个体的生物性而回避社会性的印象，并且生长有方向、方式之异，有好坏优劣之别，所以仅说"教育即生长"是不严谨的；又如"教育即生活"的口号表述过于简要，也易使人不得要领，从而在理解上产生歧义；"学校即社会"的提法也存在着片面性，它忽视社会与个体发展的各自的相对独立性，进而导致抹杀学校与社会的本质区别。

2016年 四川师范大学 333 教育综合·真题解析

一、名词解释

教育

教育是人的发展与社会发展的中介活动。其概念有广义和狭义之分。广义教育指凡是有目的地增进人的知识技能、影响人的思想品德、增强人的体质的活动都是教育，包括人们在家庭中、学校里、亲友间、社会上所受到的各种有目的的影响。狭义教育主要指学校教育，指一种专门组织的不断趋向规范化、制度化、体系化的教育。

教学

教学是在一定教育目的规范下，在教师有计划的引导下，学生能动地学习、掌握系统的课程预设的科学文化基础知识，发展自身的智能与体力，养成良好的品行与美感，逐步形成全面发展的个体素质的活动。简言之，教学是在教师引导下学生能动地学习知识以获得素质发展的活动。

"六艺"

"六艺"即礼、乐、射、御、书、数。礼包括政治、伦理、道德、礼仪各个领域，乐包括诗歌、音乐和舞蹈，射指射箭的技术训练，御指驾驭马拉战车的技术训练，书指文字书写；数指算法。其中，"礼、乐、射、御"为"大艺"，是大学的课程；"书、数"为"小艺"，是小学的课程。

白板说

"白板说"是洛克教育思想的主要理论基础，他反对"天赋观念"论，认为人出生后心灵如同一块白板，一切知识是建立在由外部而来的感官经验之上的。他高度评价教育在人的形成中的作用，认为人之好坏，"十分之九都是由他们的教育所决定"。

学习动机

学习动机是动机在学习活动中的表现，是引起和维持个体进行学习活动，并使活动朝向一定的学习目标，以满足某种学习需要的一种内部心理状态。它的主要内容包括知识价值观、学习兴趣、学习效能感和成败归因。

问题解决

问题解决是指个体在面临问题情境而没有现成方法可以利用时，将已知情境转化为目标情境的认知过程。当常规或自动化的反应不适用于当前的情境时，问题解决者需要超越对过去所学规则的简单应用，对所学规则进行一定的组合，产生一个解答，达到问题解决的目的。它涉及到认知、情感和行为活动成分。

二、简答题

1. 简述孔子的教学思想。

【答案要点】

（1）因材施教。孔子是我国历史上首倡因材施教的教育家。实行因材施教的前提条件是承认学生间的个体差异，并了解学生特点。孔子了解学生最常用的方法是谈话和个别观察，主张在了解学生的基础上，根据学生的具体情况，有针对性地进行教育。

（2）启发诱导。孔子是世界上最早提出启发式教学的教育家，比苏格拉底的"助产术"早几十年。他认为，不论学习知识或培养道德，都要建立在学生自觉需要的基础上，应充分发挥学生的主动性、积极性。他主张"不愤不启、不悱不发，举一隅不以三隅反，则不复也"，"由博返约"和"叩其两端"是训练学生思考的方法。

（3）学思行结合。"学而知之"是孔子进行教学的主导思想，学是求知的途径，也是求知的唯一手段；孔子提倡学习知识面要广泛，在学习的基础上认真深入地进行思考，把学习与思考结合起来。在论述学与思的关系时，他说"学而不思则罔，思而不学则殆"；孔子强调学习知识还要"学以致用"。由学而思进而行，这是孔子所探究和总结的学习过程，也就是教育过程，与人的一般认识过程基本符合。这一思想对后来的教学理论和实践产生了深远的影响。

（4）好学求是的态度。孔子认为，教学需要师生双方配合协作，学生端正学习态度，是教学成功的重要条件。首先要有好学、乐学的态度；其次要有不耻下问的态度；最后还要有实事求是的态度。

2. 简述陶行知的教育体系。

【答案要点】

生活教育理论是陶行知教育思想的核心，集中反映了他在教育目的、内容和方法等方面的主张，反映了陶行知探索适合中国国情和时代需要的教育理论的努力。

（1）生活即教育。"生活即教育"是陶行知生活教育理论的核心，其内涵十分丰富。第一，生活含有教育的意义；第二，实际生活是教育的中心；第三，生活决定教育，教育改造生活。

（2）社会即学校。"社会即学校"是生活教育理论另一重要主张，是"生活即教育"思想在学校与社会关系问题上的具体化。社会即学校是指社会含有学校的意味，或者说以社会为学校；学校含有社会的意味，也就是说，学校通过与社会生活相结合，一方面运用社会的力量使学校进步，另一方面动员学校的力量帮助社会进步，使学校真正成为社会生活必不可少的组成部分。

（3）教学做合一。"教学做合一"是生活教育理论的又一重要主张，是"生活即教育"在教学方法问题上的具体化。"教学做合一"要求在"劳力上劳心"，认为"行是知之始"，要求"有教先学"和"有学有教"，是对注入式教学法的否定。

3. 简述建构主义教学理论的基本观点。

【答案要点】

（1）知识观。建构主义者质疑知识的客观性和确定性，强调知识的动态性。具体体现在以下几方面：知识的动态性、知识的情境性、知识学习的主动建构性。

（2）学生观。建构主义认为，学生并不是被动接受教师传授的知识，而总是以自己的经验背景或自己的经验来建构对事物的理解。具体表现在以下几方面：建构主义者强调学生经验世界的丰富性和差异性；学生基于相关的经验，依靠推理和判断能力，形成对问题的某种解释；教学要引导儿童从原有的知识经验中"生长"出新的知识经验；教学要增进学生之间的合作。

（3）学习观。建构主义认为，学习是学习者主动地赋予信息以意义，建构自己的知识经验的过程，具有三个重要特征：主动建构性、社会互动性、情境性。

（4）教学观。教学要激活学生原有的相关知识经验，促进知识经验的"生长"，促进学生的知识建构活动，培养学生的求知欲和探究能力；教学要为学生创设理想的学习情境，同时给学生提供丰富支持，促进他们自身建构意义以及解决问题的活动。

4. 简述科尔伯格的道德发展阶段理论。

【答案要点】

美国心理学家科尔伯格认为儿童道德的发展是分阶段的，他在研究中发现道德发展不是只有两个水平，而应该有多个水平，提出了著名的"三水平六阶段"的道德发展阶段论。

（1）前习俗水平。大约出现在幼儿园及小学低中年级阶段。该时期的特征是儿童遵守规范，但尚未形成自己的主见，着眼于人物行为的具体结果，关心自身的利害。包括惩罚和服从的定向阶段和工具性的相对主义定向阶段。

（2）习俗水平。在小学中年级以上出现，一直到青年、成年。该时期的特征是个人逐渐认识到团体的行为规范，进而接受并付诸实践。包括人际协调的定向阶段和维护权威或秩序的定向阶段。

（3）后习俗水平。该阶段已经发展到超越现实道德规范的约束，达到完全自律的境界，这个水平是理想的境界，成人也只有少数人才能达到。包括社会契约的定向阶段和普遍道德原则的定向阶段。

三、分析论述题

1. 论述教育的社会制约性。

【答案要点】

教育的社会制约性是指，在社会历史发展的过程中，教育的目的与制度、内容与方法、规模与速度，都受到一定社会的生产力、经济政治与文化等因素的制约。

（1）生产力对教育的制约。

①生产力的发展制约教育事业发展的规模和速度。物质资料的生产是社会存在与发展的基础。教育事业发展的规模和速度，归根结底是由生产力发展的水平和状况决定的，一定的教育必须与一定的生产力发展相适应，这是学校教育发展必须遵循的规律。

②生产力的发展水平制约人才的培养规格和教育结构。不同的生产力发展水平，对教育所培养的人提出了不同层次的要求。生产力的发展与分工，也必然引起教育结构的变化。因此学校教育结构必须反映经济的技术结构和产业结构的发展变革。这样教育为生产培养的人才在总量、类型和质量上才能满足生产力发展的需求。

③生产力的发展制约教学内容、教学方法和教学组织形式的发展和改革。生产力的发展推动了科学技术的发展，也必然促进教学内容的发展与更新。教学方法和教学组织形式的变革也是一样，如班级教学组织形式的产生与改进、多媒体教学等现代方法的运用，都是与生产力的发展和科学技术的运用紧密相关的。

（2）社会经济政治制度对教育的制约。

①社会经济政治制度制约教育的性质。一定的教育具有什么样的性质是由那个社会的经济政治制度的性质决定的，而且教育的发展也受制于社会经济政治制度的发展变革。

②社会经济政治制度制约教育的宗旨和目的。教育目的是一个社会的经济政治制度对教育的权益要求的集中体现，它直接反映着统治阶级的利益和需求。

③社会经济政治制度制约教育的领导权。在人类社会中，掌握政权的阶级必然掌管着社会生产资料，从而必然掌握着精神生产资料，也就掌握着教育的领导权。

④社会经济政治制度制约受教育权在一个社会里，让哪些人受教育，达到什么程度，受什么样的教育，教育的结果如何，都是由社会的经济政治制度决定的。

⑤社会经济政治制度制约教育内容、教育结构和教育管理体制。为实现不同的教育目标，不同社会经济政治条件下的教育有着不同的教育内容，尤其是社会科学方面的内容。特定的社会教育结构也是由该社会的社会结构、经济结构决定的。教育的管理体制更直接受制于社会的经济政治制度。

（3）文化对教育的制约。

①文化知识制约教育的内容与水平。文化是教育的基础，教育的本质是通过传承和创新文化来培养人才。学校教育的一个重要任务就是传授系统的文化知识。因此，文化是教育的主要资源，文化知识的发展特性与水平制约着教育的发展特性与水平。

②文化模式制约教育的背景与模式。首先，文化模式为教育提供了特定的背景；其次，文化模式还从多方面制约教育的模式。不同文化模式影响的教育模式，在教育目的、内容与方式等各方面也有明显的差异。

③文化传统制约教育传统的特性。文化传统越久，对教育传统的制约性越大。我们在教育改革中遇到的许多阻力，究其根源，都与文化传统的消极因素有一定的关系。正确认识文化传统与教育传统的制约关系，对于指导我们今天的教育改革具有重大现实意义。

2. 论述杜威的教育思想。

【答案要点】

杜威是20世纪美国著名的哲学家和教育家，他以实用主义哲学、民主主义政治理想和机能心理学为基础，通过批判地继承前人的思想，构建起庞大的教育哲学体系，成为现代教育的代表人物。主要著作有《民主主义与教育》《我的教育信条》等。

（1）论教育的本质。

杜威对于"什么是教育"的问题，给出的回答是：教育即生活、学校即社会、教育即生长、教育即经验的持续不断的改造。

（2）论教育的目的。

①教育无目的论。从教育本质论出发，杜威反对外在的、固定的、终极的教育目的，认为教育无目的。杜威所希求的是过程内的目的，这个目的就是"生长"。

②教育的社会目的。杜威强调过程内的目的不等于否定社会性的目的。杜威要求教育为社会进步服务，为民主制度的完善服务。他认为教育是社会进步及社会改革的基本方法，学校是社会进步和改革的最基本和最有效的工具。在民主社会中，个人发展与社会进步是统一的。

（3）论课程与教材。

①从做中学。杜威以其经验论为基础，要求从做中学、从经验中学，要求以活动性、经验性的主动作业来取代传统书本式教材的统治地位。在杜威看来，这种活动性、经验性课程既能满足儿童的心理需要，又能满足社会性的需要，还能使儿童对事物的认识具有统一性和完整性。

②教材心理学化。杜威主张以"教材心理学化"来解决怎样使儿童最终获得较系统的知识而同时又能在学习过程中顾及儿童的心理水平。"教材心理学化"是指把各门学科的教材或知识各部分恢复到它所被抽象出来之前的原来的经验。这种心理化就是把间接经验转化为直接经验，即直接经验化。之后再将已经经验到的那些东西累进地发展为更充实、更丰富也更有组织的形式，即逐渐地接近提供给有技能的、成熟的人的那种教材形式。

（4）论思维与教学方法。

①反省思维。杜威所力倡的反省思维是指对某个经验情境中的问题进行反复的、严肃的、持续不断的思考，其功能在于求得一个新情境，把困难解决、疑虑排除、问题解答。

②五步教学法。杜威根据科学的实验主义探究方法和反省思维方式，提出五步教学法，即创设疑难的情境、确定疑难所在、提出问题的种种假设、推断哪种假设能解决这个困难、验证这种假设。

（5）论道德教育。

杜威认为道德教育的主要任务是协调个人与社会的关系。他认为个人的充分发展是社会进步的必要条件，社会的进步又可以为个人的发展提供更好的基础。他反对过分强调个人自由和竞争的旧个人主义，而提倡强调人与人之间的合作，强调社会责任和理智作用的新个人主义。

教育的道德性和教育的社会性是相通的，道德教育应在社会性的情境中进行而不能只停留于口头说教；要求学校生活、教材、教法皆应渗透社会精神，视学校生活、教材、教法为"学校道德三位一体"，这三者都是道德教育的重要途径。

（6）杜威教育思想的影响。

①杜威是西方现代教育派的理论代表。他对传统教育的整个理论体系发起挑战，奠定了现代教育的理论大厦的基石。

②杜威是新教育的思想旗手，他的教育理论突破以往建立在主客体两分之上的传统教育的弊端，将知行合一，使教学中死的知识变为活的知识，突破了内发论和外铄论，将教育看作人与环境的交互过程中经验的观点具有很高的创造性。

③杜威奠定了儿童中心论，解决教育与儿童相脱离的问题，并通过学校与社会的统一、思维与经验的统一，解决教育与实践，学校与社会脱离的问题。

④杜威提出了做中学这一建立在新哲学和心理学基础上的新方法，拓宽了教学形式和方法，提高了教学专业化水平。

⑤杜威的教育理论对世界教育进程发挥巨大作用，对日本、中国、苏联等国具有直接的影响。

⑥杜威的理论偏重儿童、活动、经验三中心而使得教育实践忽视了系统知识的传授以致引发了自由与纪律、教师与学生关系等诸多矛盾。另外根据经验和教材心理化原则编写新型教材的设想过于理想化，难以实现。

3. 论述培养和提高教师素养的主要途径。

【答案要点】

（1）加强和改革师范教育。

要发展师范教育，切实提高教师队伍的质量，第一，必须采取有效的政策性措施，鼓励和吸引大批优秀学生报考师范院校。第二，努力提高教师的社会地位和物质待遇，增强师范教育的吸引力。第三，联系现时代对教师作用和职能的新要求，使未来教师能获得与之相应的专业训练，尤其要树立师范生先进的教育理念。第四，吸收除正规教师以外的各种可能参与教育过程的人，并为其从教提供必要的职业帮助。

（2）实施教师资格考察制度。

实施教师资格考察制度，不仅有利于加强教师质量的管理与考核，而且为非师范专业毕业的大学生谋求教师职业开辟了道路，从而切实有效地充实教师队伍。该制度包括三层含义：第一，教师资格制度是国家实行的一种职业资格制度；第二，教师资格制度是法律规定的，必须依法实施；第三，教师资格是教师职业许可。

（3）加强教师在职提高。

教师在职提高的主要途径包括教学反思、校本培训、校外支援与合作等形式。

①教学反思是指教师把自己放到研究者、反思者的位置，通过对教育、教学日常工作中出现的某些疑难问题的观察、分析、反思与解决，提升自己的专业理论水平和专业实践的智慧与能力。

②校本培训是指以教师任职的学校为组织单位，以提高教师专业素质为主要目标，通过教育、教学实践和教育科研活动等形式，对全体教师进行的全员性在职培训。

③校外专业支援与合作的主要形式有：跨校合作，包括学校与学校，学校与大学或师范院校的合作；专家指导，包括专家讲座、报告等；政府教育部门和教研机构组织的各类专业培训，包括短期培训、脱产进修、业余进修等。

4. 论述教学过程应该处理好哪几种关系？

【答案要点】

（1）间接经验与直接经验的关系。

①学生认识的主要任务是学习间接经验。学生要适应高度发展的文明社会，便必须以学习间接经验为主，便捷地掌握人类积累起来的基本科学文化知识。

②学习间接经验必须以学生个人的直接经验为基础。学生要把书本知识转化为自己能理解的知识，就必须以个人已有的或现时获得的感性经验为基础。

③防止只重书本知识传授或直接经验积累的偏向。只重书本知识的传授或只重直接经验的积累都违反了教学的规律，割裂了间接经验与直接经验的内在联系，影响了教学质量的提高。

（2）掌握知识与发展智力的关系。

①智力的发展与知识的掌握二者相互依存，相互促进。对学生来说，掌握、运用知识及反思、改进的过程，也是他们运用和发展智力的过程；同时，学生对知识的掌握又依赖于他们的智力发展。

②生动活泼地理解和创造性地运用知识才能有效地发展智力。在教学中要引导学生通过生动活泼的教学活动，透彻地理解知识原理，了解获取知识的过程与方法，学会独立思考、推理与论证，创造性地解决实际问题。

③防止单纯抓知识教学或只重能力发展的片面性。在教学实践中，有的教师忽视引导学生通过探究、反思有意识地锻炼自己的智力；有的教师忽视通过系统知识和原理的学习与运用来发展学生的智力。这两者都不利于提高教学质量。

（3）掌握知识与进行教育的关系。

①进行教育性教学是现代教学的重要特性。教育性教学主要通过引导学生掌握知识及其蕴含的丰富而深刻的社会意义来实现。

②只有使所学知识引发了学生情感、态度的积极变化，才能让他们的思想真正得到提高。要使

教学中传授的知识能给学生以深刻的影响,就要让他们感受到它的巨大意义或深远影响,引起他们思想情感深处的共鸣,在态度和价值追求上发生积极的变化,这样才能推动学生发展。

③防止单纯传授知识或脱离知识教学的思想教育的偏向。在教学中要防止两种偏向:一种是单纯传授知识、忽视思想教育的偏向;另一种是脱离知识教学,另搞一套思想教育的偏向。

(4)智力活动与非智力活动的关系。

①教学活动既要注重引导学生进行智力活动,也要重视调节学生的非智力活动。在教学过程中,学生的智力活动与非智力活动同在,各有特点与功能,二者相互依存,相互作用。

②按教学需要调节学生的非智力活动,才能有成效地进行智力活动。一方面,要改进教学本身,使教学的内容和过程都富有知识性、趣味性、启发性、吸引力;另一方面,要提高学生的自我教育能力。

(5)教师主导作用与学生主动性的关系。

①发挥教师的主导作用是学生简捷有效地学习知识、发展身心的必要条件。学生的主动性、反思性、创造性发挥得怎样,学习的效果怎样,又是衡量教师主导作用发挥得好坏的根本标志。

②尊重学生、调动学生的学习主动性是教师有效地教学的一个主要因素。学生的学习主动性、积极性发挥得怎么样,直接影响并最终决定着学生个人的学习质量、成效和身心发展的方向与水平。

③防止忽视学生积极性和忽视教师主导作用的偏向。通过普遍提高教师的修养和水平,加强对学生的了解、沟通,提高教师的责任感与创造性,这样才能实现师生之间的民主平等、尊师爱生、教学相长地互动与合作。

2015年 四川师范大学 333 教育综合·真题解析

一、名词解释

知识

从认识的本质上讲,知识是人对事物属性与联系的能动反映,是通过人与客观事物的相互作用形成的。人在与外界相互作用的实践活动中,获得来自客体的各种信息,用一定方式对这些信息进行加工和组织,形成对事物的理解,从而形成知识。

苏格拉底法

苏格拉底法也称"问答法""产婆术",是由讥讽、助产术、归纳和定义四个步骤组成的独特的方法。这是苏格拉底探讨伦理哲学的研究方法,也是他的教学方法。这种教学方法不将现成的结论硬性灌输或强加于对方,但它也不是万能的,只能在一定条件下和适度范围内作为参照。

学习策略

学习策略是指学习者为了提高学习的效果和效率,有目的、有意识地制定的有关学习过程的复杂的方案。具有以下四个特征:主动性、有效性、过程性、程序性。

教学相长

孔子认为,教学过程中,教师对学生不是单方面的知识传授,而是可以教学相长的。学生学习有疑难而请教，教师就答疑做说明，学生得到启发，思考问题更加有深度；教师于此反受启发，向学生学习而获益。

班级授课制

班级授课制是一种集体教学形式。它把一定数量的学生按年龄与知识程度编成固定的班级，根据周课表和作息时间表，安排教师有计划地给全班学生上课，分别学习所设置的各门课程。

中体西用

"中学为体，西学为用"是洋务派关于中西文化关系的核心命题，也是洋务教育的指导思想。在回答解决"西学"与中国固有文明之间的关系问题时，洋务派提出"中体西用"，认为在突出"中学"主导地位的前提下，应肯定"西学"的辅助作用和器用价值。1898年初，张之洞发表《劝学篇》，围绕"旧学为体，新学为用"的主旨集中阐述，形成了一个比较完整的思想体系。

二、简答题

1. 终身教育思潮。

【答案要点】

终身教育思潮产生于20世纪50年代的法国，是现代欧美国家一种强调把教育贯穿人的一生的教育思潮，现已成为一种被视为未来教育战略的国际性教育思潮，代表人物是保罗·朗格朗。

（1）终身教育的缘由：终身教育是应对人类在现代社会中所面临各种新挑战的需要，是一种能够使人在各方面做好准备并应付新的挑战的教育模式和教育观念。

（2）终身教育的含义：终身教育包括了教育的各个方面、各项内容，从一个人出生的那一刻起一直到生命终结时为止的不间断的发展，也包括了在教育发展过程中的各个阶段之间的内在联系。它并不是传统教育的简单延伸，而是包括一切正规教育、非正规教育以及非正式教育。其基本特点是具有连续性和整体性。此外终身教育没有固定的教育内容和方法，强调人的个性发展。

（3）终身教育的目标：实现更美好的生活，使人过一种更和谐、更充实和符合生命真谛的生活。具体目标包含两方面：培养新人；实现教育民主化。

终身教育理论自20世纪60年代中期兴起以后，在教育领域中引起了一场广泛而深刻的革命。终身教育已成为建立一个学习化社会的象征。许多国家把终身教育作为教育改革和发展的战略重点，但终身教育的具体实施规划仍需进一步探讨。

2. 维果茨基的最近发展区理论。

【答案要点】

维果茨基认为，在进行教学时，必须注意到儿童有两种发展水平：一种是儿童现有的发展水平，另一种是即将达到的发展水平，维果茨基把这两种水平之间的差异称为"最近发展区"，即独立解决问题的真实发展水平和在成人指导下或与其他儿童合作情况下解决问题的潜在发展水平之间的差距。

对教学的启示：

（1）在搭建支架的基础上发展出了支架式教学。教学支架就是教学者给学生提供适当的指导和支持。这种指导和支持处于学生的最近发展区内，而且要随着儿童认知发展的变化进行调整。

（2）阐释了在相互作用情境下学习的机制。由于最近发展区是一个动态的区域，需要教师通过与学生的相互作用不断地获得学生发展的反馈，这种在最近发展区内的相互作用实质上是教师与学生共同协作的认知活动，使学生和教师的认知结构得到精细加工和重新建构。交互式教学就体现了这种相互作用。

（3）对于合作学习有一定的指导作用。教师要尽量组织、安排能力水平不同的学生进行合作学习，接受能力较强的同伴的指导是促进儿童在最近发展区内发展的最有效的一种方式。

（4）情境认知理论及其教学模式的应用。任何学习都处在一定的社会或实际的有意义的背景里，这些背景尤其是社会性作用将通过不同途径影响学习的过程和结果。因此教师在教学过程中要引导学生从旁观者逐渐转变为教学活动的参与者，在社会性互动中获得知识和技能。

3. 简述建构主义的观点。

【答案要点】

（1）知识观。建构主义者质疑知识的客观性和确定性，强调知识的动态性。具体体现在以下几方面：知识的动态性、知识的情境性、知识学习的主动建构性。

（2）学生观。建构主义认为，学生并不是被动接受教师传授的知识，而总是以自己的经验背景或自己的经验来建构对事物的理解。具体表现在以下几方面：建构主义者强调学生经验世界的丰富性和差异性；学生基于相关的经验，依靠推理和判断能力，形成对问题的某种解释；教学要引导儿童从原有的知识经验中"生长"出新的知识经验；教学要增进学生之间的合作。

（3）学习观。建构主义认为，学习是学习者主动地赋予信息以意义，建构自己的知识经验的过程，具有三个重要特征：主动建构性、社会互动性、情境性。

（4）教学观。教学要激活学生原有的相关知识经验，促进知识经验的"生长"，促进学生的知识建构活动，培养学生的求知欲和探究能力；教学要为学生创设理想的学习情境，同时给学生提供丰富支持，促进他们自身建构意义以及解决问题的活动。

4. 简述教育对人发展的重要作用。

【答案要点】

（1）教育在人的发展中起引领作用。

教育在年轻一代的发展中起着引领作用主要体现在：有意识地为年轻一代的成长选择、建构、调控良好的环境，对他们的生活、交往、学习与实践等活动进行正确的教导、示范和辅助，并注重尊重他们的主体地位和激发、引导他们内在的学习动力与自我发展的能动性和自主性，从各方面引领、关怀、维护他们的发展。

（2）学校教育主要通过传承文化科学知识来培养人。

学校教育是教育者有意识地为儿童的身心发展精心设置的一种环境，它把经过选择的、重新组编的、人类长期积累起来的文化知识作为精神客体与儿童互动，以促进儿童的发展，使他们成人成才。文化知识蕴含着有利于人的发展的多方面价值：认识价值、陶冶价值、能力价值、实践价值。

（3）学校教育对提高人的现代性有显著的作用。

教育在人的现代化过程中起着重要作用，因为学生在学校里不仅学会了读、写、算等各个方面的基础知识与技巧，而且学到了与他们个人的发展和国家的未来有关的态度、价值和行为方式。人的现代化是社会现代化的重要基础和前提条件，我们应该自觉地优先发展教育，高度重视并充分发挥教育对人的现代化的促进作用。

三、分析论述题

1. 论述孔子的教学方法。

【答案要点】

（1）因材施教。

孔子是我国历史上首倡因材施教的教育家。实行因材施教的前提条件是承认学生间的个体差异，并了解学生特点。孔子了解学生最常用的方法是谈话和个别观察，主张在了解学生的基础上，根据学生的具体情况，有针对性地进行教育。

（2）启发诱导。

孔子是世界上最早提出启发式教学的教育家，他认为不论学习知识或培养道德，都要建立在学生自觉需要的基础上，应充分发挥学生的主动性、积极性。他主张"不愤不启、不悱不发，举一隅不以三隅反，则不复也"，意思是教学时必先让学生认真思考，已经思考相当时间但还想不通，然后可以去启发他；虽经思考并已有所领会，但未能以适当的言辞表达出来，此时可以去开导他。教师的启发是在学生思考的基础上进行的，启发后应让学生再思考，获得进一步的领会。训练学生思考的方法："由博返约""叩其两端"。

（3）学思行结合。

①学。"学而知之"是孔子进行教学的主导思想，学是求知的途径，也是求知的唯一手段。他主张"学而时习之"，对学习过的知识要时常复习才能牢固掌握。

②思。孔子提倡学习知识面要广泛，在学习的基础上认真深入地进行思考，把学习与思考结合起来。在论述学与思的关系时，他说"学而不思则罔，思而不学则殆"。

③行。孔子强调学习知识还要"学以致用"。如果不能应用，学得再多也没有意义。学是为行服务的，从学与行的关系来看，学是手段，行是目的，行比学更重要。

（4）好学求是的态度。

孔子认为，教学需要师生双方配合协作，学生端正学习态度，是教学成功的重要条件。首先要有好学、乐学的态度；其次要有不耻下问的态度；最后还要有实事求是的态度。

2. 论述政治经济制度对教育的制约。

【答案要点】

（1）社会经济政治制度制约教育的性质。

一定的教育具有什么样的性质是由那个社会的经济政治制度的性质决定的，而且教育的发展也受制于社会经济政治制度的发展变革。

（2）社会经济政治制度制约教育的宗旨和目的。

教育目的是一个社会的经济政治制度对教育的权益要求的集中体现，它直接反映着统治阶级的利益和需求。

（3）社会经济政治制度制约教育的领导权。

在人类社会中，掌握政权的阶级必然掌管着社会生产资料，从而必然掌握着精神生产资料，也就掌握着教育的领导权。

（4）社会经济政治制度制约受教育权。

在一个社会里，让哪些人受教育，达到什么程度，受什么样的教育，教育的结果如何，都是由社会的经济政治制度决定的。

（5）社会经济政治制度制约教育内容、教育结构和教育管理体制。

为了实现不同的教育目标，不同社会经济政治条件下的教育有着不同的教育内容，尤其是社会科学方面的内容。特定的社会教育结构也是由该社会的社会结构、经济结构决定的。教育的管理体制更直接受制于社会的经济政治制度。

3. 论述教学的基本组织形式和辅助组织形式。

【答案要点】

（1）教学的基本组织形式。

今天，我国的学校教学仍以班级授课为基本组织形式。班级授课制是一种集体教学形式。它把一定数量的学生按年龄与知识程度编成固定的班级，根据周课表和作息时间表，安排教师有计划地给全班学生上课，分别学习所设置的各门课程。

（2）教学的辅助组织形式。

除上课外，还要采用多种辅助教学组织形式，以巩固、加深或补充上课之不足。

①作业：指学生在课外或家中独立完成由教师布置的，为理解、掌握知识与技能而进行的学习或练习任务。

②参观：指根据一定的教学目的组织学生到一定的现场，通过对实际的事物或活动进行观察、询问，以获取知识的教学活动形式。

③讲座：指由教师或请有关专家不定期地向学生讲授与学科有关的科学趣闻或新的发展，以扩大他们的科学视野的一种教辅活动。

④辅导：指根据学生的需要，由教师给予指引的一种教辅形式。

4. 论述陶行知和杜威在教育观和学校观上的比较。

【答案要点】

（1）陶行知的教育观和学校观。

①生活即教育。"生活即教育"是陶行知生活教育理论的核心，其内涵十分丰富。第一，生活含有教育的意义；第二，实际生活是教育的中心；第三，生活决定教育，教育改造生活。

②社会即学校。"社会即学校"是生活教育理论另一重要主张，是"生活即教育"思想在学校与社会关系问题上的具体化。社会即学校是指社会含有学校的意味，或者说以社会为学校；学校含有社会的意味，也就是说，学校通过与社会生活相结合，一方面运用社会的力量使学校进步，另一方面动员学校的力量帮助社会进步，使学校真正成为社会生活必不可少的组成部分。

（2）杜威的教育观和学校观。

①教育即生活。杜威认为教育是生活的过程，学校是社会生活的一种形式，那么学校生活也是生活的一种形式。

学校生活应与儿童自己的生活相契合，满足儿童的需要和兴趣，使校园成为儿童的乐园，使儿童在现实的学校生活中得到乐趣；学校生活应与学校以外的社会生活相契合，适应现代社会变化的趋势并成为推动社会发展的重要力量，校园不应是世外桃源而应积极参与社会生活。

杜威要做的就是改造不合时宜的学校教育和学校生活，使之更富活力，更有乐趣，更具实效，更有益于儿童发展和社会改造。

②学校即社会。杜威"学校即社会"意在使学校生活成为一种经过选择的、净化的、理想的社会生活，使学校成为一个合乎儿童发展的雏形的社会。而要将此落于实处，就必须改革学校课程，从分科课程转变为活动课程。

"学校即社会"是对"教育即生活"这一命题的进一步引申，代表社会生活的活动性课程的引入是使学校与社会生活相联系的基本保证。杜威坚信教育是社会进步及社会改革的基本方法，通过教育改造社会生活，使之更完善、更美好。

（3）陶行知和杜威在教育观和学校观上的比较。

①相同点：

第一，都强调教育与生活的联系、学校与社会的联系。

第二，都对传统的学校观和教育观有所改变，都有利于拓展学生的知识，增强学生的能力。

第三，两者都强调做的重要性，都重视教学中学生的"做"。

②不同点：

第一，理论的社会背景和历史影响不同。

第二，对"生活"的理解不同，杜威强调体现社会精神的学校生活和儿童生活，陶行知强调现实社会生活。

第三，对教育的理解不同，杜威强调的是学校教育，陶行知强调的是社会意义上的教育。

第四，杜威认为社会的改造要依靠教育的改造，他希冀通过教育改造社会生活，使之更完善、更美好；陶行知的主张贯穿了普及民众教育的苦心，使得被传统学校拒之门外的劳苦大众能够受到起码的教育。

第五，杜威只强调了在做中学，而陶行知强调了教学做三者的结合。

四川师范大学 333 教育综合·真题解析

一、名词解释

课程

课程是由一定的育人目标、特定的知识经验和预期的学习活动方式构成的一种蕴含着丰富、基本而又有创造性与潜质的一套计划与设定。广义的课程指所有学科的总和；狭义的课程指一门学科。

班级授课制

班级授课制是一种集体教学形式。它把一定数量的学生按年龄与知识程度编成固定的班级，根据周课表和作息时间表，安排教师有计划地给全班学生上课，分别学习所设置的各门课程。

苏格拉底法

苏格拉底法也称"问答法""产婆术"，是由讥讽、助产术、归纳和定义四个步骤组成的独特的方法。这是苏格拉底探讨伦理哲学的研究方法，也是他的教学方法。这种教学方法不将现成的结论硬性灌输或强加于对方，但它也不是万能的，只能在一定条件下和适度范围内作为参照。

有教无类

"有教无类"的本意是不分贵贱贫富和种族，人人都可以入学接受教育。孔子的教学实践切实地贯彻了这一办学方针。"有教无类"作为私学的办学方针与官学的办学方针相对立，打破贵贱、贫富和种族的界限，把受教育的范围扩大到平民，这是历史的进步。

最近发展区

维果茨基认为，在进行教学时必须注意到儿童的两种水平，一种是儿童现有的发展水平，另一种是即将达到的发展水平，维果茨基把这两种水平之间的差距称为最近发展区，即独立解决问题的真实发展水平和在成人指导下或与其他儿童合作情况下解决问题的潜在发展水平之间的差距。

知识

从认识的本质上讲，知识是人对事物属性与联系的能动反映，是通过人与客观事物的相互作用形成的。人在与外界相互作用的实践活动中，获得来自客体的各种信息，用一定方式对这些信息进行加工和组织，形成对事物的理解，从而形成知识。

二、简答题

1.简述陶行知的"生活教育"理论。

【答案要点】

生活教育理论是陶行知教育思想的核心,集中反映了他在教育目的、内容和方法等方面的主张,反映了陶行知探索适合中国国情和时代需要的教育理论的努力。

(1)生活即教育。"生活即教育"是陶行知生活教育理论的核心,其内涵十分丰富。第一,生活含有教育的意义;第二,实际生活是教育的中心;第三,生活决定教育,教育改造生活。

(2)社会即学校。"社会即学校"是生活教育理论另一重要主张,是"生活即教育"思想在学校与社会关系问题上的具体化。社会即学校是指社会含有学校的意味,或者说以社会为学校;学校含有社会的意味,也就是说,学校通过与社会生活相结合,一方面运用社会的力量使学校进步,另一方面动员学校的力量帮助社会进步,使学校真正成为社会生活必不可少的组成部分。

(3)教学做合一。"教学做合一"是生活教育理论的又一重要主张,是"生活即教育"在教学方法问题上的具体化。"教学做合一"要求在"劳力上劳心",认为"行是知之始",要求"有教先学"和"有学有教",是对注入式教学法的否定。

2.简述皮亚杰的认知发展阶段理论。

【答案要点】

(1)0~2岁:感知运动阶段。这一时期为儿童思维的萌芽期。在这一阶段,儿童主要通过探索感知觉与运动之间的关系来获得动作经验,其中,手的抓取、嘴的吮吸是他们探索世界的主要手段。这个阶段的一个显著标志是儿童渐渐获得了客体永久性。

(2)2~7岁:前运算阶段。这一时期是儿童表象思维阶段。在这一阶段,儿童能运用语言或较为抽象的符号来代表他们经历过的事物,凭借表象思维,他们可以进行各种象征性活动或游戏、延缓性模仿以及绘画活动等。这一阶段的儿童具有具体形象性、泛灵论、自我中心主义等特点。

(3)7~11/12岁:具体运算阶段。这一阶段相当于小学阶段。此阶段儿童的认知结构已经发生了重组和改善,思维具有一定的弹性,可以逆转,已经获得长度、体积、质量和面积等的守恒,能凭借具体事物或从具体事物中获得的表象进行逻辑思维和群集运算。但其思维仍然需要具体事物的支持。这一阶段的儿童具有去集中化、去自我中心等特点。

(4)11岁至成年:形式运算阶段。此阶段儿童的思维已经超越了对具体的可感知的事物的依赖,能以命题的形式进行,并能发现命题之间的关系,能理解符号的意义,能进行一定的概括。其思维已经接近成人的水平。这一阶段的儿童具有抽象思维获得发展、青春期自我中心的特点。

3.简述桑代克的学习定律。

【答案要点】

(1)准备律:个体在学习开始时存在预备定势。个体有准备又有活动就感到满意,有准备而不活动就感到烦恼,个体无准备而强制活动会感到烦恼。

(2)练习律:指重复一个学会了的反应,将增强刺激-反应之间的联结,这种联结被练习和使用得越多就变得越强,反之变得越弱。在后来的著作中修改为没有奖励的练习是无效的,联结只有通过有奖励的练习才能增强。

(3)效果律:在一个情境中,一个动作如果被跟随着一个满意的变化,那么在类似的情境中这个动作重复的可能性将增加;如果被跟随的是一个不满意的变化,那么这个行为重复的可能性将减少。个体当前行为的后果对决定其未来的行为起着关键作用。

4. 简述卢梭的自然教育理论及其影响。

【答案要点】

（1）卢梭自然主义教育的核心是"回归自然"。自然教育最终目的是培养"自然人"，即身心调和发达、体脑两健、能力强盛的新人，也就是摆脱封建羁绊的资产阶级新人。

（2）自然教育的方法原则：树立正确的儿童观、消极教育、自然后果律、根据儿童天性的个体差异因材施教。

（3）自然教育的实施：卢梭根据自然教育的原则，根据人的自然发展的进程和不同年龄时期身心的特点，把自然教育分为婴儿期、儿童期、少年期和青春期。

卢梭提出的自然主义教育是教育思想史上由教育适应自然向教育心理学化过渡的一个重要环节。在封建社会压制人性的情况下，提倡性善论、尊重儿童天性具有历史进步意义。他呼吁培养身心调和发展的自然人和自由人也反映了对人的发展的合理要求。他论证了自然主义教育的内容和方法，其教育理论对欧美教育产生了深远影响。

三、分析论述题

1. 为什么教育对人的发展有重大作用？

【答案要点】

（1）教育在人的发展中起引领作用。

教育在年轻一代的发展中起着引领作用主要体现在：有意识地为年轻一代的成长选择、建构、调控良好的环境，对他们的生活、交往、学习与实践等活动进行正确的教导、示范和辅助，并注重尊重他们的主体地位和激发、引导他们内在的学习动力与自我发展的能动性和自主性，从各方面引领、关怀、维护他们的发展。

（2）学校教育主要通过传承文化科学知识来培养人。

学校教育是教育者有意识地为儿童的身心发展精心设置的一种环境，它把经过选择的、重新组编的、人类长期积累起来的文化知识作为精神客体与儿童互动，以促进儿童的发展，使他们成人成才。文化知识蕴含着有利于人的发展的多方面价值：认识价值、陶冶价值、能力价值、实践价值。

（3）学校教育对提高人的现代性有显著的作用。

教育在人的现代化过程中起着重要作用，因为学生在学校里不仅学会了读、写、算等各个方面的基础知识与技巧，而且学到了与他们个人的发展和国家的未来有关的态度、价值和行为方式。人的现代化是社会现代化的重要基础和前提条件，我们应该自觉地优先发展教育，高度重视并充分发挥教育对人的现代化的促进作用。

2. 试述现代教育制度改革的趋势。

【答案要点】

（1）基本普及学前教育。

现代学前教育的发展十分迅速。发达国家的学前教育有结束期提前、由高班到低班逐步普及、加强学前教育与小学低年级教育的联系和衔接的趋势。随着我国义务教育和高中阶段教育的逐步普及，学前教育也将逐步普及。

（2）均衡发展义务教育。

义务教育是国家统一实施的所有适龄儿童、少年必须接受的教育，是国家必须予以保障的公益性事业，对于人的发展、教育发展和社会发展都具有重大意义。到2008年年底，我国实现了普及义务教育，但我国的义务教育也存在着发展不平衡的问题，促进义务教育均衡发展成为我国现阶段教育改革和发展的重大任务。

（3）努力普及高中阶段教育。

在普及九年义务教育以后，普及高中阶段教育就成为教育发展的重要趋势。为了适应青少年的升学与就业的选择并满足社会的需要，高中阶段的学制应该多样化。即应有普通高中、职业高中、中等专业学校和技工学校等不同类型的学校供学生选择；应当扩大普通高中在高中阶段所占的比例，以满足我国高等学校不断扩大招生的需要。九年义务教育后的职业教育也应多样化，使未能升入高中的学生可以选择接受就业前的各种职业培训。

（4）大力发展高等教育。

我国高等教育近年来呈现日益开放和大众化的趋势，主要表现在：第一，高等教育的多层次：有大专、本科、硕士和博士研究生多个层次；第二，高等教育的多类型：有理、工、农、林、医、师、文法、财经、军事、管理等多种院校、科系和专业；第三，高等教育面向在职人员开放，主要是通过函授教育、广播电视教育、自学考试等形式，使在职人员有计划地进修高等学校的课程。

3. 结合实际试述基本教学组织形式以及辅助组织形式。

【答案要点】

（1）教学的基本组织形式。

今天，我国的学校教学仍以班级授课为基本组织形式。班级授课制是一种集体教学形式。它把一定数量的学生按年龄与知识程度编成固定的班级，根据周课表和作息时间表，安排教师有计划地给全班学生上课，分别学习所设置的各门课程。

（2）教学的辅助组织形式。

除上课外，还要采用多种辅助教学组织形式，以巩固、加深或补充上课之不足。

①作业：指学生在课外或家中独立完成由教师布置的，为理解、掌握知识与技能而进行的学习或练习任务。

②参观：指根据一定的教学目的组织学生到一定的现场，通过对实际的事物或活动进行观察、询问，以获取知识的教学活动形式。

③讲座：指由教师或请有关专家不定期地向学生讲授与学科有关的科学趣闻或新的发展，以扩大他们的科学视野的一种教辅活动。

④辅导：指根据学生的需要，由教师给予指引的一种教辅形式。

4. 试述西方教学理论在中国的传播。

【答案要点】

受"五四"新文化运动思想解放潮流的激荡，受实用主义教育、科学主义教育的影响，在学制和课程与教材改革的推动下，一场改革教学法的运动在20世纪20年代逐渐形成高潮。

（1）赫尔巴特教学法的传播。

在近代，输入中国最早的是赫尔巴特教学法。赫尔巴特的"四段教学法"以学生的心理过程为依据，强调教师的主导作用，注重课堂教学形式的组织和规范化。这种教学法给教师的教学带来了便利，但这种方法本身的缺陷和机械地运用，与传统的注入式讲授法合流，影响了教学质量，压抑了学生的个性。

（2）进步主义教育思想的传播。

20世纪初，美国和欧洲的一些国家兴起了进步主义教育运动，猛烈冲击"以教师为中心""以课本为中心"的课堂教学模式，形成了以"儿童为中心""以活动为中心"的关注学生兴趣和个性发展的教学思想和教学方式。

（3）各种教学理论和方法。

新文化运动掀起的思想解放潮流,加速了中国教育界对进步主义教育思想与方法的引进。由此,西方的各种教学理论迅速在中国传播开来。从新文化运动到20世纪二三十年代,在中国广泛传播的各种教学理论和方法主要有:设计教学法、道尔顿制、文纳特卡制等。

①设计教学法:设计教学法是由克伯屈创造,主张由学生自发地决定自己的学习目的和内容,在学生自己设计、自己实行的单元活动中获得有关的知识和形成解决实际问题的能力。它主张从实际生活中获取学习材料,打破教学科目的界限,摒弃教科书;强调教师的责任在于利用环境去引发学生的学习动机,并帮助学生选择活动所需要的材料。

②道尔顿制:道尔顿制是美国进步主义教育家帕克赫斯特针对班级授课制的弊端在道尔顿中学实施的一种个别教学制度,也称"道尔顿计划",主要内容包括在学校废除课堂教学、课程表和年级制,代之以"公约"或"合同式"的学习;将教室改为作业室或实验室,用表格法来了解学生的学习进度等。

③文纳特卡制:也叫适应个性教学法,由美国教育实验家华虚朋创造。它有四个目标:给儿童以优美快乐的生活;充分发展儿童的个性;个人的社会化;养成儿童普遍需要的知识技能。依据这四个目标,它把课程分为两个部分:第一部分是儿童将来生活必须的知识技能;第二是创造的参与社会的活动,使儿童个人的能力和社交意识得到发展。

2013年 四川师范大学 333 教育综合·真题解析

一、名词解释

教育

教育是人的发展与社会发展的中介活动。其概念有广义和狭义之分。广义教育指凡是有目的地增进人的知识技能、影响人的思想品德、增强人的体质的活动都是教育,包括人们在家庭中、学校里、亲友间、社会上所受到的各种有目的的影响。狭义教育主要指学校教育,指一种专门组织的不断趋向规范化、制度化、体系化的教育。

合作学习

合作学习是指学生在小组或团队中为了完成共同任务,有明确的责任分工的互助性学习。通常以小组学习为主要形式。合作学习对促进学生全面发展具有深远意义。

教学相长

孔子认为,教学过程中,教师对学生不是单方面的知识传授,而是可以教学相长的。学生学习有疑难而请教,教师就答疑做说明,学生得到启发,思考问题更加有深度;教师于此反受启发,向学生学习而获益。

苏格拉底法

苏格拉底法也称"问答法""产婆术",是由讥讽、助产术、归纳和定义四个步骤组成的独特的方法。这是苏格拉底探讨伦理哲学的研究方法,也是他的教学方法。这种教学方法不将现成的结论硬性灌输或强加于对方,但它也不是万能的,只能在一定条件下和适度范围内作为参照。

多元智力

加德纳提出多元智力理论，认为不存在单纯的某种智力和达到目标的唯一方法，每个人都会用自己的方式来发掘各自的大脑资源，这种为达到目的所发挥的各种个人才智才是真正的智力，造就了人与人之间的不同。人的智力可以分为八种：逻辑数学智力、语言智力、音乐智力、空间智力、身体运动智力、人际关系智力、内省智力、自然智力。

学习动机

学习动机是动机在学习活动中的表现，是引起和维持个体进行学习活动，并使活动朝向一定的学习目标，以满足某种学习需要的一种内部心理状态。它的主要内容包括知识价值观、学习兴趣、学习效能感和成败归因。

二、简答题

1. 简述孔丘的教学思想。

【答案要点】

（1）因材施教。孔子是我国历史上首倡因材施教的教育家。实行因材施教的前提条件是承认学生间的个体差异，并了解学生特点。孔子了解学生最常用的方法是谈话和个别观察，主张在了解学生的基础上，根据学生的具体情况，有针对性地进行教育。

（2）启发诱导。孔子是世界上最早提出启发式教学的教育家，比苏格拉底的"助产术"早几十年。他认为，不论学习知识或培养道德，都要建立在学生自觉需要的基础上，应充分发挥学生的主动性、积极性。他主张"不愤不启、不悱不发，举一隅不以三隅反，则不复也"，"由博返约"和"叩其两端"是训练学生思考的方法。

（3）学思行结合。"学而知之"是孔子进行教学的主导思想，学是求知的途径，也是求知的唯一手段；孔子提倡学习知识面要广泛，在学习的基础上认真深入地进行思考，把学习与思考结合起来。在论述学与思的关系时，他说"学而不思则罔，思而不学则殆"；孔子强调学习知识还要"学以致用"。由学而思进而行，这是孔子所探究和总结的学习过程，也就是教育过程，与人的一般认识过程基本符合。这一思想对后来的教学理论和实践产生了深远的影响。

（4）好学求是的态度。孔子认为，教学需要师生双方配合协作，学生端正学习态度，是教学成功的重要条件。首先要有好学、乐学的态度，其次要有不耻下问的态度，最后还要有实事求是的态度。

2. 简述历史上关于教育起源的代表性观点

【答案要点】

（1）神话起源说。教育与其他事物一样，都是由上帝或天所创造的，教育的目的就是体现神或天的意志，使人皈依于神或顺从于天。

（2）生物起源说。教育活动不仅存在于人类社会中，也存在于人类社会之外，甚至存在于动物界。教育的产生完全来自动物的本能，是种族发展的需要。代表人物有法国哲学家利托尔诺、英国教育学家沛西·能。

（3）心理起源说。原始教育的形式和方法主要是日常生活中儿童对成人的无意识模仿。代表人物是美国教育家孟禄。

（4）劳动起源说。第一，生产劳动是人类最基本的实践活动；第二，教育起源于生产劳动过程中经验的传递；第三，生产劳动过程中的口耳相传和简单模仿是最原始和最基本的教育形式；第四，生产劳动的变革是推动人类教育变革最深厚的动力。代表人物主要集中在苏联和我国的教育学家之中。

3. 简述影响创造性的主要因素。

【答案要点】

（1）生理基础。个体的神经系统，尤其是大脑所固有的结构和功能是创造性产生的物质基础。

（2）知识经验。丰富的知识是创造的必要条件，但只有那些具备了条件化、结构化、自动化和策略化表征的知识，才是高质量的知识，才能促进创造性的发挥。

（3）社会文化和教育观念。社会文化和教育对个体创造力有巨大影响，保守封闭、排斥新观念的社会文化和教育不利于个体创造力发展。

（4）个人心态、人格特征和认知习惯。个人消极的心态、人格特征和认知习惯对个体创造性发展起阻碍作用。

4. 简述建构主义学习理论的基本观点。

【答案要点】

（1）知识观。建构主义者质疑知识的客观性和确定性，强调知识的动态性。具体体现在以下几方面：知识的动态性、知识的情境性、知识学习的主动建构性。

（2）学生观。建构主义认为，学生并不是被动接受教师传授的知识，而总是以自己的经验背景或自己的经验来建构对事物的理解。具体表现在以下几方面：建构主义者强调学生经验世界的丰富性和差异性；学生基于相关的经验，依靠推理和判断能力，形成对问题的某种解释；教学要引导儿童从原有的知识经验中"生长"出新的知识经验；教学要增进学生之间的合作。

（3）学习观。建构主义认为，学习是学习者主动地赋予信息以意义，建构自己的知识经验的过程，具有三个重要特征：主动建构性、社会互动性、情境性。

（4）教学观。教学要激活学生原有的相关知识经验，促进知识经验的"生长"，促进学生的知识建构活动，培养学生的求知欲和探究能力；教学要为学生创设理想的学习情境，同时给学生提供丰富支持，促进他们自身建构意义以及解决问题的活动。

三、分析论述题

1. 论述教育的社会制约性。

【答案要点】

教育的社会制约性是指，在社会历史发展的过程中，教育的目的与制度、内容与方法、规模与速度，都受到一定社会的生产力、经济政治与文化等因素的制约。

（1）生产力对教育的制约。

①生产力的发展制约教育事业发展的规模和速度。物质资料的生产是社会存在与发展的基础。教育事业发展的规模和速度，归根结底是由生产力发展的水平和状况决定的，一定的教育必须与一定的生产力发展相适应，这是学校教育发展必须遵循的规律。

②生产力的发展水平制约人才的培养规格和教育结构。不同的生产力发展水平，对教育所培养的人提出了不同层次的要求。生产力的发展与分工，也必然引起教育结构的变化。因此学校教育结构必须反映经济的技术结构和产业结构的发展变革。这样教育为生产培养的人才在总量、类型和质量上才能满足生产力发展的需求。

③生产力的发展制约教学内容、教学方法和教学组织形式的发展和改革。生产力的发展推动了科学技术的发展，也必然促进教学内容的发展与更新。教学方法和教学组织形式的变革也是一样，如班级教学组织形式的产生与改进、多媒体教学等现代方法的运用，都是与生产力的发展和科学技术的运用紧密相关的。

（2）社会经济政治制度对教育的制约。

①社会经济政治制度制约教育的性质。一定的教育具有什么样的性质是由那个社会的经济政治制度的性质决定的，而且教育的发展也受制于社会经济政治制度的发展变革。

②社会经济政治制度制约教育的宗旨和目的。教育目的是一个社会的经济政治制度对教育的权益要求的集中体现，它直接反映着统治阶级的利益和需求。

③社会经济政治制度制约教育的领导权。在人类社会中，掌握政权的阶级必然掌管着社会生产资料，从而必然掌握着精神生产资料，也就掌握着教育的领导权。

④社会经济政治制度制约受教育权。在一个社会里，让哪些人受教育，达到什么程度，受什么样的教育，教育的结果如何，都是由社会的经济政治制度决定的。

⑤社会经济政治制度制约教育内容、教育结构和教育管理体制。为实现不同的教育目标，不同社会经济政治条件下的教育有着不同的教育内容，尤其是社会科学方面的内容。特定的社会教育结构也是由该社会的社会结构、经济结构决定的。教育的管理体制更直接受制于社会的经济政治制度。

（3）文化对教育的制约。

①文化知识制约教育的内容与水平。文化是教育的基础，教育的本质是通过传承和创新文化来培养人才。学校教育的一个重要任务就是传授系统的文化知识。因此，文化是教育的主要资源，文化知识的发展特性与水平制约着教育的发展特性与水平。

②文化模式制约教育的背景与模式。首先，文化模式为教育提供了特定的背景；其次，文化模式还从多方面制约教育的模式。不同文化模式影响的教育模式，在教育目的、内容与方式等各方面也有明显的差异。

③文化传统制约教育传统的特性。文化传统越久，对教育传统的制约性越大。我们在教育改革中遇到的许多阻力，究其根源，都与文化传统的消极因素有一定的关系。正确认识文化传统与教育传统的制约关系，对于指导我们今天的教育改革具有重大现实意义。

2. 试述当前我国基础教育课程改革的具体目标。

【答案要点】

新一轮基础教育课程改革的具体目标有六个方面。

（1）转变课程功能。改变课程过于注重知识传授的倾向，强调形成积极主动的学习态度，使获得基础知识与基本技能的过程同时成为学会学习和形成正确价值观的过程。

（2）优化课程结构。改变课程结构过于强调学科本位、科目过多和缺乏整合的现状，整体设置九年一贯的课程门类和课时比例，体现课程结构的均衡性、综合性和选择性。

（3）更新课程内容。改变课程内容"繁、难、偏、旧"和过于注重书本知识的现状，加强课程内容与学生生活以及现代社会和科技发展的联系，关注学生的学习兴趣和经验，精选终身学习必备的基础知识和技能。

（4）转变学习方式。改变课程实施过于强调接受学习、死记硬背、机械训练的现状，倡导学生主动参与、乐于探究、勤于动手，培养学生搜集处理信息的能力、获取新知识的能力、分析和解决问题的能力以及交流与合作的能力。

（5）改革课程评价。改变课程评价过分强调甄别与选拔的功能，发挥评价促进学生发展、教师提高和改进教学实践的功能。

（6）深化课程管理体系改革。改变课程管理过于集中的状况，实行国家、地方、学校三级课程管理，增强课程对地方、学校及学生的适应性。

3. 在教学过程中应当处理好哪些关系？并联系实际加以论述。

【答案要点】

（1）间接经验与直接经验的关系。

①学生认识的主要任务是学习间接经验。学生要适应高度发展的文明社会,便必须以学习间接经验为主,便捷地掌握人类积累起来的基本科学文化知识。

②学习间接经验必须以学生个人的直接经验为基础。学生要把书本知识转化为自己能理解的知识,就必须以个人已有的或现时获得的感性经验为基础。

③防止只重书本知识传授或直接经验积累的偏向。只重书本知识的传授或只重直接经验的积累都违反了教学的规律,割裂了间接经验与直接经验的内在联系,影响了教学质量的提高。

(2)掌握知识与发展智力的关系。

①智力的发展与知识的掌握二者相互依存,相互促进。对学生来说,掌握、运用知识及反思、改进的过程,也是他们运用和发展智力的过程;同时,学生对知识的掌握又依赖于他们的智力发展。

②生动活泼地理解和创造性地运用知识才能有效地发展智力。在教学中要引导学生通过生动活泼的教学活动,透彻地理解知识原理,了解获取知识的过程与方法,学会独立思考、推理与论证,创造性地解决实际问题。

③防止单纯抓知识教学或只重能力发展的片面性。在教学实践中,有的教师忽视引导学生通过探究、反思有意识地锻炼自己的智力;有的教师忽视通过系统知识和原理的学习与运用来发展学生的智力。这两者都不利于提高教学质量。

(3)掌握知识与进行思想教育的关系。

①进行教育性教学是现代教学的重要特性。教育性教学主要通过引导学生掌握知识及其蕴含的丰富而深刻的社会意义来实现。

②只有使所学知识引发了学生情感、态度的积极变化,才能让他们的思想真正得到提高。要使教学中传授的知识能给学生以深刻的影响,就要让他们感受到它的巨大意义或深远影响,引起他们思想情感深处的共鸣,在态度和价值追求上发生积极的变化,这样才能推动学生发展。

③防止单纯传授知识或脱离知识教学的思想教育的偏向。在教学中要防止两种偏向:一种是单纯传授知识、忽视思想教育的偏向。另一种是脱离知识教学,另搞一套思想教育的偏向。

(4)智力活动与非智力活动的关系。

①教学活动既要注重引导学生进行智力活动,也要重视调节学生的非智力活动。在教学过程中,学生的智力活动与非智力活动同在,各有特点与功能,二者相互依存,相互作用。

②按教学需要调节学生的非智力活动,才能有成效地进行智力活动。一方面,要改进教学本身,使教学的内容和过程都富有知识性、趣味性、启发性、吸引力;另一方面,要提高学生的自我教育能力。

(5)教师主导作用与学生主动性的关系。

①发挥教师的主导作用是学生简捷有效地学习知识、发展身心的必要条件。学生的主动性、反思性、创造性发挥得怎样,学习的效果怎样,又是衡量教师主导作用发挥得好坏的根本标志。

②尊重学生、调动学生的学习主动性是教师有效地教学的一个主要因素。学生的学习主动性、积极性发挥得怎么样,直接影响并最终决定着学生个人的学习质量、成效和身心发展的方向与水平。

③防止忽视学生积极性和忽视教师主导作用的偏向。通过普遍提高教师的修养和水平,加强对学生的了解、沟通,提高教师的责任感与创造性,这样才能实现师生之间的民主平等、尊师爱生、教学相长地互动与合作。

4.试述陶行知生活教育理论的基本内容及其与杜威的理论的关系。

【答案要点】

(1)陶行知生活教育理论的基本内容。

生活教育理论是陶行知教育思想的核心,集中反映了他在教育目的、内容和方法等方面的主张,反映了陶行知探索适合中国国情和时代需要的教育理论的努力。

①生活即教育。"生活即教育"是陶行知生活教育理论的核心，其内涵十分丰富。第一，生活含有教育的意义；第二，实际生活是教育的中心；第三，生活决定教育，教育改造生活。

②社会即学校。"社会即学校"是生活教育理论另一重要主张，是"生活即教育"思想在学校与社会关系问题上的具体化。社会即学校是指社会含有学校的意味，或者说以社会为学校；学校含有社会的意味，也就是说，学校通过与社会生活相结合，一方面运用社会的力量使学校进步，另一方面动员学校的力量帮助社会进步，使学校真正成为社会生活必不可少的组成部分。

③教学做合一。"教学做合一"是生活教育理论的又一重要主张，是"生活即教育"在教学方法问题上的具体化。"教学做合一"要求在"劳力上劳心"，认为"行是知之始"，要求"有教先学"和"有学有教"，是对注入式教学法的否定。

（2）陶行知与杜威教育思想的比较。

相同点：

①都强调教育与生活的联系、学校与社会的联系。

②都对传统的学校观和教育观有所改变，都有利于拓展学生的知识，增强学生的能力。

③两者都强调做的重要性，都重视教学中学生的"做"。

不同点：

①理论的社会背景和历史影响不同。

②对"生活"的理解不同，杜威强调体现社会精神的学校生活和儿童生活，陶行知强调现实社会生活。

③对教育的理解不同，杜威强调的是学校教育，陶行知强调的是社会意义上的教育。

④杜威认为社会的改造要依靠教育的改造，他希冀通过教育改造社会生活，使之更完善、更美好；陶行知的主张贯穿了普及民众教育的苦心，使得被传统学校拒之门外的劳苦大众能够受到起码的教育。

⑤杜威只强调了在做中学，而陶行知强调了教学做三者的结合。

2012年 四川师范大学333教育综合·真题解析

一、名词解释

三舍法

"三舍法"是王安石在"熙宁兴学"期间改革太学最重要的措施。"三舍法"是严格的升舍考试制度，它将学生平时行艺和考试成绩相结合，学行优劣与任职使用相结合，这有利于调动学生学习的积极性，提高太学教育质量。同时又把上舍考试和科举考试结合起来，融养士与取士于太学，提高了太学地位。

苏格拉底法

苏格拉底法也称"问答法""产婆术"，是由讥讽、助产术、归纳和定义四个步骤组成的独特的方法。这是苏格拉底探讨伦理哲学的研究方法，也是他的教学方法。这种教学方法不将现成的结论硬性灌输或强加于对方，但它也不是万能的，只能在一定条件下和适度范围内作为参照。

白板说

"白板说"是洛克教育思想的主要理论基础，他反对"天赋观念"论，认为人出生后心灵如同一块白板，一切知识是建立在由外部而来的感官经验之上的。他高度评价教育在人的形成中的作用，认为人之好坏，"十分之九都是由他们的教育所决定"。

心理发展

心理发展是指个体从胚胎经由出生、成熟、衰老一直到死亡的整个生命过程中所发生的持续而稳定的内在心理变化过程，主要包括认知发展、人格发展和社会性发展三个方面。

原型启发

通过从待解决的问题具有相似性的其他事物上发现问题解决的途径和方法，如鲁班由丝茅草得到启发发明锯子。

自我效能感

自我效能感由班杜拉提出，是指个体对自己能否成功进行某一成就行为的主观判断。它影响着个体对行为的选择、付出多大努力以及坚持多久。

二、简答题

1. 简述墨家的教育实践与教育思想。

【答案要点】

教育实践：墨子是"农与工肆之人"的代表，注重实用，反对儒家重礼厚葬的繁文缛节，成为学术史上第一个批判儒学的思想家。其思想突出表现在《墨子》一书中。

（1）"素丝说"与教育作用。墨子提出"素丝说"，以素丝和染丝为喻，来说明人性及其在教育下的改变和形成。他认为人性不是先天所成，生来的人性如同待染的素丝，下什么色的染缸，就成什么样颜色的丝，也就是有什么样的环境与教育就造就什么样的人。

（2）以"兼士"为培养目标。墨家的教育目的是培养"兼士"或"贤士"。兼士或贤士的三条具体标准是"博乎道术""辩乎言谈""厚乎德行"，即知识技能的要求、思维论辩的要求和道德的要求。

（3）以科技知识和思维训练为特色的教育内容。包括政治和道德教育、科学和技术教育、文史教育和培养思维能力的教育。

（4）主动说教、善述善作、合其志功的教育方法。

2. 简述梁漱溟的乡村建设理论。

【答案要点】

（1）乡村建设和乡村教育理论。

乡村建设和乡村教育是一个问题的两个方面，乡村建设应以乡村教育为方法，而乡村教育需以乡村建设为目标，建设和教育二者不可分离。

梁漱溟认为，要解决中国文化失调的问题和重新整理、建设中国固有的文化，必须借助教育的手段来实现。教育是比暴力革命更为有效的社会改造手段。中国社会的改造其实是一个巨大的教育工程，所以，建设必须寓于教育，乡村的进步，社会的改造都离不开教育。在乡村建设中，学校必然成为社会的中心，教员必然成为社会的指导者，乡村建设把社会运动纳于教育之中，通过教育来完成社会改造。

（2）乡村教育的实施。

①乡农学校的设立。

乡农学校分村学和乡学两级。从教育程度上分，文盲和半文盲入村学，识字的成年农民入乡学；从行政功能上分，村学是乡学的基础组织，乡学是村学的上层机构。其组织原则是：其一，"政教养卫合一"，"以教统政"，即乡农学校是教育机构和行政机构的合一，乡村建设的政治、经济措施都通过乡农学校来实施；其二，学校式教育与社会式教育融合，在乡农学校中成立儿童部、成人部、妇女部和高级部。

②乡农学校的教育内容。

乡农教育的课程分为两大类：一类是各校共有的课程，包括识字、唱歌等普通课程和精神讲话，尤重后者。第二类是各校根据自身生活环境需要而设置的课程，如匪患严重的乡村，可成立农民自卫武装组织，进行自卫训练等。总之，乡农学校的所有教育内容强调服务于乡村建设，密切适合农村生产、生活的需要。

3. 简述维果茨基的文化历史发展理论。

【答案要点】

（1）文化历史发展观。第一，两种心理机能：作为动物进化结果的低级心理机能，是个体早期以直接的方式与外界相互作用时表现出来的特征；作为历史发展结果的高级心理机能，是以符号系统为中介的心理机能，受到社会历史发展规律的制约。第二，两种工具的理论：一种是物质工具，如原始人使用的石刀，现代人使用的机器；另一种是精神工具，主要指人类所特有的语言、符号等。

（2）心理发展观。维果茨基认为，心理发展是指一个人的心理从出生到成年，在环境与教育影响下，通过掌握高级心理机能的工具——语言、符号这一中介，在低级心理机能的基础上，逐渐向高级心理机能转化的过程。

（3）最近发展区。即独立解决问题的真实发展水平和在成人指导下或与其他儿童合作情况下解决问题的潜在发展水平之间的差距。

4. 简述影响知识理解的因素。

【答案要点】

（1）客观因素。

①学习材料的内容。学习材料的意义性、学习材料内容的具体程度、学习材料的相对复杂性和难度都会影响学生对知识的理解。

②学习材料的形式。采用直观的方式如实物、模型和言语等可以为抽象的内容提供具体感性信息的支持，影响学生对知识的理解；当所教的内容较为复杂时，多媒体和虚拟现实技术等计算机技术则会起到很好的教学辅助作用。

③教师言语的提示和指导。教师在不同教学阶段的言语提示对学生的学习有直接影响。在教学中，教师言语的作用不应局限于对某一具体知识的描述和解释，重要的是用言语引导学生进行主动建构。

（2）主观因素。

①原有的知识经验背景。学生对新信息的理解会受到原有知识经验背景的制约，这种知识背景有着丰富而广泛的含义，它包括来源不同的、以不同的表征方式存在的知识经验，是一个动态的、整合的认知结构。

②学生的能力水平。学生的认知发展水平和学生的语言能力直接影响知识的理解。

③主动理解的意识与方法。学生要有主动理解的意识倾向和主动理解的策略与方法。

三、分析论述题

1. 试论文化对教育的影响和制约。

【答案要点】

（1）文化知识制约教育的内容与水平。

文化是教育的基础，教育的本质是通过传承和创新文化来培养人才。学校教育的一个重要任务就是传授系统的文化知识。因此，文化是教育的主要资源，文化知识的发展特性与水平制约着教育的发展特性与水平。

（2）文化模式制约教育的背景与模式。

首先，文化模式为教育提供了特定的背景；其次，文化模式还从多方面制约教育的模式。不同文化模式影响的教育模式，在教育目的、内容与方式等各方面也有明显的差异。

（3）文化传统制约教育传统的特性。

文化传统越久，对教育传统的制约性越大。我们在教育改革中遇到的许多阻力，究其根源，都与文化传统的消极因素有一定的关系。正确认识文化传统与教育传统的制约关系，对于指导我们今天的教育改革具有重大现实意义。

2. 试论杜威的教育思想。

【答案要点】

杜威是20世纪美国著名的哲学家和教育家，他以实用主义哲学、民主主义政治理想和机能心理学为基础，通过批判地继承前人的思想，构建起庞大的教育哲学体系，成为现代教育的代表人物。主要著作有《民主主义与教育》《我的教育信条》等。

（1）论教育的本质。

杜威对于"什么是教育"的问题，给出的回答是：教育即生活、学校即社会、教育即生长、教育即经验的持续不断的改造。

（2）论教育的目的。

①教育无目的论。从教育本质论出发，杜威反对外在的、固定的、终极的教育目的，认为教育无目的。杜威所希求的是过程内的目的，这个目的就是"生长"。

②教育的社会目的。杜威强调过程内的目的不等于否定社会性的目的。杜威要求教育为社会进步服务，为民主制度的完善服务。他认为教育是社会进步及社会改革的基本方法，学校是社会进步和改革的最基本和最有效的工具。在民主社会中，个人发展与社会进步是统一的。

（3）论课程与教材。

①从做中学。杜威以其经验论为基础，要求从做中学、从经验中学，要求以活动性、经验性的主动作业来取代传统书本式教材的统治地位。在杜威看来，这种活动性、经验性课程既能满足儿童的心理需要，又能满足社会性的需要，还能使儿童对事物的认识具有统一性和完整性。

②教材心理学化。杜威主张以"教材心理学化"来解决怎样使儿童最终获得较系统的知识而同时又能在学习过程中顾及儿童的心理水平。"教材心理学化"是指把各门学科的教材或知识各部分恢复到它所被抽象出来之前的原来的经验。这种心理化就是把间接经验转化为直接经验，即直接经验化。之后再将已经经验到的那些东西累进地发展为更充实、更丰富也更有组织的形式，即逐渐地接近提供给有技能的、成熟的人的那种教材形式。

（4）论思维与教学方法。

①反省思维。杜威所力倡的反省思维是指对某个经验情境中的问题进行反复的、严肃的、持续不断的思考，其功能在于求得一个新情境，把困难解决、疑虑排除、问题解答。

②五步教学法。杜威根据科学的实验主义探究方法和反省思维方式，提出五步教学法，即创设疑难的情境、确定疑难所在、提出问题的种种假设、推断哪种假设能解决这个困难、验证这种假设。

（5）论道德教育。

杜威认为道德教育的主要任务是协调个人与社会的关系。他认为个人的充分发展是社会进步的必要条件，社会的进步又可以为个人的发展提供更好的基础。他反对过分强调个人自由和竞争的旧个人主义，而提倡强调人与人之间的合作，强调社会责任和理智作用的新个人主义。

教育的道德性和教育的社会性是相通的，道德教育应在社会性的情境中进行而不能只停留于口头说教；要求学校生活、教材、教法皆应渗透社会精神，视学校生活、教材、教法为"学校道德三位一体"，这三者都是道德教育的重要途径。

（6）杜威教育思想的影响。

①杜威是西方现代教育派的理论代表。他对传统教育的整个理论体系发起挑战，奠定了现代教育的理论大厦的基石。

②杜威是新教育的思想旗手，他的教育理论突破以往建立在主客体两分之上的传统教育的弊端，将知行合一，使教学中死的知识变为活的知识，突破了内发论和外铄论，将教育看作人与环境的交互过程中经验的观点具有很高的创造性。

③杜威奠定了儿童中心论，解决教育与儿童相脱离的问题，并通过学校与社会的统一、思维与经验的统一，解决教育与实践、学校与社会脱离的问题。

④杜威提出了做中学这一建立在新哲学和心理学基础上的新方法，拓宽了教学形式和方法，提高了教学专业化水平。

⑤杜威的教育理论对世界教育进程发挥巨大作用，对日本、中国、苏联等国具有直接的影响。

⑥杜威的理论偏重儿童、活动、经验三中心而使得教育实践忽视了系统知识的传授以致引发了自由与纪律、教师与学生关系等诸多矛盾。另外根据经验和教材心理化原则编写新型教材的设想过于理想化，难以实现。

3. 结合实际论述现代德育过程的特点。

【答案要点】

（1）德育过程是学生在教师教导下的个体品德的自主建构过程。

学生的思想道德认识和行为习惯不是与生俱来的，是学生在与社会环境的相互作用过程中，尤其是在教师有目的有意识的教育引导下逐步形成的。包含以下三个方面：

①学生对环境影响的主动吸收。学生在吸取社会和教育影响的活动中，不完全是被动、受动的教育客体，也是能动地选择、吸收环境与教育影响的主体。外界的影响只有通过学生自己的理解、选择、吸取与践行，才能内化成为他们自己的观点、立场，成长为他们的品德习性。

②教师对学生的积极教导。教师的教导是学生品德健全发展的一个必不可少的指针与动力。教师应该在正确的政治、教育、心理等学科理念的指导下，通过课程、活动、师生互动等途径积极开展对学生的教育引导。

③外部活动与内部活动相互促进。在德育过程中我们既要组织好学生的各种外显的实际活动，以启迪、激发和引导他们积极开展内部的心理活动，促进他们思想认识的提高、价值观念的明确、情感上的认同以及品德的发展；又要激发学生内部的思想、情感与意志活动，把他们的能动性引导到道德实践活动中去，进一步推动学生思想品德的发展与提升。

（2）德育过程是培养学生知、情、意、行整体和谐的发展过程。

学生的品德包含知、情、意、行四个要素。所以德育过程也是培养学生思想品德的知、情、意、行整体和谐的发展过程。

①思想道德发展的整体性。个体思想品德的发展是品德各要素协调统一的发展。依据这一品德形成规律，开展德育活动时，就应该注意全面性，兼顾知、情、意、行各要素。个体品德结构中的知、情、意、行等要素，是相互制约、相互促进的，共同推动着个体思想品德的发展；应该晓之以理、动之以情、导之以行、持之以恒，全面关心学生品德中知、情、意、行的培养，使它们全面而和谐地发展。

②德育过程有多种开端。开展德育既可以从知或情的培养入手，也可以从行的锻炼开始。在思想品德的发展过程中，知、情、意、行诸因素的发展往往是不平衡的，而且每个学生的品德发展也有显著差异。这就要求我们进行德育时，必须针对不同情况加以灵活处理，有的放矢，因材施教。

③德育实践的针对性。道德品质的知、情、意、行的培养不能一概而论，简单对待，用一种方法进行，应该根据知、情、意、行每一要素的特点，开展具有针对性的教育活动。学生的道德认识，既可以通过学习间接经验的方式习得，也可以通过直接经验的方式获取。要注重学生的道德情感培育。德育的最终目标是要促进学生实现道德认知、道德情感向行为的转化。

（3）德育过程是提高学生自我教育能力的过程。

在德育过程中，要引导学生积极参与社会学习、生活交往和道德践行，培养和提升他们的思想品德素质，均有赖于发挥学生个人的能动性和自我教育能力。

①自我教育能力培育的意义。一方面，自我教育能力是德育的一个重要条件，只有注意培养与提高学生的这种能力，德育才能进行得更顺利、更有效。另一方面，学生的自我教育能力的形成又是学生思想道德发展过程的一个重要标志。

②自我教育能力的构成因素。主要由自我期望能力、自我评价能力、自我调控能力所构成。

③学生自我教育能力的发展。儿童自我意识与自我教育能力的发展是从"自我中心"发展到"他律"再到"自律"。教师应该依据这一规律，从实际出发，因势利导，有目地地培养学生的自我意识，提高学生的自我期望、自我评价和自我调控能力，形成和发展他们的自我教育能力，充分发挥他们在自身品德建构中的主体作用。

4. 结合实际论述教学过程中应当处理好的几种关系。

【答案要点】

（1）间接经验与直接经验的关系。

①学生认识的主要任务是学习间接经验。学生要适应高度发展的文明社会，便必须以学习间接经验为主，便捷地掌握人类积累起来的基本科学文化知识。

②学习间接经验必须以学生个人的直接经验为基础。学生要把书本知识转化为自己能理解的知识，就必须以个人已有的或现时获得的感性经验为基础。

③防止只重书本知识传授或直接经验积累的偏向。只重书本知识的传授或只重直接经验的积累都违反了教学的规律，割裂了间接经验与直接经验的内在联系，影响了教学质量的提高。

（2）掌握知识与发展智力的关系。

①智力的发展与知识的掌握二者相互依存，相互促进。对学生来说，掌握、运用知识及反思、改进的过程，也是他们运用和发展智力的过程；同时，学生对知识的掌握又依赖于他们的智力发展。

②生动活泼地理解和创造性地运用知识才能有效地发展智力。在教学中要引导学生通过生动活泼的教学活动，透彻地理解知识原理，了解获取知识的过程与方法，学会独立思考、推理与论证，创造性地解决实际问题。

③防止单纯抓知识教学或只重能力发展的片面性。在教学实践中，有的教师忽视引导学生通过探究、反思有意识地锻炼自己的智力；有的教师忽视通过系统知识和原理的学习与运用来发展学生的智力。这两者都不利于提高教学质量。

（3）掌握知识与进行教育的关系。

①进行教育性教学是现代教学的重要特性。教育性教学主要通过引导学生掌握知识及其蕴含的丰富而深刻的社会意义来实现。

②只有使所学知识引发了学生情感、态度的积极变化，才能让他们的思想真正得到提高。要使教学中传授的知识能给学生以深刻的影响，就要让他们感受到它的巨大意义或深远影响，引起他们思想情感深处的共鸣，在态度和价值追求上发生积极的变化，这样才能推动学生发展。

③防止单纯传授知识或脱离知识教学的思想教育的偏向。在教学中要防止两种偏向：一种是单纯传授知识、忽视思想教育的偏向；另一种是脱离知识教学，另搞一套思想教育的偏向。

（4）智力活动与非智力活动的关系。

①教学活动既要注重引导学生进行智力活动，也要重视调节学生的非智力活动。在教学过程中，学生的智力活动与非智力活动同在，各有特点与功能，二者相互依存，相互作用。

②按教学需要调节学生的非智力活动，才能有成效地进行智力活动。一方面，要改进教学本身，使教学的内容和过程都富有知识性、趣味性、启发性、吸引力；另一方面，要提高学生的自我教育能力。

（5）教师主导作用与学生主动性的关系。

①发挥教师的主导作用是学生简捷有效地学习知识、发展身心的必要条件。学生的主动性、反思性、创造性发挥得怎样，学习的效果怎样，又是衡量教师主导作用发挥得好坏的根本标志。

②尊重学生、调动学生的学习主动性是教师有效地教学的一个主要因素。学生的学习主动性、积极性发挥得怎么样，直接影响并最终决定着学生个人的学习质量、成效和身心发展的方向与水平。

③防止忽视学生积极性和忽视教师主导作用的偏向。通过普遍提高教师的修养和水平，加强对学生的了解、沟通，提高教师的责任感与创造性，这样才能实现师生之间的民主平等、尊师爱生、教学相长地互动与合作。

2011年 四川师范大学 333 教育综合·真题解析

一、名词解释

儿童中心论

杜威在批判传统教育的基础上提出了儿童中心论，他在《学校与社会》中分析、批判了旧教育忽视儿童本能的弊病，并明确提出以儿童为教育中心的主张。他认为教育的变革是重心的转移，儿童将变成教育的重心，教育的一切措施要围绕儿童。杜威提出要重视儿童本身的能力和主动精神在教育过程中的地位，把他们看成教育的素材和出发点。

形成性评价

在教学进程中，对学生的知识掌握和能力发展所做的比较经常而及时的测评，包括对学生的提问、书面测验、作业批改等。其目的不注重于成绩的评定，而是使师与生都能及时获得反馈信息，更好地改进教与学，以促进教师和学生的发展、提高。

学习动机

学习动机是动机在学习活动中的表现,是引起和维持个体进行学习活动,并使活动朝向一定的学习目标,以满足某种学习需要的一种内部心理状态。它的主要内容包括知识价值观、学习兴趣、学习效能感和成败归因。

知识

从认识的本质上讲,知识是人对事物属性与联系的能动反映,是通过人与客观事物的相互作用形成的。人在与外界相互作用的实践活动中,获得来自客体的各种信息,用一定方式对这些信息进行加工和组织,形成对事物的理解,从而形成知识。

监生历事制度

"监生历事"制度是明朝国子监在教学制度方面的主要特点,即国子监学习到一定年限,分拨到政府各部门"先习吏事",称为"监生历事"。监生历事制度的出现可以弥补明初官吏不足,让监生通过历事广泛地接触实际,获得从政的实际经验,但到后来,监生日多,历事冗滥,已徒具形式。

分斋教学法

分斋教学法又称苏湖教法,是胡瑗在主持湖州州学时创立的新的教学制度,在"庆历兴学"时被用于太学的教学。其主要内容是在学校内设立经义斋和治事斋,经义斋学习儒家经义,以培养比较高级的统治人才为目标;治事斋分设治兵、治民、水利、算数等学科,学生可主修一科,副修另一科,以造就在某一方面有专长的技术的管理人才为目标。

二、简答题

1. 简述柏拉图的教育思想。

【答案要点】

(1)学园。

柏拉图创办的学园被视为雅典第一个永久性的高等教育机构。学园既开展了广泛的教学活动,培养各类人才,同时也进行了哲学和自然科学领域的学术研究,这些教学和研究活动极大地促进了古希腊科学和文化的发展。

(2)学习即回忆。

柏拉图认为从感性的个别的事物中不能得到真知识,只有通过感性事物引起思维,认识共相,才能达到对真理的把握。他把思维、共相看成与外界无关的、存在于人的灵魂的内部。

他说人在出生以前已经获得了一切事物的知识,当灵魂依附于肉体后,这些已有的知识被遗忘了,通过接触感性事物,才重新"回忆"起已被遗忘的知识。认识就是回忆,学习并不是从外部得到什么东西,它只是回忆灵魂中已有的知识。

(3)《理想国》。

《理想国》是一部讨论政治和教育的著作,被认为是西方教育史上最为重要和伟大的教育著作之一。在《理想国》中,柏拉图精心设计了一个他心目中理想的国家,在这个国家中执政者、军人、工农商服从各自的天性,各安其位,互不干扰,智慧、勇敢、节制、正义成为理想国的四大美德。

他提出教育的最高目标是培养哲学家兼政治家——哲学王;教育的最终目的是促使"灵魂转向"。关于教育对象,他认为女子和男子应受同样的教育,受同样的体操训练和军事教育。关于教育阶段他提出学前教育阶段、初等教育阶段、军人教育阶段、哲学家预备教育阶段、哲学家教育阶段。

2. 中世纪早期世俗教育的主要形式。

【答案要点】

（1）宫廷学校。

宫廷学校是一种设在国王所在地的宫廷中，主要培养王公贵族后代的教育机构。其学习科目与当时的教会学校一样，主要是"七艺"，教学方法也采用教会学校盛行的问答法，以此来让学生掌握有关宗教、自然和社会的各种知识。

（2）骑士教育。

骑士教育是中世纪世俗教育的一种主要形式，以培养当时封建制度中骑士阶层的成员为目的。它是一种特殊形式的家庭教育，并无专设的教育机构，也没有专职的教育人员。它在骑士生活和社交活动中进行。训练骑士的标准是剽悍勇猛、虔敬上帝、忠君爱国、宠媚贵妇。

（3）城市学校与行会学校。

城市学校是为新兴市民阶层子弟开办的学校的总称，包含不同种类、不同规模的学校。例如，由手工业行会开办的学校被称为行会学校，由商人联合会设立的学校被称为基尔特学校。

（4）中世纪大学。

中世纪大学是12世纪左右兴起的一种自治的教授和学习中心。一般由一名或数名在某一领域有声望的学者和他的追随者自行组织起来，形成类似于行会的师生团体进行教学和知识交易。

3. 评析美国公立学校运动的产生及其历史意义。

【答案要点】

（1）产生。19世纪初期美国初等教育发展缓慢，教育内容脱离实际，经费投入明显不足，合格师资欠缺，导生制盛行，难以满足美国社会政治经济发展需要。为改变这一现状，贺拉斯·曼与巴纳德等人倡导开展了公立教育运动。

（2）内涵。19世纪30年代，美国出现了公立学校运动。公立学校运动主要是指依靠公共税收维持，由公共教育机关管理，面向所有公众的免费的义务教育运动。19世纪上半期，美国公立学校运动的进行主要是在小学；19世纪后期至20世纪初期，主要是在中学。

（3）表现。建立地方税收制度，兴办公共小学，实行强迫入学和免费教育。

（4）意义。美国公立学校运动奠定了美国资本主义教育制度的基础，促进了普及义务教育的开展，同时也促进了美国师范学校的发展。

4. 简述现代学校教育制度的发展趋势。

【答案要点】

（1）基本普及学前教育。

现代学前教育的发展十分迅速。发达国家的学前教育有结束期提前、由高班到低班逐步普及、加强学前教育与小学低年级教育的联系和衔接的趋势。随着我国义务教育和高中阶段教育的逐步普及，学前教育也将逐步普及。

（2）均衡发展义务教育。

义务教育是国家统一实施的所有适龄儿童、少年必须接受的教育，是国家必须予以保障的公益性事业，对于人的发展、教育发展和社会发展都具有重大意义。到2008年年底，我国实现了普及义务教育，但我国的义务教育也存在着发展不平衡的问题，促进义务教育均衡发展成为我国现阶段教育改革和发展的重大任务。

（3）努力普及高中阶段教育。

在普及九年义务教育以后，普及高中阶段教育就成为教育发展的重要趋势。为了适应青少年的升学与就业的选择并满足社会的需要，高中阶段的学制应该多样化。即应有普通高中、职业高中、中等专业学校和技工学校等不同类型的学校供学生选择；应当扩大普通高中在高中阶段所占的比例，以满足我国高等学校不断扩大招生的需要。九年义务教育后的职业教育也应多样化，使未能升入高中的学生可以选择接受就业前的各种职业培训。

（4）大力发展高等教育。

我国高等教育近年来呈现日益开放和大众化的趋势，主要表现在：第一，高等教育的多层次：有大专、本科、硕士和博士研究生多个层次；第二，高等教育的多类型：有理、工、农、林、医、师、文法、财经、军事、管理等多种院校、科系和专业；第三，高等教育面向在职人员开放，主要是通过函授教育、广播电视教育、自学考试等形式，使在职人员有计划地进修高等学校的课程。

三、分析论述题

1. 试论教育的文化功能。

【答案要点】

（1）教育对文化的传递。

人类社会能从愚昧走向野蛮，走向今天的文明与开放，是文化教化的结果。而文化教化的前提是人类对文化的创造与传递。教育无时无刻不在起着传递文化的作用，尤其是学校教育因其具有明确的目的性、计划性等特点，古往今来一直承担着传承文化的重任。

（2）教育对文化的选择。

为了有效地传承文化，必须发挥教育对文化的选择功能。杜威对此有精辟的论述，他认为文化过分庞杂，不能全部吸收，必须通过教育"简化"，吸取其基本内容；文化中存在的丑陋现象，必须通过教育"净化"，清除其不良东西，吸取其优秀东西；为了使人们避免他所在社会群体的文化局限，必须通过教育来"平衡"社会文化中的各种成分，以便和更广阔的文化建立充满生气的联系。教育的选择功能十分重要，体现了教育对文化发展的积极引导和自觉规范。当今是多元文化并存的社会，我国教育应坚持以辩证唯物主义和历史唯物主义为导向，处理好对文化的选择问题。

（3）教育对文化的发展。

文化的生命不仅在于它的保存和积累，更在于它的更新与创造。教育通过把人类已有的精神财富内化为学生个体的精神财富，培养他们对文化的浓厚兴趣，使他们不仅能够适应和参与现实社会的文化活动，而且能够根据未来社会的需要创造更为美好的文化。随着社会的日益开放化，学校在加强国际文化交流中的作用也日益明显。教育通过广泛的文化交流，不断地吸收其他民族的文化精华，补充、更新和发展本民族的文化，也是文化发展的一种重要方式。

2. 试述教育对人类地位提升的促进作用。

【答案要点】

教育，尤其是学校教育，作为有目的、有组织、有计划地以影响人的发展为直接目标的活动，对个体发展具有独特的价值，教育对个体发展的促进就是教育对人类地位提升的促进。教育可以提升人的地位，具体表现在以下四个方面：

（1）教育引导个体发展的方向。

没有受过教育的个体，其发展是一种盲目的发展。教育作为有意识地引导个体发展的活动，会根据教育目的对个体的发展做出定向，不仅改变个体自然发展的盲目性，而且对个体的发展做出社会性规范，培养社会需要的人。

（2）教育提升个体发展的速度。

没有受过教育的个体，其发展是一种率性的自然发展、自然成熟的过程。教育的作用就在于改变个体的发展方式，使之从自在的发展转变为自觉的发展，以一种科学有效的方式，提升个体发展的速度，使个体获得更好、更快的发展。

（3）教育开发个体的特殊才能。

教育面对具体的人，而每一个人又都是一个独特的生命体。作为一种有意识的活动，教育就必须依据每个人的特长和发展的需要，提供适合每个人的教育，开发个体的特殊才能，促进个体个性的发展。

（4）教育唤醒个体生命的自觉。

人是一种有意识的存在，意识使人的发展成为一种自觉的存在。教育需要传授知识技能、开发人的潜力，但更需要唤醒生命发展自觉，使个体发展的过程成为生命自觉行为。

3. 试论述品德培养的主要策略。

【答案要点】

（1）明理教育法。

指引导学生摆事实、讲道理，经过思想情感上的沟通与互动，让他们悟明道德真谛，自觉践行的方法。包括讲理、沟通、报告、讨论、参观等。

基本要求：要有针对性；要有知识性和趣味性；要善抓时机；要注重互尊互动。

（2）榜样示范法。

指以他人的高尚品德、模范行为和卓越成就来影响学生品德的方法。教师应向学生提供好榜样，主要有四类：历史伟人，现实的英雄模范，优秀教师、家长的风范，优秀学生。

基本要求：榜样必须是真实可信的；激起学生对榜样的积极情感；给不同年龄段的学生树立不同的榜样；要注重教师自身的示范作用。

（3）情境陶冶法。

指通过创设良好的教育情境，潜移默化地培养学生品德的方法。它利用暗示原理，让学生通过无意识的心理活动来接受某种影响。包括人格感化、环境陶冶和艺术陶冶等。

基本要求：创设良好的情境；与启发引导相结合；引导学生参与情境的创设。

（4）实践锻炼法。

指有目的、有组织地安排学生进行一定的生活交往与社会践行活动以培养品德的方法。包括练习、委托任务和组织活动等。

基本要求：调动学生的主动性；教师给予适当的指导；坚持严格要求学生；及时检查并长期坚持。

（5）自我修养法。

指在教师引导下学生经过自觉学习、反思和自我改进，使自身品德不断完善的一种方法。包括立志、学习、反思、箴言、慎独等。

基本要求：培养学生自我修养的兴趣与自觉性；指导学生掌握修养的标准；引导学生积极参加社会实践。

（6）制度育德法。

指通过构建合理的学校制度来引导和培养学生品德的方法。

基本要求：①学校制度要合法。学校制度不能与国家法律法规冲突，尤其是不能与《中华人民共和国未成年人保护法》这样的法律相矛盾。②学校制度要合德。学校制度必须是道德的，符合时代伦理精神的。提高学校制度的教育性，要做到让学生参与、要注重促进学生的思想品德发展。

（7）奖惩法。

指对学生的思想和行为做出评价，包括表扬、奖励和批评、处分两个方面。

基本要求：第一，表扬与批评：一般以表扬为主、批评为辅；二者相辅相成，缺一不可。第二，奖励与处分：要公平公正、正确适度、合情合理；要发扬民主，获得群众支持；要注重宣传与教育。

4."虽有嘉肴，弗食，不知其旨也；虽有至道，弗学，不知其善也。是故学然后知不足，教然后知困。知不足，然后能自反也；知困，然后能自强也。故曰：教学相长也。"请问这段话出自哪位教育家？并分析其教育主张。

【答案要点】

此段话出自《学记》，是先秦时期儒家教育和教学活动的理论总结，其作者一般认为是思孟学派中孟子的学生乐正克。

（1）教育的作用与教育目的。

①对个人的作用与目的：教育通过对人有目的、有计划地培养，使每个人都形成良好的道德和智慧，懂得去维护国家利益和社会安定。

②对社会的作用与目的：《学记》认为实现良好政治的最佳途径是"化民成俗"，即兴办学校，推行教育，作育人才，以教化人民群众遵守社会秩序，养成良风美俗。

（2）教育制度与学校管理。

①学制与学年。关于学制系统，提出了从中央到地方按行政建制建学的设想。关于学年，把大学教育年限定为两段、五级、九年。第一、三、五、七学年毕，共四级，为一段，七年完成，谓之"小成"；第九年毕为第二段，共一级，考试合格，谓之"大成"。这也是古代年级制的萌芽。

②视学与考试。十分重视大学开学和入学教育，把它作为教育管理的重要环节。开学这天，天子率百官亲临学宫，参加开学典礼，祭祀"先圣先师"。还定期视察学宫，体现国家对教育的重视。学习过程中，规定每隔一年考查一次，以表示这一阶段学业的完成。

（3）教育、教学的原则：预防性、及时施教、循序渐进、学习观摩、长善救失、启发诱导、藏息相辅。

（4）教学方法：讲解法、问答法、练习法。

（5）尊师重教与"教学相长"：把为师、为长、为君视为一个逻辑过程，使为师实际上成为为君的一种素质、一项使命。教学过程中教师、学生双方的互相促进、共同提高。

评价：《学记》为中国教育理论的发展树立了典范，其历史意义和理论价值十分显著。它的出现意味着中国古代教育思维专门化的形成，是中国教育理论发展的良好开端。

四川师范大学333教育综合·真题解析

一、名词解释

人的发展

人的发展有两种含义，一种是将它看成是人类的发展或进化的过程；另一种则将它看成是人类个体的成长变化过程，即个体发展。人的发展是整体性的发展，大体可分为生理发展、心理发展、社会性发展三个层面。

学校教育制度

现代教育制度的核心部分是学校教育制度。学校教育制度简称学制，指的是一个国家各级各类学校的系统及其管理规则,它规定着各级各类学校的性质、任务、入学条件、修业年限以及它们之间的关系。

课程

课程是由一定的育人目标、特定的知识经验和预期的学习活动方式构成的一种蕴含着丰富、基本而又有创造性与潜质的一套计划与设定。广义的课程指所有学科的总和,狭义的课程指一门学科。

骑士教育

骑士教育是中世纪世俗教育的一种主要形式,以培养当时封建制度中骑士阶层的成员为目的。它是一种特殊形式的家庭教育,并无专设的教育机构,也没有专职的教育人员。它在骑士生活和社交活动中进行。训练骑士的标准是剽悍勇猛、虔敬上帝、忠君爱国、宠媚贵妇。

三舍法

"三舍法"是王安石在"熙宁兴学"期间改革太学最重要的措施。"三舍法"是严格的升舍考试制度,它将学生平时行艺和考试成绩相结合,学行优劣与任职使用相结合,这有利于调动学生学习的积极性,提高太学教育质量。同时又把上舍考试和科举考试结合起来,融养士与取士于太学,提高了太学地位。

耶克斯－多德森定律

耶克斯－多德森定律讨论了学习动机与学习效果的关系,提出学习效率随学习动机强度的增加而提高,直至达到最佳水平,之后则随学习动机强度的进一步增加而下降,而动机强度的最佳点因人而异。

二、简答题

1. 简述斯宾塞的知识价值论。

【答案要点】

斯宾塞,19世纪英国著名哲学家、社会学家和教育家,是近代英国科学教育思想的主要代表人物。他提出了"什么知识最有价值"这一问题,并将评价知识价值的标准定义为对生活、生产和个人发展的作用,知识对生活的作用越大则价值越大。

(1)在斯宾塞看来,知识的价值取决于知识给人带来的功利大小、给人带来幸福的程度和为人的完满生活做准备的效果。他认为,知识的价值可以分为"实用价值和"和"装饰价值"两种,在价值高低的评估上,实用价值应优先于装饰价值。

(2)斯宾塞将知识的比较价值定了一个次序:关于直接保全自己的知识;关于获得生活必需品养活自己的知识;关于家庭幸福所需要的知识;关于社会福利所需要的知识;关于培养各种艺术爱好的知识。这个次序应该是安排学校课程内容的基础和出发点。

(3)斯宾塞明确指出,最有价值的知识就是科学。为了直接保全自己或维护生命的健康,最重要的知识是科学;为了谋生而间接保全自己,有最大价值的知识是科学;为了正当地完成父母的职责,正确的指导是科学;为了解释过去和现在的国家生活,使每个公民能合理地调节他的行为所必须的不可缺少的钥匙是科学;为了各种艺术的完美创作和最高欣赏所需要的准备也是科学;而为了智慧、道德宗教训练的目的,最有效的学习还是科学。

2. 简述晏阳初的"四大教育"与"三大方式"。

【答案要点】

(1)"四大教育"。

晏阳初把中国农村的问题归结为"愚""穷""弱""私"四个方面,他认为,要解决这四点,就必须通过"四大教育"来进行。

①以文艺教育攻愚，培养知识力。从文字及艺术教育着手，使人民认识基本文字，得到求知识的工具，以为接受一切建设事务的准备。其首要工作就是除净青年文盲，将农村优秀青年组成同学会，使他们成为农村建设的中坚分子。

②以生计教育攻穷，培养生产力。它从农业生产、农村经济、农村工业各方面着手，以达到农村建设的目标。

③以卫生教育攻弱，培养强健力。注重大众卫生和健康及科学医药的设施，使农民在他们现有经济状况下，能得到科学治疗的机会，以保证他们最低限度的健康。

④以公民教育攻私，培养团结力。通过激起人民的道德观念，施加良好的公民训练，使他们有公共心，团结力，有最低限度的公民常识，政治道德，以立地方自治的基础。晏阳初认为，四大教育中，公民教育是最根本的。

（2）"三大方式"。

在定县乡村平民教育实验中，针对过去教育与社会相脱节、与生活实际相背离的弊端，在强调发挥教育的整体功能作用时，晏阳初提出了在农村推行"四大教育"的"三大方式"。

①学校式教育。以青少年为主要教育对象，包括初级平民学校、高级平民学校、生计巡回学校。

②家庭式教育。家庭式教育的目的在于：第一，解决家校矛盾，帮助年长的家庭妇女减少对青年妇女和儿童接受教育的阻挠或反对，增强学校教育的效益；第二，把学校课程的某一部分交由家庭承担，使家庭关心社区的利益，乐于承担社会责任。

③社会式教育。社会式教育是由平民学校毕业生从各个方面发挥示范作用，积极引导和帮助全村农民按照计划接受四大教育。

3. 简述罗杰斯的自由学习原则。

【答案要点】

罗杰斯是人本主义心理学的创始人，他将"来访者中心疗法"移植到教育领域，创立了"以学生为中心"的教学理论，是20世纪最伟大的教育理论之一。

（1）知情统一的教学目标。

罗杰斯认为，情感和认知是人类精神世界中两个不可分割的有机组成部分，两者融为一体。因此，教育应该要培养"躯体、心智、情感、精神、心力融汇一体"的人，即既用情感的方式也用认知的方式行事的情知合一的人，他称这种情知融为一体的人为"全人"或"功能完善者"。

（2）有意义学习与自由学习。

有意义学习：是一种与个人各部分经验都融合在一起，使个人的行为、态度、个性以及在未来选择行动方针时发生重大变化的学习。它不仅仅是增长知识，更是要引起整个人的变化，对个人的生存和发展有价值。有意义学习的四个要素：个人参与、自动自发、全面发展、自我评价。

自由学习：罗杰斯所倡导的学习原则的核心就是让学生自由学习。自由学习就是教师要信任学生、信任学生的学习潜能，为学生提供各种学习的资源和一种促进学习的气氛，让学生自己决定如何学习，使其在交往中形成适应自己风格的、促进学习的最佳方法。

4. 简述韦纳的归因理论及其在教学中的应用。

【答案要点】

（1）基本观点。

韦纳对行为结果的归因进行了系统探讨，发现人们倾向于将活动成败的原因归结为六个因素：即能力高低、努力程度、任务难易、运气好坏、身心状态、外界环境等。这六个因素可归为三个维度，即内部归因和外部归因、稳定性归因和非稳定性归因、可控制归因和不可控归因。

不同归因的影响不同：

①当个体将成功归因于能力和努力等内部因素时，会产生骄傲、自豪感，增强自信心和动机水平。

②将成功归因于任务容易、运气好、别人帮助等外部原因时，则满意感较少。当个体将失败归因于能力弱、不努力等内部原因时，会产生愧疚感；将失败归因于任务太难、运气不好或教师评分不公正等外部原因时，则较少产生愧疚感。

③归因于努力相比于归因于能力，无论成败都会引发更强烈的情绪体验。努力而成功体验到愉快；不努力而失败体验到羞愧；努力而失败也应受到鼓励。

（2）教学应用。

该理论的教育意义在于它能从学生的观点显示出学习成败的原因。了解学生的自我归因可预测其今后的学习动机。学生的自我归因未必正确却十分重要，教师应注意了解和辅导。

三、分析论述题

1. 论述教育的社会制约性。

【答案要点】

教育的社会制约性是指，在社会历史发展的过程中，教育的目的与制度、内容与方法、规模与速度，都受到一定社会的生产力、经济政治与文化等因素的制约。

（1）生产力对教育的制约。

①生产力的发展制约教育事业发展的规模和速度。物质资料的生产是社会存在与发展的基础。教育事业发展的规模和速度，归根结底是由生产力发展的水平和状况决定的，一定的教育必须与一定的生产力发展相适应，这是学校教育发展必须遵循的规律。

②生产力的发展水平制约人才的培养规格和教育结构。不同的生产力发展水平，对教育所培养的人提出了不同层次的要求。生产力的发展与分工，也必然引起教育结构的变化。因此学校教育结构必须反映经济的技术结构和产业结构的发展变革。这样教育为生产培养的人才在总量、类型和质量上才能满足生产力发展的需求。

③生产力的发展制约教学内容、教学方法和教学组织形式的发展和改革。生产力的发展推动了科学技术的发展，也必然促进教学内容的发展与更新。教学方法和教学组织形式的变革也是一样，如班级教学组织形式的产生与改进、多媒体教学等现代方法的运用，都是与生产力的发展和科学技术的运用紧密相关的。

（2）社会经济政治制度对教育的制约。

①社会经济政治制度制约教育的性质。一定的教育具有什么样的性质是由那个社会的经济政治制度的性质决定的，而且教育的发展也受制于社会经济政治制度的发展变革。

②社会经济政治制度制约教育的宗旨和目的。教育目的是一个社会的经济政治制度对教育的权益要求的集中体现，它直接反映着统治阶级的利益和需求。

③社会经济政治制度制约教育的领导权。在人类社会中，掌握政权的阶级必然掌管着社会生产资料，从而必然掌握着精神生产资料，也就掌握着教育的领导权。

④社会经济政治制度制约受教育权。在一个社会里，让哪些人受教育，达到什么程度，受什么样的教育，教育的结果如何，都是由社会的经济政治制度决定的。

⑤社会经济政治制度制约教育内容、教育结构和教育管理体制。为实现不同的教育目标，不同社会经济政治条件下的教育有着不同的教育内容，尤其是社会科学方面的内容。特定的社会教育结构也是由该社会的社会结构、经济结构决定的。教育的管理体制更直接受制于社会的经济政治制度。

（3）文化对教育的制约。

①文化知识制约教育的内容与水平。文化是教育的基础，教育的本质是通过传承和创新文化来培养人才。学校教育的一个重要任务就是传授系统的文化知识。因此，文化是教育的主要资源，文化知识的发展特性与水平制约着教育的发展特性与水平。

②文化模式制约教育的背景与模式。首先，文化模式为教育提供了特定的背景；其次，文化模式还从多方面制约教育的模式。不同文化模式影响的教育模式，在教育目的、内容与方式等各方面也有明显的差异。

③文化传统制约教育传统的特性。文化传统越久，对教育传统的制约性越大。我们在教育改革中遇到的许多阻力，究其根源，都与文化传统的消极因素有一定的关系。正确认识文化传统与教育传统的制约关系，对于指导我们今天的教育改革具有重大现实意义。

2. 在教学过程中应当处理好哪些关系？并联系实际加以论述。

【答案要点】

（1）间接经验与直接经验的关系。

①学生认识的主要任务是学习间接经验。学生要适应高度发展的文明社会，便必须以学习间接经验为主，便捷地掌握人类积累起来的基本科学文化知识。

②学习间接经验必须以学生个人的直接经验为基础。学生要把书本知识转化为自己能理解的知识，就必须以个人已有的或现时获得的感性经验为基础。

③防止只重书本知识传授或直接经验积累的偏向。只重书本知识的传授或只重直接经验的积累都违反了教学的规律，割裂了间接经验与直接经验的内在联系，影响了教学质量的提高。

（2）掌握知识与发展智力的关系。

①智力的发展与知识的掌握二者相互依存，相互促进。对学生来说，掌握、运用知识及反思、改进的过程，也是他们运用和发展智力的过程；同时，学生对知识的掌握又依赖于他们的智力发展。

②生动活泼地理解和创造性地运用知识才能有效地发展智力。在教学中要引导学生通过生动活泼的教学活动，透彻地理解知识原理，了解获取知识的过程与方法，学会独立思考、推理与论证，创造性地解决实际问题。

③防止单纯抓知识教学或只重能力发展的片面性。在教学实践中，有的教师忽视引导学生通过探究、反思有意识地锻炼自己的智力；有的教师忽视通过系统知识和原理的学习与运用来发展学生的智力。这两者都不利于提高教学质量。

（3）掌握知识与进行教育的关系。

①进行教育性教学是现代教学的重要特性。教育性教学主要通过引导学生掌握知识及其蕴含的丰富而深刻的社会意义来实现。

②只有使所学知识引发了学生情感、态度的积极变化，才能让他们的思想真正得到提高。要使教学中传授的知识能给学生以深刻的影响，就要让他们感受到它的巨大意义或深远影响，引起他们思想情感深处的共鸣，在态度和价值追求上发生积极的变化，这样才能推动学生发展。

③防止单纯传授知识或脱离知识教学的思想教育的偏向。在教学中要防止两种偏向：一种是单纯传授知识、忽视思想教育的偏向；另一种是脱离知识教学，另搞一套思想教育的偏向。

（4）智力活动与非智力活动的关系。

①教学活动既要注重引导学生进行智力活动，也要重视调节学生的非智力活动。在教学过程中，学生的智力活动与非智力活动同在，各有特点与功能，二者相互依存，相互作用。

②按教学需要调节学生的非智力活动，才能有成效地进行智力活动。一方面，要改进教学本身，使教学的内容和过程都富有知识性、趣味性、启发性、吸引力；另一方面，要提高学生的自我教育

能力。

（5）教师主导作用与学生主动性的关系。

①发挥教师的主导作用是学生简捷有效地学习知识、发展身心的必要条件。学生的主动性、反思性、创造性发挥得怎样，学习的效果怎样，又是衡量教师主导作用发挥得好坏的根本标志。

②尊重学生、调动学生的学习主动性是教师有效地教学的一个主要因素。学生的学习主动性、积极性发挥得怎么样，直接影响并最终决定着学生个人的学习质量、成效和身心发展的方向与水平。

③防止忽视学生积极性和忽视教师主导作用的偏向。通过普遍提高教师的修养和水平，加强对学生的了解、沟通，提高教师的责任感与创造性，这样才能实现师生之间的民主平等、尊师爱生、教学相长地互动与合作。

3. 试述道家、墨家、法家教育作用观的异同。

【答案要点】

（1）道家教育作用观。

①教育对人的作用：道家强调人是自然的人，认为教育不应是一个在人身上增加人类社会文明影响的过程，而应是把得之于社会的影响逐渐摒弃的过程。主张培养能够体会自然的"圣人"。

②教育的社会作用：应是对人"虚其心，实其腹，弱其志，强其骨""为腹不为目"。"圣人"应当侵削人的头脑而增强人的肢体，削弱人的社会性而扩张人的自然性，强调"绝学无忧"和抛弃文明。

（2）墨家教育作用观。

①教育对人的作用：墨子提出"素丝说"，他以素丝和染丝为喻来说明人性及其在教育下的改变和形成。他认为人性不是先天所成，生来的人性如同待染的素丝，下什么色的染缸，就成什么样颜色的丝，即有什么样的环境与教育就造就什么样的人。

②教育的社会作用：主张通过教育建立一个民众平等、互助的"兼爱"社会。

（3）法家教育作用观。

法家的人性观表现为绝对的"性恶论"。法家认为人性是自私的，趋利避害是人的本性。基于此，法家强调治国必须靠高压政治、法制手段，无须用温情脉脉的教育感化。

（4）异同比较。

①相同点：都承认教育对人的作用。

②不同点：道家主张没有教育就是最好的教育，让人自由发展；墨家认为要提供适宜的环境给人以良好的教育；法家则提倡法律教育。

4. 述评杜威的实用主义教育思想。

【答案要点】

杜威是20世纪美国著名的哲学家和教育家，他以实用主义哲学、民主主义政治理想和机能心理学为基础，通过批判地继承前人的思想，构建起庞大的教育哲学体系，成为现代教育的代表人物。主要著作有《民主主义与教育》《我的教育信条》等。

（1）论教育的本质。

杜威对于"什么是教育"的问题，给出的回答是：教育即生活、学校即社会、教育即生长、教育即经验的持续不断的改造。

（2）论教育的目的。

①教育无目的论。从教育本质论出发，杜威反对外在的、固定的、终极的教育目的，认为教育无目的。杜威所希求的是过程内的目的，这个目的就是"生长"。

②教育的社会目的。杜威强调过程内的目的不等于否定社会性的目的。杜威要求教育为社会进步服务，为民主制度的完善服务。他认为教育是社会进步及社会改革的基本方法，学校是社会进步和改革的最基本和最有效的工具。在民主社会中，个人发展与社会进步是统一的。

（3）论课程与教材。

①从做中学。杜威以其经验论为基础，要求从做中学、从经验中学，要求以活动性、经验性的主动作业来取代传统书本式教材的统治地位。在杜威看来，这种活动性、经验性课程既能满足儿童的心理需要，又能满足社会性的需要，还能使儿童对事物的认识具有统一性和完整性。

②教材心理学化。杜威主张以"教材心理学化"来解决怎样使儿童最终获得较系统的知识而同时又能在学习过程中顾及儿童的心理水平。"教材心理学化"是指把各门学科的教材或知识各部分恢复到它所被抽象出来之前的原来的经验。这种心理化就是把间接经验转化为直接经验，即直接经验化。之后再将已经经验到的那些东西累进地发展为更充实、更丰富也更有组织的形式，即逐渐地接近提供给有技能的、成熟的人的那种教材形式。

（4）论思维与教学方法。

①反省思维。杜威所力倡的反省思维是指对某个经验情境中的问题进行反复的、严肃的、持续不断的思考，其功能在于求得一个新情境，把困难解决、疑虑排除、问题解答。

②五步教学法。杜威根据科学的实验主义探究方法和反省思维方式，提出五步教学法，即创设疑难的情境、确定疑难所在、提出问题的种种假设、推断哪种假设能解决这个困难、验证这种假设。

（5）论道德教育。

杜威认为道德教育的主要任务是协调个人与社会的关系。他认为个人的充分发展是社会进步的必要条件，社会的进步又可以为个人的发展提供更好的基础。他反对过分强调个人自由和竞争的旧个人主义，而提倡强调人与人之间的合作，强调社会责任和理智作用的新个人主义。

教育的道德性和教育的社会性是相通的，道德教育应在社会性的情境中进行而不能只停留于口头说教；要求学校生活、教材、教法皆应渗透社会精神，视学校生活、教材、教法为"学校道德三位一体"，这三者都是道德教育的重要途径。

（6）杜威教育思想的影响。

①杜威是西方现代教育派的理论代表。他对传统教育的整个理论体系发起挑战，奠定了现代教育的理论大厦的基石。

②杜威是新教育的思想旗手，他的教育理论突破以往建立在主客体两分之上的传统教育的弊端，将知行合一，使教学中死的知识变为活的知识，突破了内发论和外铄论，将教育看作人与环境的交互过程中经验的观点具有很高的创造性。

③杜威奠定了儿童中心论，解决教育与儿童相脱离的问题，并通过学校与社会的统一、思维与经验的统一，解决教育与实践，学校与社会脱离的问题。

④杜威提出了做中学这一建立在新哲学和心理学基础上的新方法，拓宽了教学形式和方法，提高了教学专业化水平。

⑤杜威的教育理论对世界教育进程发挥巨大作用，对日本、中国、苏联等国具有直接的影响。

⑥杜威的理论偏重儿童、活动、经验三中心而使得教育实践忽视了系统知识的传授以致引发了自由与纪律、教师与学生关系等诸多矛盾。另外根据经验和教材心理化原则编写新型教材的设想过于理想化，难以实现。

2022年 云南师范大学 333 教育综合·真题真练

一、简答题

1. 教育的质的规定性。
2. 教育的社会功能。
3. 负强化和惩罚的区别。
4. 学习动机与学习效果的关系。
5. 黄炎培职业教育方针中"社会化"的内涵。
6. 中世纪大学产生的社会背景。

二、分析论述题

1. 结合实际，谈谈你对教师劳动特点的认识。
2. 举例说明，课堂不良行为的干预措施有哪些？
3. 美国 20 世纪初，综合中学运动的发展和特征。

2021年 云南师范大学 333 教育综合·真题真练

一、名词解释

学校教育制度　形成性评价　智者　定县实验　短时记忆

二、简答题

1. 简述德育的原则与方法。
2. 简述掌握知识与发展智力的关系。
3. 简述王安石崇实尚用的思想。
4. 简述卢梭的自然主义教育。
5. 简述参与性学习和替代性学习的关系。

三、分析论述题

1. 教师是一个具有人文精神的专业性职业，请结合实际论述教师的人文精神和专业性。
2. 论述教育科学化的内容及影响。
3. 结合实际谈谈如何培养学生的问题解决能力。

2020年 云南师范大学 333 教育综合·真题真练

一、名词解释

校本培训　学科课程　博雅教育　最近发展区　化性起伪

二、简答题

1. 简述班主任的工作任务。
2. 简述蔡元培"五育"并举的思想。
3. 简述教学质量管理的内容及要求。
4. 简述加涅信息加工的八阶段。
5. 简述进步主义教育运动的特征。

三、分析论述题

1. 论述探究性教学的基本过程需要注意的问题，并举出例子。
2. 论述苏格拉底"助产术"的内涵及在实践中的应用。
3. 联系实际分析什么是学习动机以及激发学习动机的方法。
4. 论述德育过程的一般规律。
5. 比较学生掌握知识的两种基本模式。

2019年 云南师范大学 333 教育综合·真题真练

一、名词解释

教学原则　西周"六艺"　学园　小先生制　监控策略

二、简答题

1. 简述新人文主义教育的特征。
2. 简述朱子读书法的基本内容。
3. 简述校本管理的内涵及工作要点。
4. 简述活动课程的基本特征。
5. 举例说明什么是变化比率程式。

三、分析论述题

1. 论述博比特《课程》中的核心观点以及对西方课程理论的影响。
2. 论述要素主义教育思潮的主要观点及其贡献和价值。
3. 论述罗杰斯的自由学习的原则。

2018年 云南师范大学 333 教育综合·真题真练

一、名词解释
稷下学宫　课程设计　泛智教育　迁移　情境陶冶法　正强化

二、简答题
1. 举例说明在教学中如何更好地发挥启发式教学原则。
2. 简述陶行知的生活教育思想。
3. 简述近代人文主义思想的观点。

三、分析论述题
1. 论述保罗·朗格朗终身教育的思想和观点以及引发的教育改革。
2. 论述皮亚杰的认知四阶段理论。
3. 教师如何扮演好多种职业角色。

2017年 云南师范大学 333 教育综合·真题真练

一、名词解释
晓庄师范　学习动机　课程内容　教育制度　不悱不发　性恶论

二、简答题
1. 简述品德发展的一般规律。
2. 简述陈鹤琴"活教育"的主要观点。
3. 简述荀子性恶论的观点。
4. 简述教育性教学。
5. 简述下位学习。

三、分析论述题
1. 结合实例，如何理解"教学有法，教无定法"？
2. 论述马卡连柯的集体主义教育思想的主要观点和现实意义。
3. 结合实例论述组织策略。

2016年 云南师范大学 333 教育综合·真题真练

一、名词解释
学校德育　学校管理　马礼逊学校　经世致用　欧洲新教育运动　《爱弥儿》

二、简答题
1. 简要述评夸美纽斯的教学过程思想。
2. 简要分析教育的政治功能。
3. 简析教育目的的层次结构及其相互关系。
4. 简述中国古代选士和取士制度的沿革。
5. 简要分析新文化运动影响下国家主义教育思潮的主要内涵。
6. 举例说明什么是定势。

三、分析论述题
1. 结合案例，论述如何在美育教育实践中有效运用活动性原则。
2. 论述杜威实用主义教育思想的主要观点。
3. 结合实际分析学习策略中的精细加工策略。

2015年 云南师范大学 333 教育综合·真题真练

一、名词解释
螺旋式课程　学校教育制度　癸卯学制　全人生指导

二、简答题
1. 简要述评杜威的教学过程思想。
2. 简述个体能动性在人的发展中的作用。
3. 简述梁漱溟乡村建设与乡村教育理论。
4. 简述蔡元培"五育"并举的教育方针。
5. 举例说明什么是诱因。

三、分析论述题
1. 论述卢梭的教育思想及其影响。
2. 结合案例，论述在课堂教学中如何合理地运用发展性原则。
3. 试论加涅提出的九大教学事件。

2014年 云南师范大学 333 教育综合·真题真练

一、名词解释

环境的给定性　《四书集注》　双轨制　人力资本

二、简答题

1. 简析教学的三种水平。
2. 简要述评泰勒的课程观。
3. 简述洋务学堂的特点。
4. 简述斯宾塞科学教育思想的主要观点及其影响。
5. 举例说明什么是表征学习（符号学习）。

三、分析论述题

1. 结合案例论述如何有效地运用榜样的方法培养学生品德。
2. 论述蔡元培的大学教育思想及在中国近现代教育史上的地位。
3. 论述儿童研究运动的实质及其对我国基础教育改革的启示。
4. 举例说明问题解决策略中的启发式策略。

2013年 云南师范大学 333 教育综合·真题真练

一、名词解释

教育的内在价值　直线式课程　《教育漫话》　习明纳（seminar）　"六艺"　科学教育思潮

二、简答题

1. 简要分析信息时代对中小学素质的要求。
2. 简述教育的相对独立性。
3. 简述夸美纽斯的教学原则及其意义。
4. 简述杨贤江"全人生指导"的教育思想。
5. 举例说明什么是概念学习。

三、分析论述题

1. 结合实际论述在课堂教学中如何运用理论联系实际的原则。
2. 环境教育的内涵是什么？试论在我国中小学生开展环境教育的意义。
3. 结合实际分析华莱士提出的创造过程的"四阶段论"。

2012年 云南师范大学 333 教育综合·真题真练

一、名词解释

社会本位　双轨制　学园　《爱弥儿》　有教无类　京师同文馆

二、简答题

1. 简要分析人的发展及其基本特征。
2. 简要评论布鲁纳的教学过程思想。
3. 简述文艺复兴时期人文主义教育思想的主要特征及其对后世的影响。
4. 简述福勒和布朗提出的教师成长阶段的主要内容。

三、分析论述题

1. 结合课堂教学案例，说明掌握知识与发展智力的关系。
2. 试论布鲁纳结构课程观及其对我国基础教育课程改革的启示。
3. 试述科尔伯格的道德发展阶段理论。
4. 试评述陈鹤琴教育思想的特点及贡献。

2011年 云南师范大学 333 教育综合·真题真练

一、名词解释

察举制　朱子读书法　昆体良　《爱弥儿》　形成性评价　价值澄清模式

二、简答题

1. 简要分析知识对人的发展的多方面价值。
2. 简要评述活动课程。
3. 简述唐代学校教育制度的特点。
4. 简述陶行知生活教育的思想。
5. 举例说明什么是下位学习（类属学习）。
6. 举例说明常用的精细加工策略。

三、分析论述题

1. 论述多元文化与当代教育变革的关系。
2. 论述终身教育思想及其意义。

2010年 云南师范大学 333 教育综合·真题真练

教育学原理

一、名词解释

个人本位论　非正式群体

二、简答题

1. 简要分析教师专业发展。
2. 简述我国基础教育公平中的主要问题。

三、分析论述题

试论信息化时代的学校教育改革。

中外教育史

一、名词解释

《理想国》　泛智教育　癸卯学制　晏阳初

二、简答题

1. 简述人文主义教育的主要特征。
2. 简述张之洞"中体西用"教育思想的影响。

三、分析论述题

论述杜威实用主义的教育思想及其影响。

教育心理学

一、简答题

简述麦基奇等提出的学习策略分类。

二、分析论述题

结合实际分析影响问题解决的主要因素,谈谈如何培养学生问题解决的能力。

2022年 云南师范大学 333 教育综合·真题解析

一、简答题

1. 教育的质的规定性。

【答案要点】

教育是一种有目的地培养人的社会活动，是人类社会生活不可或缺的重要组成部分。教育有其相对稳定的质的特点，表现在以下三个方面：

（1）有目的地培养人的活动。

教育是有目的地选择目标、组织内容及活动方式来培养人，促进人的发展。其首要任务是促进年轻一代体、智、德、美、行的全面发展，使他们从生物人逐步成长为社会人，进而成为适应与促进社会生活各个方面发展需要的人。

（2）教育者引导受教育者传承人类经验的互动活动。

有经验的父母、年长一代，或学有专长的教师有目的地引导年轻一代以及其他的受教育者来学习、传承、践行人类经验，并在生活、交往与实践中领悟经验的社会意义，才能有效地发展他们的智能和品行，把他们培养成为既能适应又能促进社会发展需要的人和各种专门人才。

（3）激励与教导受教育者自觉学习和自我教育的活动。

教育者与受教育者的教学互动是以激励学生学习为基础和动力的，旨在使青少年学生积极主动地成为自觉学习、自我教育的人。可以说，一切教育本质上都是自我教育。

总之，教育是有目的地引导受教育者能动地学习与自我教育以促进其身心发展的活动。

2. 教育的社会功能。

【答案要点】

教育被社会发展所制约，但教育也能动地反作用于社会，具有推动社会发展的功能。教育的社会功能主要有：教育的社会变迁功能、教育的社会流动功能。

（1）教育的社会变迁功能。

教育的社会变迁功能是指教育通过开发人的潜能，提高人的素质，引导人的社会化，影响人的社会实践，推动社会的发展和变革。教育的社会变迁功能表现在社会生活的各个领域。

①教育的经济功能：教育是使可能的劳动力转变为现实的劳动力的基本途径；现代教育是使知识形态的生产力转化为直接的生产力的重要途径；现代教育是提高劳动生产率的重要因素。

②教育的政治功能：教育通过传播一定社会的政治意识，完成年轻一代的政治社会化；教育通过造就政治管理人才，促进政治体制的变革与完善；教育通过提高全民文化素质，推动国家的民主政治建设。

③教育的文化功能：传递文化；选择文化；发展文化。

④教育的生态功能：树立建设生态文明的理念；普及生态文明知识，提高民族素质；引导建设生态文明的社会活动。

（2）教育的社会流动功能。

教育的社会流动功能是指社会成员通过教育的培养、筛选和提高，能够在不同的社会区域、社会层次、职业岗位、科层组织之间转换、调整和变动，以充分发挥其个人的智慧才能，实现其人生价值。它包括横向流动功能和纵向流动功能。前者指改变其环境而不提升其社会层级地位；后者指改变其社会层级地位及作用。

教育的社会流动功能在当代的重要意义：教育是个人社会流动的基础；教育是现代社会流动的主要通道；教育深刻影响社会公平。

3. 负强化和惩罚的区别。

【答案要点】

负强化也称消极强化，指当厌恶刺激或不愉快情境出现时，若有机体做出某种反应，从而避免了厌恶刺激或不愉快情境，则该反应在以后的类似情境中发生的概率便增加了。

惩罚指当有机体做出某种反应以后，若及时使之承受一个厌恶刺激，那么以后在类似情境或刺激下，该行为的发生概率就会降低甚至受到抑制。

惩罚和负强化有所不同，负强化是通过厌恶刺激的排除来增加反应在将来发生的概率，而惩罚则是通过厌恶刺激的呈现来降低反应在将来发生的概率。比如批评、处分、判刑是一种惩罚，而撤销处分、减刑则是一种负强化。两者的主要区别有：

（1）目的不同，惩罚的目的是阻止不良行为的发生，负强化则是激励良好的行为。

（2）实施的方式不同，惩罚是当个体表现不良时使用，负强化是在受惩罚的个体表现好时使用。

（3）后果不同，惩罚的结果是不愉快的，而负强化的结果是愉快的。

4. 学习动机与学习效果的关系。

【答案要点】

（1）动机具有加强学习的作用，高动机水平的学生其成就水平也高；反之，高成就水平也能导致高的动机水平。但是学习效率与学习动机强度并不完全成正比。过于强烈的学习动机往往使学生处于一种紧张的情绪状态中，注意和知觉范围变得狭窄，由此限制了学生正常的智力活动，降低了学习效率。

（2）耶克斯-多德森定律。

①学习效率随学习动机强度的增加而提高，直至达到最佳水平，之后则随学习动机强度的进一步增加而下降。

②学习动机强度与学习效果之间的这种关系因学习者的个性、课题性质、课题材料难易程度等因素而异，动机强度的最佳水平会随学习活动的难易程度而有所变化。一般来说，从事比较容易的学习活动，动机强度的最佳水平点会高一些，而从事比较困难的学习活动，动机强度的最佳水平会低一些。

③动机强度的最佳点因人而异，进行同样难度的学习活动对有的学生来说动机强度的最佳水平点高一些更为有利，但对于另一些学生来说则相反。

5. 黄炎培职业教育方针中"社会化"的内涵

【答案要点】

黄炎培在数十年的实践中，形成了社会化、科学化的职业教育办学方针。他将社会化视为"职业教育机关唯一的生命"，强调职业教育必须适应社会需要，强调职业教育与社会的沟通。

黄炎培所谓的职业教育社会化，内涵颇为丰富，其中包括：

（1）办学宗旨的社会化——以教育为方法，而以职业为目的。

（2）培养目标的社会化——在知识技能和道德方面适合社会生产和社会合作的各行业人才。

（3）办学组织的社会化——学校的专业、程度、年限、课时、教学安排均需根据社会需要和学员的志愿与实际条件。

（4）办学方式的社会化——充分依靠教育界、职业界的各种力量，尤其是校长要擅长联络、发挥社会各方面力量。

6. 中世纪大学产生的社会背景。

【答案要点】

（1）经济上：中世纪中后期，经济的复苏和城市的复兴，为中世纪大学的产生提供了物质条件，同时也为师生组合在一起共同研讨学问提供了必要的场所。

（2）政治上：经济的发展和城市的复兴带来了市民阶层的兴起，原有的基督教学校及其教育内容已经无法满足这种新兴阶层的需要，他们迫切需要一种能满足其自身需要的、新型的和世俗的教育机构和教育内容。

（3）文化上：十字军东征带来了东方的文化，开拓了西欧人的视野；经院哲学的产生及其内部的论争，繁荣了西欧的学术氛围。在这种背景下，西欧出现了文化教育的复兴，从而为中世纪大学的产生奠定了重要的知识基础。

（4）组织基础：基督教的教育机构尤其是修道院学校以及中世纪城市的行会组织，为中世纪大学的产生奠定了组织基础，有的大学甚至就是从教会的主教学校和修道院学院发展而来的。

二、分析论述题

1. 结合实际，谈谈你对教师劳动特点的认识。

【答案要点】

（1）教师劳动的复杂性。

教师劳动的复杂性主要受以下三方面的影响：学生状况的复杂性决定着教师劳动的复杂性；教师任务的多样性制约着教师劳动的复杂性；影响学生发展因素的广泛性制约着教师劳动的复杂性。

（2）教师劳动的示范性。

教育是教师引导、培养学生的活动，它要求教师以身作则，具有示范性。教师的劳动对象是处在发展过程中的青少年学生，他们具有尊敬教师、乐于接受教师的教导、以教师为表率的所谓"向师性"的特点。因此，教师必须严格要求自己，以身作则，通过示范的方式去影响学生，以便取得最佳教育效果。

（3）教师劳动的创造性。

①教师劳动创造性的最重要特征之一是他的工作对象——儿童经常在发生变化，永远是新的，今天同昨天就不一样。

②教师劳动的创造性表现在因材施教上。教师不仅要针对学生集体的特点，而且还要针对学生个体的特点有的放矢地进行教育，创造性地开展工作，才能收到良好的效果。

③教师劳动的创造性，也表现在对教育、教学的原则、方法、内容的运用、选择和处理上。

④教师劳动的创造性，还表现在教育教学过程中，教师对各种突发情况做出及时反应、妥善处理的应变能力上，即教育机智。

⑤教师劳动的创造性，并不意味着它会自动产生。一位教师要创造性地开展教育工作，必须经历艰苦的劳动和长期的积累，善于反思与探究，机智地开展工作，才能涌现创造性。

（4）教师劳动的专业性。

教师劳动的专业性突出表现在教师对育人的崇高敬业精神和道德修养上，对教育教学专门化知识和技能的掌握与教育活动的自主权上。

2. 举例说明，课堂不良行为的干预措施有哪些？

【答案要点】

课堂问题行为是指不能遵守公认的课堂程序与规则，不能与人正常交往和参与学习的行为。教师对课堂问题进行干预的措施有：

（1）忽略不计。许多小小的捣乱可以忽略不计，尤其是那些转瞬即逝的小捣乱。例如，两个学生低声交谈却很快停止。一般来说，教师对诸如此类的事情，不必做出什么反应，因为干涉可能比问题本身还具有干扰性。

（2）非语言提醒。当学生做出违规且无法忽略的行为时，教师可以通过眼神注视、摇头、运用脸部表情、走近、接触或打手势等非语言提醒来使其行为终止或转移，无须中断课堂教学进程。例如，有两个学生正在交头接耳，教师只需要用眼睛看着这两个学生或其中一个就可以了。

（3）正面表扬。我们可以从表扬学生的正确反应入手，来减少问题行为。例如，学生经常擅自离开座位，那么当他们能够在座位上认真学习时，教师就可以表扬他们。

（4）言语提醒。如果不能使用非语言线索，或者间接暗示策略不能奏效，那得通过简单的语言提醒使学生回到学习活动上来。当学生表现出问题行为时，教师可马上加以提醒。例如，教师说："李红，别讲话。"

（5）合理惩罚。当上述所有做法都不能奏效时，就需要运用合理惩罚。例如，教师说："马上开始学习，否则课间休息来我办公室做作业。"实施惩罚后，教师要避免再提及此事。

3. 美国20世纪初，综合中学运动的发展和特征。

【答案要点】

综合中学运动是指20世纪以来，在民主社会的背景和对教育平等的追求中，在初等教育和高等教育发展的推动下，欧美各国改革中等教育结构、制度和机构的运动。

（1）综合中学运动的发展。

在各种因素推动下，西方各国对中等教育进行了广泛的研究、讨论和改革，如美国的十人委员会报告、《中等教育基本原则》；法国的文实之争、统一学校运动；德国的中等教育改革；英国的《巴尔福法案》《哈多报告》《斯宾塞报告》等。在上述发展的基础上，更强有力地实施了综合中学运动。

（2）综合中学运动的特征。

①广泛性：综合中学运动本身的广泛性；面对的教育对象的广泛性；带来的影响的广泛性。

②综合性：综合中学运动试图建立一种能进行全面教育的教育机构，因此，在教育机构外部排列或内部构成，以及教育内容和课程编排上，都体现了一种全面、综合、优化选择的特性。

③平等性：它具有平等主义的色彩和通过教育制度的平等促进社会平等的作用。

④科学性：它是建立在心理学、社会学和经济学等学科的科学研究结果之上的。

⑤民主性：综合中学运动体现了民主社会发展的特性，也是教育民主化的重要表现。

⑥社会功利性：综合中学的一个重要目的是如何解决传统教育制度与社会经济发展所需技术人才之间的矛盾，从而促进国家和社会的发展。同时，这种中等教育形式能帮助形成社会各阶层之间的和谐，有利于形成一种更统一和谐的社会体制，维持社会的稳定和统治。从这些角度看，该运动具有明显的社会功利性色彩。

2021年 云南师范大学333教育综合·真题解析

一、名词解释

学校教育制度

现代教育制度的核心部分是学校教育制度。学校教育制度简称学制，指的是一个国家各级各类学校的系统及其管理规则，它规定着各级各类学校的性质、任务、入学条件、修业年限以及它们之间的关系。

形成性评价

在教学进程中，对学生的知识掌握和能力发展所做的比较经常而及时的测评，包括对学生的提问、书面测验、作业批改等。其目的不注重于成绩的评定，而是使师与生都能及时获得反馈信息，更好地改进教与学，以促进教师和学生的发展、提高。

智者

"智者"又称诡辩家，被用来专指以收费授徒为职业的巡回教师。这些人云游各地，积极参加城邦的政治和文化生活，以传播和传授知识获得报酬，并逐步形成了一个阶层。智者派的共同思想特征是相对主义、个人主义、感觉主义和怀疑主义。

定县实验

定县实验是晏阳初在河北定县进行的乡村平民教育实验，这与他对平民教育认识的发展紧密联系的。在定县乡村平民教育实验的基础上，晏阳初对于县范围内如何具体实施乡村教育总结了一套成功的经验。这集中体现为他所概括的"四大教育"和"三大方式"。

短时记忆

短时记忆，也叫工作记忆，指个人当时注意着的信息，为现实进行加工、操作服务的记忆过程。它具有容量有限、储存时间短、语音听觉、视觉想象、语义等多重编码的特点。

二、简答题

1. 简述德育的原则与方法。

【答案要点】

（1）德育原则是教师对学生进行德育应该遵循的基本要求。它以个体品德发展规律和社会发展要求为依据，概括了德育实践的宝贵经验，反映了德育过程的规律性。

我国现行的德育原则有：理论和生活相结合原则、疏导原则、长善救失原则、严格要求与尊重学生相结合原则、因材施教原则、在集体中教育原则、教育影响一致性和连贯性原则。

（2）德育方法是师生为完成德育任务而采取的活动方式的总和。它有两层含义：首先它是师生共同活动的方法；其次它是为实现德育的目标、要求服务的。

我国中小学教育中常用的德育方法包括明理教育法、榜样示范法、情境陶冶法、实践锻炼法、自我修养法、制度育德法、奖惩法。

2. 简述掌握知识与发展智力的关系。

【答案要点】

（1）智力的发展与知识的掌握二者相互依存，相互促进。在教学过程中，学生智力的发展依赖于他们知识的掌握程度。对学生来说，掌握、运用知识及反思、改进的过程，也就是他们运用和发展智力的过程；同时，学生对知识的掌握又依赖于他们的智力发展，只有那些智力发展好的学生，他们的接受能力才强、学习效率才高，而智力发展较差的学生在学习中则有较多的困难。

（2）生动活泼地理解和创造性地运用知识才能有效地发展智力。通过传授知识来发展学生智力是教学的一个重要任务，然而知识不等于智力，一个学生知识的多少并不一定能标志他的智力发展的高低。因此，在教学中不仅要教给学生知识，而且要引导学生通过生动活泼的教学活动，透彻地理解知识原理，了解学生获取知识的过程与方法，学会独立思考、推理与论证，创造性地解决实际问题，这样才能使学生的智力获得高水平的发展。

（3）防止单纯抓知识教学或只重能力发展的片面性。在教学实践中，有的认为"双基"教学抓好了，学生的智力就自然地发展了，却忽视引导学生通过探究、反思有意识地锻炼自己的智力；有的则只注重学生自主探究、反思，却忽视通过系统知识和原理的学习与运用来发展学生的智力。这两者都不利于提高教学质量。

3. 简述王安石崇实尚用的思想。

【答案要点】

王安石针对当时教育存在的严重弊病，从变法图强、兴利除弊的实际需要出发，提出了崇实尚用的教育思想，主要有以下两点：

（1）学校应该培养具有实际才能的治国人才。这种人才应该是"遇事而事治，画策而利害得，治国而国安利"，即应该具有实际的治国才能。王安石强调人才实际的治国才能并不是只注重功利而忽视道德修养，事实上，他把人的道德修养置于人才培养的首要地位。

（2）教学内容应该是"为天下国家之用者"。包括三方面：经术，即儒家经典；朝廷礼乐刑政之事，这是为官从政的基本条件；武事，对扭转"重文轻武"有积极意义。

4. 简述卢梭的自然主义教育。

【答案要点】

（1）卢梭自然主义教育的核心是"回归自然"。自然教育最终目的是培养"自然人"，即身心调和发达、体脑两健、能力强盛的新人，也就是摆脱封建羁绊的资产阶级新人。

（2）自然教育的方法原则：树立正确的儿童观、消极教育、自然后果律、根据儿童天性的个体差异因材施教。

（3）自然教育的实施：卢梭根据自然教育的原则，根据人的自然发展的进程和不同年龄时期身心的特点，把自然教育分为婴儿期、儿童期、少年期和青春期。

卢梭提出的自然主义教育是教育思想史上由教育适应自然向教育心理学化过渡的一个重要环节。在封建社会压制人性的情况下，提倡性善论、尊重儿童天性具有历史进步意义。他呼吁培养身心调和发展的自然人和自由人也反映了对人的发展的合理要求。他论证了自然主义教育的内容和方法，其教育理论对欧美教育产生了深远影响。

5. 简述参与性学习和替代性学习的关系。

【答案要点】

社会认知学习理论把学习分为参与性学习和替代性学习。

（1）参与性学习：是指通过实际行动并体验行动后果而进行的学习。那些能导致成功后果的行为被保留下来，而那些导致失败后果的行为则被舍弃。

（2）替代性学习：是指通过观察别人而进行的学习。人类大部分的行为是替代性学习，它通常是通过观察或聆听榜样而进行的。

（3）二者的关系：参与性学习和替代性学习二者相辅相成，缺一不可。学习复杂的技能一般要通过观察和参与才能完成。学习者首先观察榜样解释并示范这些技能，然后进行大量练习和实践，并从指导者那里获得反馈和激励。

三、分析论述题

1. 教师是一个具有人文精神的专业性职业，请结合实际论述教师的人文精神和专业性。

【答案要点】

（1）人文精神。

人文精神是人的主体精神、互动精神及审美精神。从人文精神的视角，教师专业发展是教师生命主体的自由创造过程，是教师生命主体与生存环境的互动过程，是教师生命主体的实践审美过程。

人文精神中的教师专业发展，倡导教师以自身为主体，释放其创造力与教育热情，联结自身的历史经验，融合其赖以生存的教育环境，在认知、情感、意志与思想、人格领域不断超越，进入教育审美境界的过程。

让教师专业发展回归人文精神：

①教师专业化的首要任务，在于认识自己的"无知"，树立超越自我的意识与决心。教师需要结合自身的个人经验、情感以及人格等生命之根本，对本人能力进行合理的判断和评估，找寻自身不足，发扬自我长处，将专业发展藏于自身的生活过程之中。

②知晓并研究教育，坚信自己作为教师是一份高尚的职业选择。教师需要明确自己是人类文化的继承者、传播者、促进者和新文化的创造者的历史使命。只有认同了这份职业的光荣感，教师才会学而不厌，提升自己的专业水平；才能理智地规划自我的未来，使自己今日的行为与个体发展的过去、未来相接连，让自己意识到的未来发展目标支配今日的行为。

③广泛阅读，学会自我创造，应对环境的变化。一方面，摒弃行政化背景下，强调控制与服从的陋习，找寻适合自身、学生的教学方法，既不迷信书本知识以及专家的理论，也不要被个人的狭隘经验与技术主宰教学。另一方面，作为教师，自觉地、高标准地来用先进文化与方法涵养生命，在阅读中，在不断吸取现代资源中，坚守传统教育中的宝贵财富，找寻发展自己的线索。

④教师群体及自己的学生，是教师专业化的直接营养来源。教师之间、师生之间是隐形的具有凝聚力的教师专业发展组织。他们是活生生的生命，怀抱梦想，富有感情，是教师专业认知、教学实践的潜在价值和资源。每一次相互研究、讨论、教学、质疑和评价，教师之间、师生之间均会相互取长补短，拓展认知，启迪智慧，孕育思想，净化灵魂。这样的互动才能展露心扉，实现教学相长、学达性天的境界。

（2）专业性。

1966年，国际劳工组织、联合国教科文组织在《关于教师地位的建议》中提出："教育工作应被视为专门职业，这种职业是一种要求教员具备经过严格而持续不断的研究才能获得并维持专业知识及专门技能的公共业务；要求对所辖学生的教育和福利具有个人的及共同的责任感。"1993年颁布的《中华人民共和国教师法》也明确规定"教师是履行教育教学职责的专业人员"。这从根本上肯定了教师劳动的专业性。教师劳动的专业性突出表现在教师对育人的崇高敬业精神和道德修养上，对教育教学专门化知识和技能的掌握与教育活动的自主权上。

2. 论述教育科学化的内容及影响。

【答案要点】

教育科学化思想产生于16、17世纪。英国哲学家弗兰西斯·培根提出"知识就是力量"的口号，被誉为"科学教育之父"。经过英国教育家斯宾塞、生物学家赫胥黎等人的宣传和倡导，科学教育思想逐渐为成为学校教育内容的主要组成部分，从而兴起了一场影响广泛的科学教育运动。

（1）斯宾塞的教育科学化思想。

第一，科学教育的必要性。提出"教育预备说"，为未来完满生活做预备，学校应进行科学教育；第二，科学知识的价值。最有价值的知识就是科学；第三，以科学知识为核心的课程体系。斯宾塞设计的课程体系，内容广泛，以科学知识为重点，重视知识对生活的实际用途，代表着科学教育的发展方向。

（2）赫胥黎的教育科学化思想。

①批判古典教育。对当时教育体制忽视科学的问题提出了严厉的批评。

②强调科学知识的价值，提倡科学价值。呼吁普及和发展科学教育，认为科学教育是任何其他教育所无法替代的。

③阐述科学教育的目标和教学手段。学校要让学生获得一般的科学知识，并且要能使学生掌握和应用科学方法。学生受到一定训练，可以使自己的心智直接与事实接触，并从直接的自然观察所知道的特殊事物中概括出一般的结论。

（3）影响。

①有力地推动了学校教育的改革，促进了近代教育实践和教育思想的发展。

②英国政府开始对科学和技术教育更加重视，科学实验的教学开始被介绍进学校，自然科学在学校课程中占据了重要位置，教育理论界开始承认科学教育的重要意义。

③科学教育思想在世界范围内传播，对许多国家和地区的学校教育实践产生了重大影响。

3. 结合实际谈谈如何培养学生的问题解决能力。

【答案要点】

在实际教学中，学生问题解决的能力可以结合各门学科的内容来进行训练和提高。教师要把重点放在课题的知识上，放在特定学科的问题解决的逻辑推理和策略上，放在有效解决问题的一般原理和原则上。

（1）鼓励质疑。教师要尽量从自己提出问题过渡到让学生质疑，从而培养学生主动质疑的内在动机，鼓励学生主动提问，形成一种自由探究的气氛。

（2）设置难度适当的问题。教师给学生的问题要可解，但也要有一定的难度。

（3）帮助学生正确表征问题。学生运用所学知识解释问题，或者画草图、列表、写方程式等，这对回忆相关信息都有很好的作用。

（4）帮助学生养成分析问题的习惯。教师要帮助学生发展系统考虑问题的方式和系统分析的习惯，既不能让学生盲目尝试错误练习，也不能过分热心，先把答案告诉学生。

（5）辅导学生从记忆中提取信息。教师需要帮助学生从记忆中迅速提取与解决问题有关的信息，并能很快找出可利用的信息，明确问题解决情境与想要达到的目的，迅速做出判断。

（6）训练学生陈述自己的假设及其步骤。教师要培养学生由跟从别人的言语指导转变到自行指导思考，然后再要求他们自己用言语把指导步骤表达出来。

（7）提供结构不良问题，培养实际解决问题的能力。通过对这些问题的解决，能让学生将解决问题的能力迁移到实际领域中去。

2020年

云南师范大学 333 教育综合·真题解析

一、名词解释

校本培训

校本培训是指在教育行政部门、教师培训机构的规划指导下，以学校为单位，面向教师的学习方式，内容以学校的需求和教学方针为中心，目的是提高教师的业务水平和教育教学能力。

学科课程

学科课程也称分科课程，是指根据学校培养目标和科学发展，分门别类地从各门科学中选择适合学生年龄特征与发展水平的知识所组成的教学科目。

博雅教育

博雅教育又称自由教育、通才教育，源于古希腊，其理想为文艺复兴时代的人文主义者所普遍接受。这是唯一适合于自由公民的教育，其目的不是进行职业准备，而是发展人的各种能力达到一种完美的卓越，使人从无知愚昧状态的束缚中解放出来。只有当人将其原有的理性发展起来，人才真正具有了自由。

最近发展区

维果茨基认为，在进行教学时必须注意到儿童的两种水平，一种是儿童现有的发展水平，另一种是即将达到的发展水平，维果茨基把这两种水平之间的差距称为最近发展区，即独立解决问题的真实发展水平和在成人指导下或与其他儿童合作情况下解决问题的潜在发展水平之间的差距。

化性起伪

荀子认为教育的作用在于化性起伪。通过教育的作用改变人的恶性，化恶为善，成为高尚的人。同时必须注意环境、教育和个体努力三方面的因素。荀子也重视教育的社会作用，认为教育能够统一思想和行动，促使国富民强。

二、简答题

1. 简述班主任的工作任务。

【答案要点】

（1）了解和研究学生。了解学生，包括个人和集体两方面。个人情况包括个人德、智、体的发展，他的情趣、特长、习性、诉求，家庭状况和交往情况。集体情况包括全班学生的年龄、性别、家庭等一般情况；学生德、智、体发展的一般水平和有特殊才能的学生情况，班风与传统等。

（2）教导学生学好功课。班主任应做到：注意学习目的与态度的教育；加强学习纪律的教育；指导学生改进学习的方法和习惯。

（3）组织班会活动。班会是向学生进行思想教育的一个重要阵地。有计划地组织班会活动是班主任的一项重要任务。

（4）组织课外活动、校外活动和指导课余生活。课外活动与校外活动对培养学生的志趣、才能，丰富和活跃他们的生活，促进他们德、智、体全面发展有重要意义。在开展课外与校外活动方面，班主任主要负责动员和组织工作。对课余活动，班主任的责任是经常关心、了解、给予必要的指导。

（5）组织学生的劳动。学生的劳动内容很广，主要有生产劳动、建校劳动和各种公益劳动。班主任则应按学校的安排与要求，有目的有计划地组织好本校学生的劳动。

（6）协调各方面对学生的要求。这项工作包括统一校内教育者对学生的要求以及统一学校与家庭对学生的要求。

（7）评定学生操行。操行是指学生的思想品德表现。操行评定是对学生一学期或一学年以来的思想品德发展变化情况的评价。

（8）做好班主任工作的计划与总结。一要加强计划性，使工作有条不紊地进行；二要注意总结工作经验，以便不断改进和提高。二者是互为基础、相互促进的。

2. 简述蔡元培"五育"并举的思想。

【答案要点】

（1）军国民教育。指将军事教育引入到学校和社会教育之中，让学生和民众受到一定的军事教育和训练。在学校教育中，强调学生生活的军事化，特别是体育的军事化。

（2）实利主义教育。即密切教育与国民经济生活的关系，加强职业技能的培训，使教育能发挥提高国家经济能力和改善人民生活水平的作用。

（3）公民道德教育。蔡元培认为，公民道德的基本内容不外乎法国资产阶级革命所标榜的自由、平等、博爱，虽然与封建道德的专制等级性不相容，但他明确指出中国传统伦理特别是儒家伦理中的一些基本范畴，其内涵是与自由、平等、博爱的精神相通的。

（4）世界观教育。是蔡元培独创并被作为教育的最高境界。世界观教育就是要培养人们立足于现象世界但又超脱现象世界而贴近实体世界的观念和精神境界。

（5）美感教育。蔡元培认为，美感介于现象世界和实体世界之间，是两者之间的桥梁。美感教育是世界观教育的主要途径。大力提倡美感教育是蔡元培教育思想和实践的一个重要特点。

3. 简述教学质量管理的内容及要求。

【答案要点】

教学质量管理是学校管理者依据一定的质量标准，对学校的教学过程及其结果进行全面引导、检测、评估与改进的活动，其目的是为了提高教和学的质量。教学质量是教学管理的生命线，教学质量管理在教学管理中处于核心地位。

（1）主要内容：第一，制定科学的教学质量标准；第二，对教学质量进行检查和分析；第三，对教学质量进行控制。

（2）基本要求：第一，坚持全面教学质量管理；第二，坚持全过程教学质量管理；第三，坚持全员教学质量管理；第四，坚持全因素教学质量管理。

4. 简述加涅信息加工的八阶段。

【答案要点】

加涅将学习过程分解成八个阶段：

（1）动机阶段：学习者被告知学习目标，形成对学习结果的期望，激起学习兴趣。

（2）领会阶段：依据其动机和预期对信息进行选择，只注意那些与学习目标有关的刺激。

（3）习得阶段：对信息进行编码和储存。

（4）保持阶段：将已编码的信息存入长时记忆。

（5）回忆阶段：根据线索对信息进行检索和回忆。

（6）概括阶段：利用所学知识对知识进行概括，将知识迁移到新的情境中。

（7）操作阶段：利用所学知识，对各种形式的作业进行反应。

（8）反馈阶段：通过操作活动的结果认识到学习是否达到了预定目标，从而在内心得到强化，使学习活动告一段落。

5. 简述进步主义教育运动的特征。

【答案要点】

（1）对儿童的重新认识和对儿童地位的强调。在批判传统教育忽视儿童的基础上，进步主义教育进一步发扬了儿童中心论，并提出了"整个儿童"的概念，关注儿童的一切能力或力量。

（2）对教师地位和作用看法的改变。进步主义不再认同以前教育中对教师的看法，而是认为教师的作用是鼓励，而不是监督，教师仅仅是用他的高明和丰富的经验分析当前的情景。

（3）关于学校观念的变化。学校不再是被动传授知识的场所，而应当是积极的、主动的，并通过解决问题进行教育；学校也不应通过记忆和推论进行教育；反对教育是生活的准备的观念；主张教育是实际生产过程的组成部分。

（4）对教学、课程、课堂等观念的变化。进步主义教育强调互助的、热情的和人道的教室气氛；强调让儿童获得更多的活动空间；课程应适应每个儿童的成熟水平，并根据儿童的兴趣、创造力、自我表现和人格发展实现个别化教学；为儿童提供丰富的教学材料，以便他们探索、操作和运用；鼓励建立促进合作、共同经验的组织模式；反对强制和严厉的惩罚。

三、分析论述题

1. 论述探究性教学的基本过程需要注意的问题，并举出例子。

【答案要点】

（1）探究教学的含义。

探究教学是在教师组织、引导下，通过学生相对独立的探索和研究，创造性地解决问题，从而获得知识和发展能力的方法，其核心目的是使学生通过经历探究知识或问题的过程掌握科学的思维方法。探究教学强调师生双方的主体地位，在教师引导下，以培养学生主动学习和探究自然所需的观察力、思维力、探索力以及分析和解决问题的能力为主要目标，它强调科学概念的暂时性、可变性和不完善性，重视学生在学习过程中为解决问题所进行的探究过程，提倡通过活动来主动获得知识。

（2）探究教学的基本操作程序。

①引导。包括导入新课和讲授新课的全过程。可以采用问答的方式或以具体实物通过形象思考的方式导入新课。

②探究。探究过程中，教师在给予指导时必须让学生带着问题，从实验入手，并结合阅读教材，有计划有步骤地通过相应的探究过程找到相应的结论。

③总结。它是通过教师相应的引导活动，对学生在探究过程中发现的问题给出合理的解答，得出最终的结论。尽管这种结论也不是定论，但它是教师对学生探索活动和对问题的一种解答，也是学生获取知识的有效手段。归纳总结包括两部分：一是对原先所提问题的解决方法的总结与归纳，二是对整个探究过程中学生的思维过程与解决问题的过程进行相应的归纳、总结。

（3）探究教学中需要注意的问题。

探究教学中要处理好教师指导与学生探索的关系，即教师既不能包办代替学生的探索，也不能放任自流，听其自然，应恰当发挥教师的指导作用：

①对教学程序的精心设计。学生是沿着教师设计的教学程序一步一步发现问题和解决问题的。

②对教学过程中各程序之间的转换要进行相应的引导与合理的连接，以便使探究活动顺利完成，达到探究教育的目的，同时又能对整个探究活动过程有一定的控制，使其不至于失去控制。

③对探究过程中的关键转折点的引导与控制。这体现在具体教育活动中所涉及的教学重难点的突破问题，同时也涉及学生在探究过程中进入某种思维误区之后的引导问题。

2. 论述苏格拉底"助产术"的内涵及在实践中的应用。

【答案要点】

（1）主要内容。

苏格拉底法也称"问答法""产婆术"，是由讥讽、助产术、归纳和定义四个步骤组成的独特的方法。这是苏格拉底探讨伦理哲学的研究方法，也是他的教学方法。

①讥讽。指就对方的发言不断提出追问，迫使对方自陷矛盾，最终承认自己的无知。

②助产术。指帮助对方自己得到问题的答案。

③归纳。从各种具体事物中找到事物的共性或本质，通过对具体事物的比较寻求"一般"。

④定义。指把个别事物归入一般概念，得到关于事物的普遍概念。

（2）评价。

优点：第一，这种教学方法不将现成的结论硬性灌输或强加于对方，而是与对方共同讨论，通过不断提问诱导对方认识并承认自己的错误，自然而然地得到正确的结论。第二，这种方法遵循从具体到抽象、从个别到一般、从已知到未知的规则，为后世的教学法所吸取。

局限：但是这种原始的教学方法是在当时没有成熟的教材和没有正规课堂教学制度的特定历史条件下的产物，它不是万能的教学方法，只能在一定条件下和适度范围内作为参照。

（3）在实践中的应用。

①教师不将现成的结论硬性灌输或强加于学生方，而是与对方共同讨论，通过不断提问诱导对方认识并承认自己的错误，自然而然地得到正确的结论。

②教学法要遵循从具体到抽象、从个别到一般、从已知到未知的规则。

③许多名著以问答体形式出现。

3. 联系实际分析什么是学习动机以及激发学习动机的方法。

【答案要点】

学习动机是动机在学习活动中的表现，是引起和维持个体进行学习活动，并使活动朝向一定的学习目标，以满足某种学习需要的一种内部心理状态。它的主要内容包括知识价值观、学习兴趣、学习效能感和成败归因。激发学习动机的方法有：

（1）创设问题情境，实施启发式教学。

在学习过程中，仅仅让学生简单地重复已经学过或者过难的东西，学生都不会感兴趣。只有在学习那些"似懂非懂""似会非会"的东西时，学生才感兴趣而且迫切希望掌握它。

（2）根据作业难度，恰当控制动机水平。

教师在教学时，要根据学习任务的不同难度，恰当控制学生学习的动机水平。学习较简单课题时，尽量使学生集中注意力；学习较复杂课题时，尽量创造轻松自由的课堂气氛。在学生遇到困难时，尽量心平气和地耐心引导，以免学生过度紧张和焦虑。

（3）充分利用反馈信息，给予恰当的评定。

一方面学习者可以根据反馈信息调整学习活动，改进学习策略，另一方面学习者为了取得更好的成绩或避免再犯错误而增加了学习动机，从而保持了学习的主动性和积极性。

（4）妥善进行奖惩，维护内部学习动机。

一般而言，表扬与奖励比批评与指责能更有效地激发学生的学习动机，前者能使学生获得成就感，增强自信心。但过多使用表扬和奖励，或者使用不当，也会产生消极作用。

（5）合理设置课堂环境，妥善处理竞争和合作。

在教学活动中，应该注意竞争与合作的相互补充和合理运用。极端的竞争会对学生的学习行为和集体团结产生消极影响。适量与适度的竞争与合作的恰当结合，会有效激励学生的学习动机。

（6）适当进行归因训练，促使学生继续努力。

一方面，要引导学生找出成功或失败的真正原因，即进行正确归因；另一方面，教师也应根据每个学生过去一贯的成绩优劣差异，从有利于今后学习的角度进行积极归因。

（7）培养自我效能感，增强学生成功的自信心。

自我效能感影响学生的自我评价和自信心，进而影响学习成绩。尤其是学业不良的学生，由于对自己的学习能力持怀疑态度，表现出很低的自我效能感。因此，教师在教学中要通过一定的方法提高他们的自我效能感。

（8）维护学生自我价值，警惕自我妨碍策略。

自我价值理论指出，学生有保护和表现自我价值的需要，这是个人追求成功的内在动力。教师要理解和尊重学生的这种需要，引导他们把自我价值的实现方式与正向、积极的学习行为相联系，避免学生不断从环境中体验到对自我价值的威胁感,从而采取各种自我妨碍的逃避策略。

(9)维护内在需要,促进外部动机内化。

兴趣、好奇心、探索欲,是人类学习的最早动力。源于内部需要的学习动机具有更多的坚持性和抗干扰性。然而,不是每个孩子都对教育中涉及的所有内容充满好奇和兴趣。因此,教师要帮助学生将外部调控的学习动机不断内化,形成相对自主调控的学习动机。

4. 论述德育过程的一般规律。

【答案要点】

德育过程是学生在教师的引导下,主动积极地进行道德认识和道德实践,逐步提高自我修养能力,形成个人品德的过程。具体表现在以下几个方面:

(1)德育过程是学生在教师教导下的个体品德的自主建构过程。

学生的思想道德认识和行为习惯不是与生俱来的,是学生在与社会环境的相互作用过程中,尤其是在教师有目的有意识的教育引导下,逐步形成自己的思想认识,发展自己的道德素质的。包含以下三个方面:

①学生对环境影响的主动吸收。学生在吸取社会和教育影响的活动中,不完全是被动、受动的教育客体,也是能动地选择、吸收环境与教育影响的主体。外界的影响只有通过学生自己的理解、选择、吸取与践行,才能内化成为他们自己的观点、立场,成长为他们的品德习性。

②教师对学生的积极教导。教师的教导是学生品德健全发展的一个必不可少的指针与动力。教师应该在正确的政治、教育、心理等学科理念的指导下,通过课程、活动、师生互动等途径积极开展对学生的教育引导。

③外部活动与内部活动相互促进。在德育过程中我们既要组织好学生的各种外显的实际活动,以启迪、激发和引导他们积极开展内部的心理活动,促进他们思想认识的提高、价值观念的明确、情感上的认同以及品德的发展;又要激发学生内部的思想、情感与意志活动,把他们的能动性引导到道德实践活动中去,进一步推动学生思想品德的发展与提升。

(2)德育过程是培养学生知、情、意、行整体和谐的发展过程。

学生的品德包含知、情、意、行四个要素。所以德育过程也是培养学生思想品德的知、情、意、行整体和谐的发展过程。

①思想道德发展的整体性。个体思想品德的发展是品德各要素协调统一的发展。依据这一品德形成规律,开展德育活动时,就应该注意全面性,兼顾知、情、意、行各要素。个体品德结构中的知、情、意、行等要素,是相互制约、相互促进的,共同推动着个体思想品德的发展;应该晓之以理、动之以情、导之以行、持之以恒,全面关心学生品德中知、情、意、行的培养,使它们全面而和谐地发展。

②德育过程有多种开端。开展德育可以有多种开端,既可以从知或情的培养入手,也可以从行的锻炼开始。在思想品德的发展过程中,知、情、意、行诸因素的发展往往是不平衡的,而且每个学生的品德发展也有显著差异。这就要求我们进行德育时,必须针对不同情况加以灵活处理,有的放矢,因材施教。

③德育实践的针对性。道德品质的知、情、意、行的培养不能一概而论,简单对待,用一种方法进行,应该根据知、情、意、行每一要素的特点,开展具有针对性的教育活动。

(3)德育过程是提高学生自我教育能力的过程。

在德育过程中,要引导学生积极参与社会学习、生活交往和道德践行,培养和提升他们的思想品德素质,均有赖于发挥学生个人的能动性和自我教育能力。

①自我教育能力培育的意义。一方面,自我教育能力是德育的一个重要条件,只有注意培养与

提高学生的这种能力，德育才能进行得更顺利、更有效。另一方面，学生的自我教育能力的形成又是学生思想道德发展过程的一个重要标志。

②自我教育能力的构成因素。自我教育能力主要由自我期望能力、自我评价能力、自我调控能力所构成。

③学生自我教育能力的发展。儿童自我意识与自我教育能力的发展是有规律的，大致是从"自我中心"发展到"他律"，又从"他律"发展到"自律"。教师应该依据这一规律，从实际出发，因势利导，有目的地培养学生的自我意识，提高学生的自我期望、自我评价和自我调控能力，形成和发展他们的自我教育能力，充分发挥他们在自身品德建构中的主体作用。

5. 比较学生掌握知识的两种基本模式。

【答案要点】

学生掌握知识的两种基本模式为传授－接受教学、问题－探究教学。

（1）传授－接受教学。

传授－接受教学又称接受学习，是指教师主要通过语言传授、演示与示范使学生掌握基础知识、基本技能，并对他们进行思想情趣熏陶的教学。

①基本阶段：引起学习动机；感知教材；理解教材；巩固知识；运用知识；检查知识、技能和技巧。

②具体要求：要根据具体情况有创意地设计教学过程阶段；完成预计的教学阶段任务也不可机械死板，要根据情况变化，灵活机智地进行。

③优点：注重书本知识的授受，能充分发挥教师的主导作用，按学科的逻辑系统，循序渐进地教学，也能较好地调动学生个人的学习积极性，使他们掌握系统的科学知识与技能，获得自身智慧、品德、审美的发展。

④缺点：由于以书本知识学习为主，易脱离社会生活实际，使学生感到抽象、死板、难以理解；教师讲得多，学生活动得少，容易出现注入式教学；注重面向集体，忽视个别指导；特易忽视教学民主、忽视学生主动性、创造性和独立思考能力的培育与发展。

（2）问题－探究教学。

问题－探究教学是指在教师引导下，学生主要通过积极参与对问题的分析、探索，主动地发现或建构新知，获得学习与探究的方法、能力与科学人文精神的教学。

①基本阶段：明确问题；深入探究；做出结论。

②具体要求：要根据具体情况创造性地运用；要善于将学生的好奇心引导到获取真知的探究目的上来。

③优点：注重引导学生对问题的探究，强调学生的学习主体性，注重激发学生的求知欲，调动学生的主动性、创造性；它注重让学生经历探究的艰难困苦，体验获取新知的乐趣和严格要求，尝到克服困难达到成功的兴奋和喜悦，不仅使他们获得的知识与能力更切实，而且使他们逐步掌握了思维与研究的方法，养成了大胆怀疑、小心验证、实事求是的科学精神。

④缺点：探究教学的工作量大，费时过多，而学生获得的知识量相对较少；若探究教学过多，可能影响教学任务的完成；若无高水平的教师引导，学生的主动性就难以发挥，容易出现自发与盲目，迷失探究的方向，影响教学的质量。

总之，上述两种教学各有其独特功能与局限，我们应当依据不同的教学目的、任务、内容的需要来选用，以便两种学习模式在教学工作中相辅相成，充分发挥出其整体功能，以便全面提高教学质量。

2019年 云南师范大学333教育综合·真题解析

一、名词解释

教学原则

教学原则是有效进行教学必须遵循的基本要求。它既指导教师的教，也指导学生的学，应贯彻于教学过程的各个方面和始终。我国的教学原则有启发性原则、直观性原则、巩固性原则、循序渐进原则、因材施教原则、理论与实践相结合原则、科学性和思想性统一原则。

西周"六艺"

西周的教育内容总称为"六艺"教育，它是西周教育的特征和标志。"六艺"即礼、乐、射、御、书、数。礼包括政治、伦理、道德、礼仪各个领域，乐包括诗歌、音乐和舞蹈，射指射箭的技术训练，御指驾驭马拉战车的技术训练，书指文字书写；数指算法。其中，"礼、乐、射、御"为"大艺"，是大学的课程；"书、数"为"小艺"，是小学的课程。

学园

柏拉图创办的学园被视为雅典第一个永久性的高等教育机构。学园既开展了广泛的教学活动，培养各类人才，同时也进行了哲学和自然科学领域的学术研究，这些教学和研究活动极大地促进了古希腊科学和文化的发展。

小先生制

陶行知提出"即知即传"的"小先生制"。"小先生制"是指人人都要将自己认识的字和学到的文化随时随地教给别人，而儿童是这一传授过程的主要承担者。尤其重要的是"小先生"的责任不止在教人识字学文化，而是在"教自己的学生做小先生"，由此将文化知识不断推广。

监控策略

在认知活动的实际过程中，根据认知目标及时评价、反馈自己认知活动的结果与不足，正确估计自己达到认知目标的程度、水平，根据有效性标准评价各种认知行动、策略的效果。监察过程涉及阅读时对注意加以跟踪、对材料进行自我提问、和考试时监察自己的速度和时间，使学习者警觉并找出自己在注意和理解方面可能出现的问题并加以修改。

二、简答题

1. 简述新人文主义教育的特征。

【答案要点】

（1）强调学习古典语言、文学、历史等人文学科。与文艺复兴时期的人文主义教育不同，新人文主义不偏重罗马文化，而倾向于希腊文化，主张复兴古希腊文化的优秀内容的精神，注重领会其中积极的世界观和人生观，而不在于对古代语言和生活样式的模仿。

（2）强调在教育中尊重人性，重视人性的和谐发展，促进人的身体和精神的均衡。

（3）教育目的在于充分发展人的一切力量，陶冶人成为完美的人。新人文主义教育注重学习自然科学，重视审美教育，在艺术教育中渗入道德要素，在情感陶冶中应侧重于理智的和职业的训练，用以人格为中心的人性陶冶取代唯理性绅士教育。

2. 简述朱子读书法的基本内容。

【答案要点】

朱熹一生酷爱读书，对于如何读书有深切的体会，并提出了许多精辟的见解。他的弟子将其概括为"朱子读书法"六条。

（1）循序渐进。朱熹主张读书要"循序渐进"，意思是读书要按一定的次序，不要颠倒；应根据自己的实际情况和能力，安排读书计划，并切实遵守它；读书要扎扎实实打好基础，不可囫囵吞枣，急于求成。

（2）熟读精思。朱熹认为，读书既要熟读成诵，又要精于思考。熟读有利于理解，熟读的目的是为了精思。精思就是发现问题和解决问题的过程。

（3）虚心涵泳。所谓"虚心"是指读书时要虚怀若谷，静心思虑，仔细体会书中的意思，不要先入为主，牵强附会；所谓"涵泳"是指读书时要反复咀嚼，细心玩味。

（4）切己体察。强调读书不能仅仅停留在书本上和口头上，而必须要见之于自己的实际行动，要身体力行。

（5）着紧用力。包含两方面意思，其一，必须抓紧时间，发愤忘食，反对悠悠然；其二，必须抖擞精神，勇猛奋发，反对松松垮垮。

（6）居敬持志。既是朱熹道德修养的重要方法，也是他最重要的读书法。"居敬"是读书时精神专一，注意力集中；"持志"是要树立远大的志向和高尚的目标，并要以顽强的毅力坚持下去。

3. 简述校本管理的内涵及工作要点。

【答案要点】

校本管理是指学校在教育方针与法规的指引下，可以根据自己的实际情况和需要自主确定发展的目标与任务，进行管理工作。简言之，校本管理即以学校为本位的自主管理。

实施校本管理应注意做好以下工作：

（1）教育行政部门要简政放权。教育行政主管部门要把学校本身应有的教育决策权、财政预算权、人事聘任权、课程与教学研究及实施权逐步下放给学校，学校要实现由执行机构到决策机构的职能转变，把政府下放的权利管好、用好。

（2）倡导集体参与、共同决策。政府下放权利是交给整个学校而不是校长个人。学校必须从集权管理变为民主管理，想方设法吸引教职员工和学生及家长参与学校管理。

（3）开展校本研究，提高学校管理者决策能力。提高管理者决策能力的最有效的方式就是开展校本研究，实施校本培训。只有对学校自身实际情况研究清楚了，自主决策才有针对性和可行性。

4. 简述活动课程的基本特征。

【答案要点】

活动课程又称经验课程、儿童中心课程，与学科课程相对立，它打破学科逻辑的界限，是以学生的兴趣、需要、经验和能力为基础，通过引导学生自己组织的有目的的系列活动而编制的课程。其主要特点如下：

（1）重视儿童的兴趣、需要、能力和阅历，以及儿童在学习中的自我指导作用与内在动力。

（2）注重引导儿童从做中学，通过探究、交往、合作等活动使学生的经验得到改组与改造。

（3）强调解决问题的动态活动的过程。

（4）把课程资源作为解决问题的工具，反对预先确定目标的观念。

5. 举例说明什么是变化比率程式。

【答案要点】

强化程式是指反应受到强化的时机和频次，强化程式可以分为连续强化程式和断续强化程式。断续强化程式根据时间和比率、固定和变化两个维度组合出4种强化程式：固定时距程式、固定比率程式、变化时距程式和变化比率程式。

变化比率程式是指在不定反应次数后给予强化，如买彩票、老虎机。

三、分析论述题

1. 论述博比特《课程》中的核心观点以及对西方课程理论的影响。

【答案要点】

（1）理论内容。

博比特于1918年出版的《课程》被看作教育史上第一本课程论专著。他认为应当运用科学的方法来确定教育目标。为此，他对成人的社会生活的活动做了大规模的调查，将社会生活活动分为十大类并将其作为教育的主要目标，据此来确定教育应当使儿童获得的知识、技能、能力、态度与品行等方面的要求，作为课程的基础。这种方法就是"活动分析法"，为后来课程目标的确定提供了方法论基础。

（2）评价。

博比特的方法论注重适应社会生活发展的需要，有其积极的一面，但过于烦琐、具体，既忽视与排斥了社会教育总的价值取向与教育目的，也未突出儿童身心发展的特点及需求。

2. 论述要素主义教育思潮的主要观点及其贡献和价值。

【答案要点】

要素主义教育是20世纪30年代末作为实用主义教育和进步教育的对立面出现的。要素主义教育是现代欧美国家一种强调学校教育的任务主要是传授人类文化遗产共同要素的教育思潮。1938年在美国成立的"要素主义者促进美国教育委员会"，是要素主义教育形成的标志。代表人物有巴格莱、科南特等人。其主要观点包括以下几个方面：

（1）教育核心：传授给学生人类基本知识的要素或民族共同文化传统的要素。

（2）教育目的：强调人的心智或智力的发展，主张心智训练。

（3）教育内容：教授基础科目，开设以学科为中心的系统的学习科目。

（4）师生关系：教师中心，强调教师的权威地位。

（5）教育与社会的关系：教育要为社会服务。

（6）教育重心：基本技能和基础知识的学习。

要素主义教育对美国20世纪50—60年代的教育改革产生了重要的影响，所提出的教育主张和观点受到了政府的重视，有些主张和观点被采纳为国家的教育政策。但其也存在一些不足，如较少考虑到学生的个别差异和能力水平、忽视学生的动机和情感、所编的教材脱离学校教育实际等，因而受到一些社会和教育界人士的抨击。

3. 论述罗杰斯的自由学习的原则。

【答案要点】

在《学习的自由》一书中，罗杰斯提出了他所坚持的以自由为基础的自由学习原则。

（1）人皆有其天赋的学习潜力，为教师者，必须首先认定，每个学生各有其天赋的学习潜能。

（2）教材有意义且符合学生的目的，才会产生学习。所学教材能够满足学生的好奇心，提高学生的自尊感，增进学生的生活经验，学生才乐于学习。

（3）在较少威胁的教育情境下才会有效学习。威胁是指个人在求学的过程中因种种因素所承受的心理压力。教师要使每个学生皆有展现其优点的机会，从而减少学校教育中的威胁气氛，以利于学生学习。

（4）主动的、全身心投入的学习才会产生良好效果。教师在安排学生学习时，只需提供学习活动的范围和各种学习资源，由学生自己确定学习目标，探索发现结果，这样才会启发学生心智，提升学习能力，培养学习兴趣，达到知、情、意并重的教育目的。

（5）学生自评学习结果，这有利于养成独立思维的习惯和培养创造力。

（6）重视生活能力的学习，以应对变动的社会。

罗杰斯所倡导的学习原则的核心就是让学生自由学习。自由学习就是教师要信任学生、信任学生的学习潜能，为学生提供各种学习的资源和一种促进学习的气氛，让学生自己决定如何学习，使其在交往中形成适应自己风格的、促进学习的最佳方法。

2018年 云南师范大学 333 教育综合·真题解析

一、名词解释

稷下学宫

稷下学宫是战国时代齐国一所著名的高等学府，因其建立于齐国都城临淄的稷门附近而得名。它既是百家争鸣的中心与缩影，也是当时教育上的重要创造，稷下学宫对中国古代学术、文化和教育的发展产生过重大的历史影响。

课程设计

课程设计是以一定的课程观为指导制定课程标准、选择和组织课程内容、预设学习活动方式的活动，是对课程目标、教育经验和预设学习活动方式的具体化过程。

泛智教育

基于教育的崇高目的，夸美纽斯提出"将一切事物教给一切人"的泛智主义教育观，并由此大力主张普及教育于全体儿童和民众。内容主要包括教育内容的泛智化和教育对象的普及化两个方面。

迁移

迁移是指已获得的知识、技能、态度或理解对新知识、新技能或态度的形成的影响。根据迁移发生的领域，可将迁移分为知识与技能的迁移、情感和态度的迁移；根据迁移的方向，可将迁移分为顺向迁移、逆向迁移。

情境陶冶法

指通过创设良好的教育情境，潜移默化地培养学生品德的方法。它利用暗示原理，让学生通过无意识的心理活动来接受某种影响。包括人格感化、环境陶冶和艺术陶冶等。

正强化

正强化也称积极强化,指当有机体做出某种反应,并得到了正强化物,那么这一反应在今后发生的频率就会增加。在日常生活中,人们常在自觉或不自觉地运用正强化塑造他人的行为。

二、简答题

1. 举例说明在教学中如何更好地发挥启发式教学原则。

【答案要点】

启发式教学原则是指在教学中教师要激发学生的学习主体性,引导他们经过积极思考与探究自觉地掌握科学知识,学会分析问题和解决问题,树立求真意识和人文情怀。也称探究性原则或启发与探究相结合原则。

贯彻启发式教学原则的要求有:

(1)调动学生学习的主动性。在激发学生的学习主动性上,教师要发挥个人的创造性,善于运用发人深思的提问、令人心动的讲述,充分显示教学内容的吸引力,展现它的情趣、奥妙、意境、价值,以便激起学生的求知欲和积极性,全神贯注地投入学习。

(2)善于提问激疑,引导教学步步深入。在启发过程中,教师要有耐心,给学生以思考时间;要有重点,问题也不能多,也不能蜻蜓点水、启而不发;善于与学生探讨,引导学生一步一步去获取新知和领悟人生的价值。

(3)注重通过解决实际问题启发学生获取知识。通过组织和引导学生观察、操作、动手解决实际问题,是启发教学的一个重要途径。接触实际问题,对学生更具诱惑力、挑战性,会使他们更积极主动地进行学习和完成任务。在学生的操作过程中,教师只要根据学生的情况,加以有针对性的指点、启发,组织一些交流或讨论,学生就不仅能够深刻领悟所学概念与原理,掌握解决问题的方法与步骤,而且能够增进学习的兴趣、能力和养成认真、负责与相互协作的品行。

(4)引导学生反思学习过程。教学要引导学生反思学习过程,了解学习过程的程序和方法,分析学习过程中的顺利与障碍、长处与缺点,寻找形成障碍与缺点的原因,克服学习过程中的弯路与失误,使学习程序和方法简捷、有效,注重积淀适合于自己的良好的学习方式,从学习中学会学习。

(5)发扬教学民主。要创造宽松、和谐、民主、平等、坦率、活跃的课堂教学氛围,这是启发教学的重要条件。只有这样,学生的心情才会感到宽松,他们的聪明才智才能充分发挥出来。教师切不可唯我独尊、搞一言堂,要鼓励学生发表自己的见解,包括与教师不同的见解。

2. 简述陶行知的生活教育思想。

【答案要点】

生活教育理论是陶行知教育思想的核心,集中反映了他在教育目的、内容和方法等方面的主张,反映了陶行知探索适合中国国情和时代需要的教育理论的努力。

(1)生活即教育。"生活即教育"是陶行知生活教育理论的核心,其内涵十分丰富。第一,生活含有教育的意义;第二,实际生活是教育的中心;第三,生活决定教育,教育改造生活。

(2)社会即学校。"社会即学校"是生活教育理论另一重要主张,是"生活即教育"思想在学校与社会关系问题上的具体化。社会即学校是指社会含有学校的意味,或者说以社会为学校;学校含有社会的意味,也就是说,学校通过与社会生活相结合,一方面运用社会的力量使学校进步,另一方面动员学校的力量帮助社会进步,使学校真正成为社会生活必不可少的组成部分。

(3)教学做合一。"教学做合一"是生活教育理论的又一重要主张,是"生活即教育"在教学方法问题上的具体化。"教学做合一"要求在"劳力上劳心",认为"行是知之始",要求"有教先学"和"有学有教",是对注入式教学法的否定。

3. 简述近代人文主义思想的观点。

【答案要点】

（1）人本主义。人文主义教育在培养目标上注重个性发展，在教育教学方法上反对禁欲主义，尊重儿童天性，坚信通过教育这种后天的力量可以重塑个人、改造社会和自然，这些都表现出人本主义内涵，人的力量、人的价值被充分肯定。

（2）古典主义。人文主义教育思想吸收了许多古人的见解，人文主义教育实践尤其是课程设置亦具有古典性质，但这种古典主义绝非纯粹的"复古"，实则含有古为今用、托古改制的内涵，这在当时是进步的。

（3）世俗性。不论从教育目的还是从课程设置等方面看，人文主义教育洋溢着浓厚的世俗精神，教育更关注今生而非来世，这是人文主义教育与中世纪教育的根本区别。

（4）宗教性。人文主义教育仍具有宗教性，几乎所有的人文主义教育家都信仰上帝，他们虽然抨击天主教会的弊端，但不反对宗教更不打算消灭宗教，他们希冀以世俗和人文精神改造中世纪陈腐专横的宗教性，以造就一种更富世俗色彩和人性色彩的宗教性。

（5）贵族性。这是由文艺复兴运动的性质所决定的。人文主义教育的对象主要是上层子弟，教育的形式多为宫廷教育和家庭教育而非大众教育，教育的目的主要是培养上层人物如君主、侍臣、绅士等。

三、分析论述题

1. 论述保罗·朗格朗终身教育的思想和观点以及引发的教育改革。

【答案要点】

终身教育思潮产生于20世纪50年代的法国，是现代欧美国家一种强调把教育贯穿人的一生的教育思潮，现已成为一种被视为未来教育战略的国际性教育思潮，代表人物是保罗·朗格朗。

（1）终身教育的缘由：终身教育是应对人类在现代社会中所面临各种新挑战的需要，是一种能够使人在各方面做好准备并应付新的挑战的教育模式和教育观念。

（2）终身教育的含义：终身教育包括了教育的各个方面、各项内容，从一个人出生的那一刻起一直到生命终结时为止的不间断的发展，也包括了在教育发展过程中的各个阶段之间的内在联系。它并不是传统教育的简单延伸，而是包括一切正规教育、非正规教育以及非正式教育。其基本特点是具有连续性和整体性。此外终身教育没有固定的教育内容和方法，强调人的个性发展。

（3）终身教育的目标：实现更美好的生活，使人过一种更和谐、更充实和符合生命真谛的生活。具体目标包含两方面：培养新人；实现教育民主化。

终身教育理论自20世纪60年代中期兴起以后，在教育领域中引起了一场广泛而深刻的革命。终身教育已成为建立一个学习化社会的象征。许多国家把终身教育作为教育改革和发展的战略重点，但终身教育的具体实施规划仍需进一步探讨。

2. 论述皮亚杰的认知四阶段理论。

【答案要点】

（1）0~2岁：感知运动阶段。

这一时期为儿童思维的萌芽期。在这一阶段，儿童主要通过探索感知觉与运动之间的关系来获得动作经验，其中，手的抓取、嘴的吮吸是他们探索世界的主要手段。这个阶段的一个显著标志是儿童渐渐获得了客体永久性，即当某一客体从儿童的视野中消失时，儿童知道该客体并非不存在。

（2）2~7岁：前运算阶段。

这一时期是儿童表象思维阶段。在这一阶段，儿童能运用语言或较为抽象的符号来代表他们经历过的事物，凭借表象思维，他们可以进行各种象征性活动或游戏、延缓性模仿以及绘画活动等。这一阶段的儿童在认知方面具有以下特点：

①具体形象性。儿童在感知运动阶段获得的感觉运动行为模式被内化为表象或形象模式，能够形成和使用符号使得动作图式符号化。

②泛灵论。儿童不能很好地把自己与外部世界区分开来，认为外界的一切事物都有生命，有感知、情感和人性。

③自我中心主义。在思维方面存在自我中心，认为别人眼中的世界和他所看到的一样，以为世界是为他而存在的，一切都围绕着他转。

④集体的独白。在儿童的语言中表现出集体的独白，即尽管没有一个人听，儿童也会热情地谈论着，没有任何真实的相互作用或者交谈。

⑤思维的不可逆性和刻板性。不可逆性是指本阶段儿童的认知活动具有相对具体性，还不能进行抽象的思维运算，他们的思维还只能前推，不能后退；刻板性是指本阶段儿童在注意事物的某一方面时往往忽略其他方面。

⑥尚未获得物体守恒的概念。守恒是指不论物体形态如何变化，其质量是恒定不变的。这一阶段的儿童由于受直觉知觉活动的影响，还不能认识到一点。

⑦集中化。儿童做出判断时倾向于运用一种标准或维度，不能同时运用两个维度。

（3）7~11/12岁：具体运算阶段。

这一阶段相当于小学阶段。此阶段儿童的认知结构已经发生了重组和改善，思维具有一定的弹性，可以逆转，已经获得长度、体积、质量和面积等的守恒，能凭借具体事物或从具体事物中获得的表象进行逻辑思维和群集运算。但其思维仍然需要具体事物的支持。这一阶段的儿童在认知方面具有以下特点：

①去集中化。儿童能够学会处理部分与整体的关系，进行逆向或互换的逻辑推理。

②去自我中心。此时的儿童越来越以社会为中心，日益意识到别人的看法。

③刻板地遵守规则。儿童已经能理解原则和规则，但在实际生活中只能刻板地遵守规则，不敢改变。

④逻辑思维和群集运算。儿童能从具体事物中获得的表现进行逻辑和群集运算，但还不能进行抽象思维。

（4）11岁至成年：形式运算阶段。

此阶段儿童的思维已经超越了对具体的可感知的事物的依赖，能以命题的形式进行，并能发现命题之间的关系，能理解符号的意义，能进行一定的概括。其思维已经接近成人的水平。这一阶段的儿童在认知方面具有以下特点：

①抽象思维获得发展。本阶段的儿童能够根据逻辑推理、归纳或演绎的方式来解决问题；思维是以命题形式进行的，并能发现命题之间的关系；能理解符号的意义、隐喻和直喻，能做一定的概括，其思维发展已接近成人的水平。

②青春期自我中心。本阶段儿童不再刻板地恪守规则，并且常常由于规则与事实的不符而违反规则或违抗师长。

3. 教师如何扮演好多种职业角色？

【答案要点】

（1）教师职业的"角色丛"。

教师角色丛是指与教师特定的社会职业和地位相关的所有角色的集合。仅就教师与学生的关系而言，教师就要扮演多重角色："家长代理人"和"朋友、知己者"的角色；"传道、授业、解惑者"

的角色;"管理者"的角色;"心理调节者"的角色;"研究者"的角色。

（2）教师角色的冲突及其解决。

教师角色的常见冲突。由于个人在社会不同群体中所处的地位不同，往往需要同时扮演若干个角色。当这些角色与个人的期待发生矛盾、难以取得一致时，就会出现角色冲突。教师职业常见的角色冲突主要有以下几种：社会"楷模"与"普通人"的角色冲突；"令人羡慕"的职业与教师地位低下的实况冲突；教育者与研究者的角色冲突；教师角色与家庭角色的冲突。

（3）调适教师角色冲突的解决方式。

①主观上，首先要树立自尊、自信、自律、自强的自我意识；其次要根据实际情况的需要，善于处理多种角色的矛盾冲突，做到有主有辅，有急有缓，统筹兼顾；最后要善于控制自己的思想情绪，意志坚定地完成所承担的任务。

②客观上，首先要进一步提高教师的社会地位与经济待遇，改善教师的生活和工作条件，解决教师的实际困难；其次要努力创造条件，给教师提供选修、培训与发展、提高的机会；最后要提高教师的思想修养，增强其责任感与使命感等。

2017年 云南师范大学 333 教育综合·真题解析

一、名词解释

晓庄师范

1927年，陶行知在南京和平门外晓庄创办南京市试验乡村师范学校，后改名晓庄学校，计划培养一批有农夫的身手、科学的头脑、改造社会的精神、健康的体魄和艺术的兴趣的乡村教师。晓庄师范无论在培养目标、课程设置、教学方法、学生管理等方面都是崭新的。

学习动机

学习动机是动机在学习活动中的表现，是引起和维持个体进行学习活动，并使活动朝向一定的学习目标，以满足某种学习需要的一种内部心理状态。它的主要内容包括知识价值观、学习兴趣、学习效能感和成败归因。

课程内容

课程内容是课程的核心要素，是根据课程目标从人类的经验体系中选择出来，并按照一定的学科逻辑序列和儿童心理发展需求组织编排而成的知识体系和经验体系。它以学科文化知识为核心，主要包括间接经验，但也包括设计一定的实践－交往活动要求学生获取的直接经验，以及预期的学习活动方式。

教育制度

教育制度是指一个国家各级各类实施教育的机构体系及其组织运行的规则。它包括相互联系的两个方面：一是各级各类教育机构与组织；二是教育机构与组织赖以存在和运行的规则，如各种相关的教育法律、规则、条例等。具有客观性、规范性、历史性和强制性的特点。

不悱不发

孔子主张"不愤不启、不悱不发。""愤"与"悱"是内在心理状态在外部容色言辞上的表现，意思是教学时必先让学生认真思考，已经思考相当时间但还想不通，然后可以去启发他。教师的启发是在学生思考的基础上进行的，启发后应让学生再思考，获得进一步的领会。

性恶论

荀子提出"性恶论"，他认为人之所以能为善全靠后天的努力，"人之性善，其善者伪也。"据此也开创了与"内省说"截然相反的"外铄论"，在教育上有更积极的影响。

二、简答题

1. 简述品德发展的一般规律。

【答案要点】

品德发展是指个体在整个生命历程中品德的发生、发展和变化，即伴随个体成长过程中品德心理结构、品德各个成分及其功能的发展变化。

（1）品德发展是个体的品德心理结构的形成和不断完善，是品德各构成因素的不断协调发展。品德主要由三个子系统构成：第一，品德的深层结构和表层结构的关系系统；第二，品德的心理过程和行为活动的关系系统；第三，品德的心理活动和外部活动的关系及其组织形式系统。

（2）随着个体年龄增长，品德发展表现出阶段性特点，即不同年龄阶段个体表现出不同的品德特点。代表性的理论有皮亚杰和科尔伯格的道德认知发展理论。

（3）品德发展是个体对社会规范的学习和内化过程。品德结构及其对行为的价值取向的选择，是规范行为产生的内因。品德结构是一种对社会规范遵从的经验结构，是通过个体对社会规范的认知、情感和行为的学习，经历由简单到复杂、由片面到全面、由表及里，完成知、情、意、行的整合而构建起来的。

（4）品德发展过程就是个体不断社会化的过程。个体社会化是个体适应社会的前提。品德作为个体社会行为的内在调节机制，是合乎社会规范要求的稳定的心理特征，是德行产生的内因。品德的发展是个体从生物人向社会人转化的核心内容和主要手段，个体品德发展过程就是不断社会化的过程。

2. 简述陈鹤琴"活教育"的主要观点。

【答案要点】

（1）"活教育"的目的论。

陈鹤琴提出"活教育"的目的是"做人，做中国人，做现代中国人。""做人"是"活教育"最为一般意义的目的。"活教育"提倡学习如何做人，如何求社会进步、人类发展。"做中国人"体现了"活教育"目的的民族特征。"做现代中国人"体现了时代精神，有五个具体方面的要求：要有健全的身体；要有建设的能力；要有创造的能力；要能够合作；要服务。

（2）"活教育"的课程论。

"大自然、大社会都是活教材"，是陈鹤琴对"活教育"课程论的概括表述。"活教材"是指取自大自然、大社会的"直接的书"，即让儿童在与自然、社会的直接接触中，在亲身观察中获取经验和知识。既然"活教育"的课程内容应该来源于自然、社会和儿童的生活，其组织形式也必须符合儿童的活动和生活的方式，符合儿童与自然、社会环境的交往方式。

（3）"活教育"的教学论。

"做中教，做中学，做中求进步"是活教育教学方法的基本原则。陈鹤琴认为，"做"是学生学习的基础,因此也是"活教育"教学论的出发点。它强调儿童在学习过程中的主体地位和在活动中直接经验的获取。

3. 简述荀子性恶论的观点。

【答案要点】

荀子提出"性恶论",他认为人之所以能为善全靠后天的努力,"人之性善,其善者伪也"。据此也开创了与"内省说"截然相反的"外铄论",在教育上有更积极的影响。

(1)性伪之分。"性"指人的先天素质,人的自然状态,它完全排除任何后天人为的因素,不论贤愚,人人皆同。"伪"指人为,是泛指一切通过人为的努力而使人发生的变化。荀子认为孟子所说的人性"善"实际上是"伪",而不是"性"。因此荀子指出,在谈论人性时,首先应把人的先天素质与后天获得的品质区分开来。

(2)性伪之合。性与伪是区别对立的,也是联系与统一的。只有二者结合,即"性伪合"才能实现对人和社会的改造。"性伪合"表现了在人性与教育问题认识上的平等观念,荀子认为人人都可能习得善,乃至成为禹那样的圣人。

(3)化性起伪。荀子认为教育的作用在于化性起伪。通过教育的作用改变人的恶性,化恶为善,成为高尚的人。同时必须注意环境、教育和个体努力三方面的因素。荀子也重视教育的社会作用,认为教育能够统一思想和行动,促使国富民强。

4. 简述教育性教学。

【答案要点】

赫尔巴特,19世纪德国著名教育家,被视为"科学教育学之父"、"教育性教学"的倡导者以及教学形式阶段的发明者。

(1)内涵:教育性教学原则是指以教学来进行教育的原则。赫尔巴特指出,不存在"无教学的教育",也不存在"无教育的教学"。即教育是通过教学,而且只有通过教学才能真正产生实际作用,教学是道德教育的基本途径。

(2)措施:首先要求教学的目的与整个教育的目的保持一致。因此教学工作的最高目的在于养成德行。为了实现这个最终目的,教学还必须为自己设立一个近期的、较为直接的目的,即"多方面的兴趣"。

(3)评价:赫尔巴特的突出贡献在于,运用其心理学的研究成果,具体阐明了教育与教学之间存在的内在的本质联系,使道德教育获得了坚实的基础;但他把教学完全从属于教育,把教育和教学完全等同起来,也是一种机械论的倾向。

5. 简述下位学习。

【答案要点】

下位学习又称类属学习,是指学习者认知结构中原有的观念在包摄和概括的水平上高于新知识,在新旧知识之间构成一种类属关系。可以分为两种类型:

(1)派生类属学习,即新知识是学习者认知结构中原有观念的特例。如学生先掌握水果的概念,再学习新的概念荔枝。

(2)相关类属学习,即新知识的纳入使得原有的观念得到扩展、深化、精致或限制。如学生已经形成了自然数的概念,当新的概念负数纳入后,原有的自然数的概念扩展为有理数。

三、分析论述题

1. 结合实例，如何理解"教学有法，教无定法"。

【答案要点】

"教学有法"强调的是教学活动可以根据一定的方法进行。教学方法指为完成教学任务而采用的方法，包括教师教的方法和学生学的方法，是教师引导学生探讨与掌握知识技能、获得身心发展而共同活动的方法。我国中小学常用的教学方法有讲授法、谈话法、练习法、演示法、实验法、实习作业法、讨论法、研究法、问题教学法和读书指导法等。

教学方法是将知识的教育价值转化为学生精神财富的手段。教学方法的选择与设计取决于面临的教学任务、学科知识的特点与学生的经验基础。现代教学提倡以系统的观点为指导来选用教学方法，优化教学。主要的依据如下：

（1）学科的任务、内容和教学法特点，课题与课时的教学目的和任务。

（2）教学过程、教学原则和班级上课的特点。

（3）学生的情趣、水平、智能的发展与个别差异、独立思考能力、学习态度、学风与习惯。

（4）教师的思想与业务水平、实际经验与能力、教学的习惯与特长。

（5）学生参与教学过程中的答问、讨论、作业、评析的积极性与水平。

（6）师与生双边活动的配合、互动的状况与质量。

（7）班、组活动与个人活动结合的状况，课堂教学与课外作业或课外活动结合的状况与质量。

（8）学校与地方可能提供的物质与仪器设备、社会条件、自然环境等。

（9）学科、单元、课题乃至每节课所规定的课时，其他可利用的时间，如早、晚自习等。

（10）对可能取得的成效的缜密预计与意外状况出现时的应变措施。

"教无定法"是指教学方法不是一成不变的，可以结合使用，也应该针对不同的学生选择适用的教学方法，强调因材施教。

2. 论述马卡连柯的集体主义教育思想的主要观点和现实意义。

【答案要点】

集体主义教育是马卡连柯教育思想的核心。他认为，在社会主义社会里，每一个人都不能离开集体而单独存在，同时每一个人的创造性和力量也只有在集体中才能得到充分发挥。因此，苏维埃教育的任务只能是培养集体主义者，而要培养集体主义者就必须在集体中通过集体并为了集体来进行教育。马卡连柯在多年的教育实践中，创立了一整套集体教育的原则和方法，具体如下：

（1）平行教育影响原则。它是教育和影响个人的一种形式，是以集体为教育对象，通过集体来教育个人。教育者对集体和集体中每一个成员的教育影响是同时的、平行的。在给个人一种影响的时候，这影响必定同时应当是给集体的一种影响。相反的，每当我们涉及集体的时候，同时也应当成为对于组成集体的每一个人的教育。

（2）前景教育。要求教师在教育过程中经常给学生指出美好的前景，即给学生提出一个或好几个需要经过一定努力才能完成的新任务，吸引学生集体和集体中的每一成员，为完成新的任务，实现新的前景，由近及远、由易到难地开展活动。

（3）优良的作风与传统。培养优良的作风和传统，既是苏维埃教育的主要任务，又是进行集体主义教育的重要方法，对于美化集体和巩固集体具有非常重要的意义。

（4）纪律教育。马卡连柯认为，纪律是达到集体目的的最好方式，它可以使集体更完善，更迅速地达到自己的目的；同时也是良好的教育集体的外部表现形式；还是每一个人充分发展的保障。

（5）尊重与要求相结合的原则。这是马卡连柯基于社会主义人道主义思想而确立的一条基本原则。从这个原则出发，他要求教育工作者最大限度地尊重儿童的人格，相信儿童，对儿童的要求应建立在对他们关怀和信任的基础上。

马卡连柯的教育理论是在全面总结苏联社会主义教育实践和自己的教育实践的基础上，逐渐形成和发展起来的，具有极其重要的理论和实践意义，对世界各国都产生了一定的影响；但他也受到了一定历史条件和个人经验的限制。

3. 结合实例论述组织策略。

【答案要点】

组织策略指整合所学新知识之间、新旧知识之间的内在联系，形成新的知识的结构的策略。编码与组织策略的使用是为了发现学习材料的共同特征或性质，从而达到减轻记忆负担的目的。编码与组织策略主要包括以下几种：

（1）列提纲：以简要的词语写下主要和次要的观点，以金字塔的形式呈现材料的要点，使每个具体的细节都包含在高一水平的类别中。

（2）做图解：如系统结构图；概念关系图；理论模型等。

（3）做表格：对于复杂的信息，采用各种形式的表格，如一览表和矩阵表，有利于形成信息的视觉化，能促进对信息的记忆和理解。

编码与组织策略的教学：

（1）教给学生组织材料的步骤。

（2）培养学生的概括能力，教给学生概括的方法。

（3）给学生提供更多的运用组织策略的练习或机会。

（4）注意理论与实践相结合。

2016年 云南师范大学 333 教育综合·真题解析

一、名词解释

学校德育

学校德育是指学生在教师的引导下，以学习活动、社会实践、日常生活、人际交往为基础，同经过选择的人类文化，特别是一定的道德观念、政治意识、处世准则、行为规范相互作用，经过自己的观察、感受、判断、践行和改善，以形成行为习惯、道德品质、人生价值和社会理想的教育。

学校管理

学校管理是学校管理者在一定的社会历史条件下，通过一定的组织机构和制度，采用一定的方法和手段，带领师生员工，充分发挥学校人、财、物、时、空和信息等资源的最佳整体功能，实现学校工作目标的组织活动。简言之，学校管理是管理者通过一定的组织形式以实现学校教育目标的活动。

马礼逊学校

马礼逊学校是最早设立于中国本土的、比较正式的教会学校，也是一所专门为华人开办的学校。

马礼逊学校按学生程度分为第一、第二、第三、第四班，课程包括中文科和英文科，中文科由华人任教，英文科由英美人任教。它以丰富的西学课程充实了在此求学的中国青年，开阔了他们的知识视野，形成了他们的近代社会观念的基础。有些人从此出发，成为近代中国不可多得的人才。

经世致用

经世致用是指学问必须有益于国事。由明清之际思想家王夫之、黄宗羲等提出。他们认为学习、征引古人的文章和行事，应以治事、救世为急务，反对理学家不切实际的空虚之学，对后人影响很大。

欧洲新教育运动

欧洲新教育运动，也称新学校运动，是指19世纪末20世纪初在欧洲兴起的教育改革运动，初期以建立不同于传统学校的新学校作为新教育的"实验室"为其特征。第二次世界大战以后，新教育运动逐步走向衰落。

《爱弥儿》

《爱弥儿》是卢梭的教育哲理小说，批判了经院主义教育，提倡自然主义教育；认为教育应受天性指引，以培养"自然人"为目的；论述了儿童身心发展的四个时期的特点、教育内容和方法；论述了女子教育。该书反映了新兴资产阶级改革教育的要求，在西方教育史上首次系统提出新的儿童教育观，在教育史上掀起一场"哥白尼式的革命"。

二、简答题

1. 简要述评夸美纽斯的教学过程思想。

【答案要点】

夸美纽斯认为教学应当成为"把一切事物教给一切人类的全部艺术"。他推进学年制度、分科教学和班级授课制，"要使每年、每月、每周、每日，甚至每小时都有一定的工作，因为这样就会使计划好的一切易于完成"。

夸美纽斯认为，"秩序是把一切事物教给一切人们的教育艺术的指导原则"，因而教育艺术的根本指导原则就是模仿和遵循自然的秩序。

夸美纽斯认为"在自然的一切作为里面，发展都是内发的"，"知识、德行和虔信的种子存在一切人类身上，他们所需的只是一种和缓的推动和谨慎的指导而已"。

他重视循序渐进、量力而教、因材施教和练习、从实践学习的原则和方法，对以后的教学有很大的影响。

2. 简要分析教育的政治功能。

【答案要点】

（1）教育通过传播一定社会的政治意识，完成年轻一代的政治社会化。

人的社会化是人的发展的重要方面，而政治社会化又是人的社会化的重要方面。教育作为传递知识、训练思维与培养情感的活动，能向年轻一代传播一定社会的政治意识，促进他们的政治社会化，从而为一定社会政治秩序的稳定创造重要条件。

（2）教育通过造就政治管理人才，促进政治体制的变革与完善。

现代社会强调法治，使得教育更重视培养政治管理人才。由于科技向管理部门的全面渗透，社会越发展，国家对政治管理人才的素质要求越高，通过教育选拔、培养政治管理人才显得越重要。

（3）教育通过提高全民文化素质，推动国家的民主政治建设。

一个国家的政治是否民主，取决于政体和国民素质。普及教育的程度越高，国民的文化素质越高，其国民就越能认识到民主的价值，在政治生活和社会生活中就越能履行民主的权利。

（4）教育是形成社会舆论、影响政治时局的重要力量。

学校是知识分子和青少年集中的地方，他们有见解，勇于发表意见。教育通过教育者和受教育者的言论、演讲和社会活动等，来宣传思想，造就舆论，借以影响群众，为一定的政治、经济服务。

3. 简析教育目的的层次结构及其相互关系。

【答案要点】

层次结构：

（1）国家的教育目的：关于教育培养什么样的人的质量和规格的总的设想和规定，体现了国家对教育培养人的系列要求。它一般以成文的形式表现，通常是从哲学的高度提出，因而很难客观测量它。

（2）各级各类学校的培养目标：培养目标是各级各类学校依据国家教育目的和不同类型教育的性质与任务，对受教育者身心发展所提出的具体标准和要求。教育目的和培养目标是一般与特殊的关系：教育目的是制定培养目标的依据，培养目标是教育目的的具体化，即培养目标不能脱离教育目的，教育目的要体现、落实在培养目标之中。

（3）课程目标：即课程方案设置的各个教学科目所规定的教学应当达到的要求或标准。这个层次的目标是各级各类学校培养目标的具体化，通过课程目标的实现来完成培养目标。

（4）教师的教学目标：教育者在教学过程中，在完成某一阶段，如一节课、一个单元或一个学期工作时，希望受教育者达到的要求或产生的变化结果。

相互关系：教学目标与教育目的、培养目标的关系是具体与抽象的关系，它们彼此相关，但相互不能取代。目的与目标根本不同，目标是可以测量的，目的不能测量。

4. 简述中国古代选士和取士制度的沿革。

【答案要点】

选士制度是国家选拔士人用以补充官员队伍的制度，一般情况下是从尚属于平民百姓的"士人"中按一定的标准和程序来选拔候补官员。中国古代的选士最早源于西周，那时是通过乡里选士、诸侯贡士及学校选士等途径为周天子选拔官吏，其后在漫长历史进程中，先后出现了两汉的察举制、魏晋南北朝的九品中正制和隋唐的科举制。

（1）汉代的察举制。察举制是我国汉代选拔官吏的制度，由地方官根据朝廷所定科目和选拔标准，向朝廷荐举，经过考核，任以官职。

（2）魏晋南北朝时期的九品中正制。九品中正制又称"九品官人法"，即郡设小中正，州设大中正，由地方上有声望的人充任，将士人按"才能"评定为九等，实际上是按门第高低列等，政府按等选用。

（3）隋唐时期的科举制度。科举制度是指采取分科考试的办法选拔统治人才的制度。

5. 简要分析新文化运动影响下国家主义教育思潮的主要内涵。

【答案要点】

（1）国家主义教育思潮是一种具有强烈资产阶级民族主义色彩的社会思潮，于20世纪初在中国兴起，是政治上的国家主义在教育领域的反映。其内涵为：第一，以教育为国家的工具，教育目的对内在于保持国家安宁和谋求国家进步，对外在于抵抗侵略、延存国脉；第二，教育为国家的任务，教育设施应完全由国家负责经营、办理，国家对教育不能采取放任态度。其主旨在于以国家为中心，反对社会革命，通过加强国家观念的教育来实现国家的统一与独立。

（2）国家主义教育派共同促成了20年代中国的收回教育权运动，促成了学校中军国民教育和爱国教育的加强，也促成了中华教育改进社一度以国家主义为教育宗旨。然而，国家主义教育思潮本质上是一种教育救国论，其一概而论地反对教育的政治和党派性，与"五四"新文化运动所形成的教育民主观念相抵触，加之其浓厚的政治宗教色彩和一些成员依附军阀的言行不一，使之一开始就受到马克思主义者恽代英、张闻天等人的批判。

6. 举例说明什么是定势。

【答案要点】

定势是指人在解决一些相似的问题之后会出现一种易以惯用的方式解决问题的倾向。定势作用有时可以促进问题的解决，因为借助于它可以减少尝试错误的过程。不过，定势作用也往往阻碍问题的顺利解决，尤其是当前后两次遇到的问题情境类似，但解决问题的方式不同甚至恰好相反时更是如此。

例如"两个1组成的最大数字是11，三个1组成的最大数字是111，问：四个1组成的最大数字是多少"，若回答"1111"，那说明受到了定势的影响，正确答案是"11的11次方"。

三、分析论述题

1. 结合案例，论述如何在美育教育实践中有效运用活动性原则。

【答案要点】

（1）美育。

指培养学生正确的审美观，发展他们鉴赏美、创造美的能力，培养其高尚情操和文明素质的教育。普通中学在美育方面的要求主要是：通过音乐、美术、文学教育等审美活动，充实学生的精神生活，培养他们感受美、欣赏美和创造美的能力，养成审美情趣和高尚情操。

（2）活动性原则。

对学生进行美育应该通过审美活动，让学生在活动中去感受美、鉴赏美、创造美，受到美的熏陶。这是审美教育区别于其他教育的主要标志。因为美育本质上就是一种有组织的教育活动。

（3）在教学中运用活动性原则。

审美教育主要是通过多种多样丰富多彩的活动来完成的，如有组织地听英模报告、观看影视录像、参观美展、参加大合唱或各种体艺比赛等，都是对学生进行美育极好的活动方式。

（4）贯彻活动性原则的要求。

①应以情景教学为主要的教学方式。尽管在美育过程中，理论分析、知识传授也起着一定的作用，但通过创设相关的情境，营造特殊的氛围，以启发和诱导的方式，使学生在一种自由愉快、轻松自然的状态下潜移默化地得到陶养，则是美育最有效的方式。

②美育教师应具有一定的审美素养。在教学过程中，要善于用形象化和富有感染力的语言，用幻灯片、图片资料、影像资料等形象化教学手段来增强美育的效果。

2. 论述杜威实用主义教育思想的主要观点。

【答案要点】

杜威是20世纪美国著名的哲学家和教育家，他以实用主义哲学、民主主义政治理想和机能心理学为基础，通过批判地继承前人的思想，构建起庞大的教育哲学体系，成为现代教育的代表人物。主要著作有《民主主义与教育》《我的教育信条》等。

（1）论教育的本质。

杜威对于"什么是教育"的问题，给出的回答是：教育即生活、学校即社会、教育即生长、教育即经验的持续不断的改造。

（2）论教育的目的。

①教育无目的论。从教育本质论出发，杜威反对外在的、固定的、终极的教育目的，认为教育无目的。杜威所希求的是过程内的目的，这个目的就是"生长"。

②教育的社会目的。杜威强调过程内的目的不等于否定社会性的目的。杜威要求教育为社会进步服务，为民主制度的完善服务。他认为教育是社会进步及社会改革的基本方法，学校是社会进步和改革的最基本和最有效的工具。在民主社会中，个人发展与社会进步是统一的。

（3）论课程与教材。

①从做中学。杜威以其经验论为基础，要求从做中学、从经验中学，要求以活动性、经验性的主动作业来取代传统书本式教材的统治地位。在杜威看来，这种活动性、经验性课程既能满足儿童的心理需要，又能满足社会性的需要，还能使儿童对事物的认识具有统一性和完整性。

②教材心理学化。杜威主张以"教材心理学化"来解决怎样使儿童最终获得较系统的知识而同时又能在学习过程中顾及儿童的心理水平。"教材心理学化"是指把各门学科的教材或知识各部分恢复到它所被抽象出来之前的原来的经验。这种心理化就是把间接经验转化为直接经验，即直接经验化。之后再将已经经验到的那些东西累进地发展为更充实、更丰富也更有组织的形式，即逐渐地接近提供给有技能的、成熟的人的那种教材形式。

（4）论思维与教学方法。

①反省思维。杜威所力倡的反省思维是指对某个经验情境中的问题进行反复的、严肃的、持续不断的思考，其功能在于求得一个新情境，把困难解决、疑虑排除、问题解答。

②五步教学法。杜威根据科学的实验主义探究方法和反省思维方式，提出五步教学法，即创设疑难的情境、确定疑难所在、提出问题的种种假设、推断哪种假设能解决这个困难、验证这种假设。

（5）论道德教育。

杜威认为道德教育的主要任务是协调个人与社会的关系。他认为个人的充分发展是社会进步的必要条件，社会的进步又可以为个人的发展提供更好的基础。他反对过分强调个人自由和竞争的旧个人主义，而提倡强调人与人之间的合作，强调社会责任和理智作用的新个人主义。

教育的道德性和教育的社会性是相通的，道德教育应在社会性的情境中进行而不能只停留于口头说教；要求学校生活、教材、教法皆应渗透社会精神，视学校生活、教材、教法为"学校道德三位一体"，这三者都是道德教育的重要途径。

（6）杜威教育思想的影响。

①杜威是西方现代教育派的理论代表。他对传统教育的整个理论体系发起挑战，奠定了现代教育的理论大厦的基石。

②杜威是新教育的思想旗手，他的教育理论突破以往建立在主客体两分之上的传统教育的弊端，将知行合一，使教学中死的知识变为活的知识，突破了内发论和外铄论，将教育看作人与环境的交互过程中经验的观点具有很高的创造性。

③杜威奠定了儿童中心论，解决教育与儿童相脱离的问题，并通过学校与社会的统一、思维与经验的统一，解决教育与实践、学校与社会脱离的问题。

④杜威提出了做中学这一建立在新哲学和心理学基础上的新方法，拓宽了教学形式和方法，提高了教学专业化水平。

⑤杜威的教育理论对世界教育进程发挥巨大作用，对日本、中国、苏联等国具有直接的影响。

⑥杜威的理论偏重儿童、活动、经验三中心而使得教育实践忽视了系统知识的传授以致引发了自由与纪律、教师与学生关系等诸多矛盾。另外根据经验和教材心理化原则编写新型教材的设想过于理想化，难以实现。

3. 结合实际分析学习策略中的精细加工策略。

【答案要点】

精细加工策略是通过把所学的新信息和已有的知识联系起来以增加新信息意义的策略，即通过对学习材料的精细加工，将新旧知识联系起来，帮助学习者增进对新知识的理解，并把信息储存到长时记忆中的学习策略。精细加工策略主要包括以下几种：

（1）记忆术。

①位置记忆法：通过联系自己熟悉的某些地点顺序来记忆一些名称或者客体顺序的方法。

②首字联词法：利用每个词的第一个字形成一个缩写。

③谐音联想法：利用视觉表象和语义联想记住一系列材料。

④琴栓-单词法：适用于无序的单词记忆，要求使用者对乐器或音律有一定的了解。类似于位置记忆法，把无序的单词与琴栓对应起来形成逻辑联系，以琴栓为线索提取记忆。

⑤关键词法：将新词或概念与相似的声音线索词，通过视觉表现联系起来。

⑥视觉想象：通过形成心理想象来帮助人们联想记忆。

（2）灵活处理信息。

①意义识记：善于找出学习事物之间的关系，这样即使某部分信息被遗忘了，学习者也可以顺着关系将其推导出来。

②主动应用：学习者不仅要记住某个信息，还要知道在何时何地可以使用这些信息。

③利用背景知识：在新学信息和已学信息之前建立联系。

2015年 云南师范大学 333 教育综合·真题解析

一、名词解释

螺旋式课程

螺旋式课程是指在不同单元或阶段，乃至同课程门类中，使课程内容重复出现，螺旋上升、逐渐扩大知识面，加深知识难度，即前面内容是后面内容的基础，后面内容是对前面内容的不断扩展和加深，且层层递进。

学校教育制度

现代教育制度的核心部分是学校教育制度。学校教育制度简称学制，指的是一个国家各级各类学校的系统及其管理规则，它规定着各级各类学校的性质、任务、入学条件、修业年限以及它们之间的关系。

癸卯学制

癸卯学制是中国近代由中央政府颁布并首次得到施行的全国性法定学制系统。学制主系列分为三段七级。第一阶段为初等教育，包括蒙养院 4 年、初等小学堂 5 年和高等小学堂 4 年。第二阶段为中等教育，设中学堂 5 年。第三阶段为高等教育，分为高等学堂或大学预科 3 年、大学堂 3~4 年、通儒院 5 年。

全人生指导

杨贤江提出要对青年进行"全人生的指导"。"全人生指导"就是对青年进行全面关心、教育和引导,即不仅关心他们的文化知识学习,同时对他们生活中各种实际问题给以正确的指点和疏导,使之在德、智、体诸方面都得以健康成长,成为一个"完成的人",以适社会改进之所用。

二、简答题

1. 简要述评杜威的教学过程思想。

【答案要点】

杜威根据科学的实验主义探究方法和反省思维方式,提出了五步教学法,五个阶段的顺序并不固定,实际思维中,有时两个阶段可以合二为一。

(1)创设疑难的情境。学生要有一个真实的经验的情境,要有一个对活动本身感兴趣的连续的活动。

(2)确定疑难所在。在这个情境内部产生一个真实的问题,作为思维的刺激物。

(3)提出问题的种种假设。他要占有知识资料,从事必要的观察,对付这个问题。

(4)推断哪种假设能解决这个困难。他必须有条不紊地展开他所想出的解决问题的方法。

(5)验证这种假设。他要有机会和需要通过应用检验他的观念,使这个观念意义明确,并且让他自己发现它们是否有效。

杜威这种教学方法重视科学探究思维,重视解决实际问题的行动能力,与主智主义的传统教育理论有本质区别。但该方法过于注重活动,忽视了系统知识的传授,窄化了认知的途径,泛化了问题意识,在实践中也存在诸多影响教育质量的问题。

2. 简述个体能动性在人的发展中的作用。

【答案要点】

(1)个体活动是人的发展的决定因素。

个体的活动、个体的社会实践是个体与环境互动的中介,是个体发展的基础,是个体发展的决定性因素。学生的主体活动既是学生存在和发展的方式,又是教育的重要基础。教育必须通过引领和组织学生的主体活动来促进学生的身心与个性的发展。

(2)个体活动制约着环境影响的内化与主体的自我建构。

人在同环境的相互作用的过程中,既改造着环境,也在改造环境的活动中发展和提升了个人的素质,从人的发展的视域看,实质上是一个自我建构的过程。学生的能动性主要表现为:在教育者的影响下,在积极参与社会生活和交往活动的基础上能动地进行自我认识、自我发展和自我建构。

(3)个体通过能动的活动选择、构建着自我的发展。

个人通过能动的活动不仅能把握自己与外部世界的关系,而且能把自身的发展当作自己认识的对象和自觉实践的对象,选择与建构自己的发展。人的发展的过程就是通过能动的活动不断自我超越的过程。

3. 简述梁漱溟乡村建设与乡村教育理论。

【答案要点】

(1)乡村建设和乡村教育理论。

乡村建设和乡村教育是一个问题的两个方面,乡村建设应以乡村教育为方法,而乡村教育需以乡村建设为目标,建设和教育二者不可分离。

梁漱溟认为,要解决中国文化失调的问题和重新整理、建设中国固有的文化,必须借助教育的手段来实现。教育是比暴力革命更为有效的社会改造手段。中国社会的改造其实是一个巨大的教育工程，所以，建设必须寓于教育，乡村的进步，社会的改造都离不开教育。在乡村建设中，学校必然成为社会的中心，教员必然成为社会的指导者，乡村建设把社会运动纳于教育之中，通过教育来完成社会改造。

（2）乡村教育的实施。

①乡农学校的设立。

乡农学校分村学和乡学两级。从教育程度上分，文盲和半文盲入村学，识字的成年农民入乡学；从行政功能上分，村学是乡学的基础组织，乡学是村学的上层机构。其组织原则是：其一，"政教养卫合一"，"以教统政"，即乡农学校是教育机构和行政机构的合一，乡村建设的政治、经济措施都通过乡农学校来实施；其二，学校式教育与社会式教育融合，在乡农学校中成立儿童部、成人部、妇女部和高级部。

②乡农学校的教育内容。

乡农教育的课程分为两大类：一类是各校共有的课程，包括识字、唱歌等普通课程和精神讲话，尤重后者。第二类是各校根据自身生活环境需要而设置的课程，如匪患严重的乡村，可成立农民自卫武装组织，进行自卫训练等。总之，乡农学校的所有教育内容强调服务于乡村建设，密切适合农村生产、生活的需要。

4. 简述蔡元培"五育"并举的教育方针。

【答案要点】

（1）军国民教育。指将军事教育引入到学校和社会教育之中，让学生和民众受到一定的军事教育和训练。在学校教育中，强调学生生活的军事化，特别是体育的军事化。

（2）实利主义教育。即密切教育与国民经济生活的关系，加强职业技能的培训，使教育能发挥提高国家经济能力和改善人民生活水平的作用。

（3）公民道德教育。蔡元培认为，公民道德的基本内容不外乎法国资产阶级革命所标榜的自由、平等、博爱，虽然与封建道德的专制等级性不相容，但他明确指出中国传统伦理特别是儒家伦理中的一些基本范畴，其内涵是与自由、平等、博爱的精神相通的。

（4）世界观教育。是蔡元培独创并被作为教育的最高境界。世界观教育就是要培养人们立足于现象世界但又超脱现象世界而贴近实体世界的观念和精神境界。

（5）美感教育。蔡元培认为，美感介于现象世界和实体世界之间，是两者之间的桥梁。美感教育是世界观教育的主要途径。大力提倡美感教育是蔡元培教育思想和实践的一个重要特点。

5. 举例说明什么是诱因。

【答案要点】

所谓诱因是指能够激发机体的定向行为，并能够满足某种需要的外部条件或刺激物。比如，食物的色泽、芳香是饥饿时觅食的诱因。

在动机中，需要与诱因是紧密联系着的，需要与诱因构成动机的内因与外因。需要比较内在、隐蔽，是支配机体行动的内部原因；诱因是与需要相联系的外界刺激物，引发学生行为，并使他们的需要有可能得到满足。当人的某种需要没有得到满足时，它就会推动人去寻找满足需要的对象。例如，当你感到饥饿时，就会寻找食物。

在实际生活中，没有需要，就不会有行为的目标；相反，没有行为的目标或诱因，也不会诱发某种特定的需要。例如，如果你不感到饥饿，就不会去寻食；反过来，如果你从来没有见过汉堡，就不会想要吃汉堡。

三、分析论述题

1. 论述卢梭的教育思想及其影响。

【答案要点】

（1）自然教育的基本含义。

卢梭自然主义教育的核心是"回归自然"。一方面，善良的人性存在于纯洁的自然状态之中。只有"回归自然"、远离喧嚣社会的教育，才有利于保持人的善良天性。因此15岁之前的教育必须在远离城市的农村进行。另一方面，每个人都是由自然的教育、事物的教育、人为的教育三者培养起来，只有三种教育圆满地结合才能达到预期的目的。三者之中，应以自然的教育为基准，才能使教育回归自然达到应有的成效。

（2）自然教育的培养目标。

自然教育最终目的是培养"自然人"，即身心调和发达、体脑两健、能力强盛的新人，也就是摆脱封建羁绊的资产阶级新人。具有以下特征：自然人是能独立自主的人，他能独自体现出自己的价值；在自然的秩序中，所有的人都是平等的；自然人又是自由的人，他是无所不宜、无所不能的；自然人还是自食其力的人，可无须仰赖他人为生，这是独立自主的可靠保证。

（3）自然教育的方法原则。

卢梭猛烈抨击了当时向儿童强迫灌输旧的道德和知识、摧残儿童天性的做法，他提出以下几点原则和方法：

①树立正确的儿童观。自然教育的必要前提是要改变对儿童的看法。在人生的秩序中，儿童有他的地位，应当把成人看作成人，把孩子看作孩子。

②消极教育。教育要遵循自然天性，也就是要求儿童在自身的教育和成长中取得主动地位，无须成人的灌输、压制、强迫，教师只需创造学习的环境，防范不良的影响。它的作用是消极的，是对儿童的发展不横加干涉的教育。

③自然后果律。当儿童犯了错误和过失后，不必直接去制止或处罚他们，而让他们在同自然的接触中，体会到自己所犯的错误和过失带来的自然后果，使儿童服从于自然法则，结合具体事例让他们从自己的直接经验中受到教育。

④根据儿童天性的个体差异因材施教。卢梭要求教育者在进行教学之前必须先了解自己的学生。

（4）自然主义教育的实施。

卢梭根据自然教育的原则，根据人的自然发展的进程和不同年龄时期身心的特点，把自然教育分为婴儿期、儿童期、少年期和青春期。婴儿期主要进行体育；儿童期主要进行感官训练和身体发育，这个时期的儿童不宜进行理性教育，不应强迫儿童读书；少年期主要进行智育和劳动教育；青春期主要接受道德教育，包括宗教教育、爱情教育和性教育。

（5）影响。

卢梭是西方教育史上具有划时代意义的教育思想家，他对封建社会进行了猛烈的抨击，提出了反映新兴资产阶级利益的教育思想，是现代教育思想的重要来源。

①卢梭提出的自然主义教育思想是教育思想史上由教育适应自然向教育心理学化过渡的一个重要环节。在封建社会压制人性的情况下，提倡性善论，尊重儿童天性具有历史进步意义。他呼吁培养身心调和发展的自然人和自由人也反映了对人的发展的合理要求。

②卢梭论证了自然主义教育的内容和方法。如重视感觉教育的价值；反对古典主义和教条主义，要求人们学习真实有用的知识；反对向儿童灌输道德教条，要求养成符合自然发展的品德等。这些观点既是在前人的基础上的发展，也反映了近代教育的发展方向。

③卢梭的教育理论对欧美教育产生了深远影响。德国的泛爱教育运动、瑞士的裴斯泰洛齐的教育实验、美国进步主义教育运动等，无不受到卢梭自然教育理论的启发。

2. 结合案例，论述在课堂教学中如何合理地运用发展性原则。

【答案要点】

（1）发展性原则的含义。

指教学的内容、方法和进度，既要适合学生已有的发展水平，又要有一定的难度，激励他们经过努力才能掌握，以便有效地促进学生的身心发展。

（2）实施发展性原则的基本要求。

①了解学生的发展水平，从实际出发进行教学。

教师在教学过程中，随时都要了解学生的发展水平、已有的知识与能力状况。这是教学的基点与起点，也是学生知识的生长点。教学应当对学生有一定的难度，但这个难度是他们在教师引导下通过个人的努力能够解决的，即符合学生的最近发展区，有助于调动他们的积极性。

②考虑学生认识发展的时代特点。

由于科技迅猛发展，儿童知识来源增多，较改革开放前的同龄人相比，知识面更广，思维较敏捷，接受能力有明显提高。故对儿童、学生的发展水平估计，要与时俱进，不能永远停留在早已过时的估计上，要考虑学生认识发展的时代特点。

（3）教学案例（言之有理即可）。

3. 试论加涅提出的九大教学事件。

【答案要点】

"九大教学事件"是美国教育心理学家罗伯特·加涅基于"为学习设计教学"为核心提出的一种教学方法。在研究教学过程时，将认知学习理论应用于其中，把学习条件分为内部条件和外部条件。加涅认为，教学活动是一种旨在影响学习者内部心理过程的外部刺激，因此教学程序应当与学习者的内部心理过程相吻合。据此把学习者内部的心理活动分解为如下九个阶段：

（1）唤起注意。是教学导入部分，通过使用刺激变化，在视听觉上产生共鸣，吸引学习者，让他们进入学习状态，以激发学习兴趣，引入探究的问题，接着让学生讨论并诱导学生的思考。

（2）告知学习目标。教学开始告知目标的策略，其功能是激发学习者对新知识、新技能的期望，产生学习的内部动机。在此使教学目标具体化，可以使用思维导图等教学方法让该过程更加清晰。

（3）刺激回忆先前知识。学习时，先前习得的知识如果成为学习事件的一部分，会提高学习新知识的效率，对先前习得性能的回忆可以通过要求再认性的或者更好一些的再现性的问题引发，需要它们在新学习发生之前回忆出来。

（4）呈现刺激材料。当学习者做好准备时，教师可以向学生呈现教材，呈现方式取决于材料的内容，刺激学生明确学习内容。

（5）根据学习者特征提供学习指导。加涅主张"有指导的发现学习"，在学生学习接受新知识的过程中，教师给予必要、适当的学习方法指导。

（6）引出作业诱导反应。这项教学事件的目的是促使学习者做出反应活动，以此验证期望的学习过程是否发生，学习的结果是否达成。在学习指导的讲解过程中，可以进行诱导性提问，作为对学习者学习程度的检验；在讲解结束后，可以让学习者对所学知识点进行针对性解释、回答问题、讨论、举例或填写应用卡片检验学习成果。

（7）提供反馈。在学习者做出反应、表现出行为后，应及时让学习者知道学习结果，在许多情况下，这种反馈是自我提供的，但需要外部提供。

（8）评定学生作业成绩。对学生的作业做出评价，激活提取学生行为表现，并给予强化。评价应与学习内容紧密相关，并具有挑战性，判断学生是否已实现教学预期目标。

（9）促进知识保持与迁移。教师为迁移而提出的问题，应该在把握学生的先决能力是否具备的同时还要使这些能力提高到工作记忆中来。当促进学生能力的横向迁移时，教师应该为学习者提供应用技能的多种实例和情境。增进记忆的策略很多，如建立知识关系网、间时复习、多样新任务、应用新情景。

加涅"九大教学事件"在教学中的应用，可以使学生在外部教学事件的影响下，起到锻炼并形成积极的自主学习思维和模式的作用。在教学中，还应根据教学情境的不同尝试和运用多种教学模式和教学方法，形成自己的教学风格，提高课堂教学效率，改变以往的教学方法，推进素质教育的改革和发展。

2014年 云南师范大学333教育综合·真题解析

一、名词解释

环境的给定性

环境的给定性指的是由自然与社会、历史遗产与他人为儿童个体所创设的环境，它对于儿童来说是客观的、先在的、给定的。儿童无法抗拒或摆脱环境的影响与限制，只有适应环境，以获得自身的生存与发展。

《四书集注》

《四书集注》全称《四书章句集注》，是朱熹影响最深、最重要的一部著作，包括《大学章句》《中庸章句》《论语集注》《孟子集注》。元朝规定科举考试以《四书章句集注》取士，从此，《四书章句集注》成为科举考试的标准答案和各级学校必读教科书，其地位甚至高于"五经"，影响中国封建社会后期的教育长达数百年之久。

双轨制

主要代表是18—19世纪的西欧。双轨制的结构：一轨自上而下，是为资产阶级的子女设立的，包含大学、中学；另一轨从下而上，是为劳动人民的子女设立的，包含小学和初中及其后的职业学校。

人力资本

人力资本是相对物质资本而言，它指人所拥有的诸如知识、技能及其他类似可以影响从事生产性工作的能力。人力资本理论认为，人力资本也是一种生产要素资本，是经济增长的重要源泉。

二、简答题

1. 简析教学的三种水平。

【答案要点】

教学一般可分为三种水平：记忆水平、理解水平和探索水平。

（1）记忆水平：一种低水平的教学。其主要特点是：教师照本宣科、一味灌输，不会引导、启发，学生则停滞在机械掌握、一知半解上，不能保证教学质量。

（2）理解水平：这是教学应达到的基本要求。其主要特点是：教师能系统、明确地联系实际讲解教学内容及其运用、操作，学生通过观察、思考与练习，能较好地掌握所学知识、技能。

（3）探索水平：这是教学的较高境界。其主要特点是：教师注重启发、诱导、激励，善于提出发人深思、能挑战学生智慧的问题；学生能主动质疑、辨析、独立思考、发表个人见解，进行探究与论争；师生协力，集思广益，推动探取真知的教学活动不断深入；师生双方的主动性都得到发挥，对教学都感到有收获、有乐趣、很眷恋。

2. 简要述评泰勒的课程观。

【答案要点】

泰勒于1949年出版的《课程与教学的基本原理》，被视为现代课程理论的奠基石。

（1）理论内容。第一，课程设计与开发的四个基本问题：学校应达到哪些教育目标？提供哪些教育经验才能实现这些目标？怎样才能有效地组织这些教育经验？怎样才能确定这些目标正在得到实现？第二，课程编制的四个步骤：确定目标、选择经验、组织实施、评价结果。

（2）评价：人们把泰勒的这些理论称为"泰勒原理"，其课程开发模式称为"目标模式"，对课程理论的发展有很大影响，至今仍在西方课程领域中占有主要的地位。

3. 简述洋务学堂的特点。

【答案要点】

一方面，洋务学堂与中国传统学校有显著的差异，因此又被称为新式学堂，表现出"新式"的特点。另一方面，洋务学堂本质上还是套种在传统封建教育体制边上的幼苗，根植于半殖民地半封建社会的土壤，难脱其桎梏和影响，又表现出新旧杂糅的特点。

（1）"新式"特点。

①培养目标。洋务学堂的培养目标是造就各项洋务事业需要的专门人才，广泛分布于外交、律例、水陆军事等诸多领域。

②教学内容。洋务学堂以学习"西文""西艺"为主，注意学以致用。

③教学方法。洋务学堂能按照知识的接受规律由浅入深、循序渐进地安排教学内容，重视理解，注意教学中的理论与实践结合，很多学校安排有实践课程，有的还建立了实习制度。

④教学组织形式。洋务学堂均制定有分年课程计划，确定了学制年限，采用班级授课制。

（2）"新旧杂糅"的特点。

①洋务学堂是洋务大臣们各自为政办起来的，缺乏全国性的整体规划和学制系统。

②在"中体西用"的总原则下，在传授"西文""西艺"的同时并未放弃对四书五经的学习。

③洋务学堂由封建官僚所举办，在管理上带有封建官僚习气。

4. 简述斯宾塞科学教育思想的主要观点及其影响。

【答案要点】

（1）主要观点

①科学教育的必要性。提出"教育预备说"，为未来完满生活做预备，学校应进行科学教育，学生应学习科学知识。

②科学知识的价值。斯宾塞认为，知识的价值取决于知识给人带来的功利大小、给人带来幸福的程度和为人完满生活做准备的效果。最有价值的知识就是科学。

③以科学知识为核心的课程体系。斯宾塞认为，学校要进行五种类型的教育：健康教育、职业教育、养育子女的教育、公民教育、休闲教育。他为每一种教育设计了课程，形成了以科学知识为核心的课程体系。

（2）影响。

斯宾塞的教育理论主张以科学知识为中心，兼顾个人和社会生活的双重需要，是教育思想上的一次变革。斯宾塞及其他提倡科学教育的思想家们不仅对英国中学和大学冲破古典教育传统的禁锢产生了深刻的影响，而且影响到欧美其他国家，极大地推动了科学教育的发展。

5. 举例说明什么是表征学习（符号学习）。

【答案要点】

表征学习是奥苏伯尔区分的有意义言语学习的一种形式，指学习单个符号或一组符号的意义，或者说学习符号本身代表什么。符号学习的主要内容是词汇学习，即学习单个语言符号的意义。

例如，汉语的字词教学和英语单词的教学就属于词汇学习。由于符号所代表的事物和观念是约定俗成的，而个体最初对此一无所知，因此必须通过学习来建立符号与其所代表的事物之间的等值关系。比如，通过反复的学习，儿童可以用"狗"或"dog"来代表他所看到的具体的狗。

三、分析论述题

1. 结合案例论述如何有效地运用榜样的方法培养学生品德。

【答案要点】

德育方法是师生为完成德育任务而采取的活动方式的总和。它有两层含义：首先它是师生共同活动的方法；其次它是为实现德育的目标、要求服务的。德育方法包括：明理教育法、榜样示范法、情境陶冶法、实践锻炼法、自我修养法、制度育德法、奖惩法。

榜样示范法是指以他人的高尚品德、模范行为和卓越成就来影响学生品德的方法。教师应向学生提供好榜样，主要有四类：历史伟人，现实的英雄模范，优秀教师、家长的风范，优秀学生。

实施榜样法的基本要求：

（1）榜样必须是真实可信的。选好榜样是学习的前提。从古到今，人们都习惯拔高榜样，甚至编造一些美德故事来美化榜样，这是不可取的。尤其当学生有了自己的判断能力之后，这样做只会令人反感、适得其反。

（2）激起学生对榜样的积极情感。学生是通过模仿榜样的言行举止来习得其中的道德价值和行为方式的，这种模仿的情绪有赖于学生对榜样的积极情感，没有这种积极情感，模仿的行为是不会产生的。

（3）给不同年龄段的学生树立不同的榜样。中小学时期长达12年，跨度大，学生的道德发展也经过了多个不同阶段，就要为学生树立不同的榜样。比如，小学低年级的学生，处于道德发展的他律阶段，模仿性较强，应该多树立师长一类的榜样；到了少年期，他们崇拜英雄人物、文艺体育明星，应该多树立正面、积极的偶像性榜样；高中学生志向高远，可为他们树立历史伟人与当代名人的榜样。

（4）要注重教师自身的示范作用。德育的教育效果，在很大程度上取决于教师本人的以身作则。尤其是低年级学生，视教师为说一不二的权威，这就更需要教师加强自身的修养，要求学生做到的，自己一定要先做到。

2. 论述蔡元培的大学教育思想及在中国近现代教育史上的地位。

【答案要点】

民国成立后，京师大学堂改称北京大学。当时北大校政腐败、制度混乱、学生求官心切、学术空气淡薄，封建文化泛滥。为了改变这种风气，蔡元培赴任北大校长，对北大进行全面改革。

（1）抱定宗旨，改变校风。

蔡元培明确大学的宗旨，认为大学应该成为"研究高尚学问之地"。他改革北大的第一步就是要为师生创造研究高深学问的条件和氛围。具体措施有：改变学生的观念；整顿教师队伍，延聘积学热心的教员；发展研究所，广积图书，引导师生研究兴趣；砥砺德行，培养正当兴趣。

（2）贯彻"思想自由，兼容并包"的办学原则。

蔡元培明确声明，在学术上"循'思想自由'原则，取兼容并包主义"，这是他办理北京大学的基本指导思想。该思想不仅体现在学术上，也体现在教师的聘任上。蔡元培以"学诣为主"，罗致各类学术人才，使北大教师队伍一时呈现出流派纷呈的局面。

（3）教授治校，民主管理。

1912年由蔡元培主持制定的《大学令》中，确立了教授治校、民主管理的大学校务管理原则，规定大学设立评议会，各科设立教授会。蔡元培到任北大后，当年即组织了评议会。1919年，评议会通过学校内部组织章程，决定：第一，设立行政会议，作为全校最高的行政机构和执行机构，负责组织实施评议会议决的事项，下设各种委员会分管各类事务；第二，设立教务会议及教务处，由各系主任组成，并互相推选教务长一人，统一领导全校的教务工作；第三，设立总务处，主管全校的人事和事务工作。

管理体制的改革，体现了蔡元培教授治校、民主管理的思想，目的是把推动学校发展的责任交给教授，让真正懂得学术的人来管理学校。新的管理体制的建立，改变了京师大学堂遗留下来的封建衙门作风，提高了工作效率，促进了学校的蓬勃发展。

（4）学科与教学体制改革。

在学科与教学体制改革方面，蔡元培主要有三个措施：第一，扩充文理，改变"轻学而重术"的思想；第二，沟通文理，废科设系；第三，改年级制为选科制，发展学生个性。

北京大学的改革不仅仅使自身改变了面貌，也是我国高等教育近代化发展中的一个里程碑。这次改革的灵魂是"思想自由，兼容并包"，其中"兼容并包"不仅包容不同的学术和学说流派、不同的人物和主张，也在男生之外包容女生，在正式生之外包容旁听生。北大因此成为新文化运动和马克思主义的传播中心、五四运动的策源地，其影响远远超出了教育领域。

3. 论述儿童研究运动的实质及其对我国基础教育改革的启示。

【答案要点】

儿童研究运动出现于19世纪80年代至20世纪20年代的欧美。它是建立在实证主义、生物学进化论、实验心理学和其他相关自然科学发展的基础上的，强调以儿童为对象进行身体健康、智力以及情感、态度、兴趣等各方面的系列研究，从而科学地解释儿童的心理及教育等问题，揭示儿童成长过程中的某些规律。

儿童研究运动的主要内容包括四个方面，即儿童的身体发育和健康；儿童的情感、态度和兴趣；儿童的智力发展；对儿童行为发展的探索。

它促成了对儿童的了解，提升了儿童的地位，为教育儿童提供了帮助，并通过推动教育科学化和心理学化为教育奠定了坚实的理论基础和实践基础，对现代教育的发展做出了重要贡献。其代表人物有德国心理学家普莱尔、美国心理学家霍尔、法国心理学家比奈和西蒙等。

4. 举例说明问题解决策略中的启发式策略。

【答案要点】

问题解决策略是解决问题过程中所选择的适当方法以及所采取的必要的认知操作。问题解决活动一般包括两类思维搜索策略：算法式和启发式。算法式需要逐个尝试解决问题的各种可能性，以尝试错误方式解决问题。启发式以一定的经验为基础，采用选择搜索方式解决问题。人类在解决问题时大多运用启发式策略。目前常用的启发式策略包括：

（1）手段—目的分析法：把问题划分为一系列子目标，通过逐个解决子目标，最终达到问题解决。如完成复杂的工程项目时将其划分成若干个子项目——突破。

（2）爬山法：手段—目的分析法的一种变式，以渐进的步子向目标状态靠近，是一种向前的工作方式。如医生治疗慢性患者时寻找最佳用药量。

（3）逆推法：从目标状态出发，考虑如何达到初始状态的问题解决方法。如迷宫问题。

（4）联想法：联想解决过的相同或类似的问题的思路来解决当前问题的方法，包括相似联想、接近联想、对比联想和因果联想等多种形式。如解代数应用题。

（5）类比法：将先前解决问题的经验运用到理解新问题上的策略。如对蝙蝠的类比发明声呐技术。

2013年 云南师范大学333教育综合·真题解析

一、名词解释

教育的内在价值

教育价值是指教育具有满足个体或者社会需要关系的意义。教育价值可以分为内在价值和外在价值。内在教育价值是其本身所固有的价值，不是因为教育相对于另外某些事物有用处，而是因为它本身就是具有好的价值。

直线式课程

直线式是指把学科课程内容的组织呈直线前进，前面安排过的内容在后面不再呈现。直线式组编更适合于对一些理论性、难度或操作性相对较低的学科知识。

《教育漫话》

其作者为英国著名教育家洛克。《教育漫话》集中反映了欧洲文艺复兴时期新兴资产阶级的教育观。本书以"绅士教育"为主题，分为体育保健、道德教育、智育三个部分，阐明了如何才能培养出符合时代需要的、有理性、有德行、有才干的绅士或者有开拓精神的事业家。

习明纳（seminar）

习明纳，seminar的音译，也意译为讨论课、讨论班。指一种起源于德国、将教学和研究相结合的大学教学模式。其具体含义是：在教授的指导下，大学或研究生院中的优秀学生组成研究讨论小组，定期集中，师生共同探讨原创性或集中性的研究成果，进行教学与研究相结合的教学活动。

"六艺"

"六艺"即礼、乐、射、御、书、数。礼包括政治、伦理、道德、礼仪各个领域,乐包括诗歌、音乐和舞蹈,射指射箭的技术训练,御指驾驭马拉战车的技术训练,书指文字书写,数指算法。其中,"礼、乐、射、御"为"大艺",是大学的课程;"书、数"为"小艺",是小学的课程。

科学教育思潮

科学教育思潮在新文化运动期间形成并盛行一时。其基本内涵为:一是"物质上之知识"的传授;二是应用科学方法于教育研究和对人的科学精神、科学态度的训练,而尤以后者为重。

二、简答题

1. 简要分析信息时代对中小学素质的要求。

【答案要点】

(1)让学生学会使用电子计算机。

(2)让学生学会收集、选择、处理信息,进而学会创造信息。

(3)促进学校教育手段的信息化、现代化,这些手段包括摄影机、录音机、反映分析器、语言专用教室、程序打字机、电子学习台、闭路电视、计算机辅助教学等。

(4)进一步建立信息库、信息网络等。

2. 简述教育的相对独立性。

【答案要点】

教育的相对独立性是指作为社会一个子系统的教育,它对社会的能动作用具有自身的特点和规律性,它的历史发展也有其独特连续性和继承性。主要表现为以下几方面:

(1)教育是培养人的活动,通过所培养的人作用于社会。教育尤其是学校教育,是有意识地影响人、培育人、塑造人的社会活动。它主要通过引导和促进年轻一代社会化、个性化,成为社会活动的参与者和继承者,以保证并促进社会的生存、延续与发展。

(2)教育具有自身的活动特点、规律及原理。教育是培养人的活动,而人具有特殊的身心发展和成熟的规律。教育教学及其相关活动必须认识、遵循和创造性地运用这些基本特点与规律,才能有效地培育人才。此外,还应重视和遵循前人的宝贵经验,并在此基础上继续发展、前进。

(3)教育具有自身发展的传统与连续性。由于教育有自身的规律和特有的社会功能,它一经产生、发展便将形成和强化其相对独立性,具有发展的连续性、继承性和惯性。因此,无论是办学校、发展教育事业,或进行教育改革,都要重视与借鉴教育的历史经验,都应在原有的基础上积极改进、稳步前行。

3. 简述夸美纽斯的教学原则及其意义。

【答案要点】

(1)论教育适应自然的原则。

教育适应自然的原则是贯穿夸美纽斯整个教育理论体系的一条根本的指导性原则,他的"自然"包括两个方面的含义:

①自然界及其普遍法则。夸美纽斯认为在宇宙万物和人的活动中存在着一种"规则",它保证了宇宙万物的和谐发展。所以人的各种活动包括教育活动也都应该遵循这些自然的、普遍的规则。

②人的与生俱来的天性。夸美纽斯提出要依据人的自然本性和儿童年龄特征进行教育,使每个人的智力都得到充分的发展。

(2)主要教学原则。

①直观性原则。教学应从观察实际事物开始；在不能进行直接观察时，可以使用图片或模型；在呈现直观教具时要将它们直接放到学生的眼前，放在合理的范围内；要让学生先看到实物或模型的整体，然后再分辨各个部分等。

②激发学生求知欲望原则。应该用一切可能的方法去激发孩子的求知欲和主动学习的意愿；教师应该用温和亲切的语言和循循善诱的态度去吸引学生，时常表扬用功的学生等。

③巩固性原则。只有巩固的知识储备才能帮助学生随时随地加以运用。

④量力性原则。教学要适合儿童的年龄特征和学习能力，不应加给儿童过重的学习负担。

⑤系统性和循序渐进性原则。教材的组织要具有系统性和逻辑性；教学的系统性原则必然要求教学过程要循序渐进，教学应遵循从已知到未知、从易到难等规则。

⑥因材施教原则。教师在教学过程中应注意学生的个别特征和个体差异，然后有针对性地施教。

（3）意义。

夸美纽斯是教育史上第一位系统地总结教学原则的教育家，他的教育理论包含了大量宝贵的教学经验，在一定程度上反映了教学工作的客观规律性，具有普遍的指导意义。

4. 简述杨贤江"全人生指导"的教育思想。

【答案要点】

杨贤江的青年教育体现在两方面，一是对青年问题的分析，二是对青年进行"全人生的指导"。

（1）基本观点。

"全人生指导"就是对青年进行全面关心、教育和引导，即不仅关心他们的文化知识学习，同时对他们生活中各种实际问题给以正确的指点和疏导，使之在德、智、体诸方面都得以健康成长，成为一个"完成的人"，以适社会改进之所用。具体体现在：第一，指导青年树立正确的人生观，这是杨贤江青年教育思想的核心；第二，旗帜鲜明地主张青年要干预政治，投身革命；第三，强调青年必须学习，这是青年的权利与义务；第四，对青年的生活也提出了指导性意见。

（2）评价。

与同时代教育家相比，杨贤江的独特建树表现在两方面：其一，他致力于中国的马克思主义教育理论建设，创造性地阐述了教育本质问题，并贡献出像《教育史ABC》《新教育大纲》这样的名著；其二，他致力于中国的青年教育，提出了"全人生指导"的青年教育思想，对当时一代青年的健康成长影响非常大。

5. 举例说明什么是概念学习。

【答案要点】

概念学习指掌握概念的一般意义，实质上是掌握同类事物共同的关键特征和本质属性。如"鸟"有"前肢为翼"和"无齿有喙"这样两个共同的关键特征，其他如体型大小、羽毛的颜色、是否能飞等均属无关特征。如果掌握了这两个关键特征，就是掌握了这个概念的一般意义，这就是概念学习，"鸟"就成了代表概念的名词。

三、分析论述题

1. 结合实际论述在课堂教学中如何运用理论联系实际的原则。

【答案要点】

（1）含义。

指教学要以学习基础知识为主导，将理论运用于解释和解决实际问题，学以致用，发展动脑、动手能力，并理解知识的含义，领悟知识的价值。

（2）基本要求。

①注重联系实际学好理论。教师要善于通过演示、举出具体事例、回忆生活体验，想方设法联系有关的学生的生活实际，唤醒与激活他们已有的经验、情趣与思考力，进行观察与思考、分析、领悟，这样才能让他们生动活泼、主动地理解和掌握抽象难懂的学科概念与原理。

②重视引导学生运用知识。我们必须转变传统观念，注重学以致用。首先，要重视教学中知识的运用，如解决实际问题的讨论、作业、实验等教学性实践。其次，要在教学课文的过程中，组织学生开展一些实际的学习活动。

③逐步培养与形成学生综合运用知识的能力。要求把按学科知识的概念系统进行学习的方式，转换为按"问题－解决"建构知识的系统进行学习的方式，而且还要见诸行动，做实验、做事情、做文章、搞艺术、搞交往、搞生产。

④面向生活现实，培养学生的对策思维。问题来源于生活，在教导学生向书本学习时，还需把学生的目光引向现实，对照书本，以发现和提出问题，谋划和讨论问题的解决，并采取与问题相称的可能的行动，以培养学生的对策思维与解决问题的实践能力。

（3）举例。

如在课堂上教授学生加减运算知识的时候，可以以生活中的买卖问题为引。如学习物理知识时，要求学生说说日常生活中的一些常用器具上用到的物理知识。又如设计活动时，让学生探讨用一把直尺、一只弹簧秤、一只量筒、一只秒表可以测算哪些物理量。

2. 环境教育的内涵是什么？试论在我国中小学生开展环境教育的意义。

【答案要点】

（1）环境教育的内涵。

环境教育是以跨学科活动为特征，以唤起受教育者的环境意识，使他们理解人类与环境的相互关系，发展解决环境问题的技能，树立正确的环境价值观与态度的一门教育科学。环境教育具有担负价值、多系统整体性、多学科整合性、实践性和层次性等特征。

（2）开展环境教育的意义。

①使学生从不同角度了解环境保护工作的迫切性、重要性，增强了学生的环境意识。

②使学生树立较强的环境保护观念，切实提高学生保护环境的能力。

③增强学生的环境忧患意识，促使同学们产生积极要求参与环保活动的强烈欲望。

④使学校环境教育真正落到实处，发挥其在小学生教育中的作用。

环保要从小事做起，要从孩子学起。这样从小学生起就给孩子进行环境教育就显得尤为重要。通过中小学校的环境课程的实施，从不浪费每一滴水到生活中水的循环利用；从不乱丢垃圾到了解垃圾如何分类处理；从爱护小动物到不吃野生动物；从爱护植物到了解水土流失给人类带来的危害……有助于培养小学生的忧患意识和可持续发展的观念，树立正确的人口观、环境观和发展观，促使他们从关心身边的环境问题入手，积极采取行动，共同创造可持续发展的未来。

3. 结合实际分析华莱士提出的创造过程的"四阶段论"。

【答案要点】

华莱士在1926年提出四阶段论，认为创造性活动主要由准备、酝酿、明朗和验证四个阶段构成。

（1）准备阶段。

这是创造过程的基础阶段，包括积累知识、提出问题、调查研究、收集资料、分析别人的经验和数据等。这一阶段的任务，主要是在积累知识的过程中检查和清理问题，确定创造的方向和目标，从主观和客观条件上做好必要的准备。

（2）酝酿阶段。

这是创造过程的潜伏阶段。经过长期系统的准备之后，围绕既定的方向和目标，个人在某一方面的知识经验已经有了相当的积累，但一时理不清头绪，甚至好像走进了死胡同。在这种情况下，需要冷静下来客观地分析遇到的问题，甚至可将它暂时搁置起来。这种表面的中断并不意味着思考停止，人在潜意识中还会积极地、断断续续地对它进行探索。在这个阶段，各种观点、想法和意见在潜意识中活动，各种主意和观点有可能产生不同寻常的结合。

（3）明朗阶段。

这一阶段又称"啊哈"阶段，是创造过程的顿悟阶段。经过长期酝酿，随着创造活动的深入，主体突然被特定情境下的某一特定启发唤醒，思想豁然开朗，一种新观念油然而生。这一阶段往往伴随着突然的、强烈的、明显的情绪体验，给创造主体以极大的快感。

（4）验证阶段。

这是反思和检验解决方法是否正确的阶段。只有通过反思、验证，才有可能证实创造成果的价值。有时可能会全部否定，推倒重来；有时可做局部修正，进一步完善。任何创造过程不受挫折，不经反复，不做修改，一举就能获得圆满成功的可能性是非常小的。这个阶段是最耗费情感、最花时间和精力的阶段，因此此时人们会感到最不确信、最不安全。

2012年 云南师范大学333教育综合·真题解析

一、名词解释

社会本位

社会本位论认为个人的一切发展都有赖于社会，都受社会的制约，人的一切发展也是为了满足社会的需要；教育除了满足社会需要以外并无其他目的；教育结果的好坏是以其社会功能发挥的程度来衡量的，离开了社会，就无法对教育的结果做出衡量。代表人物有那托尔普、涂尔干和凯兴斯泰纳等。

双轨制

主要代表是18—19世纪的西欧。双轨制的结构：一轨自上而下，是为资产阶级的子女设立的，其结构是大学、中学；另一轨从下而上，是为劳动人民的子女设立的，其结构是小学和初中及其后的职业学校。

学园

柏拉图创办的学园被视为雅典第一个永久性的高等教育机构。学园既开展了广泛的教学活动，培养各类人才，同时也进行了哲学和自然科学领域的学术研究，这些教学和研究活动极大地促进了古希腊科学和文化的发展。

《爱弥儿》

《爱弥儿》是卢梭的教育哲理小说，批判了经院主义教育，提倡自然主义教育；认为教育应受天性指引，以培养"自然人"为目的；论述了儿童身心发展的四个时期的特点、教育内容和方法；论述了女子教育。该书反映了新兴资产阶级改革教育的要求，在西方教育史上首次系统提出新的儿童教育观，在教育史上掀起一场"哥白尼式的革命"。

有教无类

"有教无类"的本意是不分贵贱贫富和种族，人人都可以入学接受教育。孔子的教学实践切实地贯彻了这一办学方针。"有教无类"作为私学的办学方针与官学的办学方针相对立，打破贵贱、贫富和种族的界限，把受教育的范围扩大到平民，这是历史的进步。

京师同文馆

京师同文馆最初是作为外语学校设立的，是近代中国被动开放的产物，1902年，京师同文馆并入京师大学堂。在教学内容的设置上，重视外语学习以及科学技术的学习。就其历史地位而言，它是洋务学堂的开端，也是中国近代新教育的开端。

二、简答题

1. 简要分析人的发展及其基本特征。

【答案要点】

人的发展有两种含义，一种是将它看成是人类的发展或进化的过程；另一种则将它看成是人类个体的成长变化过程，即个体发展。人的发展是整体性的发展，大体可分为生理发展、心理发展、社会性发展三个层面。人的发展的特点有：

（1）未完成性。

人是未完成的动物，人的未完成性与人的非特定化密切相关。对儿童来说，他们不仅处于未完成状态，而且处于未成熟状态。

儿童发展的未成熟性、未完成性，蕴含着人的发展的不确定性、可选择性、开放性和可塑性，潜藏着巨大的生命活力和发展的可能性，都充分说明了人的可教育性和需教育性。

（2）能动性。

人的发展的能动性主要表现在两个方面：

①人的发展是一个具有社会性的能动发展过程，这是人的发展区别于动物发展的一个质的特性。

②人在其发展的过程中是自决的，人在发展过程中表现出的主动、自主、自觉、自决和自我塑造等能动性，是人的生长发展与动物生长发展最重要的不同，它为教育活动提供了科学依据，指明了努力方向。

2. 简要评论布鲁纳的教学过程思想。

【答案要点】

（1）布鲁纳致力于重构"中小学的课程设计"和教学方法与过程的改革。在课程设计方面，"主要目的在于编写出有效的教材，也就是既重视内容范围，又重视结构体系的教材"。

（2）布鲁纳认为，教学过程应当促进儿童的智力发展。

（3）在学生能动地获取知识的过程上，布鲁纳认为学习包括三个差不多同时发生的过程：一是新知识的获得，二是转换，三是评价。

布鲁纳重视科学知识与原理的教学，重视教师主导作用的发挥，也看到了发现法"消耗时间可能太多"的局限。但他的学科结构理论很难界定和掌握，课程与教学内容的现代化要求也过高和过难。所以，他的理论很难被教育工作者顺利地付诸实践。但这并不否定他的理论有可取之处。

3. 简述文艺复兴时期人文主义教育思想的主要特征及其对后世的影响。

【答案要点】

（1）人文主义教育的基本特征：人本主义、古典主义、世俗性、宗教性、贵族性。

（2）人文主义教育的影响和贡献。

①教育内容发生变化。对古希腊罗马的热情使其知识和学科成为教学主要内容，导致美育和体育复兴并关注自然知识的学习。

②教育职能发生变化。从训练束缚自己服从上帝到使人更好地履行地位所赋予人的职责。

③教育价值观发生变化。复兴了古希腊的个人主义价值观。

④复兴了古典的教育理想。形成了全面和谐发展的完人的教育观念，从中世纪培养教士的目标转向文艺复兴时期培养绅士的目标。

⑤复兴了自由教育的传统。教育推崇理性，复兴古希腊的自由教育。

⑥自然主义教育思想兴起。用自然来取代《圣经》作为引证，按照人的天性来生活，按照人的需求和本性来设置课程。

⑦出现了新道德教育观。新的道德观在人文主义的学校中开始取代天主教会的道德观。尊重儿童，反对体罚，已成为某些教育家的强烈要求。

⑧教育与劳动相结合及共产主义的教育思想。

⑨建立了新型的人文主义教育机构。

⑩促进了大学的改造和发展。

⑪教育理论不断丰富。

⑫推动了教育世俗化的历史进程。

4.简述福勒和布朗提出的教师成长阶段的主要内容。

【答案要点】

福勒等人根据教师所关注的焦点问题，提出著名的教师成长三阶段论：

（1）关注生存阶段：新教师非常关注自己的生存适应性问题。他们经常注重自己在学生、同事以及学校领导心目中的地位，由于这种生存忧虑，教师可能会把大量的时间花在如何与学生搞好个人关系上，而不是教导他们知识和技能并让他们获得学习上的进步。

（2）关注情境阶段：当教师感到自己完全能够生存时，他们越来越关注学生的成绩，从而把精力放在如何教好每一堂课上，考虑一些与教学情境有关的问题。

（3）关注学生阶段：当教师顺利适应了前两个教学阶段以后，教师将考虑学生的个别差异和个体需要问题，并认识到学生们的先前知识与学习能力是不同的，同样一种材料、一种教学方法可能适于某些学生，但不适于另外一些学生，从而对不同的学生确定不同的学习目标、选择不同的学习内容、采用不同的教学方法。

三、分析论述题

1.结合课堂教学案例，说明掌握知识与发展智力的关系。

【答案要点】

（1）智力的发展与知识的掌握二者相互依存，相互促进。

在教学过程中，学生智力的发展依赖于他们知识的掌握程度。对学生来说，掌握、运用知识及反思、改进的过程，也就是他们运用和发展智力的过程；同时，学生对知识的掌握又依赖于他们的智力发展，只有那些智力发展好的学生，他们的接受能力才强、学习效率才高，而智力发展较差的学生在学习中则有较多的困难。

（2）生动活泼地理解和创造性地运用知识才能有效地发展智力。

通过传授知识来发展学生智力是教学的一个重要任务，然而知识不等于智力，一个学生知识的多少并不一定能标志他的智力发展的高低。因此，在教学中不仅要教给学生知识，而且要引导学生通过生动活泼的教学活动，透彻地理解知识原理，了解学生获取知识的过程与方法，学会独立思考、推理与论证，创造性地解决实际问题，这样才能使学生的智力获得高水平的发展。

（3）防止单纯抓知识教学或只重能力发展的片面性。

在教学实践中，有的认为"双基"教学抓好了，学生的智力就自然地发展了，却忽视引导学生通过探究、反思有意识地锻炼自己的智力；有的则只注重学生自主探究、反思，却忽视通过系统知识和原理的学习与运用来发展学生的智力。这两者都不利于提高教学质量。

2. 试论布鲁纳结构课程观及其对我国基础教育课程改革的启示。

【答案要点】

（1）结构课程观的基本观点。

①教学的目的在于理解学科的基本结构。学科知识结构就是某一学术领域的基本观念，不仅包括一般原理，还包括学习的态度和方法，掌握有关某一知识结构就是理解它与许多其他事物之间有意义的联系。学习学科的基本结构的必要性有促进理解、利于记忆、增强迁移、引导知识体系形成。

②发现学习的准备性。布鲁纳认为任何一门学科最基本的观念是既简单又强有力的，他提出任何学科的基础都可以用某种适当的形式教给任何年龄的任何人，主张向儿童提供具有挑战性但又合适的机会使其发展步步向前，引导儿童智慧发展。

③培养直觉思维。布鲁纳认为直觉思维、预感的训练是正式的学术学科和日常生活中创造性思维的重要特征，他指出鼓励猜想在培养直觉思维中的重要性。

④激发内在动机。布鲁纳强调学习是一个主动的过程，主张教师要使学生主动地参加到学习中去，并且体验到有能力掌控他的外部世界，以此来激发学生的内在学习动机。

⑤学科基本结构的教学原则：动机原则、结构原则、程序原则、强化原则。

（2）启示。

在根据"学科的基本结构"设计课程时，应重视基础课的改革，并将那些对基础课有关的普遍的和强有力的观念与态度放在课程的中心地位。要把教材分成不同的水平，使之与学校里不同年级、不同水平的学生的接受能力配合起来。

3. 试述科尔伯格的道德发展阶段理论。

【答案要点】

美国心理学家科尔伯格认为儿童道德的发展是分阶段的，他在研究中发现道德发展不是只有两个水平，而应该有多个水平，提出了著名的"三水平六阶段"的道德发展阶段论。

（1）理论内容。

①前习俗水平。大约出现在幼儿园及小学低中年级阶段。该时期的特征是儿童遵守规范，但尚未形成自己的主见，着眼于人物行为的具体结果，关心自身的利害。包括惩罚和服从的定向阶段和工具性的相对主义定向阶段。

②习俗水平。在小学中年级以上出现，一直到青年、成年。该时期的特征是个人逐渐认识到团体的行为规范，进而接受并付诸实践。包括人际协调的定向阶段和维护权威或秩序的定向阶段。

③后习俗水平。该阶段已经发展到超越现实道德规范的约束，达到完全自律的境界，这个水平是理想的境界，成人也只有少数人才能达到。包括社会契约的定向阶段和普遍道德原则的定向阶段。

（2）教育启示。

①形成了一个研究个体品德发展阶段的重要模式，有助于将品德发展的理论运用到学校道德教育中去，实施道德教育。

②道德教育的首要任务是提高儿童的道德判断能力，培养他们明辨是非的能力。教育者的主要任务就是帮助被教育者注意到真正的道德冲突，思考用于解决这种冲突的理由是否恰当，发现解决

这种冲突的新的思想方法。

③儿童的道德发展是有阶段性的、渐进的，因此，在对儿童进行道德教育时，应随时了解儿童所达到的发展阶段，根据儿童道德发展阶段的特点，循循善诱地促进他们的发展。

④社会环境对人们道德发展有着巨大作用，因此在学校中要树立良好的公正群体气氛，这是道德教育必要的条件。科尔伯格是现代道德认知发展理论的创立者。这一革命性的发现，从根本上改变了道德仅仅是社会道德灌输教育结果的传统观点。

4. 试评述陈鹤琴教育思想的特点及贡献。

【答案要点】

陈鹤琴是中国近代学前儿童教育理论和实践的开创者。他一生致力于从中国国情出发，学习和引进西方教育思想和方法，建设有民族特色的中国现代儿童教育。他倡导"活教育"，为改革传统教育提出了极有价值的思路。

（1）"活教育"的目的论。

陈鹤琴提出"活教育"的目的是"做人，做中国人，做现代中国人"。"做人"是"活教育"最为一般意义的目的。"活教育"提倡学习如何做人，如何求社会进步、人类发展。"做中国人"体现了"活教育"目的的民族特征。"做现代中国人"体现了时代精神，有五个具体方面的要求：要有健全的身体；要有建设的能力；要有创造的能力；要能够合作；要服务。

（2）"活教育"的课程论。

"大自然、大社会都是活教材"，是陈鹤琴对"活教育"课程论的概括表述。"活教材"是指取自大自然、大社会的"直接的书"，即让儿童在与自然、社会的直接接触中，在亲身观察中获取经验和知识。既然"活教育"的课程内容应该来源于自然、社会和儿童的生活，其组织形式也必须符合儿童的活动和生活的方式，符合儿童与自然、社会环境的交往方式。

（3）"活教育"的教学论。

"做中教，做中学，做中求进步"是活教育教学方法的基本原则。陈鹤琴认为，"做"是学生学习的基础，因此也是"活教育"教学论的出发点。它强调儿童在学习过程中的主体地位和在活动中直接经验的获取。

（4）"活教育"思想的评价。

"活教育"思想吸取了杜威实用主义教育的合理内核，即批判传统教育忽视儿童生活和主体性，力图去除以学校和课堂为中心而脱离社会生活、以书本知识为中心而脱离实际和实践、以教师为中心而漠视学生的存在等弊端，同时也充分考虑到中国的时代背景和国情。这是一种有吸收、有创造、有创新的教育思想。

2011年
云南师范大学 333 教育综合·真题解析

一、名词解释

察举制

察举制是我国汉代选拔官吏的制度，由地方官根据朝廷所定科目和选拔标准，向朝廷荐举，经过考核，任以官职。察举的科目可分为两大类：一类为常科，另一类为特科。

朱子读书法

朱熹一生酷爱读书，对于如何读书有深切的体会，并提出了许多精辟的见解。他的弟子将其概括为"朱子读书法"六条：循序渐进、熟读精思、虚心涵泳、切己体察、着紧用力、居敬持志。

昆体良

昆体良是古代罗马帝国时期著名的雄辩家、教育家。其著作《论演说家的教育》是西方第一部专门以教育为题材的教育学著作，也是系统的教学方法著作。

《爱弥儿》

《爱弥儿》是卢梭的教育哲理小说，批判了经院主义教育，提倡自然主义教育；认为教育应受天性指引，以培养"自然人"为目的；论述了儿童身心发展的四个时期的特点、教育内容和方法；论述了女子教育。该书反映了新兴资产阶级改革教育的要求，在西方教育史上首次系统提出新的儿童教育观，在教育史上掀起一场"哥白尼式的革命"。

形成性评价

在教学进程中，对学生的知识掌握和能力发展所做的比较经常而及时的测评，包括对学生的提问、书面测验、作业批改等。其目的不注重于成绩的评定，而是使师与生都能及时获得反馈信息，更好地改进教与学，以促进教师和学生的发展、提高。

价值澄清模式

价值澄清模式是针对美国儿童在多元社会中面对多种价值观的选择而提出的理论，代表人物有拉思斯、西蒙、鲍姆等。其中，拉思斯是该理论的创始人。价值澄清即学生可通过学习一个价值观的形成过程来获得自己的价值观。该模式的核心理论是"学会选择"。

二、简答题

1.简要分析知识对人的发展的多方面价值。

【答案要点】

文化知识蕴含着有利于人的发展的多方面价值：

（1）促进人的认识的发展，即认识价值。知识是人类长期认识与实践的成果，是前人遗留下来的精神财富。学生掌握和运用前人的知识，就等于继承和掌握了前人认识的资源和工具，以此来认识世界。如今，借助于网络与数字化信息，能更快捷有效地获取知识，使人类的认识实现了又一次新的飞跃。

（2）促进人的精神的发展，即陶冶价值。知识蕴含着科学精神和人文精神。科学精神引导人实事求是、独立思考、追求真理；人文精神则引导人追求人生的意义与尊严，坚持自由、平等与公正，争取人的合理存在，向往人的解放。二者不单是一个知识问题、认识问题，而是引导学生从知识、认识层面上升到人格层面，让学生在这个过程中接受科学精神和人文精神的陶冶。

（3）促进人的能力的发展，即能力价值。知识及其运用能力是前人在认识事物、解决具体问题的过程中提炼形成的结晶。因此，要有效地发展学生的认识问题和处理问题的能力，不仅要引导他们学习、理解知识，还要引导他们运用知识去解决各种实际存在的问题。

（4）促进人的实践的发展，即实践价值。主要指促进人运用知识去指导、推进社会实践的发展。当学生通过学习获取了知识，认识了某种事物特性，就能获得改造某种事物的可能性，推动了这一领域的社会实践的发展。

2. 简要评述活动课程。

【答案要点】

（1）含义：活动课程又称经验课程、儿童中心课程，与学科课程相对立，它打破学科逻辑的界限，是以学生的兴趣、需要、经验和能力为基础，通过引导学生自己组织的有目的的活动系列而编制的课程。

（2）特点：第一，重视儿童的兴趣、需要、能力和阅历，以及儿童在学习中的自我指导作用与内在动力；第二，注重引导儿童从做中学，通过探究、交往、合作等活动使学生的经验得到改组与改造；第三，强调解决问题的动态活动的过程；第四，把课程资源作为解决问题的工具，反对预先确定目标的观念。

（3）优点：能调动学生的积极性、自主性，发挥他们个人的潜力、个性和创造性，提高学生处理各种实际问题和适应社会生活的能力与品德修养。

（4）缺点：第一，不重视系统的科学文化知识的教学；第二，缺乏规范性，其教学过程不易理性地引导，存在较大难度；第三，对教师要求过高，不易实施与落实，学生也往往学不到预期的系统的科学基础知识。

3. 简述唐代学校教育制度的特点。

【答案要点】

（1）学校体系形成。私学与官学并存，私学承担基础教育与专业教育两层次教育任务。在教育行政上官学是教育的主干，私学是官学的重要补充。这一古代学校教育体系的形成对中国封建社会后期的教育产生了重要影响。

（2）教育行政体制分级管理的确立。从隋代开始实行分级管理的教育行政体制，中央官学由国子监祭酒负责管理，地方官学由州县长官负责管理。而专科性学校则归对口的行政部门管理，以利于专业教育的实施。

（3）学校内部教学管理制度及法规的完善。隋唐时期对过去学校教学的规定和惯例加以梳理，按现实需要做了新的规定，使对学校教学的管理有法可依。

（4）专业教育的重视。在国子监添设算学专科以培养算学的专门人才，还有其他一些专科教育，从教育制度发展过程来考察，这是实科教育的首创。

（5）学校教育与行政机构及事务部门的结合。一些事务部门，如天台司、太医馆等，负起双重任务，既为政府进行专业服务，又担负起培养专业人才的任务，学生在这种条件下学习，可以更好地把专业知识与专业实践密切结合起来。

4. 简述陶行知生活教育的思想。

【答案要点】

生活教育理论是陶行知教育思想的核心，集中反映了他在教育目的、内容和方法等方面的主张，反映了陶行知探索适合中国国情和时代需要的教育理论的努力。

（1）生活即教育。"生活即教育"是陶行知生活教育理论的核心，其内涵十分丰富。第一，生活含有教育的意义；第二，实际生活是教育的中心；第三，生活决定教育，教育改造生活。

（2）社会即学校。"社会即学校"是生活教育理论另一重要主张，是"生活即教育"思想在学校与社会关系问题上的具体化。社会即学校是指社会含有学校的意味，或者说以社会为学校；学校含有社会的意味，也就是说，学校通过与社会生活相结合，一方面运用社会的力量使学校进步，另一方面动员学校的力量帮助社会进步，使学校真正成为社会生活必不可少的组成部分。

（3）教学做合一。"教学做合一"是生活教育理论的又一重要主张，是"生活即教育"在教学方法问题上的具体化。"教学做合一"要求在"劳力上劳心",认为"行是知之始",要求"有教先学"和"有学有教",是对注入式教学法的否定。

5. 举例说明什么是下位学习(类属学习)。

【答案要点】

下位学习又称类属学习,是指学习者认知结构中原有的观念在包摄和概括的水平上高于新知识,在新旧知识之间构成一种类属关系。可以分为两种类型:

(1)派生类属学习,即新知识是学习者认知结构中原有观念的特例。如学生先掌握水果的概念,再学习新的概念荔枝。

(2)相关类属学习,即新知识的纳入使得原有的观念得到扩展、深化、精致或限制。如学生已经形成了自然数的概念,当新的概念负数纳入后,原有的自然数的概念扩展为有理数。

6. 举例说明常用的精细加工策略。

【答案要点】

精细加工策略是通过把所学的新信息和已有的知识联系起来以增加新信息意义的策略,即通过对学习材料的精细加工,将新旧知识联系起来,帮助学习者增进对新知识的理解,并把信息储存到长时记忆中的学习策略。精细加工策略主要包括以下几种:

(1)记忆术。

①位置记忆法:通过联系自己熟悉的某些地点顺序来记忆一些名称或者客体顺序的方法。

②首字联词法:利用每个词的第一个字形成一个缩写。

③谐音联想法:利用视觉表象和语义联想记住一系列材料。

④琴栓–单词法:适用于无序的单词记忆,要求使用者对乐器或音律有一定的了解。类似于位置记忆法,把无序的单词与琴栓对应起来形成逻辑联系,以琴栓为线索提取记忆。

⑤关键词法:将新词或概念与相似的声音线索词,通过视觉表现联系起来。

⑥视觉想象:通过形成心理想象来帮助人们联想记忆。

(2)灵活处理信息。

①意义识记:善于找出学习事物之间的关系,这样即使某部分信息被遗忘了,学习者也可以顺着关系将其推导出来。

②主动应用:学习者不仅要记住某个信息,还要知道在何时何地可以使用这些信息。

③利用背景知识:在新学信息和已学信息之前建立联系。

三、分析论述题

1. 论述多元文化与当代教育变革的关系。

【答案要点】

从现实社会来看,我们生活的社会本身就是一个多元的组合体,民族文化的多样性、移民国家文化的复杂性,使每个生命个体时刻都处于多元文化交流的环境中,人类生活在多元文化相互激荡的时代。民族文化与异域文化、传统文化与现代文化、主流文化与非主流文化、东方文化与西方文化、强势文化与弱势文化等等,冲突无处不在,而融合与创新也日益加深,各种文化之间的强弱消长影响着历史的进程。

多元文化对教育的影响与机遇:

(1)促进教育事业向多元化发展。教育是文化的一个组成部分,与文化是部分与整体的关系。因而,文化上的整体变革或多或少会地反映到教育上来。文化上的多元化的一个明显特征是文化模式的多样,与此相关,教育上的模式也越来越呈现多样化、个性化的特点。

（2）增强文化意识，优化教育的文化理念。在教育教学中，无论老师还是学生都是特定文化背景下的人，都是在其生存区域文化影响下不断成长起来的人。我们既不能脱离"文化背景"孤立地看师生的教育行为，也不能离开"文化"孤立地实施学科教学。我们可以通过不同文化间的沟通为学校文化的发展打开更大的空间，形成新的学校文化。

（3）优化学科课程设置。课程反映了人类文化的基本成果，起到承载文化、传递文化的功用。但是，由来已久的学校课程内容基本上由社会主流文化所决定。使用统一的课程标准、统一的内容去教授不同文化和教育背景的学生，既忽视学生具有独特的文化，也无视社会上多元文化的存在。在多元文化环境中，学校不可能也不应该只反映主流文化，而无视其他文化的存在，何况多元文化对社会各方面的影响必然会冲击学校课程。

多元文化对教育的影响与挑战：

（1）文化认同混乱。教育的功能之一在于文化传递，社会成员通过教育过程实现文化认同。在多元文化社会中，各种文化范型共存，教育在传播、选择和提升文化的过程中，不仅反映社会文化差异，有时也会产生独特的冲突范型。表现在受教育者与传统思维模式、价值取向、交往规范等方面的脱节，受教育者无法认可教育目标中关于主流生活方式及生存意义的话语。

（2）道德意识淡化。多元文化的发展必定带来不同的、甚至是互相冲突与竞争的各类价值观念。在不同理念、信仰、价值冲击下的多元社会中，群体成员容易感到彷徨失措与迷茫不安，从而导致道德失范或者价值失落。现今学校和正规教育更多注重培养学生在意识层面上对主流与传统文化价值的接受。在面对不同价值与道德观念的冲击与碰撞时，学生往往挣扎在传统与现实的夹缝中，难以形成统一的社会价值观与坚定的道德意识。

（3）整合功能弱化。文化整合是指各种不同的文化范式或文化要素互相适应、妥协与融合，继而生成一个有机整体的过程。文化整合是教育的重要功能之一，教育通过文化整合完成族群成员社会化。当今社会，随着多元文化之间共存、碰撞、竞争与冲突的普遍化以及各文化群体及群体内部成员主体意识的不断提升，要求尊重和学习不同文化的呼声越来越高，这一切都在不断冲击着现存的文化形态，促使主流价值观进行逐步的调整与变革，难以形成强大的文化合力，在相当大的程度上削弱了教育的整合功能。

2. 论述终身教育思想及其意义。

【答案要点】

终身教育思潮产生于 20 世纪 50 年代的法国，是现代欧美国家一种强调把教育贯穿人的一生的教育思潮，现已成为一种被视为未来教育战略的国际性教育思潮，代表人物是保罗·朗格朗。

（1）终身教育的缘由：终身教育是应对人类在现代社会中所面临各种新挑战的需要，是一种能够使人在各方面做好准备并应付新的挑战的教育模式和教育观念。

（2）终身教育的含义：终身教育包括了教育的各个方面、各项内容，从一个人出生的那一刻起一直到生命终结时为止的不间断的发展，也包括了在教育发展过程中的各个阶段之间的内在联系。它并不是传统教育的简单延伸，而是包括一切正规教育、非正规教育以及非正式教育。其基本特点是具有连续性和整体性。此外终身教育没有固定的教育内容和方法，强调人的个性发展。

（3）终身教育的目标：实现更美好的生活，使人过一种更和谐、更充实和符合生命真谛的生活。具体目标包含两方面：培养新人；实现教育民主化。

终身教育理论自 20 世纪 60 年代中期兴起以后，在教育领域中引起了一场广泛而深刻的革命。终身教育已成为建立一个学习化社会的象征。许多国家把终身教育作为教育改革和发展的战略重点，但终身教育的具体实施规划仍需进一步探讨。

2010年 云南师范大学 333 教育综合·真题解析

教育学原理

一、名词解释

个人本位论

个人本位论认为教育目的是根据个人发展的需要制定的，而不是根据社会的需要制定的，个人价值高于社会价值，人生来就有健全的潜在本能，教育的基本职能就在于使这种潜能得到发展。代表人物有卢梭、裴斯泰洛齐等。

非正式群体

非正式群体是指学生自发形成或要求成立的。它包括因兴趣爱好相同，感情融洽，或是邻居、亲友、同学关系而形成的各种学生群体。

二、简答题

1. 简要分析教师专业发展。

【答案要点】

（1）教师专业发展的内涵。

教师专业发展，又称教师专业成长，是指教师在整个专业生涯中，依托专业组织、专门的培养制度和管理制度，通过持续的专业教育，习得教育教学专业技能，形成专业理想、专业道德和专业能力，从而实现专业自主的过程。它包括教师群体的专业发展和教师个体的专业发展。

①教师群体的专业发展是指教师职业不断成熟，逐渐达到专业标准，并获得相应的专业地位的过程。主要包括：教育知识技能的体系化，形成学科专业和教育专业；国家有教师教育的专门机构、专门教育内容和措施，教师教育专业化；国家有对教师资格和教师教育机构的认定制度和管理制度；形成社会公认的教师专业团体。

②教师个体的专业发展是指教师作为专业人员，从专业理想到专业知识、专业能力、专业心理品质等方面由不成熟到比较成熟的发展过程，即由一个专业新手发展成为专家型教师或教育家型教师的过程。其发展途径包括师范教育、新教师的入职辅导、教师的在职培训、教师专业发展学校、同伴互助和教师的自我教育。

（2）教师个体专业性发展的过程。

①凯兹根据前人的观念概括并提出了教师发展的四个阶段：求生期、强化期、求新期、成熟期。

②叶澜等从"自我更新"取向角度对教师专业发展阶段及其特征进行了深入研究，把它分为"非关注""虚拟关注""生存关注""任务关注""自我更新关注"五个阶段。

2. 简述我国基础教育公平中的主要问题。

【答案要点】

教育公平面临严峻挑战，主要体现在以下方面：

（1）城乡之间、地区之间存在明显的差距问题。

首先，教育经费与设备配置的差异导致教育条件的不公平；其次，师资力量与教学水平的差异导致教育过程的不公平；再次，城乡学校的教育条件与教学水平的差距导致教育结构的不公平；最后，教育投入的差距深刻影响教育的公平。因此，关注与促进缩小城乡与地区差距是实现教育公平的基础。

（2）农民工子女接受教育需要妥善解决的问题。

它包括"留守儿童教育"和"农民工子女上学难"两个问题。若不能妥善解决，不仅影响社会主义现代化建设和社会的转型，而且影响社会的稳定与和谐。

（3）优质教育资源短缺引发的教育机会不公平问题。

大量研究证明，优质教育资源的分配与学生家庭的经济背景以及父母的社会阶层存在显著的关联。于是，优质教育资源短缺与人民群众对优质教育越来越高的需求的矛盾便成为人们普遍关注、最为突出的教育问题和社会问题。

三、分析论述题

1. 试论信息化时代的学校教育改革。

【答案要点】

信息化时代的学校教育改革就是学校教育信息化。教育的信息化是现代教育最显著的特征之一，也是世界教育改革的一个重要趋势。它带给教育的不仅仅是手段与方法的变革，而且也是包括教育观念与教育模式在内的一场历史性变革。

（1）对教师职能的影响。教学自动化并不能取代教师所发挥的作用，只能使教师职能有所改变，教师所具有的一些"人性化"的特质，是任何机器都代替不了的。教师将更多地成为学习活动的参谋和指导者，而不再是知识的提供者。同时，教师可以从事务性工作中解放出来，有更多的时间从事教学改革，更好地进行个别辅导。

（2）对师生关系的影响。教学技术促进了教育者和受教育者的地位互动。现代教育技术加快了知识信息传播的速度和知识传播的广度。教育者既可以通过先进的技术传授自己拥有的知识，同时又接受、学习他人的知识和经验。受教育者则一方面获取知识，另一方面，也可以用自己的观点和主张影响他人。

（3）对教师提出新的要求。教师必须站在变革的前沿，掌握现代信息技术，树立新的教育观念。教师不仅要教会学生运用信息技术查找、加工、储存各种信息，而且更要指导学生以批判的精神对待这些信息。因此，对教师进行培训，使他们掌握现代信息技术是必不可少的。

中外教育史

一、名词解释

《理想国》

《理想国》是一部讨论政治和教育的著作，被认为是西方教育史上最为重要和伟大的教育著作之一。在《理想国》中，柏拉图精心设计了一个他心目中理想的国家，在这个国家中执政者、军人、工农商服从各自的天性，各安其位，互不干扰，智慧、勇敢、节制、正义成为理想国的四大美德。

泛智教育

基于教育的崇高目的，夸美纽斯提出"将一切事物教给一切人"的泛智主义教育观，并由此大力主张普及教育于全体儿童和民众。内容主要包括教育内容的泛智化和教育对象的普及化两个方面。

癸卯学制

癸卯学制是中国近代由中央政府颁布并首次得到施行的全国性法定学制系统。学制主系列分为三段七级。第一阶段为初等教育，包括蒙养院 4 年、初等小学堂 5 年和高等小学堂 4 年。第二阶段为中等教育，设中学堂 5 年。第三阶段为高等教育，分为高等学堂或大学预科 3 年、大学堂 3~4 年、通儒院 5 年。

晏阳初

晏阳初是中国现代史上著名的教育家、世界平民教育运动与乡村改造运动的倡导者。他以县为单位进行教育实验，把中国农村的问题归结为"愚""穷""弱""私"四个方面，并在此基础上提出"四大教育"和"三大方式"。晏阳初提出了"农民科学化，科学简单化"的平民教育目标，认为想要"化农民"必须先"农民化"。

二、简答题

1. 简述人文主义教育的主要特征。

【答案要点】

（1）人本主义。人文主义教育在培养目标上注重个性发展，在教育教学方法上反对禁欲主义，尊重儿童天性，坚信通过教育这种后天的力量可以重塑个人、改造社会和自然，这些都表现出人本主义内涵，人的力量、人的价值被充分肯定。

（2）古典主义。人文主义教育思想吸收了许多古人的见解，人文主义教育实践尤其是课程设置亦具有古典性质，但这种古典主义绝非纯粹的"复古"，实则含有古为今用、托古改制的内涵，这在当时是进步的。

（3）世俗性。不论从教育目的还是从课程设置等方面看，人文主义教育洋溢着浓厚的世俗精神，教育更关注今生而非来世，这是人文主义教育与中世纪教育的根本区别。

（4）宗教性。人文主义教育仍具有宗教性，几乎所有的人文主义教育家都信仰上帝，他们虽然抨击天主教会的弊端，但不反对宗教更不打算消灭宗教，他们希冀以世俗和人文精神改造中世纪陈腐专横的宗教性，以造就一种更富世俗色彩和人性色彩的宗教性。

（5）贵族性。这是由文艺复兴运动的性质所决定的。人文主义教育的对象主要是上层子弟，教育的形式多为宫廷教育和家庭教育而非大众教育，教育的目的主要是培养上层人物如君主、侍臣、绅士等。

2. 简述张之洞"中体西用"教育思想的影响。

【答案要点】

"中学为体，西学为用"是洋务派关于中西文化关系的核心命题，也是洋务教育的指导思想。在回答解决"西学"与中国固有文明之间的关系问题时，洋务派提出"中体西用"，认为在突出"中学"主导地位的前提下，应肯定"西学"的辅助作用和器用价值。1898 年初，张之洞发表《劝学篇》，围绕"旧学为体，新学为用"的主旨集中阐述，形成了一个比较完整的思想体系。

（1）历史作用。

①洋务派提出"中体西用"，在不危及"中体"的前提下侧重强调采纳西学，既体现了洋务派的文化教育观，也是洋务派应对守旧派的策略。

②在"中体西用"形式下，"西学"教育的规模不断扩大。两次鸦片战争中，"中体西用"的内涵被不断调整，"西用"的范围不断延伸，逐渐纳入新的成分。

③洋务运动时期，"中体西用"理论为"西学"教育的合理性进行了有效论证，促进了资本主

义文化在中国的传播。在此原则下实施的留学教育和举办的新式学堂给僵化的封建教育体制打开了缺口，改变了单一的传统教育结构。

（2）历史局限。

①"中体西用"思想本质上还是为了维护封建专制统治，阻碍了后来维新思想的广泛传播，不利于近代刚刚开始的思想启蒙运动。

②"中体西用"作为一种文化整合方案和教育宗旨来说是粗糙的。它是在没有克服中西文化固有矛盾情况下的直接嫁接，必然会引起两者之间的排异反应。

三、分析论述题

1. 论述杜威实用主义的教育思想及其影响。

【答案要点】

杜威是20世纪美国著名的哲学家和教育家，他以实用主义哲学、民主主义政治理想和机能心理学为基础，通过批判地继承前人的思想，构建起庞大的教育哲学体系，成为现代教育的代表人物。主要著作有《民主主义与教育》《我的教育信条》等。

（1）论教育的本质。

杜威对于"什么是教育"的问题，给出的回答是：教育即生活、社会即学校、教育即生长、教育即经验的持续不断的改造。

（2）论教育的目的。

①教育无目的论。从教育本质论出发，杜威反对外在的、固定的、终极的教育目的，认为教育无目的。杜威所希求的是过程内的目的，这个目的就是"生长"。

②教育的社会目的。杜威强调过程内的目的不等于否定社会性的目的。杜威要求教育为社会进步服务，为民主制度的完善服务。他认为教育是社会进步及社会改革的基本方法，学校是社会进步和改革的最基本和最有效的工具。在民主社会中，个人发展与社会进步是统一的。

（3）论课程与教材。

①从做中学。杜威以其经验论为基础，要求从做中学、从经验中学，要求以活动性、经验性的主动作业来取代传统书本式教材的统治地位。在杜威看来，这种活动性、经验性课程既能满足儿童的心理需要，又能满足社会性的需要，还能使儿童对事物的认识具有统一性和完整性。

②教材心理学化。杜威主张以"教材心理学化"来解决怎样使儿童最终获得较系统的知识而同时又能在学习过程中顾及儿童的心理水平。"教材心理学化"是指把各门学科的教材或知识各部分恢复到它所被抽象出来之前的原来的经验。这种心理化就是把间接经验转化为直接经验，即直接经验化。之后再将已经经验到的那些东西累进地发展为更充实、更丰富也更有组织的形式，即逐渐地接近提供给有技能的、成熟的人的那种教材形式。

（4）论思维与教学方法。

①反省思维。杜威所力倡的反省思维是指对某个经验情境中的问题进行反复的、严肃的、持续不断的思考，其功能在于求得一个新情境，把困难解决、疑虑排除、问题解答。

②五步教学法。杜威根据科学的实验主义探究方法和反省思维方式，提出五步教学法，即创设疑难的情境、确定疑难所在、提出问题的种种假设、推断哪种假设能解决这个困难、验证这种假设。

（5）论道德教育。

杜威认为道德教育的主要任务是协调个人与社会的关系。他认为个人的充分发展是社会进步的必要条件，社会的进步又可以为个人的发展提供更好的基础。他反对过分强调个人自由和竞争的旧个人主义，而提倡强调人与人之间的合作，强调社会责任和理智作用的新个人主义。

教育的道德性和教育的社会性是相通的，道德教育应在社会性的情境中进行而不能只停留于口头说教；要求学校生活、教材、教法皆应渗透社会精神，视学校生活、教材、教法为"学校道德三位一体"，这三者都是道德教育的重要途径。

（6）杜威教育思想的影响。

①杜威是西方现代教育派的理论代表。他对传统教育的整个理论体系发起挑战，奠定了现代教育的理论大厦的基石。

②杜威是新教育的思想旗手，他的教育理论突破以往建立在主客体两分之上的传统教育的弊端，将知行合一，使教学中死的知识变为活的知识，突破了内发论和外铄论，将教育看作人与环境的交互过程中经验的观点具有很高的创造性。

③杜威奠定了儿童中心论，解决教育与儿童相脱离的问题，并通过学校与社会的统一、思维与经验的统一，解决教育与实践，学校与社会脱离的问题。

④杜威提出了做中学这一建立在新哲学和心理学基础上的新方法，拓宽了教学形式和方法，提高了教学专业化水平。

⑤杜威的教育理论对世界教育进程发挥巨大作用，对日本、中国、苏联等国具有直接的影响。

⑥杜威的理论偏重儿童、活动、经验三中心而使得教育实践忽视了系统知识的传授以致引发了自由与纪律、教师与学生关系等诸多矛盾。另外根据经验和教材心理化原则编写新型教材的设想过于理想化，难以实现。

教育心理学

一、简答题

1. 简述麦基奇等提出的学习策略分类。

【答案要点】

学习策略是指学习者为了提高学习的效果和效率，有目的、有意识地制定的有关学习过程的复杂的方案。麦基奇等将学习策略分为以下三大类：认知策略、元认知策略和资源管理策略。

（1）认知策略：认知策略是加工信息的一些方法和技术，能使信息有效地从记忆中提取出来。认知策略可以分为注意策略、精细加工策略、复述策略、编码与组织策略。

（2）元认知策略：元认知策略是对信息加工流程进行控制的策略，可分为计划策略、监察策略和调节策略。

（3）资源管理策略：资源管理策略是辅助学生管理可用环境和资源的策略，包括时间管理策略、努力管理策略、学业求助策略、学习环境管理策略。

二、分析论述题

1. 结合实际分析影响问题解决的主要因素，谈谈如何培养学生问题解决的能力。

【答案要点】

问题解决是指个体在面临问题情境而没有现成方法可以利用时，将已知情境转化为目标情境的认知过程。当常规或自动化的反应不适用于当前的情境时，问题解决者需要超越对过去所学规则的简单应用，对所学规则进行一定的组合，产生一个解答，达到问题解决的目的。它涉及认知、情感和行为活动成分。

（1）影响问题解决的因素。

①问题情境。个体面临的刺激模式与其已有的知识结构所形成的差异。

②原型启发。通过从待解决的问题具有相似性的其他事物上发现问题解决的途径和方法。

③人际关系。良好的人际关系有助于其解决面临的各类问题。

④知识经验。任何问题解决都离不开一定的知识、策略和技能，知识经验不足常常是不能有效解决问题的重要原因。

⑤定势与功能固着。定势是指人在解决一些相似的问题之后会出现一种惯用的方式解决问题的倾向。功能固着是指一个人看到某个物品有一种惯常的用途后，就很难看出它的其他新用途。

⑥酝酿效应。在反复探索一个问题的解决而毫无结果时，如果把问题暂时搁置几个小时、几天或几周，然后再回过头来解决，这时常常就可以很快找到解决方法。

⑦情绪状态。相对平和的心态有利于问题解决，同时，积极的情绪也有利于问题解决。

（2）学生问题解决能力的培养措施。

①鼓励质疑。教师要尽量从自己提出问题过渡到让学生质疑，从而培养学生主动质疑的内在动机，鼓励学生主动提问，形成一种自由探究的气氛。

②设置难度适当的问题。教师给学生的问题要可解，但也要有一定的难度。

③帮助学生正确表征问题。学生运用所学知识解释问题，或者画草图、列表、写方程式等，这对回忆相关信息都有很好的作用。

④帮助学生养成分析问题的习惯。教师要帮助学生发展系统考虑问题的方式和系统分析的习惯，既不能让学生盲目尝试错误练习，也不能过分热心，先把答案告诉学生。

⑤辅导学生从记忆中提取信息。教师需要帮助学生从记忆中迅速提取与解决问题有关的信息，并能很快找出可利用的信息，明确问题解决情境与想要达到的目的，迅速做出判断。

⑥训练学生陈述自己的假设及其步骤。教师要培养学生由跟从别人的言语指导转变到自行指导思考，然后再要求他们自己用言语把指导步骤表达出来。

⑦提供结构不良问题，培养实际解决问题的能力。通过对这些问题的解决，能让学生将解决问题的能力迁移到实际领域中去。

2022年 贵州师范大学333教育综合·真题真练

一、单选题（30个缺失）

二、多选题（10个缺失）

三、名词解释
教师　书院　骑士教育　学习策略

四、简答题
1. 简述《中华人民共和国家庭教育促进法》规定家庭教育应当符合的要求。
2. 简述如何纠正学生不良行为。

五、分析论述题
1. 材料：材料缺失
（1）新修订的教育方针完整表述是什么？
（2）教育方针体现了我国教育目的的什么特点？
（3）新发展阶段，如何落实和促进新教育方针？

2021年 贵州师范大学333教育综合·真题真练

一、单选题（30个缺失）

二、多选题（10个缺失）

三、简答题
1. 简述蔡元培"五育"并举的思想。
2. 简述促进学习迁移的方法。
3. 简述国务院关于教育评价的措施。
4. 简述教育摆在优先发展的战略位置的理论基础和实践。

四、分析论述题
1. 针对停课不停学的线上教学，谈一谈你的看法（停课不停学，在线教育给新学期课堂教学带来的变化及应对措施）。

2020年 贵州师范大学 333 教育综合·真题真练

一、名词解释
稷下学宫　学习动力　产婆术　班级授课制

二、简答题
1. 简述教育对政治的影响。
2. 简述影响遗忘的因素。
3. 简述夸美纽斯的教育思想。

三、分析论述题
1. 论述科举制的利弊及对高考的启示。
2. 材料：根据2019年11月颁布的《中小学教师实施教育惩戒规定（征求意见稿）》，教师可采取不超过一堂课教学时间的教室内站立或面壁思过的惩罚方式。
（1）请说说如何界定教育惩戒？
（2）中小学教师如何进行教育惩戒？

2019年 贵州师范大学 333 教育综合·真题真练

一、名词解释
教育目的　课程　壬寅学制　绅士教育　元认知策略　因材施教

二、简答题
1. 简述"五育"并举。
2. 简述颜之推的教育思想。
3. 简述夸美纽斯的教育思想。
4. 简述学校教育在人的发展中的作用。

三、分析论述题
1. 论述建设师德师风的重要性。
2. 论述卢梭的自然主义教育。
3. 论述如何培养学生的学习动机。
4. 论述启发式教学及其要求。

2018年 贵州师范大学333教育综合·真题真练

一、名词解释
教育 课程 有教无类 认知策略 产婆术 问题解决

二、简答题
1. 简述杜威的教育思想。
2. 简述启发性教学原则的基本要求。
3. 简述马克思主义关于人的全面发展的学说。
4. 简述马斯洛的需要层次理论。

三、分析论述题
1. 材料：一位中学教师在谈教育体会时说："现在的中学生太不懂事了，有时候甚至不打他，他就不听话。"这位教师的学生说："我们知道老师是对我们好才严格要求我们，不过他总是把我们当犯人一样看待，从来不相信我们，弄得我们平时只好躲着他。有时明知他是对的，也故意与他作对。"

上述材料体现了什么德育原则？怎样处理？

2. 材料：为了丰富班级每周的班会活动，李老师选了一篇课文改成了剧本。李老师把她的计划和大家说了说，全班同学都很高兴，这时李老师听到小松同桌小声议论："老师怎么选这篇课文，又长又不好演。""你管呢，让你演什么你就演什么呗。""我可不想演。"听到这儿，李老师的心里咯噔一下。下课后，李老师把小松请到办公室，请他谈谈对演课本剧的想法。小松说："老师，我觉得您选的课文不好，而且您每次都是写好了剧本让我们演，您应该让我们自己来试一试。"小松的话让李老师突然意识到他们并不希望老师什么都"包办代替"，他们长大了。于是，李老师把导演的任务交给了小松同学，他高兴地接受了任务，开始和同学商量演哪一课，然后找李老师做参谋，请李老师帮忙做道具。在班会活动上课本剧表演得非常成功，李老师和孩子们一同品尝了成功的喜悦。

上述材料中老师在班级管理上体现了什么样的管理观念？有什么启示？

3. 论述陶行知教育思想及其对当前学校教育的启示。
4. 论述班杜拉观察学习理论及其现实意义。

2017年 贵州师范大学333教育综合·真题真练

一、名词解释
学校教育 教育目的 "六艺"教育 骑士教育 学习策略 最近发展区

二、简答题

1. 简述教育的相对独立性。
2. 简述孔子教育思想的贡献。
3. 简述现代教育对教师素养的要求。
4. 简述夸美纽斯的泛智教育思想。

三、分析论述题

1. 论述杜威的教育本质论及其现实意义。
2. 论述新一轮的课程改革对教师的要求。
3. 材料：老师提问砖头的作用，小方回答"造房子，造博物馆，铺路"，小明回答"造房子，铺路，打狗，敲钉"。

分析二者的回答，你更喜欢谁的回答？用思维的原理进行分析。

4. 材料：新班主任周老师刚进班的第一天，就看见教室的黑板上写着"你也下课吧"五个大字，原来这个班在周老师来之前已经换过两个班主任了，因为该班的学生的学习成绩、班级卫生、学校纪律方面表现极差，导致该班班主任评分被扣而取消当班主任的资格。

如果你是周老师，你会怎么做？

2016 贵州师范大学 333 教育综合·真题真练

一、名词解释

学在官府　最近发展区　学习动机　宫廷教育　班级授课制　教育目的

二、简答题

1. 简述教育与文化的关系。
2. 简述科举制度对古代封建制度的影响。
3. 简述蔡元培的"五育"教育。
4. 简述赫尔巴特的四段教学法。

三、分析论述题

1. 方仲永五岁能作诗，但十二三岁时不如以前，二十岁和众人一样，用相关教育理论进行评论。
2. 一位教师用一条活鱼来引导《鱼》一课，播放关于解剖鱼的相关视频使学生了解鱼的知识。该教师用了什么教学原则？该如何运用此原则？
3. 如何看待教师"错一罚十、漏一补十"的做法？运用相关记忆规律分析此做法。
4. 材料：一群学生在围观蚂蚁，一位教师怒问："你们在干什么？"学生答："我们在听蚂蚁唱歌。"教师大声斥责："胡说，蚂蚁怎么会唱歌？"

用现代学生观分析该教师的行为。

2015年 贵州师范大学 333 教育综合·真题真练

一、名词解释

学校教育制度　教学　德育原则　《大学》中的"三纲领"　苏格拉底教学法　反思

二、简答题

1. 《学记》中的教学原则有哪些？
2. 简述陶行知"生活即教育"的教育理念。
3. 请简述《国防教育法》的相关立法执行情况。
4. 请简述杜威"做中学"的教育理念。

三、分析论述题

1. 材料：一名学生在日记里写道："我今天特别高兴，因为老师终于给了我回答问题的机会，这可是我进入这个班级获得的第一次机会啊！虽然这是老师不经意的一次提问，但我心里有说不出的喜悦。就在这一次，老师终于注意到我的存在，我有了发表意见的机会。"

请结合材料谈谈课堂提问应该如何把握正确方向。

2. 材料：最近一项调查结果显示：98.6%的学生见到老师能主动问好或打招呼，而只有不到9%的老师主动跟学生问好或打招呼。

请结合材料谈一谈如何构建和谐的师生关系。

3. 材料：李南是一位刚走上教师岗位的年轻教师。上岗之前，他踌躇满志，想象着教师的那些工作——备课、上课、批改作业等是那样的简单。而且作为物理教师，自己教学生掌握应该学到的物理知识，不用操心思想工作之类，可省去许多麻烦。总之对于自己这个大学毕业的高材生来说，要驾驭教师工作是轻而易举的事。然而，上岗两个月后，李南没有了往日的潇洒，他沮丧到了极点。走进教室，他发现学生比想象中的差多了，有的简直不像学生，对老师没有礼貌，时不时抓住机会向他挑衅。且不说教学内容他们不想听，即使讲轶闻趣事，有些学生也在另搞一套。课堂上还经常出现互骂打架的事情，真叫李南烦不胜烦。李南并不认为是他自己无能，而是学生太差。他觉得，与其把时间花在这难见成效的工作上，还不如早点改行。他想辞职去做生意，但是仔细想想，就此离开教育工作，他多少又心有不甘。但如果继续干下去，出路又何在？

（1）李南这名新教师出现这样的问题原因是什么？并加以分析。

（2）请向李南提出在教学和课堂管理方面的建议和方法。

4. 请论述中小学教学的原则。

2014年 贵州师范大学 333 教育综合·真题真练

一、名词解释
教学　学校管理　学习动机　稷下学宫　白板说　苏格拉底法

二、简答题
1. 简述影响人的发展的基本因素。
2. 简述陈鹤琴和王守仁的儿童教育思想。
3. 简述北宋的三次兴学。
4. 简述科尔伯格的道德发展阶段理论。

三、分析论述题
1. 结合教育知识，分析判断下面这两段话正确与否，并给出理由。

材料1：教师以民主而不是专制的方式管理学生，鼓励学生表达不同的意见，允许学生在自行探索中发现知识，那么这种教育方式有利于学生创造性的培养。

材料2：汉语拼音的学习产生的影响属于负迁移现象。

2. 教师怎么样才能上好一堂课？如何对教师授课的质量进行评价？
3. 论述赫尔巴特的教育思想。
4. 请结合师生关系的作用以及新型师生关系的特点对材料加以分析。

材料：新入职的张老师对学生的要求十分严格。有一次小明迟到一分钟，张老师不问原因，也不准小明回座位，就让他站在教室后听课一上午。平时学生向张老师礼貌问好，张老师也让学生感觉到不理不睬的，慢慢地，越来越多的学生对张老师敬而远之。有一天，学校组织学生与老师说心里话的活动。小明对张老师说了自己与同学们的感受，张老师进行了深刻的反思，也调整了自己的做法，渐渐地张老师发现学生们发生了许多变化，笑容多了，上课也认真了，连最不爱说话的学生也对张老师有话说了，张老师对自己说"我也进步了"。

2013年 贵州师范大学 333 教育综合·真题真练

一、名词解释
学制　学校管理　导生制　《学记》　技能　教育心理学

二、简答题
1. 简述中国古代书院的特点。
2. 简述王守仁有关儿童教育的思想。

3. 简述古风时代斯巴达教育与雅典教育的不同之处。

4. 列举杜威的教育思想。

三、分析论述题

1. 请结合教育知识，分别分析下面三个片段的肯定之处与不足之处，以及体现了什么样的教育原理。并结合教师的作用分析教师应如何教学，与学生保持什么样的关系。

（1）有人说教师是人类灵魂的工程师，教师是路标，教师是梯子……

（2）有人说教师是辛勤的园丁，教师是孺子牛，教师是蜡烛……

（3）有人说给学生一碗水，教师要有一桶水，教师是水，不断更新，长流不断。

2. 结合相关知识谈谈你对教学及教学过程的认识。

3. 结合成败归因理论和自我效能感来分析学生形成品德不良行为的原因，以及如何纠正学生的不良行为。

4. 请论述建构主义学习理论的相关观点。

2022年 贵州师范大学 333 教育综合·真题解析

一、单选题（30 个缺失）

二、多选题（10 个缺失）

三、名词解释

教师

在广义上，通常把人格比自己高尚的、有威望的、有知识的"能者"当作自己的老师，这也就是我们常说的"能者为师"。狭义的教师是学校产生后，以培养学生为己任、履行教育教学职责的专业人员，他们根据一定社会的要求，有目的、有计划地对学生施加影响，旨在把学生培养成为一定社会所需要的公民。

书院

书院产生于唐，发展于五代，而繁荣和完善于宋代。唐朝书院主要由民间私家设立，既有藏书，又有教学活动，学习内容适应科举考试的需要，不同于以前以单科学习为主的私学，形成知识面较广的新型教育机构。

骑士教育

骑士教育是中世纪世俗教育的一种主要形式，以培养当时封建制度中骑士阶层的成员为目的。它是一种特殊形式的家庭教育，并无专设的教育机构，也没有专职的教育人员。它在骑士生活和社交活动中进行。训练骑士的标准是剽悍勇猛、虔敬上帝、忠君爱国、宠媚贵妇。

学习策略

学习策略是指学习者为了提高学习的效果和效率，有目的、有意识地制定的有关学习过程的复杂的方案，具有以下四个特征：主动性、有效性、过程性、程序性。

四、简答题

1. 简述《中华人民共和国家庭教育促进法》规定家庭教育应当符合的要求。

【答案要点】

《中华人民共和国家庭教育促进法》已由中华人民共和国第十三届全国人民代表大会常务委员会第三十一次会议于 2021 年 10 月 23 日通过，自 2022 年 1 月 1 日起施行。其中规定，家庭教育应当符合以下要求：

（1）尊重未成年人身心发展规律和个体差异。

（2）尊重未成年人人格尊严，保护未成年人隐私权和个人信息，保障未成年人合法权益。

（3）遵循家庭教育特点，贯彻科学的家庭教育理念和方法。

（4）家庭教育、学校教育、社会教育紧密结合、协调一致。

（5）结合实际情况采取灵活多样的措施。

2. 简述如何纠正学生不良行为。

【答案要点】

通过借鉴西方现代三大学习理论的精髓思想，矫正学生品行不良的方法主要有以下几种：

（1）运用行为主义学习理论培养个体的良好行为方式。在教育中适当运用渐进强化的原理，可以有效地塑造学生的良好行为方式或矫正学生的偏差行为方式。

（2）直接从自我观察学习入手培养人的自律行为。自律是个人根据自己的价值标准评判自己的行为，从而规范自己去做自己认为应该做的事情，或避免做自己认为不应该做的事。

（3）提高道德认识法。"美德即知识"的命题启示人们，在很多时候丰富人的道德认识的确可以使人少犯错误，尤其是一些低级错误。这样，妥善采取常用的说理法、故事启发法、小组讨论法或价值澄清法等方法以提高人们的道德认知水平，往往是防治品行不端的有效之举。

（4）改过迁善法。指要求犯错者纠正自己的不良品德，以使自己朝着善的方向发展的方法。该方法由两部分组成：一是消除一个或几个错误的地方；二是通过一定的练习，使自己的行为朝着与原来不良行为相反的或不相容的方向发展。

（5）防范协约法。指以书面形式在教育者与被教育者之间建立和实施的一种监督关系的矫正不良行为的方法。

五、分析论述题

1. 问1：新修订的教育方针完整表述是什么？
问2：教育方针体现了我国教育目的的什么特点？
问3：新发展阶段，如何落实和促进新教育方针？

【答案要点】

问1：根据2021年4月29日第十三届全国人民代表大会常务委员会第二十八次会议《关于修改〈中华人民共和国教育法〉的决定》第三次修正，将第五条修改为："教育必须为社会主义现代化建设服务、为人民服务，必须与生产劳动和社会实践相结合，培养德智体美劳全面发展的社会主义建设者和接班人。"

问2：体现了我国教育目的的基本精神，包括以下几个方面：

（1）培养"劳动者"或"社会主义建设人才"。

教育目的的这个规定，明确了我国教育的社会主义方向，指明了培养出来的人的社会地位和价值，是社会主义的劳动者、建设人才，是国家的主人。

（2）坚持全面发展。

受教育者的全面发展即德、智、体、美、劳的发展。从人要处理的现实生活的关系分析，人的全面发展主要包括处理人与自然关系的能力、人与社会关系的能力和人与自我关系的能力的发展。如果一个人的发展在这三方面都形成了健全的能力，那么这个人的发展就是全面发展。

（3）培养独立个性。

这是马克思人的全面发展学说的基本内涵和根本目的。追求人的个性发展，就是要使受教育者的自由个性得到保护、尊重和发展，要增强受教育者的主体意识、开拓精神、创造才能，要提高受教育者的个人价值。

综上所述，我国教育目的的价值取向的出发点与归宿在于：培养德、智、体、美、劳全面发展，具有创新精神、实践能力和独立个性的社会主义现代化需要的各级各类人才。

问3：（1）课程改革上：追求卓越的整体性课程目标；注重课程编制的时代性、基础性、综合性和选择性；讲究学习方式的多样化。

（2）教学上：注重教学观念的变化，从重视认知向重视发展转变、从重视继承向重视创新转变、从重视教法向重视学法转变、从重视知识传授向重视能力培养的转变、从重视结果向重视过程转变、从重视教师的教向重视学生的学转变。

（3）德育上：从思想政治课与其他学科教学、劳动和社会实践、课外活动和校外活动、学校共青团和少先队活动、心理咨询、班主任工作、校园生活等途径中实施德育，使德育在各个途径中真正到位，使之互相补充，构成整体效应。

（4）体育上：开齐开足上好体育课；加强体育课程和教材体系建设；推广中华传统体育项目；强化学校体育教学训练；健全体育竞赛和人才培养体系；配齐配强体育教师；改善场地器材建设配备；统筹整合社会资源；推进学校体育评价改革；完善体育教师岗位评价；健全教育督导评价体系。

（5）美育上：第一，不断完善课程和教材体系。树立学科融合理念；完善课程设置；科学定位课程目标；加强教材体系建设。第二，全面深化教学改革。开齐开足上好美育课；深化教学改革；丰富艺术实践活动；推进评价改革；加快艺术学科创新发展。第三，着力改善办学条件。配齐配好美育教师；改善场地器材建设配备；统筹整合社会资源；建立美育基础薄弱学校帮扶机制。

（6）劳动教育上：独立开设劳动教育必修课；在学科专业中有机渗透劳动教育；在课外校外活动中安排劳动实践；在校园文化建设中强化劳动文化。

2021年 贵州师范大学 333 教育综合·真题解析

一、单选题（30 个缺失）

二、多选题（10 个缺失）

三、简答题

1. 简述蔡元培"五育"并举的思想。

【答案要点】

（1）军国民教育。指将军事教育引入到学校和社会教育之中，让学生和民众受到一定的军事教育和训练。在学校教育中，强调学生生活的军事化，特别是体育的军事化。

（2）实利主义教育。即密切教育与国民经济生活的关系，加强职业技能的培训，使教育能发挥提高国家经济能力和改善人民生活水平的作用。

（3）公民道德教育。蔡元培认为，公民道德的基本内容不外乎法国资产阶级革命所标榜的自由、平等、博爱，虽然与封建道德的专制等级性不相容，但他明确指出中国传统伦理特别是儒家伦理中的一些基本范畴，其内涵是与自由、平等、博爱的精神相通的。

（4）世界观教育。是蔡元培独创并被作为教育的最高境界。世界观教育就是要培养人们立足于现象世界但又超脱现象世界而贴近实体世界的观念和精神境界。

（5）美感教育。蔡元培认为，美感介于现象世界和实体世界之间，是两者之间的桥梁。美感教育是世界观教育的主要途径。大力提倡美感教育是蔡元培教育思想和实践的一个重要特点。

蔡元培认为，"五育"不可偏废，其中军国民教育、实利主义教育、公民道德教育偏于现象世界，隶属于政治教育；世界观教育和美感教育以追求实体世界之观念为目的，为超越政治的教育。根据当时流行的德、智、体三育的说法，蔡元培认为，军国民教育为体育，实利主义教育为智育，公民道德教育为德育，美感教育可以辅助德育，世界观教育将德、智、体三育合而为一，是教育的最高境界。学校中每种教学科目虽于"五育"中各有侧重，但又同时兼通数育。

2. 简述促进学习迁移的方法。

【答案要点】

（1）整合学科内容。教师要注意把各个独立的教学内容整合起来，鼓励学生把在某一门学科中学到的知识运用到其他学科中去。

（2）加强知识联系。教师要重视简单的知识技能与复杂的知识技能、新旧知识技能之间的联系。教师要促使学生把已学过的内容迁移到新的学习内容中去。

（3）强调概括总结。教师在教学中要注意启发学生对所学内容进行概括总结。一方面在教学中，教师要引导学生自己对原理进行概括，培养和提高其概括总结的能力，充分利用原理的迁移；另一方面，在讲解原理时，教师要在最大范围内列举各种变式，使学生正确把握其内涵和外延。

（4）重视学习策略。教师应有意识地教学生学会如何学习，帮他们掌握概括化的认知策略和元认知策略，从而促进学习的迁移。

（5）培养迁移意识。教师可以通过反馈和归因控制等方式使学生形成关于学习和学校的积极态度。教师要注意对学生的反馈，当学生用其他学科的知识来解决某一学科的问题时应给予鼓励。

3. 简述国务院关于教育评价的措施。

【答案要点】

（1）改革党委和政府教育工作评价，推进科学履行职责。"破"的是短视行为和功利化倾向，"立"的是科学履行职责的体制机制，相应提出完善党对教育工作全面领导的体制机制、完善政府履行教育职责评价、坚决纠正片面追求升学率倾向3项任务。

（2）改革学校评价，推进落实立德树人根本任务。"破"的是重分数轻素质等片面办学行为，"立"的是立德树人落实机制，相应提出坚持把立德树人成效作为根本标准、完善幼儿园评价、改进中小学校评价、健全职业学校评价、改进高等学校评价5项任务。

（3）改进教师评价，推进践行教书育人使命。"破"的是重科研轻教学、重教书轻育人等行为，"立"的是潜心教学、全心育人的制度要求，相应提出坚持把师德师风作为第一标准、突出教育教学实绩、强化一线学生工作、改进高校教师科研评价、推进人才称号回归学术性、荣誉性5项任务。

（4）改革学生评价，促进德、智、体、美、劳全面发展。"破"的是以分数给学生贴标签的不科学做法，"立"的是德、智、体、美、劳全面发展的育人要求，相应提出树立科学成才观念、完善德育评价、强化体育评价、改进美育评价、加强劳动教育评价、严格学业标准、深化考试招生制度改革7项任务。

（5）改进用人评价，共同营造教育发展良好环境。"破"的是文凭学历至上等不合理用人观，"立"的是以品德和能力为导向的人才使用机制，相应提出树立正确用人导向、促进人岗相适2项任务。

4. 简述教育摆在优先发展的战略位置的理论基础和实践。

【答案要点】

（1）理论基础。

"百年大计，教育为本。"教育在我国社会主义现代化建设中具有基础性、先导性、全局性意义。

落实科学发展观，实现科教兴国战略和人才兴国战略，就必然要求把教育摆在优先发展的地位。

教育的基础性，指人的素质在社会主义现代化建设中的基础性；教育的先导性，指教育的发展对社会主义现代化建设具有引领作用；教育的全局性，指教育的发展关乎社会主义现代化建设的方方面面，具有全局性的影响。

（2）实践。

①恢复高考和高校扩招。我国于1977年恢复高考，1999年高校开始扩招。这是我国现代化建设人才培养的一项奠基工程。

②普及义务教育的立法。2006年我国对《义务教育法》做了修订，对义务教育的性质、经济保障、政府责任、管理体制、法律追究等均做了进一步规定："义务教育是国家统一实施的所有适龄儿童、少年必须接受的教育，是国家必须予以保障的公共性事业。"

③建立贫困学生的国家资助体系。教育公平，是社会公平和和谐的基石。近年来，我国建立了对贫困学生的资助体系，为实现"不让一个学生因家庭经济困难而失学"的目标奠定了可靠的基础。

④大力发展教育事业。改革开放以来，我国教育事业迅猛发展。目前，我国学校教育的普及与提高在加速，高等教育也在大众化道路上迅跑，正朝着建设人力资源强国前进。

四、分析论述题

针对停课不停学的线上教学，谈一谈你的看法（停课不停学，在线教育给新学期课堂教学带来的变化及应对措施）。

【答案要点】

在线教育带来的变化与机遇：

（1）优化教育资源配置，促进教育更加公平。资源配置是指各种教育资源，包括人力、财力、物力、时空、信息、文化、权力、制度等，在各种不同的使用方向之间的分配，以期投入的教育资源能够得到充分有效的使用。

（2）尊重学生个体差异，满足学生个性化需求。个性化教育将是"互联网＋教育"的核心优势，也是在线教育未来的趋势。

（3）突破学习时空限制，加快学习方式变革。在线教育推倒了传统意义上的"围墙"，将已有的教育内容、方法、模式等进行了重新设计与组合，使教育资源充分流动，只要有一个移动终端与网络相连，任何人在任何时间、任何地点都可以进入课堂学习。

（4）变革原有教学方式，丰富学科课程内容。互联网教学资源、平台、系统、软件或视频等将改变原有教学理念和教学手段，促使传统教学发生革命性的变化。

在线教育面临的挑战：

（1）偏远农村和欠发达地区教育基础设置有待完善。

（2）教师教育理念有待深化，信息利用能力有待提高。

（3）学生知识的辨别与接受能力面临挑战。

（4）传统教育中的德育和美育面临淡化危险。

在线教育的应对措施，着力解决三个问题：丰富优质的资源建设问题、网络平台运行保障问题和线上资源与教育教学融合应用问题。

贵州师范大学 333 教育综合·真题解析

一、名词解释

稷下学宫

稷下学宫是战国时代齐国一所著名的高等学府，因其建立于齐国都城临淄的稷门附近而得名。它既是百家争鸣的中心与缩影，也是当时教育上的重要创造，稷下学宫对中国古代学术、文化和教育的发展产生过重大的历史影响。

学习动力

学习动力即学习动机，学习动机是动机在学习活动中的表现，是引起和维持个体进行学习活动，并使活动朝向一定的学习目标，以满足某种学习需要的一种内部心理状态。它的主要内容包括知识价值观、学习兴趣、学习效能感和成败归因。

产婆术

苏格拉底法也称"问答法""产婆术"，是由讥讽、助产术、归纳和定义四个步骤组成的独特的方法。这是苏格拉底探讨伦理哲学的研究方法，也是他的教学方法。这种教学方法不将现成的结论硬性灌输或强加于对方，但它也不是万能的，只能在一定条件下和适度范围内作为参照。

班级授课制

班级授课制是一种集体教学形式。它把一定数量的学生按年龄与知识程度编成固定的班级，根据周课表和作息时间表，安排教师有计划地给全班学生上课，分别学习所设置的各门课程。

二、简答题

1. 简述教育对政治的影响。

【答案要点】

（1）教育通过传播一定社会的政治意识，完成年轻一代的政治社会化。

人的社会化是人的发展的重要方面，而政治社会化又是人的社会化的重要方面。教育作为传递知识、训练思维与培养情感的活动，能向年轻一代传播一定社会的政治意识，促进他们的政治社会化，从而为一定社会政治秩序的稳定创造重要条件。

（2）教育通过造就政治管理人才，促进政治体制的变革与完善。

现代社会强调法治，使得教育更重视培养政治管理人才。由于科技向管理部门的全面渗透，社会越发展，国家对政治管理人才的素质要求越高，通过教育选拔、培养政治管理人才显得越重要。

（3）教育通过提高全民文化素质，推动国家的民主政治建设。

一个国家的政治是否民主，取决于政体和国民素质。普及教育的程度越高，国民的文化素质越高，其国民就越能认识民主的价值，在政治生活和社会生活中就越能履行民主的权利。

（4）教育是形成社会舆论、影响政治时局的重要力量。

学校是知识分子和青少年集中的地方，他们有见解，勇于发表意见。教育通过教育者和受教育者的言论、演讲和社会活动等，来宣传思想，造就舆论，借以影响群众，为一定的政治、经济服务。

2. 简述影响遗忘的因素。

【答案要点】

（1）遗忘进程受时间因素的制约。艾宾浩斯以无意义音节作为记忆材料研究遗忘现象时发现，遗忘的进程并不均衡，识记的最初阶段遗忘速度快，随后逐渐变缓。

（2）识记材料的重要性。最先被遗忘的是那些对识记者来说没有重要意义的、不引起兴趣的、不符合需要的、在工作和学习中没有重要性的材料。

（3）识记材料的性质。有意义的材料比无意义的材料遗忘得慢；形象材料比抽象材料遗忘得慢；熟练的动作技能遗忘得最慢。

（4）识记材料的数量和学习程度。一般来说，材料越多，要达到同样识记水平，平均的诵读次数和时间也越多。过度学习也有助于保持识记材料，所谓过度学习就是指达到一次完全正确背诵后仍继续学习。

（5）识记材料的系列位置效应。一般系列材料的开始和末尾部分记忆效果较好，平均的诵读次数和时间也越多。

3. 简述夸美纽斯的教育思想。

【答案要点】

（1）论教育的目的和作用。

宗教性目的是使人为来世生活做好准备。现实性目的是使人认识和研究世界上一切事物，培养和发展他们的各种能力、德行和信仰，以便享受现世的幸福，并为永生做好准备。教育的作用是改造社会、建设国家、发展天赋。

（2）论泛智学校。

夸美纽斯提出了有关设立"泛智学校"的设想，他希望设立一种对儿童进行广博教育的新式"泛智学校"，设立七个年级，以学习将来所需要的一切学科。

（3）论普及教育。

夸美纽斯认为普及教育就是"人人都可接受教育"，其核心是泛智论。夸美纽斯大力主张普及教育于全体儿童和民众。实现普及教育的可能性一方面在于人自身具有接受教育的先天条件，另一方面在于教育可以改进社会和塑造人，社会和人的进步离不开教育。

（4）统一学制及管理实施。

为了使国家便于管理全国的学校，夸美纽斯提出建立全国统一学制的主张。他把人的学习期划分为四个阶段，并按这种年龄分期设立相应的学校：婴儿期设立母育学校；儿童期设立国语学校；少年期设立拉丁语学校；青年期设立大学。同时，国家应该设立督学对全国的教育进行监督。

（5）论学年制和班级授课制。

为改变当时学校教学活动缺乏统一安排的无序状况，夸美纽斯制定了学校教学活动的学年、学日制度。为实现普及教育、提高教学效率，改变教师只对学生进行个别教学和指导的状况，夸美纽斯总结新旧各教派学校中实行班级授课的经验，提出并全面系统地论述了班级授课制度。

（6）论教育和教学的基本原则。

教育适应自然的原则是贯穿夸美纽斯整个教育理论体系的一条根本的指导性原则，他的"自然"包括两个方面的含义：自然界及其普遍法则；人的与生俱来的天性。

主要教学原则：直观性原则、激发学生求知欲望原则、巩固性原则、量力性原则、系统性和循序渐进性原则、因材施教原则。

三、分析论述题

1. 论述科举制的利弊及对高考的启示。

【答案要点】

利：

（1）扩大了统治基础，有利于加强中央集权。通过科举考试，平民及中小地主阶层获得了参政的机会，打破了门阀士族地主垄断统治权力的局面，扩大了封建统治的统治基础。同时，通过科举考试，朝廷将选士大权收归于中央政府，强化了中央集权的统治。

（2）使选士与育士紧密结合。促进人们的思想统一于儒学，成为实施儒家"学而优则仕"原则的途径。刺激学校教育的发展，有利于教育的普及。

（3）使选拔人才较为客观公正。隋唐科举考试在发展的过程中逐步建立了较为完备的考试制度，同时逐步建立了一系列的考试防范措施，加强考试管理。

弊：

（1）国家只重科举取士，而忽略了学校教育。学校成为科举考试的预备机构，一切教学活动都围绕着科举考试来进行，学校失去了相对独立的地位和作用。

（2）束缚思想，败坏学风。学校教学安排围绕科举进行，导致学校教育中重文辞少实学，重记诵而不求义理，形成了教条主义、形式主义的学习风气。在科举制的影响下，读书的目的不是求知求真，而是为了功名利禄，具有强烈的功利色彩。

（3）科举考试内容的狭隘也阻碍了中国文化的和谐发展，特别是科技文化的发展。

启示：坚持公平、公正、公开的原则，多方面选拔人才；不仅要注重知识的选拔，也要强调品行的培养。

2. 问1：请说说如何界定教育惩戒？

问2：中小学教师如何进行教育惩戒？

【答案要点】

问1：教育惩戒是学校、教师基于教育目的，对违规违纪学生进行管理、训导或者以规定方式予以矫治，促使学生引以为戒、认识和改正错误的教育行为。教育惩戒不是惩罚，而是教育的一种方式，强调了教育惩戒的育人属性，是学校、教师行使教育权、管理权、评价权的具体方式。实施教育惩戒应当遵循教育性、合法性、适当性的原则，符合教育规律，注重育人效果；遵循法治原则，做到客观公正；选择适当措施，与学生过错程度相适应。

问2：（1）教育惩戒须有法度。国有国法，校有校规。教育惩戒须有"法"可依，教师依法行事，明确职责边界，才能在教育教学和管理中有章可循、有可操作性。

（2）教育惩戒须有力度。"严师出高徒"也要讲方式，要依法依规实施，严格区分教育惩戒与变相体罚。《规则》制定了教育惩戒的"正面清单"，根据程度轻重将教育惩戒分为一般教育惩戒、较重教育惩戒和严重教育惩戒三类，依据不同情况进行针对性处罚，违规违纪程度大小与惩戒力度轻重相适应，同时为学校留下了一定的自主空间，即"学校校规校纪规定的其他适当措施"，学校可以根据实际情况，按照《规则》规定的程序，采取公开、民主、科学的方式，制定具体有针对性的规定。

（3）教育惩戒须有尺度。无法可依，教师在管理学生过程中，便无法把握好分寸、掌握好尺度。《规则》专门对七类不当教育行为说"不"，明确做出禁止，规定教育惩戒的"负面清单"，有利于教师规范行为，把握尺度，保证教育惩戒过程中学生的合法权益得到保障，促进学生健康成长、全面发展。

（4）教育惩戒更须有温度。惩戒只是方式，育人才是目标。教育的初衷是立德树人，教育惩戒应当坚持育人为本、注重育人效果，做到客观公正、适时适度。教育惩戒有法可依，教师也要加强自我修养，依规履行职责，在惩戒过程中尊重学生人格尊严，做到程序合法，措施得当。要基于关爱学生的宗旨，注重人文关怀，最终达到教育学生遵守规则、增强自律、改过向上的目的。

2019年 贵州师范大学333教育综合·真题解析

一、名词解释

教育目的

教育目的是对教育活动所要培养的人的个体素质的总的预期与设想，是对社会历史活动的主体的个体素质的规定。它体现一定社会对受教育者质量规格的界定和要求，也体现人自身发展所应该达到的水准和高度。

课程

课程是由一定的育人目标、特定的知识经验和预期的学习活动方式构成的一种蕴含着丰富、基本而又有创造性与潜质的一套计划与设定。广义的课程指所有学科的总和，狭义的课程指一门学科。

壬寅学制

壬寅学制是中国近代第一个以中央政府名义制定的全国性学制系统，具体规定了各级各类学堂的性质、培养目标、入学条件、在学年限、课程设置和相互衔接关系，但公布后未曾实行即被"癸卯学制"取代。学制主系列划分为三段七级。

绅士教育

洛克认为教育的最高目的在于培养绅士。所谓绅士教育，就是培养既具有封建贵族遗风，又具有新兴资产阶级特点的新式人才的教育。他主张把社会中上层家庭的子弟培养成为身体强健、举止优雅、有德行、智慧和实际才干的事业家。

元认知策略

元认知策略是对信息加工流程进行控制的策略，可分为计划策略、监察策略和调节策略。计划策略包括设置目标、浏览等；监察策略包括自我检查、集中注意力等；调节策略包括调整阅读速度、重新阅读等。

因材施教

指教师要从学生的实际情况与个性特点出发，有的放矢地进行有区别的教学，使每个学生都能扬长避短、长善救失，获得最佳发展。

二、简答题

1. 简述"五育"并举。

【答案要点】

（1）军国民教育。指将军事教育引入到学校和社会教育之中，让学生和民众受到一定的军事教育和训练。在学校教育中，强调学生生活的军事化，特别是体育的军事化。

（2）实利主义教育。即密切教育与国民经济生活的关系，加强职业技能的培训，使教育能发挥提高国家经济能力和改善人民生活水平的作用。

（3）公民道德教育。蔡元培认为，公民道德的基本内容不外乎法国资产阶级革命所标榜的自由、平等、博爱，虽然与封建道德的专制等级性不相容，但他明确指出中国传统伦理特别是儒家伦理中的一些基本范畴，其内涵是与自由、平等、博爱的精神相通的。

（4）世界观教育。是蔡元培独创并被作为教育的最高境界。世界观教育就是要培养人们立足于现象世界但又超脱现象世界而贴近实体世界的观念和精神境界。

（5）美感教育。蔡元培认为，美感介于现象世界和实体世界之间，是两者之间的桥梁。美感教育是世界观教育的主要途径。大力提倡美感教育是蔡元培教育思想和实践的一个重要特点。

2. 简述颜之推的教育思想。

【答案要点】

颜之推，字介，梁朝金陵人，他根据自己的经历和体验，写出了我国封建社会第一部系统完整的家庭教科书——《颜氏家训》，用以训诫其子孙。

（1）论士大夫教育。

①士大夫必须重视教育：从人性论的角度来看，人性分为三品，性的品级与教育有直接关系；接受教育是维护士大夫维持社会地位的必要手段；当时的社会现实来看，知识也是一种资本，它可以作为谋求生活的手段。

②教育的目标在培养治国人才：颜之推从士族地主的利益出发，认为教育要培养对于国家有实际效用的各方面的统治人才。

③德与艺是教育的主要内容：士大夫教育的目的，就是要培养统治人才，而统治人才必须"德艺周厚"，因此，士大夫教育的主要内容，也应包括德、艺两个方面。

（2）论家庭教育。

《颜氏家训》以讨论家庭教育为主，而家庭教育基本是长辈对未成年人主要是儿童的教育。儿童教育应当注意一些基本的原则：及早施教、严慈相济、均爱原则、重视语言教育、重视品德教育。

3. 简述夸美纽斯的教育思想。

【答案要点】

（1）论教育的目的和作用。

宗教性目的是使人为来世生活做好准备。现实性目的是使人认识和研究世界上一切事物，培养和发展他们的各种能力、德行和信仰，以便享受现世的幸福，并为永生做好准备。教育的作用是改造社会、建设国家、发展天赋。

（2）论泛智学校。

夸美纽斯提出了有关设立"泛智学校"的设想，他希望设立一种对儿童进行广博教育的新式"泛智学校"，设立七个年级，以学习将来所需要的一切学科。

（3）论普及教育。

夸美纽斯认为普及教育就是"人人都可接受教育"，其核心是泛智论。夸美纽斯大力主张普及教育于全体儿童和民众。实现普及教育的可能性一方面在于人自身具有接受教育的先天条件，另一方面在于教育可以改进社会和塑造人，社会和人的进步离不开教育。

（4）统一学制及管理实施。

为了使国家便于管理全国的学校，夸美纽斯提出建立全国统一学制的主张。他把人的学习期划分为四个阶段，并按这种年龄分期设立相应的学校：婴儿期设立母育学校；儿童期设立国语学校；少年期设立拉丁语学校；青年期设立大学。同时，国家应该设立督学对全国的教育进行监督。

（5）论学年制和班级授课制。

为改变当时学校教学活动缺乏统一安排的无序状况，夸美纽斯制定了学校教学活动的学年、学日制度。为实现普及教育、提高教学效率，改变教师只对学生进行个别教学和指导的状况，夸美纽斯总结新旧各教派学校中实行班级授课的经验，提出并全面系统地论述了班级授课制度。

（6）论教育和教学的基本原则。

教育适应自然的原则是贯穿夸美纽斯整个教育理论体系的一条根本的指导性原则，他的"自然"包括两个方面的含义：自然界及其普遍法则；人的与生俱来的天性。

主要教学原则：直观性原则、激发学生求知欲望原则、巩固性原则、量力性原则、系统性和循序渐进性原则、因材施教原则。

4. 简述学校教育在人的发展中的作用。

【答案要点】

（1）教育在人的发展中起引领作用。

教育在年轻一代的发展中起着引领作用主要体现在：有意识地为年轻一代的成长选择、建构、调控良好的环境，对他们的生活、交往、学习与实践等活动进行正确的教导、示范和辅助，并注重尊重他们的主体地位和激发、引导他们内在的学习动力与自我发展的能动性和自主性，从各方面引领、关怀、维护他们的发展。

（2）学校教育主要通过传承文化科学知识来培养人。

学校教育是教育者有意识地为儿童的身心发展精心设置的一种环境，它把经过选择的、重新组编的、人类长期积累起来的文化知识作为精神客体与儿童互动，以促进儿童的发展，使他们成人成才。文化知识蕴含着有利于人的发展的多方面价值：认识价值、陶冶价值、能力价值、实践价值。

（3）学校教育对提高人的现代性有显著的作用。

教育在人的现代化过程中起着重要作用，是因为学生在学校里不仅学会了读、写、算等各个方面的基础知识与技巧，而且学到了与他们个人的发展和国家的未来有关的态度、价值和行为方式。人的现代化是社会现代化的重要基础和前提条件，我们应该自觉地优先发展教育，高度重视并充分发挥教育对人的现代化的促进作用。

三、分析论述题

1. 论述建设师德师风的重要性。

【答案要点】

（1）教师的职业道德又称"教师道德"或"师德"，是教师在从事教育劳动中所遵循的行为准则和必备的道德品质。它是社会职业道德的有机组成部分，是教师行业特殊的道德要求。它从道义上规定了教师教育劳动过程中以什么样的思想、感情、态度和作风去待人接物，处理问题，做好工作，为社会尽职尽责。它是教师行业的特殊道德要求，是调整教师与教师、教师与学生、教师与校领导、教师与学生家长以及教师与社会其他方面关系的行为准则，是一般社会道德在教师职业中的特殊体现。爱与责任是师德的核心与灵魂。当前，教师职业道德的时代特征主要有爱国守法、爱岗敬业、教书育人、关爱学生、为人师表、终身学习。

（2）以习近平新时代中国特色社会主义思想为指导，深入学习贯彻习近平总书记关于教育的重要论述和全国教育大会精神，把立德树人的成效作为检验学校一切工作的根本标准，把师德师风作为评价教师队伍素质的第一标准，将社会主义核心价值观贯穿师德师风建设全过程，严格制度规定，强化日常教育督导，加大教师权益保护力度，倡导全社会尊师重教，激励广大教师努力成为"四有"好老师，着力培养德、智、体、美、劳全面发展的社会主义建设者和接班人。

（3）教师队伍素质直接决定着学校办学能力和水平。教师要不断加强师德修养，自觉增强职业荣誉感、历史使命感和社会责任感，以培育优秀人才、发展先进文化和推进社会进步为任，站在时代的前列，树立高尚道德情操和伟大精神追求，甘为人梯，身体力行，"敬业、精业、乐业"，努力做受学生爱戴、让人民满意的教师。

2. 论述卢梭的自然主义教育。

【答案要点】

（1）自然教育的基本含义。

卢梭自然主义教育的核心是"回归自然"。一方面，善良的人性存在于纯洁的自然状态之中。只有"回归自然"、远离喧嚣社会的教育，才有利于保持人的善良天性。因此15岁之前的教育必须在远离城市的农村进行。另一方面，每个人都是由自然的教育、事物的教育、人为的教育三者培养起来，只有三种教育圆满地结合才能达到预期的目的。三者之中，应以自然的教育为基准，才能使教育回归自然达到应有的成效。

（2）自然教育的培养目标。

自然教育最终目的是培养"自然人"，即身心调和发达、体脑两健、能力强盛的新人，也就是摆脱封建羁绊的资产阶级新人。具有以下特征：自然人是能独立自主的人，他能独自体现出自己的价值；在自然的秩序中，所有的人都是平等的；自然人又是自由的人，他是无所不宜、无所不能的；自然人还是自食其力的人，可无须仰赖他人为生，这是独立自主的可靠保证。

（3）自然教育的方法原则。

卢梭猛烈抨击了当时向儿童强迫灌输旧的道德和知识、摧残儿童天性的做法，他提出以下几点原则和方法：

①树立正确的儿童观。自然教育的必要前提是要改变对儿童的看法。在人生的秩序中，儿童有他的地位，应当把成人看作成人，把孩子看作孩子。

②消极教育。教育要遵循自然天性，也就是要求儿童在自身的教育和成长中取得主动地位，无须成人的灌输、压制、强迫，教师只需创造学习的环境，防范不良的影响。它的作用是消极的，是对儿童的发展不横加干涉的教育。

③自然后果律。当儿童犯了错误和过失后，不必直接去制止或处罚他们，而让他们在同自然的接触中，体会到自己所犯的错误和过失带来的自然后果，使儿童服从于自然法则，结合具体事例让他们从自己的直接经验中受到教育。

④根据儿童天性的个体差异因材施教。卢梭要求教育者在进行教学之前必须先了解自己的学生。

（4）自然主义教育的实施。

卢梭根据自然教育的原则，根据人的自然发展的进程和不同年龄时期身心的特点，把自然教育分为婴儿期、儿童期、少年期和青春期。婴儿期主要进行体育；儿童期主要进行感官训练和身体发育，这个时期的儿童不宜进行理性教育，不应强迫儿童读书；少年期主要进行智育和劳动教育；青春期主要接受道德教育，包括宗教教育、爱情教育和性教育。

（5）影响。

卢梭是西方教育史上具有划时代意义的教育思想家，他对封建社会进行了猛烈的抨击，提出了反映新兴资产阶级利益的教育思想，是现代教育思想的重要来源。

①卢梭提出的自然主义教育思想是教育思想史上由教育适应自然向教育心理学化过渡的一个重

要环节。在封建社会压制人性的情况下，提倡性善论，尊重儿童天性具有历史进步意义。他呼吁培养身心调和发展的自然人和自由人也反映了对人的发展的合理要求。

②卢梭论证了自然主义教育的内容和方法。如重视感觉教育的价值；反对古典主义和教条主义，要求人们学习真实有用的知识；反对向儿童灌输道德教条，要求养成符合自然发展的品德等。这些观点既是在前人的基础上的发展，也反映了近代教育的发展方向。

③卢梭的教育理论对欧美教育产生了深远影响。德国的泛爱教育运动、瑞士的裴斯泰洛齐的教育实验、美国进步主义教育运动等，无不受到卢梭自然教育理论的启发。

3. 论述如何培养学生的学习动机。

【答案要点】

（1）创设问题情境，实施启发式教学。

在学习过程中，仅仅让学生简单地重复已经学过或者过难的东西，学生都不会感兴趣。只有在学习那些"似懂非懂""似会非会"的东西时，学生才感兴趣而且迫切希望掌握它。

（2）根据作业难度，恰当控制动机水平。

教师在教学时，要根据学习任务的不同难度，恰当控制学生学习的动机水平。学习较简单课题时，尽量使学生集中注意力；学习较复杂课题时，尽量创造轻松自由的课堂气氛。在学生遇到困难时，尽量心平气和地耐心引导，以免学生过度紧张和焦虑。

（3）充分利用反馈信息，给予恰当的评定。

一方面学习者可以根据反馈信息调整学习活动，改进学习策略；另一方面学习者为了取得更好的成绩或避免再犯错误而增加了学习动机，从而保持了学习的主动性和积极性。

（4）妥善进行奖惩，维护内部学习动机。

一般而言，表扬与奖励比批评与指责能更有效地激发学生的学习动机，前者能使学生获得成就感，增强自信心。但过多使用表扬和奖励，或者使用不当，也会产生消极作用。

（5）合理设置课堂环境，妥善处理竞争和合作。

在教学活动中，应该注意竞争与合作的相互补充和合理运用。极端的竞争会对学生的学习行为和集体团结产生消极影响。适量与适度的竞争与合作的恰当结合，会有效激励学生的学习动机。

（6）适当进行归因训练，促使学生继续努力。

一方面，要引导学生找出成功或失败的真正原因，即进行正确归因；另一方面，教师也应根据每个学生过去一贯的成绩优劣差异，从有利于今后学习的角度进行积极归因。

（7）培养自我效能感，增强学生成功的自信心。

自我效能感影响学生的自我评价和自信心，进而影响学习成绩。尤其是学业不良的学生，由于对自己的学习能力持怀疑态度，表现出很低的自我效能感。因此，教师在教学中要通过一定的方法提高他们的自我效能感。

（8）维护学生自我价值，警惕自我妨碍策略。

自我价值理论指出，学生有保护和表现自我价值的需要，这是个人追求成功的内在动力。教师要理解和尊重学生的这种需要，引导他们把自我价值的实现方式与正向、积极的学习行为相联系，避免学生不断从环境中体验到对自我价值的威胁感，从而采取各种自我妨碍的逃避策略。

（9）维护内在需要，促进外部动机内化。

兴趣、好奇心、探索欲，是人类学习的最早动力。源于内部需要的学习动机具有更多的坚持性和抗干扰性。然而，不是每个孩子都对教育中涉及的所有内容充满好奇和兴趣。因此，教师要帮助学生将外部调控的学习动机不断内化，形成相对自主调控的学习动机。

4. 论述启发式教学及其要求。

【答案要点】

启发式教学原则是指在教学中教师要激发学生的学习主体性，引导他们经过积极思考与探究自觉地掌握科学知识，学会分析问题和解决问题，树立求真意识和人文情怀。也称探究性原则或启发与探究相结合原则。

贯彻启发式教学原则的要求有：

（1）调动学生学习的主动性。在激发学生的学习主动性上，教师要发挥个人的创造性，善于运用发人深思的提问、令人心动的讲述，充分显示教学内容的吸引力，展现它的情趣、奥妙、意境、价值，以便激起学生的求知欲和积极性，全神贯注地投入学习。

（2）善于提问激疑，引导教学步步深入。在启发过程中，教师要有耐心，给学生以思考时间；要有重点，问题也不能多，也不能蜻蜓点水、启而不发；要善于与学生探讨，引导学生一步一步去获取新知和领悟人生的价值。

（3）注重通过解决实际问题启发学生获取知识。通过组织和引导学生观察、操作、动手解决实际问题，是启发教学的一个重要的途径。接触实际问题，对学生更具诱惑力、挑战性，会使他们更积极主动地进行学习和完成任务。在学生的操作过程中，教师只要根据学生的情况，加以有针对性的指点、启发，组织一些交流或讨论，学生就不仅能够深刻领悟所学概念与原理，掌握解决问题的方法与步骤，而且能够增进学习的兴趣、能力和养成认真、负责与相互协作的品行。

（4）引导学生反思学习过程。教学要引导学生反思学习过程，了解学习过程的程序和方法，分析学习过程中的顺利与障碍、长处与缺点，寻找形成障碍与缺点的原因，克服学习过程中的弯路与失误，使学习程序和方法简捷、有效，注重积淀适合于自己的良好的学习方式，从学习中学会学习。

（5）发扬教学民主。要创造宽松、和谐、民主、平等、坦率、活跃的课堂教学氛围，这是启发教学的重要条件。只有这样，学生的心情才会感到宽松，他们的聪明才智才能充分发挥出来。教师切不可唯我独尊、搞一言堂，要鼓励学生发表自己的见解，包括与教师不同的见解。

2018年 贵州师范大学 333 教育综合·真题解析

一、名词解释

教育

教育是人的发展与社会发展的中介活动。其概念有广义和狭义之分。广义教育指凡是有目的地增进人的知识技能、影响人的思想品德、增强人的体质的活动都是教育，包括人们在家庭中、学校里、亲友间、社会上所受到的各种有目的的影响。狭义教育主要指学校教育，指一种专门组织的不断趋向规范化、制度化、体系化的教育。

课程

课程是由一定的育人目标、特定的知识经验和预期的学习活动方式构成的一种蕴含着丰富、基本而又有创造性与潜质的一套计划与设定。广义的课程指所有学科的总和，狭义的课程指一门学科。

3. 有教无类

"有教无类"的本意是不分贵贱贫富和种族，人人都可以入学接受教育。孔子的教学实践切实地贯彻了这一办学方针。"有教无类"作为私学的办学方针与官学的办学方针相对立，打破贵贱、贫富和种族的界限，把受教育的范围扩大到平民，这是历史的进步。

4. 认知策略

认知策略是加工信息的一些方法和技术，能使信息有效地从记忆中提取出来。认知策略可以分为注意策略、精细加工策略、复述策略、编码与组织策略。

5. 产婆术

苏格拉底法也称"问答法""产婆术"，是由讥讽、助产术、归纳和定义四个步骤组成的独特的方法。这是苏格拉底探讨伦理哲学的研究方法，也是他的教学方法。这种教学方法不将现成的结论硬性灌输或强加于对方，但它也不是万能的，只能在一定条件下和适度范围内作为参照。

6. 问题解决

问题解决是指个体在面临问题情境而没有现成方法可以利用时，将已知情境转化为目标情境的认知过程。当常规或自动化的反应不适用于当前的情境时，问题解决者需要超越对过去所学规则的简单应用，对所学规则进行一定的组合，产生一个解答，达到问题解决的目的。它涉及认知、情感和行为活动成分。

二、简答题

1. 简述杜威的教育思想。

【答案要点】

（1）论教育的本质。杜威对于"什么是教育"的问题，给出的回答是：教育即生活、学校即社会、教育即生长、教育即经验的持续不断的改造。

（2）论教育的目的。

教育无目的论。从教育本质论出发，杜威反对外在的、固定的、终极的教育目的，认为教育无目的。杜威所希求的是过程内的目的，这个目的就是"生长"。

教育的社会目的。杜威要求教育为社会进步服务，为民主制度的完善服务。他认为教育是社会进步及社会改革的基本方法，学校是社会进步和改革的最基本和最有效的工具。

（3）论课程与教材。

从做中学。杜威以其经验论为基础，要求从做中学、从经验中学，要求以活动性、经验性的主动作业来取代传统书本式教材的统治地位。在杜威看来，这种活动性、经验性课程既能满足儿童的心理需要，又能满足社会性的需要，还能使儿童对事物的认识具有统一性和完整性。

教材心理学化。杜威主张以"教材心理学化"来解决怎样使儿童最终获得较系统的知识而同时又能在学习过程中顾及儿童的心理水平。"教材心理学化"是指把各门学科的教材或知识各部分恢复到它所被抽象出来之前的原来的经验。

（4）论思维与教学方法。

反省思维。杜威所力倡的反省思维是指对某个经验情境中的问题进行反复的、严肃的、持续不断的思考，其功能在于求得一个新情境，把困难解决、疑虑排除、问题解答。

五步教学法。杜威根据科学的实验主义探究方法和反省思维方式，提出了五步教学法，即创设疑难的情境、确定疑难所在、提出问题的种种假设、推断哪种假设能解决这个困难、验证这种假设。

（5）论道德教育。

杜威认为道德教育的主要任务是协调个人与社会的关系。道德教育应在社会性的情境中进行而不能只停留于口头说教；要求学校生活、教材、教法皆应渗透社会精神，视学校生活、教材、教法为"学校道德三位一体"，这三者都是道德教育的重要途径。

2. 简述启发性教学原则的基本要求。

【答案要点】

启发性教学原则是指在教学中教师要激发学生的学习主体性，引导他们经过积极思考与探究自觉地掌握科学知识，学会分析问题和解决问题，树立求真意识和人文情怀。也称探究性原则或启发与探究相结合原则。

贯彻启发性教学原则的要求有：

（1）调动学生学习的主动性。在激发学生的学习主动性上，教师要发挥个人的创造性，善于运用发人深思的提问、令人心动的讲述，充分显示教学内容的吸引力，展现它的情趣、奥妙、意境、价值，以便激起学生的求知欲和积极性，全神贯注地投入学习。

（2）善于提问激疑，引导教学步步深入。在启发过程中，教师要有耐心，给学生以思考时间；要有重点，问题也不能多，也不能蜻蜓点水、启而不发；要善于与学生探讨，引导学生一步一步去获取新知和领悟人生的价值。

（3）注重通过解决实际问题启发学生获取知识。通过组织和引导学生观察、操作、动手解决实际问题，是启发教学的一个重要的途径。接触实际问题，对学生更具诱惑力、挑战性，会使他们更积极主动地进行学习和完成任务。在学生的操作过程中，教师只要根据学生的情况，加以有针对性的指点、启发，组织一些交流或讨论，学生就不仅能够深刻领悟所学概念与原理，掌握解决问题的方法与步骤，而且能够增进学习的兴趣、能力和养成认真、负责与相互协作的品行。

（4）引导学生反思学习过程。教学要引导学生反思学习过程，了解学习过程的程序和方法，分析学习过程中的顺利与障碍、长处与缺点，寻找形成障碍与缺点的原因，克服学习过程中的弯路与失误，使学习程序和方法简捷、有效，注重积淀适合于自己的良好的学习方式，从学习中学会学习。

（5）发扬教学民主。要创造宽松、和谐、民主、平等、坦率、活跃的课堂教学氛围，这是启发教学的重要条件。只有这样，学生的心情才会感到宽松，他们的聪明才智才能充分发挥出来。教师切不可唯我独尊、搞一言堂，要鼓励学生发表自己的见解，包括与教师不同的见解。

3. 简述马克思主义关于人的全面发展的学说。

【答案要点】

（1）人的全面发展的内涵。

人的全面发展，即意味着劳动者智力和体力两方面，以及智力和体育的各方面都得到发展，达到体力劳动和脑力劳动相结合，这是人的全面发展的基础。

从更深层次来看，人的全面发展也是指一个人在志趣、道德、个性等方面的发展，即作为一个真正完整的、全面性的人的发展，而且是每个社会成员得到自由的、充分的发展，即人的彻底解放。

（2）人的全面发展的实现。

人的全面发展及其实现只能依据现实的社会条件。根本变革资本主义方式，废除生产资料的私有制，消灭阶级划分，全面占有生产力，是实现人的全面发展的前提条件。

必须向全体社会成员施以普遍的全面教育，包括智育、综合技术教育、体育和德育，以及实行教育与真正自由的生产劳动相结合。

马克思、恩格斯指出，实现每个人的全面发展，是一个历史发展过程。实现人的全面发展和彻底消灭私有制、建立共产主义社会是互为条件的。

4. 简述马斯洛的需要层次理论。

【答案要点】

需要层次理论由人本主义心理学家马斯洛提出。马斯洛认为，个体的任何行为动机都是在需要发生的基础上被激发起来的。他认为人有七种基本需要，分别为：

（1）生理需要：维持生存和延续种族的需要。

（2）安全需要：受保护与免遭威胁、获得安全感的需要。

（3）归属与爱的需要：被人接纳、爱护、关注、鼓励、支持的需要。

（4）尊重的需要：希望被人认可、关爱、赞许等维护个人自尊心的需要。

（5）求知与理解的需要：个体对不理解的东西寻求理解的需要，学习动机来源于这种需要。

（6）审美的需要：欣赏、享受美好事物的需要。

（7）自我实现的需要：在精神上臻于真、善、美合一的至高人生境界的需要，即个人理想全部实现的需要。

三、分析论述题

1. 上述材料体现了什么德育原则？怎样处理？

【答案要点】

上述材料中教师违背了严格要求与尊重学生相结合原则、因材施教原则。

（1）严格要求与尊重学生相结合原则是指进行德育要把对学生的思想品行的严格要求与对他们个人的尊重信赖结合起来，使教育者的严格要求易于转化为学生主动的道德自律。

贯彻严格要求与尊重学生相结合原则的基本要求如下：

①尊重和信赖学生。青少年学生是祖国的花朵、人类的未来。每个青少年学生都有一颗自尊自爱、向善求善、希望得到社会理解和肯定的心。尊重、呵护与信赖学生是一个优秀教师必须具备的基本品德。爱护、尊重与信赖孩子又是教好孩子、获得良好德育效果的一个重要条件。

②严格要求学生。教师向学生提出的教育要求应当是正确的、简明的、有计划的、积极的和严格的。在一定意义上说，德育就是对学生品德发展的引导和规范，主要表现为对学生的严格要求。

（2）因材施教原则，指进行德育要从学生品德发展的实际出发，根据他们的年龄特征和个性差异进行不同的教育，使每个学生的品德都能得到最优的发展。

贯彻因材施教原则的基本要求如下：

①深入了解学生的个性特点和内心世界。这是德育的前提和基础，也是因材施教的前提和基础。

②根据学生个人特点有的放矢地进行教育。由于学生各人都有自己的生活环境、成长经历、个性特点和精神世界，因而对他们的教育必须区别对待、有的放矢，采取不同的内容和方法来因材施教。

③根据学生的年龄特征有计划地进行教育。学生思想认识与品德的发展有明显的年龄特征，因而进行德育有必要研究和弄清每个年级学生的思想特点。只有这样才能对中学德育做出整体规划、系统安排，以保证德育切合学生实际，取得更大成效。

2. 上述材料中老师在班级管理上体现了什么样的管理观念？有什么启示？

【答案要点】

上述材料体现了老师在班级管理上民主型的管理观念。

民主型管理风格的老师在平等的思想基础上与学生进行沟通，在班级管理中征求学生的想法，鼓励学生参与班集体建设目标和活动方案的制定，给予学生较多的自主管理空间。在育人为本教育思想和实施素质教育的目标指引下，班级管理应该遵循以下四个原则：

（1）符合学生身心发展特点。班级是中小学生学校生活的基本场域，班集体的建设目标、内容、规范与措施都要符合学生的年龄特征。

（2）规范性要求与尊重个性相统一。班级管理一方面要能够体现教育目标对学生发展的要求，另一方面也要能够充分体现学生的个性特征。

（3）引导学生的自助管理。班主任要善于运用民主性管理方式，注重加强引导，同时给学生充分的自主管理的权利与责任，让学生充分参与班集体建设。

（4）服务教学与学生的全面发展。班级管理在发挥维护教学秩序作用的同时，也要促进学生的全面发展，充分地发挥教育性的功能。

3. 论述陶行知教育思想及其对当前学校教育的启示。

【答案要点】

（1）"生活即教育"。

"生活即教育"是陶行知生活教育理论的核心。其内涵包括：生活含有教育的意义；实际生活是教育的中心；生活决定教育，教育改造生活。

"生活即教育"所强调的是教育以生活为中心，所反对的是传统教育脱离生活而以书本为中心。尽管它在生活与教育的区别和系统的知识传授方面有所忽视，但在破除传统教育脱离民众、脱离社会生活的弊端方面，有十分重要的意义。

（2）"社会即学校"。

"社会即学校"是生活教育理论另一重要主张，是"生活即教育"思想在学校与社会关系问题上的具体化。"社会即学校"，是指"社会含有学校的意味"，或者说"以社会为学校"。由于到处是生活，到处都是教育，"整个的社会是生活的场所，亦即教育之场所"。

"社会即学校"，也指"学校含有社会的意味"。也就是说，学校通过与社会生活相结合，一方面运用社会的力量使学校进步，另一方面动员学校的力量帮助社会进步，使学校真正成为社会生活必不可少的组成部分。

"社会即学校"扩大了学校教育的内涵和作用，对于传统的学校观、教育观有所改变。传统学校与社会生活脱节，学生孤陋寡闻，而以社会为学校，使得教育的材料、教育的方法、教育的工具、教育的环境可以大大地增加，有利于拓展学生的知识，增强学生的能力。"社会即学校"，还可以使被传统学校拒之门外的劳苦大众能够受到起码的教育，贯穿了普及民众教育的苦心，同样也值得肯定。

（3）"教学做合一"。

"教学做合一"是生活教育理论的又一重要主张，是"生活即教育"在教学方法问题上的具体化。其含义为：教的方法根据学的方法；学的方法根据做的方法。事怎样做便怎样学，怎样学便怎样教。教与学都以做为中心。包括以下四个要点："教学做合一"要求在"劳力上劳心"；"教学做合一"是因为"行是知之始"；"教学做合一"要求"有教先学"和"有学有教"；"教学做合一"还是对注入式教学法的否定。

（4）启示。

陶行知的生活教育理论是一种大众的、为人民大众服务的教育理论，且还是一种不断进取创造，旨在探索具有中国民族特色的教育道路的理论。生活教育理论还在教育观念的改变方面颇有建树，无论是强调学校教育与社会生活、生产劳动相结合，还是要求手脑并用、在劳力上劳心，都是对学校与社会割裂、书本与生活脱节、劳心与劳力分离的传统教育的反动，显示出强烈的时代气息，至今都富于启示。陶行知的生活教育理论是我国民族教育理论宝库中十分可贵的遗产，值得我们珍惜并认真研究借鉴。

4. 论述班杜拉观察学习理论及其现实意义。

【答案要点】

观察学习是一种间接学习的形式，人类的大多数行为是通过观察而习得的，人们通过观察他人的行为及其后果，可获得榜样行为的符号表征和经验教训，并可引导观察者今后的行为。班杜拉认为，观察学习经历4个过程：

（1）注意过程。注意过程影响观察者对榜样行为的探索和知觉过程，决定观察者的观察内容。影响注意过程的因素有：榜样行为的特性、榜样的特征和观察者的特征。

（2）保持过程。保持过程使观察者将示范行为以某种形式储存在头脑中以便今后可以指导操作。示范信息的保持主要依赖两种符号系统——表象系统和言语系统。影响保持过程的因素有：注意过程的效果、榜样呈现的方式和次数以及观察者自身记忆能力、动机等。

（3）复制过程。观察者以内部表征为指导，将榜样行为再现出来。影响复制过程的因素有：观察的有效性、从属反应的有效性、反馈的及时性和准确性以及自我效能感。

（4）动机过程。动机过程决定个体复现榜样行为的具体内容，换言之，决定哪一种经由观察习得的行为得以表现。动机过程存在着三种强化：直接强化、替代性强化、自我强化。

班杜拉的社会学习理论揭示了人类的一种极为普遍的学习方式。多因素相互作用，共同决定行为的观点，以及注重观察、模仿、自我效能感在学习中的作用等思想，不论是在行为习惯和道德品质的形成方面还是在语言知识及人际交往技能的学习方面，都有着很重要的指导作用和参考价值。

2017年 贵州师范大学333教育综合·真题解析

一、名词解释

学校教育

学校教育是一种狭义的教育，指一种专门组织的不断趋向规范化、制度化、体系化的教育。它是根据一定的社会现实和未来需要，遵循受教育者身心发展的规律，有目的、有计划、有组织地对受教育者身心施加影响，把他们培养成为一定社会或阶级所需要的人的活动。

教育目的

教育目的是对教育活动所要培养的人的个体素质的总的预期与设想，是对社会历史活动的主体的个体素质的规定。它体现一定社会对受教育者质量规格的界定和要求，也体现人自身发展所应该达到的水准和高度。

"六艺"教育

"六艺"即礼、乐、射、御、书、数。礼包括政治、伦理、道德、礼仪各个领域，乐包括诗歌、音乐和舞蹈，射指射箭的技术训练，御指驾驭马拉战车的技术训练，书指文字书写，数指算法。其中，"礼、乐、射、御"为"大艺"，是大学的课程；"书、数"为"小艺"，是小学的课程。

骑士教育

骑士教育是中世纪世俗教育的一种主要形式，以培养当时封建制度中骑士阶层的成员为目的。

它是一种特殊形式的家庭教育，并无专设的教育机构，也没有专职的教育人员。它在骑士生活和社交活动中进行。训练骑士的标准是剽悍勇猛、虔敬上帝、忠君爱国、宠媚贵妇。

学习策略

学习策略是指学习者为了提高学习的效果和效率，有目的、有意识地制定的有关学习过程的复杂的方案。具有以下四个特征：主动性、有效性、过程性、程序性。

最近发展区

维果茨基认为，在进行教学时必须注意到儿童的两种水平，一种是儿童现有的发展水平，另一种是即将达到的发展水平，维果茨基把这两种水平之间的差距称为最近发展区，即独立解决问题的真实发展水平和在成人指导下或与其他儿童合作情况下解决问题的潜在发展水平之间的差距。

二、简答题

1. 简述教育的相对独立性。

【答案要点】

教育的相对独立性是指作为社会一个子系统的教育，它对社会的能动作用具有自身的特点和规律性，它的历史发展也有其独特连续性和继承性。主要表现为以下几方面：

（1）教育是培养人的活动，通过所培养的人作用于社会。教育尤其是学校教育，是有意识地影响人、培育人、塑造人的社会活动。它主要通过引导和促进年轻一代社会化、个性化，成为社会活动的参与者和继承者，以保证并促进社会的生存、延续与发展。

（2）教育具有自身的活动特点、规律及原理。教育是培养人的活动，而人具有特殊的身心发展和成熟的规律。教育教学及其相关活动必须认识、遵循和创造性地运用这些基本特点与规律，才能有效地培育人才。此外，还应重视和遵循前人的宝贵经验，并在此基础上继续发展、前进。

（3）教育具有自身发展的传统与连续性。由于教育有自身的规律和特有的社会功能，它一经产生、发展便将形成和强化其相对独立性，具有发展的连续性、继承性和惯性。因此，无论是办学校、发展教育事业，或进行教育改革，都要重视与借鉴教育的历史经验，都应在原有的基础上积极改进、稳步前行。

2. 简述孔子教育思想的贡献。

【答案要点】

孔子是全世界公认的伟大的思想家和教育家，他毕生从事教育活动，建树了丰功伟绩。他在实践基础上提出的一些首创的教育学说，为中国古代教育奠定了理论基础。孔子在教育史上的贡献是多方面的，主要表现在：

（1）首先提出教育在社会发展和人的发展中的重要作用，强调重视教育。

（2）创办规模较大的私学，开创私人讲学之风，改变"学在官府"的局面，成为百家争鸣的先驱。

（3）实行"有教无类"的方针，扩大受教育的范围，使文化教育下移到平民。

（4）培养从政君子，提倡"学而优则仕"，为封建官僚体制的政治改革准备了条件。

（5）重视古代文化的继承和整理，编纂"六经"作为教材，保存了中国古代文化。

（6）总结教育实践经验，对教学方法有新的创造，强调学思行结合的教学理论。

（7）首创启发式教学，发展学生的思维能力；实行因材施教，发挥个人专长，造就各类人才。

（8）重视道德教育，以仁为最高的道德准则，鼓励人们提高道德水平，提出道德修养应遵循的重要原则。

（9）要求教师具有良好的职业道德，学而不厌，诲人不倦，以身作则。

3. 简述现代教育对教师素养的要求

【答案要点】

（1）高尚的师德。热爱教育事业，富有献身精神和人文精神；热爱学生，诲人不倦；热爱集体，团结协作；严于律己，为人师表。

（2）先进、科学的教育理念。教师的所有努力都要有利于学生精神世界的丰富、人格尊严的维护和美好人性的成长。如学生主体观、教学交往观、发展性教学评价观等。

（3）宽厚的文化素养。教师对自己所教学科知识应科学、深入地把握，能对自己所教专业融会贯通、深入浅出、高瞻远瞩，达到运用自如的境界，在教学过程中不出知识性的错误。同时，教师还应有比较广博的文化修养。

（4）专门的教育素养。教师的专门教育素养水平及其合理结构是教育教学任务得以完成的重要保证，它主要包括教育理论素养、教育能力素养和教育研究素养。

（5）健康的心理素质。教师要有轻松愉快的心境、昂扬振奋的精神、乐观幽默的情绪以及坚韧不拔的毅力等。

（6）强健的身体素质。主要体现在健康的体魄、旺盛的精力、蓬勃的活力、有节律的生活方式和锻炼习惯等。

4. 简述夸美纽斯的泛智教育思想。

【答案要点】

基于教育的崇高目的，夸美纽斯提出了"将一切事物教给一切人"的泛智主义教育观，并由此大力主张普及教育于全体儿童和民众。内容主要包括以下两个方面：

（1）教育内容泛智化。把人们现世和来世所需要的一切事项，主要包括智力、道德和宗教信仰，全部纳入教育内容之中，这样的教育才是周全的教育，才能使人们"懂得科学，纯于德行，习于虔诚"。这是夸美纽斯针对科学革命所要求的的学校教育内容扩充做出的反应。

（2）教育对象普及化。要求学校向全体人敞开大门，一切城镇乡村的男女儿童，不论富贵贫贱，都应该进学校接受一切有用的教育。这体现出夸美纽斯教育思想的民主性，他把教育理论探讨的对象扩大到所有的人类，这是夸美纽斯超越前人之处。

夸美纽斯在自己的另一本著作《泛智学校》中提出了有关设立"泛智学校"的设想，他希望设立一种对儿童进行广博教育的新式"泛智学校"，设立七个年级，以学习将来所需要的一切学科。1650年，夸美纽斯受邀到匈牙利，受聘担任沙洛斯－波托克地方的长期教育顾问，并创建了一所"泛智学校"，以实验他的泛智教育思想，但只办成前三个年级，实验计划未能完全实现。

三、分析论述题

1. 论述杜威的教育本质论及其现实意义。

【答案要点】

杜威对于"什么是教育"的问题，给出的回答是：教育即生活、学校即社会、教育即生长、教育即经验的持续不断的改造。

（1）教育即生活。

杜威认为教育是生活的过程，学校是社会生活的一种形式，那么学校生活也是生活的一种形式。

学校生活应与儿童自己的生活相契合，满足儿童的需要和兴趣，使校园成为儿童的乐园，使儿童在现实的学校生活中得到乐趣；学校生活应与学校以外的社会生活相契合，适应现代社会变化的趋势并成为推动社会发展的重要力量，校园不应是世外桃源而应积极参与社会生活。

杜威要做的就是改造不合时宜的学校教育和学校生活，使之更富活力，更有乐趣，更具实效，更有益于儿童发展和社会改造。

（2）学校即社会。

杜威"学校即社会"意在使学校生活成为一种经过选择的、净化的、理想的社会生活，使学校成为一个合乎儿童发展的雏形的社会。而要将此落于实处，就必须改革学校课程，从分科课程转变为活动课程。

"学校即社会"是对"教育即生活"这一命题的进一步引申，代表社会生活的活动性课程的引入是使学校与社会生活相联系的基本保证。杜威坚信教育是社会进步及社会改革的基本方法，通过教育改造社会生活，使之更完善、更美好。

（3）教育即生长。

杜威针对当时教育无视儿童天性，消极对待儿童，不考虑儿童的需要和兴趣的现象，提出了"教育即生长"的观念。

杜威要求摒除压抑、阻碍儿童自由发展之物，使教育和教学适应儿童的心理发展水平和兴趣、需要的要求。他所理解的生长是机体与外部环境、内在条件与外部条件交互作用的结果，是一个持续不断的社会化的过程。杜威要求尊重儿童但不同意放纵儿童，这也是杜威与进步主义教育实践的一个重要区别。

（4）教育即经验的持续不断的改造。

教育即经验的持续不断的改造是指构成人的身心的各种因素在外部环境和人的主动经验过程中统一的全面改造、发展、生长的连续过程，包含四个方面：

①经验是一种行为，涵盖认识的、情感的、意志的等理性、非理性因素，成为儿童各方面发展和生长的载体。在经验过程中，儿童不仅获得知识，而且形成能力、养成品德。

②经验是有机体与环境相互作用的过程，机体不仅受环境的塑造，同时也对环境加以改变。经验的过程就是一个实验探究的过程、运用智慧的过程、理性的过程。

③经验的过程是一个主动的过程，有机体既接受着环境塑造，也主动改造着环境。

④经验是一个连续发展的过程，不存在终极目的的发展过程，教育就是个人经验的不断生长。

（5）现实意义。

①积极性。杜威关于教育本质的这四个论点具有重要的意义：这些观点是杜威改革旧教育的纲领，他的意图是要使教育为缓和社会矛盾、完善美国社会制度服务，对于推动当时的教育改革有积极意义；杜威关于教育本质的观点是他的教育哲学的四个主要命题，内涵丰富并具有启发意义；杜威力图把教育的社会功能与个体发展功能统一起来，并把社会活动视为使两者得以协调的重要手段或中介。

②局限性。杜威对于教育本质的表述不够科学。如"教育即生长"给人以重视个体的生物性而回避社会性的印象，并且生长有方向、方式之异，有好坏优劣之别，所以仅说"教育即生长"是不严谨的；又如"教育即生活"的口号表述过于简要，也易使人不得要领，从而在理解上产生歧义；"学校即社会"的提法也存在着片面性，它忽视社会与个体发展的各自的相对独立性，进而导致抹杀学校与社会的本质区别。

2. 论述新一轮的课程改革对教师的要求。

【答案要点】

（1）树立平等、民主的教育观。教师应当树立平等、民主的教育观，对自身角色进行重新定位，关注学生的需求，走进学生的内心。新课改要求教师从传统的教育观中跳出来，不仅仅关注学生的考试分数的多少，而更应该面向全体学生，做到"一切为了学生，为了学生一切，为了一切学生"，使学生的能力得到全面发展。

（2）改变传统的教学模式。教师应当在新课改理念的指导下，转变传统教学模式，增强师生之间的互动，形成教师引导、学生主动探索的教学方法，让学生合作探究、独立思考，增强学生的主动性、创造性。

（3）不断提高自身素养。教师在教育教学战线上的作用不可替代，教师对学生的影响力之大使得教师必须不断提高自身内在素质。教师一方面要积极补充知识、保证自己知识储备的广泛性；另一方面应当积极反思，通过自我反思不断改善教学，从而更好地完成新课改提出的要求。

（4）具有良好的心理素质。由于教师职业的特殊性，在面对来自各方面的压力下，不少教师处于心理亚健康状态。这种不健康的心理不仅会给教师的个人生活带来困扰，也会给学生带来不适，不利于教师教学工作的开展和学生身心健康的发展。因此，教师要积极观察自己的身心健康状态，及时地调整自己、提高自己的心理适应能力。

3. 分析二者的回答，你更喜欢谁的回答？用思维的原理进行分析。

【答案要点】

我更喜欢小明的回答。小明的回答更具有发散思维的特征。

创造思维由五对思维要素构成，即发散思维与聚合思维、直觉思维与分析思维、纵向思维与横向思维、逆向思维与正向思维、潜意识思维与显意识思维。

发散思维与聚合思维是美国著名心理学家吉尔福特在"智力结构的三维模式"中明确提出并予以界定的两种思维类型。

发散思维又称扩散思维、求异思维、辐射思维，是指依据思维任务，利用已知信息沿着不同方向、不同角度、不同范围进行思考而获得大量的、独特的新信息的思维。聚合思维又称收敛思维、求同思维、集中思维等，是指依据思维活动任务，从已知信息中产生逻辑结论，从现成资料中寻求正确答案的一种有方向、有范围、有条理的思维。

人们运用发散思维进行多向尝试并寻求到各种答案后，必须经过聚合思维的选择才能确定最佳方案或有实际意义的方案。完整的创造思维不仅包括发散思维，还必须包括聚合思维。发散思维是构成创造思维最重要的成分，当解决问题中受到某种固定偏见、定势束缚时，人们要战胜偏见、摆脱定势，就必须依靠发散思维。

4. 如果你是周老师，你会怎么做？

【答案要点】

如果我是周老师，我会努力和这个班上的同学建立良好的师生关系。

良好师生关系的构建就是师生关系建立、调整和优化的过程。教师在师生关系建立与发展中占有重要地位，起着主导作用。要建立民主、和谐亲密、充满活力的师生关系，对教师来说，有以下几种策略：

（1）了解和研究学生。包括了解学生个体的思想意识、道德品质、兴趣、需要、知识水平、学习态度和方法、个性特点、身体状况和班集体的特点及其形成原因。

（2）树立正确的学生观。学生观就是教师对学生的基本看法，它影响着教师对学生的认识及其态度与行为，进而影响学生的发展。正确的学生观来自教师对学生的观察和了解，来自教师向学生的学习和对自我的反思。

（3）热爱、尊重学生，公平对待学生。热爱学生包括热爱所有学生，对学生充满爱心，经常走到学生之中，忌讳挖苦、讽刺、粗暴对待学生。尊重学生特别要尊重学生的人格，保护学生的自尊心，维护学生的合法权益，避免师生对立。教师处理问题必须公正无私，使学生心悦诚服。

（4）主动与学生沟通，善于与学生交往。要求教师掌握沟通与交往的主动性，经常与学生保持接触、交心；同时教师还要掌握与学生交往的策略和技巧，如寻找共同的兴趣或话题、一起参加活动等。

（5）努力提高自我修养，健全人格。教师要使师生关系和谐，就必须通过自己崇高的理想，科学的世界观、人生观，渊博的知识，严谨的治学态度，活泼开朗的性格，多方面的爱好与兴趣等来吸引学生。

同时我也会努力做好班主任的工作，尽职尽责地完成班主任工作应涉及的内容：

（1）了解和研究学生。了解学生，包括个人和集体两方面。了解学生个人情况，包括个人德、智、体的发展，他的情趣、特长、习性、诉求，家庭状况和交往情况。了解学生集体情况，是在了解学生个人情况的基础上汇集而成，包括全班学生的年龄、性别、家庭等一般情况；学生德、智、体发展的一般水平和有特殊才能的学生情况，班风与传统等。了解和研究学生的主要方法有观察、谈话、分析书面材料和调查研究等。

（2）教导学生学好功课。学好功课是学生的主要任务，教育学生学好功课也是班主任的一项经常性的重要任务。有成效地完成这一任务，主要靠各科教师，但班主任的作用不可忽视。班主任应做到：第一，注意学习目的与态度的教育；第二，加强学习纪律的教育；第三，指导学生改进学习的方法和习惯。

（3）组织班会活动。班会是向学生进行思想教育的一个重要阵地。有计划地组织班会活动是班主任的一项重要任务。组织班会活动应注意：①班会的内容与形式应当多样化；②组织班会活动要有计划。

（4）组织课外活动、校外活动和指导课余生活。课外活动与校外活动对培养学生的志趣、才能，丰富和活跃他们的生活，促进他们德、智、体全面发展有重要意义。在开展课外与校外活动方面，班主任主要负责动员和组织工作。对课余活动，班主任的责任是经常关心、了解、给予必要的指导。要尊重学生个性与兴趣爱好，不要干预太多，同时严格要求他们遵守学校规章制度和纪律，自觉抵制不良思想风气的侵蚀。

（5）组织学生劳动。学生的劳动内容很广，主要有生产劳动、建校劳动和各种公益劳动。每学期开学之初，学校应当根据情况对各班学生的劳动做出统一的计划和安排。班主任则应按学校的安排与要求，有目的有计划地组织好本班学生的劳动。

（6）协调各方面对学生的要求。调节和统一校内外各方面对学生的要求，这是有成效地教育学生的重要条件，也是班主任工作的一项重要内容。这项工作包括统一校内教育者对学生的要求以及统一学校与家庭对学生的要求。

（7）评定学生操行。操行是指学生的思想品德表现。操行评定是对学生一学期或一学年以来的思想品德发展变化情况的评价。操行评定，一般采用评语，有的还要评定等级。

（8）做好班主任工作的计划与总结。为了能够较自觉地做好班主任工作，一要加强计划性，使工作有条不紊地进行；二要注意总结工作经验，以便不断改进和提高。二者是互为基础、相互促进的。

2016年 贵州师范大学 333 教育综合·真题解析

一、名词解释

学在官府

西周在文化教育上的特征就是"学在官府"。为了国家管理的需要，西周奴隶主贵族制定法纪规章，并将其汇集成专书，由当官者来掌握。这种现象历史上称之为"学术官守"，并由此造成"学在官府"。"政教合一，官学一体"是"学在官府"的重要标志。

最近发展区

维果茨基认为，在进行教学时必须注意到儿童的两种水平，一种是儿童现有的发展水平，另一种是即将达到的发展水平，维果茨基把这两种水平之间的差距称为最近发展区，即独立解决问题的真实发展水平和在成人指导下或与其他儿童合作情况下解决问题的潜在发展水平之间的差距。

学习动机

学习动机是动机在学习活动中的表现，是引起和维持个体进行学习活动，并使活动朝向一定的学习目标，以满足某种学习需要的一种内部心理状态。它的主要内容包括知识价值观、学习兴趣、学习效能感和成败归因。

宫廷教育

宫廷教育是人文主义教育的形式之一，是针对贵族子弟的教育，教育的目的主要是培养上层人物如君主、侍臣、绅士等。

班级授课制

班级授课制是一种集体教学形式。它把一定数量的学生按年龄与知识程度编成固定的班级，根据周课表和作息时间表，安排教师有计划地给全班学生上课，分别学习所设置的各门课程。

教育目的

教育目的是对教育活动所要培养的人的个体素质的总的预期与设想，是对社会历史活动的主体的个体素质的规定。它体现一定社会对受教育者质量规格的界定和要求，也体现人自身发展所应该达到的水准和高度。

二、简答题

1.简述教育与文化的关系。

【答案要点】

教育的文化功能包括：

（1）传递文化。文化教化的前提是人类对文化的创造与传递。教育起着传递文化的作用。尤其是学校教育因其具有明确的目的性、计划性等特点，一直承担着传承文化的重任。

（2）选择文化。为了有效地传承文化，必须发挥教育对文化的选择功能。教育的选择功能十分重要，体现了教育对文化发展的积极引导和自觉规范。

（3）发展文化。文化的生命不仅在于它的保存和积累，更在于它的更新与创造。随着社会的日益开放化，学校在加强国际文化交流中的作用也日益明显。教育通过广泛的文化交流，不断地吸收其他民族的文化精华，补充、更新和发展本民族的文化，也是文化发展的一种重要方式。

文化对教育的制约包括：

（1）文化知识制约教育的内容与水平。文化是教育的基础，教育的本质是通过传承和创新文化来培养人才。学校教育的一个重要任务就是传授系统的文化知识。因此，文化是教育的主要资源，文化知识的发展特性与水平制约着教育的发展特性与水平。

（2）文化模式制约教育的背景与模式。首先，文化模式为教育提供了特定的背景；其次，文化模式还从多方面制约教育的模式。不同文化模式影响的教育模式，在教育目的、内容与方式等各方面也有明显的差异。

（3）文化传统制约教育传统的特性。文化传统越久，对教育传统的制约性越大。我们在教育改革中遇到的许多阻力，究其根源，都与文化传统的消极因素有一定的关系。正确认识文化传统与教育传统的制约关系，对于指导我们今天的教育改革具有重大现实意义。

2. 简述科举制度对古代封建制度的影响。

【答案要点】

积极影响：

（1）扩大了统治基础，有利于加强中央集权。通过科举考试，平民及中小地主阶层获得了参政的机会，打破了门阀士族地主垄断统治权力的局面，扩大了封建统治的统治基础。同时，通过科举考试，朝廷将选士大权收归于中央政府，强化了中央集权的统治。

（2）使选士与育士紧密结合。促进人们的思想统一于儒学，成为实施儒家"学而优则仕"原则的途径。刺激学校教育的发展，有利于教育的普及。

（3）使选拔人才较为客观公正。隋唐科举考试在发展的过程中逐步建立了较为完备的考试制度，同时逐步建立了一系列的考试防范措施，加强考试管理。

消极影响：

（1）国家只重科举取士，而忽略了学校教育。学校成为科举考试的预备机构，一切教学活动都围绕着科举考试来进行，学校失去了相对独立的地位和作用。

（2）束缚思想，败坏学风。学校教学安排围绕科举进行，导致学校教育中重文辞少实学，重记诵而不求义理，形成了教条主义、形式主义的学习风气。在科举制的影响下，读书的目的不是求知求真，而是为了功名利禄，具有强烈的功利色彩。

（3）科举考试内容的狭隘也阻碍了中国文化的和谐发展，特别是科技文化的发展。

3. 简述蔡元培的"五育"教育。

【答案要点】

（1）军国民教育。指将军事教育引入到学校和社会教育之中，让学生和民众受到一定的军事教育和训练。在学校教育中，强调学生生活的军事化，特别是体育的军事化。

（2）实利主义教育。即密切教育与国民经济生活的关系，加强职业技能的培训，使教育能发挥提高国家经济能力和改善人民生活水平的作用。

（3）公民道德教育。蔡元培认为，公民道德的基本内容不外乎法国资产阶级革命所标榜的自由、平等、博爱，虽然与封建道德的专制等级性不相容，但他明确指出中国传统伦理特别是儒家伦理中的一些基本范畴，其内涵是与自由、平等、博爱的精神相通的。

（4）世界观教育。是蔡元培独创并被作为教育的最高境界。世界观教育就是要培养人们立足于现象世界但又超脱现象世界而贴近实体世界的观念和精神境界。

（5）美感教育。蔡元培认为，美感介于现象世界和实体世界之间，是两者之间的桥梁。美感教育是世界观教育的主要途径。大力提倡美感教育是蔡元培教育思想和实践的一个重要特点。

蔡元培认为，"五育"不可偏废，其中军国民教育、实利主义教育、公民道德教育偏于现象世界，隶属于政治教育；世界观教育和美感教育以追求实体世界之观念为目的，为超越政治的教育。根据当时流行的德、智、体三育的说法，蔡元培认为，军国民教育为体育，实利主义教育为智育，公民道德教育为德育，美感教育可以辅助德育，世界观教育将德、智、体三育合而为一，是教育的最高境界。学校中每种教学科目虽于"五育"中各有侧重，但又同时兼通数育。

4.简述赫尔巴特的四段教学法。

【答案要点】

赫尔巴特的教学形式阶段，实际上就是课堂教学的完整过程，是一个包括教学方法、教学形式等内在的规范化的教学程序。

他认为，兴趣活动可以划分为四个阶段：注意、期待、要求和行动。儿童在学习活动中的思维方式有两种：专心与审思。在此基础上，他提出了教学形式阶段理论，即"赫尔巴特四段教学法"。

（1）明了或清晰：当一个表象由自身的力量突出在感官前，兴趣活动对它产生注意；这时，学生处于静止的专心活动；教师通过运用直观教具和讲解的方法，进行明确的提示，使学生获得清晰的表象，以做好观念联合，即学习新知识的准备。

（2）联合或联想：由于新表象的产生并进入意识，激起原有观念的活动，因而产生新旧观念的联合，但又尚未出现最后的结果；这时，兴趣活动处于获得新观念前的期待阶段；教师的主要任务是与学生进行无拘无束的谈话，运用分析的教学方法。

（3）系统：新旧观念最初形成的联系并不是十分有序的，因而需要对前一阶段由专心活动得到的结果进行审思；兴趣活动处于要求阶段；这时，需要采用综合的教学方法，使新旧观念间的联合系统化，从而获得新的概念。

（4）方法：新旧观念间的联合形成后需要进一步巩固和强化，这就要求学生自己进行活动，通过练习巩固新习得的知识。

赫尔巴特的阶段教学论，在一定程度上揭示了教学过程方面的某些规律，反映了人类对教学过程和教学活动本质认识的发展，具有广泛的实践意义是值得充分肯定的；但是，该理论认为任何一堂课都必须遵循这样一个阶段，既限制了学生学习的积极主动性和创造精神，也束缚了教师教学的主动性和灵活性。

三、分析论述题

1.方仲永五岁能作诗，但十二三岁时不如以前，二十岁和众人一样，用相关教育理论进行评论。

【答案要点】

影响人的身心发展的因素有以下几个方面：

（1）遗传在人发展中的作用。第一，遗传素质是人的发展的生理前提，为人的发展提供可能；第二，遗传素质的成熟程度制约着人的发展过程及年龄特征；第三，遗传素质的差异性对人的发展有一定的影响；第四，遗传素质具有可塑性。

（2）环境在人的发展中的作用。第一，环境是人的发展的外部条件；第二，环境的给定性与主体的选择性。

（3）个体活动在人的发展中的作用。第一，个体活动是人的发展的决定因素；第二，个体活动制约着环境影响的内化与主体的自我建构；第三，个体通过能动的活动选择、构建着自我的发展。

（4）教育在人的发展的作用。第一，教育在人的发展中起引领作用；第二，学校教育主要通过传承文化科学知识来培养人；第三，学校教育对提高人的现代性有显著的作用。

方仲永在五岁时就能作诗说明其遗传素质较高，且可塑性较强；但其十二三岁时不如以前，甚至二十岁和众人一样说明其没有注重教育和个体活动对于人的身心发展的影响，尤其是其成长环境也没有为其身心发展提供更好的条件。

2. 一位教师用一条活鱼来引导《鱼》一课，播放关于解剖鱼的相关视频使学生了解鱼的知识。该教师用了什么教学原则？该如何运用此原则？

【答案要点】

该教师使用了直观性教学原则。

直观性原则是指应当在教学中通过引导学生观察所学事物或图像，聆听教师用语言对所学对象的形象描绘，形成有关事物具体而清晰的表象，以便他们理解所学知识。

贯彻直观性教学原则的要求有：

（1）正确选择直观教具和现代化教学手段。直观教具一般分为实物直观、模象直观和多媒体教学三类。不论选用哪种直观方式，都要注意其典型性、代表性、科学性和思想性，以适合儿童发展的特点，符合教学的要求，使学生能形成所学事物的清晰表象，掌握抽象的文字概念；或让他们看到事物内部的结构、各部分的联系及变化过程，深刻理解其特性、结构、规律与功能，以提高教学的质量。因此，直观教具或多媒体课件的制作和运用，要注意使它与教学的需要相契合；要放大所学部分，用色彩显示所要观察的部分；要动态地揭示，呈现所学事物的运动、变化和发展。

（2）直观要与讲解相结合。教学中的直观不是让学生自发地看，而是要在教师的指导下有目的地观察，或配合讲解边听边看。教师要通过提出问题，引导学生去把握事物的特征，发现事物之间的联系；应鼓励学生提问，解答学生在观察中的疑惑，以便更深刻地掌握理性知识。

（3）防止直观的不当与滥用。一节课是否运用直观，以什么方式、怎样进行直观，都应当根据教学的需要来决定。不能把直观当作目的，不能为直观而直观，不是直观得越多越好。总之，不能为了直观而直观，盲目地追求形象与形式。

（4）重视运用语言直观。教师用语言做生动的讲解、形象的描述、通俗的比喻，都能够起直观的作用。

直观性原则反映了学生的认识规律。它给学生以感性、形象而具体的知识，提高学生学习的兴趣和积极性，减少学习抽象概念的困难；它可以展示事物的内部结构、相互关系和变化状况以及动态发展的过程，有助于学生理解事物的本质、规律与功能。随着教学手段的现代化、多媒体的采用，直观原则的运用将更为广泛和重要。

3. 如何看待教师"错一罚十、漏一补十"的做法？运用相关记忆规律分析此做法。

【答案要点】

记忆保持的最大变化是遗忘，遗忘和保持是矛盾的两面。对于遗忘的进程，德国心理学家艾宾浩斯最早进行了系统的研究。其后该实验被绘制成艾宾浩斯遗忘曲线。

艾宾浩斯遗忘曲线说明：遗忘在学习之后立即开始，而且遗忘的进程是最初很快，以后逐渐缓慢；过了相当的时间后，几乎不再遗忘。这一研究表明，遗忘的发展是不均衡的，其规律是先快后慢，呈负加速型。

复习是巩固所学知识的最基本方法，为了促进知识的保持，避免知识的遗忘，必须注意合理地组织复习。进行复习的策略有：

（1）复习时机要得当。由于遗忘的发展开始很快，所以必须在遗忘还没有发生以前及时进行复习，这样才能节省学习时间。为此，在教学上必须遵守"及时复习"的原则。由于遗忘存在着先快后慢的趋势，因此在教学上还必须遵守"间隔复习"的原则。此外，教学上也应该遵守"循环复习"的原则，对于所学的重要的、基本的材料应经常复习，做到"温故而知新"。

（2）复习的方法要合理。合理分配复习时间，可以尝试分散复习和集中复习两种复习形式；阅读与尝试背诵相结合；综合使用整体复习与部分复习。

（3）复习次数要适宜。一般来说，复习次数越多，识记和保持的效果越好；反之，则遗忘发生越快。据此，心理学家肯定了"过度学习"的必要性。所谓过度学习，指在学习达到刚好成诵以后的附加学习。但是过度学习并不意味着复习次数越多越好。研究表明：学习的熟练程度达到150%时，记忆效果最好；超过150%时，效果并不递增，很可能引起厌倦、疲劳等而成为无效劳动。

因此材料中教师"错一罚十、漏一补十"的做法具有一定合理性，但应注意复习的强度，且还可以通过把握复习时机和其他复习方法进行复习。此外，促进保持和防止遗忘，必须注意从学习时机、学习方法、学习程度等方面来综合考虑。

4. 用现代学生观分析该教师的行为。

【答案要点】

现代学生观的基本特点为主体性学生观、发展性学生观、完整性学生观和个性化学生观。材料中教师直接批评学生关于"蚂蚁在唱歌"的言论，违背了现代学生观中的主体性学生观和个性化学生观。

（1）主体性学生观。学生是主体性的人。学生是参与教育过程的主体，在这个过程中表现为自主性、能动性和创造性的特征，这三者是确立学生主体的依据和衡量标志。

（2）发展性学生观。学生是发展性的人。现代教育认为每个学生作为一个指向未来的无限变化体，都具有无限的发展潜能，尤其是中小学阶段的学生更具发展的可能性，可塑性也更强。教育应该是以促进学生全面发展为着眼点，创造各种有利条件，把学生存在的多种潜能变成现实。教师绝不能依据学生的一时表现来断言学生没有发展的可能，而应该坚信每一个学生都具有巨大的可供挖掘和开发的资源和潜能，应该看到学生的未完成性，并给学生创造发展的良好环境和机会。

（3）完整性学生观。学生是完整性的人。教育的意义在于"成人"，而人是整体的人，是具有"多向度"的人。教育必须回归生活世界寻求走向完人理想的道路，最大限度地追求灵与肉、感性与理性的高度发展与和谐统一，从而使学生获得作为人的全部规定性。

（4）个性化学生观。学生是个性化的人。个性是指个体在生理素质和心理特征的基础上，在社会实践活动中通过社会环境和教育等因素的影响，在身心、才智、德行和技能等方面所形成的比较稳固而持久的特征的总和。教师应尊重每一个学生丰富的差异性，并拒绝运用同一标准来评价学生，力图使每个学生都能成为充满个性魅力的生命体。在教学实践活动中，要注重个性化教育和个性化教学，照顾学生的个性差异，为每个学生的发展提供有利条件，让学生充分发挥其独特的个性优势，以形成独立的个性。

2015年 贵州师范大学 333 教育综合·真题解析

一、名词解释

学校教育制度

学校教育制度简称学制,指的是一个国家各级各类学校的系统及其管理规则,它规定着各级各类学校的性质、任务、入学条件、修业年限以及它们之间的关系。

教学

教学是在一定教育目的规范下,在教师有计划的引导下,学生能动地学习、掌握系统的课程预设的科学文化基础知识,发展自身的智能与体力,养成良好的品行与美感,逐步形成全面发展的个体素质的活动。简言之,教学是在教师引导下学生能动地学习知识以获得素质发展的活动。

德育原则

德育原则是教师对学生进行德育应该遵循的基本要求。它以个体品德发展规律和社会发展要求为依据,概括了德育实践的宝贵经验,反映了德育过程的规律性。

《大学》中的"三纲领"

三纲领八条目是《大学》的教育目的和具体步骤。《大学》开篇即"大学之道,在明明德,在亲民,在止于至善","明明德""亲民"和"止于至善"被称为"三纲领"。

苏格拉底教学法

苏格拉底法也称"问答法""产婆术",是由讥讽、助产术、归纳和定义四个步骤组成的独特的方法。这是苏格拉底探讨伦理哲学的研究方法,也是他的教学方法。这种教学方法不将现成的结论硬性灌输或强加于对方,但它也不是万能的,只能在一定条件下和适度范围内作为参照。

反思

反思是指思考过去的事情并从中总结经验教训。教学反思是指教师把自己放到研究者、反思者的位置,通过对教育、教学日常工作中出现的某些疑难问题的观察、分析、反思与解决,提升自己的专业理论水平和专业实践的智慧与能力。

二、简答题

1.《学记》中的教学原则有哪些?

【答案要点】

(1)豫时孙摩。

①预防性原则:要求事先估计学生可能会产生的种种不良倾向,预先采取预防措施。

②及时施教原则:要求掌握学习的最佳时机,适时而学,适时而教。

③循序渐进原则:教学必须遵循一定的顺序,包括内容的顺序和年龄的顺序。

④学习观摩原则:学习要相互观摩,取长补短。同时,借助集体的力量进行学习。

(2)长善救失。

长善救失原则要求教师懂得并掌握教育的辩证法,坚持正面教育,善于因势利导,利用积极因素,克服消极因素,将缺点转化为优点。

（3）启发诱导。

君子的教育在于诱导学生，靠的是引导而不是强迫服从，是启发而不是全部讲解。只有这样，才能调动学生学习和思考的积极性、主动性，使学生的思维能力得到锻炼和发展。

（4）藏息相辅。

既有有计划的正课学习，又有课外活动和自习，有张有弛，让学生感受到学习的乐趣，感受到老师、同学的可亲可爱，使学习成为学生的一种内在需要。

2. 简述陶行知"生活即教育"的教育理念。

【答案要点】

"生活即教育"是陶行知生活教育理论的核心。其内涵十分丰富。

（1）生活含有教育的意义。陶行知说："教育的根本意义是生活之变化。生活无时不变即生活无时不含有教育的意义。因此，我们可以说：'生活即教育'。"生活的矛盾无时无处不在，生活也就随时随地在发生教育的作用。从生活的横向展开来看，过什么生活就是在受什么教育；从生活的纵向发展来看，生活伴随人们始终，教育也就伴随人们一生。陶行知主张人们积极投入生活中去，在生活的矛盾和斗争中去选择和接受"向前向上"的"好生活"。

（2）实际生活是教育的中心。陶行知始终把教育和社会生活联系起来进行考察，认为"生活教育是生活所原有，生活所自营，生活所必须的教育"。生活与教育是同一个过程，教育不能脱离生活。教育要通过生活来进行，无论教育的内容还是教育的方法，都要根据生活的需要。

（3）生活决定教育，教育改造生活。一方面，生活决定教育，表现为教育的目的、原则、内容、方法都为生活所决定，是为了"生活所必需"。另一方面，教育又能改造生活，推动生活进步。

"生活即教育"所强调的是教育以生活为中心，所反对的是传统教育脱离生活而以书本为中心。尽管它在生活与教育的区别和系统的知识传授方面有所忽视，但在破除传统教育脱离民众、脱离社会生活的弊端方面，有十分重要的意义。

3. 请简述《国防教育法》的相关立法执行情况。

【答案要点】

1957年，苏联卫星上天后，美国朝野震惊，开始反思自身的教育问题，并将教育提高到保卫国家国防的高度，要求对教育进行改革。在此背景下，1958年美国总统批准颁布了《国防教育法》。

（1）主要内容。

①加强普通学校的自然科学、数学和现代外语，即"新三艺"的教学。

②加强职业技术教育。要求各地区设立职业技术教育领导机构，有计划地开展职业技术训练。

③强调"天才教育"。鼓励有才能的学生完成中等教育，攻读考入高等教育机构所必需的课程并升入该类机构，以便培养拔尖人才。

④增拨大量教育经费。作为对各级学校的财政援助。

（2）评价。《国防教育法》是作为改革美国教育、加快人才培养的紧急措施推出的，其颁布与实施，为第二次世界大战后美国教育改革提供了坚实的法律保障，促进了美国教育事业的发展，有利于教育质量的提高和科技人才的培养。

4. 请简述杜威"做中学"的教育理念。

【答案要点】

（1）"从做中学"的教育思想。

杜威以其经验论为基础，要求从做中学、从经验中学，要求以活动性、经验性的主动作业来取代传统书本式教材的统治地位。在杜威看来，这种活动性、经验性课程既能满足儿童的心理需要，又能满足社会性的需要，还能使儿童对事物的认识具有统一性和完整性。

杜威并不反对间接经验本身，他反对的是传统教育中那种不顾儿童接受能力的直接灌输、生吞活剥式的获取间接经验的方式。学习的关键在于既要使儿童获得较为系统的知识，又能在学习过程中兼顾儿童的心理水平。

（2）评价。

杜威以"做中学"为原则的教学论体系对于传统的教学观念是一个强有力的挑战和冲击，他否定了科目本位式的传统课程，设计了以学生直接经验为主的活动课程，提出了一些富有启发意义的问题，重视教学过程中的非智力因素。

但是杜威忽视了教学过程中学生认识过程的自身特点，而把学生的学习过程与科学家的研究过程相等同，以学生的直接的感性经验作为教学的基础和出发点，其结果必然对教学质量的提高产生一些消极的影响。

三、分析论述题

1. 请结合材料谈谈课堂提问应该如何把握正确方向。

【答案要点】

（1）课堂提问的设置要与教学内容和教学目标相吻合。

课堂提问是源于教材的，因此教师必须对教材有充分的理解和把握。教师应该在充分把握教材的内容和教学目标的前提下，理清自己的思路，设计好能够引导学生开动脑筋、鼓励学生深入思考、让学生积极参与课堂并能清晰把握教材结构的问题。

（2）提问的设置要符合学生的认知水平。

教师在设置课堂提问时，应该考虑学生的水平，设置适宜的难度，让学生有话可说，提高学生的参与度。但同时，教师也不能忽略较高难度问题的设置，教师精心设计和挑选的较高难度的问题，往往会引发学生更深入地思考，教师应该帮助学生进行不同程度的思考，控制课堂的深度。

（3）提问后要给学生足够的"等待时间"。

研究表明，学生一旦得到回答课堂提问的"等待时间"，他们在课堂上会更为放松和积极，对内容的思考也会相对更深刻，在认知水平上得到更好的提升。尤其是在回答较高难度的问题时，等待时间就显得更为重要。

（4）引导学生成为课堂提问者。

有效的课堂提问，可以形成一个以学生为中心、以询问为导向的学习者团体。当学生提出问题时，教师要给学生正面的鼓励和评价。当学生面对教学内容提出自己的问题时，说明他对于学习是有自己的思考的，他积极参与到课堂活动中了，更容易理解和记忆正在学习的内容。教师要为学生提供多种生动的形式，比如角色扮演、循环提问等。

此外，教师在课堂中叫答学生回答问题也要保证每个学生有尽量多且均等的回答机会，如材料中学生被提问感到十分高兴，叫答不仅有利于学生在课堂上集中注意力，还能提高学生在课堂中的参与感。

2. 请结合材料谈一谈如何构建和谐的师生关系。

【答案要点】

（1）理想师生关系的基本特征。

理想的师生关系是师生主体间关系的优化，从其发生、发展的过程及其结果来看，具有三个基本特征：尊师爱生，相互配合；民主平等，和谐亲密；共享共创，教学相长。

（2）良好师生关系构建的基本策略。

良好师生关系的构建就是师生关系建立、调整和优化的过程。教师在师生关系建立与发展中占有重要地位，起着主导作用。要建立民主、和谐亲密、充满活力的师生关系，对教师来说，有以下几种策略：

①了解和研究学生。包括了解学生个体的思想意识、道德品质、兴趣、需要、知识水平、学习态度和方法、个性特点、身体状况和班集体的特点及其形成原因。

②树立正确的学生观。学生观就是教师对学生的基本看法，它影响着教师对学生的认识及其态度与行为，进而影响学生的发展。正确的学生观来自教师对学生的观察和了解，来自教师向学生的学习和对自我的反思。

③热爱、尊重学生，公平对待学生。热爱学生包括热爱所有学生，对学生充满爱心，经常走到学生之中，忌讳挖苦、讽刺、粗暴对待学生。尊重学生特别要尊重学生的人格，保护学生的自尊心，维护学生的合法权益，避免师生对立。教师处理问题必须公正无私，使学生心悦诚服。

④主动与学生沟通，善于与学生交往。要求教师掌握沟通与交往的主动性，经常与学生保持接触、交心；同时教师还要掌握与学生交往的策略和技巧，如寻找共同的兴趣或话题、一起参加活动等。

⑤努力提高自我修养，健全人格。教师要使师生关系和谐，就必须通过自己崇高的理想，科学的世界观、人生观，渊博的知识，严谨的治学态度，活泼开朗的性格，多方面的爱好与兴趣等来吸引学生。

3. 问1：李南这名新教师出现这样的问题原因是什么？并加以分析。

问2：请向李南提出在教学和课堂管理方面的建议和方法。

【答案要点】

问1：李南出现这样问题的原因在于其没有真正了解教师职业的基本特征，以及没有树立正确的学生观。

教师职业的基本特征有：教师职业是一种专业性职业；教师职业是以教书育人为职责的创造性职业；教师职业是需要持续专业化的职业。

材料中李南将教师的职业想得过于简单，以为要驾驭教师工作是轻而易举的事，实际上忽视了教师职业需要持续专业化的特征。

现代学生观的观点有：主体性学生观、发展性学生观、完整性学生观、个性化学生观。

问2：李南可以采用更加有趣生动的教学方法进行教学，从而提高课堂的吸引力。我国中小学常用的教学方法有以下几种：讲授法；谈话法、练习法、演示法、实验法、实习作业法、讨论法、研究法、问题教学法、读书指导法。

此外，在课堂管理方面，李南应学会与学生建立良好的师生关系，对教师来说，有以下几种策略：了解和研究学生；树立正确的学生观；热爱、尊重学生，公平对待学生；主动与学生沟通，善于与学生交往；努力提高自我修养，健全人格。

4. 请论述中小学教学的原则。

【答案要点】

教学原则是有效进行教学必须遵循的基本要求。它既指导教师的教，也指导学生的学，应贯彻于教学过程的各个方面和始终。我国的教学原则主要有：

（1）启发性原则，指在教学中教师要激发学生的学习主体性，引导他们经过积极思考与探究自觉地掌握科学知识，学会分析问题和解决问题，树立求真意识和人文情怀。也称探究性原则或启发与探究相结合原则。

基本要求：第一，调动学生学习的主动性；第二，善于提问激疑，引导教学步步深入；第三，注重通过解决实际问题启发学生获取知识；第四，引导学生反思学习过程；第五，发扬教学民主。

（2）理论与实践相结合原则，指教学要以学习基础知识为主导，将理论运用于解释和解决实际问题，学以致用，发展动脑、动手能力，并理解知识的含义，领悟知识的价值。

基本要求：第一，注重联系实际学好理论；第二，重视引导学生运用知识；第三，逐步培养与形成学生综合运用知识的能力；第四，面向生活现实，培养学生的对策思维。

（3）科学性和思想性统一原则，指教学要以马克思主义为指导，授予学生以科学知识，并结合知识教学对学生进行社会主义品德和核心价值观教育。

基本要求：第一，保证教学的科学性；第二，发掘教材的思想性，注意在教学中对学生进行思想品德教育；第三，重视补充有价值的资料、事例或录像；第四，教师要不断提高自己的专业水平和思想修养。

（4）直观性原则，指在教学中通过引导学生观察所学事物或图像，聆听教师用语言对所学对象的形象描绘，形成有关事物具体而清晰的表象，以便理解所学知识。

基本要求：第一，正确选择直观教具和现代化教学手段；第二，直观要与讲解相结合；第三，防止直观的不当与滥用；第四，重视运用语言直观。

（5）循序渐进原则，指教学要按照学科的逻辑系统和学生认识的顺序逐步进行，使学生系统地掌握基础知识、基本技能，形成严密的逻辑思维能力。也称系统性原则。

基本要求：第一，按教材的系统性进行教学；第二，抓主要矛盾，解决好重点与难点；第三，由浅入深、由易到难、由简到繁；第四，将系统连贯性与灵活多样性结合起来。

（6）巩固性原则，指教学要引导学生在理解的基础上牢固地掌握知识和技能，长久地保持在记忆中，能够根据需要迅速再现，有效地运用。

基本要求：第一，在理解的基础上巩固；第二，把握巩固的度；第三，重视组织各种复习；第四，在扩充、改组和运用知识中积极巩固。

（7）发展性原则，指教学的内容、方法和进度，既要适合学生已有的发展水平，又要有一定的难度，激励他们经过努力才能掌握，以便有效地促进学生的身心发展。

基本要求：第一，了解学生的发展水平，从实际出发进行教学；第二，考虑学生认识发展的时代特点。

（8）因材施教原则。指教师要从学生的实际情况与个性特点出发，有的放矢地进行有区别的教学，使每个学生都能扬长避短、长善救失，获得最佳发展。

基本要求：第一，针对学生的特点进行有区别的教学；第二，采取灵活多样的举措，使学生的才能得到充分的发展。

2014年 贵州师范大学333教育综合·真题解析

一、名词解释

教学

教学是在一定教育目的规范下，在教师有计划的引导下，学生能动地学习、掌握系统的课程预设的科学文化基础知识，发展自身的智能与体力，养成良好的品行与美感，逐步形成全面发展的个体素质的活动。简言之，教学是在教师引导下学生能动地学习知识以获得素质发展的活动。

学校管理

学校管理是学校管理者在一定的社会历史条件下，通过一定的组织机构和制度，采用一定的方法和手段，带领师生员工，充分发挥学校人、财、物、时、空和信息等资源的最佳整体功能，实现学校工作目标的组织活动。简言之，学校管理是管理者通过一定的组织形式以实现学校教育目标的活动。

学习动机

学习动机是动机在学习活动中的表现，是引起和维持个体进行学习活动，并使活动朝向一定的学习目标，以满足某种学习需要的一种内部心理状态。它的主要内容包括知识价值观、学习兴趣、学习效能感和成败归因。

稷下学宫

稷下学宫是战国时代齐国一所著名的高等学府，因其建立于齐国都城临淄的稷门附近而得名。它既是百家争鸣的中心与缩影，也是当时教育上的重要创造，稷下学宫对中国古代学术、文化和教育的发展产生过重大的历史影响。

白板说

"白板说"是洛克教育思想的主要理论基础，他反对"天赋观念"论，认为人出生后心灵如同一块白板，一切知识是建立在由外部而来的感官经验之上的。他高度评价教育在人的形成中的作用，认为人之好坏，"十分之九都是由他们的教育所决定"。

6.苏格拉底法

苏格拉底法也称"问答法""产婆术"，是由讥讽、助产术、归纳和定义四个步骤组成的独特的方法。这是苏格拉底探讨伦理哲学的研究方法，也是他的教学方法。这种教学方法不将现成的结论硬性灌输或强加于对方，但它也不是万能的，只能在一定条件下和适度范围内作为参照。

二、简答题

1. 简述影响人的发展的基本因素。

【答案要点】

（1）遗传在人发展中的作用。第一，遗传素质是人的发展的生理前提，为人的发展提供可能；第二，遗传素质的成熟程度制约着人的发展过程及年龄特征；第三，遗传素质的差异性对人的发展有一定的影响；第四，遗传素质具有可塑性。

（2）环境在人的发展中的作用。第一，环境是人的发展的外部条件；第二，环境的给定性与主体的选择性。

（3）个体活动在人的发展中的作用。第一，个体活动是人的发展的决定因素；第二，个体活动制约着环境影响的内化与主体的自我建构；第三，个体通过能动的活动选择、构建着自我的发展。

（4）教育在人的发展的作用。第一，教育在人的发展中起引领作用；第二，学校教育主要通过传承文化科学知识来培养人；第三，学校教育对提高人的现代性有显著的作用。

2. 简述陈鹤琴和王守仁的儿童教育思想。

【答案要点】

陈鹤琴的儿童教育思想表现为其"活教育"思想。陈鹤琴的"活教育"思想如下：

（1）"活教育"的目的论：陈鹤琴提出"活教育"的目的是"做人，做中国人，做现代中国人。""做人"是"活教育"最为一般意义的目的。"做中国人"体现了"活教育"目的的民族特征，指要懂得爱护这块生养自己的土地，爱自己国家长期延续的光荣历史，爱与自己共命运的同胞。"做现代中国人"体现了时代精神，有五个具体方面的要求：要有健全的身体；要有建设的能力；要有创造的能力；要能够合作；要服务。

（2）"活教育"的课程论："大自然、大社会都是活教材"，是陈鹤琴对"活教育"课程论的概括表述。"活教材"是指取自大自然、大社会的"直接的书"，即让儿童在与自然、社会的直接接触中，在亲身观察中获取经验和知识。

（3）"活教育"的教学论："做中教，做中学，做中求进步"是活教育教学方法的基本原则。陈鹤琴认为，"做"是学生学习的基础，因此也是"活教育"教学论的出发点。它强调儿童在学习过程中的主体地位和在活动中直接经验的获取。

王守仁的儿童教育思想内容如下：

（1）揭露和批判传统儿童教育不顾儿童的身心特点。王守仁指出当时从事儿童教育的老师每天只是督促儿童读书识字，责备他们修身，对待儿童就像对付囚犯，这种不顾儿童的身心特点，把他们当作小大人是传统儿童教育的致命弱点。

（2）儿童教育必须顺应儿童的性情。王守仁认为，一般来说儿童的性情总是爱好嬉游而厌恶拘束，因此他主张儿童教育必须顺应儿童的身心特点，这样儿童就能不断地长进。

（3）儿童教育的内容是"诗歌""习礼"和"读书"。王守仁认为对儿童进行诗歌、习礼和读书教育，是为了培养儿童的意志，调理他们的性情，使他们在德育、智育、体育和美育诸方面都得到发展。

（4）要"随人分限所及"，量力施教。教育必须根据儿童的接受能力水平来进行。

3. 简述北宋的三次兴学。

【答案要点】

（1）"庆历兴学"。第一次兴学运动在宋仁宗庆历四年（1044年），由范仲淹主持，史称"庆历兴学"。其主要内容为：第一，普遍设立地方学校。要求诸路府州军皆立学，并规定必须接受一定时间的学校教育，才可以应科举。第二，改革科举考试。规定科举考试先策，次论，次诗赋，罢帖经、墨义。第三，创建太学。在太学中推行著名教育家胡瑗创立的"分斋教学"制度。

（2）"熙宁兴学"。第二次兴学运动是在熙宁年间（1068—1077年），由王安石主持，史称"熙宁兴学"。其主要内容为：第一，改革太学，创立"三舍法"；第二，恢复和发展州县地方学校；第三，恢复和创设武学、律学和医学；第四，编撰《三经新义》作为统一教材。

（3）"崇宁兴学"。第三次兴学运动是蔡京在崇宁年间（1102—1106年）主持的，史称"崇宁兴学"。其主要内容为：第一，全国普遍设立地方学校；第二，建立县学、州学、太学三级相联系的学制系统；第三，新建辟雍，发展太学；第四，恢复设立医学，创立算学、书学、画学等专科学校；第五，罢科举，改由学校取士。

4. 简述科尔伯格的道德发展阶段理论。

【答案要点】

美国心理学家科尔伯格认为儿童道德的发展是分阶段的，他在研究中发现道德发展不是只有两个水平，而应该有多个水平，提出了著名的"三水平六阶段"的道德发展阶段论。

（1）前习俗水平。大约出现在幼儿园及小学低中年级阶段。该时期的特征是儿童遵守规范，但尚未形成自己的主见，着眼于人物行为的具体结果，关心自身的利害。包括惩罚和服从的定向阶段和工具性的相对主义定向阶段。

（2）习俗水平。在小学中年级以上出现，一直到青年、成年。该时期的特征是个人逐渐认识到团体的行为规范，进而接受并付诸实践。包括人际协调的定向阶段和维护权威或秩序的定向阶段。

（3）后习俗水平。该阶段已经发展到超越现实道德规范的约束，达到完全自律的境界，这个水平是理想的境界，成人也只有少数人才能达到。包括社会契约的定向阶段和普遍道德原则的定向阶段。

三、分析论述题

1. 结合教育知识，分析判断下面这两段话正确与否，并给出理由。

【答案要点】

材料1的观点正确。营造鼓励创造的环境是促进学生创造性发展的必要条件。首先，应倡导民主式的教育和管理。其次，应改革考试制度，为学生创造宽松的学习环境。再次，应增加自主选择课程的机会和有针对性的课程设计。最后，应为学生提供创造性人物的榜样。因此，材料中教师以民主的方式管理学生，鼓励学生表达不同的意见等，确实有利于学生创造性的培养。

材料2的观点是错误的。根据迁移的影响效果，可将迁移分为正迁移、负迁移和零迁移。正迁移是指一种学习对另一种学习的积极影响；负迁移是指一种学习对另一种学习的消极影响；零迁移是指两种学习间不存在直接的相互影响。汉语拼音的学习对于学习汉语具有积极的影响，所以汉语拼音的学习产生的影响属于正迁移。但汉语拼音的学习对于学习英文单词会产生消极的影响，所以汉语拼音的学习产生的影响属于负迁移。因此，不能一概而论汉语拼音的学习产生的影响属于哪种迁移，而应根据实际具体分析。

2. 教师怎么样才能上好一堂课？如何对教师授课的质量进行评价？

【答案要点】

上好课，是提高教学质量的关键。应以现代教学理念为指导，遵循教学规律与原则，创造性地运用教学方法，并注重做到以下几点：

（1）明确教学目的。这是上好一堂课的前提。

（2）保证教学的科学性与思想性。这是上好一堂课的基本质量要求。

（3）调动学生的学习积极性。这是上好一堂课的内在动力。

（4）注重解惑纠错。这是上好一堂课的关键。

（5）组织好教学活动。这是上好一堂课的保障。

评教是对教师教学的质量分析和评价。其对教学工作的重要意义在于：第一，可以使教师更清楚地了解教学中的长处与不足，以增进教师之间相互了解、相互促进；第二，可以使学校领导深入第一线，探究教学的经验与问题，以提高教师的水平和改进教学。评教除了应遵循客观性、发展性、指导性和计划性等原则外，还须注意下述要求：

（1）要重视分析教师的教学质量，而不是评价他的专业水平。

（2）根据学生的成绩来评价教师的教学质量。

（3）注意教学的系统性和完整性。

3. 论述赫尔巴特的教育思想。

【答案要点】

（1）教育思想的理论基础。

赫尔巴特教育思想具有伦理学和心理学双重理论基础。他认为伦理学为教育指明目的，而心理学则指出教育的途径、手段和障碍。

（2）道德教育理论。

①教育目的论。赫尔巴特认为，教育的基本目的可以区分为两种，即"可能的目的"和"必要的目的"。可能的目的：指与儿童未来所从事的职业有关的目的。这种目的是多方面的，教育的目的就是要发展这种多方面的兴趣，使人的各种能力得到和谐发展，即兴趣的多方面性。必要的目的：指教育所要达到的最高和最为基本的目的。即要养成内心自由、完善、仁慈、正义和公平五种道德观念。

②教育性教学原则。教育性教学原则是指以教学来进行教育的原则。赫尔巴特指出，不存在"无教学的教育"，也不存在"无教育的教学"。即教育是通过，而且只有通过教学才能真正产生实际作用，教学是道德教育的基本途径。

③儿童的管理与训育。赫尔巴特认为，"儿童管理"是一种道德教育，主要目的在于创造秩序，预防某些恶行，为随后进行的教学创造必要的条件。训育是指有目的地进行培养，其目的在于形成性格的道德力量，是为了美德的形成。四个阶段：道德判断、道德热情、道德决定和道德自制。具体措施：维持的训育、起决定作用的训育、调节的训育、抑制的训育、道德的训育、提醒的训育。

（3）课程理论。

赫尔巴特以其心理学说为依据，提出了较为完整的课程理论。主要观点如下：课程必须与儿童的经验和兴趣相适应；课程要与统觉过程相适应；课程必须要与儿童发展阶段相适应。

（4）教学理论。

①教学进程理论。统觉过程的完成大体上具有三个环节：感官的刺激、新旧观念的分析和联合、统觉团的形成。与此相应，赫尔巴特提出了三种不同的教学方法：单纯提示的教学、分析教学和综合教学。这三种教学方法的联系，就产生了所谓的"教学进程"。

②教学形式阶段理论。赫尔巴特的教学形式阶段，实际上就是课堂教学的完整过程，是一个包括教学方法、教学形式等内在的规范化的教学程序。他认为，兴趣活动可以划分为四个阶段：注意、期待、要求和行动。儿童在学习活动中的思维方式有两种：专心与审思。在此基础上，他提出了教学形式阶段理论，即"赫尔巴特四段教学法"。

（5）赫尔巴特教育思想的评价。

①贡献：赫尔巴特是近代教育家中试图使教育学成为一门科学的开山之祖，在历史上首次提出了心理学是一门科学并将其作为教学论的基础，在当时具有非常积极的意义。他最重要的贡献是教育性教学的理论与实践。其思想深刻影响了近代教育科学的形成与各国教育事业的发展。

②局限性：赫尔巴特教育理论受到其社会政治观点的影响，带有明显的保守色彩。他的哲学观点使其教育思想带有思辨特征。他主要关注文科中学的教育和教学，把性格形成作为教育目的，带有旧时代贵族教育色彩。其儿童管理思想主要反映了普鲁士集权教育压制儿童的特征。他的心理学仍属于科学心理学诞生前的哲学心理学范畴，建立在这种心理学基础上的教育理论的合理性与先进性还有待商榷。

4. 请结合师生关系的作用以及新型师生关系的特点对材料加以分析。

【答案要点】

（1）师生关系的作用。

①良好的师生关系是教育教学活动顺利进行的重要条件。良好的师生关系使学生产生安全感，乐于接受教师的教育和影响；激发学习的乐趣，集中学习的注意力，启发积极思维；同时也唤醒教师的教学热情与责任感，激励教师专心致志地从事教育工作。

②师生关系是衡量教师和学生学校生活质量的重要指标。师生关系除了对教育教学目标的实现

具有手段价值以外，还对教师和学生的发展具有本体价值、目的价值。理想的师生关系是教师和学生既作为独立的完整的人，又作为合作者、共享共创者所形成的相互理解、相互尊重、相互信任、相互合作的和谐亲密关系。

③师生关系是一种重要的课程资源和校园文化。师生关系是教育教学实践中及时形成的一种课程资源，具有重要的德育功能、心理功能和认知价值。同时，师生关系作为学校中最基本、最重要的人际关系，是一所学校的精神风貌、校风、教风、学风的整体反映和最直观反映。

（2）师生关系的特征。

材料中张老师在和学生交流沟通之后，调整了自己和学生交往的严肃态度，于是和学生们的关系更加亲近了。理想的师生关系是师生主体间关系的优化，从其发生、发展的过程及其结果来看，具有三个基本特征：尊师爱生，相互配合；民主平等，和谐亲密；共享共创，教学相长。

2013年 贵州师范大学 333 教育综合·真题解析

一、名词解释

学制

学校教育制度简称学制，指的是一个国家各级各类学校的系统及其管理规则，它规定着各级各类学校的性质、任务、入学条件、修业年限以及它们之间的关系。

学校管理

学校管理是学校管理者在一定的社会历史条件下，通过一定的组织机构和制度，采用一定的方法和手段，带领师生员工，充分发挥学校人、财、物、时、空和信息等资源的最佳整体功能，实现学校工作目标的组织活动。简言之，学校管理是管理者通过一定的组织形式以实现学校教育目标的活动。

导生制

贝尔－兰开斯特制又称导生制，其具体实施是：教师在学生中选择一些年龄较大、学习成绩较好的学生充任导生，教师先对导生进行教学，然后由他们去教其他学生。通过这种教学方式，学生的数额得以大大增加，也在一定程度上缓解了教师奇缺的压力，因而一度广受欢迎，但因其难以保证教育质量而最终被人们所抛弃。

《学记》

《学记》是《礼记》的一篇，是中国古代最早的一篇专门论述教育、教学问题的论著，因此有人认为它是"教育学的雏形"。《学记》是先秦时期儒家教育和教学活动的理论总结，它主要论述教育的具体实施，偏重于说明教学过程的各种关系。

5. 技能

技能是通过练习形成的合乎规则或程序的身体或认知活动方式，包括身体方面的技能和认知方面的技能。技能有三个方面的特点：技能是由练习导致的；技能表现为身体或认知动作；合乎规则或程序是技能形成的前提。

教育心理学

教育心理学是一门通过科学方法研究学与教相互作用基本规律的科学，是心理学的一个分支学科。教育心理学的知识正是围绕学与教的相互作用过程而组织的，包括学生心理、学习心理、教学心理和教师心理四个部分的内容。

二、简答题

1.简述中国古代书院的特点。

【答案要点】

书院最初属于私学性质，尽管在发展的过程中有官学化倾向，但在培养目标、管理形式、课程设置、教学方法以及师生关系等方面都表现出与官学不同的特点。

（1）书院精神。书院以自由讲学为主，注重讨论，学术风气浓厚，开辟了新的学风，推动了教育和学术的发展。

（2）书院功能。育才、研究和藏书。

（3）培养目标。注重人格修养，强调道德与学问并进，培养学生的学术志趣。

（4）管理形式。较为简单，管理人员少，强调学生遵照院规自我约束、自我管理为主。

（5）课程设置。灵活具有弹性，教学以学生自学、独立研究为主，师生、学生之间注重质疑问难与讨论。

（6）教学组织。教学与研究相结合，教学形式多样，注重讲明义理，躬亲实践。

（7）规章制度。书院作为一种教育制度得以确立，在教育目标、教学方法、教学顺序等方面用学规的形式加以阐明，最著名的是《白鹿洞书院揭示》，它说明南宋后书院已经制度化。

（8）师生关系。较之官学更为平等、学术切磋多于教训，学生来去自由，关系融洽、感情深厚。

（9）学术氛围。教学与学术研究并重，学术氛围自由宽松，人格教育与知识教育并重。

总之，书院既是集藏书、教育和学术活动于一体的机构，又是学者以文会友的场所，具有较广泛的社会文化教育功能。

2.简述王守仁有关儿童教育的思想。

【答案要点】

王守仁十分重视儿童教育，在《训蒙大意示教读刘伯颂等》一文中比较集中地阐发了他的儿童教育思想。王守仁儿童教育思想的内容有：

（1）揭露和批判传统儿童教育不顾儿童的身心特点。王守仁指出当时从事儿童教育的老师每天只是督促儿童读书识字，责备他们修身，对待儿童就像对付囚犯，这种不顾儿童的身心特点，把他们当作小大人是传统儿童教育的致命弱点。

（2）儿童教育必须顺应儿童的性情。王守仁认为，一般来说儿童的性情总是爱好嬉游而厌恶拘束，因此他主张儿童教育必须顺应儿童的身心特点，这样儿童就能不断地长进。

（3）儿童教育的内容是"诗歌""习礼"和"读书"。王守仁认为对儿童进行诗歌、习礼和读书教育，是为了培养儿童的意志，调理他们的性情，在德育、智育、体育和美育诸方面都得到发展。

（4）要"随人分限所及"，量力施教。教育必须根据儿童的接受能力水平来进行。

王守仁的儿童教育思想的目的是为了向儿童灌输封建伦理道德，但他反对"小大人式"的传统儿童教育方法和粗暴的体罚等教育手段，要求顺应儿童性情、根据儿童的接受能力施教，使他们在德育、智育、体育和美育诸方面得到发展等主张，反映了其教育思想的自然主义倾向。

3. 简述古风时代斯巴达教育与雅典教育的不同之处。

【答案要点】

（1）地理环境。斯巴达地处高山平原，适合发展农业，地理位置较为封闭，与外界交通不便；雅典三面临海，地理位置优越，有利于工商业的发展。

（2）政治背景。斯巴达为保守的军事贵族寡头统治，为了镇压和奴役土著居民，举国皆兵；雅典是奴隶主民主政体。经济的繁荣发展与政治上的民主倾向为雅典形成独特的公民民主意识提供了宽松的社会环境和稳固的经济基础。

（3）教育体制。斯巴达的教育完全由城邦负责，公民子女出生后，由长老代表国家检查新生儿的体质情况；雅典的城邦重视教育，但并不绝对控制，公民子女出生后，由父亲进行体格检查。

（4）教育方法。斯巴达是武士教育，教育方法野蛮残忍；雅典是公民教育，教育方法温和民主。

（5）教育目的。斯巴达的教育目的是培养英勇果敢的战士。教育的任务是要使每一个斯巴达人在经过长期而严肃的训练后，成为一个坚韧不拔的战士和绝对服从的公民；雅典教育的主要目的是培养青少年勇敢、强健的体魄以及理智、聪慧和公正的品质，使其既能够担负保卫城邦的重任，更能够履行公民参政议政的职责，即培养身心和谐发展的合格公民。

（6）教育内容。斯巴达教育只重军事体育训练和道德教育，轻视知识学术，鄙视思考和言辞，生活方式狭隘，除了军事作战外，不知其他。雅典人注重对青少年儿童进行多方面的教育，包括道德熏陶、体格训练、文化教育以及音乐、舞蹈等，但又反对专业化或职业化。

（7）女子教育。斯巴达人非常重视女子教育。女子通常和男子接受同样的军事、体育训练，其目的是造就体格强壮的母亲，以生育健康的子女；当男子出征时，妇女能担任防守本土的职责。雅典忽视女子教育，妇女社会地位低下，深居简出，女孩子只是在家庭中受教育。

4. 列举杜威的教育思想。

【答案要点】

（1）论教育的本质。杜威对于"什么是教育"的问题，给出的回答是：教育即生活、学校即社会、教育即生长、教育即经验的持续不断的改造。

（2）论教育的目的。

教育无目的论。从教育本质论出发，杜威反对外在的、固定的、终极的教育目的，认为教育无目的。杜威所希求的是过程内的目的，这个目的就是"生长"。

教育的社会目的。杜威强调过程内的目的不等于否定社会性的目的。杜威要求教育为社会进步服务，为民主制度的完善服务。他认为教育是社会进步及社会改革的基本方法，学校是社会进步和改革的最基本和最有效的工具。在民主社会中，个人发展与社会进步是统一的。

（3）论课程与教材。

从做中学。杜威以其经验论为基础，要求从做中学、从经验中学，要求以活动性、经验性的主动作业来取代传统书本式教材的统治地位。在杜威看来，这种活动性、经验性课程既能满足儿童的心理需要，又能满足社会性的需要，还能使儿童对事物的认识具有统一性和完整性。

教材心理学化。杜威主张以"教材心理学化"来解决怎样使儿童最终获得较系统的知识而同时又能在学习过程中顾及儿童的心理水平。"教材心理学化"是指把各门学科的教材或知识各部分恢复到它所被抽象出来之前的原来的经验。这种心理化就是把间接经验转化为直接经验，即直接经验化。之后再将已经经验到的那些东西累进地发展为更充实、更丰富也更有组织的形式，即逐渐地接近提供给有技能的、成熟的人的那种教材形式。

（4）论思维与教学方法。

反省思维。杜威所力倡的反省思维是指对某个经验情境中的问题进行反复的、严肃的、持续不断的思考，其功能在于求得一个新情境，把困难解决、疑虑排除、问题解答。

五步教学法。杜威根据科学的实验主义探究方法和反省思维方式，提出了五步教学法，即创设疑难的情境、确定疑难所在、提出问题的种种假设、推断哪种假设能解决这个困难、验证这种假设。

（5）论道德教育。

杜威认为道德教育的主要任务是协调个人与社会的关系。他认为个人的充分发展是社会进步的必要条件，社会的进步又可以为个人的发展提供更好的基础。他反对过分强调个人自由和竞争的旧个人主义，而提倡强调人与人之间的合作，强调社会责任和理智作用的新个人主义。

教育的道德性和教育的社会性是相通的，道德教育应在社会性的情境中进行而不能只停留于口头说教；要求学校生活、教材、教法皆应渗透社会精神，视学校生活、教材、教法为"学校道德三位一体"，这三者都是道德教育的重要途径。

三、分析论述题

1. 请结合教育知识，分别分析下面三个片段的肯定之处与不足之处，以及体现了什么样的教育原理。并结合教师的作用分析教师应如何教学，与学生保持什么样的关系。

【答案要点】

第一个片段肯定了教师在教学过程中的重要性，强调了教师作为教育者在教育活动中处于领导者、设计者、引导者的地位。但其过分强调教师的作用，而忽视了学生作为学习主体的主观能动性。

第二个片段肯定了教师在教育活动过程中的辛勤付出，歌颂了教师的无私奉献，但这种观点呈现出了不平等不良好的师生关系，良好的师生关系应是尊师爱生，相互配合；民主平等，和谐亲密；共享共创，教学相长。

第三个片段强调了教师的专业性，教师职业是需要持续专业化的职业。教师必须不断学习，及时更新自己的知识结构；必须善于研究，积累自己的教育智慧，才能适应学生发展的时代要求。

师生关系的类型包括以下几个方面：

（1）以年轻一代成长为目标的社会关系。师生之间的社会关系是教师作为成人社会的代表与学生作为未成年的社会成员在教育教学过程中结成的代际关系、政治关系、文化关系、道德关系、法律关系等。

（2）以直接促进学生发展为目标的教育关系。师生的教育关系是指教师和学生在教育教学活动中为促进学生的整体发展和自主发展而结成的教育与被教育、组织与被组织、引导与被引导等主体间关系。

（3）以维持和发展教育关系为目标的心理关系。师生间的心理关系是指教师和学生为了维持和发展教育关系而构成的内在联系，包括人际认知关系、情感关系、个性关系等。

教师作为教育者，其作用在于有目的、有计划地教导受教育者学习与领悟文化科学知识及其蕴含的社会意义，以获得智能、品德、审美与体魄等方面的发展，成为社会所需要的人，保障社会的延续和发展。目前我国中小学常用的教学方法有以下几种：

（1）讲授法。指教师通过语言系统地向学生传授科学文化知识、思想理念，并促进他们的智能与品德发展的方法。可分为讲读、讲述、讲解和讲演四种。其基本要求为：精炼讲授内容，讲授内容要有科学性、系统性、思想性、启发性和趣味性；注重讲授的策略与方式；讲究语言艺术。

（2）谈话法。指通过师生问答、对话的形式来引导学生思考、探究，以获取或巩固知识，促进学生智能发展的方法。也称问答法。其基本要求为：要准备好谈话计划；要善问；要善于启发诱导；要做好小结。

（3）练习法。指学生在教师指导下运用知识去反复完成一定的操作、作业与习题，以加深理解和形成技能技巧的方法。其基本要求为：提高练习的自觉性；循序渐进、逐步提高；严格要求。

（4）演示法。指教师通过展示实物、直观教具、实验或播放有关教学内容的软件、特制的课件，使学生认识事物、获得知识或巩固知识的方法。演示的特点在于加强教学的可观察性。其基本要求为：做好演示前的准备；让学生明确演示的目的、要求；讲究演示的方法。

（5）实验法。指在教师指导下学生运用一定的仪器设备进行独立作业，观察事物的特性，探求其发展和变化规律，以获得知识和技能、培养科学精神的方法。可分为探究性实验和验证性实验。其基本要求：做好实验的准备；明确实验的目的、要求与做法；注意指导实验过程；做好实验小结。

（6）实习作业法。指学生在教师指导下进行的学科实践活动，以培养学生专业操作能力的方法。其实践性、独立性、创造性都很强，能培养学生独立工作和实践的能力与品质。其基本要求为：做好实习作业的准备；做好实习作业的动员；做好实习作业过程中的指导；做好实习作业总结。

（7）讨论法。指学生在教师指导下为解决某个问题而进行探讨、评析，以辨明是非、获取真知、锻炼思维和独立思考能力的方法。讨论的种类有课堂讨论、短暂讨论、全班讨论及小组讨论等。其基本要求为：讨论的问题要有吸引力；要善于对学生启发、引导；做好讨论小结。

（8）研究法。指学生在教师的指导下通过独立的探索，创造性地解决问题，获取知识和发展科研能力的方法。其基本要求为：正确选定研究课题；提供必要的条件；让学生独立思考与探索；循序渐进、因材施教。

（9）问题教学法。指在教师引导下，学生主要通过积极参与对问题的分析、探索，主动地发现或建构新知，获得学习与探究的方法、能力与科学人文精神的教学方法。其基本要求为：创设情境，明确问题；引导学生积极探索、分析和解决问题；组织学生交流和研讨，得出基本结论。

（10）读书指导法。指教师指导学生通过阅读教科书、参考书以及获取或巩固知识的方法。包括指导学生预习、复习、阅读参考书、自学教材等。其基本要求为：提出明确的目的、要求和思考题；教给学生读书的方法；善于在读书中发现问题和解决问题；适当组织学生交流读书心得。

2. 结合相关知识谈谈你对教学及教学过程的认识。

【答案要点】

教学是在一定教育目的规范下，在教师有计划的引导下，学生能动地学习、掌握系统的课程预设的科学文化基础知识，发展自身的智能与体力，养成良好的品行与美感，逐步形成全面发展的个体素质的活动。简言之，教学是在教师引导下学生能动地学习知识以获得素质发展的活动。

对教学过程的认识如下：

（1）教学过程是一种特殊的认识过程。教学过程作为特殊的认识过程，其特殊性在于它是学生个体的认识过程，具有不同于人类总体认识的显著特点：第一，间接性，主要以掌握人类长期积累起来的科学文化知识为中介，间接地认识现实世界；第二，引导性，需要在富有知识的教师引导下进行认识，而不能独立完成；第三，简捷性，走的是一条认识的捷径，是一种科学文化知识的再生产。

（2）教学过程是以认识过程为基础的学生全面发展的过程。教学过程不只是要学生完成认识世界的任务，更重要的是在这个过程中促进学生的全面发展。学生的发展是教学过程的核心，教学过程的本质与社会发展需要相联系，要从生理和心理两个方面来看待学生的发展。

（3）教学过程是以交往为背景和手段的活动过程。教学活动不是孤立的个体认识活动，它离不开师与生、生与生之间的交往、互动，离不开人们的共同生活。个体最初的学习与认识就是在共同生活与交往中发生与发展的。在教学过程中，教师不仅运用交往引导学生进行认知，而且通过交往对学生达致情感的沟通、同情与共鸣。

（4）教学过程也是一种促进学生身心发展、追寻与实现价值目标的过程。在教学活动中，教师引导学生学习知识、开展交往、认识与作用世界，进行多方面的演练与实践，其实都是为了促进学生的身心发展，以追寻与实现使他们成人、成才的价值增值目标。从这方面看，教学过程又是一个促进学生身心发展及实现教育目标的过程。

3. 结合成败归因理论和自我效能感来分析学生形成品德不良行为的原因，以及如何纠正学生的不良行为。

【答案要点】

成败归因理论认为人们倾向于将活动成败的原因归结为六个因素：即能力高低、努力程度、任务难易、运气好坏、身心状态、外界环境等。这六个因素可归为三个维度，即内部归因和外部归因、稳定性归因和非稳定性归因、可控制归因和不可控归因。

当个体将成功归因于能力和努力等内部因素时，会产生骄傲、自豪感，增强自信心和动机水平。将成功归因于任务容易、运气好、别人帮助等外部原因时，则满意感较少。当个体将失败归因于能力弱、不努力等内部原因时，会产生愧疚感；将失败归因于任务太难、运气不好或教师评分不公正等外部原因时，则较少产生愧疚感。归因于努力相比于归因于能力，无论成败都会引发更强烈的情绪体验。努力而成功体验到愉快，不努力而失败体验到羞愧，努力而失败也应受到鼓励。

品德不良的学生倾向于将失败归因于自己的能力、努力、身心状态等，从而影响了自我效能感。自我效能感是指个体对自己能否成功进行某一成就行为的主观判断。它影响着个体对行为的选择、付出多大努力以及坚持多久。品德不良的学生自我效能感低下，于是就很难坚持努力，从而产生了品德不良的行为。

通过借鉴西方现代三大学习理论的精髓思想，矫正学生品行不良的方法主要有以下几种：

（1）运用行为主义学习理论培养个体的良好行为方式。在教育中适当运用渐进强化的原理，可以有效地塑造学生的良好行为方式或矫正学生的偏差行为方式。

（2）直接从自我观察学习入手培养人的自律行为。自律是个人根据自己的价值标准评判自己的行为，从而规范自己去做自己认为应该做的事情，或避免做自己认为不应该做的事。

（3）提高道德认识法。"美德即知识"的命题启示人们，在很多时候丰富人的道德认识的确可以使人少犯错误，尤其是一些低级错误。这样，妥善采取常用的说理法、故事启发法、小组讨论法或价值澄清法等方法以提高人们的道德认知水平，往往是防治品行不端的有效之举。

（4）改过迁善法。指要求犯错者纠正自己的不良品德，以使自己朝着善的方向发展的方法。该方法由两部分组成：一是消除一个或几个错误的地方；二是通过一定的练习，使自己的行为朝着与原来不良行为相反的或不相容的方向发展。

（5）防范协约法。指以书面形式在教育者与被教育者之间建立和实施的一种监督关系的矫正不良行为的方法。

4. 请论述建构主义学习理论的相关观点。

【答案要点】

（1）知识观。

建构主义者质疑知识的客观性和确定性，强调知识的动态性。具体体现在以下几方面：

①知识的动态性。知识不是对现实的准确表征，只是一种解释、假设，不是问题的最终答案。

②知识的情境性。知识并不能精确地概括世界的法则，不能拿来便用，而是需要针对具体情境进行再创造。

③知识学习的主动建构性。知识不可能以实体的形式存在于具体个体之外，学习者对于命题的理解只能由个体基于自己的经验背景而建构起来，取决于特定情境下的学习历程。

（2）学生观。

建构主义认为，学生并不是被动接受教师传授的知识，而总是以自己的经验背景或自己的经验来建构对事物的理解。具体表现在以下几方面：

①建构主义者完全否定心灵白板说，强调学生经验世界的丰富性和差异性。

②学生并不是空着脑袋走进教室的，当问题呈现时，他们基于相关的经验，依靠推理和判断能力，形成对问题的某种解释。

③教学不能无视学生的先前经验，要把儿童现有的知识经验作为新知识的生长点，引导儿童从原有的知识经验中"生长"出新的知识经验。

④教学要增进学生之间的合作，使他看到那些与他不同的观点，促进学习的进行。

（3）学习观。

建构主义认为，学习是学习者主动地赋予信息以意义，建构自己的知识经验的过程，具有三个重要特征：

①主动建构性。面对新信息、新概念、新现象或新问题，学习者需要主动激活头脑中的先前知识经验，通过高层次思维活动，对各种信息和观念进行加工转换，对新旧知识进行综合和概括，解释有关现象，形成新的假设和推论。

②社会互动性。学习是通过对某种社会文化的参与，内化相关知识和技能，掌握有关工具的过程，这一过程常常需要通过一个学习共同体的合作互动来完成。

③情境性。建构主义者提出，知识存在于具体的、情境性的、可感知的活动中，它不是一套独立于情境的知识符号，不可能脱离活动情境而抽象地存在，它只有通过实际情境中的应用活动才能真正被人理解。

（4）教学观。

①教学不再是传递客观而确定的现成知识，而是激活学生原有的相关知识经验，促进知识经验的"生长"；教学是促进学生的知识建构活动，以实现知识经验的重新组织、转换和改造，以此来培养学生的求知欲和探究能力。

②教学要为学生创设理想的学习情境，激发学生的推理、分析、鉴别等高级的思维活动，同时给学生提供丰富的信息资源、处理信息的工具以及适当的帮助和支持，促进他们自身建构意义以及解决问题的活动。